EXAMEN CRITIQUE

ET

COMPLÉMENT

DES

DICTIONNAIRES HISTORIQUES

LES PLUS RÉPANDUS.

Cet ouvrage se trouve aussi chez les principaux libraires des départemens, et à

Londres. — Dullau et c^e^, n° 37, Soho Square.
Lisbonne.—Pierre et George Rey.
Madrid. — Alfonso Perès.
Naples. { B. Borel. Société du Cabinet littér.
Amsterdam. — G. Dufour.
Genève. — Paschoud.
Milan. — Giegler.
Florence. — Piatti.
Livourne.— Glaucus-Mazi.
Rome. — De Romanis.
Bruxelles.— Lecharlier.
Turin. — Pic.
Manheim. — Artaria et Fontaine.

Le second et dernier volume paraîtra dans les trois mois qui suivront la publication de la dernière livraison de la *Biographie universelle.*

Il n'a point paru

EXAMEN CRITIQUE

ET

COMPLÉMENT

DES

DICTIONNAIRES HISTORIQUES

LES PLUS RÉPANDUS,

DEPUIS LE DICTIONNAIRE DE MORÉRI, JUSQU'A LA BIOGRAPHIE UNIVERSELLE INCLUSIVEMENT.

TOME Ier, (A-J)

CONTENANT ENVIRON 240 ARTICLES NOUVEAUX, 50 REFAITS, ET 560 CORRIGÉS OU AUGMENTÉS.

Par l'Auteur du Dictionnaire des Ouvrages anonymes et pseudonymes.

PARIS.

CHEZ REY ET GRAVIER; LIBRAIRES,

QUAI DES AUGUSTINS, N° 55.

BAUDOUIN FRÈRES, IMPRIMEURS-LIBRAIRES,

RUE DE VAUGIRARD, N° 36.

1820.

INTRODUCTION (1).

L'utilité des dictionnaires n'est plus contestée aujourd'hui; le dix-huitième siècle s'est distingué par la publication de l'*Encyclopédie*, ou *Dictionnaire raisonné des sciences, des arts et des métiers;* le dix-neuvième sera remarquable par la composition de plusieurs grands dictionnaires, et particulièrement par celle d'une *Biographie universelle*, ancienne et moderne, ou Histoire par ordre alphabétique de la vie publique et privée de tous les hommes qui se sont distingués par leurs écrits, leurs actions, leurs talens, leurs vertus et leurs crimes.

Des essais plus ou moins heureux en ce genre avaient paru, dans le dix-septième et dans le dix-huitième siècle. Un des plus renommés, le *Dictionnaire de Moréri*, qui n'a, pour ainsi dire, conservé de son état primitif que le nom de son auteur, et que, pour cette raison, Voltaire comparait ingénieusement à une ville nouvelle bâtie sur le plan ancien; le dictionnaire de Moréri, dis-je, présente encore les plus grandes imperfections, dans la vingtième et dernière édition qui en a été publiée, en 1759, dix volumes in-folio. Cependant, ce dictionnaire occupe toujours une place dans les bibliothèques bien composées.

(1) Cette introduction a paru au mois de janvier 1819, dans le premier numéro de la *Revue encyclopédique*, journal rédigé par M. M. A. Jullien (de Paris), pour lequel on s'abonne chez Baudouin frères, rue de Vaugirard, n° 36.

Le célèbre *Bayle* n'avait d'autre vue, dans l'origine, que de corriger les nombreuses méprises qui avaient échappé à Moréri. Mais, cette critique est bientôt devenue, sous la plume de ce grand écrivain, un ouvrage du premier rang dans ce genre, quoiqu'il ait donné lieu, soixante ans après sa publication, aux remarques généralement justes de l'abbé *Joly*, chanoine de Dijon, qui forment, pour ainsi dire, le cinquième volume de cette production.

On a senti, dans le dix-huitième siècle, la nécessité de mettre ces grands ouvrages à la portée de tout le monde. Telle est l'origine des *dictionnaires historiques* publiés en Allemagne, en France, en Italie et en Angleterre.

En 1750, Chrétien-Théophile Jocher, bibliothécaire de l'université de Leipsick, publia en allemand un *Dictionnaire universel des savans*, en 4 volumes in-4°. Il ne suivit point la méthode des continuateurs de Moréri, et se contenta d'exposer les principales époques de l'histoire des savans, avec l'indication sommaire, mais très-imparfaite, de leurs ouvrages dans les langues où ils ont été composés. Il a été publié plusieurs supplémens à cet utile ouvrage, pour en réparer les principales omissions; le plus remarquable est celui de Jean-Christophe *Adelung*, bibliothécaire de l'électeur de Saxe, dont il parut un premier volume en 1784, et un second en 1787. Celui-ci finit avec la lettre J inclusivement. On doit regretter que l'auteur n'ait pas terminé ce supplément. Aucun biographe n'avait encore poussé aussi loin l'attention et l'exactitude. L'auteur suit le plan de Jocher; mais il a le mérite de l'avoir perfectionné. Ces deux volumes sont encore consultés avec fruit. Le troisième volume, qui renferme les lettres K—L inclusivement, publié à

Delmenhorst, en 1810, par M. *Rotermund*, est rédigé avec soin. On doit désirer que ce laborieux bibliographe complète cette continuation.

L'abbé *Ladvocat*, bibliothécaire de Sorbonne, possédait les connaissances nécessaires pour donner à un *Dictionnaire historique portatif* l'intérêt et l'exactitude qu'on pouvait y désirer; mais, le premier essai qu'il publia, en 1755, fut exécuté avec une telle précipitation, que son objet ne fut point rempli. Les augmentations que l'auteur a faites à cet ouvrage, en 1760, de même que les supplémens publiés, en 1777 et en 1789, par le libraire *Leclerc*, laissaient encore beaucoup à désirer au public.

Feu M. l'abbé *Chaudon* mérite les plus grands éloges pour les recherches auxquelles il s'est livré pendant cinquante ans, dans la vue d'enrichir la république des lettres d'un *Dictionnaire historique*, rédigé d'après un plan uniforme et dans des principes de modération qui honoreront toujours son nom aux yeux des personnes impartiales. Aussi reçut-il du public les plus nobles encouragemens, puisque son dictionnaire, composé seulement de quatre volumes dans l'origine, c'est-à-dire, en 1766, a été porté à treize volumes, dans la dernière édition qu'il en donna, en 1804, conjointement avec M. *Delandine*, bibliothécaire de la ville de Lyon.

La modération dont s'honorait l'abbé Chaudon, déplut à un fougueux ex-jésuite des Pays-Bas, nommé *Feller*: il s'empara de l'ouvrage pour le défigurer par un grand nombre d'articles qui respirent la haine aveugle que cet auteur semblait avoir conçue pour les principes du dix-huitième siècle, et même pour ceux que l'Église gallicane s'est toujours honorée de professer. S'il a amélioré quelques articles de théologiens ou de littérateurs, il a substitué presque partout les préjugés aux principes, le mensonge à la vérité; d'ailleurs, il a fréquemment reproduit les méprises de son modèle. Un tel ouvrage ne devait pas avoir de partisans en France; il en a trouvé dans une portion du clergé, que la révolution française a rendu ennemi ouvert ou déguisé de la puissance civile; les imprudens éloges prodigués à cette compilation passionnée ont occasionné l'édition qui a été imprimée à Paris, en 1818, et qui doit être suivie d'un supplément en quatre volumes. Il est du devoir d'un bon Français de signaler aujourd'hui les avantages et les défauts de cet ouvrage.

Les mauvais procédés de l'abbé de Feller n'empêchèrent pas les étrangers de rendre justice au Dictionnaire de l'abbé Chaudon. Une société de gens de lettres italiens en publia, en 1796, à Bassano, une traduction très-augmentée. Si l'on retrouve trop souvent dans le cours de l'ouvrage les méprises échappées à l'auteur français, on en est dédommagé par les articles additionnels qui se font remarquer par une grande exactitude et par des développemens convenables.

C'est un ouvrage très-estimable que le *Nouveau et général Dictionnaire biographique*, publié à Londres vers 1762, en onze volumes in-8°, et dont on a donné une édition très-augmentée, en 1798, quinze volumes in-8°; mais, le principal avantage de ce livre est de donner de grands détails sur les hommes célèbres d'Angleterre, d'Écosse et d'Irlande: la partie bibliographique n'y est pas traitée avec le même soin que dans les dictionnaires français. Il est essentiel d'ailleurs de faire observer que beaucoup d'articles de ce Dictionnaire sont traduits ou abrégés de l'ouvrage français de M. Chaudon.

En 1800, *Jean Watkins* fit paraître à Londres, en un seul volume in-8°, un *Dictionnaire biographiqne et historique universel*, tiré des meilleurs auteurs. Ce travail a été favorablement accueilli, puisqu'il en a été publié une troisième édition, en 1807. M. Watkins est en général un abréviateur judicieux; il est plus exact que la plupart des auteurs biographes anglais, dans l'indication des ouvrages.

Tel était, au commencement de ce siècle, l'état des dictionnaires historiques les plus usuels. Aucun d'eux ne satisfaisait pleinement les hommes instruits.

« Un bon dictionnaire historique, dit le savant Chardon de la Rochette, est un livre plus essentiel qu'on ne le croit ordinairement, parce qu'il est l'extrait d'une infinité d'ouvrages, dont quelques-uns sont rares, même dans les grandes communes. Nous avions projeté, l'abbé de St.-Léger et moi, d'en donner un. Les fonds pour l'impression étaient trouvés; mais, la compagnie financière qui les fournissait, ne donnait que six mois pour préparer l'édition, et nous demandions quatre ans. Je m'étais chargé de la rédaction, parce qu'ennuyé du patelinage et des inutilités de ceux qui existent, je voulais que mon dictionnaire contînt seulement les principales circonstances de la vie de chaque personnage, la liste de ses écrits, avec des dates sûres, l'indication des éditions rares et somptueuses, et de celles qui sont recommandables par leur bonté et leur utilité. J'avais exigé qu'on supprimât les réflexions; c'est au lecteur à les faire : d'ailleurs, un dictionnaire historique doit ménager l'amour-propre des nations, et les opinions religieuses, politiques et littéraires de chacune. Notre dictionnaire, exécuté sur ce plan, aurait été moins volumineux que celui de Chaudon, et aurait renfermé plusieurs milliers d'articles de plus (1). »

Il est à regretter que deux hommes, doués d'une aussi vaste érudition, n'aient pu exécuter leur plan de dictionnaire historique. Pour moi, je bornais mes vœux à l'amélioration d'un de nos dictionnaires les plus répandus, tels que celui de Ladvocat ou de M. Chaudon. Ces deux ouvrages avaient été ma lecture favorite, dans le cours de mes études, et j'avais toujours recueilli des matériaux pour les perfectionner et les compléter. Dès 1807, M. Chardon de la Rochette a eu la bonté d'annoncer aux lecteurs du *Magasin encyclopédique*, que je m'occupais de ce travail (2).

En 1810, un des éditeurs de la *Biographie universelle* vint me proposer de diriger l'édition qu'il voulait donner d'un Dictionnaire historique. Je lui demandai six mois pour préparer la première livraison, et deux ans pour arriver à la dernière. Ces délais parurent trop longs. Le libraire ne voulait accorder que dix-huit mois pour la totalité de ce travail; je ne pus donc accepter ses offres.

---

(1) Voyez la Notice sur la vie et les écrits de l'abbé de St.-Léger, dans le *Magasin encyclopédique* du mois d'avril 1799, ou dans le tome II des *Mélanges* de l'auteur. — Paris, 1812, 3 vol. in-8°.

(2) Voyez dans le *Mag. encycl.*, avril 1807 et juillet 1808, ou dans les *Mélanges* de l'auteur, tome III, l'analyse de mon *Dictionnaire des ouvrages anonymes et pseudonymes*, dont la seconde édition très-augmentée est sous presse depuis quelques mois.

Depuis, il a fort étendu son plan et très-alongé le temps convenable pour son exécution, puisque la *Biographie universelle*, dont la première livraison parut en 1811, n'en est encore qu'aux lettres LON, quoique déjà composée de vingt-quatre volumes.

Dans le même temps, des propositions du même genre m'ont été faites par un entrepreneur de livres. La manière dont il a violé ses engagemens envers moi, me mit dans la nécessité de renoncer à toute coopération au dictionnaire qu'il a publié en vingt volumes in-8°. Son intention était de donner une nouvelle édition du dictionnaire de MM. Chaudon et Delandine. Mais le peu de soin qui a été mis, soit aux retranchemens, soit aux additions, fera toujours considérer cette édition comme le propre ouvrage de l'éditeur. La plupart des articles doivent être lus avec précaution; cependant, parmi ceux qui ont été fournis à l'éditeur, il s'en trouve plusieurs dans lesquels il y a peu à reprendre.

Ces contrariétés ne m'ont pas empêché de continuer mes recherches. Tout en applaudissant aux livraisons successives de la *Biographie universelle*, et en regardant cet ouvrage comme le meilleur de ceux que nous possédons en ce genre, je ne puis m'empêcher de dire qu'on y trouve des omissions très-remarquables et des méprises assez nombreuses; beaucoup d'articles ont trop d'étendue; d'autres sont trop courts. Il est d'autant plus essentiel de relever les omissions et les fautes de cet ouvrage, qu'il doit être à l'avenir d'une grande autorité pour les lecteurs.

J'ai cru le moment actuel favorable pour présenter les avantages et les inconvéniens des dictionnaires que je viens de passer en revue, à commencer seulement par le Dictionnaire de Moréri, édition de 1759; pour celui-là, les remarques seront moins de moi que d'un homme qui a passé trente ans d'une vie laborieuse à l'examiner dans tous ses points, et qui est cité à l'article *Moréri* pour les articles qu'il avait fournis précédemment à l'abbé Goujet : cet homme est l'abbé du Masbaret, ancien curé de Saint-Léonard en Limousin, mort en 1782; ses remarques manuscrites forment six gros volumes in-4°, d'où j'extrairai seulement quelques passages relatifs à des hommes célèbres.

Je ferai remarquer les meilleurs articles de ces différens dictionnaires, de sorte que j'aurai peut-être autant à louer qu'à blâmer, dans la revue que je me propose d'en faire. Mon travail tend donc à établir une espèce de concordance entre des ouvrages qui sont dans beaucoup de mains. Je mettrai le lecteur de bonne foi en état de choisir, relativement à l'objet de ses recherches, ce qui aura été écrit de plus exact, et je l'empêcherai d'adopter, comme vérités constantes, des méprises qui se reproduisent depuis long-temps, et qui ont même passé dans la *Biographie universelle*. Mon travail pourra devenir utile à tous ceux qui possèdent l'un ou l'autre des dictionnaires que je viens d'indiquer.

EXAMEN CRITIQUE

ET

COMPLÉMENT

DES

DICTIONNAIRES HISTORIQUES (1).

AA (Pierre Van Der). C'est ce libraire qui est éditeur de la collection intitulée : *Recueil de divers voyages curieux faits en Tartarie, en Perse et ailleurs ;* enrichi de cartes et de figures en taille-douce. On a mis au-devant le *Traité de la navigation et des voyages de découvertes et conquêtes modernes*, par Pierre Bergeron. Leide, P. Van Der Aa, 1729, 2 vol. in-4°. Plusieurs exemplaires portent le titre suivant : *Voyages faits principalement en Asie*, dans les XIIe., XIIIe, XIVe et XVe siècles, par Benjamin de Tudèle, Jean du Plan-Carpin, N. Ascelin, Guillaume de Rubruquis, Marc-Paul Vénitien, Haiton, Jean de Mandeville, et Ambroise Contarini : accompagnés de l'*Histoire des Sarrasins*, et précédés d'une *Introduction concernant les voyages et les nouvelles découvertes des principaux voyageurs*, par Pierre Bergeron. La Haye, Jean Néaulme, 1735, 2 vol. in-4°.

Dans la plupart des catalogues et dans quelques articles de la *Biographie universelle*, on présente P. Bergeron comme éditeur de ce recueil : la méprise est grave ; car Pr Bergeron, qui n'a point d'article dans nos dictionnaires, mourut en 1637, dans un âge assez avancé. Je le ferai connaître dans la lettre B.

L'erreur que je signale ici s'est glissée jusque dans le grand ouvrage sur l'Égypte ; voyez la *Des-*

---

(1) Les articles précédés d'une croix † ont été refaits ; ceux qui le sont d'un astérisque * ne se trouvent pas dans la *Biographie universelle*.

cription de l'Égypte, ou *Recueil des observations ou recherches qui ont été faites en Égypte pendant l'expédition de l'armée française*. État moderne, tome II. Paris, 1813, petit in-folio, page 30. (Mémoires sur le Meqyâs de l'île de Roudah, et sur les inscriptions que renferme ce monument, par M***.)

On trouve la même erreur dans l'excellent *Catalogue* de la bibliothèque du cardinal Garampi, publié à Rome en 1796; voy. le t. v, p. 3; dans la *Bibliothèque universelle des voyages*, Paris, 1808, t. I, p. 35; dans le *Discours préliminaire* de la traduction anglaise des Voyages de Marc-Paul Vénitien, par W. Marsden. Londres, 1818, in-4°, etc., etc.

AARON-ARISCON. Cet article, dans la *Biographie universelle*, a été extrait très-sommairement de l'excellent Dictionnaire historique des auteurs hébreux, publié en italien par M. de Rossi. Parme, Bodoni, 1802, 2 vol. in-8°. M. de Rossi ne laisse rien à désirer, soit par l'étendue et la variété de ses recherches, soit par une attention scrupuleuse à indiquer les sources où il a puisé. Il n'en est pas de même de son abréviateur. Celui-ci mentionne quatre ouvrages d'Aaron-Ariscon comme subsistans, et il ne nous prévient pas qu'ils n'existent que manuscrits. M. de Rossi indique même dans quelles bibliothèques ils se trouvent, seule manière de rendre utiles, dans un dictionnaire historique, les indications de manuscrits.

AARSENS (FRANÇOIS D'). Cet habile négociateur hollandais a deux articles dans le *Dictionnaire de MM. Chaudon et Delandine*, 1804, 13 vol. in-8°; l'un sous son vrai nom, l'autre sous celui d'*Aertsens*. L'article de la *Biographie universelle* est beaucoup plus étendu, plus curieux et plus exact.

ABAILARD ou ABELARD (PIERRE). Il n'y a pas assez de précision ni assez d'exactitude dans la manière dont sont annoncées, dans la *Biographie universelle*, les traductions françaises des lettres de ce célèbre amant d'Héloïse. Il fallait d'abord qualifier de paraphrase la traduction publiée en 1723 par le fameux dom Gervaise. Il ne fallait pas dire ensuite : « Parmi les nombreuses éditions de ces lettres, on doit distinguer celle de 1782, 2 vol. in-12, corrigée par Bastien, où le texte se trouve en regard. » L'on a voulu indiquer ici la traduction des Lettres d'Héloïse et d'Abélard, par M. Bastien; et toutes les expressions dont on se sert, ne se rapportent pour ainsi dire qu'à une édition du texte. En citant ensuite la belle édition des mêmes lettres en latin et en français, avec une nouvelle Vie des auteurs, par M. Delaulnaye, il n'eût pas été inutile de faire observer que la traduction jointe au texte était la mauvaise paraphrase de D. Gervaise.

ABAUZIT (FIRMIN). On peut reprocher des longueurs à cet article de la *Biographie universelle*, et on y trouve une faute d'impression qui donne à une importante citation l'apparence d'une fausseté. Abauzit, dit la *Biographie universelle*, a donné dans le *Journal helvétique* de 1743, une

Dissertation sur un bouclier votif, qui a été reproduite par Montfaucon, dans le 4e volume de son *Supplément à l'antiquité expliquée*. Il fallait dire 1713 ou 1723, puisque le *Supplément* de Montfaucon parut en 1724. Mais comme dans la suite de cet article, on cite la même dissertation sous un autre titre, c'est-à-dire sous le titre qu'elle a dans le second vol. des œuvres de l'auteur, il fallait se contenter de dire, après l'énumération des pièces contenues dans les œuvres, que Montfaucon fit à cette dissertation l'honneur de la placer dans son *Supplément à l'antiquité expliquée*.

ABDALONYME. J'ajouterais ce qui suit à l'article de la *Biographie universelle* : romanesque ou non, l'histoire de ce prince a inspiré la muse déjà vieillie de Fontenelle. Parmi ses comédies en cinq actes, on en trouve une intitulée *Abdalonyme;* en 1768, Plinchesne en tira le *Jardinier de Sidon*, opéra-comique en deux actes, qui fut mis en musique par Philidor, et joué à la Comédie-Italienne ; et depuis, la pièce entière d'Abdalonyme a été mise en vers et en trois actes seulement par l'éditeur des *Mélanges littéraires* de madame d'Arconville. Voy. le tom. VII de ces Mélanges ; voy. aussi ci-après l'article ARCONVILLE.

† ABEILLE (LOUIS-PAUL), né à Toulon le 2 juin 1719, mourut à Paris le 28 juillet 1807, âgé de quatre-vingt-huit ans. Dès l'année 1757, il fit partie des États de Bretagne. Ce fut alors qu'il fonda la société d'agriculture de cette province. On lui doit, en société avec M. Montaudoin, négociant de Nantes, la rédaction de l'ouvrage intitulé : *Corps d'observations de la société d'agriculture, de commerce et arts*, établie par les États de Bretagne. Rennes, 1760 et 1762 ; 2 vol. in-8° et in-12. Cet ouvrage reçut un bon accueil du public ; les principes que M. Abeille y développa, l'associèrent naturellement aux écrivains qui se firent connaître, à cette époque, sous la dénomination d'*économistes*. Dès 1763, il fit paraître à Paris quelques écrits en faveur de la liberté du commerce des grains. Les grandes connaissances que M. Abeille acquit en économie politique, le firent nommer inspecteur-général des manufactures de France, et ensuite secrétaire du bureau du commerce. MM. Trudaine, Turgot, d'Invaux, Malesherbes et Calonne eurent souvent recours à ses lumières. Lorsque l'on forma à Paris, en 1785, une société royale d'agriculture, M. Abeille en fut un des membres les plus laborieux. Il a composé une foule d'ouvrages sur des objets relatifs à l'économie politique, aux finances, au commerce et à l'agriculture, mais aucun ne porte son nom. « Content d'avoir bien fait, dit M. le secrétaire de la société royale d'agriculture de Paris, dans la trop courte notice qu'il a consacrée à M. Abeille, il refusait toujours de paraître. Il existe plus d'une preuve matérielle qu'un grand nombre d'écrits très-utiles, fruits de ses veilles et de ses profondes connaissances, ont été publiés sans nom d'auteurs, ou qu'ils ont, de son consentement, paru sous des noms étrangers, ou bien que d'autres écrivains se les sont attribués, sans

éprouver de sa part aucune réclamation. » Pour rendre à la mémoire de M. Abeille un hommage digne de sa modestie et de ses talens, je consignerai ici tous les renseignemens que j'ai pu recueillir sur ses ouvrages. On lui doit donc, outre les 2 volumes cités plus haut,

I. *Table raisonnée des ordonnances, édits, etc., régistrés au parlement de Bretagne, depuis son érection jusqu'en 1750,* etc. Rennes, 1757, in-4°.

II. *Lettre d'un négociant sur la nature du commerce des grains.* Paris, 1763, in-8° de 23 pag., et in-12 de 24 pages.

III. *Réflexions sur la police des grains en Angleterre et en France.* Paris, mars 1764, in-8° de 52 pages.

Cette brochure fit une grande sensation; M. l'abbé Morellet et M. le Trône la citèrent comme l'ouvrage d'un homme très-instruit.

IV. *Relation abrégée de l'origine, des progrès et de l'état actuel de la Société d'émulation et d'encouragement de Londres;* traduite de l'anglais par M. de Monticourt. Londres et Paris, 1764, in-8° de 147 pages.

Les notes curieuses qui terminent ce volume, sont de M. Abeille. Depuis près de 20 ans la France possède une *Société d'encouragement pour l'industrie nationale*, conçue sur un plan beaucoup plus vaste que celle de Londres.

V. *Effets d'un privilége exclusif sur les droits de la propriété, etc.* Paris, 1765, in-8° de 82 pages.

L'objet de cette brochure était de faire connaître les inconvéniens d'une déclaration du roi, donnée en 1713, qui gênait le commerce des *eaux-de-vie de cidre*, en Normandie et en Bretagne.

VI. *Faits qui ont influé sur la cherté des grains, en France et en Angleterre.* Paris, 1768, in-8° de 48 pages.

VII. *Principes sur la liberté du commerce des grains.* Paris, 1768, in-8° de 162 pages.

Cet ouvrage fut critiqué dans le *Journal du commerce*; les *Ephémérides* en firent l'apologie.

M. Dupont, dans ses *Ephémérides*, a cité avec éloge, analysé avec talent, ou indiqué d'une manière avantageuse, ces différens opuscules. Dans tous, l'auteur a défendu les principes d'une saine politique, de la justice et de la liberté. Les numéros 3, 5 et 6, ont été réimprimés à Yverdun en 1769, dans le tome 6e d'une nouvelle édition de la *Physiocratie* de M. Dupont.

VIII. *Mémoire à consulter, et consultation pour MM. Boyelleau, Lagrenée, Tremisot, Abeille et Yzact, conseillers du Conseil souverain de Pondichéry,* contre un imprimé publié par le sieur de la Ronce de Colombel, ci-devant capitaine des troupes de la compagnie des Indes; contenant des faits intéressans sur l'autorité et le régime de la compagnie et de ses représentans dans les Indes orientales. 1768, in-8° de 148 pages.

IX. *Mémoire présenté par la Société royale d'agriculture, à l'Assemblée nationale, le 24 octobre 1789, sur les abus qui s'opposent aux progrès de l'agriculture et sur les encouragemens qu'il est nécessaire d'accorder à ce premier des arts*. Paris, Baudouin, in-8° de 176 pages.

X. *Observations de la Société royale d'agriculture, sur l'uniformité des poids et des mesures*. Paris, 1790, in-8° de 125 pages. Et dans les *Mémoires de la Société royale d'agriculture*.

XI. *Observations de la Société royale d'agriculture, sur la question suivante, qui lui a été proposée par le comité d'agriculture et de commerce de l'Assemblée nationale :* L'usage des domaines congéables est-il utile ou non au progrès de l'agriculture? Lues le 17 mars 1791. In-8° de 64 pag.

L'abbé Lefevre et l'abbé Tessier ont eu part à la rédaction de ces observations.

M. Abeille a publié les *Observations de M. Malesherbes*, sur l'histoire naturelle, générale et particulière, de MM. de Buffon et d'Aubenton. Paris, 1798, 2 vol. in-4° et in-8°, chez Pougens. Elles sont précédées d'une introduction de l'éditeur, qui prouve des connaissances étendues, de la philosophie, de la sensibilité et le talent d'écrire.

En 1787, il avait eu la plus grande part à la rédaction d'un prospectus publié par M. le Brigand, sous ce titre : *Observations fondamentales sur les langues anciennes et modernes ;* 1 vol. in-4°. J'ai vu un exemplaire sur lequel M. Abeille avait lui-même déposé cet aveu.

ABEL, *dont le nom*, suivant Moréri *signifie affliction ;* il signifie *vanité*. Mais cette signification de nom importe peu.

Plus bas, au dernier *alinéa : Jésus-Christ donna à Abel la qualité de premier juste*. Le mot *premier* est de trop ; Jésus-Christ le qualifia bien de juste, mais non pas de *premier juste : à sanguine Abel justi*.

Ce qu'il importe le plus de remarquer, est que cet article, qui ne devrait être que de peu de lignes, occupe deux colonnes, où l'on agite des questions téméraires et futiles, sur lesquelles même on ne peut rien décider. Et je ne comprends pas qu'on ait pu introduire ce farrago dans le Dictionnaire, moins encore qu'il y ait demeuré si long-tems. (*Mémoires manuscrits* de M. du Masbaret, *pour servir à la future édition de* Moréri).

ABENBOHEN dans Moréri. Tout ce qu'on dit est misérable, chimérique et révoltant ; cependant l'article s'est filtré dans l'Encyclopédie. On prend ici une ville pour une pierre qui avait la figure d'un four ; la rivière d'Adonis pour la ville d'Adommin ; la tribu de Ruben, pour celle de Benjamin. Enfin, on cite Masius (il y a plus d'un savant de ce nom) sur le livre des Juges. Il n'y a pas de Masius qui ait commenté le livre des Juges. Il faut donc délivrer Moréri de toutes ces imaginations plus que creuses, et substituer cet article :

ABENBOHEN, ville de la tribu de Benjamin, sur les confins de celle de Juda, près de la Mer-Morte, sur le chemin qui menait à Adommin. *Jos.* VIII, 18. *St.-Jérome, etc.* (*Mémoires* de M. du Masbaret).

ABGAR, troisième article. Je pense qu'on entre ici (V. Moréri) dans une trop longue discussion au sujet de l'authenticité ou de la supposition de la lettre d'Abgar ou Abgare à Notre-Seigneur, de la réponse de N.-S. à Abgare. Loin de m'appesantir sur cette question, j'en parlerais très-sobrement : ou plutôt, après avoir allégué les puissantes autorités qui paraissent authentiquer ces lettres; Eusèbe qui les rapporte tirées des archives de l'église d'Ephèse; St.-Ephrem, diacre de cette même église, et les autres; je remarquerais que de fortes raisons de critique les rendent violemment suspectes; et pour la discussion, je renverrais aux savans qui ont traité ce point d'histoire *ex professo*, et particulièrement au P. Alexandre et à Dupin, qui ont écrit sur la supposition, et à M. de Tillemont qui a conclu pour l'authenticité (*Mémoires* de M. du Masbaret).

L'article d'Abgar, dans la *Biographie universelle*, semble avoir été rédigé d'après les excellens conseils de M. du Masbaret.

ABIOSI (Jean-Baptiste), Napolitain, médecin et mathématicien. Son article est si concis dans le Dictionnaire de M. Chaudon, que l'abbé de Feller n'a pas cru devoir le reproduire. Il est fort inexact dans la *Biographie universelle*. Les deux ouvrages qu'on cite de ce professeur ont paru ensemble sous ce titre : *Dialogus in astrologiæ defensionem cum vaticinio à diluvio usque ad Christi annos* 1702 (et non 17 seulement, comme le veut la Biographie), *Venetiis, per magistrum Fr. Lapicidam*, in-4°. Le dialogue dédié au roi de Sicile, Alphonse II, duc de Calabre, fut mis à l'*index* de Rome, sans doute parce que l'auteur y fait, selon la remarque de Vossius (*de scient. mathematicis*), plusieurs prédictions sur les schismes et le futur changement de l'Eglise. On a encore de ce professeur : I. Un ouvrage intitulé : *Trutina rerum cœlestium et terrestrium*; on lit à la fin : *completum Tarvisii, anno* 1498, *die* 5 *februarii*, in-4°. Mais, Panzer croit que l'édition est de Venise. II. *Liber astronomicus*. On lit à la fin : *completum Neapoli die* III. *Martii mensis* 1523, *et in œdibus D. Catharinæ de Silvestro* XII *junii anni prædicti excusum*; in-8°. M. de la Lande n'a pas mentionné ces deux ouvrages dans sa *Bibliographie astronomique*. Weidler, dans son Histoire de l'astronomie, p. 317, présente Abiosus comme l'éditeur de l'*Epitoma in almagestum Ptolemæi*, par J. Regiomontanus et G. Purbachius, *Venetiis*, 1496, in-fol.

ABOUL-FÉDA. M. Chaudon a avancé que J. Gagnier avait publié à Londres, en 1732, une édition de sa Géographie en arabe avec une version latine. Il n'existe que 72 pages de cette édition, comme on le voit dans la *Biographie universelle*. L'abbé de Feller a reproduit textuellement la méprise de M. Chaudon. Les traducteurs italiens de ce dernier ont ajouté une seconde erreur à celle de l'original, en soutenant que Gagnier avait fait d'abord imprimer à Oxford, en arabe et en latin, la géographie d'Aboul-Féda.

ABREU (don JOSEPH-ANTOINE D'), publiciste espagnol. La *Biographie universelle* pouvait aisément nous apprendre, 1° que la grande collection de traités, publiée par cet auteur, était écrite en espagnol; 2° que l'auteur en avait fait paraître les deux premiers volumes à Madrid en 1743.

On eût aimé ensuite à trouver quelques détails sur la vie et les ouvrages de don Félix-Joseph D'ABREU, auteur du Traité juridico-politique, concernant les prises maritimes, imprimé à Cadix en 1746, in-8°, et dont la traduction française parut en 1758, 2 part. in-12. Elle a été réimprimée en 1802 avec des notes de M. Bonnemant.

ACCORAMBONA (VITTORIA), duchesse de Bracciano, désignée, dans la *Biographie universelle*, sous le nom de Virginie Accoramboni, a été la plus belle femme et la plus malheureuse de son temps. Sa beauté occasionna tous ses malheurs. On trouve un précis assez juste de sa vie et de sa mort dans une inscription latine composée par un poëte contemporain. En voici une traduction libre :

« Je fus deux fois la victime de la rage des Ursins. D'abord ils m'enlevèrent mon époux; et le duc, son meurtrier, étant devenu mon mari, ses armes si célèbres ornèrent mon écusson. La fureur d'un autre des Ursins m'enlève mon frère et lui enlève sa sœur, en nous massacrant tous les deux à la fois. Ce n'est pas sans raison que je reçus le nom de *Victoire*, puisque ma mort me donna la palme du martyre..... Le lion de Venise nous vengea, et le meurtrier d'une brebis innocente reçut enfin la juste punition de son crime. »

On voit par ce précis que l'article de l'infortunée duchesse de Bracciano pouvait donner lieu à quelques réflexions utiles sur les malheurs qu'occasionne trop ordinairement aux personnes du sexe le funeste avantage de la beauté : on n'en trouve aucune dans l'article de la *Biographie universelle*; le rédacteur paraît ne pas avoir connu l'histoire de Vittoria Accorambona, publiée en 1800, in-4°, par feu M. Adry. Elle a été réimprimée en 1807, in-12, avec beaucoup d'additions et de corrections. On trouve à la suite la vie de madame de Hautefort, duchesse de Schomberg, par une de ses amies. Ces deux histoires sont pleines d'intérêt. François de Rosset, écrivain du XVIIe siècle, a présenté d'une manière romanesque l'histoire de la duchesse de Bracciano, sous ce titre : *Flaminie, dame romaine, pour épouser son amoureux, fait mourir son mari, et ce qui en advint.* C'est la quinzième des *Histoires tragiques de notre temps.* Genève, 1615, in-12; ou Lyon, 1621, in-8°.

* ACCORAMBONI (GIROLAMO) était natif de Gubio ou Eugubio, ville d'Italie, dans l'Etat de l'Eglise, au duché d'Urbin. Il enseigna la médecine dans l'université de Padoue, et mourut en 1535, avec la réputation d'un des plus habiles médecins de son temps; il nous a laissé plusieurs ouvrages estimés sur son art. En voici les titres :

I. *Tractatus de putredine. Venetiis, apud Andræam de Arrivabenis*, 1534, in-8°.

II. *Tractatus de Catarrho. Venetiis, apud eumdem*, 1536, in-8°.

III. *Tractatus de Lacte. Venetiis*, 1536, in-8°; réimprimé à Nuremberg, chez Petreius, en 1538, in-4°; à Bâle, en 1578, in-4°.

(Carrère, *Bibl. littér.*, etc., *de la médecine anc. et mod.*; Adry, *Hist. de Vittoria Accorambona.*)

* ACCORAMBONI (FELICE), un des fils de *Girolamo*, suivit la profession de son père; et sans parler de ses succès dans la poésie italienne, il se distingua par des connaissances très-étendues dans la philosophie. Son Commentaire sur tous les ouvrages d'Aristote, sur quelques traités de Galien et de Théophraste, qu'il dédia, en 1590, au pape Sixte V, à la famille duquel il était allié, a mérité l'approbation de tous les savans; et Fabricius regrette en particulier que dans la belle édition de Théophraste, faite à Amsterdam en 1644, in-fol., on n'ait pas joint les notes de *Felice Accoramboni* à celles des Scaliger, des Bodius et des Constantin. Voici les titres de ses ouvrages :

I. *Commentarius obscuriorum locorum et sententiarum in omnibus aristotelicis scriptis, et controversiarum inter Platonicos, Galenum et Aristotelem examinatio. Romæ*, 1590, in-fol.

II. *Annotationes in librum Galeni de temperamentis. Romæ, apud Parisium*, 1590, 1604, in-fol.

III. *Sententiarum difficilium Theophrasti in libro de plantis explicatio. Romæ*, 1590, in-fol.

IV. *Adnotationes in Theophrastum de plantis, Romæ*, 1603, in-fol.

Il a encore écrit sur le flux et le reflux de la mer. (Carrère et Adry.)

* ACCORAMBONI (FABIO), autre fils de *Girolamo*, avait encore plus de mérite que son père et que son frère. L'étude des lois fit son unique occupation. Il n'avait que vingt-un ans, lorsque sa réputation le fit nommer, en 1523, professeur en droit à l'université de Padoue. Quelques années après il se rendit à Rome, y professa le droit canon, et y exerça la profession d'avocat pendant trois ans, au bout desquels il retourna à Padoue. En 1540, Paul III le rappela à Rome, et lui donna la charge d'avocat consistorial; en 1542, il fut nommé *auditeur de Rote*, et sous le pontificat de Paul IV, il fut fait référendaire de l'une et de l'autre signature. Dans ces emplois, il fut chargé des affaires les plus importantes, et il s'en acquitta avec tant de succès, que le pape l'eût fait cardinal, s'il n'eût pas remarqué en lui trop d'attachement pour le parti de l'empereur Charles V. Il mourut doyen du tribunal de la *Rote*, en 1559. Il a laissé quelques ouvrages, et s'il n'a pas eu une réputation distinguée comme auteur, il en eut une très-grande en qualité de négociateur, de publiciste et d'homme d'Etat.

De cette famille était *Claudio Accoramboni*, père de l'infortunée *Vittoria*, dont la beauté fit tous les malheurs.

(Carrère et Adry.)

ACICHORIUS. Cet article a deux lignes dans Moréri. M. du Masbaret lui a substitué le suivant : . . . .

* ACICHORIUS, capitaine gaulois, était le collègue du second

Brennus. A la tête de plus de 150,000 hommes d'infanterie et d'une nombreuse cavalerie, ils prirent leur route vers le Danube, entrèrent dans la Pannonie, de-là dans l'Illyrie, et tout de suite dans la Macédoine, où ils accablèrent Sosthène, qui y commandait depuis la mort de Ptolémée Céraune. Ils prirent ensuite le chemin des Thermopyles, pour passer en Grèce. Ils franchirent le passage, pillèrent tout le plat-pays, s'avancèrent dans la Phocide, pour piller le temple de Delphes ; mais les Grecs, arrivés de tous côtés, fondirent sur eux et en firent un grand carnage. Brennus, croyant tout perdu, se tua de désespoir. Acichorius, avec les débris de l'armée, voulut regagner les Thermopyles, pour sortir de la Grèce, et de-là reprendre le chemin de son pays. Les Gaulois, continuellement harcelés par les ennemis, manquant de tout, obligés de coucher la plupart du temps à plate-terre au milieu de l'hiver, périrent tous de faim, de froid, ou par le fer des ennemis, sans qu'il en échappât un seul. Ces événemens sont de la seconde et troisième année de la 125e olympiade, avant J.-C. 278 et 279. Pausanias *in Phoc.*, lib. 10; Justin, lib. 24; Diodor. *Ecl.*, *lib.* 22. *Photii Bibliotheca ; Callim.*, *Suidas*, etc.

(*Mémoires* de M. du Masbaret.)

ACRONIUS (Jean), professeur de médecine et de mathématiques à Bâle.

La *Biographie universelle* affirme que nous lui devons plusieurs ouvrages qu'elle cite; mais Suffridus Petri de l'autorité duquel on s'appuye, dit seulement que ce professeur destinait à la presse les ouvrages cités. La même méprise se trouve dans M. Chaudon et dans Feller.

C'était ici l'occasion d'éclaircir un doute que l'on remarque dans le dictionnaire de ces deux auteurs, relativement à un autre Jean Acronius, auteur, *à ce que l'on croit*, disent-ils, de l'*Elenchus orthodoxus pseudo-religionis romano-catholicæ*. Deventer, 1616, in-4°. Baillet place à la vérité ce Jean Acronius dans sa *Liste des auteurs déguisés ;* mais il ne fait pas connaître positivement l'écrivain qu'il croyait caché sous ce masque. D'ailleurs, Jocher, dans son *Dictionnaire des savans*, nous assure que ce Jean Acronius était professeur de théologie protestante à Franequer, et qu'il mourut à Harlem au mois de septembre 1627.

On peut encore reprocher à la *Biographie universelle* de n'avoir rien dit d'un ancien commentateur d'Horace nommé Hélénius Acron, dont on a aussi des notes sur Perse, qui ont paru sous le nom de Cornutus, si l'on en croit Placcius, dans son *Theatrum anonymorum et pseudonymorum.*

ACTUARIUS, médecin grec. M. Chaudon a avancé que l'on trouvait une version latine dans l'édition de deux de ses ouvrages publiée à Leipsick en 1774, in-8°, par J. Fred. Fischer, sous ce titre : *De actionibus et affectibus spiritûs animalis et de dietâ.* C'est une erreur; cette édition ne renferme que le texte grec. On remarque la même méprise dans la *Biographie universelle.*

ADAM, le premier homme; voy. Moréri. Son histoire, telle

qu'elle est rapportée dans la Genèse, fatigue assez l'esprit, sans nous repaître d'imaginations et de frivolités. Il y aurait ici une attention à faire. On ne peut parler d'*Adam* sans parler d'*Eve*, et d'*Eve* sans faire l'histoire d'*Adam*. En donnant à *Adam* et *Eve*, à chacun son article, il est de nécessité de se répéter. Cela n'a pas manqué : pour éviter cette répétition, il ne faudrait qu'un article à *Adam*, et au mot d'*Eve* on y renverrait.

(*Mémoires* de M. du Masbaret.)

ADAMS (JOHN). M. Chaudon se montre en général exact à indiquer les traductions françaises des ouvrages composés dans les langues anciennes ou dans les langues étrangères : la *Biographie universelle* l'imite en cela et souvent même le complète ; mais elle ne présente pas la même exactitude dans les articles neufs, c'est-à-dire, dans ceux dont M. Chaudon ne lui offre pas le modèle. C'est ainsi que dans l'article de John Adams, on se contente de citer sa *Défense des constitutions américaines* en anglais, sans faire connaître la traduction française qui en a été publiée en 1792, 2 vol. in-8°, et qui a eu du succès. L'ouvrage original parut à Londres, pour la première fois, en 1787, 2 vol. in-8°. La *Biographie universelle* attribue encore à John Adams une *Histoire des républiques :* c'est le même ouvrage que la *Défense des constitutions américaines*.

ADAMSON (PATRICE), archevêque anglais, qui s'est fait remarquer par trois rétractations des principes qu'il avait professés en faveur de l'épiscopat. M. Chaudon dit qu'on trouve ses *rétractations* avec sa vie à la suite d'*Amelvini musæ*, 1620, in-4°. Il faut lire *A. Melvini musæ*. Cette méprise se retrouve dans Feller et dans la traduction italienne de Bassano, 1796. La *Biographie universelle* n'a point cité cet ouvrage.

ADDISON (JOSEPH). La *Biographie universelle* indique avec beaucoup d'exactitude les traductions françaises qui ont été publiées à différentes époques de beaucoup d'ouvrages de cet écrivain anglais, qui s'est distingué comme moraliste et comme littérateur. L'article du spectateur n'est ni assez détaillé, ni assez exact ; il était convenable, ce me semble, de rappeler l'époque où cette traduction parut, puisqu'elle a obtenu une place dans toutes nos bibliothèques, quelque médiocre qu'elle soit. Les six premiers volumes ont été imprimés à Amsterdam, de 1714 à 1726. L'auteur n'en est pas connu. Formey, dans son édition de *la France littéraire*, attribue à Elie de Joncourt la traduction du 7ᵉ vol., qui ne parut qu'en 1750. Le 8ᵉ vol., publié en 1754, est de la même main. On ne peut donc pas ajouter foi à *la France littéraire* de 1769, lorsqu'elle présente J. P. Moet comme le traducteur des derniers volumes. J'ai moi-même reproduit cette erreur dans mon *Dictionnaire des ouvrages anonymes*, et je suis cause que la *Biographie universelle* l'a encore répétée. Les deux éditions qu'elle cite de Paris, 1754 et 1755, 9 vol. in-12, ou 1755, 3 vol. in-4°, sont les meilleures. L'in-12 commence à devenir rare et cher. Ces éditions ne contiennent rien de plus que l'édition d'Amsterdam, en 8 vol. On peut même compléter les sept premiers volumes de cette dernière, en y ajoutant le 9e vol. de l'édition de Paris, qui se trouve séparément sous le titre de *Supplément*.

ADEMAR, ou AIMAR DE CHABANOIS, l'un des plus célèbres historiens du XIe siècle, était, suivant *Moréri* et la *Biographie universelle*, de la maison de Chabanois. M. du Masbaret n'est pas de cet avis. Voici ses réflexions :

Ademar de Chabanois. Il faut lire *Adhemar*, et porter son article sous cette orthographe. Il a paru, dans les *Mémoires de Trévoux*, janvier, 2e vol., 1760, une lettre anonyme que je sais être de M. Oroux, chanoine de l'église collégiale de Saint-Léonard, aumônier de M. de Koetlosquet, ancien évêque de Limoges, précepteur des enfans de France, où il paraît bien prouvé qu'Adhemar n'est ni de l'illustre maison de Chabannes, ni natif de Chabanois, petite ville du haut Limousin, sur la Vienne, au-dessous de Saint-Junien, appelée dans le pays *Chabaneix*. Véritablement dans la Chronique d'Adhemar, son père est dit *Cabanensis*; mais l'auteur soutient que c'est une faute de copiste pour *Campanensis*, ce qu'il justifie par la notice des abbés de Saint-Martial de Limoges, ouvrage incontestablement d'Adhemar, où il dit positivement que son père Raymond et ses oncles Adalbert et Roger naquirent *in proprio jure hæreditario, quod vocatur Campanense, juxtà castellum potenciam*. Un manuscrit conservé par M. de L'Espine, subdélégué de M. Turgot, intendant de Limoges, qui cultive les belles-lettres, porte *potenciacum ; ce castellum potencia* ou *potenciacum*, est infailliblement Château-Poinsac, petite ville du haut Limousin, à huit lieues de Limoges au nord, au voisinage duquel est un hameau appelé *Champagnac*, où l'on aperçoit encore quelques vestiges de château ou manoir seigneurial. *Champagnac* exprime fort bien *Campanense*. M. Oroux s'autorise aussi d'une lettre d'Adhemar, qu'on peut voir à l'endroit cité.

(*Mémoires* de M. du Masbaret.)

AÉRIUS, hérésiarque du IVe siècle. La *Biographie universelle* donne comme une simple *conjecture* ce qui est un fait certain, attesté sans contradiction par toute l'antiquité ; savoir, qu'il se sépara des *chrétiens* ; on a voulu dire des orthodoxes, car les hérétiques sont compris sous la dénomination générale de chrétiens, c'est-à-dire de tous ceux qui croient en Jésus-Christ, quelles que soient leurs erreurs sur divers points de doctrine. La Biographie ajoute qu'il est *seulement certain* qu'Aérius *fonda une nouvelle secte*. Mais comment est-il *certain* qu'il fonda une nouvelle secte, si sa séparation ne repose que sur une *conjecture* ?

AFRICAIN (JULES). On peut reprocher à M. Chaudon une méprise grave à la fin de cet article. Il avance que l'ouvrage de Jules Africain, intitulé *Les Cestes*, a été traduit en français par M. Guischardt, dans ses *Mémoires militaires des Grecs et des Ro-*

mains, 1774, 3 vol. in-8°. Les *Mémoires militaires* de Guischardt ne contiennent que deux petits vol. in-4° ou 2 vol. in-8°, et l'on n'y trouve point la traduction indiquée; mais l'auteur l'a insérée dans le 3ᵉ vol. d'un autre ouvrage qui a pour titre : *Mémoires critiques et historiques sur plusieurs points d'antiquités militaires*. Berlin, 1774, 4 vol. in-8°.

La *Biographie universelle* a reproduit la méprise de M. Chaudon, en ajoutant seulement aux *Mémoires militaires* leur véritable date, qui est l'année 1758.

AGRÉDA (Marie d'), religieuse cordelière, supérieure du couvent de l'Immaculée-Conception, à Agréda en Espagne.

La *Biographie universelle* ne dit pas que le P. Crozet, récollet de Marseille, ne publia en 1696 que la première partie de la traduction de la *mystique cité de Dieu*. La totalité de cette traduction ne parut qu'en 1715, à Bruxelles, 3 vol. in-4° ; ouvrage recherché aujourd'hui, à la honte de la véritable piété. L'abbé de Feller donne des détails curieux sur la fermeté que mit la cour de Rome, en 1774, à imposer silence sur la béatification de cette religieuse visionnaire.

Voici un article tel qu'il se lit dans la Biographie universelle. *J'y ai joint quelques remarques.*

	Remarques.
AGYLÆUS (Henri), jurisconsulte, né à Bois-le-Duc, vers 1533... Il publia : I. Les *Novelles de Justinien*, 1560, in-4°, avec la version d'*Holoandre* corrigée, et des variantes.	Il fallait dire, il publia : I. La traduction latine des *Novelles de Justinien*, par *Haloandre*, avec des corrections et des variantes. Paris, 1560, in-4°.
II. *Justiniani edicta*, *Justini*, *Tiberii*, *Leonis philosophi constitutiones et Zenonis unà*. Paris, 1560, in-8°.	Il fallait mettre *Zenonis una*, une de Justinien.
III. Une traduction latine du *Nomo-Canon de Photius*, avec les commentaires de *Bolsamon*, traduction beaucoup plus exacte, et faite sur un exemplaire plus complet que celle de Gentian Hervet, 1561, in-fol. Elle a été réimprimée en 1615 par Christophe *Juste*, avec le texte grec ; et en 1661 par Henri *Juste*, dans sa Bibliothèque du droit-canon ancien.	Lisez *Balsamon*. Lisez Christophe *Justel*. Lisez Henri *Justel*. Ces noms sont très-célèbres.
IV. *Inaug. Philippi II*, *Hisp. regis*...... Utrecht, 1620, in-8°.	Comme Agylæus mourut en 1595, il fallait dire que son fils avait publié cet ouvrage.

N. B. L'article d'Agylæus dans *Moréri*, est beaucoup plus clair et plus exact.

* AIMERICH (Matthieu), jésuite espagnol qui, après avoir professé la philosophie dans sa patrie, se retira à Ferrare, et dut y mourir dans un âge très-avancé, vers 1788. On a de lui :

I. *Prolusiones philosophicæ, seù veræ et germanæ philosophiæ effigies criticis aliquot orationibus et declamationibus adumbrata.* Imprimé à *Barcelonne*, chez Paul Nadal, 1756, in-4° d'environ 350 pag. On trouve un extrait curieux de cet ouvrage dans le *Journal de Trévoux.* L'auteur de l'article convient que ce recueil, malgré ses défauts, ne peut être que l'ouvrage d'un homme d'esprit.

II. *Nomina et acta episcoporum Barcinonensium. Barcinone*, 1760, in-4°.

III. *De vitâ et morte linguæ latinæ paradoxa philologica, criticis nonnullis dissertationibus exposita, asserta et probata. Ferrariæ*, 1784, in-8°. Cet ouvrage parut sous le masque de Q. *Moderatus Censorinus.* On n'en a tiré qu'un très-petit nombre d'exemplaires.

IV. *Specimen veteris romanæ litteraturæ deperditæ vel adhùc latentis, seù syllabus historicus et criticus veterum olim notæ eruditionis Romanorum ab urbe conditâ ad Honorii Augusti excessum; accedûnt nonnullæ dissertationes.* Ferrariæ, 1784, in-4°.

V. *Novum lexicon historicum et criticum antiquæ romanæ litteraturæ deperditæ vel latentis, ac Romanorum eruditorum qui eâ floruerunt ab urbe conditâ ad Honorii Augusti interitum; accedunt nonnullæ dissertationes.* Bassani, 1787, in-8°.

Ces deux derniers ouvrages sont un utile supplément à la *Bibliothèque latine* de Fabricius (*Journal des Savans, édit. d'Hollande, catalogue de la Bibliothèque de la Serna Santander*).

AINSWORTH (Robert). Suivant la *Biographie universelle*, « on doit à cet auteur un excellent Dictionnaire latin-anglais, publié en 1736, et réimprimé en 1773, avec des additions considérables; par Th. Morell, qui en a donné une nouvelle édition, *Londres*, 1796, in-4°. On en a fait depuis un bon abrégé. »

Il y a plusieurs inexactitudes à relever dans ce passage.

1°. Thomas Morell publia, dès 1774, en 1 vol. in-8°, un bon abrégé du Dictionnaire anglais-latin de R. Ainsworth. 2°. La dernière édition qu'il ait publiée du Dictionnaire lui-même, est celle de Londres, 1783, puisqu'il est mort en 1784. La réimpression de 1796 est probablement conforme à celle de 1783.

Il y a une méprise encore plus forte dans le même article; on y dit que Robert Ainsworth composa son dictionnaire sur le plan du *Dictionnaire latin-français* de *Claude Fabre.* Le *Dictionnaire biographique anglais* porte que le Dictionnaire latin-anglais, d'Ainsworth, fut composé sur le plan du *Thesaurus* de Basile Faber. Ce qui est bien différent et ce qui est bien plus probable; car ce dernier ouvrage, imprimé pour la première fois en 1571, est bien connu des savans; au lieu qu'on se souvient à peine que le P. Fabre de l'Oratoire, a publié, au commencement du 18e siècle, un petit Dictionnaire latin et français. R. Ainsworth déclare lui-même, dans un avis aux amateurs d'une pure latinité, qu'il a suivi principalement pour guides le *Thesaurus* de R. Etienne, et celui de B. Faber.

† ALAIN (Maître), de Lille, fut surnommé le *docteur universel*, parce que son esprit et sa plume s'étaient exercés sur toutes les sciences en vogue de son temps. Les opinions sont partagées sur le lieu de sa naissance et l'époque de sa mort. On ne sait même presque rien de positif de ses actions, ni des emplois qu'il a remplis. Les uns le disent Allemand, en reconnaissant toutefois qu'il était né à Lille; les autres, Anglais, d'autres Ecossais; quelques-uns, Sicilien. Mais il faut s'en rapporter à ce qu'il dit lui-même dans son commentaire sur les prophéties de Merlin, qu'il était né à Lille en Flandres. Il est vrai que l'abbé Lebeuf, qui attribue cet écrit à Alain d'Auxerre, en conclut que c'est lui qui a été surnommé *De Lille*, et que maître Alain n'a porté le même surnom que parce qu'il était né ou à l'Ile-Adam sur l'Oise, ou à l'Ile dans le comtat Venaissin, ou plutôt à l'île de Médoc. Mais on ne trouve dans aucun auteur ancien qu'Alain d'Auxerre ait été surnommé De Lille. A la vérité on lit dans son épitaphe non pas qu'il était *né* à Lille, mais qu'il y avait été *élevé*. Au surplus, on ne peut faire aucun fonds sur les épitaphes, à moins que leur ancienneté ne soit bien prouvée. Trithème et ceux qui l'ont suivi, placent la mort de maître Alain vers la fin du XIIIe siècle; et cette opinion est conforme à la date qui se lisait à Citeaux sur son tombeau. Mais elle est contredite par des auteurs antérieurs à cette époque, qui s'accordent à fixer cet événement au commencement du même siècle. Tels sont, Othon de Saint-Blaise, mort en 1209, qui parle de notre auteur sous l'année 1194; Alberic de Trois-Fontaines, qui existait au même siècle, et fixe sa mort en 1202. On trouve la même date dans la grande Chronique belgique. Alain est cité par Ebrard de Béthune, écrivain de ce même siècle, par Henri de Gand, mort en 1293. Alain vivait donc et était mort avant tous ces auteurs, et par conséquent on ne peut prolonger sa vie jusqu'en 1300; et puisque nous avons une autorité positive qui fixe sa mort en 1202, il faut s'y arrêter. Henri de Gand est le premier qui ait dit qu'Alain eut la direction des écoles de l'église de Paris; mais il ne dit pas en quel temps. On ne trouve dans le XIIe siècle aucun auteur qui fasse mention de lui en cette qualité, et lui-même quand il se nomme ne la prend jamais, ce qu'il n'aurait pas manqué de faire suivant l'usage du temps, s'il en eût été revêtu. Jean de Sarisbéry fait le dénombrement des professeurs de cette université, qui de son temps, c'est-à-dire depuis 1136 jusqu'en 1148, enseignaient à Paris, et il ne nomme pas une seule fois Alain. Il est donc très-possible qu'Henri de Gand ait confondu maître Alain avec Alain de Bécoles qui enseignait à Paris en 1229, ce qui est plus voisin du temps où Henri écrivait. Parmi les fables qu'on a débitées sur le

compte d'Alain, on raconte que la veille du jour où il s'était engagé à expliquer en public le mystère de la Trinité, il aperçut un enfant sur le bord de la Seine, qui s'amusait à porter de l'eau dans un trou fait dans le sable. « Que prétendez-vous faire, mon enfant, lui dit le docteur? — Je veux que toute la rivière entre dans ce trou. — Et quand croyez-vous que vous en serez venu à bout? — Plutôt que vous n'ayez expliqué le mystère de la Trinité, comme vous vous y êtes engagé. » Cette réflexion déconcerta le docteur, honteux de s'être trop avancé pour faire une vaine parade de sa science. Il monta cependant en chaire ainsi qu'il l'avait promis; mais ce fut pour congédier son auditoire par cette gasconade : *Sufficiat vobis vidisse Alanum.* Il faut mettre dans la même catégorie son entrée à Citeaux, en qualité de frère convers, pour y être employé à la garde des troupeaux, et le rôle merveilleux qu'on lui fait jouer au concile de Latran. Tout cela est destitué de dates, de preuves et même de vraisemblance. Ce ne fut que deux siècles après sa mort qu'on ajouta aux trois premiers vers de son épitaphe, les quatre qui la terminent, et après qu'on eut imaginé la fable qui en faisait un frère lai. Il est représenté sur son tombeau, tenant un chapelet à la main, chose inconnue de son temps. Il est étonnant qu'Alain, auteur de tant d'écrits qui durent lui donner, de son vivant, une si grande célébrité, fût si peu connu au XVe siècle, où toutes ces fables ont été inventées. Pour expliquer le silence de nos historiens à son sujet, on va le chercher en Angleterre. Gervais, moine de Cantorbéry, dans le XIIe siècle, dit que *maître Alain*, de chanoine de Bénévent, se fit moine de la cathédrale de Cantorbéry; que le 6 août 1179, cinq ans après son noviciat, il en fut nommé prieur à raison de son mérite, et qu'il était Anglais, ce qu'on explique en disant qu'il pouvait être né à Lille d'une famille anglaise, ou parce qu'il résidait en Angleterre. Raoul de Diceto s'exprime sur Alain de la même manière que le moine Gervais. Les mêmes historiens nous apprennent que dès l'année 1184, Alain justifia la haute idée que ses confrères avaient conçue de son mérite, par la fermeté avec laquelle il soutint les droits de son chapitre contre les prétentions des évêques de la province, et contre le roi lui-même, à l'occasion de l'élection d'un archevêque de Cantorbéry. Mais le roi et le nouvel archevêque, redoutant son opposition au nouveau projet qu'ils avaient conçu pour enlever le droit d'élection aux moines de la cathédrale, se concertèrent pour le destituer et le transférer à Twksbury, dans le Glocestershire, dont il fut nommé abbé. Dès ce moment il n'est plus fait mention de lui dans l'histoire. Pour ne faire qu'un même personnage de maître Alain, et d'Alain, prieur de Cantorbéry, on s'autorise surtout du Commentaire sur les prophéties de Merlin. L'auteur de ce commentaire, qui est incontestablement le docteur universel, se dit né à Lille en Flandres. On ajoute que les trois premiers livres de ce commentaire supposent qu'il a été composé en Angleterre, puisqu'ils ne sont, à proprement parler, qu'une histoire des rois d'Angleterre jusqu'à Henri II; que les manuscrits des œuvres d'Alain ne sont nulle part aussi multipliés qu'en Angleterre, soit qu'il les eût composés en Angleterre ou dans quelque ville de deçà la mer, soumise à la domination anglaise; qu'ayant éprouvé des désagrémens dans son abbaye de Twksbury, il finit par s'en démettre pour repasser en France, et se retirer à Cîteaux; que sa dénomination de *insulis* l'aura fait confondre avec l'évêque d'Auxerre, de même nom que lui, et comme lui cistercien. Les œuvres de maître Alain ont été recueillies à Anvers, en 1654, par les soins de dom de Wisch. Cette édition ne renferme pas tous ses ouvrages imprimés. En voici la notice: I. *Encyclopedia*, ou *Anti-Claudianus*, *de officio viri boni et perfecti*. C'est un poëme ou roman moral, divisé en neuf livres, appelé *Encyclopedia*, parce que l'auteur y entre dans un grand détail sur les procédés des sciences et des arts; et *Anti-Claudianus*, parce que c'est une imitation, mais en sens inverse, du poëme satyrique de Claudien contre Ruffin. Claudien, afin de rendre odieuse la mémoire du ministre de Théodose, suppose un complot des vices pour bannir de l'empire le règne de la vertu, et il en prend le modèle dans Ruffin. Alain, au contraire, imagine un concert de toutes les vertus pour chasser les vices de la terre et faire cesser la dépravation des hommes. Ce plan, mélange bizarre de philosophie, d'érudition, d'imagination et des préjugés du temps, offre cependant une conception vaste. La versification en est facile et beaucoup meilleure que celle de la plupart des poëtes du XIIe siècle. C'est de tous les ouvrages d'Alain celui qui lui donna le plus de célébrité parmi ses contemporains. Il était même devenu classique au XIIIe siècle, où il eut des commentateurs, tels que Raoul de Longchamp et Adam de Labassée, qui l'abrégea et l'enrichit de digressions morales. Ces deux commentaires n'ont jamais été imprimés. L'ouvrage le fut sans nom d'auteur, à Bâle, 1536; Venise, 1582; Anvers, 1621; puis dans la collection de D. de Wisch. Le grand d'Aussy a donné, sur un manuscrit de la bibliothèque du roi, la notice d'une traduction libre de l'*Anti-Claudianus* en vers français, qu'il met beaucoup au-dessus de l'original. L'auteur en a retranché beaucoup d'endroits, surtout ceux qui ne contiennent que des détails scholastiques. Il y a ajouté des morceaux de sa façon, et en a embelli, corrigé et resserré le plan. II. *De planctu naturæ ad deum*, ou *Enchiridion de rebus naturæ*. C'est un conte moral contre la dépravation du monde, mêlé de vers et de prose, faible imitation du Traité de la consolation philosophique de Boëce, dont il n'approche ni pour le fond ni pour le style. Cependant Barthius en fait un grand éloge. Allatius en préparait une édition avec des notes, lorsque la mort l'interrompit dans son travail. III. *Elucidatio super cantica canticorum*, tout en l'honneur de la sainte Vierge, pour laquelle l'auteur trouve dans ce livre des allégories tant bien que mal amenées. IV. *De arte prædicatoriâ.* Ce sont des esquisses de sermons sur presque tous les sujets de morale. Son objet était de réformer les défauts des prédicateurs de son temps ; mais il aurait dû commencer lui-même par réformer ses propres sermons, dans lesquels il n'emploie presque jamais l'Ecriture sainte qu'en un sens allégorique. V. *Deux proses rimées*, l'une sur l'incarnation, l'autre sur la faiblesse de la nature humaine. VI. *Doctrinale altum.* Ce sont des pensées détachées sur différens textes de l'Ecriture, à l'usage des prédicateurs. VII. *Doctrinale minus.* Ce sont des paraboles qui renferment des maximes de morale et autres vérités, rendues d'une manière spirituelle, en vers élégiaques, distribués en distiques, quatrains, sixains, etc. Cet opuscule fut imprimé à Lyon en 1491, in-8°, 1601, avec le Commentaire de Mathieu Bonhomme, Leipsick, 1516; traduit en vers français, avec des commentaires moraux. Paris, 1536, in-16. VIII. Un *Opuscule sur les six ailes des Chérubins*, attribué à saint Bonaventure, imprimé parmi les œuvres du docteur Séraphique, mais moins complet que dans celles d'Alain. IX. *Liber pœnitentialis*, dédié, dans plusieurs manuscrits, par maître Alain à Henri de Sully, archevêque de Bourges, qui occupa ce siége depuis 1184 jusqu'en 1200. X. *De fide catholicâ.* C'est un excellent traité de controverse en quatre volumes contre les albigeois, les vaudois, les juifs et les mahométans. On n'en trouve que les deux premiers livres dans les œuvres d'Alain. Ce ne fut que deux ans après avoir donné son édition, que D. de Wisch reçut les deux derniers de la bibliothèque de Citeaux, et qu'il les publia en forme d'appendice dans la seconde édition de son *Bibliotheca Cisterciensis.* L'ouvrage est dédié, *Amantissimo (al. reverendissimo) domino suo Willelmo, Dei gratiâ Montispessulani principi.* L'auteur n'y prend d'autre qualité que celle de *magister Allanus* Et il déclare que le motif de sa dédicace, c'est que ce prince de Montpellier était le seul des souverains d'alors qui fût éminemment revêtu des armes de la foi chrétienne, et qui, au milieu des tempêtes qui agitaient l'Eglise, n'eût jamais abandonné la barque de saint Pierre. Le nom de Guillaume fut comme héréditaire dans la maison de Montpellier jusqu'à la fin du XIIe siècle. Parmi ces princes, Guillaume VI, Guillaume VII et Guillaume VIII, furent toujours dévoués au saint-siége, et ne furent jamais suspects dans leur croyance. Mais comme cet ouvrage ne fut composé qu'après le concile de Latran, en 1179, où Alain avait été chargé par le pape d'écrire contre les hérétiques qui y avaient été condamnés, il est vraisemblable que c'est à Guillaume VIII, mort en 1202, qu'il le dédia. Alain s'était lié particulièrement dans ce concile avec Ermengaud, abbé de Saint-Gilles, auquel il a aussi dédié un de ses ouvrages manuscrits. Or, cet Ermengaud gouverna le monastère de Saint-Gilles jusqu'à environ 1195. Voilà comment Alain aura fait connaissance avec ce prince si zélé contre une hérésie qui faisait alors les plus grands ravages, sans être obligé, comme l'abbé Lebeuf, de le faire naître ou à l'Ile dans le comtat Venaissin, ou à l'Ile-Jourdain, près de Toulouse, ou à l'Ile-Médoc, dans le Bordelais, pour réserver à Alain d'Auxerre le privilége exclusif d'être né à Lille en Flandres. XI. *De arte, seu articulis fidei catholicæ*, mis au jour par dom Bernard Pez. Cet ouvrage, divisé en cinq livres, et où l'auteur suit la méthode des géomètres, est dédié à un pape du nom de Clément, ce qui paraît devoir s'entendre de Clément III, qui occupa le saint-siége depuis 1187 jusqu'en 1191. XII. *Alani magni de insulis doctoris universalis explanationum in prophetiam Merlini Ambrosii Britanni libri septem.* Ce commentaire fut publié à l'occasion des événemens extraordinaires qui se passaient alors en Angleterre, et dans lesquels on croyait reconnaître l'accomplissement des prophéties de Merlin. L'auteur y fait preuve d'une grande sagacité, d'une connaissance fort étendue de l'histoire et même des sciences physiques et naturelles. Casimir Oudin et l'abbé Lebeuf l'attribuent à Alain d'Auxerre, parce que l'auteur dit qu'il était né à Lille en Flandres. Mais ils ne font pas attention que cet auteur dit que dans son enfance le comte Thierri d'Alsace prit possession du comté de Flandres, ce qui eut lieu en 1128, et ne peut s'accorder avec les époques connues de la vie d'Alain d'Auxerre, et s'accorde très-bien avec celles de la vie de maître Alain : ajoutez que le même auteur dit que Henri II régnait en Angleterre à l'époque où il écrivait son ouvrage ; qu'il nomme par leurs noms et dans l'ordre de leur naissance les enfans de ce prince, Henri, Godefroy et Jean. Or, ce dernier, selon la chronique de Robert de Montmouth, naquit en 1167. Il faut donc qu'Alain ait écrit postérieurement à cette année et avant la mort d'Henri II, arrivée en 1189, et même avant celle d'Henri, son fils aîné, en 1183, puisqu'il ne parle pas de la guerre que les enfans firent à leur père cette année là, quoique son texte lui en fournisse l'occasion. Il faut conclure de ces circonstances et de quelques autres, que l'ouvrage fut composé dans l'intervalle de 1174 à 1179. Lebeuf prétend que l'auteur dit qu'il était alors moine de Citeaux, ce qui déciderait la question en faveur d'Alain d'Auxerre, qui à cette époque s'était démis de son évêché ; et résidait à Clairvaux. Mais observez que l'auteur parle bien de son ordre, sans désigner toutefois quel était cet ordre. Or, puisqu'à cette même époque on trouve un maître Alain moine de Cantorbéry, de l'ordre de Saint-Benoît, qui se trouvait établi dans le pays où se passaient les événemens qui donnèrent lieu à l'ouvrage, pourquoi aller chercher un évêque qui avait vieilli non dans la carrière des sciences, mais dans l'exercice de son ministère? Ce ne fut que long-temps après que maître Alain se retira à Citeaux. XIII. *Vie de saint Thomas de Cantorbéry*, dont on a publié des extraits dans le *Quadrilogue* que le P. Lupus a placé à la tête des lettres du saint archevêque. Cette Vie est d'Alain, moine de Cantorbéry, à qui Casimir Oudin attribue d'avoir recueilli et mis en ordre les lettres du saint prélat. XIV. *Dicta Alani de lapide philosophico, germanico idiomate, latine reddita per Justum à Balbian Alostanum.* Cet ouvrage, inséré dans le *Theatrum chimicum*, paraît être d'un autre Alain, comme on peut le conjecturer de ce qu'il avait été composé en allemand. Il existe encore beaucoup d'écrits du docteur universel, mais qui n'ont pas vu le jour, et qui vraisemblablement ne le verront jamais. La partie brillante de ses écrits, sont ses poésies. Il ne manquait pas de génie. On voit qu'il s'était appliqué à former son style sur Martianus Capella, chez lequel il a puisé les notions qu'il étale dans son Encyclopédie. Ses commentaires sur l'Ecriture sainte et ses sermons ne présentent guère que des allusions et des interprétations allégoriques. Ses traités de controverse sont solides ; mais ils ont tous les défauts de la scholastique sèche et pointilleuse qui régnait de son temps. (*Article communiqué* par M. Tabaraud, *qui l'a extrait en grande partie d'un Mémoire lu à l'Institut* par M. Brial, *ancien bénédictin.*)

ALARY (JEAN). L'abbé Goujet et la *Biographie universelle*, ne fournissent sur cet auteur que des renseignemens vagues ; l'article que je vais donner est extrait de la notice détaillée sur ce poëte, que je trouve dans l'*Histoire*, encore manuscrite, *des Poëtes français*, composée par Guillaume Colletet, mort en 1659. Ce manuscrit jouit d'une assez grande réputation. Il eût été fort utile à l'abbé Goujet pour la composition de sa *Bibliothèque française ;* mais ce savant ne put en obtenir communication. Voy. la préface de son 9e vol., pag. VI, ou le t. 14e.

JEAN ALARY naquit à Toulouse ; son père était président au présidial de cette ville. Comme il avait laissé à son fils, en mourant, quelques affaires épineuses, celui-ci fut obligé de venir à Paris pour les poursuivre au conseil du roi. Dans la vue de rendre utile et fructueux un séjour qui devait le consumer en frais, ce jeune homme, qui s'était distingué dans ses cours d'humanités et de philosophie, et qui s'était déjà fait recevoir avocat tant au parlement de Paris qu'en celui de Toulouse, fit afficher dans Paris un long discours ayant pour titre : *Abrégé des longues études, ou Pierre philosophale des sciences.* Ce discours, qui fit beaucoup de bruit parmi les curieux, dit Colletet, était adressé aux princes, aux ecclésiastiques, aux ambassadeurs, à la noblesse, aux magistrats, aux financiers, aux régnicoles, aux étrangers, aux dames même, enfin à tous ceux qui, n'ayant point fréquenté les écoles, désiraient en peu de temps paraître avec honneur dans la chaire, au barreau et dans tous les autres emplois relevés. L'auteur promettait de communiquer sa science par de certaines règles nouvelles, exactes, infaillibles, et aussi aisées à comprendre qu'à pratiquer. Plusieurs curieux vinrent le consulter sur ses nouvelles vues. Quelques-uns en furent satisfaits, mais d'autres non. Pendant quelques mois, il eut des disciples qu'il instruisit par le moyen de ses règles. Il se vantait d'en réserver quelques-unes pour le service du roi, déclarant qu'il n'en communiquerait pas le secret pendant sa vie, pour ne point rendre de son vivant sa science trop commune, et ne point préjudicier à la fondation qu'il désirait en faire pour le public. Un écrivain de la ville de Paris, en introduisant un homme de qualité dans la maison d'Alary, lui enleva treize de ses règles. Alary présenta au roi, en 1620, une requête fort vive pour obtenir justice et réparation de ce vol. C'est un tableau naïf du caractère et de la vie de l'auteur. Ses plaintes firent tant d'impression sur l'esprit de quelques personnes, que deux prélats offrirent, l'un de lui fournir par an la somme de 800 l., et de faire réparer un vieux édifice d'une abbaye pour y loger les pauvres écoliers auxquels il voudrait apprendre sa science; et l'autre, de lui délivrer tous les ans 12,000 l. pour l'accomplissement de ses grands projets. Le judicieux Colletet n'a point été dupe de toutes ces annonces. Le style du sieur Alary lui paraissait ressembler à ces corps malades qui veulent faire passer leur enflure pour embonpoint, et à ces faux politiques qui croient que leurs raisonnemens chimériques sont autant de solides maximes d'Etat. Il le trouvait souvent plus embarrassé que fleuri, et plus obscur que lumineux. Cependant il y avait des endroits capables de contenter un bon esprit. Outre les deux ouvrages cités par la *Biographie universelle*, Alary a encore publié *la Vertu triomphante de la fortune*. Paris, 1622. L'auteur y offrait ses services à la reine-mère; mais ses envieux et ses ennemis lui rendirent de si mauvais offices, que l'on se contenta de louer son esprit et de plaindre sa mauvaise fortune. Les ouvrages d'Alary sont rares, parce qu'il les faisait imprimer à ses frais, et les débitait lui-même. Il est à croire que beaucoup d'exemplaires sont restés entre ses mains. On ignore l'époque de sa mort. Alary portait au milieu de la cour même une longue et épaisse barbe, un chapeau d'une forme haute et carrée, qui n'était pas celle du temps, et un long manteau double de longue peluche, qui lui descendait plus bas que les talons, et qu'il portait même souvent pendant les plus grandes chaleurs de l'été, ce qui le distinguait des autres hommes, et le faisait connaître du peuple qui l'appelait hautement *philosophe crotté*, de quoi, dit Colletet, sa modestie ne s'offensait jamais.

ALBERGATI (Fabio). L'article de cet écrivain italien, mort en 1605, est aussi sec et aussi fautif dans M. Chaudon que dans la *Biographie universelle*. Fabio Albergati a autant écrit sur la politique que sur la morale : il est faux que l'imprimeur Zanetti ait publié le recueil de ses ouvrages en 6 vol. in-fol. On lui doit seulement le traité *Del modo di ridurre a pace l'inimicitie private*, 1573, in-fol., et peut-être quelques autres traités. La collection des ouvrages de Fabio Albergati ne parut qu'en 1664, à Rome, 7 vol. in-4°. Mazuchelli donne une notice détaillée sur cet auteur. L'abrégé qu'on en trouve dans Adelung est exact.

L'abbé de Feller n'a pas reproduit cet article insignifiant.

ALBERIC VEER, Anglais, chanoine régulier de Saint-Augustin, a composé, suivant Moréri, un *Traité de l'eucharistie*, une *Vie de St. Orithe*, *etc.* M. du Masbaret fait observer qu'Orithe est le nom d'une sainte. En effet, sainte Orithe est une martyre anglaise qui fut décapitée par les barbares vers l'an 870. Voy. les *Vies des Pères, etc.*, traduites de l'anglais par l'abbé Godescard.

* ALBERT (LOUIS-CHARLES D'), duc de Luynes, pair et grand fauconnier de France, naquit le jour de Noël 1620, fut reçu chevalier des ordres du roi le dernier déc. 1661, et mourut en 1690. Il a été marié trois fois, et eut un grand nombre d'enfans. Ce seigneur se livra avec une grande ardeur à la lecture des Livres saints et à celle des saints-pères. Les ouvrages et les traductions qu'il a publiés, presque toujours sous le nom du sieur de Laval, lui ont acquis une juste célébrité. Les principales de ses productions sont :

I. *Méditations métaphysiques* de Réné Descartes, traduites du latin de l'auteur. Paris, J. Camusat, 1647, in-4°.

II. *Sentences* tirées de l'Écriture sainte et des pères, appropriées aux fêtes des saints. Paris, 1648, in-12; 1703, in-12.

III. *Instruction* pour apprendre à ceux qui ont des terres dont ils sont seigneurs, ce qu'ils pourront faire pour la gloire de Dieu et le soulagement du prochain. Paris, Lepetit, 1658, in-4°. Réimprimé sous le titre : *Des Devoirs* des seigneurs dans leurs terres, suivant les ordonnances de France. Paris, P. Lepetit, 1668, pet. in-12; Saugrain, 1687, in-12.

IV. *L'Office du saint-sacrement* traduit du français, avec une table historique et chronologique (par le Maistre de Saci). Paris, 1659, 2 vol. in-8°. La préface de cet ouvrage ne se trouve pas dans tous les exemplaires.

V. *Divers ouvrages de piété* tirés de saint Cyprien et de saint Basile, etc. Paris, Savreux, 1664, in-8°; 1675, in-12.

VI. *Les quarante homélies*, ou Sermons de saint Grégoire-le-Grand, pape, sur les évangiles de l'année. Paris, P. Lepetit, 1669, in-4°; Lyon, 1692, in-8°.

VII. *Les Morales de saint Grégoire*, pape, sur le livre de Job. Paris, P. Lepetit, 1666, 1667 et 1669, 3 vol. in-4°; Lyon, 1692, 4 vol. in-8°.

VIII. *La Morale pratique de saint Grégoire*, extraite de ses Morales sur Job. Paris, J. B. Coignard, 1697, 2 vol.

IX. *Sentences*, *Prières et Instructions chrétiennes*, tirées, 1° de l'Ancien et du Nouveau Testament, en lat. et en franç., Paris, P. Lepetit, 1676, in-12; 2° des OEuvres de saint Augustin, Paris, P. Lepetit, 1677, 2 vol. in-12; 3° des anciens pères de l'Eglise, Paris, P. Lepetit, 1680, 2 vol. in-12; 4° des OEuvres de saint Jean Chrysostôme, Paris, P. Lepetit, 1682, 2 vol. in-12; 5° des OEuvres de saint Bernard, Paris, Vilette, 1709, in-12; 6° des OEuvres de saint Grégoire-le-Grand et de saint Paulin. Paris, 1701; Vilette, 1734, in-12.

X. *Relation* de ce qui se passa à l'entrée du Roi Louis XIV, en 1660, au sujet des rangs des ducs et des pairs de France, entre eux et avec les princes étrangers, dans le volume intitulé : *État présent d'Espagne, etc.* Paris, 1717, in-12.

Le duc de Luynes a eu part à la fameuse traduction du Nouveau Testament dite de *Mons*. (Baillet, *Jugemens des savans;* Moréri, divers *Catalogues.*)

ALBERT (Louis-Joseph d'), plus connu sous le nom de prince de Grimberghen, était, suivant la *Biographie universelle*, le neuvième enfant de Louis-Charles d'Albert, duc de Luynes, grand *aumonier* de France. Il fallait dire grand fauconnier de France. On assure que l'abbé Pic, son précepteur, est le véritable auteur des ouvrages qui lui ont été attribués. Le *Recueil de différentes pièces de littérature* est in-8°, et non in-12; voy. les *Essais critiques de prose et de poésie*, mois de mai 1703. Paris, Ribou, 1703, in-12, p. 14. L'abbé Tricaud de Bellemont est auteur de ces Essais et d'autres du même genre, qui ont paru à la même époque. L'abbé Desfontaines donnait aussi à l'abbé Pic le *Songe d'Alcibiade*, qui fait partie du *Recueil* attribué au prince de Grimberghen.

ALBIZZI (Barthélemy), qu'on appelle aussi Barthélemy de Pise. Une colonne entière du dictionnaire de M. Chaudon, sur les ouvrages de ce fameux franciscain, se retrouve dans la *Biographie universelle.* La dernière est nécessairement une copie de la première, puisqu'il s'agit d'ouvrages rares qu'on lit peu, ou d'analyses de ces ouvrages qu'on ne lit pas davantage. Il était impossible, sans copier, de donner les mêmes indications et de faire les mêmes réflexions.

M. Chaudon avait tiré ce morceau de bibliographie presque en entier du Dictionnaire de l'abbé Ladvocat, édition de 1760. Les auteurs de la *Biographie universelle* l'auront considéré comme un article du *Domaine public.*

ALBORNOS (le cardinal), archevêque de Tolède dans le XIV° siècle. Sa qualité ne l'empêcha pas de porter les armes; ce fut par son courage et par son zèle que les donations faites à l'Eglise dès le temps de Pépin et de Charlemagne, reçurent leur entier accomplissement. Aucun de nos dictionnaires historiques ne renvoie à l'ouvrage intitulé *la Vertu ressuscitée*, ou *la Vie du cardinal Albornos*, surnommé *Père de l'Eglise*, histoire parallèle dédiée à Mgr. le cardinal de Richelieu, *père de la France*, par le chev. de Lescale. Paris, Toussainct Du Bray, 1629, in-8° de 318 pag. L'abbé de Saint-Léger regardait ce volume comme rare et curieux. Un premier frontispice gravé représente Albornos et Richelieu couronnés par deux anges. On lit dans le haut de la devise : *Duo lucida sidera cœlis;* et celle-ci au bas : *Duo prospera nomina terris.*

ALCINOUS. Il y a au moins huit méprises dans l'article de la *Biographie universelle* sur ce philosophe. Au lieu de les relever ici minutieusement, j'aime mieux présenter aux lecteurs un nouvel article en regard de celui de la *Biographie.*

Article de la Biographie universelle.	*Article nouveau.*
ALCINOUS, philosophe platonicien, florissait, à ce que l'on	ALCINOUS, philosophe platonicien, qui vivait au commence-

Suite d'un article de la Biog. univ.

croit, au commencement du 2e siècle. Les détails de sa vie ne nous sont point parvenus, et nous ne le connaissons guère que par son *Introduction à la doctrine de Platon*, dont Marsile Ficin fit une version latine. Elle fut publiée pour la première fois avec divers traités de Jamblique, Proclus, Porphyre, Synesius et autres platoniciens, *Venetiis, in ædibus Aldi*, 1497, in-fol. Elle a souvent été réimprimée depuis.

Jacques Carpentier l'orna d'un commentaire qui parut à Paris, 1573, in-4°. Denys Lambin en publia une édition grecque et latine (avec des scholies), Paris, 1567, in-4°, et Michel Vascosan une autre, Paris, 1552, in-8°.

Daniel Heinsius l'inséra, *de la même manière*, dans ses éditions de *Maxime de Tyr*. Leyde, 1608; 1617; Oxone, 1667, in-8°. On la trouve en latin dans les premières éditions d'Apulée. Rome, 1469 et 1472; Venise, Alde, 1521, etc., et dans l'*Histoire de la philosophie* de Stanley, publiée par Oléarius. Leips., 1711, in-4°, p. 326: elle

Suite de l'article nouveau.

ment du second siècle de l'ère chrétienne. Il ne nous reste de cet auteur que l'ouvrage intitulé *Introduction à la philosophie de Platon*, en grec. Il en existe en cette langue une édition de Venise, 1521, in-8°, avec l'Apulée, par les Aldes; et une autre de Leipsick, 1783, in-8°, revue par J. F. Fischer, à la suite de l'Eutyphron et autres dialogues de Platon; nous en avons plusieurs traductions latines. La plus ancienne et la moins estimée est celle de P. Balbus, évêque de Tropea. Elle parut pour la première fois à Rome en 1469, in-fol., avec les œuvres d'Apulée, par les soins de Jean, évêque d'Alérie. A. Koberger l'a réimprimée à Nuremberg, en 1472. La seconde est celle de Marsile Ficin, dont la première édition parut en 1497, in-fol., chez les Aldes, avec plusieurs traités de Jamblique, Proclus, etc. Vascosan réimprima, à Paris, en 1532, in-8°, le texte grec d'Alcinoüs, et en 1533 la version de Marsile Ficin. Celle-ci a été revue, 1° par Jacques Charpentier, professeur du collége de France, dont on a un ouvrage sous ce titre: *Platonis cum Aristotele in universâ philosophiâ comparatio, quæ hoc commentario in Alcinoi institutionem ad ejusdem Platonis doctrinam, explicatur. Parisiis*, 1573, 2 vol. in-4°; 2° par Daniel Heinsius, qui la reproduisit à Leyde en 1617, avec le texte en regard, à la suite de Maxime de Tyr. Alcinoüs fut réimprimé séparément avec la version latine d'Heinsius, à Oxfort, en 1667, in-8°, par les soins de J. Langbænius et de J. Fell. Il existe encore une autre traduction latine

Suite d'un article de la Biog. univ.

a été traduite en français par M. Combes Dounous. Paris, 1800, in-12.

Suite de l'article nouveau.

d'Alcinoüs, par Denis Lambin, imprimée avec le texte et avec des scholies, à Paris, en 1567, in-4°. M. Combes-Dounous, ancien membre du Corps législatif, a publié la première traduction française de cet ouvrage. Paris, Didot l'aîné, an 8 (1800), in-8°. (Panzer, *Annales typographici*; M. Renouard, *Annales des Aldes*; divers catalogues.)

ALCIPHRON. L'édition de ses lettres, Utrecht, 1791, citée par la *Biographie universelle*, est en grec seulement. Elle ne renferme pas de version latine. La traduction française de l'abbé Richard est citée sans aucune réflexion. C'est trop s'écarter de l'excellente manière de M. Chaudon, qui joint en général un jugement court et précis à ses indications. Ce jugement, au lieu d'être sec et dogmatique, présentait presque toujours la quintessence de l'opinion des journalistes les plus impartiaux. Ce sont ces résumés qu'on aime à trouver dans un dictionnaire historique; ils contribuent à former le goût des jeunes gens. La traduction de l'abbé Richard est assez exacte; elle est accompagnée de notes instructives sur toutes sortes de sujets.

* ALÈGRE (D'), gentilhomme, mort vers 1736, a publié plusieurs ouvrages, mais il n'a jamais voulu qu'aucun parût sous son nom, le titre d'auteur n'étant pas apparemment de son goût. Le Journal des savans, du mois de décembre 1736, nous apprend qu'on lui doit la traduction de *Gulistan*, ou l'*Empire des roses*, publiée en 1704, 1 vol. in-12, et de l'*Histoire de Moncade*, dont les principales aventures se sont passées au Mexique. Paris, 1736, 2 part. Le libraire a joint à cette nouvelle espagnole le *Marquis de Leyra*, qui n'est pas du même auteur. On croit généralement que d'Alègre est le principal auteur de *la Coquette ou la Fausse prude*, et de *l'Homme à bonnes fortunes*, comédies qui ont été représentées sous le nom du célèbre comédien Baron. Maupoint, auteur de la *Bibliothèque des théâtres*, 1733, in-8°, dit positivement que *la Coquette* fut attribuée à un gentilhomme auteur de la *Vie de Henriette Silvie de Molière*. On avait dit la même chose, en 1730, dans la *Lettre sur Baron et mademoiselle Lecouvreur*, brochure attribuée à l'abbé D'Allainval, mais qui paraît être plutôt de l'avocat Coquelet, son contemporain. On a sous le nom de M. d'Alègre un petit poëme intitulé *l'Art d'aimer*. Paris, vers 1737, in-12.

ALEMBERT (JEAN-LE-ROND D'). L'article de M. Chaudon sur cet homme célèbre, est remarquable par la modération, par la franchise et par l'impartialité. Il rend justice à ses rares talens; il loue ses bonnes qualités; mais il ne dissimule pas ses défauts. L'abbé de Feller a porté sur ce philosophe les jugemens les plus contradictoires. Après l'avoir peint dans le cours de son article comme un homme plein de circonspection et de prudence, il cite le portrait qu'en a tracé un critique de nos jours, et où il est représenté comme un homme qui a caché sous le masque de la modération toutes les convulsions d'un amour-propre outré et vindicatif, tous les excès de la haine la plus bilieuse et la plus vindicative, etc.

Le passionné biographe va jusqu'à attribuer à d'Alembert l'ouvrage médiocre intitulé : *Histoire de l'établissement des moines mendians*, Avignon, 1767, in-12, que *la France littéraire* de 1778 donne à M. Poullin de Lumina. On peut affirmer que l'ouvrage n'est pas de d'Alembert.

Il va encore plus loin, en faisant tomber sur d'Alembert le bon mot attribué à madame du Deffand contre les philosophes modernes. Rien de plus invraisemblable, puisque nous savons par madame du Deffand elle-même que d'Alembert était excepté de l'éloignement qu'elle avait pour la plupart de nos philosophes. Voy. sa Correspondance avec Walpole, tom. 4, pag. 224. D'ailleurs, madame du Deffand cite ce bon mot d'une manière beaucoup plus piquante que l'abbé de Feller : On m'attribue, dit-elle, un bon mot sur les philosophes modernes, dont je ne me souviens point, mais je l'adopterais volontiers. On disait que le roi de Prusse ou le roi de Pologne vantait beaucoup nos philosophes d'avoir abattu la forêt des préjugés, qui nous cachaient la vérité; on prétend que je répondis : *Ah! voilà donc pourquoi ils nous débitent tant de fagots!* Voy. sa Correspondance avec Walpole, tom. 1er, pag. 222.

Quoi qu'en dise la *Biographie universelle*, on ne trouve aucun morceau inédit dans la collection des œuvres de d'Alembert, publiée en 18 vol. in-8°, par M. Bastien.

ALER (Paul), jésuite allemand, qui a été professeur d'humanités au collége de Cologne. La *Biographie universelle* cite sous le nom de ce professeur le *Gradus ad Parnassum*, qu'il publia à Cologne vers 1680, et qui est classique depuis plus d'un siècle dans différens pays. Il est facile de prouver que c'est à la France que l'on est redevable de cette utile production.

On vit paraître à Paris, chez le libraire Benard, dès 1652, l'ouvrage intitulé : *Epithetorum et synonymorum thesaurus*. Cet ouvrage, attribué au père Chatillon, jésuite, eut du succès. On le réimprima en 1654. Le même libraire fit paraître, en 1659, le volume qui a pour titre : *Novus synonymorum, epithetorum et phrasium, seù elegantiarum poeticarum thesaurus, sive Gradus ad Parnassum, thesaurum Virgilii, Smetium*, etc. *Complectens, opus emendatissimum pariter et politiori elegantiâ excultissimum, ab uno è soc. Jesu recognitum*. Cet ouvrage était à sa cinquième édition en 1662. Ce fut en 1667 qu'il commença à porter le titre de *Gradus ad Parnassum*. On trouve en tête un avis de deux pages sur l'utilité et l'usage de ce livre, et vers la fin un *appendix brevissima quorumdam vocabulorum quæ in hoc libro desiderantur.*

Le titre seul de cet ouvrage prouverait que le P. Aler s'en est emparé, en le corrigeant et en le perfectionnant. Mais il ne reste plus de doute sur l'identité des deux ouvrages, quand on remarque en tête du *Gradus* du P. Aler la traduction latine de l'avis français qui se trouve en tête du *Novus synonymorum thesaurus* de l'anonyme parisien, et à la fin un *appendix brevissima quorumdam vocabulorum quæ in hoc libro desiderantur.*

Bientôt l'ouvrage fut réimprimé à Rouen et à Paris, sous le nouveau titre que le P. Aler lui avait donné. En 1710, la veuve de Simon Benard, rentrant pour ainsi dire dans une propriété qui avait été enlevée à son mari, obtint un privilége de cinq ans pour réimprimer à Paris seulement le *Gradus ad Parnassum.* En 1712, elle céda son droit à J. Barbou, qui fit paraître dès 1713 une édition assez soignée de cet ouvrage. Les explications tirées de l'histoire, de la fable et de la géographie s'y trouvent en latin et en français. Dans ces nouvelles éditions, à dater au moins de 1701, l'*avis* sur l'utilité de ce livre n'est plus celui que le P. Aler avait traduit du français ; c'est une censure assez fine des plagiats faits à l'ouvrage par l'auteur du *Regia Parnassi.* En 1722, le célèbre P. Vaniere fit des corrections et des additions tant au *Gradus* qu'au *Regia Parnassi*, pour les libraires Bruyset, de Lyon. On fit encore des augmentations successives au *Gradus*, à Paris, chez le libraire Brocas, en 1732, et chez Barbou, en 1734 ; à Rouen, en 1750, en 1779 et en 1788. Plusieurs de ces éditions ont été reproduites à Lyon et à Poitiers.

Les frères Deville publièrent à Lyon, en 1742, une nouvelle édition du *Gradus ad Parnassum*, avec les explications traduites en espagnol. L'ouvrage est partagé en 2 vol. in-8°. Pour le rendre véritablement utile aux Espagnols, on a placé à la fin du second volume un vocabulaire de tous les mots du *Gradus* traduits en espagnol, avec le latin à côté.

En 1804 et en 1809, M. Ainès donna à Lyon une édition du *Gradus*, revue et corrigée. En 1804 et 1806, M. Boinvilliers fit de nouvelles corrections à cet ouvrage pour la maison Delalain. Cet éditeur affirme dans son avant-propos de 1806, que le *Gradus* est l'abrégé du grand Dictionnaire poétique du père Vaniere. Il le confond apparemment avec l'abrégé de ce dictionnaire, publié dix ans après le grand ouvrage, c'est-à-dire en 1715. Enfin, M. Noel, en 1810, a reproduit le *Gradus* avec des augmentations considérables, sur le plan du grand dictionnaire du P. Vaniere.

Les Hollandais, les Italiens et les Anglais n'ont point adopté les augmentations diverses faites à Paris au *Gradus ad Parnassum.* Ils l'ont réimprimé d'après le texte du père Aler. Telles sont les éditions d'Amsterdam en 1707 et en 1723 ; de Bois-le-Duc en 1767 ; de Venise en 1747 ; de Londres en 1686, 1725 et 1773. Cette dernière édition est due au savant philologue Th. Morell. Elle contient l'indication des ouvrages d'où sont tirés les vers dont les auteurs seulement étaient cités dans les éditions de Cologne. On remarque aussi dans cette édition la désignation entre deux parenthèses de l'espèce de vers cités autres que les hexamètres et pentamètres. Ces additions sont aussi utiles que commodes pour les lecteurs.

Il résulte de ces détails que les jésuites français ont le mérite d'avoir exécuté et perfectionné le *Gradus ad Parnassum*.

(Divers catalogues.)

ALESTRI (RICHARD). Il est dit dans *Moréri* qu'il mourut le 8 janvier 1680; il fallait dire le 28 janvier. On écrit aussi Allestry. Cette différence d'orthographe, dit M. du Masbaret, a produit dans le même *Moréri* un second article plus long et plus exact que le premier. On trouve dans la *Biographie universelle* un bon article sur ce théologien anglais, sous le mot *Allestry*.

ALEYN (CHARLES), poëte anglais. « En 1639, dit la *Biographie universelle*, il publia l'*Histoire d'Euryale et de Lucrèce*. Cette histoire, qui n'est qu'une traduction, se trouve parmi les épîtres latines d'Æneas Sylvius. »

Cela veut dire que Charles Aleyn publia en 1639 l'*Histoire d'Euryale et de Lucrèce*, traduite du latin d'Æneas Sylvius en anglais. Il ne suffit pas de savoir l'anglais pour bien traduire une notice littéraire, il faut encore connaître la langue de la bibliographie.

ALFÈRE (OGER), regardé comme le premier historien d'Ast, sa patrie, n'a point d'article dans la *Biographie universelle;* son article dans *Moréri* est à *Ogerius Alferius*. Ce que l'on remarque, dit M. du Masbaret, qu'il était de l'*illustre maison des Alfères*, fait toucher au doigt que l'article est mal placé.

ALFIÉRI (VICTOR). Suivant la *Biographie universelle*, on a publié en France trois traductions d'Alfiéri : cette énumération est incomplète ; car j'ai sous les yeux une quatrième traduction, sous ce titre : *Panégyrique de Trajan*, par Pline, nouvellement trouvé, traduit du latin en italien par M. le comte Alfiéri, et de l'italien en français par M. de S***, de l'académie royale de Florence. Paris, 1787, in-8° de 68 pag.

ALGAROTTI. A la suite de ses *Lettres sur la Russie*, imprimées en 1769, on a ajouté un *Essai sur la durée des règnes des sept rois de Rome*, d'après le système de *Newton;* mais cet ouvrage ne saurait appartenir à Algarotti, puisque l'auteur de cet *Essai* cite l'*Histoire critique du gouvernement romain*, qui n'a paru qu'en 1765, c'est-à-dire un an après la mort de ce comte ; d'ailleurs, cette production n'est guère digne des talens d'Algarotti.

ALKMAR (HENRI D'), auteur d'un poëme en vieux langage allemand, très-fameux sous le titre de Rainier le Renard. Cet article, rédigé avec soin dans la *Biographie universelle*, donne cependant lieu à plusieurs observations. 1°. Le nom de Henri d'Alkmar est le masque de Nicolas Bauman, jurisconsulte de Juliers, suivant un mémoire de ses descendans, inséré par Busching vers 1784, dans son *Magasin pour l'histoire et la géographie des temps modernes.*

2°. L'auteur de l'article affirme que le poëme du Renard a été traduit dans la plupart des langues: en latin, en italien, en danois, en suédois, en anglais et en français; mais il a oublié de citer la traduction française qui est intitulée : *le Renard*, ou *le Procès des bêtes*. Bruxelles, 1739, in-8°. Elle a été réimprimée à Paris sous ce titre : *les Intrigues du cabinet des rats*, apologue national destiné à l'instruction de la jeunesse et à l'amusement des vieillards. Paris, 1788, in-8°, avec 22 planches gravées en taille-douce.

3°. La traduction latine de Hartman Schopper est en vers : elle a paru pour la première fois à Francfort, en 1567, in-4°.

ALLAINVAL (L'ABBÉ D'). L'article de la *Biographie universelle* sur cet écrivain renferme une méprise dans laquelle tombent assez fréquemment les personnes peu versées dans la bibliographie. On y dit que l'abbé d'Allainval donna *une édition corrigée et augmentée* de l'ouvrage du P. Rigord, jésuite, ayant pour titre : *Connaissance de la mythologie*. L'ouvrage du père Rigord était resté manuscrit, D'Allainval en fut l'éditeur, avec le libraire Simon. M. Chaudon s'était exprimé avec exactitude sur cet objet.

C'est sur la foi de l'abbé Desfontaines qu'on attribue à l'abbé d'Allainval la *Lettre à milord ***, sur Baron et mademoiselle le Couvreur.* Cette indication m'a toujours paru un peu suspecte, surtout dès le moment où j'ai acquis un volume portant ces mots sur le dos : *OEuvres de M. Coquelet;* lequel commence par cette *Lettre*, et contient ensuite les opuscules intitulés : *Eloges de la goutte, de rien, de quelque chose*, etc.

* ALLAMAND, ministre à Bex, dans le pays de Vaud. Gibbon, dans ses *Mémoires*, nous a transmis de curieux détails sur le genre d'esprit et sur le caractère de ce théologien protestant. Il voulut embrasser tous les genres; mais c'est la philosophie qu'il a le plus approfondie. Sur toutes les questions, il s'était fait des systèmes ou du moins des argumens toujours originaux et toujours ingénieux. Cet homme, qui aurait pu éclairer ou troubler une nation, vécut et mourut dans l'obscurité. Il est singulier qu'il n'ait presque rien écrit, à l'exception de deux petits ouvrages de commande. Je ne connais qu'un de ces ouvrages; c'est une Lettre anonyme sur les assemblées des religionnaires en Languedoc, écrite à un gentilhomme protestant de cette province. Rotterdam (France), 1745, in-4°, réimprimée en 1747 dans la seconde édition de l'ouvrage d'Armand de la Chapelle, intitulé : *La nécessité du culte public parmi les chrétiens*, établie et défendue contre ladite Lettre, 2 vol. in-12. Allamand avait soutenu que le culte public n'était pas indispensable dans les circonstances où se trouvaient les protestans. Le style de cette Lettre est animé; les argumens en sont spécieux. Dans une lettre écrite de Lausanne, en 1756, Gibbon appelle M. Allamand le théologien le plus raisonnable qu'il ait jamais connu. On doit deux ouvrages à un professeur de Lausanne du même

nom : I. *Pensées anti-philosophiques*. La Haye, 1751, in-12. II. *Anti-Bernier, ou nouveau Dictionnaire de théologie*, par l'auteur des P. A. (des *Pensées anti-philosophiques*). Genève, 1770, 2 vol. in-8°. Ce dernier ouvrage est estimé des protestans. Voyez le Traité de la vérité de la religion chrétienne, par J. Vernet., t. 9, pag. 9.

* ALLAMAND (Jean-Nicolas-Sébastien), né à Lausanne, en 1716, se destina jeune à l'emploi de ministre, et en exerça les fonctions dans sa patrie ; dès qu'il y eut achevé son cours d'études. Etant venu depuis en Hollande, il y a été pendant quelques années précepteur de jeunes gens de condition. Le célèbre S'Gravesande l'employa à l'éducation de ses enfans, le logea chez lui à Leyde, et lui inspira son goût pour la physique de Newton. M. Allamand passa depuis à Franequer, et se fit inscrire dans l'université de cette ville, où il obtint, le 3 mars 1747, une chaire de philosophie. Il n'avait pas encore été installé, lorsqu'on lui en offrit à Leyde une semblable, mais plus lucrative, dont il prit possession le 30 mai 1749. Dans la suite, M. Allamand fut chargé de professer l'histoire naturelle dans la même université, et il a rempli ces deux fonctions à la satisfaction générale, jusqu'à sa mort arrivée le 2 mars 1787. Il a été aggrégé à la société royale de Londres, et à l'académie des sciences établie vers 1754 à Harleim. Allamand a joui pendant sa longue carrière de la considération attachée au savoir et à la vertu. Il avait formé un riche cabinet de physique et d'histoire naturelle, qu'il montrait avec plaisir aux étrangers, et que sa veuve, conformément aux intentions de son mari, légua en 1788 à l'université de Leyde.

Les principaux ouvrages qu'il a publiés ou traduits de différentes langues, sont :

I. *Sermons sur divers sujets*, par Jacques Foster, traduits de l'anglais, tom. 1er. Leyde, 1739, in-8°. Il n'a paru que ce volume.

II. *Oratio inauguralis de vero philosopho. Lugd. Batav.*, 1749, in-4°. C'est le discours qu'il prononça étant devenu professeur à Leyde. Il s'y étend beaucoup sur S'Gravesande. Il a donné depuis des détails plus considérables et plus curieux sur ce célèbre philosophe.

III. *Guilielmi Jacobi S'Gravesande philosophiæ Neutonianæ institutiones in usus academicos, tertia editio. Lugd. Batav.*, 1744, in-8°. Allamand fit entrer dans cette édition tout ce que S'Gravesande lui avait dit vouloir y insérer, et qu'il expliquait dans ses colléges. Notre auteur avait déjà aidé S'Gravesande, en 1742, lorsque celui-ci donna la 3e édition de ses *Phisices elementa mathematica*, d'où sont tirées les *Institutiones philosophiæ Neutonianæ*.

IV. Il a eu part à l'ouvrage intitulé : *le Livre de Job*, traduit du latin de M. Schultens, par MM. de Joncourt et Sacrelaire. Leyde, 1748, in-4°.

V. Il a eu part aussi à l'ouvrage qui a pour titre : *Proverbes de Salomon*, traduits du latin de Schultens, par les auteurs de la *Traduction de Job*. Leyde, 1752, in-4°.

VI. *Elémens de chimie*, par Herman Boerhaave, traduits du latin. Amsterdam, 1752, 2 vol. in-8°, réimprimés à Paris, avec des additions, par Tarin, 1754, 6 vol. in-12.

VII. *Introduction à la philosophie*, traduite du latin de S'Gravesande, par un anonyme, en 1737; 3ᵉ édition, augmentée de quelques chapitres sur Dieu, ses attributs et la création. La Haye, 1756, in-8°.

L'éditeur a rédigé les trois chapitres additionnels d'après un manuscrit laissé par l'auteur. Cet ouvrage a été regardé comme excellent par de bons juges.

VIII. *Essai sur l'histoire naturelle des corallines*, traduit de l'anglais de J. Ellis. La Haye, 1756, in-4°.

IX. *Dictionnaire historique et critique de Prosper Marchand*. La Haye, 1758 et 1759, 2 vol. in-fol. L'éditeur a rendu un véritable service à la république des lettres, en mettant au jour cet ouvrage que l'auteur avait laissé dans le plus grand désordre.

X. *OEuvres philosophiques et mathématiques de M. G. J. S'Gravesande*, avec l'histoire de la vie et des écrits de l'auteur. Amsterdam, 1774, 2 vol. in-4°. La vie de S'Gravesande avait déjà paru dans le dictionnaire de Marchand; c'est un excellent morceau de biographie. L'éditeur a traduit du latin pour cette curieuse collection trois discours académiques de S'Gravesande, et du hollandais une démonstration mathématique du soin que Dieu prend de diriger ce qui se passe dans ce monde, tirée du nombre des garçons et des filles qui naissent journellement.

XI. Le *Règne animal de Brisson*, en latin, avec des notes et des additions. Leyde, 1762, 1 vol. in-8°.

XII. *Histoire naturelle du Gnow, du grand Gerbu et de l'Hippopotame*. Amsterdam, 1776, in-4°. Ce sont des additions que l'auteur avait fournies pour l'édition de l'Histoire naturelle de Buffon, imprimée à Amsterdam chez Schneider, en 1766 et ann. suiv., jusqu'en 1779. Cette édition a été continuée à Dordrecht, en 1799. Elle forme 38 vol. in-4°, y compris l'histoire des poissons de M. de Lacépède.

XIII. *Nouvelle description du cap de Bonne-Espérance*, traduite du hollandais. Amsterdam, 1778, in-8°.

M. Allamand a inséré quelques mémoires sur l'électricité, dans la *Bibliothèque britannique*, t. 24ᵉ; une dissertation sur les bouteilles de Bologne, dans les *Transactions philosophiques* de Londres, n° 477, art. 3, et quelques pièces dans le *Recueil de la société des sciences de Harlem*, tom. 1 et 2.

(*Mémoires littéraires* de Paquot, tom. 3, édit. in-fol.; *Dictionnaire hist.*, de Prosper Marchand; *Journal des savans*, édit. de Hollande; *France littéraire* de M. Ersch).

ALLEN (Thomas), mathématicien anglais. Moréri dit qu'une partie de sa bibliothèque, qui renfermait beaucoup de manuscrits, a été incorporée à celle de Cottoman. M. du Masbaret n'a pas cru hasarder beaucoup, en disant qu'on a voulu parler ici de la célèbre bibliothèque du chevalier Robert Cotton.

ALLIX (Pierre). L'article de

cet auteur, dans le dictionnaire de Feller (voyez les additions, tom. 8), présente une erreur assez singulière. Il y est dit que l'abbé de Longuerue a publié une *Dissertation sur la transubstantiation*, qu'on a faussement attribuée à Allix. Il est certain au contraire que l'abbé de Longuerue est auteur de cette Dissertation, laquelle a été publiée à Londres, en 1686, par les soins d'Allix. Les éditeurs du dictionnaire de Feller, Paris, 1818, ont fidèlement rapporté à la lettre A l'erreur qui était dans le supplément de l'édition de Liége, 1797.

L'article Allix, de la *Biographie universelle*, est très-bon.

ALQUIÉ (François-Savinien d'), traducteur français du XVIIe siècle. La *Biographie universelle* est le seul dictionnaire qui offre un article sur cet auteur. Plusieurs de ses ouvrages y ont été oubliés; on pouvait citer: I. *La Chine illustrée de plusieurs monumens*, traduite du latin du P. Kircher, jésuite. Amsterdam, Jansson, 1670, in-fol.

II. *Examen des esprits*, traduit de l'espagnol de Jean Huarte. Amsterdam, 1672, in-12.

III. *Recherches politiques très-curieuses*, tirées de toutes les histoires tant anciennes que modernes (traduites du latin des *Disquisitiones politicæ* de Boxhornius). Amsterdam, 1669, petit in-12.

† AMELINE (Claude), prêtre de l'Oratoire, grand-archidiacre de Paris, né dans cette ville en 1635; non en 1629, comme le dit la *Biographie universelle*; mort en 1706. On a de lui:

Traité de la volonté, de ses principales actions, de ses passions et de ses égaremens, en cinq parties. Paris, chez Desprez, 1684, in-12. Bayle, dans sa *République des lettres*, du mois de janvier 1685, attribua cet ouvrage à M. Nicole; mais au mois d'avril suivant, il le restitua à M. Ameline qui en est le véritable auteur.

Traité de l'amour du souverain bien, qui donne le véritable caractère de l'amour de Dieu, opposé aux fausses idées de ceux qui ne s'éloignent pas assez des erreurs de Molinos et de ses disciples, dédié à Mgr. l'archevêque de Paris. Paris, Léonard, 1699, in-12. Il y a une édition de cet ouvrage sous la rubrique de Liége en la même année; mais cette édition est sans dédicace, et ne renferme que dix-sept chapitres, au lieu que la précédente en contient vingt. On conjecture que l'édition de Liége avait été faite sur un ancien manuscrit de l'auteur, qui ne comprenait d'abord que dix-sept chapitres, auxquels il en ajouta trois de plus, à l'occasion du livre *des Maximes des saints* de M. de Fénélon, ce qui le mit dans l'état que présente l'édition de Paris. M. Dupin dit que l'ouvrage a été imprimé en 1700, ce qui donnerait lieu de croire qu'il s'agit d'une troisième édition; mais il est plus vraisemblable qu'il y a erreur de date de la part du bibliothécaire.

L'Art de vivre heureux, formé sur de très-belles maximes de M. Descartes. Paris, Coignard, 1690. On lit dans la *Biographie universelle* que quelques-uns donnent cet ouvrage à Louis Pascal. Le P. Bougerel, dans sa *Bibliothèque manuscrite des écrivains de la congrégation de l'Oratoire*, l'attribue à M. Ameline. Le père Battarel, dans ses *Mémoires manuscrits* sur les mêmes écrivains, n'en parle point du tout.

(*Article communiqué par* M. Tabaraud.)

AMMAN (JEAN-CONRAD), médecin suisse, qui s'appliqua particulièrement à apprendre à parler aux sourds de naissance. Suivant M. Chaudon, il publia le moyen dont il s'était servi dans deux petits Traités curieux et recherchés : l'un sous le titre de *Surdus loquens, Harlemii*, 1692, in-8°; l'autre intitulé *de loquelâ*, *Amstelodami*, 1700, in-12. Ces deux ouvrages n'en sont qu'un, le second étant une simple réimpression du premier sous un titre différent.

La même méprise se retrouve dans le *Dictionnaire* de Feller et dans la *Biographie universelle*.

AMORT (EUSÈBE). Aucun de nos *Dictionnaires historiques* ne fait connaître suffisamment cet habile théologien du dernier siècle ; croirait-on même que l'ouvrage qui en parle le plus négligemment est celui dont l'auteur est censé être le plus versé dans les matières théologiques, le compilateur de la collection intitulée : *Mémoires pour servir à l'Histoire ecclésiastique du dix-huitième siècle*. Paris, 1806, 2 vol in-8° ; nouvelle édition, revue et augmentée ; Paris, Leclere, 1814 et 1815, 4 vol. in-8°. Cet ouvrage n'est presque pas connu à Paris ; il l'est un peu plus dans les départemens, grâces à la tendresse paternelle de l'auteur qui rédige le journal intitulé : l'*Ami de la religion et du roi*. Ce bon père y rappelle fréquemment sa compilation, et se prodigue à lui-même des éloges qu'aucun journaliste de Paris n'a daigné lui accorder. On a de la peine à concevoir comment un ouvrage qui ne formait d'abord que deux volumes, s'est élevé à quatre en peu d'années. Voici la méthode employée par l'auteur. Il lui est venu dans l'idée de mettre en tête de sa compilation un discours préliminaire des plus longs qu'on ait jamais vus, puisqu'il forme 242 pag., et de la terminer par des notices biographiques sur les auteurs dont il parle dans le corps de l'ouvrage. Il résulte de cet arrangement que le compilateur a parlé trois fois des mêmes choses, 1° dans son discours préliminaire, 2° dans le corps de l'ouvrage, 3° dans le 4e volume contenant les notices; si l'on ajoute à cela les nombreux larcins qu'il a faits au *Dictionnaire des ouvrages anonymes*, on concevra aisément comment l'ouvrage forme aujourd'hui quatre gros volumes. Le 4e, renfermant une espèce de biographie ecclésiastique du XVIIIe siècle, je le comprends dans le nombre des ouvrages que j'ai à examiner, et je trouverai souvent à redresser l'auteur, surtout lorsqu'il a la prétention de redresser les autres. Pour l'article d'Eusèbe Amort, par exemple, notre compilateur se contente de dire qu'il a fait *une Dissertation sur l'auteur de l'Imitation*, tandis qu'il a publié douze pièces plus ou moins étendues sur l'*Imitation de J.-C.*, et en faveur de Thomas à Kempis. Voici le nouvel article que je soumets au lecteur :

† AMORT (EUSÈBE), chanoine

régulier de l'ordre de Saint-Augustin, dans l'abbaye de Polling, en Bavière, s'est rendu recommandable par la publication de beaucoup d'ouvrages remplis d'érudition. Il a développé beaucoup de zèle contre les révélations de Marie d'Agreda, contre les visions, etc. L'excellent livre de l'*Imitation de J.-C.* a exercé principalement sa critique; il a tâché de prouver, dans nombre d'ouvrages plus ou moins considérables, que Thomas de Kempis en était le véritable auteur. Il a aussi critiqué l'ouvrage posthume du P. La Borde de l'Oratoire, intitulé : *Principes sur l'essence et la distinction des deux puissances*. Amort mourut le 25 novembre 1775, à l'âge de 82 ans. Tous ses ouvrages sont en latin; ils ont valu à leur auteur, en Allemagne, cette inscription mise au bas de son portrait : *Litterarum maximè sacrarum, in Bavaria restaurator.* Voici les principaux :

I. *Nova philosophiæ planetarum et artis criticæ systemata. Norimbergæ*, 1723, in-4°, ouvrage de la jeunesse de l'auteur, dans lequel la terre est placée au centre du monde.

II. *Plena et succincta informatio de statu totius controversiæ quæ de auctore libelli de imitatione Christi, inter Thomæ Kempensis, et Joannis Gersenis patronos agitatur. Aug. Vind.*, 1725, in-8° de 334 pag.

III. *Scutum Kempense, seu vindiciæ IV librorum de Imitatione Christi, quibus Thomas à Kempis in suâ possessione stabilitur. Coloniæ*, 1728, in-4°, et dans l'édition des œuvres de Th. à Kempis, publiée la même année dans la même ville.

IV. *De Origine, progressu, valore, fructu indulgentiarum, nec-non de dispositionibus ad eas lucrandas requisitas notitia historica, dogmatica, polemica, critica. Aug. Vindel.*, 1735, in-fol.

V. *De revelationibus, visionibus et apparitionibus privatis regulæ tutæ ex scripturâ, conciliis, etc. Collectæ et exemplis illustratæ. Aug. Vind.*, 1744, 2 vol. in-4°. Benoît XIV cite cet ouvrage avec intérêt dans son Bref du 6 janvier 1748, au général des franciscains, sur l'affaire de Marie d'Agreda.

VI. *Demonstratio critica religionis catholicæ, nova, modesta, facilis, etc. Aug. Vindel.*, 1745, in-fol.

VII. *Nova demonstratio de falsitate revelationum Agredanarum. Aug. Vindel.*, 1751, in-4°.

VIII. *Theologia eclectica, moralis et scholastica. Aug. Vind.*, 1752, 4 vol. in-fol.

IX. *Elementa juris canonici veteris et moderni. Aug. Vindel.*, 1757, 3 vol. in-4°.

X. *Deductio critica, quà juxta sanioris criticæ leges moraliter certum redditur ven. Thomam Kempensem librorum de Imitatione Christi auctorem esse, etc. Aug. Vind.*, 1761, in-4° de 344 pages. C'est l'ouvrage principal d'Amort; il y réfute la Dissertation de l'abbé Valart, publiée en 1758, et celle du bénédictin Ange Mœrs, donnée en 1760. Voy. ma Dissertation sur soixante traductions françaises de l'*Imit. de J.-C.*

XI. *Dictionarium casuum conscientiæ è gallico (D. Pontas) versum, moribus germaniæ accommodatum, novisque notis illustratum. Aug. Vindel.*, 1762, 2 vol. in-4°.

XII. *Moralis certitudo provener. Thomâ Kempensi, contrà exceptiones novi Gersenistæ Ratisbonensis. Augustæ Vindelicorum*, 1764, in-4°; dernier ouvrage d'Amort et le complément du précédent. Il combat l'opinion du P. Faita, abbé du Mont-Cassin, pour un Jean Gerson, frère de Jean Gerson, chancelier de Paris et prieur des Célestins de Lyon.

Tous ces ouvrages sont peu connus en France.

(*Supplément d'Adelung; différens Catalogues; Journal des Curés.*)

AMYOT (Jacques), célèbre traducteur de Plutarque. Le libraire Leclerc, éditeur du dictionnaire de l'abbé Ladvocat, en 1777, mit, d'après le P. Niceron, au nombre des ouvrages d'Amiot, de prétendues *OEuvres mêlées*, imprimées à Lyon en 1611, chez Frellon, 1 volume in-8°. M. Chaudon et l'abbé de Feller ont reproduit cette assertion; la *Biographie universelle* croit qu'il y a erreur, et que ces *OEuvres mêlées* n'ont jamais existé. Il fallait prouver la non-existence de ce volume; car cette méprise a beaucoup embarrassé des bibliographes très-habiles : ils ont cherché ce que pouvait contenir ce volume, au lieu de s'assurer d'abord de son existence. Il sera tout naturel de la nier, lorsqu'on saura qu'il existe une édition des *OEuvres morales et mêlées* de Plutarque, de la traduction d'Amyot, imprimées à Lyon en 1611, chez Paul Frellon, 2 vol. in-8°, qui ont pu être reliés en 1 vol. Quelque libraire ayant abrégé et dénaturé ce titre, aura fait croire qu'il existait réellement des *OEuvres mêlées* d'Amyot. On n'a que trop d'exemples de ces titres dénaturés. L'édition des *OEuvres morales et mêlées* de Plutarque que je cite, se trouve à la bibliothèque du roi.

ANCÉE, roi de Samos. « Son aventure, dit M. Chaudon, donna lieu à ce proverbe grec, traduit en latin par Caton : *Multum interest inter os et offam.* Il y a loin de la bouche au plat. Horace a mieux traduit le proverbe grec en ce vers :

Multa cadunt inter calicem supremaque labra. »

Ce vers n'est point d'Horace. Erasme, dans ses *Adages*, et les commentateurs d'Aulu-Gelle, le citent sans nom d'auteur. L'abbé de Feller a changé tout cet article, et il en a retranché les citations.

ANCHANTERUS (Claude), médecin barrois du XVIe siècle, qui a demeuré à Padoue, où il était historiographe impérial. Plusieurs passages de ses écrits annoncent qu'il était très-lié avec Boissard, établi à Metz, et qu'ils avaient pour amis communs des hommes distingués de la Lorraine, à qui l'un et l'autre ils adressèrent des vers, tels que de Treille, poëte, né à Vezelize. Anchanterus en adresse aussi à Nicolas le Pois, médecin du duc de Lorraine. Il a traduit du grec l'ouvrage de Psellus sur les propriétés médicales des pierres précieuses, sous ce titre : *Nomenclator gemmarum quæ magis in usu sunt, nunquàm antehàc quod sciri adhùc potuerit editus à Clau-*

dio Anchantero, medico et cæsareo historico ex græco. Accesserunt ejusdem Anchanterii in hunc libellum notæ breves non infructuosæ. Typis Ottomariacis, 1594, in-8°. Anchanterus a traduit également du grec en vers latins le Traité de Paul-le-Silentiaire sur les *bains pythiques*, sous ce titre : *Pauli Silentiarii hemiambia dimetra catalectica in thermas epicas latinè facta epico carmine. Accésserunt loculentissimæ annotationes, brevis item non minùs utilis quàm jucunda de thermis dissertatio et nonnulla poemata ejusdem autoris ad Glovem dom. nobiliss. et ornatiss. juvenem. Venetiis*, 1586, in-12. Ant. Musa adressa des vers grecs à notre auteur, qui paraît avoir été un savant helléniste et un poëte élégant. M. H. Grégoire, ancien évêque de Blois, a inséré dans les *Annales encyclop.* du mois de septembre 1817, une curieuse notice sur ce savant Lorrain. Cet article en est extrait.

ANDRÉ, prêtre de Ratisbonne, suivant Moréri. On le qualifie mal, dit M. du Masbaret; il était chanoine régulier de Saint-Magne, dans un faubourg de Ratisbonne. Il est connu sous le nom d'*André de Ratisbonne*. On ne parle que d'un de ses ouvrages; il en a composé plusieurs, dont M. Oefele fait l'énumération dans ses *Rerum Boicarum scriptores*, Augsbourg, 1763, in-fol., qui sont précieux pour l'histoire de son temps. Lui-même a mis au jour deux ouvrages de cet écrivain : le premier est un Journal historique des événemens depuis 1222 jusqu'en 1427; le second, un Catalogue des évêques de Ratisbonne. Il faut joindre au catalogue des diverses productions d'André de Ratisbonne, énoncé par M. Oefele, *Dialogus de hæresi bohemicâ*, achevé en 1430, dont l'on conserve à la bibliothèque du roi une copie authentique faite sur un ancien manuscrit de Bâle.

(*Mémoires* de M. du Masbaret.)

ANDRY DE BOISREGARD. L'article de ce médecin, dans la *Biographie universelle*, est à refaire à peu près ainsi pour les dix premières lignes.

Article de la Biographie universelle.	*Article nouveau.*
ANDRY (NICOLAS), surnommé Boisregard, né à Lyon en 1658, sans fortune, vint à Paris étudier *en philosophie* au collége des Grassins, où il fut réduit à faire l'éducation de quelques élèves pour subvenir aux frais de ses études *en théologie*. Il devint professeur au collége des Grassins, et en 1687 il commença à se faire connaître dans les lettres *par* sa traduction du *Panégyrique de Théodose-le-Grand*, par Pacatus. Dé-	ANDRY (NICOLAS). . . . . . , Pour subvenir aux frais de ses études, il se fit répétiteur au collége des Grassins, et dès 1687 il publia sa traduction du *Panégyrique de Théodose-le-Grand*, par Pacatus. Il fit paraître, en 1689, des *Réflexions ou Remarques critiques sur l'usage présent de la langue française*, dont le frontispice a été changé en 1692. On peut encore les lire avec fruit. Saint-Réal ayant opposé son traité

Suite d'un article de la Biogr. univ.

goûté de *la théologie*, il étudia la médecine . . . .
. . . .

Suite de l'article nouveau.

de la critique aux *réflexions* d'Andry de Boisregard, celui-ci lui répondit avec vivacité en 1693, dans la *suite de ses réflexions critiques*. Vers le même temps, il se livra à l'étude de la théologie; mais il s'en dégoûta au bout de 2 ans, et étudia la médecine....

Si M. Girault-du-Vivier, auteur de la *Grammaire des grammaires*, eût trouvé dans nos dictionnaires historiques des détails aussi précis, il ne nous eût point dit, en tête de son utile compilation, qu'il possédait la *seconde* édition des *remarques* du sieur Andry de Boisregard.

On ne verra de l'exactitude dans les ouvrages de beaucoup d'auteurs, surtout dans ceux des gens du monde qui deviennent auteurs, qu'à l'époque où nos dictionnaires historiques seront purgés de leurs principales fautes.

*ANDRY (Claude), ecclésiastique, frère du précédent, mort à Lyon le 15 juillet 1718. Cet abbé se fit connaître en 1706 par le vol. intitulé : *La religion prétendue réformée, dévoilée dans plusieurs entretiens d'un catholique avec un protestant;* 1 vol. in-12, imprimé à Lyon. Il publia en 1714 un traité intitulé : *L'hérésie des protestans, et la vérité de l'Eglise catholique, mises en évidence*; 2 vol. in-12. Cet ouvrage est adressé à M. Bénédict Pictet, de Genève. Le professeur genevois répondit l'année suivante à l'ecclésiastique de Lyon, par un ouvrage aussi en 2 vol., sous ce titre : *La Religion des protestans justifiée d'hérésie, et sa vérité démontrée.* Un docteur en théologie prétendit que dans cet ouvrage M. Pictet avait abusé de certains termes d'une lettre qu'il écrivit en 1714, sur la condamnation de deux propositions du P. Quesnel, et il a adressé à ce sujet à l'abbé Archimbaud une lettre que celui-ci a insérée dans le tom. 2 de son nouveau Recueil de Pièces fugitives, etc. L'abbé Andry répliqua à M. Pictet par deux nouveaux volumes contre la réfutation de son adversaire : c'est une *suite de l'hérésie des protestans, etc.*; 1716. M. Pictet répondit encore. M. Andry termina la dispute par une lettre de 24 p. au ministre, dans laquelle il prouve que l'église romaine est seule *apostolique* et seule *universelle*.

*ANDRY (A.), frère des deux précédens, fut prêtre habitué de

Saint-André-des-Arcs à Paris ; il publia, en 1690, la *Consolation intérieure*, ou le Livre de l'Imitation de J.-C. selon son original, traduit d'un ancien exemplaire nouvellement découvert, avec une Dissertation sur plusieurs différences qui se trouvent entre cet exemplaire et l'édition vulgaire de l'Imitation ; 1 vol. in-12. Cet ouvrage a eu six éditions. C'est l'*internelle consolation* mise en langage moderne. J'ai détaillé dans ma *Dissertation sur soixante traductions françaises de l'Imitation de J.-C.*, les motifs qui me portent à attribuer au P. Lamy, bénédictin, la *Dissertation* qui se trouve en tête de la *Consolation intérieure*. Il est étonnant que l'abbé Langlet du Fresnoy et l'abbé Jaubert n'aient point parlé de la Consolation intérieure de l'abbé Andry, dans leurs traductions de l'Imitation, puisque comme lui, ils ont fait usage du texte français de l'*internelle consolation*. Ce qui est plus étonnant encore, c'est que Laurent Cajetan Ponsampieri, prêtre de Lucques, ait donné, en 1723, une version italienne de la *Consolation intér.*, ainsi que de la dissertation qui la précède, sans nommer l'auteur français. On doit encore à l'abbé A. Andry une traduction française des Psaumes de D. Antoine, roi de Portugal. Paris, 1693, petit in-12.

Les articles de ces trois *Andry* se trouvent à la vérité dans le *Supplément* d'Adelung ; mais ils n'y sont pas présentés comme trois frères ; d'ailleurs, l'article du médecin est séparé des deux autres.

ANNET ou ANET (Pierre). La *Biographie universelle* a oublié de faire remarquer que cet écrivain anglais est auteur de l'*Examen critique de la vie et des ouvrages de S. Paul*, dont le baron d'Holbach a publié une traduction française, Amsterdam, 1770, in-12, sans prévenir les lecteurs que l'ouvrage était traduit de l'anglais.

ANSART (André-Joseph), d'abord bénédictin, puis conventuel de l'ordre de Malte. La *Biographie universelle* lui attribue l'*Histoire littéraire du Maine*, qui est d'un autre auteur du même nom, et sur lequel j'ai recueilli les renseignemens qui suivent.

* ANSART (Louis-Joseph-Auguste), né à Aubigny, diocèse d'Arras, le 22 mai 1748, entra dans la congrégation des chanoines réguliers de France, où il fit profession le 23 novembre 1767. Il demeurait à Châlons-sur-Marne en 1784, et s'y occupait de recherches très-étendues sur l'histoire ecclésiastique, littéraire et civile du Maine. Ses lectures lui avaient fait connaître 300 auteurs manceaux dont on avait oublié jusqu'aux noms. Il devait en résulter un ouvrage composé de 8 volumes in-8°. L'auteur n'a fait paraître qu'un premier volume en 1784, sous ce titre : *Bibliothèque littéraire du Maine*, ou Traité historique et critique des auteurs de cette province. Ce volume comprend environ cent articles. L'exactitude avec laquelle ils sont rédigés, les recherches qu'ils présentent, font regretter que les volumes suivans n'aient pas paru. Avant la révolution, M. Ansart était prieur-curé à Grand-Pré (Ardennes), et il en était encore curé titulaire en 1812.

N. B. Il est d'autant plus essentiel de relever les fautes qui ont échappé aux rédacteurs de la *Biographie universelle*, que déjà elles se trouvent reproduites assez généralement dans le premier volume du *Supplément* au Dictionnaire de Feller. On y lit l'article *Ansart*, comme dans la *Biographie*, sans distinguer les deux écrivains de ce nom. Du reste, je me fais un plaisir d'avouer ici que ce Supplément est rédigé avec plus de modération et d'impartialité que l'ouvrage de Feller. Seulement beaucoup d'articles ont été mal abrégés, de manière qu'on y trouve des fautes que l'on n'a pas à reprocher à ceux qui les ont tracés en grand.

ANTIST (Le père Vincent-Justinien), dominicain espagnol, sur lequel on trouve un assez bon article dans Moréri. Les auteurs ont cependant oublié de dire que son Traité de la conception de la très-sainte Vierge Marie, mère de Dieu, avait été traduit en français par le sieur D*** (Antoine-Thomas), avec une addition sur le même sujet, extraite de divers auteurs. Paris, 1706, in-12. La *Biographie universelle* ne parle pas du P. Antist.

ANTOINE (Don), roi de Portugal. La *Biographie universelle* affirme qu'on a imprimé sous le nom de ce prince une *Paraphrase des Psaumes de la pénitence*, traduite par l'abbé de Bellegarde. Il fallait dire : On a imprimé les *Psaumes de la confession* du sérénissime prince D. Antoine, roi de Portugal, pour demander à Dieu le pardon de ses péchés, avec des Prières du même roi sur différens sujets, le tout traduit en français par l'abbé de Bellegarde. On trouve la même méprise dans le dictionnaire de Ladvocat, édition de 1777, et dans celui de M. Chaudon. Je dois convenir qu'à l'article Bellegarde, la *Biographie universelle* reconnaît l'erreur qui a été commise à l'article de D. Antoine.

APER (Marcus), orateur romain, auteur présumé du célèbre Dialogue *de oratoribus*. M. Chaudon s'est trompé lorsqu'il a dit que la traduction de ce Dialogue par Louis Giry, avait paru en 1626 ; elle n'a été imprimée qu'en 1630. La même erreur se retrouve dans le dictionnaire de M. Feller et dans la *Biographie universelle*.

APULÉE. L'article de ce philosophe platonicien, dans la *Biographie universelle*, laisse peu à désirer. Editions anciennes de ce qui nous reste de l'auteur, éditions nouvelles des mêmes œuvres, éditions séparées des parties les plus intéressantes, avec leurs traductions en diverses langues, tout y est indiqué avec soin. Je vois cependant que le rédacteur de cet article n'a pas connu la plus récente des traductions françaises de la fable de Psyché. Elle porte ce titre : *Recherches philosophiques* sur le sens moral de la fable de Psyché et de Cupidon, tirée des Métamorphoses de l'Ane d'or d'Apulée, philosophe platonicien, avec une interprétation du discours de Diotime dans le banquet de Platon, et des observations critiques par M. de R. M.; Hambourg, 1798, petit in-8° de 192 pag. Les réflexions préliminaires contiennent 50 p. C'est un coup-d'œil très-judicieux sur le caractère de la philosophie de Platon, sur la personne d'Apulée, et une fidèle analyse du système de l'un et de la fable de l'autre. Il y a dans ces recherches une critique fort raisonnable. La traduction de la fable de Psyché et de Cupidon est plus élégante que fidèle. En lisant ce volume, je désirais ardemment de connaître le nom de son auteur. L'avertissement me l'a fait bientôt découvrir, parce que l'anonyme y rappelle les fragmens dont il a enrichi le second semestre du *Spectateur du nord*, sous les mêmes lettres R. M. qui se trouvent sur le frontispice de la nouvelle brochure : ces initiales désignent sans doute M. le marquis de Romance-Mesmon, connu par plusieurs productions agréables, et par sa coopération au *Spectateur du nord*. Beaucoup de fautes typographiques défigurent ses recherches sur Apulée et sa traduction de Psyché. Cet ouvrage mérite d'être réimprimé avec soin à Paris.

On regrette de ne pas trouver, dans la *Biograp. universelle*, que Warburton a donné une explication de la *Métamorphose* d'Apulée, et que l'on doit à Thomas Taylor une explication de la fable de Psyché.

ARBRISSELLES (ROBERT D'), fondateur de l'ordre de Fontevrauld. L'article de la *Biographie universelle* sur ce Bienheureux, ne contient aucune indication bibliographique. Il fallait au moins citer l'ouvrage très-bien fait qui a été publié en faveur de Robert par le P. de Soris, religieux de l'ordre de Fontevrauld, sous ce titre : *Dissertation apologétique pour le bienheureux Robert d'Arbrisselles, sur ce qu'en a dit M. Bayle dans son dictionnaire*. Anvers, 1701, petit in-8°. Des indications de ce genre sont très-utiles ; elles mettent les lecteurs à même d'approfondir les questions que les articles ne peuvent faire connaître que superficiellement.

* ARCONVILLE (madame D'), une des femmes les plus instruites et les plus modestes du XVIIIe siècle. Ses nombreuses productions obtinrent, de son vivant, beaucoup de lecteurs, par leur seul mérite. Elle a publié successivement des ouvrages de morale, des ouvrages scientifiques, des ouvrages d'imagination et des ouvrages d'histoire. J'avais cité les principaux dans mon *Dictionnaire des ouvrages anonymes* ; j'avais même annoncé la mort assez récente de cette dame. Comment est-il arrivé qu'aucun des nombreux collaborateurs de la *Biographie universelle* ne se soit procuré quelques détails sur la vie d'une personne aussi recommandable. On en trouve pourtant dans le discours préliminaire d'un ouvrage publié dès 1810, sous ce titre : *Cours de botanique médicale comparée*, par M. Bodard, docteur en médecine, 2 vol. in-8°. — M. Bodard était attaché à madame d'Arconville par les liens du sang et de l'amitié. Cependant sa manière d'envisager cette dame m'a paru conforme à l'opinion des critiques contemporains ; je la reproduis donc ici presque en son entier ; j'ai seulement mis plus d'ordre et d'exactitude dans l'indication des ouvrages.

Madame Geneviève-Charlotte D'ARLUS, épouse de M. Louis-

Lazare Thiroux d'Arconville, président au parlement, née le 17 octobre 1720, est décédée le 23 décembre 1805. Belle-sœur et mère de deux magistrats dont le nom rappelle l'idée de toutes les vertus (M. Angran d'Alleray, ancien lieutenant civil, et M. Thiroux de Crosne, ancien intendant de Rouen), elle mérite d'occuper un rang distingué parmi les femmes célèbres de son siècle.

Née avec une imagination vive, un amour extrême du travail, madame d'Arconville, dont l'éducation avait été restreinte aux devoirs d'une femme dans l'intérieur de son ménage, tourna bientôt toutes ses idées du côté des sciences; et n'ayant qu'elle seule pour diriger ses études, elle put dire avec raison qu'elle était elle-même son ouvrage.

Pour concilier ses devoirs et ses occupations, elle avait divisé l'emploi de son temps de manière que sa famille, ses amis, ses travaux et la société en avaient chacun une partie.

Un tact fin et délicat, de l'esprit sans affectation, de l'instruction sans pédanterie, une foule de mots heureux, d'expressions qui faisaient image, un à-propos rare dans les citations, la faisaient rechercher beaucoup plus qu'elle ne désirait; légère avec les femmes superficielles, folâtre avec les jeunes personnes, instruite avec les savans, son caractère flexible se prêtait à tous les tons de la société.

Les connaissances variées et étendues de madame d'Arconville la mirent en relation intime avec les savans les plus distingués. Parmi ceux qui se présentent à ma mémoire, je citerai M. Macquer, Bernard de Jussieu, Anquetil, Poultier et de Lavoisier, M. de Malesherbes, MM. de la Curne de Sainte-Palaye, et plusieurs autres auteurs célèbres qui existent encore.

Douée d'une sensibilité expansive, possédant au plus haut point le sentiment exquis des convenances, elle eut beaucoup d'amis. Personne plus qu'elle ne fut digne d'en avoir, parce que personne ne connut mieux le grand art d'obliger. Quoiqu'il fût difficile de rendre un service avec plus de délicatesse et de grâce, elle semblait n'avoir eu qu'elle en vue; et par le plaisir qu'elle éprouvait, on eût dit qu'elle voulait persuader celui qui le recevait qu'il pouvait, sans être ingrat, se dispenser de la reconnaissance.

Malgré la maladie cruelle dont elle fut atteinte dans les dernières années de sa vie, elle travaillait encore dans l'intervalle que lui laissaient ses douleurs. A l'âge de 85 ans, son esprit avait conservé toute son amabilité, tout son feu; et son imagination n'avait rien perdu des grâces et des fraîcheurs de la jeunesse.

Les ouvrages publiés par madame d'Arconville ont tous paru sous le voile de l'anonyme; en voici une liste à peu près exacte :

I. *Pensées et réflexions morales sur divers sujets* (adressées à madame Angran d'Alleray, sœur de l'auteur). Avignon (Paris), 1760, petit in-12, 2e édit., augmentée; La Haye et Paris, 1766, pet. in-12.

II. *De l'Amitié*. Amsterdam et Paris, 1761, in-8°.

III. *Des Passions*. Paris, 1764, in-8°.

Ces trois ouvrages de morale sont d'une personne de beaucoup d'esprit, qui sait penser et bien exprimer ce qu'elle pense. Les deux derniers ont été réunis vers 1766, in-12.

IV. *Essai pour servir à l'histoire de la putréfaction.* Paris, 1766, in-8°, ouvrage utile, intéressant et curieux. L'auteur s'y est proposé de pénétrer dans les secrets les plus cachés de la nature, par l'examen de la putréfaction, qu'il regarde pour ainsi dire comme la clef de toutes les connaissances physiques, et pouvant servir de base à l'histoire de la nature entière.

V. *L'Amour éprouvé par la mort, ou Lettres modernes de deux amans de Vieille-Roche.* Paris, Musier, 1763, in-12. Ces lettres ont le mérite du sentiment, de la vérité; les dernières surtout sont pleines de chaleur. Le but de cet ouvrage est très-moral.

VI. *Mémoires de mademoiselle de Valcourt.* Paris, 1767, in-12. 2 parties. Il y a dans ce roman une heureuse simplicité, des situations vraies et touchantes et beaucoup d'intérêt.

VII. *La Vie du cardinal d'Ossat.* Paris, 1771, 2 vol. in-8°. Cette vie est curieuse et fort bien faite. On lit à la tête de l'ouvrage un discours sur la Ligue, composé par le cardinal lui-même.

VIII. *La Vie de Marie de Médicis.* Paris, 1774, 3 vol. in-8°. Il y a beaucoup de recherches et de franchise dans cet estimable ouvrage; on y désirerait un peu plus de précision. L'auteur s'est montré trop sévère envers Sully.

IX. *Histoire de François II, roi de France,* suivie d'un discours traduit de l'italien de Michel Suriano, ambassadeur. Paris, 1783, 2 vol. in-8°. Cette histoire, pour la composition de laquelle l'auteur a fait de nombreuses recherches, est très-intéressante à lire, par la nature des événemens, par les suites qu'ils eurent et qui auraient fait passer les Français sous une domination étrangère, sans la valeur et la constance de Henri IV.

D'après les connaissances variées dont madame d'Arconville a fait preuve, on ne sera pas étonné qu'elle ait choisi dans la littérature anglaise des ouvrages de morale, d'imagination et d'histoire, pour les faire connaître en France. Aussi elle a publié,

X. *Avis d'un père à sa fille*, par le marquis d'Hallifax, traduit de l'anglais. Londres (Paris), 1756, in-12, réimprimé dans l'étranger en 1757; ouvrage plein de raison, de sagesse et de solidité. La traduction est d'un style doux, aimable, facile, insinuant, très-propre à porter des vérités morales dans le cœur des jeunes personnes. Cette nouvelle traduction a fait oublier celle du même ouvrage qui avait été publiée à La Haye en 1698, et que Formey, après l'avoir retouchée, a fait imprimer à Berlin en 1752, in-8°, avec le texte en regard.

XI. *Leçons de chimie propres à perfectionner la physique, le commerce et les arts*, par P. Shaw, traduit de l'anglais. Paris, 1759, in-4°. Le traducteur, outre un grand nombre de notes, le plus souvent intéressantes, qu'il a ajoutées à sa version, l'a fait précéder d'un discours dans lequel il a tracé les gradations des connaissances que les hommes ont eues successivement des différentes branches de chimie.

XII. *Traité d'ostéologie du docteur Monro*, traduit de l'anglais. Paris, 1759, 2 vol. in-fol. Cette traduction a paru sous le nom de M. Sue, professeur et démonstrateur d'anatomie, parce qu'elle a été faite sous ses yeux par madame d'Arconville. Cette dame fit faire exprès du papier de la plus grande beauté, fondre des caractères et graver 31 planches par les plus habiles artistes. Aussi ces planches l'emportèrent sur toutes celles qui avaient paru jusqu'alors. L'ostéologie de Monro est encore regardée comme un des meilleurs ouvrages de ce genre.

XIII. *Romans traduits de l'anglais (de Littleton et de madame Behn)*. Amsterdam (Paris), 1761, in-12. On trouve dans ce volume les lettres d'un Persan en Angleterre; Polidore et Emilie; Agnès de Castro. Ce dernier roman est de madame Behn.

XIV. *Mélanges de poésie anglaise*, trad. de l'anglais, 1764, in-12. Ce vol. renferme *l'Essai sur la poésie*, de Buckingham; *le Temple de la renommée*, de Pope; *Henri et Emma*, imité de la Belle Brune de Chaucer, par Prior.

XV. *Le Bijoutier philosophe*, comédie, trad. de l'anglais de Dodsley. Londres, 1767, in-12.

XVI. *Histoire d'Amyntor et de Thérèse*, trad. de l'anglais. Amsterdam (Paris), 1770, 2 parties, in-12.

XVII. *Méditations sur les tombeaux*, trad. de l'anglais d'Hervey. Paris, 1771, in-12.

XVIII. *Les Samiens*, conte traduit de l'anglais; *le Phénix*, apologue arabe; *Calliste et Philetor*, frag. d'une nouv. grecque, trad. de l'italien. Paris, 1781, in-12.

XIX *Histoire de saint Kilda*, par le révérend père Kennet Macaulay, trad. de l'anglais. Paris, 1782, in-12.

Madame d'Arconville a revu la plupart des ouvrages ou traductions que je viens de citer, particulièrement les nos I, II, III, V, VI, X, XIII, XIV, XV, XVI et XVII. Ils ont reparu en 1775, avec quelques autres imprimés pour la première fois, sous le titre de *Mélanges de littérature, de morale et de physique*, 7 vol. in-12, sans nom d'auteur; avec un avertissement de M. de Rossel, auteur de l'*Histoire du patriotisme français*. Les morceaux de physique se composent, 1° d'un *Discours sur la chimie*, qui se trouve en tête du n° XI; 2° d'un *Discours sur la putréfaction*, qui sert de préface au n° IV; 3° d'un *Discours sur l'ostéologie*, placé en tête du n° XII; 4° de plusieurs *Mémoires d'anatomie, de médecine et de botanique*, traduits des *Transactions philosophiques* de l'année 1720. Le 6e volume est terminé par des poésies diverses. L'éditeur a placé dans le 7e volume quelques pièces de théâtre de sa composition, avec la traduction française du discours latin du P. Porée sur la *légèreté française*. M. Dessessarts, dans les *Siècles littéraires de la France*, attribue à madame d'Arconville le roman intitulé : *Dona Gratia d'Ataïde*, comtesse de Menezès, histoire portugaise. La Haye et Paris, Lacombe, 1770, in-12. Mais, comme on ne le trouve point dans les *Mélanges*, on peut douter que cette dame en ait fait grand cas.

On attribue encore à madame d'Arconville le *Discours sur l'amour-propre*, qui a été lu au nom de Frédéric II, à l'académie de Berlin. Il a été imprimé à Berlin en 1770, in-8°, par les soins de M. Thiebault.

Malgré cette multitude d'ouvrages livrés à l'impression, cette dame a laissé en mourant beaucoup de manuscrits.

ARGENS (le marquis D'). M. Chaudon n'a pas cité le plus important ouvrage de cet auteur, c'est-à-dire les Mémoires secrets et universels de la république des lettres. Berlin, 1765-1768, 14 vol. petit in-8°. C'est une nouvelle édition entièrement refondue des *Mémoires secrets de la république des lettres*, en 7 vol. petit in-12.

On remarque la même omission dans le Dictionnaire de Feller et dans la *Biographie universelle.*

† ARMELLINI (MARIANO), né à Ancône le 10 décembre 1662, perdit de bonne heure ses parens, et fut conduit à Rome pour y faire ses humanités. Il y prit l'habit monastique le 10 mars 1678. Après avoir fait ses cours de philosophie et de théologie, soit au Mont-Cassin, où il demeura trois ans, soit à Rome, il alla enseigner la philosophie et la théologie à Turin et à Florence. Ayant continué dans cette dernière ville les recherches dont il s'occupait déjà depuis quelques années sur les hommes illustres du couvent du Mont-Cassin, il eut des relations littéraires avec le célèbre Magliabecchi. Se trouvant de retour à Rome en 1695, il y perfectionna le grand ouvrage qu'il avait entrepris, ce qui ne l'empêcha pas de prêcher des avents et des carêmes dans les villes les plus célèbres de l'Italie pendant près de trente ans. En 1722, il fut nommé prieur, et en 1723 abbé de son ordre. Il gouverna pendant plusieurs années le monastère de Saint-Eugène à Sienne, celui de Saint-Pierre à Assise; celui de Saint-Benoît et de Saint-Félicien à Foligno. Ce fut dans ce dernier monastère qu'il mourut, le 4 mai 1737, âgé de 75 ans. Armellini jouit d'une certaine réputation en qualité de prédicateur, mais ses sermons sont restés manuscrits. Il n'a pour ainsi dire publié que sa *Bibliothèque des bénédictins du Mont-Cassin*, sous ce titre : *Bibliotheca benedictino-casinensis, sive scriptorum casinensis congregationis, alias S. Justinæ Patavinæ, qui in eâ ad hæc usque tempora floruerunt, operum ac gestorum notitiæ.* Il avait donné en 1726 la *Vie de la bienheureuse Marguerite Corradi*, religieuse bénédictine. On ne peut se fier à la description de sa *Bibliothèque des bénédictins du Mont-Cassin*, telle que la donne David Clément dans son second volume. Cet amateur paraît avoir eu sous les yeux un des premiers exemplaires donnés par l'auteur. Armellini s'est occupé jusqu'à la fin de ses jours à perfectionner cet ouvrage. L'exemplaire que j'en possède, contient au moins 200 pages de plus que celui qui a été entre les mains de David Clément. Voici les différentes parties dont se compose mon exemplaire :

1re partie. Assise, 1731.	238 p.
2e partie. Assise, 1732.	202
Avec une suite de . . .	40
Appendix...... Fuligno, 1732	15
A reporter.	495

Report . . . . . . 495 p.
Additions...... Fuligno, 1735 96
Additions à l'appendix, *sans date* 20
2ᵉ appendix..: Fuligno, 1736 76
Catalogi tres. Romæ, 2ᵉ édit., 1755 213

Ce qui forme un total de 900 p.

On trouve dans le 3ᵉ catalogue la *Vie de Marguerite Corradi*.

La première édition de ces catalogues avait paru à Assise en 1733. Ils forment trois parties dans l'exemplaire de David Clément, où l'on ne trouvait ni les additions aux deux premières parties, ni les additions à l'appendix, ni le second appendix. La description du même ouvrage qui se trouve dans le Dictionnaire de M. Prudhomme, est abrégée avec infidélité de celle de David Clément, et l'on y a laissé la mention vague de *deux autres volumes*, comme dans l'édition de MM. Chaudon et Delandine, ce qui rend cette description aussi confuse qu'inexacte. Celle qui se trouve dans la *Biographie universelle* est moins complète que la mienne. Goelzius avait dit trop de bien de l'ouvrage d'Armellini. David Clément en a dit trop de mal. On y trouve beaucoup d'articles intéressans.

ARMSTRONG (Jean), poëte et médecin écossais. Nous devons à M. Peyron une imitation en prose de son *Economie de l'amour*. Elle se trouve dans le volume intitulé les Jeux de Calliope, ou Collection de poëmes anglais, italiens, etc. Paris, Ruault, 1776, petit in-8°, imprimé avec soin.

ARNAUD (L'abbé), de l'académie des inscriptions et belles-lettres et de l'académie française. L'abréviateur de cet article, dans le 1ᵉʳ volume du *Supplément au Dictionnaire de Feller*, a commis plusieurs inexactitudes: 1° il affirme que le *Journal étranger* ne parut que quinze mois, tandis que son existence a été de près de quatre années, puisque la collection forme 45 volumes. 2° On ne peut pas dire que les *Variétés littéraires* de 1768 aient été reproduites par M. Suard en 5 vol. in-8°, 1803 et 1804, puisque cette nouvelle collection ne renferme pas tous les articles de 1768, et qu'elle en contient beaucoup d'autres. 3° On ne peut pas dire non plus que l'abbé Arnaud ait donné une *Description des principales pierres gravées du cabinet du duc d'Orléans*. L'épître dédicatoire de l'ouvrage porte la signature des abbés Leblond et de Lachaux; mais on sait que le 1ᵉʳ vol. a été rédigé par l'abbé Arnaud, et le 2ᵉ par M. Coquille, mort en 1802, conservateur de la bibliothèque Mazarine. Un abréviateur doit toujours avoir présente à la mémoire cette maxime d'Horace: *Brevis esse laboro; obscurus fio*.

* ARNAUD (L'abbé), chanoine de la Sainte-Chapelle de Dunois, présenta en 1777 au roi et à ses ministres un plan d'établissement de deux salles de bains, où le public eût pu, pour 24 sous, prendre des bains chauds ou froids, et d'un bassin où les jeunes gens eussent pu, en toute sûreté, apprendre à nager promptement et à peu de frais. Il fut obligé, vu l'opposition de M. Amelot, de

faire imprimer chez l'étranger le Mémoire dans lequel ces deux plans étaient détaillés. Le magistrat de la librairie vint à bout de confisquer les 2000 exemplaires qui furent adressés à l'auteur. M. Amelot irrité de la persévérance de l'abbé Arnaud, avait surpris au roi une lettre-de-cachet contre lui; mais la protection de M. de Vergennes empêcha d'en faire usage. La mort de l'abbé Arnaud, l'académicien, fut annoncée quelques années après; plusieurs personnes crurent qu'il s'agissait du chanoine de Châteaudun. Les sieurs Lefebvre, notaire, et Machet, intendant des bâtimens de MONSIEUR, profitèrent de cette fausse nouvelle pour solliciter le droit d'établir un bateau de bains à 24 sous; en même temps le sieur Turquin établit une école de natation. L'abbé Arnaud réclama ses droits, et le roi ordonna à M. de Beteuil de lui faire assurer sur l'établissement des bains une pension de 6 ou 4000 fr. L'abbé Arnaud n'obtint que 1500 fr., en renonçant même au droit qu'il avait de former ses établissemens. Au commencement de la révolution, les sieurs Lefebvre et Machet refusèrent le paiement de cette pension; l'abbé Arnaud se trouvait alors avancé en âge; il fit réimprimer son Mémoire en 1790, sous ce titre : *Etablissement qui intéresse l'utilité publique et la décoration de la capitale*, in-8° de XIV et 41 pag. Cette brochure est dédiée aux maires et officiers municipaux de Paris. L'auteur détaille dans son avertissement toutes les persécutions que son zèle pour le bien public lui a fait essuyer.

* ARNAUDIN (D'), neveu du docteur en théologie d'Arnaudin, grand approbateur de livres sur la fin du XVIIe siècle. Le neveu cultiva les lettres avec ardeur, mais il mourut à l'âge de 27 ou 30 ans. On lui attribue : I. Une *Réfutation par le raisonnement*, du fameux livre de l'*Action de Dieu sur les créatures*. Paris, 1714, in-12. II. La *Traduction* du Traité d'Agrippa, de l'excellence des femmes au-dessus des hommes. Paris, 1713, in-12. III. La *Vie de D. Pierre Le Nain*, sous-prieur de la Trappe. Paris, 1715, in-12.

ARNAULD (ANTOINE). Suivant M. Chaudon, le P. Quesnel publia une vie de ce docteur, avec des pièces relatives et des écrits posthumes, parmi lesquels se trouve une réponse aux reproches qu'on lui avait faits de se servir de termes injurieux contre ses adversaires; sous ce titre : *Dissertation selon la méthode des géomètres*, pour la justification de ceux qui, en de certaines rencontres, emploient en écrivant des termes que le monde estime durs. Cette indication est fausse : la fameuse *Dissertation* se trouve dans le 3e volume des *lettres* du docteur, et dans un petit volume qui n'a rien de commun avec sa vie.

La même méprise se retrouve dans le *Dictionnaire* de Feller et dans la *Biographie universelle*. Il y a aussi une faute de typographie assez grave à corriger dans l'article de MM. Chaudon et Delandine; on y lit que les réflexions sur l'éloquence des prédicateurs ont été adressées *au card. Dubois*; il fallait, *à M. Dubois*.

La Logique, ou l'Art de pen-

ser, est un ouvrage si important et si généralement estimé, même aujourd'hui, qu'on aimerait à trouver dans un *Dictionnaire historique* des renseigmemens précis sur les différentes éditions de cet ouvrage, et sur les traductions latines qui en ont été faites.

La première édition est de l'année 1662. La seconde parut en 1664, avec beaucoup d'augmentations. La troisième (1668), et la quatrième (1674), ressemblent à la seconde. La cinquième, publiée en 1683, renferme huit chapitres nouveaux, dont deux sont tirés de la *Perpétuité de la foi*, et par conséquent conviennent plus à la théologie qu'à la logique. C'est cette cinquième édition qui a servi de modèle à toutes celles qui ont été faites depuis, non-seulement en France, mais dans les pays étrangers; la dernière édition que je connaisse est celle de Paris, 1807, chez Delalain. L'édition d'Amsterdam, chez Abraham Wolfgank, 1675, petit in-12, passe pour avoir été imprimée par les Elzeviers. Les amateurs la recherchent; elle est conforme aux 2e, 3e et 4e.

Il existe deux traductions latines de cet excellent ouvrage. La première parut à Utrecht en 1666. Elle a été faite par un étudiant sur la première édition, et se trouve par conséquent bien incomplète; elle est d'ailleurs fort inexacte. En 1674, il parut à Londres une autre traduction latine, faite sur la troisième édition française. Celle-ci ne présente pas encore l'ouvrage dans le dernier état où ses illustres auteurs l'ont laissé, puisqu'il a été fait des additions nombreuses à la cinquième édition. Néanmoins la version de Londres fut réimprimée en Hollande en 1694 et en 1702. L'édition de 1702 présente des fautes graves qui ont été relevées par Jacques Bernard, dans les *Nouvelles de la république des lettres* du mois de novembre 1703.

En 1736, les libraires d'Amsterdam, Wetstein et Smith, donnèrent enfin une édition soignée de la version latine de Londres. On y trouve six chapitres qui manquaient aux éditions précédentes, et d'ailleurs la version entière a été retouchée en un très-grand nombre d'endroits.

On en a retranché seulement tout ce qui sentait la controverse entre l'Eglise romaine et les protestans. Ce sont des extraits du livre de la *Perpétuité de la foi*, ou des éclaircissemens touchant les matières qui y sont traitées.

Il paraît que la dernière édition de cette traduction est celle de Strasbourg, 1756, chez Tourneisen.

* ARNAULD (Le faux). L'histoire du faux Arnauld fut une vraie comédie, du nombre de celles qu'on a depuis appelées larmoyantes; car s'il y en eut qui rirent, d'autres pleurèrent

Le jansénisme était fort accrédité à Douai; mais il se tenait caché, surtout depuis la condamnation et l'exil du sieur Gilbert, prof. en théol. dans l'univ. de cette ville, ce qui arriva en 1687. Un docteur de Paris, que le roi avait à Douai, pour y professer la théologie, forma le dessein d'en démasquer les partisans. Il réussit. Le moyen qu'il imagina pour les faire expliquer nettement, fut d'écrire à quelqu'un de ce parti, comme il se figura qu'aurait pu le faire le célèbre Antoine Arnauld, et signa A. A.; M. de Ligny, bachelier en théologie, reçut la première lettre du faux Arnauld; croyant qu'elle était du véritable, dont il ne connaissait pas l'écriture, il répondit sur-le-champ avec une grande affection de cœur à l'adresse qu'on lui avait donnée, rien ne lui paraissant plus honorable que d'avoir mérité l'attention d'un personnage si fameux, que les puissances ecclésiastique et séculière n'avaient pu abattre. Ce premier succès encouragea le faux Arnauld, lequel avança tellement ses affaires que par le moyen du sieur de Ligny, il établit en peu de temps un commerce réglé avec les sieurs Gilbert, Laleu, Rivette, professeurs royaux, et avec le sieur Malpoix, chanoine de Douai, tous liés par leurs communs sentimens. Dans toutes leurs lettres, ces messieurs témoignaient la plus haute vénération pour M. Arnauld, le plus grand zèle pour soutenir la bonne cause, dont il était l'appui. Ce commerce dura près de deux ans, sans qu'aucun d'eux soupçonnât la supercherie. Non content de savoir que ces Messieurs étaient chaudement les partisans de M. Arnauld, l'imposteur voulut quelque chose de plus; vu la disposition où l'on était à son égard, il ne lui était pas difficile de l'obtenir. Il dressa une sorte de thèse, telle que Port-Royal l'aurait pu concevoir, et la leur envoya avec une lettre, où il leur marquait qu'on avait besoin de leurs approbations pour faire triompher la vérité.

Cette thèse fut signée le 2 novembre 1690, par les cinq qu'on a nommés et par quatre autres. Quand le faux Arnauld crut avoir assez de documens pour convaincre ces messieurs de leurs mauvais sentimens, il termina la pièce, en les faisant imprimer sous le titre de *Secrets découverts*. Le mystère parvint à la connaissance du roi, qui n'eut rien de plus pressé que d'éloigner ces sujets de l'université.

Lorsque le véritable Arnauld eut appris toute cette histoire, il en fut hors de lui-même; il traita l'auteur de tous les noms d'imposteur, de filou, de fourbe, de menteur, de fripon, de faussaire, d'ange de satan, d'organe du démon. Tous ces traits se voyent dans les écrits que sa plume enfanta sur ce sujet, dans sa requête à M. D'Arras, en 1691, dans celle à M. l'évêque et prince de Liége, ou dans deux lettres aux jésuites, qu'il faisait les auteurs de cette menée, écrites dans le même sens. Il se trompait dans dans cette imputation; on sut depuis que M. Tournely en était l'auteur. C'est celui-là même que nous avons vu professeur royal en Sorbonne, et qui se distingua tant dans la faculté en faveur de la constitution *Unigenitus*. Il aurait eu sujet de s'applaudir de sa découverte, si la candeur et la bonne-foi n'y avaient pas été blessées. Bien des gens n'y regardant pas de si près, traitèrent l'action de stratagême; Louis XIV la prit sur ce pied là. *Secrets découverts, Esprit des nouveaux disciples de saint Augustin. Mémoires chronologiques pour l'histoire du* XVIIe *siècle. Requêtes et Lettres de M. Arnauld.*

(*Mémoires* de M. du Masbaret.)

N. B. Je donne cet article tel que

je le trouve dans le manuscrit de M. du Masbaret : il prouve son impartialité ; car dans beaucoup de circonstances, cet auteur se montre peu favorable aux prétendus jansénistes. Au reste, le nom de stratagême qu'il paraît adopter pour désigner l'affaire de Douai, paraîtra trop doux à ceux qui en connaissent tous les détails; on les trouve dans la *Vie d'Antoine Arnauld*, publiée en 1782, et dans la *Préface historique et critique* du 31e vol. de ses *OEuvres complètes*. Cette affaire y est traitée de *fourberie*, et ce nom lui convient véritablement. Ses vrais auteurs paraissent être les jésuites Waudripont et le Tellier. Tournely n'a été que leur prête-nom. En effet, il fut désigné à Louis XIV comme étant le faux Arnauld.

Je profite de la circonstance pour reprocher à MM. les auteurs de la *Biographie universelle* de n'avoir pas placé dans leur collection les écrivains pseudonymes, en renvoyant aux noms véritables. Cette marche a été suivie par Jocher, dans son *Dictionnaire des savans*, et depuis par les habiles rédacteurs du Catalogue de la bibliothèque Casanate. Ceux qui possèdent des ouvrages pseudonymes n'ont que ce moyen d'en connaître les véritables auteurs. A la vérité, la table alphabétique de mes pseudonymes supplée à cette omission ; mais mon ouvrage n'est pas de nature à être aussi répandu qu'un dictionnaire historique.

*ARNOUL (René), naquit à Poitiers, en 1569. Après ses cours d'humanités et de philosophie, il embrassa l'étude de la jurisprudence, pour satisfaire au désir de ses parens, ce qui n'empêcha pas que, suivant l'inclination secrète qu'il avait pour la poésie, il ne quittât trop souvent les lois de Thémis pour obéir à la voix des Muses. Aussi fit-il imprimer à Poitiers, dès 1587, un recueil in-4° de vers sous ce titre : *L'Enfance de René Arnoul*, divisée en trois parties, dont la première contient les amours d'une belle et jeune demoiselle qu'il aimait, et qui se nommait Catherine de la Place. Voici un sonnet qui fera connaître le talent de ce jeune homme pour la poésie :

J'avais trois fois cinq ans, et trois ans davantage,
Quand j'écrivis ces vers, témoins de mon ardeur;
Je chantais pour flatter mon ingrate douleur,
Et non pour espérer honneur de mon servage.

Comme je le sentais, je plaignais mon dommage,
Véritable poëte à mon propre malheur;
Mon penser incertain me servait de fureur,
Mon tourment de succès, mon espoir de courage.

Pour moi seul j'ai souffert, pour moi seul j'ai chanté;
Ne pouvant pas beaucoup, beaucoup je n'ai tenté;
Sans fard fut mon amour, sans fard furent mes plaintes.

La loi, non le plaisir, me rendit amoureux;
C'est assez qu'on me laisse, entre tant de contraintes,
Faire ce que je dois, dire ce que je veux.

« Il faut, ce me semble, dit Colletet, ne se pas fort connaître en vers, pour ne pas tomber d'accord qu'il y a de la force et de la justesse même dans ceux-ci ; de quoi je m'étonne d'autant plus, que ce jeune esprit, étant né dans une province éloignée du commerce des beaux esprits de la cour, il semble qu'à moins de cela, il soit impossible d'écrire dans la sévérité de nos règles; cependant il l'a fait, et peut-être aussi bien que pas un autre de son siècle. » Ses odes sont inférieures à ses sonnets; son recueil d'épigrammes contient plusieurs épigrammes françaises, les unes traduites des poëtes grecs et latins, anciens et modernes, et les autres de son invention. On ne voit pas que ce jeune homme ait continué à faire des vers. Il est mort à Orléans, en 1639, âgé de 70 ans, après avoir été, pendant plus de 30 ans, au service de M. le duc d'Orléans, en qualité de son conseiller et de contrôleur de sa maison. Il n'a laissé qu'une fille, du mariage qu'il contracta, quelques années avant sa mort, avec une belle et jeune demoiselle du Maine, dont il était devenu éperdument amoureux.

(Extrait de l'*Histoire manuscrite des poëtes français*, par G. Colletet.)

* ARPE (Pierre-Frédéric), né le 10 mai 1682, à Kiel, capitale du duché de Holstein, en Danemarck, reçut de son père, consul de la ville, les premières leçons de la religion et de la littérature. Il fut chargé, assez jeune, de la conduite d'un jeune homme d'une très-bonne famille de Copenhague, ce qui le fit connaître avantageusement des grands et des savans de cette capitale. Quelques années après, il se rendit avec un autre élève à l'académie de Wolfenbuttel, et ensuite dans la Belgique. Ce fut dans ces dernières contrées qu'il se lia avec Vitriarius, Noodt, Bayle et Basnage. Ces grands hommes conçurent de l'estime pour lui, et lui conseillèrent de publier l'apologie de Vanini, dont il s'occupait. Nommé professeur de droit à Kiel, en 1717, il quitta cette place en 1722, et se retira à Hambourg, où il vécut sans emploi public, jusqu'à sa mort arrivée dans cette ville en 1748. Il avait atteint sa 66e année.

Ses principaux ouvrages sont :

I. *Bibliotheca fatidica, sive Musæum scriptorum de divinatione*, 1711, in-8°.

II. *Apologia pro Jul. Cæsare Vanino. Cosmopoli (Roterodami)*, 1712, in-8°, réimprimé en 1718. On convient assez généralement aujourd'hui que Vanini méritait plutôt d'être enfermé comme fou, que d'être condamné à mort comme athée. Néanmoins il y avait du courage à défendre cette victime du fanatisme.

III. *Theatrum fati, sive Notitia scriptorum de providentiâ, fortunâ et fato. Roterodami*, 1712, in-8°.

IV. *Diatribe de prodigiosis naturæ et artis operibus, talismanes et amuleta dictis cum recensione scriptorum hujus argumenti. Hamburgi*, 1717, petit in-8°.

V. *Laïcus veritatis vindex, sive de Jure laicorum, præcipuè Germanorum in promovendo religionis negotio. Kiel*, 1717, in-4°. Augm. en 1720, in-4°. L'auteur était persuadé que la division des chrétiens, en ecclésiastiques et en laïques, était injurieuse aux derniers; il s'est proposé de montrer dans cet ouvrage, que les règles sur lesquelles cette distinction est fondée, ne sont autorisées ni par la loi naturelle, ni par la loi de Moïse, ni par l'Evangile, ni par l'usage de la primitive Eglise, ni par la jurisprudence.

VI. *Feriæ æstivales, sive scriptorum suorum historia. Hamburgi*, 1726, in-8°. L'auteur fait connaître d'une manière fort diffuse, dans ce volume, non-seulement les ouvrages qu'il avait déjà mis au jour, mais aussi ceux qu'il se proposait encore de publier.

VII. *Themis cimbrica, sive de Cimbrorum et vicinarum gentium antiquissimis institutis. Hamburgi*, 1737, *in*-4°, ouvrage plein de recherches utiles.

Une *Réponse à la dissertation de la Monnaye, sur le livre des trois imposteurs*. La Haye, 1716, in-12, a été attribuée à Arpe par Leibnitz, dans sa correspondance publiée par Kortholt, et par d'autres bibliographes. Cette pièce se trouve à la fin de différentes éditions du *Traité des trois imposteurs*; mais je ne puis croire que P. F. Arpe en soit l'auteur. Il n'en est fait aucune mention dans les *Feriæ æstivales*, qui sont bien postérieures à la *Réponse*. Prosper Marchand, dans son grand article *de tribus impostoribus*, regarde aussi comme une pièce supposée la prétendue *Réponse*, et il l'attribue au fameux Rousset. Il paraît certain que M. Arpe n'a écrit qu'en latin.

M. Renouard, dans le 1er vol. du *Catalogue de la bibliothèque d'un amateur*, Paris, 1819, 4 vol. in-8°, prétend que M. Arpe est l'auteur de l'ouvrage publié en français sous le titre de *Traité des trois imposteurs*. Cette conjecture est destituée de fondement et même de vraisemblance. L'ouvrage qui circule en France depuis 1769 environ, sous ce dernier titre, n'est autre chose que l'*Esprit de Spinosa*, imprimé à la suite de sa *vie*, en 1719, in-8°. Prosper Marchand le donne à entendre assez clairement dans son *Dictionnaire historique;* j'ai d'ailleurs vérifié le fait sur chacun des deux ouvrages. M. Renouard les possède tous deux; je l'invite à faire la même vérification.

ARRIEN. Aucun dictionnaire ne cite la traduction française de sa Tactique, par le colonel Guischardt, insérée dans ses *Mémoires militaires sur les Grecs et les Romains*; 1758, 2 vol. in-4°; ou 1760, 2 vol. in-8°.

* ARTIS (Gabriel d'), natif de Milhau en Rouergue, ministre protestant, était un esprit inquiet et turbulent, né, comme il le dit lui-même, *pour le débat*. Dès les premières années de son ministère, il attaqua tous les pasteurs réfugiés, par ses *Sentimens désintéressés sur la retraite des pasteurs*, contre l'*Histoire et l'apologie de cette retraite*, par le ministre Benoît. La Haye, 1688, in-12. Il se brouilla peu après avec ses collègues réfugiés, et s'attira une suspension de son ministère, qui dura douze ans. A son retour, il accusa de socinianisme trois de ses plus estimables collègues. Il insulta scandaleusement un quatrième collègue en pleine église. Obligé de quitter encore Berlin, il diffama publiquement une société littéraire, en la présentant comme une troupe de sociniens; c'est ce que l'on voit dans la préface du livre qu'il publia sous ce titre: *Recueil de trois écrits importans à la religion*, dédié au roi de la Grande-Bretagne. La Haye, 1714, in-12. Il

renouvela encore les mêmes accusations contre MM. Lenfant, Beausobre et Des Vignoles, qui répondirent victorieusement à ses calomnies. La pièce d'attaque est intitulée : *Lettre pastorale* du plus ancien et du plus légitime pasteur de l'église française de Berlin, à son cher troupeau, etc. La réponse a pour titre général : *Lettres* de M. d'Artis et de M. Lenfant sur des matières de socinianisme. Berlin, 1719, in-4°. D'Artis avait commencé à publier, en septembre 1693, un *Journal d'Amsterdam* qui fut bientôt interrompu, et qu'il reprit au mois de février 1694. Etant allé demeurer à Hambourg, il publia un *Journal de Hambourg*, dont on a 4 vol. in-12. Ce journal a été commencé le 3 septembre 1694, et finit le 27 avril 1696.

ASCELIN (NICOLAS), religieux missionnaire du XIIIe siècle. P. Bergeron a traduit en français l'extrait de son *Journal*, que nous a conservé Vincent de Beauvais dans son *Miroir historique*. La *Biographie universelle* renvoie à ce sujet au Recueil de Bergeron. Mais ce renvoi est trop vague; car on pourrait croire qu'elle a voulu parler du *Recueil de divers voyages curieux*, etc., imprimé en 1720. Cette collection comprend à la vérité les traductions de Bergeron; mais c'est à tort qu'on l'appelle communément *Recueil de Bergeron*. Voy. ci-devant l'article P. Van Der AA. La citation que je censure ici eût été irréprochable, si le rédacteur eût dit : P. Bergeron l'a traduit en français (le *Journal* de N. Ascelin) dans son Recueil. Paris, 1634.

ASCLEPIUS de Tralles. La *Biographie universelle* devait ajouter à son article que l'on trouve une notice des ouvrages manuscrits de ce philosophe du VIe siècle, par M. de Sainte-Croix, dans le *Magasin encyclopédique*, tom. 27, pag. 559 et suiv.

* ASSARINO (LUC), né en 1607 à Séville en Espagne, d'un père génois, vécut en Italie, fut chevalier de SS.-Maurice et Lazare, et mourut à Turin en 1672. Il est auteur de beaucoup de romans; le plus connu est sa *Stratonice*, dont on a une traduction française (Voy. ci-après, AUDIGUIER le jeune). Ce roman a été aussi traduit vers 1716 sur l'italien et le français, en langue allemande, par Paul Bozius, ecclésiastique de Dresde, pendant qu'il étudiait à Leipsick. Cette traduction est rare. *L'Armelinde*, du même auteur, a été aussi traduite en français, Paris, 1646, in-8°, sous le titre d'*Almerinde*. On trouve un article très-détaillé sur Assarino dans le *Supplément* d'Adelung.

ASSELIN, principal du collége d'Harcourt. Son Poëme sur la religion ne parut qu'en 1725. Peut-on dire, comme le fait la *Biographie universelle*, qu'il parut peu de temps après 1709? On trouve, dans le tom. 8 de l'*Année littéraire* de Fréron (1768), une bonne notice sur l'abbé Asselin. L'indigne conduite de La Harpe, envers son bienfaiteur, y est rappelée avec finesse.

ASSEMANI (JOSEPH-SIMON), savant maronite. L'auteur des *Mémoires ecclésiastiques* reproche ici deux erreurs à l'auteur du *Dictionnaire des ouvrages anonymes*, 1° d'avoir confondu le P. Benoît, jésuite, avec un des Assemani; 2° d'avoir attribué à l'un des Assemani les 6 derniers vol. des œuvres de saint Ephrem.

Si j'ai commis quelques fautes dans cette circonstance, celles de M. P...... sont bien plus graves : car, 1° ce ne fut point le P. Benoît jésuite qui commença l'édition des œuvres de saint Ephrem, mais Joseph-Simon Assemani : le P. Benoît travailla aux tom. 4 et 5, et il mourut en 1742, laissant le tom. 6ᵉ presque à moitié fait. Celui-ci fut achevé par Etienne-Evode Assemani, neveu de Joseph-Simon. 2° Je n'ai parlé nulle part des *six derniers* volumes des œuvres de saint Ephrem, puisque j'ai dit positivement que cette édition n'était composée que de *six* volumes.

* ASSEMANI (Joseph-Aloïse), maronite tripolitain, neveu de Joseph Simon, fut pendant longtemps professeur de syriaque dans le collége de la Sapience, à Rome. Benoît XIV le nomma ensuite professeur de liturgie sacrée. Il mourut le 9 février 1782. On lui doit plusieurs savans ouvrages. Les principaux sont :

I. *Codex liturgicus ecclesiæ universæ in XV libros distributus. Romæ*, 1749-1763, 12 vol. in-4°.

II. *Dissertatio de sacris ritibus. Romæ*, 1757, in-4°.

III. *Commentarius theologico-canonico-criticus de ecclesiis, earum reverentiâ et asylo; acced. Tractatus Josephi de Bonis de oratoriis, ac Fortunati à Brixiâ de oratoriis domesticis. Romæ*, 1766, in-fol.

IV. *Commentarius de catholicis seu patriarchis Chaldæorum et Nestorianorum. Romæ*, 1775, in-4°.

(Adelung; Catal. de la biblot. Casanate; Zaccaria, *Biblioth. Ritualis.*)

ASTRUC. Le système de cet auteur, dans ses *Conjectures sur les mémoires originaux dont il paraît que Moïse s'est servi pour composer le Livre de la Genèse*, Bruxelles (Paris), 1753, in-12, rentre en partie dans celui de Richard Simon; il a été complètement réfuté par le savant Bjornsthal, dans ses *Animadversiones in conjecturas de transcriptis à Mose commentariis. Upsal*, 1761, in-4°.

ATHÉNAGORE, philosophe platonicien du IIᵉ siècle de l'ère vulgaire. Son *Discours sur la résurrection des morts* a été traduit en français par L. Renier; Breslau, 1753, in-12. Aucun de nos dictionnaires historiques ne cite cette traduction. Guy Gaussart Flamignon, prieur de Sainte-Foy à Coulommiers, n'a traduit en 1574 que l'*apologie*. Seulement il a joint à cette traduction celle des *annotations* de Suffridus Frisien sur cette *apologie*. Les deux ouvrages d'Athénagore ont été traduits en français par Arnaud (et non par Armand) du Frerier, en 1577. La *Biographie universelle* s'exprime à ce sujet d'une manière aussi obscure qu'inexacte.

On trouve une analyse assez étendue de l'*Apologie pour les chrétiens*, dans le 1ᵉʳ volume de la *Suite des anciens apologistes de la religion chrétienne*, par l'abbé de Gourcy. Paris, 1785, in-8°.

ATTERBURY, évêque anglais. On lit vers la fin de cet article, dans la *Biographie universelle* : « Thiriot a publié à Paris des Lettres critiques sur quelques écrivains français, supposées écrites par le docteur Atterbury ; mais on ne peut en garantir l'authenticité. »

Le rédacteur de cet article paraît avoir cité de mémoire ce qu'il a lu autrefois dans le Dictionnaire de Chaufepié. Mais Chaufepié dit seulement : « Nous ferons part au lecteur des extraits de quelques-unes de ses lettres, écrites vers l'année 1727, à un Français, homme d'esprit (M. Thiriot) qu'il estimait beaucoup. » On lit à la marge de ce passage : « On les a rendus ici en français aussi fidèlement qu'on a pu. » C'est donc *Chaufepié* qui a publié à Amsterdam des *Extraits* traduits de l'anglais en français *de quelques Lettres* de l'évêque Atterbury. Ces extraits sont du même genre que huit lettres latines du même auteur, insérées dans le 4e volume du *Recueil de pièces d'histoire et de littérature*, publié à Paris en 1731, par l'abbé Granet et par le P. Desmolets. Je ne vois donc pas ce qui a pu en faire soupçonner l'authenticité.

* AUBERY (Jacques), célèbre avocat au parlement de Paris. Son mérite extraordinaire le fit élever aux premières dignités de la robe. Il devint lieutenant civil au Châtelet de Paris, et fut nommé, en 1555, ambassadeur extraordinaire en Angleterre pour traiter de la paix. L'occasion la plus éclatante qu'il eut d'étaler son savoir et son éloquence, fut en plaidant pour les habitans de Cabrières et de Mérindol contre le baron d'Oppède, président du parlement d'Aix en Provence ; contre l'avocat-général et quelques autres membres de ce même corps. Henri II commit la grande chambre du parlement de Paris pour juger la cause au fond, et les appels qui avaient été interjetés. Aubery eut l'ordre exprès du roi de parler pour les habitans de Cabrières et de Mérindol, où le glaive et le feu avaient fait, suivant un historien presque contemporain, ce que font ordinairement les foudres, les tempêtes et les tonnerres, sans distinction d'âge ni de sexe. L'affaire était donc des plus importantes. Robert, qui avait acquis la réputation d'un des premiers avocats de son siècle, défendait les accusés. La cause fut plaidée pendant cinquante audiences avec beaucoup de chaleur. Aubery triompha de son antagoniste et des ennemis puissans qu'il avait à combattre. Cet événement n'a pas été moins glorieux pour la France que pour l'avocat. La postérité admire l'équité du roi, qui, sans avoir égard à la diversité de religion, ni aux qualités si disproportionnées des parties, ni aux conséquences de la chose par rapport à l'autorité d'une cour souveraine qui était prise à partie, voulut que la justice eût un cours libre et naturel. Cette affaire produisit une vive sensation. Dans une de ses épîtres au chancelier Olivier, le chancelier de L'Hôpital en traça une relation courte, mais exacte, en beaux vers latins. Daniel Heinsius fit imprimer, à Leyde, en 1619, le plaidoyer que Jacques Aubery prononça dans cette occasion. Louis Aubery du

Maurier, arrière-petit-neveu de l'auteur, l'a fait réimprimer avec différentes pièces justificatives, sous ce titre : *Histoire de l'exécution de Cabrières et de Merindol*. Paris, Cramoisy, 1645, in-4°.

(*Mémoires* de Ch. Ancillon.)

AUBERY (Louis), sieur du Maurier, fils de Benjamin Aubery, ambassadeur en Hollande.

La *Biographie universelle* n'a point donné d'article à cet auteur; celui de M. Chaudon renferme bien des inexactitudes.

1°. Les *Mémoires pour servir à l'histoire de Hollande*, ne composent qu'un volume, si l'on veut parler exactement. Ils forment 2 vol. petit in-12 dans l'édition qui en a été donnée par l'abbé Sepher, sous ce titre : *Histoire de Guillaume de Nassau*, avec des notes historiques et politiques, par Amelot de la Houssaye. Paris, 1754.

2°. Les *Mémoires de Hambourg* ont été publiés pour la première fois à Blois, en 1735.

3°. Il fallait dire que cet écrivain n'était que l'éditeur de la *Relation de l'exécution de Cabrières et de Merindol*, comme on l'a vu dans l'article précédent. On trouve dans le dictionnaire de Ladvocat (1777), les mêmes inexactitudes que dans M. Chaudon. L'abbé de Feller renvoye à l'article OPPÈDE, où, dit-il, l'expédition de Cabrières et de Merindol est présentée sous son vrai jour. Quelle impudence! C'est tout le contraire; Feller, dans cet article, dissimule les atrocités que l'histoire reproche au président d'Oppède. François Ier apprit avec horreur qu'on avait fait périr par le fer et par le feu plus de 4000 individus, tandis que l'arrêt dont il avait permis l'exécution, portait seulement la mort de dix-neuf hérétiques. Ce prince recommanda, en mourant, à son fils Henri II de faire punir les auteurs de ces barbaries. Feller atténue ce repentir généreux; de graves historiens disent que la justice divine fit mourir d'Oppède dans des douleurs horribles; sur le témoignage seul du romancier Maimbourg, Feller attribue ces douleurs à la perfidie d'un opérateur protestant qui voulut venger sa secte.

L'article AUBERY du Maurier, dans le Dictionnaire biographique anglais, en 15 vol., n'est que la traduction de celui de M. Chaudon.

AUBERY (ANTOINE), auteur des médiocres *Histoires* du cardinal de Richelieu et du cardinal Mazarin, etc., était fils d'un aubergiste de la rue Saint-Denis à Paris. Cette circonstance, omise par M. Chaudon, est peut-être nécessaire pour empêcher les lecteurs de croire que cet historien était de la même famille que Louis Aubery du Maurier, dont l'article vient immédiatement après celui d'Antoine Aubery. On voit que M. Chaudon a rédigé ces deux articles d'après Moréri; mais on lit dans Moréri, après l'article d'Antoine Aubery, ceux de Jacques Aubery et de Benjamin Aubery, qui établissent très-bien la parenté de Louis Aubery du Maurier.

AUDIGUIER (D'). Il y a eu trois auteurs de ce nom dans le XVIIe siècle : un oncle, un neveu et un membre d'une autre famille.

Les ouvrages de l'oncle sont les plus nombreux et les plus connus; mais plusieurs ont été confondus avec ceux du neveu. On a aussi attribué au troisième une revision de la traduction faite par Amyot du célèbre roman de l'évêque Héliodore : cette revision appartient à l'un des deux autres. Bayle, l'abbé Joly, l'abbé Goujet, dans son premier supplément au Dictionnaire de Moréri, et dans son édition des *Mémoires* de l'abbé de Marolles; l'abbé Lenglet dans sa *Bibliothèque des romans*, et plusieurs autres biographes, se sont trompés de différentes manières en parlant de ces écrivains : aucun d'eux n'a su positivement comment d'Audiguier l'oncle avait été assassiné. J'ai trouvé des détails curieux sur sa naissance, sur son éducation, sur ses ouvrages et sur sa mort, dans l'*Histoire manuscrite des poëtes français* par G. Colletet. J'en offre le précis aux lecteurs, avec des additions qui éclaircissent l'histoire littéraire de cette époque. Je ne m'appesantirai pas sur les circonstances historiques de la vie de cet auteur ; on les trouve dans les *Remarques* de l'abbé Joly, et mieux encore dans le 14e vol. de la *Bibliothèque française* de l'abbé Goujet. Ce nouvel article est bien différent de celui qu'on voit dans le Supplément de Moréri. M. Drouet eût dû s'en servir pour l'édition de 1759.

† AUDIGUIER (Vital d'), seigneur de la Menor, naquit vers 1574, en Rouergue. Son père et son aïeul étaient gens de robe; mais leurs prédécesseurs avaient été hommes d'épée, et en cette qualité avaient suivi nos rois dans des expéditions étrangères, et leur avaient, dans la province même, rendu des services assez considérables. Malgré tout cela, les parens de Vital étaient fort pauvres. On l'envoya néanmoins fort jeune dans des colléges où des maîtres ignorans lui firent prendre l'étude en aversion. Mais il montra dès-lors un grand courage, et se précipita au milieu des troubles civils. Son peu de succès dans les exercices littéraires et dans ceux de la guerre, le fit revenir chez ses parens. Quelque temps après, son père le renvoya dans les universités. Après avoir terminé ses humanités et sa philosophie, d'Audiguier étudia le droit, plus par devoir que par goût; aussi n'y fit-il pas de grands progrès : au contraire, il abusa de sa liberté pour se livrer à la débauche et à toutes les disputes où elle n'entraîne que trop fréquemment; aussi reçut-il plusieurs coups d'épée, ce qui fait dire assez ingénieusement à Colletet qu'il viola les lois avant de les connaître. Bientôt d'Audiguier parut à la cour, où il se fit des amis et des ennemis. Plusieurs cartels lui furent offerts, et il en sortit toujours blessé. Las de ce genre de vie, il s'éloigna de la cour pour ne fréquenter que des gens de lettres. Ces nouvelles sociétés lui donnèrent le goût de la poésie et de l'étude. Il composa donc des vers et des romans. Ces derniers eurent beaucoup de succès, et lui procurèrent quelque aisance; mais cet état de prospérité ne dura pas long-temps. D'Audiguier mit son malheur à profit; il se consola des disgrâces de la fortune, en se livrant à la lecture avec plus d'ardeur qu'il

n'avait fait avant de devenir auteur. Ce fécond écrivain mourut d'une mort sanglante et funeste; il fut assassiné en la maison et en la présence d'une présidente que Collétet a bien voulu ne pas nommer. « On le fit jouer, dit-il, au piquet; on lui mécompta tant de fois son jeu, qu'il ne put s'empêcher de dire à celui qui le fourbait : *vous comptez mal*, parole qui fut relevée d'un démenti; et en même temps, plusieurs satellites, sortis de derrière une tapisserie, se jetèrent dessus lui; et quelque effort qu'il fît de parer leurs coups avec un escabeau qui lui servit quelque temps de bouclier et de plastron, il fallut qu'il cédât à la force, et ce d'autant plus que ses ennemis se saisirent d'abord de son épée qui était sur un lit. Il fut percé de plusieurs coups, et rendit ainsi l'esprit sous l'effort de ces tigres de qui la rage ne se put assouvir que par son dernier soupir; ce qui advint au faubourg Saint-Germain vers l'an 1624, si bien qu'il mourut âgé d'environ 55 ans. Il était d'une taille haute et fière, d'un visage morne et mélancolique, et d'une humeur fort rêveuse et fort solitaire; au reste, homme, sur la fin de ses jours, fort dévôt et fort craignant Dieu, et toujours très-bon et très-fidèle ami. » Colletet dit dans un autre endroit qu'il avait eu l'honneur de le connaître et de le pratiquer familièrement.

Le récit qu'on vient de lire de l'assassinat de d'Audiguier réfute l'opinion de ceux qui, d'après une lettre de Balzac, reculaient cet assassinat jusqu'à l'année 1630. D'ailleurs, le crime dont parle Balzac a été commis aux Marais du Temple. L'assassinat de d'Audiguier a dû se commettre en 1625, car plusieurs de ses ouvrages portent la date de cette année. Sa naissance doit aussi être reportée à l'année 1569 environ, puisque Colletet avoue qu'il mourut âgé d'environ 55 ans. Venons à ses ouvrages.

« Ses œuvres, dit Colletet, sont toutes belles et toutes parfaitement raisonnées; voici le catalogue de celles que j'ai vues, et je ne crois pas qu'il en ait guère fait d'autres : »

I. *La Philosophie soldade, avec un manifeste de l'auteur, contre ceux qui l'accusaient faussement d'avoir voulu livrer sa ville natale* (probablement Naïac, près de Villefranche) *entre les mains des ennemis*. Paris, 1604, in-12. A l'imitation de ses ancêtres, d'Audiguier montra un inviolable attachement à ses souverains légitimes. Il a célébré dans ses vers la mort funeste de Henri III et celle de Henri IV. Dans le cours de ses études sous les jésuites, au lieu de faire des vers en faveur de la Ligue, comme on n'en faisait guère d'autres en ce temps-là, il en composait pour le roi, et les remettait à ses maîtres; ce qui, dit Colletet, n'était pas sans danger d'une mercuriale.

II. *La Flavie de la Menor*. Paris, 1606, in-12; petit roman divisé en 2 livres.

III. *Histoire tragi-comique des amours de Lisandre et de Caliste*. Paris, 1615, in-8°, souvent réimprimée à Paris et dans presque toutes les grandes villes du royaume. Colletet sait gré aux excellens poëtes de son temps, d'en avoir tiré de beaux et agréables sujets de comédie. Il existe des éditions de ce roman, 1° avec une traduction hollandaise. Amsterdam, 1663, 2 vol. in-12; 2° avec traduction allemande. Amstertam, 1670, in-12. En 1735, Guillot de Chassagne rajeunit cet ouvrage, et le publia sous ce titre : *Le chevalier des Essarts et la comtesse de Bercy*, 2 vol. in-12.

IV. *Epîtres françaises et libres discours*, première et seconde parties. Paris, 1611, in-8°. Réimprimées plusieurs fois.

V. *Le vrai et ancien usage des duels*. Paris, 1617, in-8°, dédié à Louis XIII. Le but de l'auteur est de faire voir l'injustice des duels ordinaires, et de porter le roi à les rétablir tels qu'ils se pratiquaient autrefois, pour causes très-graves, et avec permission expresse du souverain.

VI. *Six Nouvelles de Michel Cervantes*, traduites de l'espagnol en français, avec *Six autres Nouvelles de la traduction de François de Rosset*. Paris, 1618, in-8°. Colletet trouvait la traduction de d'Audiguier bien supérieure à celles qui paraissaient dans le même temps.

VII. Les *Amours d'Aristandre et de Cléonice*. Paris, 1625, in-8°. Ce roman a eu moins de succès que les *Amours de Lisandre*.

VIII. *La défaite d'Amour, et autres œuvres poétiques de V. D. S. de la Menor*. Paris, 1606, in-12. Réimprimées, avec des suppressions et des augmentations, en 1614, in-8°, sous le titre d'*OEuvres poétiques*.

IX. *Stances en l'honneur de Louis XIII*. Paris, 1620.

X. *Discours* en prose sur le sujet d'un spectre qui lui apparut, et qu'il prit pour l'ombre de son valet qui était mort, il n'y avait pas beaucoup de temps.

Malgré l'assertion de Colletet, il paraît que Vital d'Audiguier a composé ou traduit plusieurs autres ouvrages; voici ceux qui lui sont attribués par l'abbé Joly, dans ses *Remarques sur Bayle :*

I. *Le Pourtrait du monde*. Paris, 1604, in-12 de 325 pag. C'est un ouvrage moral.

II. *Epîtres françaises et libres discours*. Paris, 1625, in-8° de 521 pag. Ouvrage différent de celui qui avait déjà paru sous le même titre, et dont l'abbé Joly fait remonter la première édition à l'année 1608. C'est apparemment une seconde partie.

III. *Les diverses fortunes de Panfile et de Nise*, tirées du Pélerin en son pays, de Lope de Vega. Paris, 1614, in-8° de 390 pages.

IV. *Histoire æthiopique d'Héliodore*, traduction d'Amyot, retouchée. Paris, 1609, 1614, 1616, in-12; 1626, in-8°. Cette dernière édition est enrichie de plusieurs figures de Crispin de Pas.

V. *La perfection du chrétien*, traduite de l'espagnol de Rodriguez. Paris, 1623, 3 vol. in-4°.

On a encore du même d'Audiguier :

I. *Les douces affections de Lydamant et de Callyante*. Paris, 1607, in-12.

II. *Les maximes de guerre du maréchal de Biron*, avec des observations. Paris, 1617, pet. in-12.

III. *Les travaux de Persiles et de Sigismonde*, traduits de l'espagnol de Michel de Cervantes. Paris, 1618, 1626, 1653, 1681, in-8°.

IV. *Relations de Marc d'Obregon* (Vincent Espinel), traduites de l'espagnol. Paris, 1618, in-8°. Ce sont des contes et nouvelles.

V. *Traité de la conversion de la Magdelaine*, traduit de l'espagnol. Paris, 1619, in-8°.

VI. *L'antiquité des Larrons*, ouvrage composé en espagnol par D. Garcia, et traduit en français. Paris, 1621, in-8°.

VII. *Diverses affections de Minerve*, avec une apologie d'elle-même; *Palinodie de l'auteur*, et *les épîtres et libres discours du même.* Paris, 1625, in-8°.

On trouve des pièces de vers et des morceaux de prose de Vital d'Audiguier, dans les recueils de poésie qui parurent de son temps, principalement dans celui qui fut imprimé à Paris et à Lyon en 1615, et qui a été publié par les soins du poëte Jean de Lingendes. Quant aux morceaux de prose, on peut voir le recueil de la Serre, intitulé: *le Bouquet des plus belles fleurs de l'éloquence, cueilli dans les jardins des sieurs du Perron... d'Audiguier,* etc. Paris, 1625, in-8°.

Lorsqu'en 1638, l'académie française commença le *Catalogue des livres les plus célèbres en notre langue*, qu'on pourrait consulter et citer même dans le dictionnaire futur, elle y fit entrer les ouvrages en prose du sieur d'Audiguier.

Cet auteur ne mérite donc pas d'être traité avec le dédain qu'affectent pour lui M. Chaudon et l'abbé de Feller. Ses ouvrages ont été utiles dans le temps où ils ont paru. Sorel, dans sa *Bibliothèque française*, les a appréciés avec justesse.

† AUDIGUIER (Pierre d'), neveu du précédent, faisait partie d'une petite académie formée par l'abbé de Marolles, dans laquelle on examinait les pièces publiées par ses différens membres. On doit à d'Audiguier neveu la traduction française d'*Eromène*, roman italien de F. Biondi. Paris, 1633, in-4°, et 2 vol. in-8°. On lui donne aussi la traduction d'un autre roman italien de Luc Assarino, intitulé la *Stratonice*. Paris, 1640, 1 vol in-8°. Mais Pélisson, dans l'*Histoire de l'académie française*, prétend que cette traduction est de l'académicien Claude Maleville, qui en fit présent à d'Audiguier, l'un de ses meilleurs amis. Cette assertion est pour ainsi dire confirmée par une lettre de Maleville, qui se trouve en tête de la traduction, et dans laquelle le roman est bien apprécié.

On attribue à d'Audiguier le jeune une des traductions françaises du fameux ouvrage espagnol intitulé: *Histoire de Lazarille de Tormes.* C'est ici l'occasion de discuter cette assertion. L'ouvrage espagnol est composé de deux parties: la première parut en français, pour la première fois, à Lyon en 1560. Cette traduction est attribuée, soit à l'imprimeur Jean Saugrain, comme le donne à entendre l'épître liminaire; soit à Jean Garnier de Laval, dont les initiales sont placées au bas du titre. Elle fut réimprimée à Paris dès 1561, par ou pour Vincent Sertenas; elle le fut aussi en 1598, à Anvers, sans aucune indication de traducteur, avec la traduction de la seconde partie, par J. Van Der Meere. J'ai sous les yeux la Vie de Lazarille de Tormes et de ses fortunes et adversités, traduite nouvellement de l'espagnol en français (première partie), par M. P. B. P.

Paris, Rolet Boutonné, 1620. — Seconde partie de la Vie de Lazarille de Tormes, tirée des vieilles Chroniques de Tolède, traduite nouvellement d'espagnol en français, par L. S. D. Paris, R. Boutonné, 1620, petit in-12.

La traduction des deux parties reparut avec l'original espagnol en 1660, à Paris, chez Jacques Cotinet, sous ce titre : *La Vie de Lazarille de Tormes et de ses infortunes et adversités*, revue et corrigée par H. de Lune, natif de Castille, interprète de la langue espagnole, et traduite en français par L. S. D., 1 vol. petit in-12. L'avis au lecteur, de l'édition de 1620, 1re part., a été conservé; mais on a supprimé le prologue. L'épître dédicatoire de la 2e part., signée P. D. T., a été également supprimée.

On peut croire que les initiales L. S. D. indiquent le sieur d'Audiguier le jeune. La signature P. D. T. fortifie cette conjecture, puisque l'on sait que le prénom de d'Audiguier le neveu, commençait par un P; mais l'on ne doit lui attribuer que la traduction de la 2e part. C'est sans doute par une supercherie de libraire, qu'il est présenté comme traducteur des deux parties, sur le frontispice de l'édition de 1660. Cela sert au moins à faire conjecturer que d'Audiguier le jeune était mort à cette époque. Les détails qu'on vient de lire donnent aussi l'intelligence de la réflexion suivante de la Monnoye, que je trouve dans la nouvelle édition de la *Bibliothèque de la Croix du Maine*, t. 1, p. 588, art. Jean Saugrin. « Cette traduction (de la 1re p. de *Lazarille*) a été depuis, à ce qu'on dit, revue par d'Audiguier le jeune. » M. de la Monnoye n'avait pas eu sous les yeux les yeux les traductions que je cite. Il parle d'après une tradition vague; mais on voit au moins que le sieur d'Audiguier le jeune ne s'est point occupé de l'ancienne traduction de la 1re part. de *Lazarille*.

Il existe une autre traduction anonyme de ce roman, intitulée : *Lazarille de Tormes*, traduction nouvelle. Paris, Claude Barbin, 1678, 4 petits vol. in-16. Le nouveau traducteur ne présente, pour ainsi dire, que la quintessence de l'ouvrage espagnol. Son épître dédicatoire à M. Mitton, conseiller du roi en ses conseils, etc., n'est pas signée. Cette traduction a reparu avec de grands changemens sous ce titre : *Histoire facétieuse du fameux drille Lazarille de Tormes*, augmentée de plusieurs choses qui avaient été négligées dans les autres impressions. Lyon, J. Viret, 1697, in-12. L'épître dédicatoire à M. Mitton, présente quelques variantes; elle est signée des lettres A. D. R. — George de Backer, libraire de Bruxelles, a reproduit la même traduction, d'après l'édition de Barbin, sauf quelques changemens de style, qui ne sont pas toujours des améliorations. Cette nouvelle édition est intitulée : La *Vie et Aventures de Lazarille de Tormes*, écrites par lui-même, traduction nouvelle sur le véritable original. Bruxelles, George de Backer, 1698, 2 part. in-12. Cette édit. a été souvent réimprim. à Bruxelles, à Rouen et à Paris. La dernière édition, et probablement la plus élégante de toutes, est celle de Paris, 1801, 2 vol. in-8° avec fig.

Si l'on était étonné de la longueur de ces détails sur les différentes traductions de *Lazarille de Tormes*, je pourrais alléguer, pour ma justification, qu'aucun dictionnaire historique n'a encore rien donné de satisfaisant à ce sujet; ce qui fut cause apparemment qu'en 1783, le libraire Cuchet demanda en vain, par la voie du *Journal de Paris*, des indications certaines sur le véritable traducteur de *Lazarille*, qu'on lui avait dit être Lesage.

† AUDIGUIER DU MAZET (Henri d'), avocat vivant encore encore en 1662. J'avais fait observer à la fin du 4e vol. de mon *Dictionnaire des ouvrages anonymes*, la double erreur de plusieurs bibliographes qui ont présenté la traduction de l'*Histoire æthiopique d'Heliodore*, p. Montlyard, comme ayant été revue par H. d'Audiguier, tandis que c'est la version d'Amyot qui a été soi-disant corrigée, non par Henri, mais par Vital d'Audiguier : en effet, Henri ne paraît pas s'être occupé de littérature, et il était probablement trop jeune en 1609 pour avoir pensé à rajeunir le style d'Amyot. D'ailleurs, la traduct. de Montlyard n'a paru qu'en 1623 au plutôt : comment aurait-on pu la retoucher en 1609, en 1614, en 1616? Moréri est un des auteurs qui sont tombés dans cette double méprise; on les retrouve toutes deux dans la *Biographie universelle*.

* AUFFRAY (Jean), natif de Paris, se livra de bonne heure à l'étude de l'économie politique, et débuta dans la littérature, en 1753, par des *réflexions sur l'imprimerie et sur la littérature*, insérées dans le *Mercure de France*. M. Lottin l'aîné lui répondit; il répliqua trois mois après, en promettant un petit ouvrage sur l'imprimerie du dix-huitième siècle. On a pensé qu'il avait fondu ce petit ouvrage dans les lettres anonymes que M. Fournier le jeune adressa, en 1755 et années suivantes, au Journal des savans. Ces lettres contiennent en effet une censure assez vive des grands ouvrages qui parurent à cette époque. M. Auffray devint membre des académies de Metz et de Marseille. Son nom figurait encore en 1784, dans la liste des académiciens de Metz. Depuis cette époque, on ne trouve dans nos journaux aucun opuscule de sa composition. Les principaux ouvrages publiés par M. Auffray sont :

I. *Le luxe considéré relativement à la population et à l'économie*. Lyon, 1762, in-8°. Dans cette dissertation, en forme de lettre, l'auteur propose une réforme dans nos mœurs et dans nos usages. Il voudrait des lois somptuaires.

II. *Idées patriotiques sur la nécessité de rendre la liberté au commerce*. Lyon, 1762, in-8°.

III. *Discours adressé à l'académie de Metz, pour la réception de l'auteur*. Paris, 1769, in-8°. Ce discours roule sur les avantages que le patriotisme retire des sciences économiques.

IV. *Essai sur les moyens de faire du Colisée un établissement national et patriotique*. 1772, in-12.

V. *Louis XII, surnommé le Père du peuple, dont le présent règne nous rappelle le souvenir*. Paris, Costard, 1775, in-8°. Ce discours a été composé à l'occasion de l'éloge de Louis XII, proposé en 1775 par l'académie de Nancy.

VI. *Vues d'un politique du seizième siècle sur la législation de son temps, avec des observations également propres à réformer celle de nos jours.* Amsterdam et Paris, 1775, in-8°. Ce politique se nommait Raoul Spifame, avocat au parlement de Paris, mort à Melun dans le mois de novembre 1563. Il est auteur d'un essai d'une législation imaginaire du roi de France Henri II, imprimé sous ce titre: *Dicæarchiæ Henrici regis christianissimi progymnasmata.* 1 vol. in-8°. Le volume contient 309 arrêts que l'auteur suppose avoir été rendus en 1556. Ce sont des projets plus ou moins sages. Plusieurs ont été exécutés par la suite des temps. On peut toujours lire, avec quelque fruit, ce volume qui est rare. L'extrait de M. Auffray est fait avec goût. M. Auffray travaillait, en 1781, à une *Histoire des reines de France de la maison d'Autriche.* On trouve de lui plusieurs dissertations dans les premiers *journaux* et *gazettes* d'agriculture et de commerce, dans le *Journal économique*, dans *l'Esprit des journaux*, etc. On lui a attribué sans fondement la brochure intitulée: *Entretiens de Périclès et de Sully, aux Champs-Elysées, sur l'administration.* Paris, 1776, in-8°. Cet ouvrage paraît être d'un sieur de la Lande, différent du célèbre astronome de ce nom.

* AUGEARD (Matthieu), reçu avocat en 1703, fut secrétaire du sceau, sous M. Chauvelin. Pénétré de l'utilité du *Journal du Palais*, dont les principaux auteurs sont MM. Blondeau et Gueret, M. Augeard regrettait qu'un projet aussi bien exécuté ne fût pas achevé. Il se détermina à le continuer. Les premiers essais qu'il publia, furent goûtés du public; ils parurent sous ce titre: *Arrêts notables des différens tribunaux du royaume*, sur plusieurs questions importantes de droit civil, etc. Paris, 1710-1718, 3 vol. in-4°. L'auteur n'ayant pu observer l'ordre chronologique dans ces trois volumes, sentit lui-même l'imperfection de son travail. Depuis l'impression de son recueil, il a recueilli un grand nombre de décisions qui avaient échappé à ses recherches; il les a rédigées avec soin, et s'occupait d'une nouvelle édition de son ouvrage, au moment de sa mort arrivée le 27 décembre 1751: il en a même revu les premières feuilles. Cette édition ne parut qu'en 1756, 2 vol., in-fol. On la doit au zèle et aux lumières de M. Richer. Cet ouvrage jouissait d'une grande estime avant la révolution de 1789.

AUGUSTIN (S.). On remarque dans la *Biographie universelle* une importante omission; c'est l'indication des ouvrages de cet éloquent Père de l'Eglise, traduits en français; ces traductions sont très-nombreuses, et elles peuvent être très-utiles, surtout dans un temps où les jeunes ecclésiastiques ne peuvent se livrer à une étude profonde de la langue latine. Je présenterai ces traductions dans l'ordre suivi par les bénédictins, pour le placement des ouvrages originaux. On voit, dans le tom. 1er: I. Les *Confessions*, traduites en français par Æmar Hennequin, évêque de Rennes, Paris, 1582, 2 vol. in-8°; par Paul Dumont, Douay, vers 1600; par le P. René Cerisiers, jésuite, Paris, 1638, petit in-12; par Arnauld d'Andilly, Paris, 1649, in-12; par Dubois, Paris, 1686, in-8°; par D. Martin, bénédictin, Paris, 1741, 2 vol. in-8°, avec le texte latin, ou 2 vol. in-12, sans le texte. On recherche le texte latin de l'édition d'Elzevir, Amsterdam, 1675, in-18, et de l'édition de Paris, revue avec beaucoup de soin par Rondet, chez P. D. Pierre, 1782, in-18.

II. Les *Livres contre les académiciens*, traduits (par Villefore). Paris, 1703, in-12.

III. Le *Livre de la vie heureuse*, traduit par le même. Paris, 1715, in-12, à la fin d'une nouvelle édition de la traduction des Confessions, par Arnauld d'Andilly.

IV. Les *Livres de l'ordre*, traduits par Villefore. Paris, 1701, in-8°.

V. Les *Soliloques*, traduits avec les *Méditations* et le *Manuel*, par le P. Cerisiers, Paris, 1639, in-12; par le sieur de la Croix-Christ, Paris, 1663, in-12; par le P. Regnier, chanoine régulier, Paris, 1684, in-12; par la Bonodière, Paris, 1696, in-12. Cette dernière traduction est la plus estimée.

VI. Le *Libre arbitre*, traduit par Villefore, avec les Livres de l'ordre, en 1701.

VII. Les *Mœurs de l'Eglise catholique*, traduites par Antoine Arnauld. Paris, 1644, in-8°, avec le texte latin à la suite; par Dubois. Paris, 1690, in-8°, sans le texte.

VIII. Le *Livre de la vraie religion*, traduit par les mêmes, sous les mêmes dates.

Tome 2.

Les *Lettres*, traduites en français, par Dubois. Paris, 1684, 2 vol. in-fol., ou 6 vol. in-8°, avec des notes (par Tillemont).

Tome 3.

I. La *Doctrine chrétienne*, traduite en français, par Colletet, Paris, 1636, in-12; par Villefore, Paris, 1701, in-8°.

II. Les *Les Commentaires du sermon sur la Montagne* (traduits par Lombert). Paris, 1683, in-12.

III. Les *Traités sur l'évangile de S. Jean et sur son épître aux Parthes* (traduits par le P. Golefer, génovefain). Paris, 1700, 4 vol. in-8°.

Tome 4.

Les *Sermons de S. Augustin sur les psaumes*, traduits par Antoine Arnauld. Paris, 1683, 7 vol. in-8°. L'abbé Leroy avait publié précédemment des *Instructions* recueillies des sermons de S. Augustin sur les psaumes. Paris, 1663-1665. 5 vol. in-12.

Tome 5.

Les *Sermons sur le Nouveau-Testament*, traduits par Dubois. Paris, 1694 et 1700, 4 vol. in-8°. Les deux derniers volumes ont été traduits par la Bonodière.

Tome 6.

I. Les *Livres de la foi, de l'espérance et de la charité*, traduits par Antoine Arnauld. Paris, 1648, in-8°, avec le texte latin à la suite.

II. Le *Combat du chrétien*, traduit en français, avec des notes, par M. de Belzunce, évêque de Marseille. 1738, in-8°.

III. De la *Manière d'enseigner les principes de la religion chrétienne à ceux qui ne sont pas encore instruits*, trad. par Dubois, Paris, 1678, in-12.

IV. *De la Continence, contre*

le Mensonge, *de la Patience*, traduits par Dubois, à la suite de l'ouvrage précédent.

V. *De la sainte virginité*, *du Bien de la viduité*, *du Bien du mariage*, traduits par Jean Hamon. Paris, 1680, in-12.

Claude Seguenot, prêtre de l'Oratoire, avait publié, longtemps auparavant, une traduction du traité de *la Sainte virginité*, avec quelques remarques. Paris, 1638, in-12. Ce livre fit beaucoup de bruit à cause des remarques, qui ont 192 p. On a prétendu que le fameux abbé de S.-Cyran en était le principal auteur, quoiqu'il n'y eût eu aucune part; cela fit un des griefs contre cet abbé, pendant sa détention à Vincennes. Le P. Seguenot fut aussi très-inquiété. Voy. son article dans le Moréri.

VI. *Les deux Livres à Pollentius*, *sur les mariages adultérins*, traduits en français (par l'abbé Pilé), avec le texte latin à côté, des notes, et une dissertation (par l'abbé Desessarts). Paris, 1763, in-12. Dans la seconde édition de ce vol., donnée en 1765, on s'est contenté de placer l'analyse des deux Livres sur les mariages adultérins, au lieu d'y reproduire la traduction entière.

VII. De l'*Ouvrage des moines*, traduit par J.-P. Camus, évêque de Belley. Paris, 1633, in-8°.

Tome 7.

La Cité de Dieu, traduite en français, par Raoul de Praeles. Abbeville, 1486, 2 vol. in-fol. Paris, Nic. Savetier, 1531, 2 vol. in-fol. — Autre traduction avec celle des Commentaires latins de Louis Vives, par Gentian Hervet. Paris, 1570, in-fol. — Traduction nouvelle (par P. Lombert). Paris, 1675, 2 vol. in-8°, ou 1736, 4 vol. in-12, avec un avertissement concernant la vie est le ouvrages du traducteur, par l'abbé Goujet. Cette dernière traduction est très-estimée. Raoul de Presles a joint à la sienne des expositions où l'on trouve beaucoup de remarques curieuses et importantes pour l'histoire de France.

Il existe une édition portative du texte latin, avec les Commentaires de Vivès. Lyon, 1570, 2 vol. in-8°.

Tome 8.

I. De l'*Utilité de la foi*, traduit en français (par le P. Estève mathurin). Paris, 1741, petit in-12.

II. De *la Nature du bien et du mal contre les Manichéens*, traduit par D. Gaudin, chartreux, à la suite de son ouvrage intitulé: *La Distinction et la Nature du bien et du mal*, etc. Paris, 1704, in-12.

Tome 9.

Traité du baptême, traduit par l'abbé Dujat, chapelain d'Etampes. Paris, 1778, in-12.

Tome 10.

I. *De l'Esprit et de la Lettre*, traduit par Dubois. Paris, 1700, in-12.

II. *Deux Livres de la Grâce et du Péché originel*, traduits par l'abbé de Villeneuve de Vence, oratorien. Paris, 1738, in-12.

III. *Du Mariage et de la Concupiscence*, traduit par J. Hamon, avec les autres traités cités plus haut.

IV. *Six Livres contre Julien*, défenseur de l'hérésie pélagienne, traduits par l'abbé de Villeneuve de Vence. Paris, 1736, 2 vol. in-12.

V. *Traités choisis sur la grâce de Dieu*, sur le libre arbitre de l'homme et la prédestination des saints, fidèlement traduits sur la nouvelle édition latine de ces mêmes traités, imprimée à Rome, en 1754 (par l'abbé le Queux). Paris, 1757, 2 vol. in-12. Cet abbé donna en 1758, à Paris, une nouvelle édition du texte latin de ces ouvrages, plus correcte que celle de Rome, que l'on doit à François Foggini.

VI. *De la Correction et de la Grâce*, traduit par Antoine Arnauld. Paris, 1644, in-8°, avec le texte latin à la suite.

VII. *De la Prédestination des saints, et du Don de la persévérance*, avec les lettres 105, 106 et 107. Paris, 1676, in-12.

L'abbé d'Olivet, dans l'Histoire de l'Académie française, donne à Dubois cette traduction. L'abbé Goujet l'attribue à Ant. Arnauld.

Depuis l'édition des œuvres de S. Augustin, par les bénédictins, on a vu paraître : *Lettres* nouvelles de S. Augustin, traduites en français avec le latin à côté, et des notes critiques, historiques et chronologiques, et un Traité de l'origine de l'ame, tiré de ses écrits, nouvellement trouvé dans un manuscrit de l'abbaye de Gotwic, près Vienne, en Autriche (par D. J. J. Martin). Paris, veuve Mazières, 1734, in-8°.

On peut joindre à l'édition latine des bénédictins, le texte latin de ces nouvelles lettres in-fol., sous ce titre : *Epistola secunda ad Optatum milevitanum de naturâ et origine animæ; epistola de pœnis parvulorum, qui sine baptismo decedunt, et scripta, ad Petrum et Abraham, omnia ex biblioth. ordinis S. Benedicti abbatiæ Gottwicensis nunc primùm edita* (*curâ Godf. Besselii*). *Viennæ*, 1732. Il existe des mêmes lettres une autre édition qui a pour titre : *Epistolæ duæ recens in Germaniâ repertæ notis criticis, historicis, chronologicisque illustratæ; operâ et studio* D**. (D. Martin) *Parisiis*, 1734, *apud viduam Mazieres*.

L'abbé Troyat d'Assigny, prêtre de Grenoble, a publié un ouvrage intitulé : *S. Augustin contre l'incrédulité*, ou Discours et pensées recueillis des divers écrits de ce père, les plus propres à prémunir les fidèles contre l'incrédulité de nos jours. Paris, 1754, 2 vol. in-12. On doit au célèbre père Grou, ex-jésuite, la morale tirée des Confessions de S. Augustin. Paris, 1786, 2 vol. in-12. Voyez aussi *la Véritable clef des ouvrages de S. Augustin*, ou Réfutation des critiques de Bayle sur S. Augustin, par le P. Merlin, jésuite. Paris, 1732, in-4°.

Je ne puis terminer cet article sans relever une très-grave faute de typographie qui se trouve dans la *Biographie universelle*. On y lit, *appendix Augustinianus* pour *appendix Augustiniana*, volume publié en 1703, à Amsterdam, par Jean Leclerc.

(*Catalogue manuscrit* de l'abbé Goujet; *divers autres Catalogues*).

AURELIO (Louis), prêtre de l'Oratoire de Rome et chanoine de S.-Jean-de-Latran. Il y a plusieurs inexactitudes dans l'article que M. Chaudon a consacré à cet auteur; elles se trouvent corrigées dans la *Biographie universelle;* mais on a oublié de dire, dans ce dernier ouvrage: 1° que la meilleure édition des abrégés de Baronius et de Bzovius était celle de Paris, 1665, 3 vol. petit in-12, avec une continuation, par Charles Chaulmer; 2° que Charles Chaulmer n'a pas traduit seulement l'abrégé de Bzovius, mais qu'il a commencé par la traduction de l'abrégé de Baronius. Cette traduction forme avec le supplément 12 vol. petit in-12, Paris, 1673. Les six premiers avaient paru en 1664, pour la première fois. Cet ouvrage est oublié aujourd'hui.

AURELIUS-VICTOR (SEXTUS). Aucun de nos dictionnaires historiques ne cite les traductions françaises de son ouvrage *De viris illustribus urbis Romæ*, que l'on expliquait autrefois dans l'université de Paris; il en parut une traduction assez exacte dès l'année 1672, à Paris, chez Bénard, dans le format in-32. Elle a été réimprimée plusieurs fois. On en a plusieurs éditions, avec le latin à côté, Mons, 1676, in-12; Lyon, 1713, in-12; ou Paris, in-24. C'est le même ouvrage qui a été traduit de nouveau en 1776, par M. Savin, sous ce titre: *les Hommes illustres de Pline le jeune.* On ne sait pourquoi ce nouveau traducteur a donné l'ouvrage sous le nom de Pline le jeune. L'opinion qui le lui attribuait, est abandonnée depuis long-temps.

AURIA (FRÉDÉRIC et JEAN-FRANÇOIS son frère), profonds jurisconsultes et savans littérateurs d'Italie.

AURIA (VINCENT), fils de Frédéric et neveu de Jean-François, jurisconsulte et littérateur. En lisant dans le dictionnaire de M. Chaudon ces trois articles, on voit qu'ils manquent de développemens. Ils ont été améliorés par les traducteurs de Bassano. La *Biographie universelle* a omis ces trois écrivains.

AUSTREMOINE (SAINT) est, suivant Moréri, l'un des *sept illustres missionnaires qui furent envoyés dans les Gaules par les évêques de Rome, vers l'an* 250.

D'abord ceci ne s'accorde pas avec l'article *Fabien*, où il est dit que la mission de ces sept hommes apostoliques arriva vers l'an 245.

Cela s'accorde encore moins avec l'article *Trophime*, l'un de ces sept missionnaires; car il y est dit que S. Trophime était certainement mort avant la fin du second siècle; tout cela comparé est contradictoire et erroné.

En second lieu, des missionnaires envoyés dans les Gaules *par les évêques de Rome, vers l'an* 250, exprime quelque chose de choquant. Il y aurait donc eu alors au moins deux évêques de Rome.

Pour éclaircir ce point important de l'histoire de l'Eglise gallicane, j'observerai que Grégoire de Tours est le seul, parmi les anciens, qui marque l'époque de la mission de ces sept hommes apostoliques. Il en parle en deux endroits; dans l'un, il dit que cela arriva, *Decio et Grato consulibus*, sous le consulat de Decius et de Gratus; dans l'autre, il dit qu'elle arriva, la première année de l'empire de Dèce, *anno imperii Decii primo.* Or la première année de l'empire de Dèce et le consulat de Dèce et de Gratus reviennent au même et donnent la même année, c'est-à-dire, depuis le mois d'octobre 249 jusqu'au mois d'octobre de l'an 250, et dès-lors, nous avons l'évêque de Rome, qui envoya dans les Gaules les sept missionnaires, quoique Grégoire de Tours ne le nomme pas; car il n'y avait pas d'autre évêque de Rome, la première année de l'empire de Dèce, ou sous le consulat de Decius et de Gratus, que S. Fabien. Ce saint pape mourut le 20 janvier 250, et S. Corneille ne lui succéda que plus de seize mois après, en 251; d'où il résulte que cette mission dut arriver entre le premier octobre 249 et le 20 janvier 250. Je parle de la mission, car pour ce qui est de l'arrivée de ces saints personnages dans les Gaules, il peut se faire que quand ils arrivèrent, S. Fabien fût mort.

(*Mémoires* de M. du Masbaret.)

* AUTHVILLE (Charles-Louis d') des-Amourettes, lieutenant-colonel des grenadiers royaux, né à Paris en 1716, mort vers l'an 1762.

Il a publié: I. *Essai sur la cavalerie*. Paris, 1756, in-4°. II. *Relation navale de* 1759, in-4°. III. *Mémoires des deux dernières campagnes de Turenne, en Allemagne*, 1756, in-12. C'est une nouvelle édition de l'ouvrage de Deschamps. IV. *Politique militaire ou Traité sur la guerre*, par Paul Hay du Chastelet. Nouvelle édition augmentée de notes et de citations. Paris, 1757, in-12. V. *L'Anti-légionaire français*. 1762, in-12. Cet auteur a donné plusieurs morceaux à l'*Encyclopédie* in-fol.

AUVIGNY (du Castre d'). Deux ouvrages de cet auteur, cités dans la *Biographie universelle*, peuvent donner lieu à quelques détails intéressans:

I. Les *Anecdotes galantes et tragiques de la cour de Néron*. Paris, 1735, in-12. On lit dans le privilége que cet ouvrage a été composé par le sieur Dellery; mais le Journal de Verdun de cette époque nous apprend qu'on l'attribuait, même avant qu'il parût, à une personne fort connue par divers ouvrages auxquels il a travaillé lui-même, ou qui ont été faits sous ses yeux. C'est ce qui a fait dire à plusieurs bibliographes que ces anecdotes avaient été écrites par d'Auvigny, sous la direction de l'abbé Desfontaines. Celui-ci, dans la table du 4e vol. de ses Observations, les donne à d'Auvigny.

II. L'*Histoire de France et l'Histoire romaine*, par demandes et par réponses, 1759, 2 vol. in-12. Cet ouvrage parut pour la première fois en 1729, sous ce ce titre: *Histoire de France par demandes et par réponses*, 1 vol. in-12. Il fut réimprimé en 1735, sous le titre d'*Histoire de France et Histoire romaine, etc.*, parce que l'auteur ajouta à l'ouvrage un abrégé d'Histoire romaine. C'est ce que dit encore l'abbé Desfontaines dans le 1er vol. de ses Observations, et il attribue aussi l'ouvrage à d'Auvigny, dans la table du 4e, quoique sans doute il y ait eu beaucoup de part, puisque d'Aubigny était fort jeune en 1729. Cette histoire a été augmentée d'un volume en 1749. Les nouveaux éditeurs du P. le Long nomment un abbé Guyart comme l'auteur des augmentations; du reste, cette nouvelle édition est tout-à-fait anonyme.

L'article de la *Biographie* n'offre pas l'exactitude que l'on aime à trouver dans ces sortes de récits;

AUVRAY (JEAN), prieur de Saint-Odon de Bossets, amassa beaucoup de livres, et se livra à la composition de plusieurs ouvrages de piété. Il mourut le 19 juillet 1661, après avoir légué sa bibliothèque à la cure de Montfort. Ses principaux ouvrages sont : I. *la Vie de Jeanne Absolu, dite de Saint-Sauveur, religieuse de Fontevrauld*, Paris, 1640, in-4°, réimprimée plusieurs fois : la dernière édition est de 1670. I. *L'Enfance de Jésus et sa famille, honorée en la vie de sainte Marguerite, du St.-Sacrement*. Paris, de l'imprimerie royale, 1654, in-8°. III. *Pratiques de piété de l'Eglise catholique, conformes à l'esprit et aux desseins de l'Eglise, etc.* Paris, Frédéric Léonard, 1666, in-12.

AVANCIN (le P.), jésuite. La *Biographie universelle* se contente de dire que sa Vie de J.-C. a été traduite en français en 1713. Cette traduction, qui est du père Desruelles, parut en 1672 : elle a eu plusieurs éditions. Il fallait ajouter que M. l'abbé de Saint-Pard, ex-jésuite, aujourd'hui chanoine honoraire de Notre-Dame, en a donné une nouvelle traduction sous ce titre : *La Vie et la Doctrine de J.-C., rédigées en méditations*. Paris, 1775, 2 vol. in-12.

AVEIRO (le duc D'), seigneur portugais, l'un des auteurs de la conjuration qui éclata le 3 septembre 1758, contre le roi de Portugal. L'article de ce seigneur se trouve très-bien rédigé dans le Dictionnaire de M. Chaudon. Celui de la *Biographie universelle*, écrit à peu près dans les mêmes principes, ne présente pas les faits avec la même clarté. L'ex-jésuite de Feller a eu la hardiesse de soutenir que ce duc était innocent du crime qui l'a fait condamner à être rompu vif.

AVERANI (NICOLAS), frère de Benoît et de Joseph Averani. La *Biographie universelle* ne donne point d'article à ce troisième Averani. Les inexactitudes que présente celui de M. Chaudon ont été rectifiées par ses traducteurs italiens.

AVERONI (VALENTIN), moine de Vallombreuse, traducteur italien de la *Cité de Dieu*, de saint Augustin, etc., oublié aussi par la *Biogr. universelle*. M. Chaudon cite sa traduction de la Doctrine chrétienne, de Denis Cartusiano. Il fallait dire, Denis le chartreux.

AZOR (JEAN), jésuite espagnol, cité par Pascal dans ses *Lettres provinciales*. Un aussi bon moraliste doit passer à la postérité. M. Chaudon lui a consacré un article un peu court, auquel l'ex-jésuite de Feller a fait d'importantes additions. On ne sait pourquoi la *Biographie universelle* l'a oublié, elle que l'on verra présenter Escobar comme un des sujets les plus distingués de son ordre.

B.

BACHER (Alexandre-André-Philippe-Frédéric). J'ai donné à ce médecin, dans la table de mon *Dictionnaire des ouvrages anonymes*, les prénoms de son père : cette méprise a été relevée avec raison dans la *Biographie universelle*. Je puis ajouter de nouveaux détails à ceux que présente mon Dictionnaire, sur l'ouvrage bizarre que M. Bacher voulut livrer au public dès 1796, sous le titre de *Cours de droit public*.

M. Bacher avait adopté tous les principes de la révolution française ; il s'était persuadé que le vrai moyen de la rendre avantageuse à l'état social était de dire au peuple toute vérité, non-seulement sur la religion, mais sur la morale et sur la politique ; en conséquence, il s'était proposé de faire un Cours de droit public, dans lequel il eût développé ses principales idées. Ayant éprouvé probablement des difficultés pour l'établissement de cette chaire d'un genre nouveau, il se détermina à faire imprimer son travail à ses frais. On vit paraître sous son nom, en l'an 5 (1796), un vol. in-8° de 216 pag., intitulé *les Opinions écartées par l'évidence*, ou Cours de droit public selon les principes sur lesquels se fonde le respect imperturbable des propriétés personnelles, territoriales et mobiliaires.

Il y a dans ce volume un carton où se trouve la critique de l'ouvrage de M. Necker *sur la révolution française*. *Voy*. p. 113 et suiv.

Il est terminé par une dissertation sur la propriété considérée politiquement.

En l'an 6 (1798), M. Bacher a publié un premier cahier intitulé *Instituts religieux*, ou Cours de droit public selon les principes sur lesquels se fonde le respect motivé et permanent des propriétés personnelles, territoriales et mobiliaires. Vol. 1er, à Paris, sans indic. de libr., in-8° de 224 p. Il est terminé par les mots *fin du premier cahier*. Le second cahier, qui devait contenir le *Répertoire politique et moral*, est annoncé comme étant sous presse.

Sur la fin de l'an 8 (1800), M. Bacher fit reparaître ce volume, avec beaucoup de changemens, sous ce titre : *Instituts religieux*, ou Cours de droit public selon les principes sur lesquels se fonde le respect motivé et permanent des propriétés personnelles, territoriales et mobiliaires, in-8° de 290 pag., vol. 1er.

Le *Répertoire politique et moral* (avec des additions) se trouve dans ce volume.

Plus M. Bacher approfondissait la matière qu'il avait envie d'éclaircir, plus son plan devenait vaste. Il publia en l'an 9 (1801), un volume de 480 pages, intitulé *Cours de droit public*, tom. 1er.

On trouve dans ce 1er volume, 1° un prospectus qui annonce que ce Cours de droit public aura 4 vol. ; 2° une introduction ; 3° Cours de droit public, dont le Répertoire politique et moral fait partie ; 4° additions au répertoire ; 5° additions au Cours de droit public ; 6° suite des additions au Répertoire ; 7° suite et fin des additions au 1er vol. du Cours de droit public.

Le désordre que présentait encore ce volume, détermina l'auteur à faire paraître, deux ans après (en 1803), une nouvelle édition partagée en deux parties, sous ces titres : *Cours de droit public*, tom. 1er, in-8° de 304 p., sans nom d'auteur; et *Cours de droit public*, tom. 5, in-8° de 206 p., aussi sans nom d'auteur.

Un prospectus, placé en tête de ce nouveau tom. 1er, annonce que l'ouvrage aura cinq parties partagées en volumes qui excéderont le nombre de six.

On trouve ensuite, 1° l'*introduction* revue et corrigée; 2° *Répertoire politique et moral*.

Dans cette 4e édition, tous les articles sont placés suivant l'ordre alphabétique.

Le tom. 5 renferme la 3e et la 4e part. du *Cours de droit public*. C'est la seconde moitié du vol. publié en 1801, avec des changemens et des additions.

Le tom. 6 et les volumes suivans devaient contenir, sous le titre de *Cinquième partie*, une notice des écrits relatifs à l'économie, à la politique et à la morale.

L'ouvrage de M. Bacher est un des plus hardis qui aient vu le jour; mais le style en est dur, et l'on y trouve beaucoup de répétitions.

Aucun de ces essais n'a été mis en vente; il est donc très-difficile de se les procurer. Les deux vol. publiés en 1803 suffisent pour faire connaître le plan de l'auteur.

BACHOVIUS (REINHARDUS), jurisconsulte. L'article le plus satisfaisant sur cet auteur est celui de Moréri. La *Biograp. univ.* l'a trop abrégé; celui de M. Chaudon est tout-à-fait insuffisant.

* BAER (FRÉDÉRIC-CHARLES), né à Strasbourg, le 15 novembre 1719, a passé plusieurs années à Paris en qualité d'aumônier de la chapelle royale de Suède; son mérite lui avait fait obtenir une place de professeur de théologie dans l'université de Strasbourg, et le titre de correspondant de l'académie royale des sciences de Paris. Il se retira dans sa patrie vers l'année 1784, et y mourut le 23 avril 1797. On a de lui divers ouvrages : I. *Oraison funèbre du maréchal de Saxe*, prononcée à Paris, 1751, in-4°. II. *Essai sur les apparitions*, trad. de l'allemand de Meyer, dans le *Recueil de dissertations sur les apparitions*, publié par l'abbé Lenglet, Paris, 1751, 1re partie du t. 2. III. *Lettre sur l'origine de l'imprimerie*. Strasbourg (Paris), 1761, in-8°. C'est une réponse aux *Observations* de Fournier le jeune, sur les *Vindiciæ typographicæ* de Schæpflin. L'apologiste de Schæpflin ne connaissait pas assez l'histoire et la pratique de l'imprimerie. C'est ce que prouva Fournier dans des remarques sur la *Lettre*, publiées la même année; IV. *Essai historique et critique sur les Atlantiques*. Paris, 1762, in-8°. L'auteur prouve assez bien qu'il existe des rapports sensibles et frappans entre les Juifs de Moïse et les Atlantides de Platon. V. *Dissertation philologique et critique sur le vœu de Jephté*. Strasb. et Paris, 1765, in-8°. Suivant l'auteur, toutes les probabilités et toutes les vraisemblances possibles se réunissent pour nous persuader que Jephté n'a point sacrifié sa fille;

il pense qu'elle fut seulement consacrée au Seigneur, suivant un usage établi parmi les Juifs. Le savant Etienne Rondet répondit à cette dissertation dans le *Journal de Trévoux* et dans la *Bible d'Avignon*, 2e édition, 1768, t. 3, p. 590 et suiv. VI. *Oraison funèbre de Louis XV*, prononcée à Paris, 1774, in-4°. VII. *Sermon sur les devoirs des sujets envers leur souverain*, traduit de l'allemand en français, par l'auteur. Genève et Paris, 1775, in-4°. VIII. *Recherches sur les maladies épizootiques*, sur la manière de les traiter, etc., trad. du suédois en français. Paris, 1776, in-8°. IX. *Recueil de cantiques*, en allemand. Strasbourg, 1777, in-8°.

On trouve plusieurs Mémoires de M. Baër dans la collection de l'académie des inscriptions et belles-lettres. M. l'abbé Baër avait traduit de l'allemand l'excellent ouvrage sur les *Vérités de la religion*, de l'abbé Jérusalem, président du consistoire à Brunswick. « Ce livre est classique, et tel, » dit M. Blessig, ministre à Strasbourg, que je doute que son pareil existe en France. Il allie en » maître les principes religieux et » philosophiques ; il répond à Voltaire et à Rousseau de manière » à ne pas rester au-dessous d'eux » pour l'éloquence, et à les vaincre » par la force des raisonnemens. » On en avait déjà imprimé une » traduction française en Suisse, il » y a long-temps ; mais elle est » faible et diffuse. » Il est à regretter que la traduct. de M. Baër n'ait pas vu le jour.

BAGARATTO, ou plutôt BAGAROTUS. M. Chaudon donne à ce célèbre jurisconsulte, de Bologne, un article trop peu détaillé, puisqu'il ne fait pas connaître l'époque de l'impression des deux ouvrag. qu'il cite comme étant de sa composition. On trouve ces deux ouvrages dans le tom. 3, 2e part., et dans le 4e v. du grand recueil, intitulé : *Tractatus universi juris. Venetiis*, 1584. La *Biographie univers.* n'a point donné d'article à ce jurisconsulte, ainsi qu'à beaucoup d'autres auteurs, sur lesquels M. Chaudon ne lui présentait pas des renseignemens assez positifs. Il eût mieux valu chercher à compléter ces articles de M. Chaudon, que de les omettre entièrement.

BAILLET (ADRIEN). Quoi qu'en dise la *Biographie universelle*, il est reconnu aujourd'hui assez généralement que les *Réflexions critiques*, publiées à l'occasion des jugemens des savans et de la vie de Descartes, ouvrages de Baillet, sont du P. Boschet, jésuite, et non du P. Tellier, comme l'avait dit le P. Niceron. On attribue au P. Lempereur, jésuite, un *Recueil de Lettres critiques sur les vies des saints de Baillet*, 1 vol. in-8°. Ce recueil peu estimé a eu deux éditions : la 1re édition n'a point de date ; la 2e, revue et corrigée par l'auteur, porte la date de 1720. Suivant la *Biographie universelle*, la *Relation curieuse et nouvelle de la Moscovie*, parut sous le nom de Baltazar Hezeneil de la Neuville : c'est une erreur dans laquelle j'ai été moi-même entraîné. L'ouvrage est signé seulement du nom de la Neuville, au bas de l'épître dédicatoire, et l'auteur est Foy de la Neuville, envoyé du roi de Pologne au czar Pierre I. Baillet n'a pris le masque d'Hezeneil de la Neuville que dans son Histoire de la Hollande.

BAIZÉ (Noel-Philippe), mort à Paris, le 24 janvier 1746, bibliothécaire de la maison de St.-Charles des prêtres de la Doctrine chrétienne, rue des Fossés-St.-Victor. La *Biographie universelle* eût bien fait de présenter un abrégé de la notice sur ce savant, qui se trouve dans Moréri. Le P. Baizé, théologien très-instruit, s'est particulièrement distingué par la rédaction du Catalogue de la bibliothèque confiée à ses soins. Ce catalogue a été considéré comme le plus exact, peut-être le mieux ordonné et le plus utile qu'aucune bibliothèque eût encore produit. L'abbé Bignon, bibliothécaire du roi, en trouvait le plan si beau, si avantageux pour la connaissance des livres et de leurs auteurs, si commode pour les savans qui auraient besoin de le consulter, qu'il ne pouvait se lasser de le louer. Il est composé de 22 vol. in-fol., en y comprenant 3 vol. de tables. On le trouve aujourd'hui à la bibliothèque de S. A. R. Monsieur, à l'exception du 2e vol. de la table des auteurs, qui a sans doute été égaré lors du transport de la bibliothèque dans les dépôts nationaux. J'ai lu, en 1818, le catalogue si habilement rédigé par le P. Baizé, et je partage entièrement l'opinion que l'abbé Bignon s'en était faite. C'est un abrégé d'histoire littéraire universelle. L'auteur y donne une idée suffisante de chaque ouvrage; rien n'égale surtout le soin qu'il a pris de dévoiler les écrivains anonymes et pseudonymes. Ses recherches me seront utiles pour la 2e édit. de mon Dictionnaire.

BALBUS (Pierre), célèbre Vénitien, traducteur latin de plusieurs pères grecs, dans le XVe siècle, n'a point d'art. dans M. Chaudon ni dans la *Biographie universelle*; il en a un très-abrégé dans l'abbé de Feller; Moréri fait mieux connaître sa vie et ses travaux. Il a oublié de mentionner la trad. latine d'Alcinoüs, dont j'ai parlé ci-devant. Voy. le mot *Alcinoüs*.

BALCET (Jean), prêtre et médecin, dont M. Chaudon cite plusieurs ouvrages. J'ai cherché en vain le nom de cet auteur dans les catalogues les plus considérables; je n'ai pu découvrir autre chose, sinon que M. Chaudon avait tiré son article de l'ouvrage assez peu estimé de Pernetti, sur *les Lyonnais dignes de mémoire*. Je remarque avec plaisir que l'ab. de Feller n'a point copié cet article, que les traducteurs italiens ne l'ont point traduit, et que la *Biographie universelle* ne l'a pas reproduit.

BALDE (Jacques), jésuite, poëte latin assez célèbre. L'édit. la plus complète de ses Œuvres, est celle de Munich, 1729, 8 vol. in-12. On y trouve un poëme intitulé: *Maximilianus*; c'est une traduct. libre du fameux poëme allemand de Pfintzing, intitulé: *Theurdanck*.

BALÉE, ou BALEUS (Jean), théologien anglais. Moréri, Ladvocat, Chaudon et Feller se sont exprimés avec peu d'exactitude sur les ouvrages de cet auteur; mais c'est dans la *Biographie universelle* que se trouvent les négligences les plus remarquables, les plus fortes méprises; elle a été induite en erreur par les auteurs du grand ouvrage intitulé : *Biographie britannique*. David Clément a relevé leurs méprises ; je dois donc le suivre pour relever celles de la *Biographie universelle* : 1° la première ébauche du fameux ouvrage *De Scriptoribus Angliæ*, parut en 1548, in-4°, sans indication de lieu ; l'édition de 1549, citée par la *Biographie*, n'est donc qu'une 2ᵉ édition ; 2° il n'y a pas eu deux éditions de cet ouvrage à Bâle dans le format in-fol. ; l'une en 1557, et l'autre en 1559. En examinant avec attention le titre et les dates, on voit que l'ouvrage fut alors divisé en deux parties, dont la première parut en 1557, et la seconde en 1559 ; 3° il renferme, dans sa totalité, 14 centuries au lieu de 13 ; 4° les *Acta romanorum pontificum* parurent d'abord dans la première partie. L'auteur les publia séparément en 1558, in-8° ; une autre édition a été donnée en 1560 sans indication de lieu. Jean-Martin Lydius les fit réimprimer en 1615, à Leyde, sous le titre *De Vitis pontificum romanorum*. C'est donc le même ouvrage sous deux titres. Il en existe une traduction française, Genève, 1561, in-8° ; Lyon, 1562, in-12.

BALEN (Mathias). On lit dans l'édition de M. Chaudon, publiée en 1804, que cet auteur naquit en 1611, à Dordrecht, en Angleterre. On lui doit, est-il dit ensuite, une *Histoire de sa patrie*, etc., 1677, in-4°. Si l'on eût ajouté que cette histoire était écrite en hollandais, probablement la faute géographique que je fais remarquer, eût sauté aux yeux et eût été effacée. L'abbé de Feller s'exprime avec exactitude sur ces deux objets ; et c'est son texte qu'ont suivi les traducteurs italiens de M. Chaudon. La *Biographie universelle* ne donne point d'article à Mathias Balen.

BANDURI (D. Anselme), bénédictin. M. Chaudon dit que sa *Bibliotheca numismatica*, reparut en 1719, à Hambourg, par les soins de Jean-Albert Fabricius, avec un *Recueil de dissertations de plusieurs savans sur les médailles*. On ne trouve, dans cette réimpression, que des notes de l'éditeur, trois articles additionnels et trois tables. M. Chaudon a pris pour un *Recueil de dissertations* le dernier paragraphe de l'ouvrage de Banduri, intitulé : *Varia variorum de numismatibus*. C'est la notice de quelques ouvrages qui avaient échappé d'abord aux recherches de l'auteur. La méprise de M. Chaudon se retrouve dans la *Biographie universelle* ; déjà elle avait été copiée par l'abbé de Feller.

* BAR (Jean-Louis de), savant baron du pays d'Osnabruck, né vers 1701, et qui est mort le 6 août 1767, dans la 66ᵉ année de son âge, à son bien de Barenau, dans le même pays. Il était doyen d'âge de la cathédrale de Münden, et prevôt héréditaire du chapitre d'Osnabruck (titre sans doute attaché à sa famille). Il s'était principalement appliqué à la poésie française, et il y surpassa tous les Allemands qui s'en étaient occupés jusqu'à lui. Ses écrits sont :

I. *Epîtres diverses sur des sujets différens* (ouvrage en vers). Londres, 1740, in-12, 2 vol. ; Amsterdam, 1751, 3 vol. in-8° ; traduites en allemand, mais avec des fautes nombreuses. Berlin, 1756, in-12.

II. *Consolations dans l'infortune*, poëme en 7 chants. Hambourg et Leipsick, 1758, in-8°.

III. *Babioles littéraires et critiques*, en prose et en vers. Hambourg, 1761-1764, 5 vol. in-8°.

IV. L'*Anti-Hegesias*, dialogue en vers sur le suicide. Hambourg, 1762, in-8°.

La charge de land-drost, ou prevôt héréditaire de l'évêché d'Osnabruck, mentionnée dans cet article, répond à celle de sénéchal, selon le corps du droit public de Struve, et donnait le droit de présider la noblesse dans les états du pays. Büsching, dans sa *Géographie* imprimée à Hambourg, en 1771, nomme deux fois comte de Bar, celui qu'Adelung, qui écrivait aussi à Hambourg, nomme baron dans son supplément au Dictionnaire de Joecher.

BARATIER (Jean-Philippe).

La *Biographie universelle* dit que cet auteur traduisit, en latin, l'itinéraire de Benjamin de Tudèle; il faut lire: Traduisit de l'hébreu en français l'itinéraire de B. de Tudèle.

BARATTIERI (Charles), cadet de l'illustre famille des comtes de ce nom, naquit à Plaisance, vers l'année 1738, et y mourut, vers 1806. Il ne dut à sa famille que l'avantage de recevoir une éducation solide et brillante; le comte Charles ne se distingua point dans ses études, mais il eut dans sa jeunesse un talent bien rare, celui d'approfondir tout ce qu'on lui enseigna; il possédait les langues grecque, latine, allemande, française et anglaise: il n'a écrit que dans la sienne. Il avait étudié avec le même succès les mathématiques et le dessin. Né avec un cœur brûlant et sensible, il supporta assez impatiemment le sort rigoureux qui le condamnait, comme cadet de famille, à ne jamais prétendre aux doux noms d'époux et de père. Pour dissiper le chagrin qui le minait intérieurement, il visita l'Allemagne, la Prusse, la France et l'Angleterre. C'est dans cette dernière contrée que son génie se développa; c'est à la vue du tombeau de Newton qu'il sentit qu'il était né pour les sciences physiques. Il donna plusieurs dissertations très-savantes sur différens sujets; mais il abandonna, sans réflexion, le système du philosophe anglais. Il se crut bientôt autorisé à adopter l'opinion de Dufay et de plusieurs autres anti-newtoniens, qui réduisirent les couleurs solaires à trois. Il développa ses opinions dans une dissertation imprimée à Plaisance, sous ce titre: *Conghiettura sulla superfluita della materia colorata o de colori nella luce, e del supposto intrinseco suo splendore.* Il s'efforce d'y démontrer, avec autant de précision que de talent, qu'on ne peut admettre des couleurs et une splendeur inhérentes à la lumière; il explique comment elle doit agir sur l'organe de la vue, et passe enfin à prouver que toutes les couleurs sont plus ou moins composées. L'auteur soutint savamment ses idées par plusieurs mémoires, imprimés séparément, ou insérés dans les *opusculi scelti di Milano.*

(Voy. l'*Eloge* du comte Barattieri, en tête du *Traité de physique*, *mis à la portée de tout le monde, d'après le système de Newton*, par A. P. Justin Duburgua. Paris, chez Allut, 1806, in-8°.

BARCLAY (GUILLAUME). Cet article et celui de J. Barclay, dans la *Biographie universelle*, ont été rédigés d'après ceux du P. Niceron; mais le rédacteur a commis plusieurs erreurs, parce qu'il s'est écarté de son modèle. Il s'est aussi trompé avec le P. Niceron, en faisant mourir G. Barclay à la fin de l'année 1605. Je possède son exemplaire du traité de *la Constance* de Juste-Lipse, sur lequel quarante-huit de ses contemporains lui ont donné des marques d'une amitié plus ou moins vive; trois de ces témoignages, celui d'Isaac Casaubon entre autres, sont datés de 1606, au mois de juillet. Il est donc probable que G. Barclay, ainsi que le prétendent plusieurs auteurs, a rempli l'engagement de cinq ans qu'il avait contracté avec l'université d'Angers. Mon exemplaire du traité *de potestate papæ*, porte le nom de ville *Pont-à-Mousson*, et la date de 1609. Il paraît que c'est l'édition originale de Londres; car Bellarmin assure que le nom de Pont-à-Mousson est supposé. Le P. Niceron indique avec raison deux traductions françaises de cet ouvrage; la *Biographie* a réuni ces deux traductions en une seule, en donnant à la première le titre de la seconde: celle-ci est un petit volume in-12, et non un volume in-8°.

BARCLAY (JEAN). La *Biographie universelle*, dit que les *Aletophili lacrymæ* forment la quatrième partie de l'*Euphormion*, édition de Rouen, 1628, et que la cinquième partie est de Morisot de Dijon; Niceron me semble avoir insinué avec plus de justesse que les *Aletophili lacrymæ* sont ordinairement la cinquième partie, et que Morisot en est l'auteur; la quatrième partie se compose de l'*Icon animorum*, ouvrage de Barclay lui-même. Il était bon ensuite de faire observer que la traduction de l'*Euphormion* par l'abbé de Maupertuy, était une traduction très-libre; il fallait dire aussi que la traduction de l'*Argenis* par M. Savin, n'était qu'un abrégé. Peut-être enfin n'était-il pas inutile de rappeler l'ancienne traduction de 1623, in-8°, qui n'est pas de Du Ryer, comme le dit le P. le Long, mais de P. Marcassus. Elle a été réimprimée en 1633, sous les initiales M. G., qui signifient Marcassus, Gimontois ou natif de Gimont (Gers). Deux autres ouvrages de J. Barclay, que la *Biographie universelle* ne cite pas, ont été aussi traduits en français; savoir: l'*Icon animorum*, en 1625, sous le titre de *Tableau des esprits*, 1 vol. in-8°; et la *Parænesis ad Sectarios*, en 1634, in-4°, à Liège, par Jean Walteri de Castro, chanoine de Visé. M. Chaudon n'avait pas non plus cité ces deux traductions.

BARDE (JEAN DE LA). Son traité théologique est intitulé: *De Eucharistiâ. Soloduri* (Soleurre), 1662, in-8°, sans nom d'auteur, réimprimé en 1663, avec le nom de l'auteur et des augmentations.

BARLAAM (S.). Je ne vois pas trop pourquoi la *Biographie uni-*

verselle a dédaigné de placer ce saint au rang des hommes célèbres. L'abbé de Feller lui a consacré un article plus détaillé et plus intéressant que celui de l'abbé Chaudon.

* BARLETTI DE SAINT-PAUL (François-Paul), issu d'une famille napolitaine, naquit à Paris, le 8 février 1734. Vers la fin de 1737, l'abbé Annibal Antonini, son oncle, attira chez lui l'abbé Pluche, qui n'était pas encore connu par son *Spectacle de la nature*, et lui confia le soin de cet enfant qui donnait de grandes espérances. A quatre ans et demi, il savait lire et écrire couramment le latin, l'italien et le grec. Peu de temps après, il composa à son usage de petits élémens de grammaire française et de grammaire grecque. L'abbé Pluche enseignait en même temps à son élève l'histoire naturelle, les mathématiques, la physique, l'histoire sacrée et la géographie ancienne et moderne. Ayant obtenu une petite cure, il fut remplacé par M. Dumarsais. Celui-ci fit pour le jeune Barletti la traduction interlinéaire de l'*Appendix de Diis* du P. Jouvency. L'intéressant élève ne resta que quinze mois dans les mains de cet habile instituteur, et passa dans celles du P. Vinot de l'Oratoire, homme d'un rare mérite. Mécontent néanmoins de la manière dont ce nouveau maître lui montrait la mythologie, le jeune homme se fraya une route différente dans un manuscrit qui mérita les éloges de Voltaire. Un autre oratorien acheva son éducation, qui fut terminée à seize ans.

M. Barletti ayant remarqué que ses illustres maîtres s'étaient contrariés dans leurs systèmes d'éducation, se crut destiné à amener une grande révolution dans l'enseignement, en rédigeant pour les instituteurs et pour les disciples une collection de nouveaux traités des sciences et des arts, et en y joignant de nouveaux cours de ces langues mortes et vulgaires, qu'il croyait avoir mal apprises. C'était tenter pour la jeunesse ce que Diderot et D'Alembert exécutèrent pour l'âge mûr. En moins de six ans, il prépara dix-huit volumes prêts à être livrés à l'impression, et la plupart garantis par des expériences faites sur de pauvres enfans de son voisinage.

En 1756, le duc de la Vauguyon nomma M. Barletti sous-instituteur des Enfans de France. Pour justifier ce choix, le jeune protégé publia son *Essai sur une introduction générale et raisonnée à l'étude des langues, et particulièrement des langues française et italienne*; 1 vol. in-12, dont le vertueux Dauphin, père des trois augustes élèves, voulut bien agréer la dédicace. En tête de cet ouvrage se trouve une estampe gravée par le célèbre comte de Caylus.

De généreux protecteurs résolurent de former une société assez nombreuse pour faire un fonds de 100,000 écus, dépense à laquelle pouvait s'élever l'exécution typographique du grand ouvrage de M. Barletti.

Les sommes que l'on voulait rassembler étaient déjà trouvées et assurées; la délicatesse de M. Barletti le porta à demander, qu'avant tout, deux libraires fussent appelés pour qu'ils examinassent sans partialité s'il était bien vrai que le produit de l'ouvrage excéderait le total des frais qu'en aurait coûtés l'exécution. L'offre fut acceptée, et le choix tomba sur MM. Guérin et Delatour, déjà connus par la belle édition des OEuvres de Cicéron, revues par l'abbé d'Olivet, et qui mirent ensuite le sceau à leur réputation par la publication d'un Tacite, enrichi de notes et de dissertations par l'abbé Brottier. Leur décision fut si favorable à M. Barletti, que l'un d'eux se présenta chez lui pour le faire jouir de suite des avantages que les capitalistes ne devaient lui procurer qu'après la vente d'un tiers de son ouvrage. Il lui demanda en conséquence la cession de ses 24 premiers volumes, en lui offrant 30,000 fr. payables au moment de la signature d'un acte par lequel lui et son associé s'engageraient à lui compter, dans l'espace de deux années, pareille somme de 30,000 fr., à raison de 1250 fr. par mois. Les volumes suivans devaient être portés au prix de 2500 fr., dont 1500 fr. payés comptant, et le surplus six mois après.

Ébloui par des propositions aussi inattendues, aussi brillantes, M. Barletti demanda à M. Delatour quatre jours pour réfléchir et pour se décider; il se rendit chez les libraires le jour convenu, et dit à M. Guérin qu'il trouva seul : « J'accepte avec » plaisir et même avec reconnais» sance les offres que vous avez » eu la bonté de me faire, mais » en vous priant de solliciter un » privilége de 15 ou 20 années, » et de me rendre au bout de ce » terme la propriété de mon ou» vrage. » M. Guérin ne lui laissa pas le temps d'achever. « Vous » avez, lui dit-il, pris quatre » jours pour vous décider, et il » ne me faut que quatre minutes » pour vous répondre. Votre der» nière proposition est inadmis» sible; quand des libraires en» treprennent des éditions volu» mineuses, ils les regardent » comme des rentes placées sur » les têtes de leurs enfans; c'est » avec le produit de ces sortes » d'entreprises que nous dotons » nos demoiselles et que nous » achetons des charges à nos fils. » Il faut convenir que, dans cette circonstance, les torts furent du côté de l'homme de lettres.

Au mois de décembre 1763, l'espoir commença à renaître dans le cœur de M. Barletti; il crut qu'en formant une assemblée nombreuse, composée de ses protecteurs et de leurs amis, il parviendrait à se procurer la somme suffisante pour imprimer au moins les premiers volumes de son *Encyclopédie*. Il demanda donc à M. de Sartine la permission de distribuer une circulaire imprimée.

La première séance fut annoncée pour le 17 janvier 1764.

M. Barletti croyait toucher au terme de ses malheurs; mais un exemplaire de son Prospectus étant tombé entre les mains de plusieurs membres de l'université, l'un d'eux, étonné que quelqu'un se proposât de former des maîtres, quand ce droit appartenait à l'université exclusivement, fit convoquer une assemblée générale, où il fut décidé que des représentations seraient adressées au parlement. Le premier président Molé envoya chez le lieutenant de police, pour lui enjoindre des mesures telles que la séance n'eût pas lieu.

Pour consoler M. Barletti d'une contrariété aussi étrange, ses protecteurs obtinrent que quatre commissaires seraient nommés pour examiner l'Encyclopédie, qui devait être le sujet des conférences interdites. M. de Sartine, qui se trouvait à cette époque chargé des affaires de la librairie, nomma pour commissaires quatre censeurs royaux, dont deux étaient membres de l'académie des inscriptions. Ces messieurs, après avoir observé qu'il était difficile de concevoir qu'un seul homme pût exécuter ce que M. Barletti semblait promettre, et qu'il fallait être en garde contre une méthode que l'auteur ne cherchait à établir qu'en condamnant tout ce qui avait été pratiqué jusqu'à ce jour par les plus habiles maîtres, ne jugèrent l'ouvrage ni utile à la nation, ni honorable pour le règne du roi, titres sous lesquels l'auteur l'avait annoncé. L'insertion de ce rapport dans le Mercure de France du mois d'octobre 1764, causa une si vive peine à M. Barletti, que le séjour de la capitale lui devint odieux; il partit pour Bruxelles, et fit imprimer dans cette ville *le Secret révélé*, brochure dans laquelle il tâcha de réfuter le rapport des commissaires, et dévoila les mesures dirigées contre lui par M. de Sartine, qui réussit aisément à faire supprimer l'ouvrage et à faire enfermer l'auteur à la Bastille. Au bout de trois mois, celui-ci dut sa délivrance aux sollicitations pressantes du cardinal de Rohan, et il employa trois années à la composition de divers ouvrages qui manquaient à son Encyclopédie.

Au commencement de 1770, M. Barletti alla à Madrid. Nommé bientôt professeur de belles-lettres à Ségovie, au collége militaire des cadets, il donna sa démission de cette place en 1773.

En 1776, il imagina un nouveau système typographique qui offrait le moyen de diminuer de moitié, dans toutes les imprimeries de l'Europe, le travail et les frais de *composition*, de *correction* et de *distribution*. Cette découverte et l'ouvrage où elle est démontrée, valurent à l'auteur une récompense de 20,000 fr., et 500 exemplaires imprimés au Louvre. L'ouvrage est intitulé: *Nouveau système typographique*, ou Moyen de diminuer de moitié, dans toutes les imprimeries de l'Europe, le travail et les frais de composition, de correction et de distribution, avec l'extrait du rapport des commissaires nommés par le gouvernement pour constater et en apprécier les avantages. Paris, 1776, in-4°.

Pendant son séjour à Madrid, M. Barletti avait inventé une machine littéraire propre à faciliter les études d'un infant, mort peu de mois après, et à l'éducation duquel il devait être attaché. M. le comte d'Artois voulut en avoir une pareille, et la Description de ce meuble fut imprimée à ses frais et publiée par son ordre, en 1777, 1 vol. in-4°.

Un des meilleurs ouvrages de M. Barletti de Saint-Paul, est le volume qu'il publia sous le titre de *Moyens de se préserver des erreurs de l'usage dans l'instruction de la jeunesse*, ou Découverte de la meilleure manière possible d'enseigner les sciences et les langues aux enfans de l'un et de l'autre sexe, ouvrage encyclopédique contenant un corps complet de traités élémentaires, avec lesquels deux écoliers pourront facilement se donner des leçons tour à tour. Paris, ou plutôt Bruxelles, 1780, in-4° de 136 p. On trouve une analyse très-détaillée de ce volume, dans l'*Esprit des Journaux* de 1781. C'est le compte qui en a été rendu à la société d'émulation de Liége.

Deux ans après, M. Barletti donna au public une brochure intitulée : *Les Dons de Minerve aux pères de famille et aux instituteurs.* On y trouve une lettre écrite à M. de Condorcet, le 5 juillet 1782, au nom du roi, par M. Amelot, ministre et secrétaire d'Etat, pour charger l'académie des sciences de l'examen de tous les traités élémentaires dont l'auteur s'occupait depuis si long-temps, et qui lui avaient suscité un si grand nombre de persécutions. Le jugement de deux commissaires nommés par la compagnie lui fut très-favorable.

En 1784, M. Barletti publia le plan d'une *Maison d'éducation nationale*, dans laquelle il voulait introduire une administration un peu républicaine, ce qui fit cartonner le vol. imp. à Rennes.

Au mois d'octobre 1788, le public accueillit très-bien les *Nouveaux principes de grammaire et d'orthographe*, que M. Barletti fit paraître sous le titre d'*Encyclopédie élémentaire*, ou Collection de nouveaux traités des sciences et des arts, etc., tome 1er, vol. in-4° de 132 p. L'auteur ne mit sur le frontispice que les lettres initiales de son nom avec le nom entier de M. Eloi de la Brude, son élève, que la commission révolutionnaire de Lyon condamna à mort en 1793. La vente de cet ouvrage fut si rapide, qu'au bout de trois mois, M. Barletti se trouva en état de retourner en Espagne; mais on lui fit redouter la vengeance de M. de Sartine, que les troubles de France avaient forcé de se réfugier dans ce pays.

Six mois après, il se rendit à Lyon, où il donna, en 1790, de *Nouveaux principes de lecture* propres à faciliter l'étude de cet art et celle de la prosodie et des élémens d'orthographe, 1 vol. in-8°. Ce petit traité fut immédiatement suivi d'une autre brochure intitulée : *Adresse aux quatre-vingt-trois départemens.* L'auteur y établissait la nécessité d'un concours qui pût faciliter le choix des écrivains propres à la rédaction des nouveaux livres élémentaires dont le comité d'instruction publique de la Convention nationale venait de montrer l'importance. L'époque étant arrivée où l'on s'occupait déjà des lois contre les émigrés, M. Barletti renonça au projet de passer les Alpes, et revint à Paris. On lui procura, dans cette ville, une place de sous-chef dans les bureaux du département.

Au mois de mai 1793, il fut nommé membre du jury d'instruction publique avec MM. Berthollet, Daubenton, Fourcroy, Garat, Hassenfratz, Lagrange, Monge, Vandermonde.

Au mois d'août, ses *Vues relatives au but et au moyen de l'instruction du peuple français*, considérée sous le seul rapport des livres élémentaires, ont été imprimées par ordre et aux frais du directoire du département de Paris ; c'est une broch. in-4° de 22 p.

Au mois de septembre de la même année, M. Barletti fut nommé professeur de grammaire générale au collége des Quatre-Nations. Il n'était marié que depuis trois semaines, lorsqu'on apprit au comité de salut public, qu'autrefois il avait été détenu dans les prisons de la Bastille. Cette découverte devint le motif étrange d'une accusation qui l'aurait conduit à la guillotine, si Robespierre n'eût été exécuté quelques jours après.

En 1797, M. Barletti fut nommé professeur de grammaire générale et de logique près l'école centrale du département de Seine-et-Marne, à Fontainebleau, et conserva cette place jusqu'à la suppression des écoles centrales. Pendant le temps qu'il en exerça les fonctions, il ne perdit point de vue cette Encyclopédie élémentaire, pour l'impression de laquelle il avait éprouvé tant de contrariétés ; l'ayant enrichie de nouveaux détails que lui fournissait le concours de la méditation, de l'étude, et d'une pratique longue et réfléchie, il en envoya une partie à l'Institut national : cette société nomma une commission de trois membres pour l'examiner ; et, en 1802, M. Sicard fit un rapport très-détaillé sur l'entreprise de M. Barletti. Cette fois, encore, il n'offrait que la première livraison d'un travail qui devait s'élever à 24 ou 25 pet. vol. in-fol. Elle embrassait huit parties différentes dont les principales étaient l'écriture, la lecture, la grammaire, l'orthographe. L'habile rapporteur donna des éloges à la sagacité de l'auteur et à son expérience ; mais il se permit aussi quelques observations critiques sur ses moyens d'exécution. Sa conclusion fut que l'ouvrage, en en faisant disparaître quelques inexactitudes et quelques longueurs, pourrait procurer de grands avantages aux pères de famille, et que l'auteur méritait les encouragemens que l'institut donne à ceux qui travaillent à la propagation des lumières : le rapport fait à l'académie des sciences, en 1782, avait été bien plus honorable pour l'auteur. Mais il est bon d'observer que le rédacteur de l'Institut fut obligé de retrancher, changer et tronquer plusieurs passages de son rapport pour que la compagnie l'approuvât et en adoptât les conclusions. Tous ces morceaux ont été rétablis dans l'édition particulière de ce rapport, que M. Barletti fit imprimer à Meaux en 1802. On y trouve des notes supplémentaires et des observations qui ont dû offrir à l'auteur tous les dédommagemens que son amour-propre pouvait désirer : le tout forme une brochure de 31 p. in-4°.

M. Barletti vint habiter de nouveau la capitale vers 1808, et il y termina, le 13 octobre 1809, une vie agitée par toutes sortes de vicissitudes ; il mourut sans avoir pu exécuter le vaste plan qu'il avait conçu, dès sa jeunesse, pour améliorer l'enseignement de la première enfance. Les faits que j'ai rapportés donnent certainement une idée avantageuse de son esprit et de ses vues ; mais j'oserai dire que, si M. Bartelli eût accepté, vers 1760, les offres de MM. Guérin et Delatour, ses plans eussent reçu une pleine et entière exécution; un travail aussi utile lui eût procuré des places dignes de ses talens, et il eût coulé d'heureux jours au sein d'une honorable aisance. Des prétentions trop élevées et peu réfléchies ne l'ont-elles pas exposé à toute sorte de désagrémens et de malheurs? D'un autre côté, l'injuste dédain avec lequel il parla trop souvent des hommes estimables qui parcouraient la même carrière que lui, n'a-t-il pas dû nuire au succès de ses entreprises?

M. Barletti est mort sans enfans; il avait été membre des académies de Châlons-sur-Marne et d'Angers; des sociétés d'émulation de Liége, et patriotique de Bretagne; de la société d'agriculture, sciences et arts, séante à Meaux. Sa veuve se livre avec succès à l'éducation des demoiselles.

BARNES (Robert), chapelain du roi d'Angleterre, Henri VIII. C'est à tort que la *Biographie universelle* avance que ses *Vitæ romanorum pontificum*, ont été imprimées en allemand, à Leyde, en 1615, avec les *Vies des papes*, de J. Bale ou Baleus. Il existe, à la vérité, une traduction allemande de l'ouvrage de R. Barnes; mais elle parut en 1566, in-8°, sans nom de lieu. Quant à la prétendue édit. de Leyde, en 1615, ce n'est que la réimpression de l'ouvrage latin de J. Baleus, avec une continuation par l'éditeur Lydius. David Clément affirme que cet éditeur s'est contenté d'annoncer sur le frontispice la réimpression de l'ouvrage de R. Barnes, lequel en effet ne se trouve pas dans cette édition.

BARONIUS (Le cardinal). L'édition de ses *Annales Ecclesiastici*, avec la continuation de Raynaldi, les critiques de Pagi, et les notes de Mansi, imprim. à Lucques, de 1737 à 1757, ne forme que 38 vol., y compris l'*apparatus* et l'*index*. C'est à tort que la *Biographie universelle* la porte à 43 vol. Voy. le mot Chaulmer.

BARRE (François-Poullin de La). C'est lui et non son fils qui est l'auteur de la *Doctrine des protestans sur la liberté et le droit de lire l'Ecriture sainte*, sur le service divin en langue entendue, etc. Genève, 1720, in-12. Le frontispice de l'ouvrage ne laisse aucun doute à ce sujet, puisqu'il porte les noms du père. On peut le voir dans la *Bibliothèque ancienne et moderne* de J. Leclerc, tom. 15. Cet ouvrage de controverse est le fruit d'une étude très-approfondie des principes soutenus par les Eglises catholique et protestantes. Le fils de l'auteur n'avait que 24 ans lorsque ce vol. parut. M. Senebier s'est trompé en lui attribuant un ouvrage qui suppose une grande lecture et une grande habitude de discuter des matières épineuses. La *Biographie universelle* a reproduit l'assertion de M. Senebier.

BARRE (Jean de La), reçu avocat en 1670, était encore sur le tableau des avocats pour les années 1709, 1710 et 1711. C'est lui qui a publié, en 1703, in-12, une très-sèche continuation du discours de Bossuet sur l'Histoire universelle. Il a fait paraître aussi en 1703, une nouvelle traduct. du livre de Sénèque, *de la Brièveté de la vie*, 1 vol. in-12.

† BARRE DE BEAUMARCHAIS (Antoine De La), né à Cambray, frère utérin de l'académic. Louis-François-Joseph de la Barre, fit profession chez les chanoines réguliers de Saint-Victor, à Paris ; quelques galanteries l'obligèrent de se sauver de son couvent, en 1727, pour éviter les poursuites du P. le Boucher, son prieur. Il se retira à La Haye, où Jean Rousset lui fit l'accueil le plus gracieux. Celui-ci ayant été envoyé au congrès de Cambrai, la Barre alla à Hambourg ; n'y ayant pas trouvé d'emploi, il revint à La Haye. Rousset lui fit faire des notes sur la traduction des Métamorphoses d'Ovide, par Duryer. Vers ce temps-là, la Barre embrassa le calvinisme, se maria, et apprit l'anglais, l'espagnol et l'italien. Les premiers volumes des *Lettres sérieuses et badines* ayant été dénoncés à la cour de Hollande, notre auteur se retira à Leyde, où il se fit immatriculer parmi les étudians en médecine ; Par-là, il déclina la juridiction de la cour de justice, qui n'avait aucun droit sur les membres de cette université. En 1735, se voyant condamné, désapprouvé et abandonné, il vint à Francfort-sur-le-Mein, où il composa l'*Avant-coureur*. Cet écrivain mourut vers 1757.

Ses principaux ouvrages sont :

I. *Aventures de D. Antonio de Buffalis*. La Haye, 1722, in-12. Roman médiocre.

II. *Lettres sérieuses et badines sur les ouvrages des savans*. La Haye, 1729-1733, 8 vol. in-12. Cet ouvrage contient quelques analyses très-bien faites, quelques morceaux d'histoire littér. très-curieux, entre autres, une histoire des traductions françaises des ouvrages de Cicéron ; mais on y trouve d'odieuses personnalités contre Rousset, bienfaiteur de l'auteur.

III. *Le Hollandais*, ou Lettres sur la Hollande ancienne et moderne. Francfort, 1738, in-12. Cet ouvrage intéressant a eu une seconde édition.

IV. *Amusemens littéraires*. La Haye, 1740, 3 vol. in-12.

Cet article et le précédent se trouvent souvent joints aux *Lettres sérieuses et badines*, ce qui est cause que ces dernières sont généralement indiquées en 12 v.

La Barre de Beaumarchais a traduit : I. De l'espagnol du marquis de St.-Philippe, la *Monarchie des hébreux*. La Haye, 1727, 4 vol. in-12.

II. De l'anglais de Stéele, *Le Héros chrétien*. La Haye, 1729, in-12. Le traducteur joignit à l'ouvrage de Stéele un traité des vertus païennes, dans lequel il tâche de ramener les hommes à la loi naturelle. Il a encore publié, I. *Les Métamorphoses d'Ovide*, de Du Ryer, avec des remarques et des dissertations. La Haye, 1728, in-fol., et 4 v. in-12. Le commentaire de l'éditeur et ses dissertations, sont tirées en grande partie de l'explication des fables de l'abbé Banier et des morceaux que cet abbé avait insérés dans les mémoires de l'académie des belles-lettres.

II. *L'Histoire des sept sages de la Grèce*, par de Larrey, avec des notes et un discours où l'éditeur examine divers points omis par l'auteur, ou que celui-ci avait traités trop succinctement. La Haye, 1734, 2 vol. in-12.

III. *L'Histoire abrégée de la*

maison palatine, p. l'abbé Schannat, avec l'éloge historique de l'auteur. Francfort, 1740, in-12.

IV. *Histoire de la fondation de Rome*, par L. P. C. E. R. (les PP. Catrou et Rouillé), augmentée de remarques. Rouen (Amsterdam), 1740, 4 vol. in-12. C'est le commencement d'une réimpress. de l'Histoire romaine, des PP. Catrou et Rouillé.

On lui doit aussi, I. Les *Explications historiques* qui accompagnent la belle édit. du *Temple des Muses*, publiée avec des fig. de B. Picart. Amsterdam, 1736, in-fol.

II. Le *Journal littéraire*, dit *de La Haye*, à dater du 13ᵉ vol. Ce journal avait été commencé par S'Gravesande, de Joncourt et autres. La Barre abandonna le plan de ses prédécesseurs, et en fit un mauvais ouvrage. Rousset attribuait à notre auteur l'*Histoire de Pologne sous le roi Auguste*, publiée sous le nom de l'abbé de Parthenay, à La Haye, en 1733, 2 vol. in-8°; mais il paraît certain que cet ouvrage est de des Roches de Parthenay.

(Voy. *Bibl. française* de Goujet; *France littéraire*, édition de Formey. Berlin, 1757, in-8°; *Mémoires de Bruys; Mémoires de d'Artigny; Journal des savans*, édit. de Hollande.)

Je ne prétends pas que cet article vaille mieux que celui de la *Biographie universelle*, mais il est plus complet.

BARRE (le P.), génovéfain. M. Chaudon s'est mépris dans cet article, en présentant comme ouvrage *savant*, un ouvrage, dont le P. Barre avait seulement publié le prospectus. La même méprise se retrouve dans Feller. Elle n'est point dans la *Biographie universelle*. Je tomberais dans des redites fastidieuses, si je faisais remarquer toutes les corrections faites par MM. les collaborateurs de la *Biographie*, au dictionnaire de M. Chaudon. Quoi qu'en dise M. P......, dans ses *Mémoires ecclésiastiques*, l'abbé Dupac de Bellegarde n'a eu aucune part à l'édition du *Jus ecclesiasticum universale* de Van-Espen, dirigée par le P. Barre en 1753. On doit seulement à l'abbé de Bellegarde le *Supplément aux œuvres de Van-Espen*, publié en 1769. Quelques exemplaires de ce supplément renferment la vie de Van-Espen, composée en français par l'éditeur, et les excellens *mémoires* qui ont été publiés séparément, en 2 vol. in-12, sous le titre d'*Avis aux princes catholiques*. Sous la régence du duc d'Orléans, ces mémoires avaient été demandés à des jurisconsultes distingués, pour éclaircir les questions les plus délicates du droit canonique, celles surtout qui ont rapport au mariage des chrétiens.

† BARREME (François), arithméticien dont le nom est devenu un mot de la langue. Il était né à Lyon, patrie de Naulo, autre arithméticien d'un grand mérite, quoiqu'il soit moins célèbre, et vint s'établir à Paris vers la moitié du dix-septième siècle. Lui, son fils et son gendre faisaient chez eux, au bas du Pont-Neuf, et dans une chambre d'instruction qu'ils avaient ouverte, rue aux Ours, au coin de la rue Quincampoix, des conférences sur la tenue des livres en parties doubles, et généralement sur tout ce

qui touche le commerce en détail et la banque. Cette espèce d'académie, comme il la nomme lui-même, dans un de ses livres, a été une source d'instructions pour la jeunesse qui la fréquentait. Aussi a-t-il compté parmi ses protecteurs, le grand Colbert, et entre ses amis, le célèbre Savary, auteur du *Parfait négociant*. Après sa mort, arrivée en 1703, son fils obtint un privilége de dix ans, pour la réimpression de neuf ouvrages relatifs à l'arithmétique ou à la banque, et pour lesquels il avait obtenu lui-même, en 1677, un privilége de vingt ans, qui lui fut expédié *gratis*. On a de cet homme utile :

I. *Les comptes faits du grand commerce, etc.*, livre dont la première édition est de 1670, et fut dédiée par l'auteur à Tavernier, baron d'Aubonne, célèbre par ses voyages. Cette épître dédicatoire est intéressante pour l'histoire de Tavernier même. Barême y dit à ce voyageur qu'il lui doit un *trait d'arithmétique* des plus curieux, qui lui a procuré la visite de beaucoup d'étrangers et contribué à sa réputation. L'opération qui constitue ce *trait* est décrite dans la suite de l'épître. Il serait difficile de citer toutes les éditions qu'on a publiées de ces *comptes-faits*. Parmi les anciennes, une des meilleures est celle de 1708, revue par Barrême le fils.

II. *Le livre nécessaire pour tous les comptables, les avocats, notaires, procureurs, etc.* Paris, Denis Thierry, 1694, in-12, volume peu épais, imprimé sur un privilége de 1685. Barrême est nommé sur le frontispice *seul expert pour tous les comptes, et calculateur de la Chambre des comptes de Paris*. Ce livre a été souvent réimprimé, notamment en 1704.

III. *Le grand banquier, ou le livre des monnaies étrangères réduites en monnaies de France.* Paris, 1681 et 1696, in-8°, dédié à Colbert. Il a été retravaillé en 1709, et augmenté d'un second volume en 1717, par Nicolas Barrême, fils de l'auteur.

IV. *Le livre facile pour apprendre l'arithmétique, de soi-même et sans maître, ou règles différentes appliquées sur toutes les affaires les plus usitées de la vie.* Paris, 1677, in-12 ; ouvrage souvent réimprimé, avec des augmentations plus ou moins considérables. L'édition de 1740 a pour titre : l'*Arithmétique du sieur Barrême ou le livre facile, etc.* Il en existe des éditions postérieures ; la dernière est probablement celle de 1789, à Paris, chez les libraires associés. Un des problèmes, dont Barrême donne la solution dans ce livre, a piqué, en 1749, la curiosité d'une calculatrice, et fait insérer dans le Mercure de janvier 1750, une *lettre à l'illustre Philarète*. Cette lettre écrite de Beauvais, et signée L. L. G., est intéressante par son objet et le nombre de solutions qu'on y propose.

V. *Le cahier curieux de Barrême arithméticien, contenant plusieurs pièces du temps, sérieuses et agréables*, brochure de 26 pages in-8°, sans date, dédiée par un sonnet de l'auteur au duc de la Feuillade. Le goût des anagrammes et des acrostiches avait séduit jusqu'au grave Barrême, et il paraît qu'il en eut besoin pour imposer silence à des envieux qui cherchaient à lui nuire. Tous les vers qui composent cette brochure ne sont pas de lui; mais il y en a beaucoup qu'il a signés.

VI. Quatre *Traités sur les parties doubles*, qui ont disparu du commerce, et dont il serait difficile de donner une indication précise.

VII. Un *Livre des aides et domaines;* un autre de *géométrie*, *arpentage et toisé*, non moins difficile à rencontrer aujourd'hui que ceux dont on vient de parler. Le livre sur l'arpentage et le toisé est un petit in-12, imp. en 1673. L'auteur le dédia au célèbre voyageur Tavernier, alors nommé le baron d'Aubonne ; un autre ami de l'auteur, Legendre, négociant, y reçoit aussi des marques de sa reconnaissance, et celles-ci sont plus longues ; car c'est une ode entière où Barrême rappelle ce que Legendre lui avait dit cinq ans auparavant : *courage, Dieu vous bénira*. A la tête du traité des aides et domaines, il y a une ode au dauphin, signée encore de Barrême. Une ode à un prince est bien autre chose que des acrostiches, et il y a dans celle-ci des vers faits avec facilité, chose remarquable dans un homme dont la tête devait être constamment occupée de comptes faits ou à faire.

Barrême fils a été censeur royal. En 1723, il approuva en cette qualité le *Banquier français* de Bouttilier, qui a été réimprimé en 1727 avec la même approbation.

BARRIO (GABRIEL), Calabrois. M. Chaudon donne à cet auteur un article très-superficiel, mais qu'il était facile d'améliorer en consultant la *Bibliotheca Calabra Angeli Zavarroni. Neapoli*, 1735, in-4°. On y voit en effet que Gabriel Barrius, prêtre séculier de de la Calabre, a publié à Rome, en 1570, in-8°, son ouvrage intitulé *de Antiquitate et ritu Calabriæ, libri V*. Cet ouvrage plein de recherches exactes a été inséré en 1600, dans l'*Italia illustrata* de Schottus. On en a une nouvelle édition enrichie d'augmentations et de notes, par l'évêque Thomas Acetus. Rome, 1737, in-fol. Barrius a encore publié, dans la même année 1570, 1 vol. in-8° contenant, 1° *Pro laudibus linguæ latinæ libri tres;* 2° *De æternitate Urbis liber unus;* 3° *De laudibus Italiæ liber unus*. L'abbé de Feller et la *Biographie universelle* ne parlent pas de cet auteur.

BARTHÉLEMI (NICOLAS), né à Loches au XVe siècle, a fleuri dans le XVIe. Il était moine. Il est qualifié de *Frater Bartholomeus Lochiarum et fractæ vallis prior* au-devant d'un ouvrage comique de sa façon, intitulé *Momiæ*, parce que l'auteur, comme un autre Momus, y censure toutes sortes d'états. Ses *Momiæ* furent imprimées chez Badius, en 1514. On a du même auteur des poésies latines, entre autres deux livres d'épigrammes, imprimées à Paris en 1533. Les ouvrages de cet écrivain ont servi d'original à Rabelais.

(*Mémoires* de M. du Masbaret.)

BARTHEMA (LOUIS), Bolonais du XVe siècle, qui a laissé une relation italienne de ses voyages en Ethiopie, en Egypte, etc. Elle paraît avoir été imprimée pour la première fois à Rome, dès 1510, in-4°. On en a une édition de

Venise, chez Paganini, en 1518, in-4°. On la trouve dans le recueil de Ramusio, tom. 1er. Jean Temporal, libraire de Lyon, en a inséré une traduction dans l'ouvrage intitulé : *Historiale Description de l'Afrique*, écrite par Jean Léon, Africain. Lyon, 1556, 2 vol. in-fol. Il en existe des traductions latine, allemande, hollandaise et espagnole. Voyez pour la traduction latine l'article Madrignani. Dans la plupart de ces traductions, l'auteur est seulement nommé *Louis*, *patricien de Rome*, sans aucune mention du nom de Bartema. C'est ce qui fait que Panzer, dans ses *Annales typographiques*, le cite au mot *Bartema* et au mot *Louis*. Debure, dans sa *Bibliographie* et dans le *Catalogue de Caignat*, l'a pris pour *Louis Patricius* de Rome. Duverdier donne un article à notre auteur au mot *Vartoman*.

BARTHIUS (Gaspard). Ce savant ne mérite certainement pas l'oubli dans lequel l'a laissé la *Biographie universelle*. Il a un article rédigé avec assez de soin dans le Dict. de M. Chaudon.

BARTOLI (Joseph), célèbre antiquaire italien du XVIIIe siècle. Suivant la *Biographie universelle*, il a publié, en français, quelques opuscules : pourquoi ne pas les faire connaître? Il eût été plus exact de dire qu'il avait entrepris en langue française un ouvrage important dont il n'a publié que le premier volume, sous ce titre : *Réflexions impartiales sur le progrès réel ou apparent que les sciences et les arts ont fait dans le XVIIIe siècle en Europe*; précédées d'un Essai sur l'explication historique que Platon a donnée de sa République et de son Atlantide. Paris, Couturier, 1780, in-8°.

BASCAPÉ, ou à BASILICA S. PETRI (Charles), Milanais, célèbre évêque de Novare, et ami intime de St. Charles Borromée, dont il a écrit la vie en latin. *Ingolstadii*, 1592; *Brixiæ*, 1613, in-4°; et en italien, sous le nom de Luca Vandoni. Bologne, 1614, in-8°. L'article de cet auteur est trop sec dans M. Chaudon; les traducteurs italiens de 1796 l'ont un peu étendu. Phil. Argelati, dans sa *Bibliotheca Scriptorum Mediolanensium*, cite de lui 19 ouvrages imprimés, et 42 manuscrits. Un auteur de ce mérite devait-il être oublié par la *Biographie universelle ?*

BASILE Ier, le Macédonien, empereur d'Orient. M. l'abbé Caveleaux a donné une traduction libre en français des *Avis* de ce prince à *son fils*. Nantes, 1782, in-12.

BASSÉE (Bonaventure de la), capucin, se nommait dans le monde Louis le Pippre. Il naquit à la Bassée, petite ville d'Artois. Après avoir professé la philosophie au collége du roi à Douai, il se fit chanoine régulier à Hénin près Arras. Il passa ensuite dans l'ordre des capucins. Il enseigna dans cet ordre la philosophie et la théologie. Après avoir rempli les charges de gardien et de provincial, il mourut au couvent de Soignies en Hainaut, le 11 septembre 1650. Il est connu par deux ouvrages. Le premier est intitulé : *Parochianus obediens, seu de duplici debito parochianorum audiendi verbi et missæ paro-*

chialis. Duaci, 1663, in-12. Il a été traduit en français sous ce titre : *Le Paroissien obéissant*.... du latin du R. P. B. B. C. P., translaté par François de la Tombe (curé de St.-Quentin à Tournay), et par lui augmenté d'aucunes annotations. Tournay, 1634, in-12.

Le second ouvrage, dont le précédent était un essai, a pour titre : *Theophilus parochialis, seu de quadruplici debito in propriâ parochiâ persolvendo*......... *Antverpiæ*, 1635, in-12; *Rothomagi*, 1635, in-8°; *Romæ*, 1638, in-12. Et sous le titre de *Parochophilus, seu libellus de quadruplici debito* ...... *Parisiis*, 1657, in-12. 3a editio (seu potiùs 5a) correctior. *Parisiis*, 1679, in-16, avec le nom de l'auteur. La première partie de cet ouvrage, qui concerne la messe de paroisse, a paru en français sous ce titre : *Le Théophile paroissial*, par le R. P. B. B. C. P., traduit du latin par Benoît Puys, doct. en théologie.... Lyon, 1649, in-12. Le P. Henri Albi publia contre cet ouvrage l'*Anti-Théophile paroissial*. Lyon, 1649, in-12. B. Puys répliqua par une *Réponse chrétienne* à un libelle anonyme. Lyon, 1649. Le jésuite revint à la charge par son *Apologie pour l'Anti-Théophile paroissial*. Lyon, 1649, in-12. Il se déguisa sous le masque de *Paul de Cabiac*, prêtre régulier. Cette dispute, poussée avec trop de vivacité, se termina par une réconciliation qui se fit entre les parties en présence de 17 personnes. Les détails ci-dessus sont nécessaires pour l'intelligence d'une partie de la 15e Lettre provinciale. Ils expliquent aussi pourquoi, dans plusieurs catalogues, les noms de Louis le Pippre, chanoine régulier, sont mis entre deux parenthèses, à la suite de ceux de Bonaventure de la Bassée. Baillet n'aurait pas dû placer cet écrivain dans sa liste des auteurs déguisés; mais il pouvait l'y faire figurer sous le masque de *Théophile paroissial*.

(*Mémoires* de Paquot, tom. 1 et tom. 3, édit. in-fol.)

* BASTIDE (Marc-Antoine de la), natif de Milhau; son père, gentilhomme de Rouergue, était gouverneur pour le roi de la vicomté de Cresseil. M. de la Bastide vint à Paris fort jeune. Comme il avait l'esprit naturellement délicat et poli, il se fit des amis et des protecteurs du premier rang : l'un d'eux fut le célèbre Fouquet, alors surintendant des finances. M. de la Bastide fut choisi en 1652 pour être secrétaire d'ambassade en Angleterre. Il y demeura sept à huit ans en cette qualité. Il fut trouvé si propre pour les négociations, qu'il y fut renvoyé seul en 1662, et il y retourna encore depuis avec M. de Ruvigny. D'ailleurs, M. de la Bastide avait l'esprit si facile, qu'il savait se partager entre les affaires et les sciences. Il fit paraître à Rouen, en 1672, une *Réponse* au livre de M. de Condom sur l'exposition de la doctrine de l'Eglise catholique; et en 1680, une *seconde Réponse*, ou plutôt une critique de l'avertissement et des pièces mises à la tête de la nouvelle édition. C'est lui qui a traduit Ratramne, en 1672, et c'est à tort que cette traduction a été attribuée au ministre P. Allix, dont il est parlé dans l'avertissement, et qui en effet

avait promis de mettre en français ce fameux *Traité du corps et du sang du Seigneur*. M. de la Bastide a aussi publié des *Remarques* sur le livre du ministre d'Huisseau, intitulé *la Réunion du christianisme*. Il a revu et corrigé la vieille version des Psaumes. Paris, vers 1680, in-12; Londres, 1701. C'est un ouvrage que Conrart avait commencé, et il chargea M. de la Bastide de l'achever. Cette révision fut introduite par plusieurs églises dans le service public. M. de la Bastide était l'un des anciens de l'église de Charenton lors de la révocation de l'édit de Nantes. Il fut relégué à Saint-Pierre-le-Moutier, puis à Chartres; on lui fit obtenir un congé en 1687 pour passer en Angleterre. Dans cet asile où il a retrouvé un grand nombre d'amis, il écrivit pour sa correction des Psaumes, publia aussi le *Livre des psaumes*, nouvelle version retouchée sur l'ancienne de 1688, Amsterdam, 1692, in-12, et composa diverses pièces sur les controverses, pour servir de réponse à Pélisson. Il a laissé entre autres un *Traité de l'Eucharistie*, où il rapporte exactement les sentimens et la croyance des pères de la primitive Eglise jusqu'au IVe siècle. Les habitudes que M. de la Bastide avait eues à la cour, lui avaient donné ce caractère de politesse qu'on n'acquiert point dans le cabinet et parmi les livres. Il mourut le 4 mars 1704, âgé de 80 ans. M. de la Bastide ne croyait pas que Bayle fût l'auteur de l'*Avis aux réfugiés*, et il composa une espèce de factum pour prouver que Pélisson était le véritable auteur de ce fameux ouvrage. On l'a inséré dans l'Histoire de Bayle et de ses ouvrages. Amsterdam, 1715, in-12, p. 297 et suiv. Ce morceau mérite d'être lu. Bayle attribue à M. de la Bastide une *Réponse apologétique à MM. du clergé de France, sur les actes de leurs assemblées de* 1682. Amsterdam, H. Desbordes, 1683, in-12.

(*Histoire des ouvrages des savans*, par Basnage, année 1704; *OEuvres* de Bayle, t. 4, p. 166.)

† BASTIDE (JEAN-FRANÇOIS DE), né à Marseille le 15 juillet 1724, fils du lieutenant criminel de Marseille, et petit-neveu de l'abbé Pellegrin, vint très-jeune à Paris, et débuta dans la littérature par des ouvrages d'imagination qui lui donnèrent une réputation éphémère. Les journaux parlèrent de lui avantageusement. Il inséra dans le Mercure des vers galans, de jolis contes, des réponses amoureuses, des questions d'amour; voulant marcher sur les traces des auteurs qui jouissaient d'une grande renommée, tels que Duclos, Marmontel et Crébillon fils, il écrivit les *Confessions d'un fat*, les *Têtes folles*, la *Trentaine de Cythère*, le *Tribunal de l'amour*, le *Faux oracle*, les *Aventures de Victoire Ponty*, des *Contes*, *etc.* On trouve dans ces ouvrages de l'esprit, de la facilité, de l'agrément; mais jamais de caractère, jamais rien de senti, rien d'approfondi. On doit rapporter à peu près à la même époque de la vie de M. de Bastide dix ouvrages de théâtre, soit en vers, soit en prose, dont plusieurs en cinq actes, et qui tous ont été joués à Paris, en province ou chez l'étranger, suivant les temps et les circonstances où ils furent

composés. M. de Bastide a aussi embrassé la morale, et il a voulu souvent se distinguer par le choix des sujets. Ses vues ont été sages; ses conseils ont dû avoir d'heureux résultats. Ceci peut se prouver par son *Spectateur*, dont la date remonte à l'année 1759. Il avait fait paraître en 1757 les *Choses comme on doit les voir*, 1 vol. in-8°; depuis, il a publié le *Monde comme il est*, le *Monde*, le *Penseur*, la *Morale de l'Histoire*, les *Variétés littéraires*, etc. On ne peut disconvenir que ces ouvrages ne soient remplis de réflexions morales, de faits intéressans, de sentimens nobles, de vues utiles. M. de Bastide annonça dès 1760 que les recherches d'érudition ne lui étaient pas étrangères. C'est lui qui a commencé l'utile collection du *Choix des Mercures et autres journaux français et étrangers ;* collection poussée jusqu'à 108 vol. : il faut y joindre 1 vol. de tables qui en facilite l'usage. Plus de 60 de ces volumes sont dus à M. de Bastide. Ce fut dans la maturité de l'âge que M. de Bastide fut attaché à l'importante entreprise de la *Bibliot. univ. des romans*. Le marquis de Paulmy avait conçu l'idée de cette collection avant de connaître M. de Bastide, et il la lui communiqua dès qu'il eut pris quelque intérêt à lui. M. de Paulmy avait tous les moyens pour faire réussir cette entreprise : bibliothèque immense, connaissance universelle et profonde des livres, réputation faite, zèle ardent, grand état dans le monde, beaucoup d'amis et de flatteurs. M. Bastide travailla pendant plusieurs années avec une pleine satisfaction sous la direction de M. de Paulmy : ce zélé protecteur des lettres cessa en 1779 de diriger l'entreprise. M. de Bastide fit ce qu'il put pour la soutenir et lui conserver son succès. Plus de cent extraits lui sont dus. Outre les analyses de plusieurs de ses ouvrages, il a fait celles des romans de Duclos, de Crébillon fils, de Marivaux, de madame Riccoboni, de l'abbé Prevost, de Bussy-Rabutin ; les trois quarts des notes contenues dans les 30 premiers volumes sont de lui. On y remarque beaucoup d'inexactitudes. M. de Bastide avait commencé une édition in-4° de la *Bibliothèque des romans ;* il n'en a donné que deux volumes.

On peut reprocher à M. de Bastide d'avoir trop sacrifié à la mode dans ses premiers travaux, d'avoir écrit quelquefois d'une manière peu naturelle, et surtout d'avoir trop écrit. Parvenu à plus de 60 ans, il sentit ce dernier tort, et forma le projet de choisir dans ses nombreux ouvrages de quoi former 12 volumes in-8°. Le prospectus de cette louable entreprise parut en 1789; l'auteur l'accompagna de détails intéressans sur sa vie littéraire. Nous avons profité de ce morceau pour la rédaction de cet article. L'intention principale de M. de Bastide a été de réfuter la notice sur sa personne et sur ses écrits, qui se trouve dans le 37e volume du *Cabinet des fées*. Elle est en effet rédigée avec beaucoup de partialité. L'époque à laquelle parut le prospectus des *OEuvres choisies* de M. de Bastide n'était nullement favorable au succès d'une entreprise de ce genre. M. de Bastide n'eut donc pas la satisfaction de pouvoir justifier aux yeux du public impartial une vie presque entièrement consacrée aux belles-lettres. Il est mort à Milan le 4 juillet 1798, âgé de 74 ans. M. de Bastide avait été chargé du Mercure de France pendant deux ans, vers 1760.

Voici la liste de ses principaux ouvrages :

I. Les *Confessions d'un fat*, sous le nom du chevalier de la Bastide. Paris, 1749, 2 part. in-12.

II. Le *Tribunal de l'amour*, ou les *Causes célèbres de Cythère*, aussi sous le nom du chevalier de la Bastide. Paris, 1749, 2 part. in-12.

III. Le *Tombeau philosophique*, ou *Histoire du marquis de* ***. Amsterdam, 1751, 2 part. in-12, sous le même masque que les deux articles précédens.

IV. La *Trentaine de Cythère*. Londres, 1752, in-12.

V. *Mémoires de la baronne de Saint-Clair*. La Haye, 1753, 2 part. in-12.

VI. *Lettres d'amour du chevalier de* ***. Londres, 1752, 4 part. in-12, réimprimées dans la Bibliothèque des romans.

VII. Le *Faux oracle* et l'*Illusion d'un instant*. Amsterdam, 1752, 2 part. in-12.

VIII. Les *Ressources de l'amour*. Amsterdam, 1752, 4 part. in-12.

IX. Les *Têtes folles*. Paris, 1753, in-12, réimprimé dans la Bibliothèque des romans.

X. L'*Etre pensant*. Paris, 1755, 2 part. in-12.

XI. *Ce qu'on a dit et ce que l'on dira*. Paris, 1757, in-12.

XII. Les *Choses comme on doit les voir*. Paris. 1757, in-8°. Ouvrage de morale dont la lecture a de l'intérêt.

XIII. Les *Aventures de Victoire Ponty*. Paris, 1758, 2 part. petit in-12, réimprimées dans la Bibliothèque des romans; et dès 1761, dans le supplément à la Bibliothèque de campagne.

XIV. Le *Nouveau spectateur*. Paris, 1758, 8 vol. in-12. Ouvrage périodique au sujet duquel Voltaire adressa à l'auteur une lettre remplie de la plus haute philosophie. Voy. la Correspondance de Voltaire, année 1758.

XV. Le *Monde comme il est*. Paris, 1760, 2 vol. Cet ouvrage a été continué sous ce titre : le *Monde*, 1761, 2 vol. in-12. L'ouvrage entier est une continuation du *Nouveau spectateur*. J.-J. Rousseau adressa à l'auteur, en 1760, de fort bons conseils sur cet ouvrage.

XVI. *Contes*. Paris, 1763, 4 part., in-12. Ces contes sont tirés du *Mercure*, du *Choix des Mercures* et du *Nouveau spectateur*. On y trouve beaucoup d'esprit; mais on voudrait souvent que cet esprit fût plus simple et plus naturel.

XVII. *Elixir littéraire*, ou *Journal de l'Europe*, mai, juin, etc., 1766, 3 vol. in-12.

XVIII. Le *Journal de Bruxelles*; ou le *Penseur*. Bruxelles, 1766, 2 vol. in-12. A cette époque, une mauvaise conduise avait forcé M. Bastide à s'éloigner de Paris.

XIX. La *Morale de l'histoire*, sous le nom de M. de Mopinot, lieutenant-colonel de cavalerie, etc. Bruxelles, 1769, 3 vol. in-12. Cet ouvrage devait avoir 20 vol., auxquels l'auteur attachait beaucoup d'importance. Fréron rendit un compte avantageux du 1er dans son *Année littér raire*, sans désigner l'éditeur M. de Bastide, qui avait gardé l'anonyme. C'est sans doute la lecture de cette Morale de l'histoire qui a déterminé les directeurs de l'imprimerie du cercle social à publier, sous le nom de Mopinot, le libelle intitulé : *Effrayante histoire des crimes horribles qui ne sont communs qu'entre les familles des rois*. Paris, 1793, in-8° de 303 pag.

XX. *Variétés historiques, littéraires, galantes*, etc. Paris, 1774, 2 part. in-8°. L'auteur cite plusieurs fois M. Mopinot, dans cet ouvrage mêlé de prose et de vers.

XXI. Le *Dépit et le Voyage*, poëme avec des notes, suivi des *Lettres vénitiennes*. Paris, Costard, 1771, in-8°, réimpr. dans la Bibliothèque des romans.

XXII. *Lettre à Jean-Jacques Rousseau, au sujet de sa lettre à d'Alembert*. Paris, 1758, in-12. La France littéraire de 1769 attribue à M. de Bastide l'*Homme vrai*, en 4 part. in-12. L'auteur ne cite pas cet ouvrage dans son prospectus. Le seul *Homme vrai* que je connaisse est celui de M. de Graville, en 1 vol. in-12, 1761.

Les principales pièces de théâtre publiées par M. de Bastide, sont :

I. Le *Désenchantement inespéré*, comédie en un acte et en prose, 1749, in-12.

II. L'*Epreuve de la probité*, comédie en 5 actes, en prose. Paris, 1762, in-12, et à la suite de ses *Contes*.

III. Les *Caractères*, comédie en 3 actes, en vers, in-12.

IV. Les *Deux talens*, comédie en 2 actes, mêlée d'ariettes, 1763, in-12.

V. Le *Jeune homme*, comédie en 5 actes, en vers, représentée en 1764 à Paris, impr. à Amsterdam, 1766, in-12.

VI. *Gesoncourt et Clémentine*, tragédie bourgeoise en 5 actes, en prose. Bruxelles, 1767, in-12. On la trouve aussi dans le 1er vol. du *Penseur*.

Un fils de M. de Bastide, officier dans la marine, a publié vers 1802 un recueil de poésies où l'on a remarqué de l'esprit et de bons principes.

BATILDE (Sainte), épouse de Clovis II. Son article dans la *Biographie universelle*, paraît calqué sur celui de M. Chaudon ; on y trouve la même orthographe, les mêmes réflexions et les mêmes citations. Dans l'un et l'autre ouvrage, le renvoi à la vie de la sainte n'est point indiqué d'une manière assez précise ; il fallait dire : voy. la *Vie de Sainte Bathilde*, traduite par Arnauld d'Andilly, dans les *Vies de plusieurs saints illustres de divers siècles, choisies, et traduites en français*. Paris, 1664, in-fol. ; 1665, 2 vol. in-8°. Cette vie ne contient à la vérité qu'un petit nombre de pages ; mais elle est traduite d'un ancien auteur.

Baillet, l'abbé Godescard et tous les écrivains soigneux écrivent *Bathilde* et non *Batilde*. Sur la fin de l'article de la *Biographie universelle*, il faut lire le nom de Sainte *Bertile*, au lieu de Sainte *Batilde*.

BATTHYAN (le comte IGNACE DE), évêque de Transylvanie, depuis l'année 1781, mort en Transylvanie, le 27 brumaire an VII (1799), a publié plusieurs ouvrages, savoir :

I. *Responsa ad dubia anonymi adversùs privilegium S. Stephani, S. Martini de Monte Pannoniæ archi-abbatiæ concessum, anno* 1001, *proposita. Sine loco*, 1779, in-8°, sous le masque d'*Adamantis Palladii.*

II. *Mathæi Beuvelet norma cleri, quam pro institutione clericorum seminarii S. Nicolai Chardonensis, olim gallicè edidit, nunc in usum seminarii Albensis, et totius cleri Transylvaniæ latinam reddidit, et quorumvis ecclesiasticorum necessitatibus accomodavit. Editio altera et melior, Viennæ*, 1784, in-8°.

III. *Leges ecclesiasticæ regni Hungariæ et provinciarum adjacentium collectæ et illustratæ. Tom.* 1, *Albæ Carolinæ*, 1785, *in-fol. max.*

IV. *S. Gerardi episcopi Chanadiensis scripta et acta hactenùs inedita, cùm serie episcoporum Chanadensium (ab anno* 1035 *ad* 1687). *Præmittitur dissertatio prævia de opere et actis S. Gerardi. Albæ-Carolinæ,* 1790, *in-*4°. (*Catalogue* du comte Szechenyi, etc.)

BAUDIER (Michel) est encore auteur d'une histoire de Marguerite d'Anjou, femme de Henri VI, roi d'Angleterre, faite dans le goût de ses autres histoires, c'est-à-dire, où il y a beaucoup de hors-d'œuvre et de harangues de sa composition, souvent fatigantes par leur longueur. Le manuscrit de cette histoire de Marguerite était à S.-Germain-des-Prés, à Paris, parmi les manuscrits de Coislin. Il en a paru, vers 1730, une traduction anglaise, dont l'auteur n'a pas dit par quelle voie il s'était procuré l'original français. Baudier était intimement lié avec le célèbre sculpteur Jean de Bologne, de qui était le cheval de l'ancienne statue de Henri IV sur le Pont-Neuf. Il aimait les arts et avait formé une collection de médailles et autres raretés (L'abbé Prévost, *Pour et contre*, tom. 19, pag. 67 et suiv.; *note manuscrite* de l'abbé de S.-Léger).

BAUHUIS (Bernard), natif d'Anvers, se fit jésuite et prêcha avec quelque distinction; il cultiva aussi la poésie latine. C'est une grande méprise de dire, comme l'a fait Moréri, que le *Proteus Parthenius* est une pièce de vers sur la conception de la Sainte Vierge. Celui qui l'a dit, n'avait pas la moindre connaissance de l'ouvrage.

Le *Proteus Parthenius* (il est écrit dans le Dictionnaire *Protheus*, ce qui est mal) est un ouvrage singulier et de pure curiosité. C'est une simple représentation de ce vers, *Tot tibi sunt dotes, virgo, quot sidera cœlo*, tourné en mille et vingt-deux manières, toujours avec la mesure d'un vers hexamètre, sans rien retrancher et sans rien ajouter. C'est la raison du titre qui signifie en français le *protée vierge*. Ce qui rend la chose plus frappante, c'est que dans ces temps-là l'astronomie ne comptait que mille et vingt-deux étoiles.

Ce vers tourné par Bauhuis en 1022 manières, M. Jacques Bernoulli, célèbre mathématicien de Bâle, l'a montré susceptible de 40320 combinaisons différentes, mais où la mesure n'est pas conservée, et en 3312 manières, sans cesser d'être un vers hexamètre, tant l'art des combinaisons va loin! Depuis, le P. Prestet a montré que ce même vers pouvait être varié en 3376 manières, sans cesser d'être vers. Eric Dupuy *Ericius Puteanus* fit imprimer en 1617 le *Proteus Parthenius* à Anvers, chez Plantin, avec un *appendix*, sous le titre de *Pietatis thaumata*.

(*Mémoires* de M. du Masbaret.)

BAUTRU (Guillaume), bel esprit et négociateur du XVIIe siéc. suivant la *Biographie universelle*. Bautru, ajoute-t-on, a laissé des souvenirs plus dignes d'estime que ses bons mots, qui ont vieilli : on ne dit pas quels sont ces souvenirs; Chapelain les a consignés dans ses Mémoires sur quelques gens de lettres, en disant que Bautru avait l'ame noble et bienfaisante, et qu'il s'intéressait volontiers pour les savans qu'il savait être mal à leur aise. Loin d'abandonner l'abbé de Boisrobert dans sa disgrâce, il eut le courage de solliciter vivement son pardon.

BAYLE (Pierre). La *Biographie universelle* semble me reprocher de n'avoir pas cité, sous le nom de ce savant, la *Bibliothèque volante*, Amsterdam, 1700, petit in-12, composé de cinq parties. Bayle n'a eu aucune part à la publication de ce recueil; il est d'un nommé Jolli, docteur en médecine, auteur d'une *Histoire de Pologne*. Les lettres initiales que porte le frontispice, sont celles-ci : par le sieur J. G. J. D. M. ; elles ne peuvent nullement s'appliquer à Bayle. La *Biographie universelle* a peut-être confondu le *Retour des pièces choisies*, dont Bayle a été réellement l'éditeur, avec la *Bibliothèque volante*.

BEAUBREUIL (Jean de), avocat de Limoges, auteur d'une tragédie de *Régulus*, publ. en 1582. La *Biographie univers.* se trompe lorsqu'elle affirme que cet auteur n'a publié en français que cette pièce. Colletet, dans ses notices manuscrites, cite encore de lui *cinquante Clairons* sur la valeur incomparable de Henri IV, très-chrétien roi de France et de Navarre, 1594, in-8°. Ces *Clairons* sont des pièces de dix vers. Le mot n'a pas fait fortune, car personne, depuis Beaubreuil, n'a publié des vers sous ce même titre.

BEAUCOUSIN, savant avocat, et bibliographe très-habile. Son article, dans le dictionnaire de MM. Chaudon et Delandine, présente plusieurs inexactitudes. La *Biographie universelle* les a corrigées ; mais elle a adopté une anecdote qui m'a toujours paru suspecte. Suivant la *Biographie*, M. Beaucousin apprit, la veille de sa mort, c'est-à-dire, en 1798, qu'il venait d'être nommé bibliothécaire du directoire exécutif, et que son cabinet devait être incorporé à la bibliothèque confiée à ses soins. C'est à cette époque que M. le comte François de Neufchâteau, alors ministre de l'intérieur, me nomma réellement conservateur du dépôt provisoire de la bibliothèque du directoire exécutif établi dans la rue du Regard, hôtel de Croy. Je n'ai jamais entendu dire que j'eusse eu pour concurrent l'estimable et savant Beaucousin. Il se peut néanmoins que quelques-uns de ses amis aient eu l'intention de lui faire obtenir une place que je remplissais, et qu'ils aient arrangé pour les journaux l'anecdote recueillie par la *Biographie universelle*; quelques années plus tard, lorsque la bibliothèque du directoire exécutif, composée de 30,000 vol. environ, fut établie auprès du Conseil-d'Etat, le ministre de l'intér. d'alors, M. Lucien Bonaparte, voulut en faire confier le soin à D. Lieble, ancien bibliothécaire de Saint-Germain-des-Prés. M. le consul Lebrun, et M. Locré, secrétaire-général du Conseil-d'État, me maintinrent dans une place, qui était la récompense d'un travail très-actif dans les dépôts littéraires nationaux. Il y a quelques années encore, plusieurs personnes ont fait de vives et vaines démarches pour obtenir la place que j'occupe depuis long-temps.

*BEAUMANOIR (Le baron DE), entra, dès l'âge de quinze ans, dans la 2ᵉ compagnie des mousquetaires. Il avait déjà terminé ses études, ce qui annonçait d'heureuses dispositions; mais il se livra bientôt à toutes les dissipations de son âge, jusqu'à l'époque où l'amour décent vint s'emparer de son cœur : il avait alors quarante ans, et épousa une jeune personne de quinze ans, qui fit son bonheur. La poésie, la peinture, la musique, la physique, la mécanique, enfin, tous les arts, occupèrent l'adolescence de M. de Beaumanoir; il composa des tragédies, des comédies, un opéra, et des vers de société; il fit imprimer ces différens ouvrages sous le titre d'*OEuvres de M. de B****; il y joignit la *Justification d'Enguerrand de Marigny*, et les *Mémoires de sa jeunesse*. Paris, Le Jay, 1771, 2 vol. in-8°. Les ouvrages en vers sont deux tragédies, dont l'une est intitulée : *Laodicé*, sujet traité par Thomas Corneille; deux comédies, et une tragédie lyrique. La *Justification d'Enguerrand de Marigny* est un morceau plein de recherches curieuses. Quant aux *Mémoires de la jeunesse de l'auteur*, les jeunes gens y trouveront de solides réflexions sur les démarches inconsidérées auxquelles ils se livrent trop souvent. M. de Beaumanoir publia, en 1781, l'*Iliade d'Homère*, en vers français, 2 vol. in-8°. Le traducteur s'est permis quelques retranchemens; son travail n'a pas eu de succès. L'auteur préparait une pareille traduction de l'*Odyssée*; mais il ne l'a point publiée : on croit que M. de Beaumanoir est mort dans l'émigration. Il était chevalier de l'ordre de St.-Louis.

BEAUMONT (CHRISTOPHE DE). La *Biog. univ.* cite l'abbé Ferlet, son secrétaire, connu *depuis* par une édition de Tacite; il fallait dire par des *Observations littéraires, critiques et politiques sur les histoires de Tacite*, 1801, 2 vol. in-8°.

BEAUSOBRE (JEAN-JACQUES, baron de Beaux, maréchal-des-camps et armées du Roi de France, comte DE), est auteur de la trad. estimée des *Commentaires grecs de la Défense des places, par Æneas le tacticien, le plus ancien des auteurs militaires*. Paris, 1757, 2 vol. in-4°. Ce volume est terminé par un petit Traité concernant l'utilité d'une école et d'une académie militaire. J'insère ici ce petit article, d'autant plus volontiers, que cette traduction n'a pas été indiquée dans la *Biographie universelle*, à l'article d'ÉNÉE le tacticien. Cet ouvrage est estimé.

BÉDÉ (JEAN, sieur de la GORMANDIÈRE), gentilhomme angevin, avocat au parlement de Paris, et membre du conseil du duc de Rohan, pair de France, né dans la religion réformée vers l'année 1570. Il publia plusieurs ouvrages pour la défendre contre l'Eglise romaine : il défendit aussi le droit divin des rois contre les fausses maximes du cardinal Bellarmin et des jésuites. On remarque une grande érudition dans les ouvrages de cet auteur. La *Biographie universelle* cite les principaux : le premier, qui devait être cité le dernier, est de l'année 1646. L'auteur avait alors 76 ans.

BÉGUELIN (NICOLAS), fils de Pierre Béguelin, maire à Courlary, dans l'évêché de Bâle, naquit en 1744, fit de brillantes études sous les Bernoulli, et devint gouverneur du roi de Prusse, Frédéric-Guillaume. Il avait été nommé membre de l'académie des sciences et belles-lettres de Prusse, dès la seconde année de sa restauration. Une intrigue de cour fit déclarer l'éducation du prince de Prusse finie avant le temps; M. Béguelin eut ordre de se retirer et de rester à Berlin; cette espèce de disgrâce dura plus de vingt ans. Sur la fin de ses jours, Frédéric II, de son propre mouvement, revint à M. Béguelin, et augmenta ses appointemens, qui lui avaient été conservés. Lorsque l'auguste élève de M. Béguelin parvint au trône, il témoigna à son instituteur toute sa reconnaissance, lui donna une terre de la valeur de cent mille livres, et le fit directeur de l'académie. Outre les nombreux mémoires qu'il a lus dans le sein de cette compagnie, sur les couleurs, la lumière, les nombres, les pensées, etc., M. Béguelin a publié séparément : 1° *Le Printemps*, poëme de feu M. de Kleist, traduit en français. Berlin, 1781, in-8° ; 2° *Wilhelmine, ou la Révolution de la Hollande*, Berlin, 1787, in-8°. Ce savant mourut le 3 février 1789.

(Denina, *Prusse Littéraire;* Meusel, *Allemagne Savante.*)

BEGUILLET (EDME). La *Biog. univ.* pouvait annoncer que l'on trouve dans le second volume des *Variétés littéraires* de M. d'Orbessan, 1781, in-8°, la traduction française de l'ouvrage latin publié en 1768, par M. Beguillet, sous le titre : *De Principiis vegetationis et agriculturæ, etc.*

BÉHOURT (JEAN), professeur d'un collége de Rouen en 1597. Il dédia aux jésuites, en 1607, un gros volume in-8°, qui présente l'abrégé du grand ouvrage de Despautère sur la grammaire. Ce travail, qui trouva lui-même un abréviateur, a eu long-temps cours dans les classes, sous le titre de *Petit Béhourt;* il a coûté beaucoup de larmes à la jeunesse; on doit encore à cet auteur un recueil de tragédies; in-12, savoir : *Polixène*, tragi-comédie en cinq actes et en vers, Rouen, 1597; *Ésaü, ou le Chasseur*, en forme de tragédie, Rouen, 1599; *Hypsicratée, ou la Magnanimi-*

té, tragédie, Rouen, 1604. Ces pièces ont été représentées sur le théâtre du collége où l'auteur professait. Béhourt méritait une petite place dans la *Biographie universelle*.

BELESTAT DE GARDOUCH (Le marquis DE), né à Toulouse en 1725, sortait d'une des plus anciennes familles du Languedoc. Après avoir fait ses études à Paris, il entra fort jeune dans la maison du roi; il fit les campagnes du maréchal de Saxe, et s'y distingua assez pour être, dès l'âge de trente ans, maître-de-camp de cavalerie. Une débilité extrême dans l'organe de la vue l'obligea bientôt à renoncer à une carrière où sa naissance, sa fortune, et une expérience déjà acquise lui présageaient un avancement rapide. Rentré dans la condition privée, il ne songea plus qu'à étendre et à développer ses connaissances. Il usa le reste de sa vue à la lecture; on ne publiait pas un ouvrage de politique ou de littérature, qu'il ne voulût connaître et apprécier par lui-même. M. de Belestat allait souvent à Paris, et y fréquentait les hommes qui tenaient alors le timon de la littérature. Un de ceux qui ont eu avec lui des liaisons particulières, fut Voltaire. Dès l'année de la bataille de Fontenoy, ils s'étaient connus aux eaux de Plombières: ils se revirent souvent à Paris; et, lorsque Voltaire eut fixé tout-à-fait son séjour à Ferney, il entretint avec M. de Belestat une correspondance assez suivie. Un événement littéraire troubla en 1768 ces relations qu'entretenaient l'amour des lettres et l'estime pour le génie. M. de Belestat s'était fait connaître dans la littérature par un Eloge de Clémence Isaure. Il consentit à lire dans l'académie des Jeux-Floraux, et à laisser imprimer, sous les lettres initiales de son nom, un *Examen critique de l'Histoire de Henri IV*, par Bussy, composé par la Beaumelle: il y avait dans cette brochure une allusion assez évidente et dangereuse, un portrait satirique du président Hénault, et une critique assez vive de l'auteur de la Henriade; le public l'attribua néanmoins à Voltaire; Voltaire la lut d'abord avec l'intérêt que lui inspirait tout ce qui se rapportait à Henri IV; il écrivit à M. de Belestat pour lui demander des éclaircissemens sur une citation; mais lorsqu'une lecture plus attentive lui eut fait remarquer le passage auquel il devait être si sensible, il ne regarda plus la brochure que comme un libelle, et il écrivit de nouveau à M. de Belestat pour lui témoigner son mécontentement sur deux articles; en même temps, il lui déclarait que l'ouvrage passait pour être de la composition de la Beaumelle. M. de Belestat, dans une réponse à Voltaire, tâche de se justifier sur les deux allégations qui lui étaient reprochées; il l'assure qu'il ne souffrirait pas que qui que ce soit abusât de son nom, et il croit que M. de la Beaumelle l'entreprendrait moins qu'un autre. Néanmoins on est convaincu aujourd'hui que la Beaumelle est le véritable auteur de l'*Examen critique*. Le gouvernement en fit saisir 600 exemplaires; Voltaire l'a fait réimprimer avec des notes critiques dans sa collection intitulée: *Evangile du jour*. On ne trouve dans le Voltaire de Beaumarchais qu'une lettre à M. de Belestat sur cette affaire. Elle a été précédée de deux autres que l'abbé Sabatier a insérées dans son *Tableau philosophique de l'esprit de M. de Voltaire*, article la Beaumelle.

En 1769, M. de Belestat fut élu membre de l'académie des Jeux-Floraux, et en 1773 on l'adjoignit au secrétaire perpétuel. Il ne put occuper que quatre ans cet emploi honorable et pénible. Les infirmités les plus graves s'étaient accumulées sur sa tête; il avait perdu entièrement la vue; un lecteur à gages lui lisait les gazettes et les nouveautés. La révolution ne l'épargna pas. Il fut incarcéré; mais il eut le bonheur de survivre à l'époque la plus désastreuse de la révolution : il mourut en 1807, âgé de 82 ans. M. François de Villeneuve a prononcé son éloge dans l'académie des Jeux-Floraux. Voy. le compte rendu de l'année 1816, et l'*Histoire de Jeux-Floraux*, par M. Poitevin-Peitavi. Toulouse, 1815, 2 vol. in-8°.

BELLEBUONI (MATTHIEU). La *Biographie universelle* donne à croire que sa traduction italienne de l'*Histoire de la guerre de Troye*, écrite en latin au XIIIe siècle, par Gui des Colonnes, n'est connue que parce que la *Bibliotheca de Volgarizzatori* en cite une copie manuscrite conservée à Florence. Cette traduction a été imprimée à Venise en 1481, in-fol., par Antoine de Alexandria : elle est citée dans plusieurs catalogues estimés; mais on n'est pas certain que Bellebuoni en soit l'auteur.

BELLEGARDE (l'abbé DE). Aucun dictionnaire historique ne parle de l'ouvrage intitulé : *L'Art de connaître les hommes*. Amsterdam, 1708, in-12; 1711, in-8°. C'est l'abrégé de l'ouvrage de M. Esprit, qui a pour titre : *Fausseté des vertus humaines*. Paris, 1678, 2 vol. in-12. Cet abrégé avait été publié à Paris en 1702, par Louis Des Bans, avocat, sous les initiales L. D. B. Les libraires de Hollande crurent que ces initiales désignaient l'abbé de Bellegrade, et réimprimèrent l'ouvrage sous son nom. Ils en donnèrent successivement trois ou quatre éditions. L'avocat Des Bans se rendit coupable d'un second plagiat en 1715. Voy. son article dans la suite de cet *Examen critique*, lettre D.

BELLENDEN. Cet article dans la *Biograp. universelle* renferme plusieurs inexactitudes. 1°. Le premier ouvrage de Bellenden n'est pas intitulé *Cicero princeps*, mais *Ciceronis princeps*. 2°. Il fallait dire que la mort ayant empêché l'auteur de publier son grand ouvrage *de Tribus luminibus Romanorum*, le libraire de Paris, Dubray, en acquit le manuscrit, et le publia en 1633 ou en 1634. Cette date sert donc à faire connaître l'époque de la mort de Bellenden. 3°. Un écrivain politique anglais n'a pas fait réimprimer en 1787 les *Principaux traités* de Bellenden, mais seulement le *Ciceronis consul*. C'est la préface de l'éditeur, considérée comme le chef-d'œuvre de la latinité moderne, qui a été réimprimée en 1788.

BELLERE (JEAN), imprimeur-libraire à Anvers, dans le seizième siècle, était habile dans la connaissance des langues; on lui doit:

I. *Onomasticon ex Rob. Stephano et Conrado Gesnero collectum auctum, cum recentibus locorum appellationibus. Antverpiæ, Stulsius*, 1553, in-4.

II. *Dictionarium latino-hispanicum Antonii Nebrissensis. Antverpiæ*, 1574, in-4°.

Il a traduit: 1° de l'italien l'*Institution d'une fille de noble maison*, Anvers, Christophe Plantin, 1555, in-8°; Paris, J. Caveiller, 1558; 2° du portugais de Fr. Alvarès, l'*Historiale description de l'Ethiopie*, Anvers, Plantin ou Bellere, 1558, in-8°; 3° du latin de Simon Verrepré, le *Manuel de dévotion extraict des écrits des Saints Pères et docteurs illustres*, vers 1560. Il existe des éditions de cet ouvrage, revues à Paris par Réné Benoit, fameux curé de S.-Eustache et par Arnaud Sorbin, prédicateur du roi Charles IX, etc. La dernière édition venue à ma connaissance est de *Paris, chez Guillaume Chaudin*, 1581, in-18. Bellere a aussi imprimé le texte latin. Il a aussi traduit du latin de Thomas de Campis, le célèbre ouvrage de l'*Imitation*, sous ce titre: l'*Art et manière de parfaitement ensuivre Jésus-Christ, etc.* Anvers, J. Bellere, 1565, in-18. On lui doit une édition latine du même ouvrage, publiée en 1575 par les soins de François de Tol, génovéfain. C'est une imitation mise en meilleur latin (*ex latino latinior facta*). Voy. la préface de cette édition. J. Bellere est mort en 1595.

BELLONI (Jérome). La traduction française de sa *Dissertation sur le commerce*, publiée à La Haye en 1755, est très-mal écrite. Elle ne peut être de Morénas, comme le prétend la *Biographie universelle*. Elle a reparu en 1765, à *Paris*, sous la rubrique de *La Haye*, à la suite de la traduction de la *lettre* du même Belloni *sur la monnaie fictive*. Morénas a peut-être traduit cette lettre. M. Thomas Rousseau a publié à Paris, en 1787, in-8°, une traduction plus fidèle et mieux écrite de la *Dissertation* de Belloni *sur le commerce*.

BELOSELSKI, prince russe qui a montré pendant toute sa vie un grand attachement aux Français; il a cultivé avec assez de succès leur langue, pour écrire élégamment en vers et en prose. Voltaire lui a adressé des vers; il a été en correspondance avec J.-J. Rousseau. Marmontel a été l'éditeur de ses *Epîtres aux Français, aux Anglais et aux républicains de S.-Marin*. Brochure in-8° de 110 pag., imprimée en 1789 par Didot l'aîné, et dont l'auteur a fait des présens; elle est rare. Ce prince est mort en 1809, âgé de 52 ans. Il était né à S.-Pétersbourg en 1757.

BELURGER (Claude), Français, qui dès l'enfance aima passionnément le grec. Il vint étudier cette langue à Paris avec tant d'application, qu'il passa pour le plus habile helléniste de son temps. Nommé pour enseigner les belles-lettres au collége de Navarre, il poussa ses élèves si avant dans la littérature grecque, que les thèses de philosophie se soutenaient en grec. Belurger avait des mœurs sauvages et rudes ; nourriture, habillement, conversation, tout était chez lui grossier ; sans ordre dans son cabinet, les livres même les plus précieux étaient amoncelés sur des tables ou mis à terre pêle-mêle. Homère était son auteur chéri par-dessus tous les autres auteurs ; il le tenait et le portait toujours avec lui, même à l'église, où il lui servait d'Heures. Cette passion pour Homère lui donna l'idée singulière de faire faire par un habile peintre le portrait de *Thersite*, *quemadmodùm in secundâ iliade versibus ab Homero describitur*, en ne laissant rien omettre des traits que lui donne le poëte grec. Le peintre le servit à merveille, et Belurger mettait un très-grand prix à ce tableau. Son amour pour Homère fut porté encore plus loin : il voulut voir par lui-même *campos ubi Troja fuit*, et visiter tous les endroits dont parle le poëte grec. En conséquence, il plaça ce qu'il avait chez les chartreux, moyennant une rente viagère de *centeni ac quingeni aurei* qu'ils s'obligèrent de lui faire passer partout où il serait. Cela fait, il part de Paris à l'âge de 50 ans, bien déterminé à n'y revenir reprendre l'enseignement, qu'après avoir visité toute la Grèce et en avoir dressé une carte bien détaillée. S'étant mis en route avec plus d'ardeur que s'il fût parti pour la Terre-Sainte, il arriva à Rome, où il fut bien reçu de l'ambassadeur de France et des savans, qui le comblèrent d'honnêtetés. Jaloux d'y laisser des traces de son savoir, il célébra dans un poëme grec (qu'il traduisit aussi en latin) les noces d'Ant. Borghèse, neveu de Paul V, avec Camille Orsini, qui eurent lieu lors de son arrivée à Rome ; il se rendit ensuite à Venise, où il monta sur un bâtiment qui partait pour l'Orient, et il arriva bien portant à Alexandrie, non sans s'être beaucoup impatienté contre les vents qui ne le poussaient pas à son gré assez vîte. Mais le sol d'Alexandrie lui fut fatal ; il y tomba malade, et il mourut. Par sa mort, une grande partie de ses livres fut perdue, et entre autres un commentaire de sa façon sur Homère, auquel il avait travaillé assidûment pendant plusieurs années.

Telle est la notice que le célèbre bibliographe Mercier-Saint-Léger a tirée de la *Pinacotheca imaginum illustrium virorum de Janus Nicius Erithræus* (Jean-Victor de Rossi, Romain, mort en 1647), et qui m'a été communiquée par l'estimable M. Boulard, ancien notaire.

On a encore de Cl. Belurger (*Belurgerius*) plusieurs autres pièces de vers grecs, 1° une à la louange de Gilb. Gaulmin, en tête de l'édition donnée par celui-ci à Paris en 1615, de Mich. Psellus *de operatione dœmonum* ; 2° une autre en tête de l'édition des Æthiopiques d'Héliodore, donnée par J. Bourdelot. Paris, 1619, in-8°. L'abbé de St.-Léger regardait comme étant de notre auteur la pièce suivante, citée par les continuateurs du P. Lelong, sous le n° 11039, tom. 1, pag. 699 : *Cl. Belurgey divionensis, ode græca in D. de Chanvallon S. Victoris abbatis obitum. Parisiis*, 1611, in-8°.

BENEDICTI (Jean), né en

France et non en Italie, comme le prétendent Wading et Fabricius, étudia dans sa jeunesse au monastère de Notre-Dame-des-Anges de la province de Touraine en Poitou; il entra dans le tiers-ordre de St.-François, connu sous la dénomination de cordeliers, et prêcha dans les principales villes de France. Il fut ministre provincial de la province de Touraine pictavienne. On voit par différens endroits de ses ouvrages qu'il a voyagé en Italie et dans la Terre-Sainte. La principale de ses productions est intitulée: *La somme des péchés, et le remède d'iceux*. Lyon, 1584, in-4°. Cet ouvrage, quoique reçu avec applaudissement, excita néanmoins la censure de plusieurs personnes, qui trouvèrent mauvais que l'auteur eût traité trop librement les matières qui sont l'objet du sixième commandement. La seconde édition fut imprimée à Paris en 1586, in-fol., chez Denis Cotinel. L'auteur a adouci et même changé quelques mots et sentences pour contenter un chacun. C'est ainsi qu'il s'exprime dans l'épître dédicatoire. On cite une troisième édition publiée également à Paris en 1602. En 1595, il en avait paru dans la même ville une traduction latine que l'on présume faite par l'auteur lui-même, ce qui a fait croire à Bayle que cet ouvrage avait été écrit d'abord en latin.

(*Remarques sur Bayle*, par l'abbé Joly, au mot *Sanchez.*)

BENOIT III, pape. C'est ordinairement entre ce pape et Léon IV que d'anciens chroniqueurs et quelques protestans placent la prétendue papesse *Jeanne* sous le nom de Jean VIII. M. Chaudon attribue cette fable à Martin, qui vivait plus de quatre siècles après Benoît III : il fallait dire Martin *le Polonais*. On eût peut-être aimé à voir dans la *Biographie universelle* la même indication, mais rectifiée. On la trouve entourée de développemens curieux dans le Dictionnaire de Feller.

BERARDIER (DENIS), né à Quimper, docteur en théologie de la faculté de Paris, ancien principal du collége de Quimper, fut nommé en 1778 principal du collége de Louis-le-Grand à Paris : il prêta serment le 1er mai 1780, comme administrateur du même collége, et il en devint le grand-maître vers 1788. Il serait difficile, dit le *Cousin Jacques* (Beffroy de Reigny), dans le *Dictionnaire néologique des hommes et des choses*, de citer dans le cours d'un siècle, même parmi les membres les plus illustres de l'université de Paris, un homme qui joignît jamais plus de vertus chrétiennes à plus de qualités sociales... Je ne dis rien de trop en disant qu'il fut ce qui s'appelle *adoré* de tous les jeunes gens que la sollicitude paternelle avait confiés à sa vigilance. Les hommes les plus sévères en fait d'éducation ne lui ont fait que le reproche d'être trop doux, ce qui dégénérait quelquefois en faiblesse. Doué d'une sagacité qui ne le cédait à la pénétration d'aucun homme en place, il embellissait cette faculté bien rare par des connaissances littéraires, politiques, historiques et physiques, dont la réunion ne se trouve pas communément parmi les hommes. En 1788, Camille Desmoulins et M. l'abbé d'Auriol de Lauraguel, l'un dans une *Epître à MM. les administrateurs du collége de Louis-le-Grand*, l'autre dans ses *Adieux au collége de Louis-le-Grand*, payèrent à Berardier un tribut de remercîmens et d'éloges qui leur fit beaucoup d'honneur. Nommé en 1789 député suppléant du clergé de Paris à l'Assemblée constituante, M. Berardier y remplaça l'abbé Legros, qui mourut en 1790, et vota constamment avec le côté droit. A la fin de la session, il signa la protestation des 12 et 15 septembre 1791, contre les décrets de cette assemblée. Lors du *serment* des prêtres et de la *constitution civile du clergé*, il parut une foule d'écrits pour et contre, qui furent avidement recueillis par les lecteurs de tous les partis. Aucun ne fit autant de sensation que celui de M. Berardier, ayant pour titre : *Les Principes de la foi sur le gouvernement de l'Eglise*, en opposition avec la constitution civile du clergé; ou Réfutation du développement de l'opinion de M. Camus; 1791, in-8°. On en fit, dit-on, quatorze éditions en moins d'un mois. La 7e, revue et augmentée par l'auteur, a 190 pag. M. Berardier mourut peu de temps après les massacres de septembre 1792, dont l'avait sauvé son élève Camille Desmoulins. Il n'est pas vrai que ce dernier ait reçu de M. Berardier la bénédiction nuptiale. Voy. le mot DESMOULINS.

BERARDIER DE BATAUT (FRANÇOIS-JOSEPH), d'une autre famille que le précédent, ancien professeur d'éloquence au collége du Plessis, était né à Paris en 1720. Il mourut dans la même ville, vers 1794. On a de lui plusieurs ouvrages utiles :

I. *Précis de l'histoire universelle*, 1766, 1 vol. in-12. Réimprimé avec des augmentations en 1776 et en 1783.

II. *Essai sur le récit*; 1776, in-12.

III. *L'Anti-Lucrèce*, traduit en vers français; 1786, 2 vol. petit in-12. Malgré des morceaux bien rendus, cette traduction a eu peu de succès : une nouvelle traduction en vers du même poëme a paru dans ces derniers temps en 1 vol. in-8°, sous ce titre : *L'Anti-Lucrèce en vers français*, avec le IXe et le dernier chant ajoutés à l'original par M. Jeanty-Laurans, et la traduction en vers latins du IXe chant par M. l'abbé G. Mancin. Auch, Duprât, 1813. Elle est bien inférieure à celle de M. Berardier.

La *Biographie universelle* n'a fait qu'un seul individu des deux auteurs que je viens de citer. Ses méprises se trouvent copiées, 1° dans le 4e vol. des *Mémoires pour servir à l'histoire ecclésiastique du XVIIIe siècle*. Le compilateur de ce dernier ouvrage, M. P....., croit avoir corrigé la *Biographie*, en distinguant les deux Berardier; mais il n'a évité un danger que pour tomber dans un autre : il ne s'est pas aperçu que le commencement de l'article Berardier dans la *Biographie universelle*, était tiré des *Trois siècles* de l'abbé Sabatier de Castres, qui n'a parlé que de M. Berardier de Bataut. C'est donc à ce dernier que conviennent les prénoms et le lieu de naissance mentionnés dans la *Biographie universelle* et dans les *Mémoires* de M. P........

Le reste de l'article se rapporte au principal du collége de Louis-le-Grand.

2°. Dans les *Notices chronologiques* sur les théologiens, jurisconsultes, philosophes, artistes, littérateurs, poëtes, bardes, troubadours et historiens de la Bretagne depuis le commencement de l'ère chrét. jusqu'à nos jours, par M. Miorcec de Kerdanet, avocat. Brest, 1818, in-8°. On devait croire qu'un écrivain breton nous donnerait des renseignemens exacts et curieux sur ses compatriotes; mais on s'aperçoit bientôt en le lisant que cet écrivain n'a consulté que nos *Dictionnaires historiques*. Au lieu de rectifier leurs méprises, il en a augmenté le nombre : il nous dit à la vérité que l'ancien principal du collége de Louis-le-Grand est né à Quimper; mais il le nomme *François-Joseph Berardier de Bataût*, noms qui appartiennent à M. Berardier le Parisien; ensuite il attribue à son compatriote les ouvrages de l'ancien professeur du Plessis; il attribue à Camille Desmoulins l'opuscule de M. Lauraguel; il répète le bruit populaire et faux de la bénédiction nuptiale donnée à Camille Desmoulins par Denis Berardier, etc., etc. Malheureusement le volume de M. de Kerdanet offre beaucoup d'articles aussi fautifs que celui de Berardier.

3°. Dans la *Galerie historique des contemporains*, ou Nouvelle Biographie, seule édition dans laquelle se trouvent réunis les hommes morts ou vivans de toutes les nations, qui se sont fait remarquer à la fin du XVIIIe siècle et au commencement de celui-ci, par leurs écrits, etc. Bruxelles, chez Auguste Wahlen, 1818 et 1819. Cet ouvrage doit avoir 8 volumes in-8°. Il en paraît cinq.

4°. Dans le *Supplément* au Dictionnaire historique de Feller.

BERCHOIRE (PIERRE). La *Biographie universelle* ne fait point connaître la première édition de sa traduction française de Tite-Live. Elle parut en 1486 à Paris, 3 vol in-fol.

BERCY ou BERSIL (HUGUES DE), poëte français du XIIIe siècle, qui a été confondu par Etienne Pasquier, et d'après lui par beaucoup d'autres, avec un autre poëte du même temps nommé Guyot de Provins. L'erreur est venue de ce que tous deux ont composé un poëme satirique en vers sur les mêmes matières à peu près, et sous le même titre. L'un de ces 2 ouv. est intit. *Bible de Guyot de Provins*, et l'autre la *Bible d'Hugues de Bersil Chastelains*. Le premier, composé de 2691 vers, n'a été imprimé que dans ces derniers temps, d'après un manuscrit de l'ancien chapitre de Notre-Dame de Paris, et un autre qui avait appartenu au duc de La Vallière. On le trouve dans le tom. 2 de la nouvelle édition des *Fabliaux et contes des poëtes des* XI, XII, XIII, XIV et XVe *siècles*, publiée par M. Méon. Paris, 1808, 4 volumes in-8°. La Bible de Hugues de Bercy est restée manuscrite. Ces deux auteurs avaient voyagé dans les mêmes lieux : Guyot finit par se faire moine, et publia son ouvrage en 1203, tandis que Hugues n'a pu composer le sien que postérieurement à l'année 1204. Il s'était trouvé à Constantinople de 1203 à 1204, quand, dans l'espace d'un an et demi, quatre empereurs successivement y pé- rirent : l'un étranglé, l'autre jeté à la mer, le troisième détrôné et enfermé dans une prison, le dernier enfin vaincu et tué dans un combat. Hugues servait probablement dans l'armée. Il ne s'occupa à son retour en France que de la culture des lettres. Le comte de Caylus, dans un mémoire dont on trouve le précis dans le recueil de l'académie, tom. 21, a très-bien établi les droits de chacun de ces auteurs à l'ouvrage qui porte son nom ; il soupçonne avec beaucoup de vraisemblance que Pasquier aura eu en sa possession les deux manuscrits reliés en un volume, et qu'il se sera accoutumé à les considérer comme l'ouvrage d'un même auteur. La *Biographie universelle* eût dû donner un article à Hugues de Bercy à la lettre B ou à la lettre H, d'autant plus qu'elle n'a pu s'empêcher de le citer dans l'article de Guyot de Provins.

On a été curieux de savoir pourquoi ces deux auteurs avaient donné le nom de *Bible* à leurs compositions satiriques ; n'est-il pas permis de conjecturer que ces deux poëtes désirant réformer les vices de leur temps, auront appelé leurs poëmes du nom de l'ouvrage le plus répandu, dans le désir qu'ils avaient que les leurs pussent aussi se répandre dans toutes les classes de la société ? *

Colletet n'a point oublié Hugues de Bercy dans son *Histoire manuscrite des poëtes français ;* mais il a partagé l'erreur commune de son temps, en le considérant comme le véritable auteur de la Bible de Guyot ; aussi n'a-t-il pas donné d'article à Guyot de Provins.

* BERGERON (Nicolas), natif de Béthisy, l'un des chefs-lieux du ci-devant duché de Valois (Oise), devint avocat au parlement de Paris, et fut l'un des hommes les plus savans de son siècle. Il était versé dans la connaissance des langues grecque et hébraïque ; il avait étudié l'éloquence, la philosophie, les mathématiques et surtout la jurisprudence. Le savant Charles Dumoulin lui témoignait beaucoup d'estime. Ramus le nomma, avec Ant. Loisel, son exécuteur testamentaire. Le testament de Ramus est célèbre dans l'histoire littéraire, par la fondation qu'il renferme d'une chaire pour l'enseignement des mathématiques. On le trouve dans les *Opuscules* de Loisel, et dans le *Mémoire historique* de l'abbé Goujet sur le Collége-de-France. N. Bergeron publia, I. Un poëme latin intitulé : *In regis Henrici III adventum carmen. Lutetiæ*, Buon, 1574, in-4°. II. *P. Rami professoris regii et Audomari Talæi collectanea, præfationes, epistolæ, orationes. Parisiis*, 1577, in-8°. Il s'adonna ensuite aux recherches historiques, et forma le projet d'une histoire générale du duché de Valois. Il a publié un abrégé de ce travail sous ce titre : *Le Valois royal*, extrait des Mémoires de Nicolas Bergeron, avocat au parlement à la reine de Navarre, duchesse du pays de Valois. Paris, Gilles Beys, 1583, in-8° de 64 feuillets ou 128 pag. Ce morceau eut beaucoup de succès, parce qu'on n'avait encore rien de raisonnable sur le Valois. La bibliothèque de Bergeron est louée dans les écrits de son temps, comme un dépôt qui contenait des raretés sans

nombre, en manuscrits, en mémoires de littérature et d'histoire. Il possédait parmi ses manuscrits le premier cahier des Coutumes de Vermandois et de Valois.

Bergeron possédait aussi un recueil des plus notables arrêts du parlement de Paris; recueil qui a été inséré dans la seconde édition des Arrêts de Papon en 1584. Ce savant avocat eut beaucoup de part aux notes de Dumoulin sur la coutume de Paris et sur celles de quelques autres provinces. Il mourut avant l'année 1584.

L'abbé Goujet croit que Nicolas Bergeron est l'auteur de la satire publiée en 1577, et réimprimée en 1580 sous ce titre: *Admonitio Philomusi in gratiam Nicolai Bergeronii, jurisconsulti, ad M. M. Bressium* (Maurice Bressieu), *paulò quàm anteà emendatior. Parisiis*, J. Richerius, 1580, in-12. Le prétendu Philomusus reproche dans cet écrit à Bressieu les déclamations indécentes qu'il s'était permises contre des hommes qui méritaient plus d'égards. Déjà le même Bressieu avait été cité en justice par Nic. Bergeron, et il avait été obligé à quelque réparation envers lui.

* BERGERON (Pierre), fils du précédent, naquit à Paris, et se livra comme son père à l'étude de la jurisprudence. Il remplit avec distinction les fonctions d'avocat, et devint ensuite conseiller du roi et référendaire en la chancellerie de Paris. Il cultiva la poésie; car on trouve des vers de sa façon en tête de l'édition des OEuvres de du Bartas, 1611, in-fol., et des frères de Ste.-Marthe, 1633, in-4°. La géographie et les voyages devinrent ensuite l'objet chéri de ses études. Il eut beaucoup de part à l'édit. de la trad. latine de la *Geographia Nubiensis*, 1618, in-4°. On estime son *Traité de la navigation et des voyages, des découvertes et des conquêtes des modernes, et principalement des Français*. Paris, 1629, in-8°. Il se trouve ordinairement relié avec l'*Histoire de la découverte des Canaries*, par Jean de Béthencourt, imprimée en 1630. Morisot en parle avec éloge dans son *Orbis maritimus* (pag. 213, 448). Celui-ci ne fit imprimer son ouvrage qu'après l'avoir soumis au jugement de P. Bergeron. En 1634, P. Bergeron donna un *Traité des Tartares* et un *Abrégé de l'histoire des Sarrasins*, à la suite des Voyages en Tartarie de Fr. Guill. de Rubruquis et autres, traduits par lui du latin assez grossier de Vincent de Beauvais, et de l'anglais d'Hakluit et Purchas. P. Van Der Aa réimprima ces ouvrages de notre auteur, à l'exception de la Découverte des Canaries, dans la collection intitulée d'abord *Recueil de voyages curieux en Tartarie, etc.* Leyde, 1729, 2 vol. in-4°; et ensuite *Voyages faits principalement en Asie, dans les* XII, XIII, XIV *et* XVe *siècles, etc.* La Haye, 1735, 2 vol. in-4°. C'est la même édition d'un même ouvrage dont le frontispice seul a été changé. On doit encore à P. Bergeron la rédaction en grande partie des Voyages de Vincent Leblanc, Marseillais, dans les quatre parties du monde. La mort l'empêcha de la terminer. Louis Coulon y mit la dernière main, et publia ces voyages en 1649, in-4°, avec une dédicace et un avis au lecteur qu'on ne trouve plus dans

la seconde édit. donnée en 1658. Ce fut le savant Peirèse qui conseilla à Vincent Leblanc de remettre ces mémoires entre les mains de P. Bergeron, dont le mérite lui était connu. Bergeron mourut en 1637, dans un âge assez avancé. Il a laissé en manuscrit deux itinéraires ; l'un *italo-germanique*, et l'autre *germano-belgique*. Ce dernier, fait en l'année 1617, fut communiqué au savant Claude Joly, chanoine de Notre-Dame, qui le trouva plein de doctrine et de recherches curieuses. Voy. les *Opuscules* d'Antoine Loisel, Paris ; 1652, in-4°, pag. 547 ; l'*Histoire du Valois*, par l'abbé Carlier, et David Clément, *Bibliothèque curieuse*.

BERGIER (l'abbé), docteur en théologie. M. P... dit dans ses *Mémoires ecclésiastiques*, qu'on lui attribue des *Observations sur le Divorce*. Ces observations portent au frontisp. le nom de M. Bergier. Elles ont paru en 1790, à Paris, in-8° de 72 p. On doit à l'abbé Bergier une brochure anonyme, sous ce titre : *Quelle est la source de toute autorité?* Paris, 1789, in-8°. de 48 pages.

J'étais porté à croire, comme le dit la *Biographie universelle*, que cet auteur avait refondu dans son *Traité historique et dogmatique de la vraie religion*, les ouvrages qu'il avait publiés précédemment contre les incrédules ; mais M. l'abbé Grosier m'a assuré que ce grand Traité avait été rédigé par l'abbé Bergier, sur les matériaux que lui avaient fournis les abbés Grou et Guérin, ex-jésuites.

BERNARD (S.). L'article de la *Biographie universelle* est calqué sur celui de M. Chaudon. On y a cependant rendu à son véritable auteur la citation du beau portrait de S. Bernard, par M. Garat. L'édition de MM. Chaudon et Delandine donne ce morceau au président Hénault, et, par une inadvertance singulière, ils renvoient à un *autre portrait* du même saint, par M. Garat.

On doit reprocher à la *Biographie universelle*, 1° de n'avoir pas indiqué les différentes traductions des œuvres de St. Bernard, publiées par le P. de St.-Gabriel, feuillant, en 13 vol. in-8°, de 1672 à 1682 ; 2° d'avoir donné le prénom de Guillaume au sieur Le Roi, traducteur des Lettres de Saint Bernard en 1702. Tout porte à croire que cette traduction est d'Alexandre Le Roy, membre de l'académie politique, qui se tenait dans l'hôtel du président Hénault, place Vendôme. Guillaume Le Roy mourut en 1684.

BERNARD, cardinal et abbé de Mont-Cassin. Cet article est un double emploi dans le Dictionnaire de M. Chaudon, puisqu'il s'y trouve déjà sous le mot Aigler, lisez Aiglier (Bernard). Ce cardinal a rempli des places importantes. Ses ouvrages sont inconnus aujourd'hui. Moréri entre dans des détails assez étendus sur sa personne. Feller et la *Biog. univ.* n'en parlent pas. Les traducteurs italiens de M. Chaudon n'en parlent qu'au mot *Bernard*.

BERNARD (Claude-Barthelemi) auteur du XVIe siècle, natif de Riom en Auvergne ; les recherches laborieuses de Colletet me mettent en état de fournir, sur un ouvrage de cet auteur, des renseignemens que la *Biog. univ.* regrette de n'avoir trouvés ni dans Duverdier, ni dans le P. Le Long; l'ouvrage est intitulé : *Histoire de Rhion, chef d'Auvergne, traduite en langue vulgaire, du latin d'un auteur anonyme.* Lyon, 1559, in-16. On voit que Duverdier et le P. Le Long sont excusables de n'avoir point cité l'auteur original de cette histoire; du reste l'ouvrage, suivant Colletet, est plus fabuleux qu'historique, et la traduction est écrite d'un style barbare. Bernard mourut vers l'an 1570. On lui doit encore un ouvrage anonyme, imité d'Ovide, sous ce titre : *L'Histoire de Narcisse, avec l'argument en prose*, ou plutôt le sens mythologique et moral de cette fable si connue, par C.-B. Lyon, 1551, in-12. Colletet convient qu'il a eu assez de peine à découvrir le nom de cet auteur.

*BERNARD (le P.), natif d'Arras, entra dans l'ordre des capucins et devint lecteur en théologie. On a de lui plusieurs ouvrages; ils sont presque tous dirigés contre les principes de l'abbé Travers, prêtre du diocèse de Nantes, qui chercha à étendre la juridiction des prêtres du second ordre en limitant celle des évêques. En voici les titres.

I. *Le Grand Commandement de la Loi*, ou le Devoir principal de l'homme envers Dieu et envers le prochain, exposé selon les principes de S. Thomas. Paris, 1731, in-12.

II. *L'Ordre de l'Eglise selon S. Thomas, contre la Consultation* (de l'abbé Travers), *sur la juridiction sans approbation nécessaire pour confesser.* Paris, 1735, in-12.

III. *Le Ministère de l'absolution*, ou le Pouvoir de confesser, selon S. Thomas, contre l'apologie du livre de l'abbé Travers, intitulé : *Consultation, etc.* Paris, 1740, in-12.

IV. *Code des paroisses*, avec quelques Dissertations contre le livre (de l'abbé Travers) intitulé : *les Pouvoirs légitimes du premier et du second ordre, etc.* Paris, 1746, 2 vol. in-12.

V. *Les Ecarts des théologiens de M. d'Auxerre, sur la Pénitence et l'Eucharistie.* Liége (Paris), 1748, in-4° de 51 p. On donnait cette critique au P. Patouillet, jésuite; mais le P. Bernard avoua à l'abbé Goujet qu'il en était l'auteur. Les ouvrages du P. Bernard sont peu recherchés.

* BERTA (François), de famille patricienne, eut le bonheur de faire ses premières études sous les maîtres habiles appelés en Piémont pour remplacer les jésuites dans l'enseignement public. L'abbé *Tagliazucchi*, le Rollin de ce pays, cultiva avec un soin particulier les heureuses dispositions du jeune Berta, qui puisa dans les leçons d'un si habile maître, les principes de cette philosophie chrétienne, qui a constamment dirigé sa conduite, et cette étendue de connaissances dans l'histoire et les belles-lettres, qui, à l'âge de 16 ans, lui attira l'estime des personnages les plus distingués par leur mérite; d'un *Piscetia*, précepteur des princes de Piémont; d'un *Somis*, médecin du Roi; du P. Porro, célèbre

prédicateur, ét, en particulier, de l'abbé, depuis cardinal *des Lances*, qui voulut l'avoir pour compagnon dans un voyage d'Italie, dont Berta sut profiter pour éclairer et perfectionner son goût naturel pour les beaux-arts et les chefs-d'œuvre qu'ils ont produits.

Au retour de Berta à Turin, on y était occupé à la rédaction du Catalogue raisonné des manuscrits de la bibliothèque du Roi, entreprise utile, qui demandait un collaborateur instruit dans les langues et l'histoire littéraire. Aussi le gouvernement associa-t-il judicieusement Berta à ce travail, qui le força de se jeter à corps perdu dans l'étude de la critique et de la diplomatique, où il fit des progrès immenses dont la religion et l'État ont profité; enfin il fut nommé bibliothécaire du Roi, malgré les sourdes menées de quelques envieux. Dans ce poste important qui ne devrait jamais être occupé que par des hommes également instruits et laborieux, l'abbé Berta justifia complètement le choix de son maître, par les soins de tous genres qu'il prit pour enrichir le dépôt confié à sa direction, des livres les plus utiles, les plus rares et les plus précieux; par la communication facile de ses richesses littéraires, et surtout par une application suivie au travail, qui lui valut la réputation (souvent à charge à celui même qui en jouit) d'un littérateur universel. C'était toujours à Berta qu'avaient recours les professeurs de l'université, pour la solution des questions les plus difficiles; les jurisconsultes, pour l'intelligence des lois romaines; les magistrats, dans les causes où les connaissances diplomatiques sont nécessaires; l'école royale d'artillerie, pour tous les objets relatifs à la guerre; en sorte qu'il fut comme l'oracle aux décisions de qui s'en rapportaient les différens ordres de la société, et que ne dédaigna pas de consulter le Roi lui-même dans les diverses contestations qui agitèrent, de son temps, l'Etat et l'Eglise. L'abbé Berta eut aussi un talent particulier pour la composition des inscriptions publiques. On en a de lui une centaine, qui sont admirables pour la propriété des expressions, la simplicité, la précision et l'énergie du style lapidaire. Celle sur la mort de Marie-Antoinette-Ferdinande toucha le roi, son époux, au point qu'il gratifia l'auteur d'une nouvelle pension. L'abbé Berta fut encore chargé par sa cour de faire l'Examen critique des auteurs qui ont écrit sur l'origine de la maison de Savoye. C'est à lui que l'on est redevable d'une belle Suite de Médailles des princes de Savoye, que ne manquaient pas de voir les littérateurs étrangers qui passaient à Turin. Outre le Catalogue des manuscrits de la bibliothèque royale de Turin, on lui doit encore l'édition du Cartulaire d'*Oulx*, qu'il publia en 1753, avec d'excellentes notes, sous ce titre : *Ulciensis ecclesiæ chartarium animadversionibus illustratum.* Il est mort le 7 avril 1787, à l'âge de 68 ans. *V.* son Eloge en italien dans les *Annales littéraires de Florence.*

(*Cet article est de l'abbé de St.-Léger.*)

*BERTHELIN (PIERRE-CHARLES),

né à Paris, embrassa l'état ecclésiastique, et se fit recevoir avocat au parlement; il devint ensuite professeur à l'école royale militaire, et associé de l'Académie d'Angers. Son début dans la littérature paraît avoir été une Ode en vers latins sur le siége de Bergopzoom, 1747, in-4°. Il fit paraître, la même année, un *Recueil d'énigmes et de quelques logogryphes*, 1 vol. in-12. Il a revu, en 1751, le *Dictionnaire des Rimes*, de P. Richelet; en 1760, ses fonctions de professeur l'empêchèrent de s'occuper d'une nouvelle édition que les libraires associés ont fait paraître cette année, en déclarant que la personne chargée du soin de cette édition, avait marché sur les traces de M. Berthelin. MM. de Wailly, père et fils; ont parlé de ce double travail en 1799, dans l'édition du Dictionnaire des Rimes dont on leur est redevable.

M. Berthelin est mentionné honorablement dans les préfaces du Dictionnaire de Trévoux, pour les additions qu'il a fournies aux éditeurs de cet utile ouvrage. Il en a fait paraître un supplément ou tom. 7e, en 1752, in-fol.; et un abrégé en 1763, 3 vol. in-4°. M. Goulin l'a aidé dans ce dernier travail. On lui doit encore un *Recueil de pensées ingénieuses, tirées des poëtes latins, avec les imitations ou traductions en vers français, rangées par classes, selon les divers sujets*. Paris, 1752, petit in-12.

* BERTIN D'ANTILLY, homme de lettres, connu par des pièces fugitives et par plusieurs pièces de théâtre, telles que l'*Ecole de l'Adolescence*, comédie, 1789, in-8°; et la *Vieillesse d'Annette et Lubin*, opéra-comique, 1790, in-8°. Il rédigeait à Paris le *Journal du Thé*, lorsqu'il fut frappé d'un mandat d'arrêt: c'était à la fameuse époque du 18 fructidor an V. Il se retira à Hambourg, où il publia le *Censeur*. Un poëme de cinq ou six cents vers, qu'il fit paraître dans cette même ville en 1799 et 1800, a pour objet de célébrer les efforts de Paul Ier contre la révolution française, les exploits de plusieurs grands généraux, etc. S'il y a quelquefois incohérence dans l'ensemble, on remarque du mouvement et de la chaleur dans la plupart des détails. Bertin d'Antilly se rendit ensuite à Saint-Pétersbourg, où il mourut au mois de janvier 1804.

BERTRAND (Élie). On regrette de ne pas trouver à l'article de ce savant, dans la *Biog. univ.*, l'indication de plusieurs ouvrages qui lui font honneur, tels que: I. *Instructions chrétiennes*, ou Abrégé du Catéchisme. Zurich, 1753, 1756, in-8°. Traduit en allemand par Zollicofre, 1766, 1777, 1785, in-8°.

II. *Essai sur l'art de former l'esprit*, ou premiers élémens de la logique, Lyon, 1764, in-12.

III. *Elémens de la morale universelle*, ou Tableau des devoirs de l'homme, considéré dans tous ses rapports. Neufchâtel, 1766, in-8°.

IV. *Essai philosophique et moral sur le Plaisir*, 1777, in-12.

* BERTRAND (Jean), frère du précédent, pasteur à Orbe, son lieu natal, mort vers 1786. On a de lui:

I. *De l'eau, relativement à l'économie rustique*, ou *Traité de l'irrigation des prés.* Avignon et Lyon, 1764, in-8°.

II. *Elémens d'agriculture fondés sur les faits, à l'usage du peuple de la campagne.* Berne, 1773, in-8°.

Il a traduit de l'anglais : 1°. Le 7e vol. des *Sermons choisis* de Tillotson. Bâle, 1738 ou 1768, in-8°. Ce volume fait suite à la traduction de Barbeyrac. 2°. *Léonidas*, poëme de Glower. La Haye, 1739, in-12. Cette traduction est plus complète que celle qui parut à Genève, l'année précédente. 3°. *L'amitié après la mort, contenant les lettres des morts aux vivans*, trad. de madame Rowe. Amsterdam, 1740, 2 vol. in-12. 4°. La *fable des abeilles*, trad. de Mandeville. Amsterdam, 1740, 4 vol. in-12. 5°. *Description du Cap-de-Bonne-Espérance*, tirée des mémoires de Pierre Kolbe. Amsterdam, 1741, 3 vol. in-12. 6°. *Nouveaux sermons sur divers textes de l'Ecriture-Sainte*, traduits de Doddridge, Genève, 1759, in-12.

* BERTRAND (Jean-Elie), né à Neufchatel, le 13 août 1737, devint professeur de belles-lettres et prédicateur en cette ville; il y mourut le 26 février 1779. On a de lui :

I. *Eutropii breviarium historiæ romanæ ex codicibus manuscriptis, cum notis.* Neufchatel, 1762 ou 1768, in-8°. Les notes sont en français.

II. *Sermons sur différens textes de l'Ecriture-Sainte.* Neufchatel, 1773, in-8°, nouvelle édition; Neufchatel, 1779, 2 vol. in-8°.

III. *Morale évangélique, ou discours sur le Sermon de J.-C. sur la montagne.* Neufchatel, soc. typogr., 1775, 7 vol. in-8°.

IV. *Sermons pour les fêtes de l'Eglise chrétienne.* Yverdon, de Felice, 1777, 2 vol. in-8°.

On lui doit une nouvelle édition du *Voyage de Lalande en Italie*, avec des remarques assez insignifiantes; Yverdon, 1769; et les *Descriptions des arts et métiers*, faites ou approuvées par MM. de l'académie royale des sciences de Paris. Neufchatel, 1771-1783, 19 vol. in-4°.

BESLY (Jean). La *Biographie universelle* dit d'une manière vague que cet historien du Poitou a composé un *commentaire* sur Ronsard. Dreux du Radier affirme dans la *Bibliothèque du Poitou*, tom. 3, pag. 431, que le commentaire sur les hymnes de Ronsard a été plusieurs fois imprimé, quoiqu'on dise dans les *Supplémens* de Moréri qu'il n'a jamais paru. Le Moréri de 1759 s'exprime à ce sujet avec plus d'exactitude que l'auteur des *Supplémens*; mais l'article de la *Biographie* pèche, en ce qu'il semble étendre à tous les ouvrages de Ronsard un commentaire qui ne concerne que ses *hymnes*. Colletet, dans son *Histoire manuscrite des poëtes français*, donne à ce sujet des renseignemens très-satisfaisans. Après avoir cité les remarques curieuses de J. Besly sur les hymnes de Ronsard, imprimées pour la première fois en 1604, il assure que Besly composa encore d'autres commentaires, sur les *odes*, sur la *Franciade* et sur quelques autres œuvres de ce grand poëte; « ce qui se peut justifier, ajoute Colletet, par ce qu'il dit dans ses observations sur l'hymne du roi Henri II, et sur celui de Zethes et de Calais, où il renvoye le lecteur à ce qu'il a remarqué sur la Franciade, et dans sa préface des Odes de Ronsard; d'ailleurs je garde dans mon cabinet deux lettres de la main propre de Buon son libraire, par l'une desquelles il le remercie de son commentaire sur les trois premiers livres des Odes, et le supplie de lui envoyer le reste, avec ce qu'il avait fait sur les hymnes, sur la Franciade et sur les autres poëmes, ajoutant que MM. les présidens de Thou, et Gallandius, l'intime ami de M. de Ronsard, en avaient porté un jugement très-avantageux et très-équitable; avec tout cela, ces commentaires ne se trouvent point et *je ne crois pas que jamais ils aient été publiés*, ou ils ont été bien cachés; ce qui me persuaderait volontiers que Nicolas Richelet, son docte rival dans le même dessein, les aurait fait supprimer pour y substituer les siens en leur place; car il me souvient que m'entretenant un jour avec lui des Commentaires de Besly sur les hymnes de Ronsard, il me dégoûta de telle sorte de leur lecture, que j'en conçus dès-lors une grande aversion, que j'ai pourtant corrigée avec le temps, et par la raison même. »

* BESNIER, médecin, a publié le *Jardinier botaniste*. Paris, 1705, in-12. Le but de l'auteur est d'enseigner la manière de cultiver toutes sortes de plantes, fleurs, arbres et arbrisseaux; il indique en même temps les usages auxquels on peut les employer dans la médecine. On lui doit aussi la *Nouvelle maison rustique*, donnée ci-devant au public par le sieur Liger. Troisième édition revue, corrigée, augmentée et mise en meilleur ordre. Paris, Prudhomme, 1721, 2 vol. in-4°. La 6e édition parut en 1749, chez Saugrain; la neuvième édition est de 1768. M. de la Bretonnerie rédigea en 1790 la onzième édition de cette utile compilation.

† BESOMBES DE S. GENIES (Pierre-Louis de) naquit à Cahors, sur la paroisse de Saint-Pierre, le 9 novembre 1719. On le confia dès l'âge le plus tendre à M. Baudus, grand-vicaire et chanoine de Cahors, qui faisait son bonheur de consacrer ses soins à la jeunesse. Le jeune Besombes se distingua dans toutes ses classes, à 14 ans et quelques mois, il soutint des thèses de philosophie, avec une dignité qui donna de lui les plus belles espérances. Il prit ensuite des leçons en théologie et en droit. Le public rendit hommage à ses talens par l'applaudissement universel qu'il donna à des thèses générales qu'il soutint pendant trois jours. Bientôt on aperçut en lui un changement assez remarquable; il se relâcha insensiblement des principes de piété dont il avait été imbu de bonne heure: il éprouvait cependant des combats assez violens; pendant quelques jours il voulut se faire capucin, mais ses parens le décidèrent à se marier. En 1750, il fut reçu conseiller à la cour des aides de Montauban. L'amour des lettres s'empara de lui presque exclusivement; il apprit le grec, déjà il connaissait l'anglais, l'italien, l'hébreu; Homère devint son auteur favori. Ce

fut dans ces circonstances qu'il se dérangea entièrement. On le vit tout-à-coup donner dans les plus grands excès, il tenait des propos vagues contre la religion et ses ministres; une maladie le rappela à ses anciens sentimens, et il donna l'exemple de toutes les vertus jusqu'à sa mort. Il existe une seconde traduction de son *Transitus animæ*, etc., par le P. Brunet Lazariste, sous le titre : *Le triomphe de l'Homme-Dieu*, etc. Poitiers, 1792, 2 vol. in-12. Voy. le volume intitulé: *Vie de M. P. L. Besombes de S. Genies*. Paris, chez Ch. P. Berton (ou plutôt, Montauban ou Cahors), sans date, petit in-8° de 270 pag.

* BETTINI (ANTOINE), né à Sienne, en 1396, entra chez les jésuates de St.-Jérôme en 1439, fut élu, en 1461, évêque de Foligno, où il établit un Mont-de-Piété, et fit d'autres bonnes œuvres. Étant avancé en âge, il remit son évêché et se retira dans son couvent de Sienne, où il mourut saintement le 22 octobre 1487; son *Monte santo di Dio*, où il est nommé *Antonio da Siena*, sans le surnom de *Bettini*, Florence, Nicolo di Lorenzo della Magna, 1477, in-4°, grand format, caractères ronds, sans chiffres pour les feuillets, mais avec signatures; réimprimé dans la même ville, in-fol., en 1491, par Laurent de Morgiani et Jean de Mayence, est le premier ouvrage où l'on trouve des gravures en taille-douce. Il a laissé une *Exposition de l'Oraison Dominicale*, écrite en italien, et imprimée à Brescia en 1586, et à Gênes, en 1690, in-12. On conserve à Rome, dans la bibliothèque *Ghisi*, un manuscrit contenant le recueil de tous les écrits de ce pieux évêque, parmi lesquels on en distingue un latin, *de Divinâ prœordinatione vitæ et mortis humanæ*, qui paraît n'avoir jamais été imprimé, et qui est probablement le même dont Mabillon dit (*Musæum ital.* tom. 1, p. 196) qu'il existe en manuscrit dans l'abbaye de St.-Sauveur, à Bologne, sous ce titre : *Quod unicuique à Deo constitutus est terminus mortis*.

BETHENCOURT (JEAN, seigneur DE). La *Biog. univ.* dit, au commencement de cet article, que l'on doit à P. Bergeron la *Collection* des Voyages faits en Asie dans les XII, XIII, XIV et XVe. siècles, *dédiée à Galien de Béthencourt*. D'après ce que j'ai prouvé aux articles Van der Aa et Bergeron, il est impossible que cette *Collection des Voyages*, faite au commencement du XVIIIe siècle, ait été dédiée à Galien de Béthencourt, qui vivait au commencement du XVIIe siècle. C'est l'édition originale du Traité de la Navigation et des Découvertes, par Bergeron, qui fut dédiée, en 1630, à Galien de Béthencourt, conseiller au parlement de Rouen. Si les Dictionnaires historiques, publiés jusqu'à ce jour, eussent donné un article à P. Bergeron, on ne se tromperait pas aussi souvent sur ce qui concerne ce savant.

BÈZE (THÉODORE DE). Dans l'article de la *Biog. univ.* sur cet auteur, on lui attribue le *Réveil-matin des Français et de leurs voisins*, Edimbourg, 1574, in-8°, lequel a été donné précédemment à Nicolas Barnaud. Ce dernier paraît être le véritable auteur de l'ouvrage pour la publication duquel il reçut un violent soufflet à Bâle, si l'on en croit Frisius, abréviateur de Gesner, cité par Prosper Marchand, dans son art. BARNAUD.

* BIBIENA (JEAN-GALLI DE), né à Nancy, fils d'un Italien, maître de langues à Paris, probablement de la même famille italienne que plusieurs architectes du même nom, mourut à Paris vers 1779. On a de lui plusieurs romans, qui ont trouvé des lecteurs dans le temps où ils parurent. En voici la liste :

Mémoires de M. de..... traduits de l'italien, 1 vol. in-12.

Histoire des amours de Valerie et du noble vénitien Barbarigo, Lausanne, 1741, in-12; réimprimée dans le 19e volume de la *Bibliothèque de Campagne*, édit. de Genève, 1747. Il y a quelques situations intéressantes dans ce roman.

Le Petit Toutou, Amsterdam, 1746, in-12, 2 parties.

La Poupée, La Haye, 1747, in-12, 2 parties.

La Force de l'Exemple, La Haye, 1748, in-12, 2 vol.; réimprimée à Amsterdam en 1750, dans le 6e vol. de la *Bibliothèque choisie et amusante.*

Le Triomphe du Sentiment, La Haye, 1750, 2 vol. in-12.

La Nouvelle Italie, comédie italienne et française, en trois actes, avec des ariettes. 1762.

(*France Littéraire de 1778; Mélanges tirés d'une grande Bibliothèque; divers Catalogues.*)

BIELFELD (Le baron DE). L'édition de ses *Institutions politiques*, 1762, 4 vol. in-12, n'est pas aussi complète que l'édition en 3 vol. in-4°, ou en 3 vol. in-8°. La *Biog. univ.* eût dû en faire l'observation. Il fallait dire aussi que l'édition de ses *Lettres familières* de 1767, 2 vol. in-8°, était plus complète que l'édition in-12.

BILLARD (le sieur), receveur des finances de Lorraine, présenta aux Comédiens Français une pièce de sa composition, intitulée *le Suborneur*. Ceux-ci la refusèrent, ce qui fâcha tellement l'auteur, qu'il publia une Satire en vers de huit syllabes, sous ce titre : *Du Théâtre et des causes de sa décadence, Epîtres aux Comédiens Français et au Parterre*, Londres et Paris, 1771, in-8° de 16 p. En 1772, au mois de novembre, il renouvela en quelque façon cette scène à la Comédie Française, en prenant à partie le parterre, un jour où l'on représentait le *Comte d'Essex*. Plusieurs spectateurs se sont rangés de son côté, et peu s'en est fallu qu'on n'en vînt aux coups. Le spectacle fut interrompu; cependant il n'en est résulté aucun accident : plusieurs demandaient l'auteur (du *Suborneur*), d'autres croyaient que c'était celui de la comédie, mort depuis plus de cent ans. On fit enfermer Billard à Charenton. Il mourut en 1775, rongé de maladies honteuses.

BINET (le P.), jésuite. La *Biographie universelle* n'a point cité le meilleur des ouvrages de cet auteur; c'est celui qui a pour titre : *Quel est le meilleur gouvernement, le rigoureux ou le doux?* Paris, 1636, in-8°. Le style de cet ouvrage a été retouché dans les éditions qui ont suivi la première, particulièrement dans la dernière, qui est de Paris, 1776, petit in-12. Dans cet ouvrage, le P. Binet dit de la famille de Dieu, où étaient Jésus, Marie et Joseph, ce que Bossuet a appliqué depuis si éloquemment à la congrégation de l'Oratoire: « Jamais » il ne fut une telle famille, où » tout le monde obéit, sans que » personne y commande. » *V.* le chap. 4, p. 90 de l'édition de 1776.

On connaît aussi ce mot de Louis XVI : « Il n'y a que moi et » M. Turgot qui aimons le peu» ple. » Suivant le P. Binet, S. François de Sales disait de luimême « qu'il n'y avait quasi que » Dieu et lui qui aimassent les » pauvres pécheurs. » *V.* le c. 8, p. 177.

*BINET (Nicolas), avocat au parlement de Paris. On a de lui plusieurs traductions qui ont eu de la vogue dans leur temps.

I. *Méditations, pour les dimanches, fêtes, etc.*, traduites du latin du P. Busée, jésuite. Paris, Coignard, 1669, 1673, in-12, souvent réimprimées.

II. *Exercices de la vertu et de la perfection chrétienne*, traduits de l'espagnol D'Alphonse Rodriguez. Paris, Coignard, 1674, 2 vol. in-4°, sous les initiales N. B. A. A. P. D. P. Dupin attribue à tort cette traduction à l'abbé Alexandre Varet, ami de MM. de Port-Royal. Elle a été effacée, l'année suivante, par celle de Regnier Desmarais.

III. *Instruction des Prêtres, tirée de l'Écriture-Sainte, etc.*, traduite de l'espagnol d'Antoine de Molina, dominicain. Paris, Coignard, 1676, in-8°.—Vingt ans après, un recteur de l'université, nommé Nicolas-Joseph Binet, a traduit de l'espagnol : I. La troisième et la quatrième partie du *Catéchisme* de B. Carranza, sous ces titres : 1° *Des sept Sacremens de l'Eglise, etc.* Paris, 1692, in-12; 2° *De la Prière, du Jeûne et de l'Aumône, etc.* Paris, 1694, in-8° (Voy. le P. Niceron).

II. *Sermons du P. Louis de Grenade, pour l'Avent, le Carême, etc.* Paris, Villette, 1698, 3 vol. in-8°.

III. *La Rhétorique des Prédicateurs*, par Grenade. Paris, Villette, 1698, in-8°.

Quelques bibliographes regardent ces deux traducteurs comme un seul individu; mais la différence des noms de baptême, de la profession et des époques, m'a déterminé à les distinguer.

*BINOS (l'abbé de), dont la famille était d'une ancienne noblesse du pays de Foix, naquit à Saint-Bertrand de Comminges (Haute-Garonne). Avant la révolution il était chanoine de S.-Bertrand; il est mort curé de cette ville vers 1803, âgé d'environ 74 ans. On a de lui un ouvrage estimé, sous ce titre : *Voyage par l'Italie en Egypte, au mont Liban et en Palestine, fait en 1777 et années suivantes.* Paris, 1786, 2 vol. in-12.

* BION (Jean), prêtre catholique et ensuite ministre anglican, né à Dijon le 24 juin 1668, a été pendant plusieurs années curé d'Ursy, village à trois lieues de Dijon. Il s'en alla, vers 1704, à Genève, où il changea de religion.

Il avait été pendant quelque temps chapelain de la galère nommée *la Superbe;* les cruautés qu'on faisait souffrir aux protestans, la douceur et la patience avec laquelle ceux-ci souffraient, n'ont pas peu contribué à lui faire abandonner la religion romaine. Lorsqu'il se fut retiré à Londres, vers 1708, il publia la relation des tourmens que l'on fait souffrir aux protestans qui sont sur les galères de France. Cet ouvrage, suivant Adelung, a été réimprimé à Amsterdam, en 1709, in-8°.

On a de Bion des traductions de plusieurs ouvrages anglais :

I. *Traité* dans lequel on approfondit les funestes suites que les Anglais et les Hollandais ont à craindre de l'établissement de la compagnie d'Ostende, etc. Amsterdam, 1726, in-4° de 42 pag. A la fin de ce volume, le traducteur donne avis au public qu'il va mettre incessamment sous la presse un livre qui sera imprimé par souscription, sous le titre d'*Histoire des persécutions excitées contre les protestans*, dans toute l'Europe, depuis l'onzième siècle jusqu'à l'année 1726 inclusivement, traduite de l'anglais et considérablement augmentée par J. Bion, ministre de l'Eglise anglicane. Il paraît que cet ouvrage n'a pas vu le jour.

II. *Recherches sur la nature du feu de l'enfer, et du lieu où il est situé, par M. Swinden docteur en théologie, etc.*, traduit de l'anglais. Amsterdam, 1728, in-8°. C'est à tort que quelques bibliographes, trompés par la ressemblance des matières, ont attribué au même auteur et au même traducteur l'*Histoire du diable*, qui est de Daniel de Foë, et dont le traducteur n'est pas connu.

III. *Traité des morts et des ressuscitans, par Th. Burnet*, traduit du latin. Roterdam, 1731, petit in-8°. La conformité du sujet a fait attribuer au docteur Burnet des *Essais sur la providence et sur la possibilité de la résurrection,* traduits de l'anglais du docteur B***. La Haye, Isaac Vaillant, 1719, petit in-12, réimprimé à Amsterdam en 1731 et en 1771. Cet ouvrage a été composé en français à Roterdam par un réfugié français, homme d'esprit et de réflexion ; et mis en l'état où il est, quant au style, par un de ses amis (Prosper Marchand), et avec son agrément. Voy. le *Journal littéraire*, année 1731, tom. 17, pag. 210. M. Renouard, dans un de ses catalogues de vente, en 1810, a annoncé que cet ouvrage était de J. Bion, d'après une note trouvée sur un exemplaire. Les détails que je viens de donner, peuvent faire regarder cette note comme authentique

IV. *Relation exacte et sincère du sujet qui a excité le funeste tumulte de la ville de Thorn*. Amsterdam, sans date, avec la suite intitulée: *Narré exact et impartial de ce qui concerne la sanglante tragédie de Thorn*, traduit de l'angl. Amsterdam, 1725, in-8°.

A la fin de cet ouvrage, Bion assure qu'il s'occupe d'une nouvelle édition très-augmentée de sa Relation des tourmens qu'on fait endurer aux protestans. Je ne connais pas cette réimpression.

Ch. Et. Jordan parle dans son *Voyage littéraire* d'une *Histoire des quiétistes de Bourgogne*, publiée en 1709 par Bion. Je n'ai pu me procurer d'autres renseignemens sur cet ouvrage.

BIONDI (Jean-François). Ajoutez à son article dans la *Biographie universelle*, au liv. 4 de son *Histoire des guerres civiles d'Angleterre :* « Est une dissertation critique fort étendue sur Jeanne d'Arc, dite *la Pucelle d'Orléans*, qui se trouve en français dans la *Bibliothèque universelle des romans*, décembre 1787, p. 3-69.

BIRCH (Thomas), célèbre biographe anglais. M. Chaudon lui attribue une *Vie de Bayle*, 1744, in-8°; lisez *Vie de Boyle*.

BIRON (Armand Gontaut de), maréchal de France, a été le premier de tous les hommes de guerre de son siècle, au jugement de Brantôme. On conserve, en manuscrit, dans plusieurs bibliothèques, ses *Maximes et instructions pour la guerre*. J'ai fait voir ci-devant qu'elles avaient été publiées en 1611, par Vital d'Audiguier. L'éditeur en a un peu corrigé le style. Le marquis de Paulmy en présente un extrait fort détaillé et fort curieux dans le 29e vol. des *Mélanges tirés d'une grande bibliothèque*. La *Biographie universelle* aurait dû parler de cet ouvrage.

BISTAC (François), habile grammairien, né à Langres le 7 fév. 1677, de Laurent Bistac et de Guillemette Racenet, fut le disciple et le successeur d'Antoine Garnier (voyez ce mot). Il perfectionna et augmenta considérablement les *Rudimens* de son maître. Ce livre élémentaire eut des éditions innombrables, et fut presque universellement adopté en France, jusqu'à la révolution, par les maîtres de l'enseignement public et particulier. Il n'est pas même abandonné aujourd'hui, puisqu'on l'a réimprimé plusieurs fois dans ces derniers temps, notamment à Lyon en 1810, chez les frères Perisse, 1 vol. gr. in-8°. Il en existe une traduct. italienne par l'abbé François Pagès. Pérouse, 1813, in-8°.

Bistac mourut en 1752, après avoir formé dans sa patrie des disciples distingués.

(*Annuaire du département de la Haute-Marne pour l'an* 1811.)

BLACHE (Antoine), prêtre, mort à la Bastille en 1714. Cet ecclésiastique ayant su que la marquise d'Asserac avait formé l'abominable projet d'empoisonner Louis XIV et le dauphin, consulta sur la conduite qu'il devait tenir en pareil cas, le P. Seigne, procureur du noviciat des jésuites à Paris; le P. Guilloré, l'un des confesseurs de cette maison, et le père recteur. Ces trois jésuites, l'un après l'autre, tout en avouant que ce serait un crime d'entrer dans ce complot, lui conseillèrent très-expressément de ne point le *traverser* par une révélation qui irait à *s'opposer aux desseins de Dieu ; car*, lui disait le P. Guilloré, grand directeur de consciences, *Dieu ne permet jamais ces coups qui étonnent toute la terre, sans quelque grand dessein de sa providence.* L'abbé Blache mieux conseillé, ne déféra point à ces malheureuses insinuations. Il parvint à faire avertir le roi qu'on devait l'empoisonner avec des odeurs. En conséquence, on supprima la chambre des parfums qui existait auparavant, et le complot fut dissipé. En révélant cet horrible dessein au chancelier le Tellier, par une lettre du 27 décembre 1683, l'abbé Blache l'avait prié d'ordonner, pour preuve que son avis était parvenu, que la première lettre de la prochaine *gazette* fût imprimée en encre rouge; ce que le chancelier fit exécuter pour la tranquillité de cet abbé. Quelques années après, Louis XIV ayant appris à qui il était redevable d'un si grand service, fit venir l'abbé Blache, et l'accueillit comme un autre *Mardochée*. Mais celui-ci n'évita pas les persécutions des jésuites, qui appréhendaient fortement qu'il ne s'expliquât sur leur compte, comme il avait commencé à le faire dans une lettre adressée à madame de Maintenon, qu'il eut l'imprudence de faire imprimer. Ils parvinrent, en 1709, à le faire mettre à la Bastille, où il fut resserré jusqu'à sa mort. L'abbé Blache a fait de son histoire un récit des plus détaillés, contenant près de 1000 pages. Le président Rolland, chargé de faire le rapport de cette pièce qui fut trouvée chez les jésuites lors de leur expulsion de France en 1762, rend témoignage à l'abbé Blache comme à un homme religieux qui ne paraît nullement avoir voulu en imposer dans une matière aussi grave. On eût dû en effet lui faire son procès et l'obliger à une réparation, s'il eût été calomniateur. Comment s'est-il fait que son manuscrit, coté et paraphé de la main de M. D'Argenson, ait passé des archives du gouvernement dans celles des jésuites? Le manuscrit de l'abbé Blache se conserve dans la bibliothèque de M. Rolland de Chambaudouin, département du Loiret. Voyez le *Recueil de plusieurs des ouvrages de M. le président Rolland, etc.* Paris, 1783, in-4°; et la *Lettre à un docteur en théologie*, par un de ses amis, *au sujet de l'emprisonnement de M. Blache*, 1763, in-12 de 93 pag. Cette lettre est un ouvrage posthume de l'abbé Blache lui-même. Voyez aussi l'*Eclaircissement au sujet des dépêches du prince régent de Portugal, concernant les jésuites*, par M. Silvy, ancien magistrat. Paris, 1816, in-8°; pag. 11 et 12.

BLAEUW (GUILLAUME). Cet article est rempli de négligences dans la *Biog. univ.*

1°. On ne dit pas en quelle langue Blaeuw a écrit son *Instruction astronomique de l'usage des globes, etc.*; c'est en hollandais. Martin Hortensius, professeur de mathématiques, l'a traduite en latin. Amsterdam, G. Blaeuw, 1634, in-8°. Elle a été réimprimée en 1652 et 1655. C'est cette traduction que l'on cite généralement au lieu de l'original.

2°. Le jugement qui suit cet article dans la *Biographie*, devait le précéder, puisqu'il se rapporte aux collections de cartes de G. Blaeuw.

3° On a tort de reprocher à M. Prudhomme d'avoir confondu Jansson avec Blaeuw. Les meilleurs biographes conviennent que le vrai nom du Blaeuw qui nous occupe, était *Guillelmus Jansonius Cæsius*, ou Guillaume Jansson Blaeuw. M. Chaudon, et après lui M. Prudhomme, ont donc pu dire Guillaume Blaeuw ou Jansson. Mais un tort qu'ils partagent avec la *Biographie universelle*, c'est de n'avoir pas donné un article particulier à Jean Jansson, rival de Jean Blaeuw. Il existe en effet deux Atlas de cette époque, qu'il ne faut pas confondre l'un avec l'autre, parce que l'un a pour auteur Jean Jansson, vers 1658, et l'autre, Jean et Corneille Blaeuw, de 1659 à 1672. David Clément prouve très-bien, dans le 4e vol. de sa *Bibliothèque curieuse*, la distinction qu'il faut faire entre Jean Jansson et Jean Blaeuw. L'abbé Lenglet distingue aussi ces deux géographes.

Le Catalogue de la Bibliothèque Casanate, rapporte à l'année 1673, environ, la mort de Jean Blaeuw, fils aîné de Guillaume.

BLAIR (Hugues). La *Biographie universelle* dit que la traduction de ses Sermons, par M. Froissard (lisez Frossard) a paru à Lausanne en 1791, in-12, ce qui est aussi vague qu'inexact. Elle a paru pour la première fois à Lyon, en 1785 et 1786, 3 vol. in-8°; il en a été fait de nouvelles éditions à Lausanne et ailleurs. En 1807, le traducteur publia à Paris les trois premiers volumes d'une nouvelle édition revue et corrigée. La suite qui n'a point paru, devait être composée de trois autres volumes. On sait qu'à la même époque, M. l'abbé de Tressan a publié une nouvelle traduction des mêmes sermons en 5 vol. in-8°. L'une et l'autre sont écrites avec toute la correction, tout le poli, toute la pureté qu'on peut désirer. Peut-être celle de M. Frossard offre-t-elle le texte avec plus de vérité, d'élégance et d'onction.

BLONDEAU DE CHARNAGE (Claude-François). On aime à trouver dans les articles qui concernent les auteurs, des anecdotes relatives aux travaux qui peuvent les recommander à la postérité. M. Blondeau de Charnage est moins connu par ses ouvrages que par différentes collections de titres de noblesse qu'il a formées. Voici l'origine de son goût pour ce genre de collections.

M. Blondeau s'était acquis de l'honneur dans l'état militaire; mais il avait sollicité en vain depuis long-temps une récompense plus solide. Un jour qu'il avait envoyé chez un épicier acheter je ne sais quoi dont il avait besoin, on le lui apporta dans un cornet de vieux papier barbouillé d'une écriture gothique. Il s'amuse à déchiffrer l'antique griffonnage: ce qu'il peut lire l'intéresse au point de regretter de n'avoir que ce lambeau. Il va lui-même chez l'épicier; le manuscrit se trouve entier; il le parcourt avec avidité et voit que c'est un acte qui intéresse une maison illustre. Il rassemble d'autres papiers du même genre, et les achète à un prix très-modique. Il conçut alors le projet de former la plus ample collection qu'il pourrait de titres égarés. Ce travail lui réussit si bien, qu'en peu de temps il est parvenu à former un trésor de chartes et de titres, où plusieurs familles ont trouvé ceux de leur noblesse et de leurs propriétés. Le roi Louis XV estima sa première collection si précieuse, qu'il la lui acheta. Un des principaux actes qui s'y trouvaient était l'original même du contrat de mariage de Louis XIV. Les incendies arrivés en différens temps au palais, ont exposé à la dispersion bien des titres échappés aux flammes; d'autres événemens, des déprédations, l'ignorance des personnes entre les mains desquelles tombent ces papiers, les font passer chez la beurrière et l'épicier. Le chevalier Blondeau en sauva beaucoup du naufrage, et à l'époque de sa mort il avait une seconde collection plus riche et plus abondante que la première, qui fut également achetée par le gouvernement.

Celui de ses ouvrages qui a pour titre *Dictionnaire de titres originaux*, n'est que l'inventaire de son cabinet par ordre alphabétique.

L'*Essai sur l'honneur*, dont il est question à la fin de cet article, ne forme qu'un vol. petit in-12. Le nom de Richard Hooker qu'on lit au bas de la préface, est le masque dont se couvrit Guillaume Webster, théologien anglais, dans ses *Mélanges hebdomadaires*. Rien ne prouve que M. Blondeau ait traduit ce volume de l'anglais.

BLONDEL (JACQUES-FRANÇOIS). La véritable date de son *Architecture française* est 1752, et non 1772, comme le dit la *Biographie universelle*. L'*Architecture moderne*, ouvrage imprimé en 1728, 2 vol. in-4°, est de Briseux, comme on le dit à l'article de ce dernier.

BOATON, ancien capitaine dans un régiment suisse au service du roi de Sardaigne, naquit en 1734 à Aubonne, dans le pays de Vaud. Une longue maladie lui fit abandonner le service militaire; il accepta une place de gouverneur à l'école militaire de Berlin. Des désagrémens particuliers la lui firent bientôt quitter, et il établit en ville une pension de gentilshommes tant nationaux qu'étrangers; établissement qu'il quitta encore, au regret de beaucoup de personnes, pour se charger d'une éducation particulière. M. de Boaton mourut en 1794; on a de lui: I. des *Essais en prose et en vers*. Berlin, 1783, in-8°. II. *Oberon*, poëme en 14 chants, de M. Wieland, traduction libre en vers. Berlin, 1784, in-8°. III. *Traduction libre en vers de la mort d'Abel*, *de feu M. Gessner*. Berlin, 1785, in-8°; réimprimée à Hambourg en 1791.

(Denina, *Prusse littéraire*; Meusel, *Allemagne savante*.)

BOCCAGE (PIERRE-JOSEPH FIQUET DU), receveur des tailles à Dieppe, était né à Rouen vers 1700; il épousa, en 1726, Marie-Anne Lepage, qui n'était alors âgée que de 16 ans; une parfaite conformité de goût régnait entre les deux époux; le mari a abrégé ou traduit de l'anglais deux pièces de théâtre, savoir: *Oronoko*, ou *le Prince Nègre*, de Southern, et *l'Orpheline*, de Suzanne Centlivre; on trouve ces deux morceaux dans le *Mélange de différentes pièces* en vers et en prose, traduites de l'anglais de divers auteurs. Berlin et Paris, veuve David, 1751, 3 vol. M. du Boccage mourut en 1767, au moment où son épouse était déjà célèbre dans la république des lettres par la publication de ses ouvrages les plus importans.

BOCHART DE SARON. D'après la *Biographie universelle*, ce fut lui qui *fit imprimer le Discours sur la vie de M. d'Aguesseau*. Il fit plus, car il l'imprima lui-même sous la direction de M. Delatour, dans une imprimerie particulière placée à sa maison de campagne. Cette particularité méritait d'être présentée avec exactitude.

* BOCHAT (CHARLES-GUILLAUME-LOYS DE), lieutenant-baillival et contrôleur-général à Lausanne, naquit le 11 novembre 1695, d'une famille noble et ancienne de cette ville. Il fit un cours de philosophie sous Crousaz, et un cours de droit naturel sous Barbeirac. La chaire de droit et d'histoire étant devenue vacante en 1716, par le départ de Barbeirac qui fut appelé à Groningue, M. de Bochat la disputa à Berne, et l'obtint avec la permission de voyager pendant trois années; il revint dans sa patrie, enrichi par les connaissances qu'ajoutent les voyages aux études de cabinet. L'année 1725 lui ouvrit la carrière des affaires publiques et des occupations civiles; il fut établi assesseur baillival. Ce fut à peu près dans ce temps-là que se forma à Lausanne la société pour la *Bibliothèque italique*, journal estimé auquel M. de Bochat fournit un grand nombre de pièces excellentes. Il obtint, en 1740, la place de lieutenant-baillival; et le loisir que lui donnait cette place qui le délivrait des fonctions de professeur, fut employé à de profondes recherches sur l'histoire ancienne de la Suisse. M. de Bochat mourut le 4 avril 1754, dans sa cinquante-neuvième année. Ses principaux ouvrages sont:

I. *Dissertatio de optimo principe. Basileæ*, 1716, in-4°.

II. *Mémoires pour servir à l'histoire des différens entre le Pape et le canton de Lucerne*. Lausanne, 1727, in-8°. Un curé avait défendu à ses paroissiens de danser, un jour de fête où la danse avait été permise par le magistrat. Le magistrat maintint son autorité et bannit le curé des terres du canton; mais le curé fut soutenu par le nonce du pape et par le pape lui-même. Après de longues négociations, on convint dans des termes qui laissaient la question générale indécise. Le bannissement du curé subsista, et l'on accorda au souverain-pontife une sorte de satisfaction sur la forme. Dans son ouvrage, M. de Bochat soutint avec érudition et avec esprit les droits de la puissance civile.

III. *Ouvrages pour et contre les services militaires étrangers, considérés du côté du droit et de la morale*. Lausanne, 1739, 3 part. in-8°. Un anonyme qu'on croit avoir été Saint-Hyacinthe, fit insérer dans le *Journal littéraire* de La Haye une lettre dans laquelle il censurait vivement la conduite des Suisses sur l'article des services militaires étrangers. M. de Bochat prit la plume contre cet anonyme, qui mit bas les armes. Un autre anonyme fit imprimer un écrit à Genève, en 1731, sous le titre de *Réfutation* de la dissertation de M. Bochat. Celui-ci publia, quelques années après, une réponse à cette Réfutation, et donna à la réunion de toutes ces pièces le titre qu'on vient de lire.

IV. *Mémoires critiques pour*

servir d'éclaircissemens sur divers points de l'histoire ancienne de la Suisse, avec une nouvelle carte de la Suisse ancienne. Lausanne, 1747 et 1749, 3 vol. in-4°.

Bochat, dit M. Haller fils, a surpassé tous ses prédécesseurs. On lui reproche de s'être trop arrêté à des étymologies souvent forcées, toujours incertaines, et le public, dans la Suisse, en a puni l'auteur, en oubliant un ouvrage qui contient des recherches immenses. La Dissertation sur les *Conventus Helveticus* est un chef-d'œuvre. Plusieurs articles sont des plus intéressans. Mais un reproche moins commun, quoique très-fondé, c'est qu'il n'a presque fait que copier un ouvrage manuscrit de Ruchat, sur l'histoire de la Suisse. Ce dernier ouvrage ne s'imprimera vraisemblablement jamais, et c'est par cette raison qu'il faut tenir compte à Bochat de son plagiat même.

M. de Bochat avait entrepris la trad. de l'Histoire de la Suisse par Lauffer; mais il n'alla pas au-delà du 1er vol. Il a encore laissé en manuscrit : I. Le commencement de la trad. de l'hist. ecclés. du fameux Arnold, ce grand redresseur de torts faits aux hérétiques de tous les siècles. II. Un ouvrage où il développait les avantages que la réformation a procurés à la société civile. Son extrême délicatesse ne put soutenir la pensée que des esprits-forts pourraient, en abusant de ses idées, faire du tort à la religion. C'est à ce scrupule qu'il sacrifia ces deux productions. Aujourd'hui que la seconde question a été si bien approfondie par M. de Villers, on aimerait à voir la manière dont M. de Bochat a traité ce sujet. Son manuscrit doit exister dans les papiers de sa famille. Voyez l'*Eloge* de M. Bochat, par M. Clavel de Brenles, dans le tome 17 de la *Nouvelle Bibliothèque germanique*.

BODLEY (Sir Thomas), plus connu par la bibliothèque qu'il a léguée à l'université d'Oxford, que par ses ouvrages. La *Biographie universelle* ne cite pas l'excellent Catalogue de cette Bibliothèque, publié en 1674 par le savant bibliothécaire Thomas Hyde, en 1 vol. in-fol. Les augmentations, faites depuis cette époque à cette précieuse bibliothèque, ont fait sentir la nécessité de refondre ce Catalogue sur le même plan, pour faire connaître aux savans les nouvelles richesses de la Bibliothèque Bodleyenne; deux bibliothécaires, chargés successivement de ce pénible travail, l'ont exécuté avec toute la perfection désirable; et la nouvelle édition de ce Catalogue, publiée en 1738, 2 vol. in-fol., fournit des matériaux très-précieux pour l'histoire littéraire d'Angleterre.

BOECE. La *Biographie univ.* fait observer que l'on a huit traductions françaises de la *Consolation de la Philosophie;* on pouvait aller jusqu'à dix : en effet, Prosper Marchand, qui en fait connaître sept dans son *Dictionnaire historique*, n'a point parlé des deux suivantes :

1°. *La consolation de la Philosophie*, traduite du latin en français, par messire Jean d'Ennetières, chevalier, seigneur du Maisnil. Tournay, 1629, in-8°, avec figures.

2° *De la Consolation de la Sa-*

gesse, traduite en français par J. de la Bouscherie, lieutenant des eaux et forêts. Fontenay, Petit-Jean, 1632, in-12. Il y a des exemplaires datés de 1651, chez Guillemard, avec le nom de du Beugnon, sieur de la Boucherie, avocat en parlement.

BOECLER (Jean-Henri). Il y a, dans l'article que la *Biographie universelle* donne à cet auteur, une inadvertance qui mérite d'être observée. Un même ouvrage y est indiqué sous deux numéros, savoir: la *Bibliographia historico-politico-philologica*, 1677, in-8°. Cet ouvrage annoncé sous le n° IV, est le même que la *Bibliographia critica*. Leipsikc, 1715, in-8°, sous le n° XIII. A la vérité le rédacteur dit que les éditions précédentes de ce dernier ouvrage étaient très-défectueuses; mais il fallait observer que la première édition était le n° IV. C'est un ouvrage posthume de J.-H. Boecler qu'un éditeur nommé Samuel Schottelius, a publié dans un état informe. L'éditeur de 1715 l'a beaucoup amélioré. Il est bon de remarquer aussi que J.-H. Boecler est mort en 1672, et non en 1692. En général, cet article manque de développemens, surtout pour les ouvrages posthumes de l'auteur. Il est essentiel, dans ces cas, de désigner les éditeurs. La fausse date de la mort de Boecler, puisée dans M. Chaudon, a pu occasionner, en grande partie, la confusion qui règne dans cet article; c'est ce qui m'a déterminé à le refaire entièrement.

Article de la Biographie universelle.

BOECLER (Jean-Henri), conseiller de l'empereur et de l'électeur de Mayence, né en 1611, à Cronheim, en Franconie, fut, dans son temps, un des hommes les plus savans que l'Allemagne ait produits dans la littérature grecque, latine et hébraïque, dans l'histoire et dans la théorie de la politique et du droit public. Il n'avait que vingt ans, lorsqu'il obtint la chaire d'éloquence à Strasbourg. On y joignit en 1640, un canonicat de S.-Thomas. La reine Christine de Suède l'appela à Upsal en 1648, pour y professer l'éloquence; et, l'année suivante, elle le nomma historiographe de Suède, titre que cette princesse lui conserva avec une pension de 800 écus, lorsque la mauvaise santé de Boecler le força de quit-

Article nouveau.

BOECLER (Jean-Henri). Les biographies les plus exactes rapportent sa mort à l'année 1672, dans la soixante-deuxième année de son âge. Je suivrai principalement Krausius dans l'énumération des principaux ouvrages de Boecler, mise en tête de la *Bibliographia critica. Leipsick*, 1715, *in*-8°.

I. *Annotata in Herodianum*. Dans l'édition d'Hérodien donnée par l'auteur. Strasbourg, 1644, réimp. en 1662 et en 1694, in-8°.

II. *Annotata in Tacitum*. Ce commentaire sur le commencement des annales de Tacite et sur son histoire, parut la première fois pour l'histoire, à Strasbourg en 1640, in-4°, pour les annales, en 1643, in-4°. Le tout a été réimprimé en 1664, in-8°.

Suite d'un article de la Biog. univ.

ter ce climat rigoureux. A peine fut-il de retour à Strasbourg, qu'il fut promu à la chaire d'histoire; l'électeur de Mayence le nomma son conseiller en 1662; l'année suivante, l'empereur Ferdinand III lui fit le même honneur et lui donna le titre héréditaire de comte palatin. Louis XIV ne le céda point à ces princes en générosité, et lui offrit une pension de 2000 liv.; mais la cour de Vienne lui défendit de l'accepter, et l'en dédommagea par une autre de 600 rixdales. Boecler, comblé de bienfaits, termina sa *sa carrière en* 1692. On a de lui des *Notes* ou *Commentaires* sur un grand nombre d'auteurs, dont il a donné des éditions; sur Hérodien, Strasbourg, 1644, in-8°; Suétone, *ib.*, 1647, in-4°; Manilius, *ibid.*, 1655, in-4°. Térence, *ibid.*, 1657, in-8°; Cornelius-Nepos, *Utrecht*, 1665, in-12; Polybe, 1666, 1670, 1681, in-4°; sur les premiers chapitres des *Annales et Histoires de Tacite;* sur les *Caractères politiques* de Velleius Paterculus; sur Virgile, sur Hérodote, et sur les *Métamorphoses* d'Ovide. Ses autres ouvrages sont :

I. *De Jure Galliæ in Lotharingiam*, Strasbourg, 1663, in-4°. C'est la réfutation du livre intitulé : *Traité des droits du Roi sur la Lorraine*, 1662, in-4°.

II. *Annotationes in Hippolitum à lapide, ibid.*, 1674, in-4°. Réfutation d'un livre intitulé : *de Ratione statûs imperii Romano-Germanici*, de Chemnitz, ou de Jacques de Steinberg.

Suite de l'article nouveau.

III. *Animadversiones in Hippolitum à Lapide* (*Bogislaum Philip. Chemnitium*). *Argentorati*, 1674, *in*-12. Publiées par Ulric Obrecht, gendre de l'auteur.

IV. *Adnotationes in Terentium.* Dans l'édition de Térence, *cum commentariis Guyeti.* Strasbourg, 1657, in-8°.

V. *Annotationes in Velleium Paterculum.* Dans l'édition de cet historien. Strasbourg, 1642, 1648; Leipsick, 1657; Strasbourg, 1663 et 1672, in-8°.

VI. *Characteres Velleiani.* Strasbourg, 1642 et 1672, in-8°.

VII. *Bibliographia historico-politico-curiosa, cui præfixa est dissertatio epistolica de studio politico benè instituendo. Germanopoli* (*Francofurti*), 1677, *in*-8°. Ouvrage posthume de l'auteur, publié sur des notes informes, et imprimé avec la plus grande négligence. La meilleure édition de cet ouvrage est celle qui a été publiée avec des augmentations par Krause, à Leipsick en 1715, in-8°. Les augmentations sont tirées en grande partie des autres ouvrages de Boeclerus.

VIII. *Commentationes ad Grotium.* La première partie de ce commentaire parut à Strasbourg, en 1663, in-4°. La seconde partie parut l'année suivante avec quelques *dissertations* sur Grotius. Les deux ont été réunies en 1677 et en 1687, in-8°. Elles ont eu encore d'autres éditions. Boecler était un admirateur de Grotius, et il avait pour ce commentaire une affection que les savans n'ont point partagée.

IX. *Commentationes de scriptoribus græcis et latinis*, publiées

Suite d'un article de la Biog. univ.

III. *Dissertatio de scriptoribus græcis et latinis ab Homero usque ad initium XVI sæculi. Ib.* 1674, in-8° ; assez médiocre, selon Lenglet, et réimprimée dans le tome X des *Antiquités grecques*, de Jacques Gronovius.

IV. *Bibliographia historico-politico-philologica*, 1677, in-8°.

V. *Historia belli Sueco-Danici, annis* 1643, 1645. Stockholm, 1676, Strasbourg, 1679, in-8°.

VI. *Historia universalis, ab orbe condito ad J.-C. nativitatem; ibid.*, 1680, in-8°. On y trouve sa Dissertation sur l'utilité de l'histoire.

Suite de l'article nouveau.

à Strasbourg, 1674, in-8°, par les soins d'Ulric Obrecht, réimprimées à Utrecht en 1700 et insérées par Gronovius dans le 10e vol. des *Antiquités grecques.*

X. *De rebus sæculi IX et X.* Strasbourg, 1654 et 1685, in-4°, inséré dans le 3e volume des *Dissertations* de l'auteur.

XI. *De rebus sæculi XVI*, imprimé après la mort de l'auteur, par les soins d'Obrecht, en 1685, in-8°, à Strasbourg. J. Burch. Maius en a donné une meilleure édition. *Kilonii*, 1697, *in*-8°.

XII. *Dissertationes ad Grotium.* Voy. plus haut *Commentationes*, etc.

XIII. *Dissertatio de J. Lipsii politica. Accessit oratio de historiâ Cornelii Taciti; Argentorati*, 1642, *in*-12; réimprimée à Francfort en 1674, et dans le tom. troisième des *Dissertationes academicæ* de l'auteur.

XIV. *Dissertationes ad Lipsii politica*, publiées par J. Henri Mollenbeccius dans les *Traités posthumes* de l'auteur. Francfort, 1709, in-8°.

XV. *Dissertatio de legione romanâ.* Strasbourg, 1670, 1677. Réimprimée dans le deuxième v. des *Dissertationes academicæ*, et dans le tom. 10 des *Antiquités romaines* de Grœvius.

XVI. *Dissertatio politica in Suetonium.* Dans l'édition de Suétone *cum commentariis Casauboni.* Strasbourg, 1674 et 1688, in-4°.

XVII. *Dissertationes academicæ.* Le premier recueil de ces dissertations parut en 1658, in-8°, à Strasbourg, par les soins de l'auteur. Ses héritiers le firent

Suite d'un article de la Biogr. univ.

VII. *Notitia sacri imperii romani, ibid.*, 1681, in-8°.

VIII. Il a augmenté et enrichi de notes l'*Histoire latine de Frédéric III, d'Æneas-Sylvius Piccolomini, ibid.*, 1685, in-folio; réimprimée *ibid.*, 1702, in-fol.

IX. *De rebus sæculi post Christum XVI. Liber memorialis*, Kiel, 1697, in-8°.

X. *Historia universalis IV sæculorum post Christum* (Solini), 1699, in-8°. Avec une introduc-

Suite de l'article nouveau.

réimprimer avec beaucoup d'augmentations en 1701, in-4°. Un second volume parut en 1710, et un troisième en 1712. On joignit à celui-ci les *Orationes et Programmata* de l'auteur. Ces 4 vol. réunis portent ce frontispice: *J. H. Boecleri opera in IV tomos tributa, historici, politici, moralis, litterarii et critici argumenti, cum præfatione J. Alb. Fabricii.* On trouve dans le Journal des Savans de 1713 l'énumération de toutes les pièces contenues dans ces 4 volumes.

XVIII. *Epistolæ.* Les lettres de Boecler n'ont pas été réunies, mais on en trouve dans différens recueils, particulièrement dans les lettres recueillies par Arnoldus, *De testimonio Fl. Josephi de J.-Christo*, dans le recueil des lettres de plusieurs savans, par André Jaski, dans les *Acta litteraria ex mss.* de Struve, dans la *Plenior historia Juris naturalis* de Thomasius, dans la *Bibliographia critica*, édit. de Krause et ailleurs.

XIX. *Historia belli Sueco-Danici annis* 1643-1645. Stockholm, 1676; Strasbourg, 1679, in-8°. Boecler avait passé quelques années en Suède.

XX. *Historia universalis ab orbe condito, ad Christum natum.* Dans les *Tractatus Boecleri posthumi. Francofurti*, 1709, in-8°.

XXI. *Institutiones politicæ.* Strasbourg, 1674, in-8°. Réimprimées en 1688, avec le *Libellus memorialis ethicus*, par les soins de Mollerus.

XXII. *Lectiones Polybianæ.* Strasbourg, 1670, in-4°, avec la dissertation *De Polybii Liviique*

Suite d'un article de la Biogr. univ.

tion de Jean Fechtius; réimpr. à Rostock, in-4°, avec la Vie de l'auteur, par Jean-Théophile Moller.

XI. Des *Lettres* que l'on trouve dans le Recueil d'André Jaski, Amsterdam, 1705, in-12.

XII. *Commentatio in XIX Grotii librum, de Jure belli et pacis;* Strasbourg, 1704, 1712, in-4°. Il y est enthousiaste de son auteur.

XIII. *Bibliographia critica;* Leipsick, 1715, in-8°; édition

Suite de l'article nouveau.

diversâ scribendi ratione necnon Diodori Siculi Polybianâ imitatione.

XXIII. *Liber commentarius ad Nepotem.* Inséré dans l'édition de *Cornelius Nepos*, publiée la même année in-8°, par l'auteur, et dans le *Cornelius Nepos* de J.-André Bosius. Iéna, 1675, in-8°. Ce sont des articles sur Agésilas, Epaminondas et Thémistocles, écrits par Boecler.

XXIV. *Liber memorialis Ethicus.* Voy. le n° XXI.

XXV. *Memoriale politicum*, dans les *Traités posthumes* de 1709.

XXVI. *Museum ad amicum.* Strasbourg, 1663, 1672, in-8°. C'est une espèce de roman littéraire dans lequel on trouve les éloges de beaucoup de savans et des anecdotes intéressantes. On l'a réimprimé dans le tom. 3e des *Dissertationes academicæ.*

XXVII. *Notæ in Æneam Sylvium.* Dans la vie de l'empereur Frédéric III, par Æneas Sylvius. Boecler avait commencé l'impression de cet ouvrage avec ses notes; mais il mourut en attendant des pièces qu'on lui avait promises. J. George Kulpis publia ce vol. à Strasbourg en 1685, in-fol., avec une préface, sous le titre d'*Historia Friderici III*, etc. L'ouvrage eut si peu de débit qu'on le fit paraître sous le nouveau titre de *Scriptores rerum germanicarum à Carolo M. ad Frid. III*, avec une autre préface, par J. Schilter. Strasbourg, 1702, in-fol.

XXVIII. *Notitia S. R. imperii.* Strasbourg, 1670, in-4°. Réimprimée avec des augmentations, par Obrecht, en 1681, in-8°.

Suite d'un article de la Biogr. univ.

augmentée par Gottlieb Krause. Les éditions précédentes étaient très-défectueuses.

XIV. Un grand nombre de *Dissertations*, *Discours et Opuscules*, que Jean-Albert Fabricius a réunis et fait imprimer à Strasbourg, 1712, 4 vol. in-4°.

Ce Recueil contient 87 pièces d'Histoire, de Politique, de Morale et de Critique, dont plu-

Suite de l'article nouveau.

XXIX. *Orationes et Programmata.* Strasbourg, 1654, in-8°. Réimprimés dans le tome 4ᵉ des *J. H. Boecleri opera.* On trouve dans ce recueil un discours *De typographiæ Argentorati inventæ divinitate et fatis.*

XXX. *Præfatio in Epistolas Paulinas*, en tête du Nouveau Testament grec publié par les soins de Boecler. Strasbourg, 1645 et 1660, in-12.

XXXI. *Præfatio in Nepotem*, dans le Cornelius Nepos de Boecler. Strasbourg, 1640, 1644, 1648, 1653, 1656, 1681, in-8°. Il existe encore d'autres éditions.

XXXII. *Sæcula IV.* Cette histoire universelle des quatre premiers siècles, depuis la naissance de J.-C., a été publiée par J. Gottl. Mollerus. *Rostochii*, 1695, in-4°. Elle a reparu en 1699, in-8°, *Sedini*, par les soins d'un certain D.-M. Frisius, mieux imprimée à la vérité, mais sans augmentations. L'on ne trouve dans cette édition ni la préface, ni même le nom du premier éditeur.

On doit encore à Boecler une édition estimée des *Astronomiques* de Manilius, *cum Jos. Scaligeri notis ex autoris manuscriptis, tertiùm auctis et emendatis, adjectisque etiam Thomæ Rainesii et Ismaëlis Bullialdi ad quædam loca animadversionibus. Argentorati*, 1655, *in*-4°.

Boecler aimait à mettre son nom à tous ses ouvrages; il en a cependant publié quelques-uns sous le voile de l'anonyme. Placcius lui en attribue plusieurs, notamment celui-ci: *Collegii Gelliani nomine emissa censura programmatis à Rebbanio appo-*

Suite d'un article de la Biogr. univ.

sieurs sont fort intéressantes, et ont été imprimées séparément à mesure qu'elles paraissaient; vingt Discours oratoires, des poésies et des programmes académiques.

C—T—Y.

Suite de l'article nouveau.

siti. Boecler avait recommandé à ses écoliers la lecture du traité de Grotius sur le droit de la guerre et de la paix. Le jurisconsulte Rebbanius qui ne goûtait pas cet avis, publia en 1663 un programme, sous le nom de la faculté de droit, dans lequel il condamnait ceux qui approuvaient l'ouvrage de Grotius. Boecler opposa à ce programme, sous le voile de l'anonyme, une censure qu'il intitula *Défense de l'école de droit, et de la véritable jurisprudence.* Cet écrit contient plusieurs réflexions qui tendent à éclaircir le droit naturel; comme il était devenu très-rare, Thomasius le fit réimprimer à la suite de son ouvrage intitulé: *Paulò plenior historia juris naturalis. Halæ Magdeburg.*, 1719, *in*-4°.

BOETHIUS ou BOECE (HECTOR), historien de l'Ecosse sa patrie; on remarque quelque obscurité et quelque contradiction dans l'article que la *Biographie universelle* consacre à cet auteur. Cela vient de ce que l'on n'y donne pas assez de détails sur l'ouvrage principal d'Hector Boëce, qui est son histoire d'Ecosse. Suivant la *Biographie*, cet écrivain est accusé d'avoir forgé presque toute une première race de rois d'Ecosse, et d'un autre côté on lui reproche une extrême crédulité: la hardiesse de caractère qui fait supposer des faits importans ne s'allie guère avec l'extrême crédulité. Tout s'éclaircit si l'on affirme d'après des auteurs dignes de foi, que Boëce a rédigé son histoire sur de prétendus manuscrits, fabriqués par des individus attachés à un parti qui s'était mal conduit envers quelques rois d'Ecosse. Boëce n'était ni coupable, ni complice de la fabrication de ces manuscrits; sa crédulité explique la confiance qu'il a placée dans de faux récits. On trouve de curieux détails sur cet objet dans le *Journal des Savans* de l'année 1764, à l'occasion des poëmes de M. Macpherson.

BOHAN (FRANÇOIS-PHILIBERT LOUBAT DE) naquit à Bourg en Bresse, départ. de l'Ain, le 23 juillet 1751. Dès sa jeunesse, il se distingua à l'Ecole militaire par un talent rare dans l'équitation; il était le plus habile de ses compagnons. En 1778, il fut fait officier dans le Royal-Pologne; en 1779, capitaine des dragons de la Roche-foucault; en 1784, colonel des dragons de Lorraine, et peu après, aide-major général de la gendarmerie, par les soins de M. le duc de Liancourt qui connaissait tout son mérite. En 1781, il publia son *Examen critique du militaire français*, 3 vol. in-8°, dans lequel il fait voir les inconvéniens de nos usages, et les remèdes qu'on devait y apporter.

Lorsqu'il fut reçu membre de la société littéraire de Bourg, il y lut, en 1787, un mémoire sur la manière de préserver les ballons de la foudre; en 1789, un mémoire sur le feu et la chaleur, qui prouvait ses connaissances en physique. Au commencement de la révolution, il se rendit utile à la ville, pour le bureau de paix, pour l'administration de l'hôpital, pour la garde nationale; car la considération dont il jouissait, sa fortune et ses lumières le mettaient à portée d'être utile dans tous les genres; cela n'empêcha pas qu'il ne fût incarcéré en 1793, et il le fut pendant dix mois. Il aurait été assassiné le 14 février 1794, avec quinze personnes de la ville de Bourg, sans l'heureuse circonstance d'avoir cédé sa maison au représentant du peuple Albite.

Dans sa nouvelle maison de Flairia, il avait commencé à rassembler tous les arbres étrangers que l'on peut acclimater dans le département de l'Ain. Il est mort à Bourg, le 9 mars 1804.

Il avait fait part, en 1802, à M. de la Lande, d'un *Mémoire* intéressant *sur les Haras, considérés comme une nouvelle richesse pour la France ;* M. de la Lande le publia peu de temps après la mort de l'auteur, et le fit précéder d'une Notice dont nous avons profité pour rédiger cet article.

BOILEAU-DE-BUILLON (GILLES), commissaire et contrôleur de Cambray, durant les guerres, auteur de quelques ouvrages et de plusieurs traductions, dans le XVIe siècle, était natif de Buillon ou Bouillon, en Lorraine, près Mézières, selon Lacroix-du-Maine. D'autres écrivains disent qu'il était Flamand. L'abbé Paquot soutient dans ses *Mémoires*, que Gilles Boileau naquit à Bouillon, petite ville de la principauté et du diocèse de Liége. Quoi qu'il en soit, Gilles Boileau a traduit de l'espagnol en français, *les Commentaires du seigneur dom Loys d'Avila et de Cuniga, grand commandeur d'Alcantara*, contenant les guerres d'Allemagne faites par l'empereur Charles V, roi des Espagnes, années 1547 et 1548, dédiés au seigneur Désessarts, commissaire de l'artillerie, et imprimés à Paris, in-8°, par Vincent Sertenas, 1551, avec annotations très-doctes et scholies du traducteur, servant à la discipline militaire, et à plus ample intelligence de ladite guerre, avec les situations et étymologies des lieux et des villes y mentionnés. Il a aussi traduit du latin des livres d'Albert Durer, touchant la fortification des villes, et les Mémoires de Sleidan, sur la tactique et la levée du siége de Metz, par l'empereur Charles V, en 1552. Mais on ne sait si ces deux ouvrages ont été imprimés. Il a écrit, sous le nom de Darinel, pasteur des Amadis, *la Sphère des deux Mondes*, avec un épithalame sur les noces et mariage de très-illustre et sérénissime prince Dom Philippe, roi d'Angleterre, commentés, glosés et enrichis par lui de plusieurs fables poétiques, imprimées à Anvers, chez Jean Richard, 1555, in-4°. Il a traduit de l'espagnol le 9e livre d'*Amadis de Gaule*, pour servir de suite aux huit premiers, traduits par le seigneur Désessarts. Cette traduction, qui a paru depuis sous le nom de Claude Colet, Champenois, fut d'abord imprimée sous son nom, par Vincent Sertenas, chez Etienne Groulleau, à Paris, 1551, in-fol., et par lui dédiée à la reine Marie de Hongrie, de Bohême, infante d'Espagne, régente et gouvernante pour l'empereur en ses Pays-Bas, ainsi qu'il en parle en la préface de son livre de la *Sphère des deux Mondes*, où il se plaint amèrement de l'injuste usurpation de Claude Colet, qui s'était injustement approprié sa traduction, dans l'édition nouvelle qu'il en donna en 1583. Il passa quelque temps à Liége, pendant lequel il écrivit un *Traité des causes criminelles, extrait des lois impériales, et parlant des articles qui touchent la vie et le corps de la personne délinquante, enrichi de textes et allégations latines*, imprimé à Anvers, chez Jean Bellère, 1555, in-18, et réimprimé à Lyon en 1557 et 1570. Cet ouvrage est dédié à messeigneurs les mayeur et échevins de la ville de Liége. Il leur rend grâce de la protection par eux accordée tant à lui qu'à ses ancêtres Jehan Boileau, surnommé de Buillon, son aïeul, lequel étant devenu prisonnier de guerre d'alors, demeura par-deçà surnommé le Capitaine Liégeois, comme fut aussi son frère, André Boileau de Buillon, seigneur de Potière-la-Haute, etc. Il avait beaucoup voyagé, et était fort versé en beaucoup de langues. Lacroix du Maine, et du Verdier ont tous deux parlé de cet auteur en leurs Bibliothèques. L'article de Paquot se trouve dans le second volume de ses *Mémoires*, édition in-fol. Je reproduis ici l'article des *siècles Littéraires*; par M. Désessarts, avec des corrections.

* BOIS-D'ALMAY et non D'ANNEMETS, gentilhomme du dix-septième siècle et d'une des meilleures maisons de Basse-Normandie. On l'envoya jeune à Paris, pour faire ses exercices; il s'y fit connaître du duc d'Orléans (Gaston de France), acheta une charge dans sa maison, et eut beaucoup de part à sa faveur et à sa confidence, nonobstant les intrigues de ses ennemis, qui travaillèrent souvent avec succès à le mettre mal dans l'esprit de ce prince. On le mêla dans l'affaire de Chalais, mais le roi ayant ordonné qu'il fût sursis au décret de prise de corps, qu'on avait obtenu, cette affaire n'eut point de suite. On n'en voulait qu'au malheureux Chalais. M. Bois-d'Almay servit plusieurs fois à l'armée, et fut enfin tué en duel en 1627 par M. de Ruvigny (les *dictionnaires historiques* disent Juvigny). Ses mémoires ont un caractère de sincérité et de bonne foi qui ne permet pas de douter de ce qu'il dit. Il paraît autant honnête homme que mauvais courtisan; et pendant qu'il s'attache aux idées abstraites de la

vertu et de la justice, il se récrie contre les supercheries et les injustices de la cour de Richelieu, comme si c'eût été des choses nouvelles et inouies dans le grand monde. Du reste on ne saurait dire qu'il a été mal instruit de ce qu'il rapporte, puisque cela s'est passé sous ses yeux, et qu'il y a eu lui-même beaucoup de part. Arnaud d'Andilly, fort maltraité dans les mémoires de Bois-d'Almay, se justifia sous les yeux, pour ainsi dire, du duc d'Orléans et de plusieurs de ses *domestiques* qui vivaient encore. On peut donc croire que Bois-d'Almay s'était montré injuste à son égard, par suite des désagrémens qu'il essuya à la cour du duc d'Orléans. La meilleure édition de ses *Mémoires d'un favori du duc d'Orléans* est celle de Leyde, chez Jean Sambix le jeune (Amsterdam, Elzevir), *à la sphère*, 1668, in-18.

(*Nouvelles de la république des lettres*, *avril et mai* 1704.)

BOIS-GUILLEBERT (PIERRE LE PESANT, Sieur DE). On lui doit encore le *Factum de la France*, ou *Moyens très-faciles de faire recevoir au Roi* 80 *millions par-dessus la Capitation*, *praticables par deux heures de travail de MM. les ministres*, *et un mois d'exécution de la part des peuples*, in-12 de 212 pages, sans nom de ville et d'imprimeur, très-rare. Ce *Factum* est évidemment de l'auteur du *Détail de la France*, et a été composé dix ans après l'impression de celui-ci, c'est-à-dire vers 1705. Le *Factum* est divisé en 12 chapitres; après le 12e, on y trouve (pag. 179) un *Mémoire qui fait voir que plus les blés sont à vil prix, plus les pauvres sont misérables, ainsi que les riches, qui seuls les font subsister; et que plus il sort de grains du royaume, et plus on se garantit d'une cherté extraordinaire.* Ainsi le système des Economistes sur les blés est renouvelé de Bois-Guillebert.

(*Note manuscrite* de l'abbé de Saint-Léger.)

BOISROBERT (l'abbé DE). D'après l'idée que j'ai fait concevoir de l'habileté de M. du Masbaret, on sera peut-être étonné de ne trouver ici qu'un petit nombre d'articles tirés de ses remarques critiques sur Moréri; mais il est convenable d'observer que tous les articles de Moréri refaits par M. du Masbaret, l'ont été également par les collaborateurs de la *Biographie universelle*, et il serait étonnant que ceux-ci n'eussent pas toujours l'avantage sur le littérateur limousin; cependant j'oserai citer plusieurs articles de M. du Masbaret, afin que les lecteurs impartiaux puissent juger s'ils sont inférieurs à ceux qui ont été rédigés par d'habiles littérateurs de nos jours. L'article *Boisrobert* me paraît digne de soutenir ce parallèle.

BOISROBERT (FRANÇOIS LE METEL DE), l'un des premiers membres de l'académie française, naquit à Caen, vers l'an 1592. Sa mère était noble, et son père avocat, non pas procureur, comme quelques-uns l'ont dit, d'une famille qui vivait noblement, et qui lui-même fut ennobli avec tous ses enfans. Boisrobert étudia en droit, et se fit recevoir avocat; mais il abandonna bientôt cette profession, et ne fréquenta plus que les muses et les belles compagnies. Il se fit en peu de temps une grande réputation. Etant à Rome en 1630, son esprit et ses belles connaissances l'y firent rechercher : Urbain VIII voulut le voir et converser avec lui. Un mois après cet entretien, il lui donna un prieuré en Bretagne, ce qui l'engagea à l'état ecclésiastique. Revenu en France, il prit les ordres sacrés, et fut pourvu d'un canonicat dans l'église de Rouen vers l'an 1634. Les agrémens de son esprit, sa belle humeur, sa manière de raconter inimitable, le talent qu'il avait de railler agréablement, l'introduisirent auprès du cardinal de Richelieu, qui ne trouvait pas de plus grand délassement dans ses grandes occupations que sa conversation. Aussi était-il toujours à la suite du cardinal, non-seulement à la cour, à Paris et à Ruel, mais encore à l'armée et dans tous les voyages qu'il faisait; enfin il lui devint comme nécessaire, et il ne pouvait plus s'en passer. Le ministre ne fut pas ingrat : il lui donna l'abbaye de Châtillon-sur-Seine, le prieuré de la Ferté-sur-Aube et d'autres gratifications. Une chose fait honneur à l'abbé de Boisrobert : il se servit utilement de son crédit, pour procurer des avantages aux gens de lettres. Ce fut lui qui contribua le plus à l'établissement de l'académie française. Ayant fait au cardinal un récit avantageux des occupations de la petite assemblée qui y donna occasion, et dans laquelle il avait été admis, ce ministre fit proposer par son canal à ceux qui la composaient, de former un corps. La proposition fut acceptée; l'abbé de Boisrobert se chargea des suites de cette affaire jusqu'à sa consommation. Ce fut lui qui présenta au cardinal le projet de cet établissement, qui fut député à Ruel, pour en faire autoriser les statuts, et qui sollicita auprès du premier président la vérification des lettres-patentes. Ajoutez que, pendant quelque temps, l'académie tint ses séances chez lui. Sa faveur auprès du cardinal fut interrompue par une disgrâce dont on rapporte différemment le sujet. Ses amis ne l'abandonnèrent pas, l'académie sollicita sa grâce; M. de Beautru, qui était très-bien auprès du cardinal, n'omit rien pour hâter son retour; il fallut que Cytois, premier médecin de son Eminence, s'en mêlât. Il prit son temps avec adresse. Le ministre était indisposé et avait du chagrin; profitant de ces circonstances, il lui dit : *Monseigneur, nous ferons tout ce que nous pourrons pour votre santé, mais toutes nos drogues seront inutiles, si vous n'y mêlez du Boisrobert :* pour lui faire comprendre que rien ne pouvait contribuer davantage à sa santé et à son bien-être que les discours agréables et plaisans de cet abbé. Cette ordonnance eut son effet : Boisrobert rentra en grâce, mais ce ne fut que pour peu de temps, ce ministre étant mort la même année 1642. Un des talens de cet abbé était la déclamation. Le ton de sa voix était agréable, il avait le geste beau, beaucoup de feu, et entrait parfaitement dans la passion qu'il voulait représenter; il se disait lui-même *un grand dupeur d'oreilles*. Le cardinal ayant voulu entendre Mondory, ce célèbre comédien joua si bien son rôle, que le ministre ne put retenir ses larmes. Boisrobert, qui était présent, osa dire qu'il ferait mieux. Le jour fut pris, il apprit le rôle de Mondory, et déclama avec tant de force, que Mondory lui-même se mit à pleurer. Les belles qualités de Boisrobert étaient ternies par le déréglement de ses mœurs, par la passion du jeu, par son intempérance pour le vin, et par ses juremens, qui le firent exiler en 1653. Son exil dura jusqu'au mois de février 1658. Dans sa dernière maladie, qui fut courte, il témoigna beaucoup de repentir de n'avoir pas réglé sa vie sur les devoirs de son état. Il mourut le 30 mars 1662. Loret fit ainsi son épitaphe, dans sa *Gazette historique du* 18 avril suivant :

Ci gît un Monsieur de chapître,
Ci gît un abbé portant mître,
Ci gît un courtisan expert,
Ci gît le fameux Boisrobert,
Ci gît un homme académique,
Ci gît un poëte comique,
Et toutefois ce monument
Ne renferme qu'un corps seulement.

On a de lui une tragédie intitulée, *la Vraie Didon*, ou *Didon la Chaste*, et dix-sept comédies ou tragi-comédies, dont on peut voir les titres et la notice dans l'Histoire du Théâtre-Français, de MM. Parfait, tome V; un roman, *Nouvelles héroïques et amoureuses;* une Paraphrase des sept Psaumes de la Pénitence; deux volumes d'Epîtres, suivies de Sonnets, Epigrammes, Madrigaux, Chansons et Stances. On trouve beaucoup de ses poésies dans les recueils du temps, dans le Cabinet des Muses, 1619; dans le Temple d'honneur, 1622; dans le Recueil des plus beaux vers de Malherbe, etc., 1626; dans le Parnasse Royal et dans le Sacrifice des Muses, 1635 (deux recueils qu'il dressa et publia); dans l'Elite des bouts-rimés. Outre qu'il était un des cinq poëtes qui travaillaient aux pièces de théâtre, dont le cardinal fournissait le sujet, souvent même il travaillait avec le cardinal. M. Titon du Tillet lui a donné place dans son Parnasse français. Chapelain, *préf. de la Pucelle;* Lettr.; Costar, lettr. t. II; Huet, *Origines de Caen;* Gui Patin, *Lettr. à Jac. Spon;* Péliss., *Hist. de l'Ac. fr.;* Olivet, *Addit.;* Baillet, *Jugem. des Sav.*; *Ménagiana*, t. II, p. 79; *Rec. des poëtes français, depuis Villon jusqu'à Benserade; Histoire du Th. fr.;* Titon du Tillet, *Parn. fr.;* Goujet, *Bibl. fr.*, tom. XVII.

L'abbé de Boisrobert avait un frère, Antoine Le Metel, écuyer, sieur d'Ouville, de qui il dit dans l'Epître V du 3e livre :

Le pauvre d'Ouville est mon frère.....
Il porte le titre d'hydrographe,
D'ingénieur, de géographe;
Mais, avec toutes ses qualités,
Il est gueux de tous côtés :
Bref, il n'a plus d'autre ressource
Que celle qu'il trouvait en ma bourse.

M. d'Ouville est auteur d'un Recueil de Contes fort licencieux, que quelques-uns ont attribué à l'abbé son frère, et de dix Comédies qu'il publia entre 1635 et 1650. MM. Parfait en donnent les titres et la notice dans leur *Hist. du Théâtre Français*, t. V et suivans.

BOISSY (Michel-Louis de), fils de Louis de Boissy de l'académie française, publia, dans un âge assez tendre, la *Vie de Simonide*, 1755, in-12. Il en a donné une nouvelle édition entièrement refondue en 1788, in-12. On lui doit encore: I. Une *Dissertation historique et critique sur la vie du grand-prêtre Aaron*, 1761, in-12. II. Des *Dissertations critiques pour servir d'éclaircissement à l'histoire des Juifs, avant et depuis J.-C., et de supplément à l'histoire de Basnage*; 1785, 2 *vol. in*-12.

Ce littérateur estimable se jeta par sa fenêtre en 1793.

BOLINGBROCKE (le vicomte de). La *Biographie universelle* a oublié de compter parmi les ouvrages de ce grand homme qui ont été traduits en français, la *Lettre de milord Bolingbrocke, servant d'introduction à ses Lettres philosophiques à M. Pope*, trad. de l'anglais, 1766, in-8°. Les *Mémoires secrets* de Bolingbrocke ne forment que deux parties et non trois. L'*Apologie de la société naturelle*, ou *lettre du comte de... au jeune lord*... (traduite par ...,) sans indication de lieu, 1776, in-8°, est de Burke. Voy. ce mot.

BONA (le cardinal). Ses principaux ouvrages sont:

I. *Manuductio ad cœlum, Parisiis*, 1664, in-12; traduite en français sous différens titres, par M. N. B., Paris, 1665, in-12; par un anonyme, Paris, 1675, chez Billaine; par François du Suel, en 1682, in-12; par Lombert, en 1683, in-12, sous le voile de l'anonyme; par un anonyme, en 1691, in-12; par Guyot, conseiller de la cour des aides de Rouen, frère de l'abbé Desfontaines, en 1708, in-12, à Paris; chez Mariette; par l'abbé Le Duc, en 1738, in-12, chez Savoye.

II. *De Divinâ Psalmodiâ*, Paris, 1663, in-4°. La première édition est de Rome, 1653, in-4°, sous le titre de *Psallentis ecclesiæ harmonia*.

III. *Principia et documenta vitæ christianæ*. Paris, 1675, in-12. Traduits en français par le président Cousin, en 1675, in-12, et par l'abbé Goujet, en 1728, in-12.

IV. *Via compendii ad Deum, Coloniæ et Argentorati*. Traduite en français par un anonyme, à Bruxelles, en 1686, in-12; Paris, 1688; par l'abbé Le Duc, en 1738, à la suite du *Chemin du Ciel*. La seconde partie a été traduite par Claude Bosc, sous le titre d'*Aspirations à Dieu*, Paris, Couterot, 1708, in-12; réimprimée en 1729.

V. *Rerum liturgicarum libri duo*, Paris, 1672, in-4°. *Nova editio aucta*, 1676, in-8°. Ouvrage plein de recherches nouvelles et curieuses.

VI. *De Discretione spirituum, liber unus. Romæ*, 1672, in-4°; Paris, 1673, in-12. Traduit en français par l'abbé le Roi, en 1675, in-12, sous le titre du *Discernement des esprits*.

VII. *Tractatus asceticus de sacrificio missæ*. Paris, 1689, in-12. Traduit en français, par un anonyme, Lyon, 1672, petit in-12.

VIII. *Horologium asceticum*, Paris, 1676, in-12.

IX. *Præparatio ad mortem*, ouvrage posthume, imprimé pour la première fois dans le recueil des œuvres de l'auteur, Anvers, 1739, in-fol.

X. *Epistolæ latinæ et italianæ*, *Lucæ* (*Romæ*), 1759, in-4°. On doit cette édition au neveu du cardinal Passionis.

Le Testament de ce cardinal se trouve traduit en français dans plusieurs des traductions ci-dessus mentionnées, et en outre par Claude de Ste.-Marthe, à la suite de la troisième édition de la *Piété des Chrétiens envers les morts.* Il existe plusieurs collections des œuvres de Bona. La meilleure est celle qui est sortie des presses de l'imprimerie royale de Turin, par les soins de Robert Sala, en 1747—1755, 4 vol. in-fol. Le 4e volume contient des Lettres choisies.

En lisant la notice que je viens de tracer des ouvrages de ce savant et pieux cardinal, on apercevra plus aisément les omissions et les méprises de la *Biographie universelle.* Elle appelle Lambert, l'estimable traducteur connu sous le nom de Lombert; elle se trompe aussi sur la traduction du *Via compendii ad cœlum.*

BONANNI (PHILIPPE). La *Biographie universelle* s'écartant d'un principe assez généralement suivi, lequel consiste à placer les auteurs sous les noms les plus connus, a rapporté cet article au mot *Buonanni;* et là elle a reproduit une méprise de M. Chaudon qui fait remonter à 1713 la traduction française du *Traité des vernis.* Cette traduction, qui est de d'Argenville ou de Dufay, ne parut qu'en 1723. Le libraire Jombert en a rafraîchi le titre en 1780. C'est la même édition.

BONAVENTURE (S.). M. Chaudon et la *Biographie universelle* indiquent vaguement la vie de ce saint, par l'abbé Boule, ex-cordelier. C'est un ouvrage anonyme intit. : *Hist. abrég. de la vie et du culte de S. Bonavent.*, Lyon, 1747, *in*-8°. Ni l'un ni l'autre de ces ouvrages ne cite la traduction française de plusieurs *Traités spirituels de S. Bonaventure*, par le P. le Roux, cordelier. Paris, 1693, 2 vol. in-12.

BONGARS (JACQUES). M. Chaudon s'est exprimé avec inexactitude, lorsqu'il a dit que MM. de Port-Royal publièrent, sous le nom de Brianville, une traduction française des *Lettres latines* de cet auteur. Cette traduction est anonyme; mais on est sûr qu'elle a été faite principalement par l'abbé de Brianville. L'édition corrigée et augmentée qui fut donnée à La Haye en 1695, est due aux soins de Jacques Bernard. L'inexactitude que je reproche ici à M. Chaudon, se retrouve dans la *Biographie universelle.*

* BONNAUD (JEAN-BAPTISTE) entra dans la société des jésuites aussitôt qu'il eut terminé ses études. Après la destruction de la société, il se livra paisiblement à la culture des lettres, et publia en 1777 le *Tartuffe épistolaire démasqué*, 1 vol. in-8°, contre les lettres publiées par Caraccioli, sous le nom de Clément XIV. Il fit paraître en 1786 le volume intitulé : *Hérodote, historien du peuple hébreu, sans le savoir.* C'est une réponse à la critique que l'abbé Duvoisin avait faite de l'*Histoire des temps fabuleux* de l'abbé Guérin du Rocher. Devenu grand-

vicaire de M. de Marbœuf, lorsque celui-ci remplaça M. de Montazet, il obtint toute la confiance de ce prélat. On lui attribue la rédaction des deux mandemens publiés par M. de Marbœuf, contre la constitution civile du clergé. Il publia à la même époque, une brochure intitulée : *Découverte importante sur le vrai système de la constitution du clergé, décrétée par l'Assemblée nationale*, 1791, in-8°. Cette constitution lui paraît être un vrai plagiat du richerisme, ou de la doctrine de Richer, condamnée en 1612, par deux conciles de France. L'abbé de Feller attribue encore à l'abbé Bonnaud la *Réclamation pour l'Eglise gallicane, contre l'invasion des biens ecclésiastiques et l'abolition de la dixme*; Paris, 1792, in-8° ; ouvrage savant. Cet ecclésiastique est du nombre de ceux qui furent massacrés à Paris, dans l'église des Carmes, le 2 septembre 1792. L'abbé de Feller attribue aussi à l'abbé Bonnaud le fameux *Discours à lire au Conseil du Roi, par un ministre patriote*, 1787, in-8°. L'abbé Lenfant paraît avoir coopéré à cet ouvrage.

*BONNET (ANTOINE), jésuite sur lequel Moréri donne une notice rédigée avec soin d'après un Mémoire du célèbre P. Oudin. Chaudon, Feller et la *Biographie universelle* n'en parlent pas. Je ne puis approuver cette conduite. On devrait accorder quelques lignes aux écrivains dont les ouvrages sont à peu près oubliés, en renvoyant aux ouvrages qui en ont parlé d'une manière plus détaillée. Par-là, il n'y aurait pas de lacune dans notre histoire littéraire, et l'on accorderait plus d'espace aux auteurs dont les écrits présentent encore de l'intérêt.

*BONNET DE CHEMILIN (l'abbé), mort en 1752, dans la force de son âge, commença à se faire connaître en 1745, par une petite comédie en vers, à la louange du roi, intitulée *l'Etranger*; elle reçut un mauvais accueil du public : cependant les connaisseurs y entrevirent une certaine facilité dans la versification. L'auteur forma ensuite le projet de faire connaître aux Français, dans une traduction en prose, le théâtre de Métastase ; il publia, en 1750, le premier volume de cette traduction. On y trouve quatre opéras, savoir : *Artaxerce, Démétrius, Démophon* et *Thémistocle*. Fréron porta un jugement favorable de cette entreprise ; l'avertissement du traducteur annonçait, suivant ce critique, un homme d'esprit et de goût.

BONNEVAL (le comte DE). On peut reprocher à la *Biographie universelle* de n'avoir point cité l'édition des prétendus *Mémoires du comte de Bonneval*, publiés à Paris en 1806, avec des notes historiques sur les personnages divers et les principaux faits mentionnés dans l'ouvrage, par M. Guyot Desherbiers, ex-législateur ; 2 vol. in-8°. Cette édition a été faite avec soin, quoique l'éditeur, dans son avertissement, paraisse convaincu que ces Mémoires sont du grand général dont ils portent le nom. Il apprécie avec justesse un autre roman qui a paru, en 1740, sous le nom supposé de M. de Mirone, intitulé : *Anecdotes vénitiennes et turques*, ou *Nouveaux Mémoires du comte de Bonneval*, 2 vol. in-12 ; ainsi que les *Anecdotes turques, ou Nouveaux Mémoires du comte de Bonneval*, mis en ordre par M. de C***, son secrétaire. Utrecht, 1741, 1 vol., et il a pris soin de trier dans ces deux ouvrages quelques morceaux qui appellent l'attention et l'intérêt ; on les trouve à la fin du second volume. On avait prétendu que le fameux marquis d'Argens était l'écrivain caché sous le nom de Mirone ; mais les *Anecdotes vénitiennes et turques* ne figurent pas dans la liste des ouvrages du marquis d'Argens, insérée à la suite de l'éloge que M. Boyer, son neveu, a fourni en 1772 à l'éditeur du *Nécrologe des hommes célèbres*. Je prouverai ailleurs que le nom de Mirone est le masque dont se couvrit un protestant converti, nommé de Saumery, auteur des *Mémoires et Aventures secrètes d'un voyageur du Levant*, Liége, 1732-1736, 6 vol. in-12. La *Biographie* mérite un reproche plus grave ; c'est de ne pas avoir connu les *Mémoires* sur le comte de Bonneval, insérés par le prince de Ligne dans le 26e volume de la Collection de ses œuvres. J'ai publié cet article séparément sous ce titre : *Mémoire sur le comte de Bonneval*, par le prince de Ligne, suivi des *Lettres de la comtesse de Bonneval à son mari*, etc. ; nouvelle édition, revue, corrigée et augmentée du *Procès du comte de Bonneval, fait et instruit par lui-même, et de deux Mémoires de ce comte, sur la tactique*. Paris, madame Hérissant-le-Doux, 1817, in-8°.

† BORDE (Charles). Le nom de cet estimable littérateur est trop lié à l'histoire littéraire du XVIIIe siècle, pour que l'on ne soit pas étonné de la briéveté de l'article qui se lit dans la *Biographie universelle*, où se trouvent d'ailleurs plusieurs inexactitudes qui existaient déjà dans le Dictionnaire de M. Chaudon. C'est ce qui m'enhardit à offrir à mes lecteurs des détails plus étendus et plus exacts.

Charles Borde naquit à Lyon le 6 septembre 1711, de Jacques Borde, trésorier au bureau des finances, et de Geneviève Taillandier, son épouse. Il eut un frère, Louis Borde, mort en 1747, qui fut habile géomètre et grand mécanicien. Charles se destina d'abord au barreau ; mais bientôt l'amour des lettres lui fit abandonner le temple de Thémis pour se transporter à Paris, véritable sanctuaire de l'esprit et du goût. Il rechercha avant tout les personnes qui cultivaient les lettres, et devint l'ami des Bernis, des Mably, des Condillac, des Bernard, etc. M. Borde a joui de l'estime et de l'amitié de Voltaire et de J.-J. Rouss. Plusieurs de ses ouvrages furent attribués à Voltaire ; c'est en faire un assez bel éloge. Quant à J.-J. Rousseau, les rapports d'estime et d'amitié qui existèrent entre M. Borde et lui, ne durèrent pas long-temps ; mais cette rupture ne peut nuire à la mémoire de M. Borde : il apprécia un des premiers les talens de l'auteur d'Emile ; il l'obligea même de sa bourse et de son crédit. Mais M. Borde ne put s'empêcher de regarder comme un paradoxe l'opinion développée si éloquemment par Rousseau, dans son Discours sur les sciences: il publia un Discours sur le même sujet. J.-J. l'honora d'une réponse ; M. Borde répliqua. Ses deux Discours ont mérité de figurer à côté de ceux du plus éloquent de nos écrivains: quel plus bel éloge pouvait-on en faire? D'ailleurs, Rousseau a écrit à M. Borde qu'il était le seul adversaire qu'il eût craint, ou plutôt dont il eût espéré de nouvelles lumières. Dans la suite, les contradictions que M. Borde crut remarquer entre les écrits et la conduite de Rousseau, le portèrent à publier, en 1761, la *Prédiction tirée d'un vieux manuscrit ;* et, en 1763, la *Profession de foi philosophique :* c'étaient deux satires contre J.-J. Rousseau, qui ne les a jamais pardonnées à leur auteur. M. Borde a été plus heureux dans sa liaison avec Voltaire, qui lui a témoigné une constante estime. Philosophe par principes, M. Borde a constamment préféré le bonheur à la gloire ; il a coulé des jours sereins et heureux au sein des muses et des lettres. Ayant joui pendant plusieurs années d'un bien-être qui ne lui laissait ni besoins ni désirs, il a fait entrer la bienfaisance pour beaucoup dans la composition de son bonheur. Il a voyagé en Italie, en Suisse, en Hollande et en Angleterre; il revit la capitale en 1778; mais il a voulu consacrer à ses compatriotes ses derniers jours et ses derniers travaux : il mourut au milieu d'eux le 15 février 1781, dans la soixante-dixième année de son âge. On doit à l'abbé de Castillon, son ami, le Recueil des *OEuvres diverses de M. Borde*, Lyon, 1783, 4 vol. in-8°. Ce Recueil est trop volumineux : on y trouve une tragédie intitulée : *Blanche de Castille.* J.-J. Rousseau, dans des vers pleins de sensibilité, reproche à l'auteur de ne pas avoir mis cette pièce au théâtre. Les comédies qui suivent cette pièce ont eu des succès de société. Au milieu d'une vive guerre entre la France et l'Angleterre, M. Borde avait publié une *Ode sur la guerre*, qui eut le plus grand succès. Stanislas désira de l'entendre réciter à l'auteur : Borde la prononçait avec le feu qui en avait animé la composition ; mais il fut intimidé autant par la majesté du monarque que par la sagesse des principes qu'il lui développait : *Continuez*, lui dit le prince, *je suis digne de vous entendre.* On distingue encore, parmi les poésies de M. Borde, la fable intitulée *Chloé et le Papillon;* c'est une charmante imitation d'Hamilton. Parmi les morceaux de prose, outre les Discours relatifs à celui de J.-J. Rousseau, on peut citer avec éloge un *Discours sur la Fiction.* On ne voit point figurer dans les 4 volumes imprimés à Lyon : 1°. Le poëme de *Parapilla*, imité d'un conte italien qu'on trouve dans le livre rarissime, intitulé : *Il libro del Perche.* Ce Poëme est d'un genre assez semblable à celui de la Pucelle d'Orléans; mais l'auteur, par la réserve de son langage, a rendu presque décent un sujet qui ne l'est point et ne peut l'être. 2°. Le *Catéchumène*, ouvrage hardi sur la religion, publié en 1768, et qui a été réimprimé sous différens titres, une fois entre autres par les soins de Voltaire. On donne encore à M. Borde, le *Tableau philosophique du genre humain*, 1757, in-12; ouvrage qui a été souvent attribué à Voltaire. M. Borde était membre de l'académie de Lyon, de celle des Arcades de Rome, et de la société royale de Nancy. J'ai profité, pour la rédaction de cette notice, du *Tribut de l'amitié*, *à la mémoire de M. Borde*, par M. l'abbé G*** (Guillon), de l'académie des Arcades de Rome. Lyon, 1785, in-8°. M. Guillon, qui a bien voulu aussi me communiquer quelques notes manuscrites sur son illustre ami, est aujourd'hui l'un des conservateurs de la Bibliothèque des Quatre-Nations.

L'abbé de Feller, dans un court article sur M. Borde, a su éviter les méprises de M. Chaudon.

BORDELON (l'abbé). On est étonné de voir la *Biographie universelle* attribuer à cet auteur le *Livre sans nom*, que le *Journal des Savans* donne à Cotolendi. C'est une digne suite de l'*Arlequiniana* de ce mauvais écrivain.

On lit dans le même article sous le n° XXVIII, *Molière*, *comédien aux Champs-Elysées*, nouvelle *composée* d'une comédie .... il fallait dire, suivie d'une comédie.......

* BORDES (Charles), Orléanais, prêtre de l'Oratoire, mort en 1706. On doit à ce savant modeste la publication d'un grand ouvrage du P. Thomassin, intitulé: *Traité historique et dogmatique des édits et des autres moyens spirituels et temporels, dont on s'est servi dans tous les temps pour établir et pour maintenir l'unité de l'Eglise catholique*. Paris, 1703, 2 vol. in-4°. Presque toute la première partie de cet ouvrage avait paru dès 1686, en 1 vol. in-8°, sous le titre de *Traité de l'unité de l'Eglise*. Le P. Bordes, qui a mis en ordre le manuscrit du P. Thomassin, a cru qu'il manquerait quelque chose à son ouvrage s'il n'y ajoutait pas un supplément, qui poussât cette histoire jusqu'au temps où il écrivait. Ce supplément forme un troisième volume qui parut avec les deux premiers. Il est écrit avec beaucoup de soins; les recherches en sont curieuses; la troisième partie de ce supplément est une réponse à l'*Histoire de l'Edit de Nantes*, par le ministre Benoît. Le ministre avait promis dans la *République des lettres* d'octob. 1705, de répondre à l'ouvrage du P. Thomassin et au supplément du P. Bordes; il n'a point tenu parole. Le P. Bordes fit paraître une réponse au mémoire de Benoît. Il a encore publié en 1704, le *Recueil des oraisons funèbres du P. Mascaron*, avec une notice sur la vie de l'auteur. Il a aussi donné une vie du P. Thomassin en tête du *Glossarium hebraicum* de ce dernier.

* BORY (Gabriel de) entra fort jeune dans la marine, et fut nommé en 1761 gouverneur de Saint-Domingue. Ses premiers regards se portèrent sur les habitans, et il chercha à faire jouir chaque individu de la liberté que la nature lui donne, et que l'abus de l'autorité lui fait perdre. Ses demandes furent agréées; mais en même temps il fut rappelé. Il devint ensuite gouverneur des îles

sous le vent. On a de cet honnête administrateur :

I. *Mémoire sur l'établissement d'un conseil de marine.*

II. *Essai sur la population des colonies à sucre.* Imprim. en 1776, et réimprimé en 1780.

III. *Mémoire sur le système à suivre dans une guerre purement maritime avec l'Angleterre*, 1780. L'auteur a reproduit ces trois opuscules dans le volume intitulé : *Mémoires sur l'administration de la marine et des colonies.* Paris, Pierres, 1789, in-8°. Ce volume fut suivi d'un second, l'année suivante. M. de Bory est mort en 1801. Il était correspondant de l'Institut. On a encore de lui un *Mémoire* dans lequel il prouve la possibilité d'agrandir la ville de Paris, sans en reculer les limites ; 1787, in-8°.

BORZIUS (François), nom dénaturé qui se trouve dans le dictionnaire de MM. Chaudon et Delandine ; il faut lire BOZIUS. Son ouvrage ultramontain *De temporali Ecclesiæ potestate*, ne put paraître en 1661, puisqu'il a été réfuté par Guillaume Barclay en 1609. On doit lire 1601.

*BOSC (Claude), chevalier, seigneur d'Ivry-sur-Seine et de S.-Frambourg, fut d'abord conseiller au parlement de Paris, ensuite procureur-général de la cour des aides en 1672, enfin prévôt des marchands en 1692, étant toujours procureur-général ; il est mort conseiller d'État à Paris, le 15 mai 1715, âgé d'environ 73 ans. Son père était conseiller du roi en ses conseils, premier et principal commis du trésor royal. De grandes infirmités obligèrent M. Bosc, le fils, de se retirer des affaires plutôt qu'il n'espérait, et dans un âge qui n'était pas encore fort avancé. Pendant les intervalles que lui laissaient ses douleurs, il a fait passer dans notre langue des ouvrages de piété. Il fit paraître dès 1708, sous le voile de l'anonyme, des *Aspirations à Dieu, tirées d'un ouvrage latin du cardinal Bona* ; 1 vol. in-12, réimprimé en 1729, avec le nom du traducteur. C'est la deuxième partie du traité du cardinal Bona qui a pour titre *Via compendii ad Deum, per ignitas adspirationes.* L'*Idée de l'ouvrage* placée à la suite de l'avertissement, est du P. Gourdan, célèbre victorin. M. Bosc s'est attaché particulièrement à faire connaître aux Français les traités de piété composés par Erasme. En 1711 il publia, à Paris, chez Couterot, *le Manuel du soldat chrétien*, ou les obligations et les devoirs d'un chrétien. En 1712, il fit imprimer le *Traité de l'infinie miséricorde de Dieu, suivi de la comparaison de la virginité et du martyr*, 1 vol. in-12. Un *Recueil de prières* avec une *Explication de l'Oraison dominicale*, parut la même année, in-12. L'année suivante 1713, il donna :

I. *La manière de prier Dieu*, in-12.

II. *Du mépris du monde*, aussi in-12. On trouve dans le même volume quelques autres traités spirituels, savoir : un *Discours sur la pureté de l'Eglise*, qui est un commentaire moral sur le quatorzième psaume de David, *Domine, quis habitabit in tabernaculo tuo*, etc. ; un *Discours sur J.-C. enfant enseignant dans le temple* ; et une *Lettre* qu'Erasme écrivit à des religieuses de Saint-

François, dont le monastère était alors près de Cambridge en Angleterre : elle contient un excellent éloge de la solitude. Toutes ces traductions, aussi exactes que bien écrites, sont précédées d'*Avertissemens*, qui sont autant d'apologies d'Erasme.

En 1715, M. Bosc fit imprimer la traduction du *Mariage chrétien*, ouvrage dans lequel on apprend à ceux qui se veulent engager dans le mariage, ou qui y sont déjà engagés, les règles qu'ils doivent suivre pour s'y comporter d'une manière chrétienne. Dans la traduction du *Traité du mépris du monde*, l'illustre traducteur a retranché plusieurs choses, et surtout le douzième chapitre, auquel il a substitué un autre chapitre de sa façon, sans avertir cependant que ce n'est plus Érasme qui parle. A l'égard du *Traité du mariage chrétien*, il avertit lui-même dans sa préface, qu'il a retranché quelques traits d'érudition inutiles au sujet que l'auteur traite, et supprimé tout ce qu'Erasme y dit fort au long des empêchemens du mariage. « Tout cela, dit M. Bosc, n'eût servi qu'à ennuyer le lecteur ; et d'ailleurs il n'y a point de rituel ni de casuiste où l'on ne puisse s'en instruire, selon les besoins de chacun. » Du temps d'Erasme, il s'élevait beaucoup de disputes sur les mariages ; et pour les faire disparaître, ce grand homme formait le vœu que les supérieurs ecclésiastiques établissent en principe qu'aucun mariage ne serait regardé comme valide, avant que l'engagement n'eût été contracté devant les magistrats, en présence de témoins, et qu'il n'en eût été dressé acte. Erasme prévoyait qu'un jour les gouvernemens sentiraient la nécessité de séparer le civil du spirituel pour la célébration du mariage : il peut donc être considéré comme le précurseur des théologiens et des magistrats qui, dans le cours du XVIIIe siècle, ont si bien établi la distinction du contrat civil du mariage et de la bénédiction nuptiale. Notre code civil a sanctionné cette distinction.

M. de Burigny, dans sa volumineuse *Vie d'Erasme*, n'a point parlé de M. Bosc, ni de ses traductions : le même silence est encore plus remarquable dans la *Biographie universelle*, article ERASME.

(*Bibliothèque des auteurs ecclésiastiques du* XVIIIe *siècle, par l'abbé Goujet ; différens Catalogues.*)

*BOSE (GEORGE-MATHIAS), né à Leipsick, en 1710, devint professeur de physique à Wittemberg. L'académie des sciences de Paris le nomma son correspondant en 1743. Il fut aussi associé de la Société royale de Londres, et membre de l'institut de Bologne. Ayant fait une dissertation sur la découverte du fameux obélisque de Sésostris, tiré du Champ de Mars, par les ordres du pape Benoît XIV, il intitula cette dissertation : *Commercium epistolicum de Sesostridis, Augusti et Benedicti XIV obelisco.* Gryphiswaldiæ (editore Andreâ Meyer), 1750, in-4°. Les luthériens de Wittemberg lurent, à la place de *XIV obelisco*, XIV obelæo, et changèrent ce dernier mot en *jobelæo*, prétendant que M. Bose, tout luthérien qu'il était, avait parlé du jubilé du pape Benoît XIV. Le professeur ne put leur faire entendre raison, et la dissertation sur l'obélisque fut supprimée. Le même M. Bose avait envoyé au pape un livre de sa façon qui avait pour titre : *Tentamina electrica*, etc. Wittebergæ, 1747, in-4°. ; et il avait accompagné ce présent d'une lettre respectueuse. Sa Sainteté lui fit écrire une lettre de remercîment, qui commençait par ces mots : *Perillustris et excellens domine*; il y avait aussi sur l'adresse : *Perillustri et excellenti domino....* Ce titre de *perillustris* a soulevé les jurisconsultes de l'université de Wittemberg. Ils ont prétendu que la dénomination de *très-illustre* n'appartenait qu'à eux seuls, et que c'était un attentat punissable, qu'un simple professeur de philosophie s'arrogeât un titre qui n'était dû qu'aux docteurs en droit. Ce savant professeur avait coutume de faire imprimer tous les ans sur les éclipses des observations contenues en un seul feuillet de papier in-fol. On lui a défendu d'en faire sur l'éclipse totale de l'année 1750. Il prit le parti d'envoyer son calcul astronomique à Londres, où l'on n'a pas fait difficulté de le publier. C'est la Société royale elle-même qui s'est chargée de ce soin, et qui a mis au bas de l'imprimé une note remarquable contre la tyrannie des théologiens de Wittemberg. On a encore de George-Mathias Bose :

I. *Schediasma literarium, quo contenta elementorum Euclidis enumerat, et simul de variis editionibus post Fabricium nonnulla disserit.* Lipsiæ, 1737, in-4°.

II. *Otia Wittebergensia.* Wittebergæ, 1739, in-4°.

III. Un programme et un discours intitulés : *Secularia Toricelliana* ; réimprimés dans le tome 32 des *Opuscules scientifiques et philologiques* de Calogera.

IV. Un Programme *de Bibliothecæ Budensis fatis*, Wittebergæ, 1748, in-fol.

Ce savant est mort en 1761, âgé de 51 ans. Voyez son Eloge, dans les *Nova acta erudit.*, 1761, octobre, pp. 512-520. (Fréron, *Lettres sur quelques écrits*, t. 3; Saxius.)

*BOSCH (André) fut reçu docteur en droit dans l'université de Perpignan, sa patrie, le 9 mai 1609, et devint, dans la suite, juge des premières appellations du Roussillon et des secondes appellations de la Cerdagne. On a de lui, en catalan, le *Sommaire des titres d'honneur de Catalogne, Roussillon et Cerdagne*, Barcelone, Lacalliera, 1628, in-fol. Cet ouvrage, le plus complet que nous ayons sur l'histoire du Roussillon, est appuyé sur les chartes et les anciens monumens ; l'auteur y adopte pourtant avec trop de crédulité les préjugés populaires et quelques traditions incertaines.

(Note manuscrite de l'abbé de Saint-Léger, sur le n° 38,368 de la *Bibliothèque Historique de la France.*)

BOSSUET (Jacques-Bénigne). Cet article est de deux mains dans la *Biograp. universelle* ; et l'on y remarque quelque contradiction. L'auteur du corps de l'article assure que presque tous les sermons de Bossuet n'ont jamais été écrits, tandis que, dans la partie bibliographique, l'on avoue qu'on en a retrouvé plus de cent. Je me permettrai quelques observations sur cette dernière partie, qui, en général, ne mérite que des éloges pour l'exactitude et l'utilité de ses détails. 1°. On devait indiquer, à la pag. 240, la traduction française que M. Le Roy a publiée de la Dissertation de Bossuet sur les Psaumes, et de ses préfaces sur les Livres Sapientiaux; Paris, 1775, in-12. 2°. Le *Traité des préjugés faux et légitimes*, cité à la page 242, est de Basnage et non de Jurieu. 3°. La *Défense de la tradition des SS. Pères*, indiquée page 245, parmi les manuscrits à publier, a été imprimée dans le second volume des *OEuvres posthumes*, et publiée séparément en 1763, 2 vol. in-12.

Les Dictionn. de MM. Chaudon et Feller présentent un double emploi typograph. dans l'indication de l'édit. des OEuvres de Bossuet, commencée en 1772. En effet, on la désigne tantôt comme l'édition des Bénédictins, tantôt comme l'édition de D. Deforis, sans faire remarquer que c'est la même édition.

M. de Bausset n'a pas cru devoir réfuter, dans son excellente *Histoire de Bossuet*, les sophismes des modernes ultramontains sur la *Défense de la Déclaration de* 1682. Le silence de l'habile historien eût dû convaincre l'auteur des *Mémoires ecclésiastiques* que son opinion sur une matière aussi délicate avait bien peu de poids; cela ne l'a pas empêché de revenir sur cet objet dans ses *Mémoires*, et de nous dire que Bossuet paraît avoir désiré que la *Défense de la déclaration* ne vît pas le jour; et il ose renvoyer ses lecteurs à l'*Histoire de Bossuet*, t. II, p. 418. Voici ce que dit Bossuet, à l'endroit où M. P..... renvoie: « Il ordonna même à son neveu, quand l'occasion s'en présenterait, de supplier encore S. M. très-humblement de vouloir bien joindre à toutes les considérations importantes qui pourraient la détourner de rendre public cet ouvrage, celle de ménager, autant qu'il se pourrait, le peu de réputation qu'il s'était acquise par ses travaux, qui pouvaient, dans la suite, rendre sa mémoire en quelque façon précieuse à l'Eglise. Car encore, ajoutait-il, que dans cet ouvrage il soutînt la bonne cause, qu'il l'eût composé sous les yeux de Dieu, prêt à en aller rendre compte à son souverain tribunal, et que, dans le fond, il fût écrit avec tout le ménagement, toute la modération possible, et avec tout le respect imaginable pour le Saint-Siége, et pour la personne des Papes en particulier, il y avait lieu de craindre que la cour de Rome n'accablât ce livre de toutes sortes d'anathêmes; que Rome aurait bientôt oublié tous ses services passés, et tous les travaux qu'il avait entrepris pendant sa vie pour le bien de l'Eglise et le soutien de la vérité; que sa mémoire ne manquerait pas d'être attaquée et flétrie, autant qu'elle le pourrait être du côté de Rome; mais que, sur cela, il fallait, continuait-il, s'abandonner entièrement à la Providence et à la volonté du Roi, dont la pénétration égalait la sagesse et la piété, et qui, par la supériorité de son génie, et par son expérience consommée dans l'art de régner, saurait bien choisir les temps les plus convenables aux intérêts de l'Eglise et de son Etat, et modérer, quand il faudrait, le zèle quelquefois trop ardent de ses ministres. » Est-ce là désirer qu'un ouvrage ne voye pas le jour? N'est-ce pas plutôt prendre de sages précautions pour qu'un ouvrage auquel on attache le plus vif intérêt, ne puisse être un jour attaqué avec succès par l'intrigue et la fourberie?

Les *Mémoires* de M. du Masbaret sur Moréri, me fournissent des détails qu'on lira peut-être avec intérêt : « M. l'abbé de St.-André, ci-devant grand-vicaire de M. Bossuet, et qui l'a été depuis de M. le cardinal de Bissy, atteste dans une lettre imprimée dans le *Supplément des Nouvelles ecclésiastiques*, en date du 14 février 1740, que M. Bossuet avait composé un ouvrage sur les matières de la grâce, contre M. Basnage, qui avait prétendu, dans son *Histoire ecclésiastique*, que l'Eglise avait varié sur cette matière, et que S. Augustin, dont elle avait embrassé la doctrine, avait renoncé à l'enseignement des Pères qui avaient vécu avant lui, et nommément des Pères grecs. Il atteste en outre avoir eu cet ouvrage entre les mains l'espace de trois mois, et que M. Bossuet y accusait Jansénius d'excès. Il ajoute qu'il proposa à M. Bossuet de le publier à l'occasion du *Cas de conscience*; et qu'il lui répondit qu'il lui fallait encore plus de quinze jours de tête reposée pour perfectionner cet ouvrage; et qu'il en fut empêché par les douleurs de la pierre, qui ne le quittèrent plus. Il dit enfin que l'ouvrage était entre les mains de M. l'évêque de Troyes, son neveu. Sur quoi on a dit, et je le crois vrai, que s'il n'a pas paru, c'est qu'il frondait Jansénius et ses partisans : l'on sait que M. l'évêque de Troyes leur était attaché. »

Le *Supplément des Nouvelles ecclésiastiques* était une critique de ces *Nouvelles*, rédigée par le P. Patouillet, jésuite.

Il paraît qu'il s'agit ici de l'ouvrage *sur l'Autorité des jugemens ecclésiastiques*. M. de Bausset le fait suffisamment connaître dans le 4e volume de l'*Histoire de Bossuet*. C'est le même probablement dont l'abbé de Feller attribue la suppression à l'abbé Le Queux, premier éditeur de la collection des OEuvres de Bossuet. Voyez le Dictionnaire de Feller, au mot Le Queux.

M. Tabaraud a inséré des remarques sévères, mais justes, sur l'article Bossuet, de la *Biographie universelle*, à la fin de ses *Observations sur le Prospectus et la Préface de la nouvelle édition des OEuvres de Bossuet, projetée à Versailles*. Paris, Méquignon-Junior et Brajeux, 1813, in-8°.

M. Lebel, imprimeur-libraire à Versailles, vient de terminer la meilleure édition que nous ayons des OEuvres complètes de Bossuet, en 43 vol. in-8°. Les éditions in-4°, en 20 volumes, contenaient la traduction française de la *Défense de la Déclaration de* 1682, par M. Le Roy. Cette traduction est aussi estimée que l'original latin; les amis des libertés de l'Eglise gallicane regretteront de ne pas la trouver dans la nouvelle édition; mais ils pourront se dédommager en joignant aux 43 volumes de l'édition de Versailles, l'excellent *Abrégé* du célèbre ouvrage de M. Bossuet, par M. l'abbé Coulon, ancien vicaire-général de Nevers et prédicateur ordinaire du Roi. Londres, chez Dulau ; et Paris, chez Méquignon-Junior, rue de la Harpe, 1813, in-8°.

BOUCHER (Elie-Marcoul), docteur de Sorbonne qui, à cause de la ressemblance de son nom avec celui du rédacteur des *Nouvelles ecclésiastiques*, fût soupçonné d'avoir coopéré à cet ouvrage périodique. On n'a de ce docteur que les cinq derniers volumes de la *Relation des assemblées de la Sorbonne*, dont Wittasse avait publié les deux premiers. M. Chaudon suppose faussement qu'il a travaillé aux *Nouvelles ecclésiastiques*, depuis 1713 jusqu'en 1735. Il y a ici double erreur; car les *Nouvelles ecclésiastiques* n'ont commencé qu'en 1727. La *Biographie universelle* donne un article bien rédigé à Philippe Boucher, diacre de Paris, véritable rédacteur des premières années des *Nouvelles ecclésiastiques*; mais à la fin de l'article, une main imprudente a copié l'erreur dans laquelle M. Chaudon était tombé et sur Elie-Marcoul Boucher, et sur la fausse date de 1713. Cette dernière méprise est d'autant plus remarquable, que dans l'article de Philippe Boucher, on assigne aux *Nouvelles ecclésiastiques* leur véritable origine en 1727.

BOUDET (Antoine), imprimeur de Paris. Il y a dans l'article de cet auteur par M. Chaudon, une expression équivoque, capable d'induire en erreur beaucoup de lecteurs. M. Chaudon dit que Boudet a publié un *Recueil des sceaux du moyen âge*, avec des éclaircissemens, 1779, in-4°. Il a publié cet ouvrage comme imprimeur-libraire, mais l'auteur de l'ouvrage est le marquis de Migieu de Dijon, ainsi que le dit le *Journ. des Savans*, de l'ann. 1779, édit. d'Holl. Je l'avais attribué, dans mon *Dictionnaire des anonymes*, à un sieur Poisson ; mais la faute se trouve corrigée dans la table des auteurs. Il est étonnant d'après cela, que la *Biographie universelle* ait reproduit l'allégation de M. Chaudon.

Il n'est pas vrai non plus que M. Boudet ait été, en 1745, l'inventeur du journal intitulé: les *Affiches de Paris, avis divers*, etc. Voici ce qu'on lit dans le *Journal des Savans*, édition de Hollande, au mois d'août 1716: « Le sieur Thiboust, libraire-imprimeur, vend, chaque semaine, une brochure in-12 qui contient les *Affiches de Paris, des provinces et des pays étrangers.* Ce recueil comprend les affiches des matières de piété, des ordonnances, de quelques arrêts de cour souveraine, des livres, des ventes publiques, des spectacles et d'autres affiches pour les sciences et les beaux-arts, etc. Voilà l'inventeur de cette espèce de journal; M. Boudet est auteur de la collection, qui commença en 1745.

BOUDET (Claude), frère du précédent, chanoine régulier de S.-Antoine, mort procureur-général de son ordre, à Paris, le 25 décembre 1774. Le *Mémoire* où il établit le droit des abbés généraux de S.-Antoine, etc., a été imprimé au mois d'avril 1743, à Lyon, chez P. Bruyset. Feu M. Falconnet, célèbre avocat, en a beaucoup profité, pour la composition de son *Mémoire historique sur l'ordre de S.-Antoine de Viennois*. Paris, 1775, in-4°.

Le P. Boudet a fourni beaucoup d'articles au *Journal économique* qui s'imprimait chez son frère Antoine Boudet, entre autres la traduction française du discours latin du professeur le Roy, sur les *avantages que les lettres procurent à la vertu*, contre le fameux discours de J.-J. Rousseau.

BOUGES (le P. Thomas), religieux augustin. Je détaillerai, dans la seconde édition de mon *Dictionnaire des anonymes*, les raisons qui m'empêchent d'attribuer à ce religieux, comme le fait la *Biographie universelle*, la meilleure édition du *Journal de Henri IV* par P. de l'Etoile. Paris, 1741, 4 vol. in-8°. La dissertation du P. Bouges sur les 70 semaines de Daniel, a été traduite en italien et imprimée à Venise en 1721, ce qui a fait croire l'auteur Italien de naissance, par le P. Ossinger, dans sa *Bibliotheca Augustiniana,* in-fol. J'ai trouvé cette dernière observation parmi les notes manuscrites de l'abbé de Saint-Léger, sur la nouvelle édition de la *Bibliothèque historique de la France*, lesquelles m'ont été obligeamment communiquées par M. Boulard, ancien notaire.

BOULAINVILLIERS (le comte de). Les notices bibliographiques contenues dans cet article de la *Biographie universelle*, renferment des inexactitudes qu'il est essentiel de relever. Peut-être eût-il été convenable de donner d'abord le détail des ouvrages contenus dans la collection publiée à Londres en 1727 et 1728, 3 vol. in-fol. On trouve dans les tomes I et II, l'*Etat de la France*, ou l'extrait des Mémoires dressés par les intendans du royaume, par ordre de Louis XIV, avec des *Mémoires historiques* sur l'ancien gouvernement de cette monarchie, jusqu'à Hugues Capet. Le 3e volume renferme quatorze *lettres* sur les anciens parlemens de France, avec l'*Histoire* de ce royaume, depuis le commencement de la monarchie, jusqu'à Charles VIII, et des *Mémoires* présentés à M. le duc d'Orléans. Les *Mémoires historiques* ont été publiés à La Haye la même année 1727, mais avec moins d'étendue, sous le titre d'*Histoire de l'ancien gouvernement de la France*, avec quatorze lettres sur les parlemens, etc., 3 vol. in-12. Il n'est pas vrai (Voy. art II) que l'on trouve dans cette dernière collection un *Abrégé de l'histoire de la troisième race*, jusqu'à la mort de Louis XI. Ces expressions ne sont applicables qu'à l'*Abrégé chronologique de l'histoire de France,* contenu dans le 3e volume de l'édition in-folio publiée à Londres. A la vérité, Boulainvilliers donne quelques détails sur la 3e race, dans son *Histoire de l'ancien gouvernement;* mais il se borne à expliquer de quelle manière Hugues Capet devint roi de France. C'est encore avec aussi peu de fondement que l'on avance, à l'article de l'*Etat de la France* (art. III), que les Mémoires sur les deux premières races ont été réimprimés à part, sous le titre d'*Abrégé chronologique*. Cet *Abrégé* forme un ouvrage tout-à-fait distinct des *Mémoires*. La *Bibliothèque historique de la France* a induit en erreur le rédacteur de l'article. L'ouvrage sur la noblesse (art. IV) a pour titre, *Essais*, *etc.* On le dit imprimé à Rouen. L'*Histoire de la Pairie* (art. V) paraît être de M. Le Laboureur, plutôt que de Boulainvilliers. J'ai déjà fait observer que l'*Abrégé chronologique de l'histoire de France* (art. VI) se terminait à Louis XI, dans le 3e vol. du Recueil de Londres. Dans la réimpression faite à La Haye, ou plutôt à Paris, en 1733, cet Abrégé se trouve continué jusqu'à Henri IV inclusivement.

Quant aux ouvrages de notre auteur, restés manuscrits, on ne cite pas le Catalogue qui passe pour en indiquer la collection la plus complète; c'est celui de M. Nouveau de Chennevières, Paris, Debure, 1774, in-8°. On y trouve jusqu'au *Traité de l'infini créé*, qui est de Boulainvilliers, quoiqu'il porte le nom du P. Malebranche dans l'imprimé.

On n'a jamais attribué à Boulainvilliers le fameux *Traité des trois imposteurs* (art. XI). L'*Essai de méthaphysique dans les principes de* B. de Sp. (Spinosa) (art. XII), est précisément ce qui se trouve dans le volume intitulé: *Réfutation de Spinosa*, publiée en 1731, par l'abbé Lenglet Dufresnoy. Ce morceau ne ressemble en rien à l'*Analyse du Traité théologi-politique* de Spinosa, imprimée en 1767. Il y a tout lieu de croire que cette analyse a été faussement attribuée à Boulainvilliers. Cet article de la *Biographie universelle* de MM. Michaud présente donc au moins six méprises, tandis qu'une seule se fait remarquer dans le même article rédigé par M. Chaudon.

*BOULANGER (Jean), natif de Poissy, près Paris, se fit connaître de bonne heure par son amour et son goût pour les mathématiques. Son mérite le fit choisir pour succéder à Henri de Monantheuil, en 1606, dans la place de lecteur de mathématiques au Collége royal de France. Il égala son prédécesseur par son assiduité et la solidité de ses leçons. On le tira de cet emploi au bout de quelques années, pour le faire instituteur des études de Louis de Bourbon, comte de Soissons. En 1634, il fut un des commissaires nommés par le cardinal de Richelieu pour examiner la *Démonstration des longitudes* de J.-B. Morin : la décision fut unanime contre Morin. Boulanger mourut en 1636. L'abbé Goujet n'a cité aucun de ses ouvrages. Ils ont eu pourtant de la réputation; les principaux sont :

I. *La Géométrie pratique*. Paris, Cramoisy, 1640, in-4°. Cet ouvrage était imprimé dès 1630, d'après un privilége accordé à l'auteur en 1624. Il en parut en 1691 une nouvelle édition in-12, chez Jombert, avec des augmentations et des notes du célèbre Ozanam.

II. *Traité de la sphère*. Paris, 1648, in-8°. Réimprimé en 1688, chez le même Jombert, avec des augmentations et des notes d'un anonyme, qu'on a su depuis être le même Ozanam. Cette circonstance a été inconnue à M. de

Lalande, qui ne joint le nom d'Ozanam qu'à l'édition de 1702.

BOUQUET (PIERRE), neveu du bénédictin de ce nom. La *Biographie universelle* présente une légère inexactitude dans l'indication de ses ouvrages. Ses *Lettres Provinciales* ne forment qu'un volume : dans quelques bibliothèques, elles sont suivies du *Tableau historique* qui parut la même année, et semblent alors en former deux ; mais, dans une notice, il ne faut pas indiquer séparément le *Tableau*, lorsque l'on a cité deux volumes pour les *Lettres*.

BOURBON (NICOLAS), l'ancien. L'article de ce poëte latin moderne dans Moréri, contient une des plus fortes méprises qui se puisse trouver dans un dictionnaire historique. On y indique deux prétendues éditions de ses poésies; l'une donnée par Philippe Dubois, *ad usum Delphini*, en 2 vol. in-4°, et l'autre publiée par l'abbé Brochard en 1723, chez Coustelier, in-4°. Un *quiproquo* typographique a sans doute occasionné cette confusion de citations, puisque les deux éditions citées sont des éditions de Catulle, Tibulle et Properce.

Mais peut-on alléguer la même excuse, lorsqu'on a reproduit en partie la même méprise dans la *Biographie universelle*? C'est ici l'occasion de raconter ce qui se passe au bureau de la *Biographie universelle*, pour la correction des épreuves. Chaque feuille est communiquée à plusieurs hommes de lettres, qui y placent chacun leurs corrections ou leurs additions ; le dernier des reviseurs peut gâter par des additions inexactes un article rédigé d'ailleurs avec soin, parce qu'on n'a pas l'attention de renvoyer les dernières corrections aux auteurs des articles : voilà ce qui explique les méprises que l'on remarque à la fin de beaucoup d'articles de la *Biographie universelle*.

* BOURGEOIS DU CHASTENET, avocat au parlement, plénipotentiaire subdélégué de L. A. R. Monsieur et Madame aux conférences de Francfort, qui a publié plusieurs ouvrages au commencement du XVIIIe siècle, était, à ce qu'on croit, neveu de Varillas. On a de lui quelques ouvrages, entre autres :

I. *Les intérêts des princes d'Allemagne ; traduits du latin de Joachim de Transée* (*Bogeslas-Philippe de Chemnitz*). Freistade, 1712, 2 vol. in-12.

II. *Histoire du concile de Constance, où l'on fait voir combien la France a contribué à l'extinction du schisme*. Paris, 1718, in-4°.

Il avait donné en 1717 la nouvelle édition de l'*Histoire du Monde* du pieux et savant Chevreau, en 8 vol. in-12, attribuée mal à propos à l'abbé de Vertot par les libraires de Hollande qui ont réimprimé ce livre. C'est lui aussi qui a composé les premiers articles de l'*Abrégé de l'histoire de France* de Claude Châlons, oratorien, ouvrage réimprimé plusieurs fois. Il a exercé pendant quelque temps les fonctions de censeur royal.

* BOURGEOIS (ANTOINE), né dans le diocèse d'Amiens, devint curé de Saint-Germain et princi-

pal du collége de Crespy, en Valois; il a rempli pendant long-temps, avec distinction, les fonctions de cette dernière place. Il fut un des premiers et des plus zélés à mettre en pratique le système des versions interlinéaires, recommandé, pour les enfans, par Dumarsais, et si généralement suivi dans les derniers temps. On a de lui : *P. Virgilii Maronis opera, ordine perpetuo, interpretationibus gallicis, annotationibus et dictionariis illustrata*. Senlis et Paris, 1755, 2 vol. in-8°. Le premier renferme les Eglogues; on ne trouve dans le second que le premier livre des Géorgiques, sans dictionnaire. L'auteur a reproduit, à la suite des Eglogues, plusieurs explications de Virgile, qu'il avait fait insérer dans les *Mémoires de Trévoux* et dans le *Mercure*. Il a eu des démêlés assez vifs avec l'abbé Desfontaines, au sujet de la traduction de Virgile publiée par ce dernier. — On doit à un autre BOURGEOIS, d'abord maître ès-arts en l'université de Paris, et ensuite professeur au collége de Louis-le-Grand, les *Fables de Phèdre*, avec des notes, des éclaircissemens et un petit dictionnaire à la fin, à l'usage des commençans. Paris, 1757, in-12; réimprimé en 1765, en 1778, etc. Une septième édition parut en 1804. En 1769, Marc-Michel Rey, célèbre imprimeur d'Amsterdam, réunit une grande partie du travail de M. Bourgeois à la traduction de l'abbé Lallemant, et intitula le tout, les *Fables de Phèdre*, en latin et en français, avec les Fables de La Fontaine qui y sont relatives; l'interlinéaire des deux premiers livres, suivi des règles de syntaxe qui y sont indiquées; le Dictionnaire des termes dont l'auteur a fait usage. Amsterdam, 1769, in-8°.

*BOURGEOIS (N.), natif de la Rochelle, se fit recevoir avocat au Parlement, et demeura quelque temps à Poitiers où il remplissait les fonctions d'avocat. Pendant son séjour dans cette ville, M. Bourgeois fit d'utiles recherches sur ses antiquités; dans une dissertation insérée au Journal de Verdun en 1739, il prouva, contre le P. Routh, que Civaux ou ses environs, ont pu être le lieu de la bataille livrée entre Clovis et Alaric. En 1743, il fit imprimer, dans le même journal, une Lettre où il démontra la fausseté d'une Charte de Clovis. On trouve de lui, dans les *Mémoires de Trévoux* et dans le Recueil de l'*académie de la Rochelle*, tome 2, des observations sur le lieu où se livra la bataille appelée de Poitiers, le 19 septembre 1356. M. l'abbé Grosier a reproduit ces observations dans le troisième vol. des *Mémoires d'une société célèbre*. Paris, 1792, in-8°. En 1746, il lut à l'académie de la Rochelle une dissertation sur l'origine des Poitevins, et sur la position de l'*Augustoritum* et du *Limonum* de Ptolémée. On trouve dans le *Mercure* de décembre 1746, l'analyse de cet intéressant Mémoire. M. Bourgeois partit pour Saint-Domingue, vers 1755; il devint secrétaire de la Chambre d'agriculture du Cap-Français. L'ennui que cet administrateur éprouvait à Saint-Domingue, au milieu de ses graves fonctions, lui tint lieu d'Apollon, et il osa, sans être poëte, enfanter un ouvrage de douze mille vers, qu'il fit imprimer à Paris en 1773, sous le titre de *Christophe Colomb*, ou *l'Amérique découverte*. 2 vol. in-8°. Ce poëme n'est pas sans mérite, puisque considéré, soit dans sa partie historique, comme le résultat vrai de la découverte faite par Colomb, soit du côté physique, comme un tableau naturel des contrées qu'il reconnut dans ses voyages, il est aussi curieux qu'instructif; de plus les notes que l'auteur y a jointes, contiennent souvent des détails utiles et d'autant plus sûrs, qu'il parle comme témoin de la plupart des objets et des usages qu'il a vus. On doit encore à cet auteur des *Recherches historiques sur l'empereur Othon IV, où l'on examine si ce prince a joui du duché d'Aquitaine et du comté de Poitiers*, en *qualité de propriétaire ou de simple administrateur*, Amsterdam et Paris, 1775, in-8°. M. Bourgeois mourut vers 1780, doyen de l'académie de La Rochelle. Il laissa une énorme quantité de *Voyages* et de *Mémoires* manuscrits, qui tombèrent entre les mains de M. M***, son neveu: celui-ci en a inséré différens morceaux dans un vol. publié à Paris, chez Bastien, en 1788, sous le titre de *Voyages intéressans dans différentes colonies françaises et espagnoles*, etc. On a changé le titre de ce volume pour en former le 10e tome de la *Collection abrégée des voyages faits autour du monde*, rédigée par M. Bérenger, de Genève. M. Bourgeois joignait à beaucoup de littérature une grande connaissance des bons livres

(*Bibliothèque historique de la France*, *Bibliothèque du Poitou*, *Journal des Savans*, édition de Hollande.)

BOWYER. La *Biographie universelle* offre, dans cet article, une méprise qui peut échapper dans la rapidité de la composition, mais qui n'en dépare pas moins un ouvrage destiné à présenter des faits exacts: On a traduit le mot anglais *printer*, qui signifie *imprimeur*, par le mot français *peintre;* ainsi l'imprimeur Bowyer se trouve métamorphosé en peintre.

BOYER (Abel). On avance dans la *Biographie universelle* que la grammaire anglaise de cet auteur a été revue par Miege; cela n'est pas exact: cette Grammaire parut vers 1700; mais, dès 1685, Miege avait publié une *Nouvelle méthode pour apprendre l'anglais*, 1 vol. in-12. On a accusé Boyer de l'avoir pillé. En 1718, Wetstein, libraire d'Amsterdam, publia, en un seul volume, la Grammaire de Miege et celle de Boyer. Dans la suite, on simplifia cette édition, et elle reparut sous ce titre: *Grammaire anglaise-française*, par MM. Miege et Boyer. A dater de 1751, on voit le nom de Mather-Flint sur le frontispice des réimpressions de cette Grammaire. Rien ne prouve donc que Miege ait retouché lui-même la Grammaire de Boyer.

BRACH (Pierre de), avocat de Bordeaux, qui vivait encore au mois de juin 1604, ainsi que le prouve une lettre de Juste-Lipse, qui lui est adressée. Ses poésies ont été fort estimées dans le temps où elles parurent. Colletet donne de grands éloges à cet auteur, dans son *Histoire manuscrite des poëtes français*.

* BRETONNEAU (Gui), natif d'Andresy, près Pontoise, embrassa l'état ecclésiastique, et fut nommé, vers 1650, archidiacre de Brie, dans la cathédrale de Meaux, et principal du collége de Pontoise; suivant l'abbé Saas, il mourut vers 1656. On a de lui:

I. *Méthode curieuse pour acheminer à la langue latine par l'observation de la langue française*, Rouen, 1653, in-16; Paris 1666, 1668, 1672, in-12; Toul, 1672, in-12. Les dernières éditions sont ainsi intitulées: *Méthode curieuse pour la composition latine, divisée en deux parties, dont la première contient les observations sur la langue française, et la seconde, les Remarques de la langue latine*; augmentée dans cette dernière édition, et remise en meilleur ordre. Paris, veuve de Claude Thiboust, 1696, in-12. L'auteur a dédié son ouvrage à MM. de Pontoise. Cette Méthode a eu beaucoup de succès. On doit convenir qu'elle suppose une grande connaissance de la langue latine.

* BRETONNERIE (de la) s'est occupé toute sa vie des travaux des champs, de la culture des terres et particulièrement de celle des jardins, se servant par lui-même de tous les différ. instrum. de culture. Il employait ses momens de loisir à lire et à comparer les ouvrages des anciens et des modernes avec son expérience et sa pratique journalière, consultant en même temps les habiles gens du métier, et recueillant avec soin ce qu'il éprouvait constamment suivant les lieux et les circonstances. Après une étude et une expérience de plus de quarante années, cet homme estimable s'est occupé à rédiger plusieurs ouvrages qui jouissent de l'estime des connaisseurs; tels sont:

I. La *Correspondance rurale*, contenant des observations critiques sur la culture des terres et des jardins. Paris, 1783, 3 vol. in-12.

II. L'*Ecole du Jardin fruitier*, qui comprend l'origine des arbres fruitiers, les serres qui leur conviennent, etc. Paris, 1784, 3 vol. in-12.

III. *Délassemens de mes travaux de la campagne*, Londres et Paris, Onfroy, 1785, 2 gros vol. in-12.

Le même auteur a fourni des augmentations à la *Nouvelle Maison rustique*, édition de Paris, 1790, 2 vol. in-4°.

BREVAL (Jean). L'abbé de Feller est le seul biographe qui parle de cet auteur; il le nomme Jean Durant de Breval, et le présente comme originaire de France. Suivant cet abbé, Breval fit ses études à Cambridge, et s'attacha au duc de Marlborough; ce protecteur lui donna le rang de capitaine et l'employa dans diverses négociations en Allemagne. Breval mourut le 9 janvier 1738, au moment où il terminait l'impression d'un ouvrage important qui parut sous ce titre: *Remarks on several parts of Europe, relating chiefly to their antiquities and history*, etc.; c'est-à-dire, *Observations sur divers endroits de l'Europe, lesquelles regardent l'antiquité et l'histoire, et qui ont été faites dans divers voyages, depuis l'année* 1723. Londres, 1738, 2 vol. in-fol. Il me semble que Feller a tort d'indiquer cet ouvrage en 4 volumes, qui auraient paru successivement en 1723, 1725 et 1738. Il attribue encore à ce voyageur des poésies et quelques pièces de théâtre.

BRÉZÉ (Le marquis DE), d'abord officier de cavalerie, ensuite adjudant-général, au service du roi de Sardaigne, a fait imprimer à Turin différens ouvrages; les principaux sont :

I. *Essai sur les haras, ou examen méthodique des moyens propres pour établir, diriger et faire prospérer les haras.* Turin, Reycends, 1765, in-8°, sans nom d'auteur.

II. *Observations historiques et critiques sur les commentaires de Folard, et sur la cavalerie.* Turin, 1772, 2 vol. in-8°. Le premier tome est fort bon et fort savant; le second est fort ennuyeux : tel est le jugement du prince de Ligne sur cet ouvrage. M. de Brézé s'est proposé de venger la cavalerie de l'espèce de mépris que M. de Folard avait pour cette arme.

III. *Réflexions sur les préjugés militaires.* Turin, Reycends, 1779, in-8°. L'auteur a répandu beaucoup d'intérêt dans son ouvrage, et il le doit à l'attention qu'il a eue d'appuyer d'exemples les principes qu'il expose.

BRICE (GERMAIN), en latin, *Brixius.* M. Gauthier de Colines, docteur en médecine à Bourg-en-Bresse, annonça, dans le journal des savans de décembre 1788, qu'il se proposait de donner une nouvelle édition, avec la traduction française, du poëme de Germain Brice, contenant plus de six cents vers, intitulé : *Hervæus, seu Cordigeræ navis conflagratio,* imprimé à Paris, chez Badius Ascensius, en 1513. Le poëte y célèbre en beaux vers le trait de l'amiral Hervée, qui ayant été averti que l'Angleterre faisait sortir de ses ports une escadre, qui menaçait d'une descente en Bretagne, malgré la paix qu'elle venait de conclure avec la France, ne chercha point à fuir des forces supérieures; s'étant aperçu que le feu prenait à son vaisseau, *la Cordière*, il n'en fut point épouvanté, et mit sous le vent l'ennemi, afin qu'il éprouvât à son tour les horreurs d'une flamme dévorante. Le vaisseau d'Hervée sauta en l'air avec son équipage, l'amiral anglais ne tarda pas à en faire autant. Voilà une des actions dont on aime à trouver le récit dans un *dictionnaire historique.*

BRIGNON (le P.), jésuite. M. P., dans ses *Mémoires ecclésiastiques,* cite les traductions de l'*Imitation* et du *Combat spirituel* par le P. Brignon. Tout le monde l'entend, parce que ces ouvrages sont généralement connus; mais peut-on le comprendre, lorsqu'il ajoute sèchement que le P. Brignon a aussi traduit la *Guide spirituelle*? En effet peu de personnes savent que la *Guide spirituelle* est un ouvrage du P. Dupont, jésuite espagnol; et il est facile de le confondre avec la *Guide des pécheurs*, traduite de l'espagnol du P. de Grenade, ou plutôt encore avec l'*Introduction à la guide spirituelle* du fameux Molinos.

BRIZWOOD (Edouard), nom dénaturé, et d'ailleurs double emploi dans le dictionnaire de MM. Chaudon et Delandine, ainsi que dans celui de l'abbé de Feller. Le nom véritable est Bréréwood.

BRISSOT (Pierre). La *Biographie universelle*, dans la partie bibliographique de cet article, dit qu'on a attribué à Brissot, comme premières et singulières productions de sa plume, la *Théorie du vol* et l'*Apologie du vol*. Pour un objet de cette importance, il était convenable de citer le vrai titre de l'ouvrage; et cela était d'autant plus aisé, que l'auteur l'a reproduit dans le VIe volume de sa *Bibliothèque philosophique du législateur*; son titre est conçu en ces termes : *Recherches philosophiques sur le droit de propriété et sur le vol, considérés dans la nature et dans la société.* Ces recherches ont 80 pages; l'auteur convient que, si dans la nature chacun a droit à tout, dans la société l'homme sans biens n'a droit à rien. Cependant il avance plusieurs propositions très-imprudentes. Cet ouvrage avait été imprimé séparément en 1780, mais à un petit nombre d'exemplaires. On en trouve une excellente réfutation par M. Morellet, dans le *Journal de Paris* de mars 1792, et dans le tome IIIe des *Mélanges de littérature* de cet auteur.

† BROCARD, voyageur du treizième siècle, très-connu par l'ouvrage intitulé : (*Brocardi, alemanni, ordinis Prædicatorum*), *veridica terræ Sanctæ regionumque finitimarum ac in eis mirabilium descriptio nusquàm antehàc impressa* (*curâ et studio J. Host de Romberch, Kyrspensis et Chrysostomi Javelli Casalensis, ordinis Prædicatorum*). *Venetiis, J. Tacuinus de Tridino*, 1519, in-8°, caractère demi-goth..... L'exemplaire que je possède de cette édition très-rare, vient de la bibliothèque de M. Chardon de la Rochelle. Brocard a écrit du style le plus simple le récit de ses voyages, ce qui a porté plusieurs copistes à le mettre en meilleur latin. Nos dictionnaires historiques ne nous avaient présenté jusqu'à ce jour que des détails vagues et inexacts sur ce voyageur. On en trouve de très-curieux dans la *Biographie universelle*; mais il y a beaucoup d'erreurs ou au moins de négligences dans l'indication des éditions du voyage à la Terre Sainte. Les auteurs de cet article eussent pu se contenter de traduire et d'abréger celui qui a été consacré à Brocard par le P. Echard, dans le tome premier des *Scriptores ordinis Prædicatorum*, pag. 391.

On peut distinguer quatre espèces d'éditions du voyage de Brocard. La première se trouve dans le livre intitulé : *Rudimentum novitiorum*. Lubec, 1475, 2 vol. in-fol. Voy. le tom. premier, sur la fin. Cet ouvrage doit être considéré comme une compilation historique, dont l'auteur est inconnu. On l'a attribué à Jean Colonne, dominicain; mais suivant le P. Echard, l'ouvrage de cet auteur est resté manuscrit. On l'a donné à notre Brocard; mais cela n'a pu venir que de l'insertion faite dans cette compilation du Voyage à la terre Sainte. Quoi qu'il en soit, il existe une traduction française du *Rudimentum novitiorum*. Paris, 1488 ou 1536, 2 vol. in-fol. Cette dernière édition a été continuée jusqu'au règne de François premier. On trouve dans les deux éditions, la traduction française du Voyage à la Terre Sainte. Le texte latin du Voyage, dans le *Rudimentum novitiorum*, est conforme au manuscrit du collége de Marie-Magdelaine, à Oxfort, dont le P. Echard à copié le commencement et la fin. Le P. Echard ne parle pas de cette édition.

La *Veridica Terræ Sanctæ.... .... descriptio* forme la souche de la seconde espèce d'éditions; elle a été imprimée d'après les manuscrits les plus complets, et semble présenter le véritable travail de Brocard. On l'a reproduite à Magdebourg en 1587, in-4°, avec l'itinéraire de Jérusalem, par Salignac.

La troisième espèce d'éditions parut d'abord sous ce titre: *Locorum Terræ Sanctæ exactissima descriptio, auctore F. Brocardo monacho. Antverpiæ, J. Stelsius*, 1536, in-8°, réimprimée avec le traité de Gaspard Peucer *De dimensione terræ, Vittebergæ*, 1554, in-8°, et dans le *Novus orbis* de Grinæus. *Basileæ*, 1537 *vel* 1557, in-fol. J. Le Clerc a suivi aussi cette édition, dans la réimpression que renferme son *Onomasticon urbium et locorum Sanctæ Scripturæ. Amstelodami*, 1707, in-fol. On trouve encore le même texte dans l'édition publiée à Cologne en 1624, in-8°, par les soins de Philippe Bosquier, franciscain. Cet éditeur a ajouté au nom de Brocard le prénom de Bonaventure, qu'il n'a jamais porté, et qui est celui d'un cordelier qui vivait dans le seizième siècle.

Dans cette série d'éditions, le texte de celle de Venise a subi les plus grandes métamorphoses; quelques faits et plusieurs miracles ont été supprimés.

Les *Lectiones antiquæ* de Canisius présentent encore un autre texte. *Ingolstadii*, 1604, in-4°. L'inconnu qui l'a rédigé, paraît s'être exercé à écrire à l'occasion du voyage de Brocard; il dénature des faits, il en supprime, il se permet des transpositions.

En lisant la *Biographie universelle*, on n'a aucune idée de ces quatre espèces d'éditions. Voilà cependant ce que l'on cherche dans ces sortes d'ouvrages, qui doivent épargner la peine de recourir à d'autres.

†BROCHARD (Michel), professeur d'humanités au collége Mazarin, acquit quelque célébrité par son érudition philologique et par ses connaissances bibliographiques. Il mourut en 1729, laissant une bibliothèque composée de livres bien choisis et bien conditionnés, dont le catalogue, dressé par lui-même, a été publié par le célèbre Martin. M. Brochard, par son zèle et par ses lumières, contribua aussi à la formation de quelques bibliothèques qui ont eu de la renommée, entr'autres, de celle de M. Dufay, capitaine aux Gardes, mort en 1725. La malignité a répandu que le professeur Brochard avait toujours dans son cabinet de bons ouvrages doubles ou triples, au service de ses amis, et dont il voulait bien se défaire en leur faveur. On ajoute que c'est par de semblables générosités, qu'il trouva le moyen de se former un

des plus riches et des plus nombreux cabinets de livres qu'il y eût à Paris. Si ces bruits sont fondés, ils font honneur aux riches amateurs qui ont mis leur confiance dans l'abbé Brochard ; car sans doute ils n'ignoraient pas le parti avantageux qu'il tirait de ses ouvrages doubles : cette manière d'encourager les lettres en vaut bien une autre, et ne déshonore pas celui qui en est l'objet. Nous avons vu de nos jours un amateur de livres très-distingué se former également une très-riche bibliothèque, en vendant successivement son cabinet en tout ou en partie à des amis favorisés des dons de la fortune.

On doit à l'abbé Brochard,

I. Une édition de Catulle, Tibulle et Properce. Paris, Coustelier, 1723, in-4°. Elle est peu estimée des savans, parce que l'éditeur s'est servi d'un manuscrit incomplet : elle est d'ailleurs fort défectueuse, suivant l'auteur d'une lettre insérée dans le *Mercure* de ce temps, et réimprimée en 1742 dans le IIIe volume des *Amusemens du cœur et de l'esprit*.

II. Une édition de l'Imitation de J.-C. Paris, frères Guérin, 1727, in-32. Cette édition passe pour correcte; elle ne contient aucun avertissement de l'éditeur.

III. *Q. Horatii Flacci carmina ab omni obscœnitate expurgata*, avec des notes. Paris, Nyon, 1728, in-12. L'éditeur prétend avoir revu le texte sur les manuscrits et sur les meilleures éditions. Quant aux notes, il avoue les avoir tirées en grande partie de différens commentateurs : il a reproduit presque toutes celles qui se trouvent dans l'édition d'Horace publiée à Rouen et à Rome par le P. Jouvency.

On dit, dans la préface du Moréri de Bâle, 1740, que l'abbé Brochard a beaucoup aidé l'abbé Dupin, pour l'édition publiée par cet abbé en 1712.

BROTIER (Gabriel), célèbre jésuite. Il était essentiel d'annoncer dans la *Biographie universelle*, que l'édition qu'il préparait des œuvres de Pline le Naturaliste, devait former environ six volumes in-fol. Sa famille en conservait le manuscrit, qui se trouve peut-être actuellement en des mains étrangères.

BROUSSON (Claude), ministre protestant, condamné, en 1698, à être rompu vif. On se rappelle combien, sous Louis XIV, la législation relative aux protestans a été dure et même cruelle. On doit regarder le ministre Brousson, comme une des plus malheureuses victimes de cette législation, portant peine de mort contre les ministres qui rentraient dans le royaume et convoquaient des assemblées de religion. Brousson n'était coupable que de cette contravention, et il a été condamné à être rompu vif! Un historien bien suspect, Brueys, a tâché de flétrir sa mémoire, en affirmant qu'il avait fait un projet pour attirer l'ennemi dans le royaume, et qu'il l'avait envoyé à M. le comte de Schomberg. Suivant La Beaumelle, dans ses célèbres *Lettres* à Voltaire, il était de notoriété publique que Brousson avait nié d'être l'auteur d'un pareil projet, et qu'il ne fut pas appliqué à la question ordinaire et extraordinaire, quoiqu'il y eût été condamné. Quelques sollicitations que fissent ses parens et ses amis, ils ne purent obtenir du greffe une copie de son procès, qui n'avait duré que trois jours. On savait qu'il n'avait jamais donné occasion au moindre tumulte, et qu'il ne permettait pas même qu'on vînt armé à ses assemblées; qu'il avait toujours parlé de Louis XIV avec respect, et de ses persécuteurs avec charité. M. de Bâville le poursuivait si vivement, qu'il l'obligea de sortir du Languedoc. Brousson passa dans le Béarn, et fut rencontré à Oléron par des soldats, qui le relâchèrent, sur ce qu'il leur protesta qu'il n'était point celui qu'ils cherchaient. A peine eut-il fait vingt pas, que, touché de repentir, il retourna vers eux, et leur dit: « Mes amis, il n'est pas permis de mentir pour sauver sa vie : je suis Claude Brousson, ministre de l'évangile de vérité. »

Malgré cette apologie, publiée en 1763, M. Chaudon a répété, contre l'infortuné Brousson, les assertions dénuées de preuves du sieur Brucys; on est affligé de retrouver les mêmes assertions dans la *Biographie universelle*.

* BRUNE (Jean de la), ancien pasteur de l'église wallonne de la garnison de Tournay, depuis pasteur réfugié à Schoonhoven. On a de lui plusieurs ouvrages :

I. *Voyage de Suisse, relation historique contenue en douze lettres écrites par les sieurs Reboulet et la Brune à un de leurs amis de France.* 2 parties, La Haye, 1686, petit in-12. Les épîtres dédicatoires sont signées *la Brune*, et datées de Heidelberg.

II. *La vie de Charles V, duc de Lorraine et de Bar.* Amsterdam, 1691, in-12.

III. *Mémoires pour servir à l'histoire de Louis de Bourbon, prince de Condé.* Cologne (Amsterdam), 1693, 2 vol. in-12.

IV. *Traité de la Justification, par Jean Calvin; traduit du livre de son Institution chrétienne.* Amsterdam, 1693, in-8°. Seconde édition, Amsterdam, Kuiper, 1705, in-12.

V. *Mélanges historiques*, Amsterdam, 1718, in-12.

VI. *Histoires du Vieux et du Nouveau Testament, en vers, avec des remarques.* Amsterdam, 1731, in-8°. Cet ouvrage avait paru dès 1705, dans l'Histoire de l'Ancien et du Nouveau Testament de Basnage, in-fol.

VII. *Entretiens historiques et critiques de Philarque et de Polidore, sur diverses matières de littérature sacrée.* Amsterdam, aux dépens de la Compagnie, 1733, 2 vol. petit in-8°. L'auteur y a recueilli ce que plusieurs savans ont écrit sur diverses questions qui ont rapport aux livres sacrés et à l'histoire ecclésiastique. Ces entretiens renferment plusieurs questions qui ne sont que curieuses, et d'autres qui le sont trop. Est-il, par exemple, bien essentiel de savoir les impertinentes fables que les docteurs juifs ont eu la témérité d'écrire sur la taille prétendue gigantesque d'Adam, sur ses vastes connaissances, sur sa sépulture, sur la création d'Eve, etc.?

Jacques Bernard, dans les *Nouvelles de la république des lettres* du mois de septembre 1710, attribue à notre auteur la *Morale de Confucius*, imprimée à Amsterdam, chez Savouret, en 1688, petit in-8°. Ce volume a été réimprimé plusieurs fois. *Voyez* ci-après le mot *Cousin*.

BRUNEAU (ANTOINE). La *Biographie universelle* cite l'ouvrage de cet avocat, intitulé : *Supplément, contenant en abrégé l'institution des 21 universités de France*, 1 vol. in-12. On ajoute que Bruneau n'a fait aucun ouvrage précédent dont celui-ci soit le supplément. Ceci n'est pas exact. Bruneau a prétendu offrir un *Supplément* à son *Traité des criées*. Malheureusement le *Supplément* parle de toute autre chose que de ce qui est renfermé dans l'ouvrage principal.

* BRUNET (JOSEPH), abbé de St.-Crépin-le-Grand, de Soissons, et docteur de Sorbonne, mourut en 1758, après avoir publié différens ouvrages de piété dont quelques-uns ont mérité les honneurs d'une réimpression. Les principaux sont :

I. *Pratique du sacrement de pénitence*, avec le *Responsa moralia*, Paris, 1693, in-18.

II. *Maximes ecclésiastiques*, 1 vol. in-18.

III. *Sentimens de piété*, 1 vol. in-18, réimprimé en 1780.

IV. *Motifs et pratiques des principales vertus chrétiennes*, 1 vol. in-18.

V. *Abrégé des devoirs du chrétien*, petit in-12.

VI. *Pensées chrétiennes sur la passion de N. S. J.-C.*, in-24.

Vers 1700, l'abbé Brunet fut élu diverses fois supérieur du mont Valérien, près Paris. Il exerça de grandes charités envers les pauvres écoliers, et montra beaucoup de zèle pour les missions.

(*Histoire du diocèse de Paris*, par Le Beuf, t. 7 ; *divers Catalogues.*)

BRUNET (Le Sieur), médecin, physicien et métaphysicien du XVIIe siècle, vivait encore au commencement du XVIIIe. Ses systèmes sur quelques parties de la physique sont consignés et combattus dans le *Journal des Savans* (Voy. la *Table* de l'abbé de Claustre). Suivant M. Saverien, cet auteur a fait un abus étrange de la métaphysique ; il prétend que lui seul existe dans le monde ; que sa pensée est la cause de l'existence de toutes les créatures ; et quand il cesse d'y penser, elles sont anéanties. La brochure dans laquelle il développe ces singulières idées, fut imprimée à Paris en 1703, chez la veuve Hortemels : elle est d'une extrême rareté ; mais on en trouve la substance dans un recueil de *Pièces fugitives d'histoire et de littérature*, publié en 1704, seconde partie. Quant à la médecine, le sieur Brunet a publié, à diverses époques, une espèce de journal intitulé : *Progrès de Médecine, contenant un recueil de tout ce qui s'observe de singulier, par rapport à sa théorie et à sa pratique, avec un jugement sur toutes sortes d'ouvrages de physique, etc., pour le mois de janvier de l'année* 1695, *l'année* 1697, *et pour les mois de janvier, février et mars* 1709, Paris, 1695, 1698 et 1709, 3 vol. in-12. Cet ouvrage se distribuait d'abord par mois. Le premier n° de janvier 1695 est dédié à M. Bourdelot, médecin du Roi. Ce médecin avait promis au public un *Traité de la manière de faire parler les bêtes avec raison.*

(Saverien, *Histoire des Philosophes modernes*, tome Ier, etc.)

† BRUSLÉ DE MONTPLEINCHAMP (Jean-Chrysostome), né à Namur, d'un père artisan, entra d'abord chez les jésuites, qui le chassèrent deux fois de leur compagnie; il devint chanoine de Sainte-Gudule à Bruxelles, et prédicateur de l'empereur Charles VI. Il cultiva les lettres, sans pouvoir s'attirer l'estime des honnêtes gens, parce que les ouvrages qu'il a publiés ne sont que des espèces de plagiats. D'ailleurs son caractère lui fit beaucoup d'ennemis. Il vivait encore en 1712, époque où parut une brochure satirique intitulée: *l'Original multiplié, ou portraits de Jean Bruslé Namurois. A Liége*, in-8° de 76 pages.

Cette pièce fait connaître la plus grande partie des ouvrages de ce mauvais compilateur. Voici les principaux:

I. *Histoire de Philippe Emmanuel de Lorraine, duc de Mercœur.* Cologne, 1689, in-12. Réimprimée en 1697.

II. *Histoire de D. Juan d'Autriche, fils naturel de l'empereur Charles-Quint.* Amsterdam, 1690, in-12.

III. *Les jeux admirables de la divine providence.* Cologne, ou plutôt Bruxelles, 1690, in-8°, sous le nom de M. *de Gérimont.* Ce sont les vies de Joseph, d'Adrien VI, du P. Edmond Auger, de Quériolet, etc. On trouve dans la plupart des vers de la façon de l'auteur.

IV. *Histoire d'Alexandre Farnèse, duc de Parme, gouverneur de la Belgique.* Amsterdam, 1692, in-12.

V. *Histoire d'Emmanuel Philibert, duc de Savoye*, Amsterdam, 1692, in-12.

VI. *Histoire de l'archiduc Albert.* Cologne, 1693, in-12.

Ces histoires sont fort médiocres.

VII. *L'arche d'alliance, ou nouvel abrégé des méditations du P. Du Pont.* Bruxelles, chez J. Dandenne, 1696.

C'est une réimpression pure et simple de l'Abrégé du P. Du Pont fait par le P. d'Orléans, avec une préface pleine de charlatanisme.

VIII. *La conversion de S. Augustin.*

C'est un extrait de la traduction de Dubois.

IX. *Esope en belle humeur.* Bruxelles, Foppens, 1695, in-12. Nouvelle édition, 1700, 2 vol. in-12.

Ce n'est pour ainsi dire qu'un nouveau titre mis aux fables d'Esope, imprimées à Paris en 1689, avec les figures de Sadeler. Le compilateur y a ajouté quelques fables de Furetière et de La Fontaine, avec une préface. La première édition contient des *applications* que le libraire n'a pas voulu reproduire dans la seconde édition, ce qui le brouilla avec l'éditeur.

X. *Festin nuptial dressé dans l'Arabie heureuse, au mariage d'Esope, de Phèdre et de Pilpai*, sous le nom de M. de Palaidor. A Pirou, en Basse-Normandie (Bruxelles), 1700, petit in-8°.

Cette compilation est du même genre que la précédente. L'éditeur y a inséré plusieurs fables de sa composition; ce sont les plus mauvaises. La conclusion du festin nuptial renferme des applications, qui ont dû attirer beaucoup d'ennemis au sieur Bruslé.

XI. *Lucien en belle humeur, ou nouvelles conversations des morts.* Amsterdam, 1694, 2 vol. in-12.

XII. *Histoire de Gillion de Traizeguies.*

XIII. *Le Diable bossu.* Nancy (Bruxelles), Jean de Smedt, 1708, in-12.

Roman sans art et sans génie, dans lequel on ne trouve que visions, apparitions, esprits, gens coupés en morceaux par les diables avec un grand couteau.

XIV. *Renversement des prédictions frivoles d'Isaac Brickerstaf*, etc., par M. du Belastre, astrologue. Lunéville, etc., 1708, in-12.

C'est la réfutation d'une brochure intitulée : *Prédictions pour l'année* 1708, écrites et publiées en anglais, par Richard Steele, sous le nom d'Isaac Brickerstaf, gentilhomme. Ce prétendu prophète avait prédit la mort de plusieurs princes, ministres, etc.

La manie qu'avait le sieur Bruslé de s'emparer de toutes sortes d'ouvrages, l'a même porté à reproduire la traduction de l'*Imitation de J.-C.*, par M. Dumas. Il en donna une édition à Bruxelles, chez Foppens, avec une épître dédicatoire, que le libraire a signée.

On trouve quelques vers latins de J. Bruslé, dans la satire citée au commencement de cet article.

† BRUSSEL (Nicolas), né à Paris, devint conseiller du roi, auditeur ordinaire de ses comptes. En 1720, après la mort de M. Rousseau, conseiller auditeur en la chambre des comptes, chargé de la garde du dépôt des terriers de la couronne, M. Brussel fut invité par ses confrères à se livrer à l'étude du dépôt des terriers. Il le fit avec tant de zèle et de succès, qu'en 1727 il se trouva en état de publier l'ouvrage important intitulé : *Nouvel examen de l'usage général des fiefs en France pendant le* XIe, *le* XIIe, *le* XIIIe *et le* XIVe *siècles.* Paris, chez Cl. Prudhomme, 2 vol. in-4°. Ces recherches parurent d'autant plus utiles aux savans, que l'établissement des fiefs avait changé en beaucoup de choses l'ancienne forme du gouvernement de la nation française. Aussi l'ouvrage de M. Brussel obtint-il un succès d'estime qui s'est soutenu jusqu'à l'époque de la révolution. Le président Hénault et l'abbé de Mably l'ont cité avantageusement. Il n'en existe cependant qu'une édition, dont le frontispice a été renouvelé en 1750. M. Brussel enseigna lui-même les premiers élémens de la langue latine à un fils qu'il chérissait, et qui ne vécut pas assez pour réaliser les espérances que faisaient concevoir ses bonnes dispositions. Ce travail mit l'estimable père à même de reconnaître l'imperfection de nos rudimens et de nos dictionnaires latins. Il avait dessein de publier un nouveau rudiment, mais il se contenta de livrer à l'impression des *Recherches sur la langue latine, principalement par rapport au verbe et à la manière de le traduire.* Paris, Valleyre, 1747, 2 vol. in-12. Ces recherches très-curieuses contiennent le premier germe d'un dictionnaire des synonymes latins, ouvrage si bien exécuté depuis par le professeur Gardin du Mesnil. M. Brussel

mourut à Paris, le 8 janvier 1750.

Un de ses neveux, M. Pierre Brussel, auditeur des comptes, mort vers 1780, est auteur,

I. De la *Suite du Virgile travesti.* La Haye et Paris, 1767, in-12.

II. De la *Promenade utile et récréative de deux Parisiens*, ou *relation de leur voyage en Italie.* Paris, 1768, 2 parties in-12; réimprimée à Avignon en 1791.

Ces deux ouvrages, écrits dans le genre de deux modèles inimitables, Scarron et Bachaumont, rappellent quelquefois ces illustres écrivains.

BRUYERE (Jean de la). La *Biographie universelle* place dans la Normandie la petite ville de Dourdan, qui a donné naissance à l'auteur des *Caractères.* Tout le monde sait que cette ville faisait autrefois partie de l'Ile-de-France, et qu'aujourd'hui elle est dans le département de Seine-et-Oise. Le nom du poëte célèbre qui se lit, par initiales, au bas de l'article, rappelle involontairement la réponse de ce mauvais poëte qui s'excusa d'une faute de *géographie*, en disant qu'il ne savait pas la *chronologie.*

*BRUZEAU (Paul), prêtre de la communauté de St.-Gervais, à Paris, a fourni, dans différens ouvrages, les preuves qui établissent les divers points qui séparent les catholiques des luthériens et des calvinistes. Les principaux sont :

I. *Réponse à l'écrit d'un ministre* (Charles Drelincourt), *sur plusieurs points de controverse*, Paris, 1678, in-8°.

II. *Défense de la même Réponse*, Paris, 1678, in-8°.

III. *Défense de la foi de l'Eglise, pour servir de réponse à la lettre de M. Spon*, 1682, in-12.

IV. *La Foi de l'Eglise catholique touchant l'Eucharist.*, 1684, in-12.

Ces ouvrages, plus remarquables par l'érudition que par le style, sont oubliés aujourd'hui. L'auteur avait publié en 1673, la *Conférence du diable avec Luther, contre le sacrifice de la Messe, avec la Réfutation d'un Ecrit fait par M. Ereïter, ministre de l'ambassadeur de Suède, pour défendre cette conférence, et l'examen de quatre endroits du dernier livre de M. Claude*, etc., 1 vol. in-12. Quelques exemplaires ont pour titre : *Réfutation de la Réponse faite par M. Ereïter*, etc. Ce volume, de 187 pages, a été réimprimé en 1740, sous le premier titre. On trouve aussi la moitié de la première édition de ce volume sous ce titre : l'*Entretien de Luther avec le démon, contre le saint sacrifice de la Messe, selon le récit que Luther en fait lui-même dans ses œuvres*, avec la réponse à l'Ecrit de M. Ereïter, etc.; par le sieur Pillon, bachelier et licencié en droit canon; deuxième édition, à Paris, chez l'auteur, dans la vieille rue du Temple, au coin de la rue St.-François; 1680, in-12 de 100 pages, sans compter la préface ni la table. Il ne faut pas confondre l'ouvrage de Bruzeau avec celui de l'abbé de Cordemoy, qui a pour titre : *Récit de la Conférence du diable avec Luther*, etc. Voy. le mot Pillon.

BUDER (Christian-Gottlieb),

La *Biographie universelle* accorde de justes éloges à deux ouvrages utiles de Struve, que ce célèbre professeur a augmentés et perfectionnés; je veux parler de la *Bibliotheca juris selecta*, 1 vol., et de la *Bibliotheca historica*, 2 vol. in-8°. Le rédacteur de l'article dit que la 7e édition de la *Bibliotheca juris*, en 1743, est fort augmentée; la 8e, de 1756, l'est encore davantage. Quant à la Bibliothèque historique, le rédacteur avance, que cet ouvrage a été refondu et complété par M. Meusel, qui l'a porté à onze vol. in-8°. On croirait, d'après cette tournure, que la nouvelle édition est terminée; c'est malheureusement un ouvrage dont la continuation paraît abandonnée, puisque la seconde partie du onzième volume a paru en 1804. Elle contient la table des précédens volumes; mais l'éditeur a terminé seulement l'histoire ancienne, l'histoire grecque et romaine, celle du Bas-Empire; les histoires de Portugal et d'Espagne, l'histoire de France et les autres parties formeraient autant de volumes, au moins. On doit regretter l'interruption d'un ouvrage si utile.

* BUHY (Félix de), fils d'un riche marchand de Lyon. Il se jeta dans un couvent de carmes étant fort jeune, et eut pour professeur un habile moliniste. A l'âge de 22 ans, il soutint une thèse publique suivant les principes de son maître; mais, après avoir lu les auteurs originaux, il changea de sentimens. Etant venu à Paris, il voulut être docteur de Sorbonne. Il fut le premier qui soutint les quatre propositions du clergé avec tant de force et d'érudition, qu'il enleva l'estime et l'admiration de toute l'assemblée. Ses réponses furent envenimées et envoyées à la cour de Rome, qui lui fit un crime d'avoir avancé qu'il y a des lois ecclésiastiques auxquelles le Pape est soumis; elle commanda au commissaire-général de l'ordre des Carmes, en l'absence du général, de déclarer le frère Buhy déchu des priviléges accordés aux religieux par les Papes. Le parlement manda le prieur des carmes, qui avait mis cet ordre à exécution, et le blâma d'avoir ainsi contrevenu aux commandemens du Roi. Le P. de Buhy n'était pas seulement un habile théologien; il avait encore l'avantage d'être un prédicateur éloquent, s'étant fait écouter dans la chaire de St.-Jean, de Lyon, avec un applaudissement universel. Il mourut de pleurésie en 1687, âgé d'environ 50 ans, lorsqu'il prêchait le Carême dans un bourg près de Paris. Il a couru de lui, dit Vigneul-Marville, à Paris et ailleurs, un Abrégé des conciles-généraux, qui m'a paru être un coup de maître, quoique composé en moins de six semaines. Son dessein n'était pas que ce petit ouvrage vît le jour, ne l'ayant écrit que pour contenter un gentilhomme de ses amis, qui l'avait prié de lui donner une idée générale des conciles. Voy. les *Mélanges* de Vigneul-Marville, tome 3, édition de 1701. Si Vigneul-Marville eût voulu parler de l'*Histoire des Conciles-généraux*, imprimée à Paris, chez Maurice Villery, 1699, 2 vol. in-12, il eût probablement dit que l'ouvrage dont il parlait, venait de voir le jour. Quelques

personnes croient que l'ouvrage du P. Buhy a paru sous ce titre : *Analyse* ou *idée générale des Conciles œcuméniques et particuliers*, Bruxelles, Fr. Foppens, 1706, 2 vol. in-8°. Je ne puis adopter leur opinion ; car ces deux volumes, d'ailleurs très-fautifs, suivant le docteur Salmon, semblent venir d'un auteur qui a mis beaucoup de temps à les composer, puisqu'il a placé à la fin du second une table des matières très-détaillée.

M. Chaudon avait donné un court article au P. Buhy ; l'abbé de Feller, fidèle à ses principes anti-gallicans, n'a pas cru devoir le reproduire.

BUINAM (Jean)., nom estropié dans le Dictionnaire de MM. Chaudon et Delandine. Il faut lire Bunyan, auteur du *Pélerinage de l'ame dévote*, ou plutôt du *Voyage du pélerin*, ouvrage qui a eu en Angleterre plus de cinquante éditions, depuis la première, qui parut vers 1660. Nous en avons plusieurs trad. en français : 1°. *Voyage du chrétien et de la chrétienne vers l'Eternité*, Neufchatel, 1716, in-8° ; Bâle, 1728, 2 vol. in-12 ; Halle, 1752, 1 vol. in-12. 2° *Pélerinage d'un nommé Chrétien*, écrit sous l'allégorie d'un songe (abrégé de l'anglais, par Robert Étienne, libraire), Paris, Savoye, 1772, petit in-12, réimprimé plusieurs fois.

BURCKARD (Jacques), savant Allemand, né en 1681. La *Biog. univ.* dit que les leçons de Jacques Gronovius, d'Horace Turselin, de Perizonius, lui inspirèrent un goût particulier pour l'antiquité et pour l'histoire. La précipitation avec laquelle cet article a été rédigé d'après l'allemand d'Adelung, est sans doute cause de l'anachronisme que l'on remarque dans cette phrase ; en effet, Burckard n'a pu suivre les leçons du jésuite Turselin, qui mourut en 1599 : aussi le texte allemand porte-t-il seulement qu'il entendit Perizonius donnant des leçons sur Horace Turselin, sur Térence, etc. Dans le même article, on assigne quatre parties à l'ouvrage de Burckard, intitulé : *Historia Bibliothecæ Augustæ, quæ Wolfenbutteli est* ; il n'en a que trois : la seconde et la troisième sont datées de 1746. On doit au même auteur plusieurs autres ouvrages dont on trouve la liste soit dans le *Supplément* d'Adelung, soit dans l'*Onomasticon* de Saxius. Je dois dire cependant que ce dernier attribue à notre Burckard deux lettres latines qui ont été publiées à Hanovre en 1710 et 1711, sous le masque de *Janus-Gregorius Betulius*, par Jean-George Burckard, son frère. Adelung a bien distingué les deux frères.

BURIGNY (Jean Lévesque de). M. J..... B. affirme, dans la *Biographie universelle*, que l'*Examen critique des apologistes de la religion chrétienne* n'est pas de Burigny. M. J..... B. est de Reims ; il sait intérieurement à quoi s'en tenir sur cet objet ; il veut sans doute montrer des ménagemens pour quelques-uns de ses compatriotes ; pour moi, qui ne dois d'égards qu'à la vérité, je me contenterai de lui dire qu'un de ses amis a vu dans la famille de M. de Burigny le manuscrit original de l'*Examen critique* ; c'est

M. Naigeon qui en a été l'éditeur, après y avoir fait beaucoup de changemens. Au lieu de dire d'une manière aussi tranchante que l'*Examen critique* n'était pas de M. de Burigny, pourquoi M. J.... B. n'a-t-il pas cherché à réfuter les argumens que j'ai développés en faveur de mon opinion ? M. P....., dans ses *Mémoires ecclésiastiques*, croit que cet ouvrage n'est pas plus de Burigny que de Fréret ; et il l'attribue, d'après La Harpe, à M. l'abbé M....., mort dans ces derniers temps. Je me suis entretenu plusieurs fois de l'*Examen critique* avec M. M....., et il m'a déclaré, deux ans avant sa mort, qu'il ne désavouerait pas cet ouvrage, s'il l'avait réellement composé.

BURKE (Edmond). L'énumération des ouvrages de ce célèbre publiciste, trad. en français, donnée par la *Biograph. univ.*, est incomplète ; car, 1°. Nous avons une traduction du premier ouvrage que Burke a publié dans les principes et pour ainsi dire sous le nom de Bolingbroke ; elle est intitulée : *Apologie de la société naturelle*, ou *Lettre du Comte de *** au jeune Lord ****; sans indication de lieu, 1776, in-8° de 100 pages. La préface du traducteur français est toute différente de celle de l'auteur anglais. Bolingbroke n'y est pas nommé.

2°. Dès l'année 1765, l'abbé des François avait publié à Paris une traduction française des *Recherches philosophiques sur le Beau et le Sublime*, 2 parties in-12. La *Biographie* cite une *Lettre* de Burke, adressée à *M. le comte de Rivarol ;* il faut lire : à *M. le vicomte de Rivarol.* C'est le frère du fameux comte.

BURNET (Gilbert). L'ouvrage intitulé *Histoire de mon temps*, ne parut que plusieurs années après sa mort, comme il l'avait prescrit dans son testament. Le 1er volume fut donné en 1724, in-fol. ; il a été revu par Cuningham, éditeur, et par Johnson, seigneur écossais, qui retranchèrent de l'ouvrage un grand nombre d'endroits injurieux à des personnes respectables. Ce qu'ils ont laissé, fait encore assez voir leur indulgence. Le second volume ne fut publié qu'en 1734, par les soins de Th. Burnet, un des fils de l'auteur, qui y joignit des mémoires sur la vie de son père. Il existe deux traductions françaises du premier volume ; la première est intitulée : *Mémoires pour servir à l'histoire de la Grande-Bretagne.* La Haye, 1725, 3 vol. in-12. On n'en connaît pas l'auteur. La seconde a paru sous le titre d'*Histoire des dernières révolutions d'Angleterre.* La Haye, 1725, 2 vol. in-4° ; elle est du fameux La Pillonnière. Cette traduction a été réimprimée deux fois ; 1° à Trevoux, sous le titre de La Haye, en 1727, 4 vol. in-12 ; 2° à La Haye, en 1735, 2 vol. in-4° très-épais. Elle forme le 1er vol. de cette édition ; le 2e contient la traduction du second vol. de l'original anglais. On l'a aussi imprimée en 3 ou 4 vol. in-12. L'on ne trouve que des détails inexacts ou incomplets, tant sur l'ouvrage anglais, que sur ses traductions françaises dans Niceron, Chaufepié, Chaudon, et dans la *Biographie universelle*. On peut encore reprocher à ce dernier ouvrage de ne pas avoir mentionné les *Remarques* de Burnet *sur les actes de la dernière assemblée du clergé*, trad. de l'anglais, par de Rosemond. Londres, 1683, in-12.

† BURY (DE), avocat et historien du dix-huitième siècle. On le croit natif de Paris, l'époque de sa mort est inconnue ; mais le *Journal encyclopédique* assure qu'il avait quatre-vingt-dix ans en 1776. Il avait donc soixante-neuf ans, lorsqu'il publia, en 1755, sous le voile de l'anonyme, son premier ouvrage. C'était une lettre à Voltaire, *au sujet de son Abrégé d'histoire universelle*. Voltaire répondit à son critique par l'écrit qui a pour titre : *Lettre civile et honnête* à l'auteur malhonnête de la critique de l'Histoire universelle de M. de V***, qui n'a jamais fait d'histoire universelle. La lettre de M. de Bury annonçait, sinon un bon écrivain, au moins un homme qui avait étudié avec soin l'histoire de France. M. de Bury publia encore en 1769, une longue *Lettre* anonyme *sur quelques ouvrages de Voltaire*. On y retrouve plusieurs pages de la première ; mais la plus grande partie renferme une critique de la Henriade. Du reste M. de Bury parle plusieurs fois de lui-même dans cette lettre, avec une remarquable ingénuité : ici, il se présente comme un auteur sans considération ; là, il n'est qu'un médiocre auteur. La postérité confirmera ces jugemens, en rendant néanmoins justice aux motifs qui l'ont dirigé dans la composition de ses ouvrages historiques. Il a toujours cherché à peindre les bons rois, et à excuser les mauvais.

Voici les titres de ses ouvrages :

I. *Histoire de Jules César, suivie d'une dissertation sur la liberté*. Paris, 1758, in-12.

II. *Histoire de Philippe et d'Alexandre-le-Grand, rois de Macédoine*. Paris, 1760, in-4°. L'auteur fait bien connaître le génie qui animait les différentes républiques de la Grèce, au temps de Philippe, et justifie ce prince des accusations trop odieuses dont Tourreil et Rollin, d'après Démosthènes, ont chargé sa mémoire. Il résulte de la lecture de cette Histoire, qu'Alexandre fut un grand conquérant, et Philippe un grand homme.

III. *Eloge du duc de Sully*, Paris, 1763, in-8°.

IV. *Histoire de la vie d'Henri IV*, Paris, 1765, 2 vol. in-4° ; 1766, 4 vol. in-12 ; réimprimée encore en 1767, en 1769 et en 1779. L'auteur, dans la préface de sa première édition, avait eu le malheur de porter des jugemens très-inconsidérés sur plusieurs célèbres historiens, soit anciens, soit modernes. Il s'est attiré de vives critiques de la part de Voltaire et surtout de la part de la Beaumelle, qui est le véritable auteur de l'*Examen de la Nouvelle Histoire de Henri IV de M. Bury*, par M. le marquis de B....., Genève, 1768, in-8°. M. de Bury a fait disparaître des nouvelles éditions les passages justement censurés de cet ouvrage. La Beaumelle, au commencement de sa brochure, dit que Bury est le dénonciateur de l'inoculation auprès de tous les archevêques du royaume. Il a confondu notre historien avec le comte de Bury, auteur de l'*Inoculation de la petite vérole déférée à l'Eglise et aux magistrats*, 1756 in-12. L'ouvrage d'ailleurs n'a pas fait oublier celui de Péréfixe : il contient des fautes contre la géographie et contre l'histoire.

V. *Histoire de la vie de Louis XIII*, Paris, 1767, 4 vol. in-12. On reproche à cette Histoire, comme à la précédente, le défaut de prolixité.

VI. *Histoire abrégée des philosophes et des femmes célèbres*, Paris, 1772, 2 vol. in-12. L'auteur avoue qu'il n'a pas composé cet ouvrage pour les savans. En effet, il ne peut plaire qu'à l'extrême jeunesse.

VII. *Histoire de Saint-Louis, roi de France, avec un Abrégé de l'histoire des croisades*, Paris, 1775, 2 vol. in-12. On a relevé quelques légers anachronismes dans cette Histoire.

VIII. *Essai historique et moral sur l'éducation française*, Paris, 1777, in-12. L'auteur s'est attaché à faire connaître l'essence des vertus civiles ; ses préceptes sont simples et presque toujours appuyés sur des traits historiques, intéressans par eux-mêmes, et quelquefois peu connus.

IX. *Lettre au sujet de la découverte de la conjuration formée contre le roi de Portugal*, 1759, in-12. Le Paige l'a réfutée dans une *Réponse au jésuite, auteur de la Lettre, etc.* Il paraît que si Bury n'était pas jésuite, il professait au moins les principes de cette compagnie.

X. *Lettre sur les ouvrages philosophiques condamnés par l'arrêt du parlement du 18 août 1770*, Paris, Vente, 1771, in-8°.

On peut douter que M. de Bury ait poussé sa carrière jusqu'en 1781, ainsi que le fait croire M. l'abbé Sabatier, dans l'édition des *Trois Siècles* qu'il publia cette année.

BUSÉE (JEAN), jésuite. Ses Meditations ont eu un grand cours pendant la dernière moitié du XVIIe siècle et au commencement du XVIIIe. On en connaît au moins cinq traductions : *la première*, par un ecclésiastique de Paris, que Chaulmer (voy. sa *Nouv. Méth.*, Paris, 1656, in-8°) dit avoir été prêtre de la mission, sous le titre de *Manuel de méditations dévotes sur les évangiles des dimanches et fêtes de l'année*. Paris, chez Seb. Huré et Fréd. Léonard, 1644, 2 vol. in-12. La 9e édition parut en 1660, et la dernière, probablement en 1688, chez Hérissant. *La seconde*, par Nicolas Binet, A. A. P., c'est-à-dire, avocat au parlement. Paris, Coignard, 1669, 1 vol. in-12, souvent réimprimé ; la dernière édition paraît avoir eu lieu en 1717, 2 vol. in-12. *La troisième*, par un anonyme. Paris, Simon Benard, 1669, 2 vol. in-12 ; Denis Thierry, ou Legras, 1676, 1682, 1697, 1702, in-12. L'édition de 1681 est en 2 vol. comme celle de 1669. *La quatrième*, par René Macé, curé de Ste.-Opportune. Paris, Pralard, 1684, in-12 ; réimprimé plusieurs fois. *La cinquième*, par le P. Brignon, Paris, Michallet, 1691, in-12.

BUSSÆUS (ANDRÉ), historien et grammairien islandais, né en 1679, mort en 1735. Il a publié *Arii cognomine Froda, id est, polyhistoris et primi in septen-*

trione historici Schedæ, seu libellus de Islandiâ, ex veteri islandicâ vel danicâ antiquâ linguâ in latinam versus. Hauniæ, 1733, in-4. *Aria-Froda* vivait dans le XIIe siècle, en Islande où il était prêtre. Son ouvrage avait déjà été imprimé en 1688, mais en islandais seulement. Bussæus l'a fait réimprimer avec la traduction à côté ; il y a joint : *Jonæ Gam Schediasma de ratione anni solaris, secundùm rudem observationem veterum Paganorum in Islandiâ, et Periplus Ohtheri et Walfstani, ab Alfredo rege Angliæ descriptus.* Ce dernier ouvrage a reparu séparément en 1744, in-8°. C'est la relation d'un voyage fait au IXe siècle, dans les mers septentrionales, par ordre du roi Alfred.

(*Saxii onomasticon. Méthode historique de Lenglet. Bibliothèque des voyages.*)

BUTEL-DUMONT (GEORGE-MARIE), avocat, censeur royal, etc. Le dernier ouvrage de l'articlede cet auteur, dans la *Biographie universelle*, appartient à M. Gabriel-Martin Dumont, architecte; et, en effet, les études auxquelles M. Butel-Dumont s'est livré toute sa vie, étaient bien étrangères aux recherches qu'a dû exiger la publication des *Ruines de Poestum* ou *Possidonia*.

BUTTEL (FRANÇOIS), chirurgien à Etampes, né dans un bourg près de Chateaudun, est mort le 25 avril 1782. Ses talens l'ont fait recevoir membre de l'académie royale de chirurgie. Parmi les pièces que la famille a remises à l'académie, il en est une qui inspire le plus grand respect pour sa mémoire : c'est un gros volume où il consignait chaque jour ses observations sur l'art des accouchemens, dans lequel il excellait; il s'y rend compte à lui-même de ses manœuvres, et il se juge avec sévérité. En parcourant ce recueil, on y aperçoit une lacune de trois mois, et on lit au bas de la page, l'explication suivante, bien honorable pour celui qui l'a donnée : « Ayant commis une faute dans » un accouchement difficile, j'ai » passé ces trois mois à Paris, pour » y consulter les maîtres de l'art, » et profiter de leurs leçons. »

Il mourut victime de son zèle; ayant voyagé la nuit pour un malade, le froid le saisit, la fièvre survint, et il succomba.

C.

*CAFFARO (le Père), religieux théatin du XVIIe siècle, est devenu célèbre par une lettre mise à la tête du Théâtre de Boursault, en faveur de la comédie, laquelle cependant ne porte pas son nom. Cette lettre parut en 1694, et lui fut attribuée. On s'éleva de tous côtés contre les principes qu'elle renfermait : Bossuet écrivit au P. Caffaro une longue lettre, pour lui démontrer les dangers des spectacles. Le P. Caffaro répondit deux jours après à ce redoutable censeur, que la lettre française qu'on lui attribuait, n'était point de lui ; mais qu'elle était tirée, en très-grande partie, d'une Dissertation latine sur la comédie, qu'il avait composée douze ans auparavant; il écrivit en même temps une lettre latine et française à M. de Harlay, archevêque de Paris, pour désavouer la même lettre. Bossuet fut satisfait des deux lettres du P. Caffaro : et, dans son écrit intitulé : *Maximes et réflexions sur la comédie*, il déclara que le P. Caffaro, à qui l'on avait attribué la Lettre ou Dissertation pour la défense de la comédie, avait satisfait au public, par un désaveu aussi humble que solennel. Voyez les *Lettres sur les spectacles*, par Desprez de Boissy. Une affaire qui fit tant de bruit, ne devait pas, ce me semble, être omise dans la *Biographie universelle*.

CAJETAN (Octave), jésuite sicilien, habile critique et bon historiographe. L'abbé de Feller est le seul de nos biographes modernes qui offre quelques détails sur cet auteur.

CALAGES (Mademoiselle de), auteur d'un poëme de *Judith*, publié en 1660 par mademoiselle Lhéritier. La *Biog. univers.* cite deux passages de ce poëme dont la composition était terminée avant la publ. du *Cid* de Corneille. On présente ces morceaux comme dignes d'une autre époque. Cela est vrai; mais il était juste de faire observer que ces citations sont tirées du *Parnasse des Dames*, de M. de Sauvigny, qui déclare que, pour faire goûter notre ancienne poésie, il a changé des vers, des expressions, et quelquefois même des tours de phrase; et il répète cette naïve déclaration, en terminant l'analyse du poëme de mademoiselle de Calages.

* CALIGNON (Pierre-Antoine d'Ambesieux de), ancien professeur de rhétorique à Lyon. La *Biog. univ.* nous présente cet individu comme un prédicateur distingué, comme un poëte aimable de société, enfin comme l'auteur de plusieurs ouvrages dont on donne la liste. S'il n'y a pas plus de vérité dans les deux premières assertions que dans la dernière, l'article entier sera une imposture; et cela n'étonnera point, quand on saura qu'il a été rédigé par feu Maton de la Varenne. Il y a d'autant plus lieu de s'étonner de l'insertion de cet article dans la Biographie, que j'avais révélé, dans mon *Dictionnaire des ouvrages anonymes*, les véritables auteurs de trois ouvrages attribués par Maton à l'abbé de Calignon; la Biographie elle-même a prononcé en ma faveur pour l'un de ces ouvrages, puisque, à l'article de D. Aubry, bénédictin, elle l'a cité dans le nombre des productions de ce savant religieux; elle eût cité le second à l'article Demandre, si elle eût donné un article à ce grammairien, mort en 1808, près d'Auxerre. L'imposteur Maton a oublié de remarquer que le nom de M. Demandre se trouve sur la nouvelle édition de son ouvrage, publié en 1802, avec des augmentations par l'abbé de Fontenay. La *Biographie universelle* ne pourra s'empêcher de donner le 3e ouvrage à Linguet, qui en est le véritable auteur. L'article Calignon est donc une véritable mystification qu'un charlatan d'histoire littéraire a fait subir au bu-

reau de la *Biographie universelle*.

CAMDEN (GUILLAUME). La *Biographie universelle* nomme Belligent, le traducteur des *Annales d'Angleterre;* ses vrais noms sont Paul de Bellegent.

CAMPBELL (JEAN), écrivain anglais. La *Biographie universelle* se contente de dire qu'il a pris l'idée de l'*Hermippus redivivus* dans le livre publié à Coblentz par le docteur Cohausen, sous le même titre: l'ouvrage anglais est une traduction du latin du docteur Cohausen, avec des augmentations; ce qu'il y a de piquant, c'est que La Place a mis la version anglaise en français, sans se douter que l'ouvrage existait en latin. Voilà de ces anecdotes que les lecteurs aiment à trouver dans un dictionnaire historique.

CAMPEN (JEAN DE). La *Biographie universelle* cite sous le nom du fameux Dolet, une traduction française de sa paraphrase des psaumes, portant ce titre: *Paraphrase*, c'est-à-dire, *claire translation faicte jouxte la sentence, non pas jouxte la lettre sur tous les psalmes*, in-16, Paris, 1534; *ibid.*, 1542. Je possède un exemplaire de la traduction imprimée par Dolet. Voici son titre: *Paraphrase*, c'est-à-dire, *claire et briefve interprétation sur les psalmes de David;* item, *autre interprétation paraphrastique sur l'Ecclésiaste de Salomon.* Lyon, chez Et. Dolet, 1542, in-16. Ce petit volume est si rare, que M. Née de la Rochelle, auteur d'une excellente Vie de Dolet, n'a pu le voir. On trouve en tête un *Avis* de Dolet *au lecteur chrétien.* On ne peut en conclure que Dolet ait véritablement traduit le Paraphrase de Campen; car il se sert toujours de l'expression *nous*, au lieu de *je;* probablement il n'a fait que réimprimer avec quelques changemens la version imprimée à Paris, en 1534. En effet, Dolet a imprimé, en l'année 1542, sept ouvrages, parmi lesquels il n'est qu'une traduction dont il soit indubitablement auteur, puisqu'il a eu l'attention de mettre ces mots à la fin: « Lequel Dolet même a été traducteur des épistres familières de Cicéro. »

† CAMPION (ALEXANDRE DE), gentilhomme de Normandie, né en 1610 et mort vers 1670. Dès sa jeunesse, il fut attaché à Louis de Bourbon, comte de Soissons, qui lui confia les affaires les plus importantes à négocier, tant à la cour, que dans les pays étrangers. Il montra toujours beaucoup de prévention contre le cardinal de Richelieu, qu'il regardait comme l'ennemi de son maître. La mort du prince, tué malheureusement à la bataille de Marfée, en 1641, et celle du cardinal, arrivée l'année suivante, donnèrent lieu à M. de Campion de revenir à la cour, et d'y chercher un nouveau protecteur. Il entra au service de la reine régente, Anne d'Autriche, par la médiation de madame de Chevreuse; mais il se trouva bientôt enveloppé dans la disgrâce de cette duchesse. Dans la suite, il fut encore attaché successivement, en qualité de gentilhomme, au duc de Vendome et

à Henri II d'Orléans, duc de Longueville, gouverneur de Normandie, qui le fit major, c'est-à-dire, commandant de la ville de Rouen, emploi dans lequel il mourut. Depuis sa retraite de la cour, Alexandre de Campion se livra à l'étude de l'histoire ancienne et moderne; on a de lui :

I. *Les hommes illustres de M. de Campion.* Tome 1er, première partie; Rouen, L. Maurry, pour Augustin Courbé, libraire, à Paris, 1657, in-4°. On trouve en tête de ce volume une épître dédicatoire de l'auteur à Henri d'Orléans; et un Avis au lecteur signé par l'abbé de Campion, frère de l'auteur. Alexandre de Campion compare dans cet ouvrage les hommes illustres de France avec ceux des autres nations anciennes et modernes. Ce volume ne paraît pas avoir eu un grand succès. La *Biographie universelle* s'est trompée sur la date et sur le format de ce volume. L'auteur en avait composé la suite, mais elle n'a pas vu le jour.

II. On a encore de M. de Campion un *Recueil de lettres*, qui peuvent servir à l'histoire, et diverses *Poésies*; Rouen, 1657, in-8°. Ce volume est très-rare, parce qu'il a été tiré à un petit nombre d'exemplaires, qui ont été donnés en présent. Plusieurs de ces lettres présentent assez d'intérêt; les poésies sont très-médiocres.

On trouve des détails curieux sur Alexandre de Campion dans le volume intitulé : *Entretiens sur divers sujets d'histoire, etc.*, dont il sera parlé dans un des articles suivans. On peut voir aussi la lettre que M. le général de Grimoard m'a adressée dans le *Magasin Encyclopédique*, juillet 1808, t. 4.

† CAMPION (Henri de), frère d'Alexandre, né le 9 février 1613, embrassa l'état militaire. Etant entré en 1635 dans le régiment de Normandie, en qualité d'enseigne, il fit plusieurs campagnes où il se distingua. Il s'attacha en 1642 à la maison de Vendôme, en qualité de gentilhomme du duc de Beaufort. Le duc jeta les yeux sur lui pour assassiner le cardinal Mazarin; mais c'était l'homme que la sévérité de ses principes éloignait le plus d'un crime. Il chercha à sauver le cardinal, sans trahir le secret du duc, et sans vouloir s'en faire un mérite auprès du ministre. Le complôt ayant été découvert, M. de Campion se dévoua à un long et pénible exil, durant et après lequel il n'essuya de la part du duc de Vendôme et de son fils que des preuves de la plus noire ingratitude. M. de Campion, après avoir brisé honorablement ses liens avec eux, s'attacha au duc de Longueville, et rentra dans la carrière militaire. La perte d'une fille chérie lui fit quitter le service en 1654, dans la fleur de son âge. Il éprouva en 1659 de nouveaux sujets d'affliction, par la mort de sa femme qu'il aimait tendrement, et d'une autre de ses filles. Cette double perte acheva de lui inspirer le dégoût de la vie. Une maladie de langueur l'enleva le 11 mai 1663, à l'âge de 50 ans et 3 mois. Henri de Campion avait écrit des mémoires sur sa vie. Peu de temps après sa mort, l'abbé de Garambourg, chanoine d'Evreux, les

mit en ordre pour les publier; mais il n'exécuta pas son dessein. M. le général de Grimoard en ayant eu communication dans ces derniers temps, les a mis au jour en 1807, à Paris, chez Treuttel et Würtz : ils forment un vol. in-8°. Ces mémoires, qui présentent des faits également importans et ignorés, sont écrits fort correctement pour le temps où ils ont été composés. L'éditeur a conservé le style de l'auteur, qui a un grand caractère de simplicité et de franchise. Au reste, il n'est pas étonnant que Henri de Campion, qui dès l'enfance n'avait cessé de lire Plutarque, Sénèque et Montaigne, et qui portait des livres au milieu du tumulte des armes, sût mieux penser et écrire que la plupart de ses contemporains.

† CAMPION (NICOLAS DE), frère des deux précédens, né le 6 mars 1616, embrassa l'état ecclésiastique, et devint prieur de Vert-sur-Avre, près Dreux : il se livra entièrement à l'étude des belles-lettres. Son frère Alexandre réunissait souvent chez lui des hommes et des femmes d'un esprit cultivé. L'abbé de Campion recueillit leurs conversations. Son manuscrit tomba entre les mains de l'abbé de Garambourg, qui, après y avoir mis de l'ordre et en avoir retouché le style, le publia à Paris, en 1704, sous le titre d'*Entretiens sur divers sujets d'histoire, de politique et de morale*; in-12. L'épître dédicatoire au cardinal de Polignac renferme des détails curieux sur les personnages qui parlent dans les entretiens, sous des noms supposés. Dans le XIe, intitulé, *de la conduite du ministre*, il est beaucoup question du cardinal de Richelieu. L'abbé de Garambourg y cite plusieurs fois le *Recueil de lettres* d'Alexandre de Campion, sans donner à entendre qu'il l'en regardât comme l'auteur. On ignore l'année de la mort de l'abbé de Campion.

CAMUS (ANTOINE LE). En parlant de sa *Médecine pratique*, 1769, in-12, la *Biographie universelle* dit qu'il y en a un tome second, avec son éloge par Bourrel, 1772 : il faut lire par M. *Bourru*. Peut-être eût-il été convenable d'ajouter aux ouvrages de ce laborieux écrivain sa traduction en prose du *Prædium rusticum* du P. Vanière. On la trouve dans différens numéros du *Journal économique*, années 1755 et 1756.

CANGE (CHARLES DU FRESNE, sieur DU). C'est à tort que la *Biographie universelle* avance que l'*Eloge* de ce savant par le Sage de Samine (masque de Jean-Léonore Baron) couronné par l'académie d'Amiens en 1764, n'a pas été imprimé. J'ai sous les yeux cet éloge imprimé à *Amiens*, *chez la veuve Godard*, l'année même où il fut couronné : c'est un in-12 de 58 pages.

CANTEMIR (DEMETRIUS). Suivant la *Biographie universelle*, M. de Jonquières a traduit en français, sur la version anglaise de Tindal, l'*Histoire et Origine de la décadence de l'empire Ottoman*. En ouvrant la traduction française, on voit qu'elle a été faite sur le manuscrit latin de l'auteur. Il paraît aussi que le

Système de la religion mahométane a été écrit et imprimé en langue russe, et non en allemand, comme l'assure la *Biographie universelle*.

CAPELLO (Blanche), femme trop célèbre du XVIe siècle. Plusieurs auteurs ont écrit sa vie, et ont fait de ses aventures un roman. Dans ce dernier genre, on compte l'ouvrage allemand de Meissner, imité en français par Rauquil-Lieutaud, Paris, Didot, 1790, 2 vol. in-12, et trad. par le marquis de Luchet. Paris, Lejay, 1790, 3 vol. in-12. Nous avons aussi l'*Histoire de la vie et de la mort tragique de Bianca Capello*, par Sanseverino, ouvrage traduit de l'italien. Lausanne, 1779, in-8^b. La *Biographie universelle* est dans l'erreur, lorsqu'elle présente l'imitation de Rauquil-Lieutaud, comme publiée à Paris, en 1788, 3 vol. in-12. Il est possible que la traduction du marquis de Luchet ait paru dès 1788; cependant les exemplaires vendus par Lejay, portent la date de 1790.

CAPPEL (Ange, seigneur du Luat). La Croix du Maine, J. A. Fabricius, les éditeurs de la collection classique des Deux-Ponts, et la *Biographie universelle* citent la traduction française de la Vie d'Agricola, par Tacite, sans indiquer l'année de son impression. L'épître dédicatoire à Elisabeth, reine d'Angleterre étant datée du 1er janvier 1574, on peut croire que cette traduction parut en cette année. C'est un vol. in-4° de 35 feuillets, qui existe à la Bibliothèque du roi. Le nom de Denis Dupré, imprimeur-libraire de Paris, à cette époque, se lit dans une vignette qui se trouve au haut du 5e feuillet.

* CAPRANICA (Dominique), card. et évêque de Fermo, naquit le 31 mai de l'année 1400, au château de Capranica dans le territoire de Palestrine, de Nicolas Capranica. Il étudia les belles-lettres à Rome, la jurisprudence à Padoue, sous Julien Cesarini, et à Bologne, sous Jean d'Imola. A peine avait-il atteint sa 19e année, qu'on lui conféra dans cette dernière ville le titre de docteur, et que le pape, qui était alors Martin V, le nomma un des secrétaires de la chambre; les autres secrétaires étaient à cette époque: Léonard Aretin, Cincio, Loschi, Le Pogge et Biondi, tous personnages assez connus dans les lettres. Martin V, qui était ami de sa famille, et qui ne croyait pas pouvoir assez récompenser les talens du jeune Capranica, le nomma cardinal en 1423; mais cette nomination ne fut point rendue publique; malgré cela, le pape lui ordonna d'acompagner le général des dominicains, Léonard Dati, qui se rendait au concile, lequel, d'abord indiqué à Pavie, se tenait alors à Sienne, d'où, sept ans après, il fut transféré à Bâle. Quelque temps après, Capranica revint à Rome, et fut fait évêque de Fermo: dès ce moment, sa nomination au cardinalat, cessa d'être un secret; mais il ne lui fut pas encore permis d'en porter les insignes. Chargé d'une négociation, dont le résultat fut de faire rentrer sous la domination du Saint-Siége, Forli et Imola, le pape lui donna le gouvernement de ces deux villes. Les habitans de

Bologne s'étant révoltés, Capranica fut envoyé contre eux; et après un siége de onze mois, il les força de rentrer dans le devoir. La mort de Martin V, arrivée en 1431, fut pour Capranica la source des plus grands chagrins. Comme il n'avait reçu ni le chapeau ni l'anneau de cardinal, ses ennemis firent de ce défaut de forme un prétexte pour lui refuser l'entrée du conclave. Eugène, successeur de Martin, ayant déclaré que ceux qui n'avaient point reçu les insignes du cardinalat, ne pouvaient jouir des priviléges attachés à cette dignité, l'évêque de Fermo se rendit à Bâle où il réclama, des pères du concile, la justice que lui refusait le pape. La conduite de Capranica fut soumise à l'examen de deux cardinaux, et il fut décidé qu'il serait dépouillé, non-seulement du cardinalat, mais encore de son évêché de Fermo. A cette décision il opposa celle du concile qui le reconnaissait pour cardinal légitimement élu. Néanmoins, il s'éloigna des affaires, et vécut dans la retraite; mais le pape ne tarda pas à reconnaître son mérite, et à lui confier des emplois importans. Eugène étant mort en 1447, Nicolas V, qui lui succéda, et qui était ami de Capranica, l'employa également avec succès dans les négociations les plus délicates. Ce fut lui qui eut le bonheur de procurer la paix à l'Italie, en obtenant d'Alphonse V, roi d'Aragon, la cessation des hostilités qu'il exerçait depuis long-temps contre l'Eglise. Callixte, qui occupa, après Nicolas, la chaire de St.-Pierre, eut également recours aux lumières de Capranica. Ce pape, quoique déjà avancé en âge, avait formé le projet d'une ligue chrétienne contre les Turcs; Capranica donna, dans un ouvrage qu'il composa à cette occasion, les moyens de resserrer une pareille alliance, et de conduire la guerre heureusement. Enfin, cet homme, qui fit tant d'honneur à l'Italie, et qui rendit de si grands services au Saint-Siége, mourut le 1er septembre 1458. Ce que nous avons dit jusqu'ici a pu donner de Capranica l'idée d'un négociateur habile; nous allons à présent le faire connaître comme écrivain, quoique l'on ait remarqué plus d'érudition que d'élégance dans ses ouvrages. En voici la liste :

I. *Acta concilii Basileensis, pars prima.*

II. *Documenta seu præcepta de modo vivendi, ad Nicolaum de Capranicâ nepotem.*

III. *Manipulus officii episcopalis, seu constitutiones synodi Firmanæ.*

IV. *De arte moriendi*, imprimé pour la première fois en 1477, à Florence; réimprimé en 1478 à Venise, in-4°. On en a une traduction italienne, imprimée aussi à Venise, en 1478.

V. *De optimi regis officio ad Uladislaum regem Hungariæ.*

VI. *De pace italicâ constituendâ, oratio ad Alfonsum regem*, dans la première partie de l'*Hispania illustrata* d'André Schott.

VII. *De ratione belli contra Turcas.*

VIII. *De contemptu mundi.*

IX. *De ratione pontificatûs maximi administrandi.*

X. *Liber constitutionum seu ordinationum collegii pauperum scholarium sapientiæ Firmanæ.*

La vie de Capranica a été écrite en latin par Baptista Poggio, fils du célèbre Poggio, de Florence, *Romæ*, 1705, in-4°, avec les *Constitutiones collegii Capranicensis*; et, de nouveau, par le chanoine Michel Catalani, sous le titre suivant : *De vitâ et scriptis Dominici Capranicæ cardinalis, antistitis Firmani commentarius : accedit appendix monumentorum et corollarium de cardinalibus creatis, nec promulgatis. Firmi*, 1793, in-4°.

(*Giornale de' litterati.*)

CARDAILLAC (Jean de), célèbre administrateur de l'archevêché de Toulouse, en 1376, se distingua dans plusieurs circonstances par les panégyriques ou oraisons funèbres qu'il prononça; on loua beaucoup son Oraison funèbre du pape Clément VI, celle d'Urbain V, le Panégyrique de la Vierge, qu'il prononça dans l'église de Paris le jour de l'annonciation, etc., etc. Tous ces morceaux sont restés manuscrits, on les conservait dans la bibliothèque des jacobins de Toulouse, et dans celle de l'archevêque de Reims. On trouve dans les *Essais de littérature* (de l'abbé Tricaud), Paris, 1702, un éloge historique de cet habile prédicateur, sous ce titre: *Les Panégyriques de Jean de Cardaillac*. La *Biographie universelle*, en renvoyant à cet éloge, cite les *Essais de littérature*, imprimés à Amsterdam, en 1702. C'est une réimpression de l'ouvrage de l'abbé Tricaud; il valait mieux citer l'édition originale.

CARON (Charondas le). Ce célèbre jurisconsulte, qui mourut dans un âge très-avancé, en l'année 1617, a composé une multitude d'ouvrages oubliés aujourd'hui; mais on recherche encore deux recueils auxquels il a ajouté des annotations. La *Biographie universelle* cite le premier de ces recueils, c'est-à-dire, *le Grand coutumier de France*, contenant tout le droit français et pratique judiciaire pour plaider, etc., revu et illustré de très-doctes annotations par L. Charondas le Caron. Paris, 1598, in-4°.

Cet ouvrage est connu des jurisconsultes, sous le nom de *Grand coutumier de Charles VI*. On ignore le nom de son auteur. Le second recueil dont Le Caron a été l'éditeur, est intitulé: *Somme rural, ou le Grand coutumier général de practique civil et canon*, composé par Jean Bouteiller, conseiller du roi en sa cour de parlement, illustré de commentaires et annotations, etc. Paris, 1603, 1611, 1621, in-4°. Bouteiller écrivait aussi sous Charles VI. La *Biog. univ.* n'a pas indiqué l'édition de sa Somme rurale publiée en 1537, à Paris, chez Galiot du Pré, avec des notes, par Denis Godefroi, avocat, de Paris, qui n'est pas le même que le célèbre jurisconsulte de ce nom, né seulement en 1549. Prosper Marchand a confondu le *Grand coutumier de France* avec la *Somme rurale* de Bouteiller. Il est rare de trouver ainsi en défaut cet excellent bibliographe.

CARON (Raymond), récollet irlandais, qui a soutenu avec force la doctrine de l'Eglise gallicane sur l'indépendance des rois, la fidélité des sujets, et contre l'infaillibilité du pape, dans un écrit publié à Londres en 1665, in-fol. M. Chaudon nous apprend que l'édition fut presque consumée en entier dans l'incendie de Londres de 1666. Il ajoute avec raison que cet ouvrage se trouve dans le Recueil des traités et des preuves des libertés de l'Eglise gallicane (Voyez l'édition de 1731, tom. 2). La *Biographie universelle* ne s'explique pas assez clairement à ce sujet. L'abbé de Feller, constant dans ses principes ultramontains, n'a point donné d'article à R. Caron.

CARPIN (JEAN DU PLAN), religieux de St.-François, envoyé en 1246, par le pape Innocent IV, vers le khan Batu. Suivant la *Biographie universelle*, on trouve la relation de ses voyages dans le *Recueil publié par Bergeron en* 1729, ou *en* 1735: voilà un nouvel exemple de la méprise dans laquelle tombent beaucoup de bibliographes, et que j'ai relevée dans l'article *Vander Aa* de cet *Examen critique*.

* CARRELET (LOUIS), né à Dijon, l'un des onze enfans de Bernard Carrelet, correcteur de la chambre des comptes de Bourgogne et de Bresse, embrassa l'état ecclésiastique, devint docteur en théologie et curé de Notre-Dame de Dijon. L'abbé de Feller a amélioré l'article consacré par M. Chaudon à cet estimable curé. La *Biographie universelle* ne lui en a point donné; et l'on doit lui reprocher d'autant plus cette omission, que les personnes pieuses continuent à rechercher les *OEuvres spirituelles et pastorales* de M. Carrelet, puisqu'elles ont été réimp. à Paris, chez Belin, en 1804, 7 vol. in-12.

Un frère de M. le curé de Dijon, nommé Barthélemi CARRELET DE ROSAI, avait aussi embrassé l'état ecclésiastique, et s'acquit une réputation assez distinguée dans l'éloquence de la chaire. Il prêcha la cène à la cour de France en 1724, et prononça en 1735 le panégyrique de St. Louis devant l'académie française: ce dernier discours a été imprimé. Il prêcha un avent à la cour de Lorraine en 1742. L'abbé de Rosay était aussi un littérateur éclairé. M. Languet, évêque de Soissons, l'avait nommé théologal de son église en 1723. L'académie française de cette ville l'élut académicien en 1727. Il fut souvent chargé d'offrir à l'académie française à Paris le tribut littéraire que celle de Soissons était dans le cas de lui adresser chaque année, par ses statuts. Quelques-unes de ses pièces se trouvent imprimées dans les Mémoires de l'académie française. D'autres pièces de vers de l'abbé de Rosay ont été imprimées séparément, entre autres, une *Ode à Louis XIV sur la gloire de Louis XV*, présentée en 1736 au cardinal de Fleury.

L'abbé de Rosay était né à Dijon, le 21 février 1695; il mourut à Soissons, le 14 juin 1770, âgé de plus de 75 ans. L'église de Soissons profita pendant 47 ans de ses travaux: à sa mort, il était vicaire-général du diocèse, doyen et chanoine de l'église cathédrale, etc. Voyez son *Eloge historique*, lu à une assemblée de l'académie de Soissons, et imprimé à Soissons, chez les frères Waroquier, 1771; in-8°. Voyez aussi Papillon, *Bibliothèque des auteurs de Bourgogne*.

† CARRÉ (REMI), né à Saint-Fal,

diocèse de Troyes, le 20 février 1706, entra dans l'ordre des bénédictins de l'ancienne Observance, fit profession dans l'abbaye de Saint-Amant de Boixe, et devint chantre titulaire de l'abbaye de Saint-Liguaire; il obtint ensuite le prieuré de Berceleuf, diocèse de la Rochelle, et la place de sacristain du couvent de la Celle, diocèse de Meaux. On a de ce religieux, I. *Le Maître des novices dans l'art de chanter*, ou *Règles générales, courtes, faciles et certaines pour apprendre parfaitement le plain-chant.* Paris, 1744, in-4°. II. Une seconde édition revue et augmentée de *la Clef des psaumes*, par M. Foynard. Paris, 1755, in-12. III. *Recueil curieux et édifiant sur les cloches de l'église.* Cologne, (Paris), 1757, in-8°. IV. *Plan de la Bible latine, distribuée en forme de bréviaire*, pour la lire toute entière chaque année, en particulier. Paris, 1780, in-12. On s'est donc trompé, lorsque l'on a dit dans la *Biographie universelle*, que ce dernier ouvrage était resté manuscrit. Le *Dictionnaire des ouvrages anonymes* attribue à D. Carré les *Psaumes dans l'ordre historique*, qui sont de M. Foynard.

CARRERE (Joseph-Barthél.-François). Il n'y a pas assez d'exactitude dans les détails que donne la *Biographie universelle*, sur la dispute qui s'est élevée en 1776 et 1777, entre M, Carrère et M. Bacher; le second rendit, dans le *Journal de médecine*, du 1er déc. 1776, un compte très-désavantageux du 2e tome de la *Bibliot. littér.*, etc. *de la médec. anc. et moderne.* M. Carrère adressa, dès le 3 décembre, à M. Bacher, une lettre dans laquelle il lui reprochait de n'avoir cherché qu'à faire connaître les défauts de son ouvrage, sans indiquer ce qu'il pouvait y avoir de bon; M. Bacher, dans son journal d'avril, mai, juin, juillet, août, septembre, octobre et novembre 1777, inséra une critique raisonnée et très-détaillée de la *Bibliothèque* de M. Carrère: les matériaux lui en avaient été fournis par MM. de Villiers et Goulin, médecins renommés par leurs connaissances bibliographiques. Cette critique a été imprimée séparément, sous le titre d'*Extrait du Journal de médecine*, avril 1777, in-8° de 168 p.; on y trouve des renseignemens très-curieux; M. Carrère y répliqua par ses *Lettres à M. Bacher*, pour servir de réponse aux assertions d'un littérateur critique, philologue, biographe et bibliographe moderne, publiées dans le *Journal de médecine* des mois d'avril, mai, etc.; 1777, sous le nom de M. Bacher. Londres et Paris, 1777, in-8° de 116 pages. M. Carrère se défend avec avantage sur plusieurs points.

CARTARI (Vincent). Aucun de nos dictionnaires historiques ne cite la traduction latine de ses *Images des Dieux*, publiée par Antoine Du Verdier, à Lyon, en 1581, chez Honorat et Michel, in-4° de 360 pages, avec de belles figures en bois et une dédicace à Henri de Mesmes, sieur de Roissy; Du Verdier lui-même n'a cité dans sa *Bibliothèque* que la traduction française de cet ouvrage, qu'il fit imprimer la même année chez les mêmes libraires. Aussi l'abbé de Saint-Léger révoquait-il en doute l'existence de la traduction latine. Le style en est assez pur. J'ai vu une édition de la traduction française portant au frontispice le nom de *E. La Plonce Richette. Lyon, par P. Frellon*, 1623, in-8°.

CASA (JEAN DE LA). Le *Galatée*, ou *Manière de vivre dans le monde*, par cet auteur, a été traduit en diverses langues. Pour connaître ces traductions, la *Biographie universelle* renvoie au P. Niceron; mais le P. Niceron ne fait connaître que deux traductions, l'une française, par le sieur Duhamel, Paris, 1678, in-12, et l'autre espagnole, par Dominique de Bezerra, Venise 1585, in-12 : il n'a pas cité l'édition de cet ouvrage en quatre langues, savoir, en français par Bellefo-rest, en latin par un anonyme, en allemand par un anonyme, et en espagnol par Bezerra. Lyon, 1609, in-18.

CASTALION (SEBASTIEN). La *Biographie universelle* eût dû citer l'édition de ses *Colloques* qui a paru sous ce titre : *Colloquia sacra ad linguam simul et mores puerorum formandos*. Paris, Babuty, 1748, petit in-12. L'auteur n'y est pas nommé, et l'éditeur en a retranché ce qui était contraire aux principes du catholicisme.

CASTELLANUS. Sous ce mot, la *Biographie universelle* renvoie à *Chatelain* et à *Duchatel*; mais l'on ne trouve sous aucun de ces deux noms l'auteur suivant, très-connu dans la république des lettres. Moréri lui a donné un article très-court et très-inexact sous le nom de *Duchatel* : au lieu de citer *De Græcorum festis*, il dit *De Græcorum gestis*.

* CASTELLANUS (PIERRE), né à Gertsberg au Grandmont, en Flandres, le 7 mars 1585, et mort en 1632, professa la langue grecque, d'abord à Orléans, et ensuite à Louvain. Il fut reçu en 1618 docteur en médecine. Ses cours publics de médecine et les ouvrages qu'il a publiés l'ont fait considérer comme un homme profondément instruit. Voici les titres de ses principaux ouvrages :

I. *Ludus, sive convivium saturnale*; *Lovanii*, 1616, in-8°; composé de deux parties : la première traite des fêtes des Grecs; après cela vient un traité *De mensibus Atticis*, que Gronovius a inséré dans le tome IXe des *Antiquités Grecques*.

II. *De festis Græcorum syntagma. Antverpiæ*, *sine anno* (1617), in-8°. C'est la première partie de l'ouvrage précédent, avec des augmentations : on la trouve dans le tome VIIe de Gronovius.

III. *Vitæ illustrium medicorum. Antverpiæ*, 1618, in-8°; et dans le tome Xe de Gronovius. L'auteur marque soigneusement les années de la naissance et de la mort des médecins; il indique leurs écrits, mais à la manière de son siècle, sans y ajouter les dates ni les lieux d'impression.

IV. *De esu carnium libri* IV. *Antverpiæ*, 1626, in-8°; et dans le tome IXe de Gronovius.

CASTELLI (BENOIT). La traduction française de son *Traité de la mesure des eaux courantes*, imprimée à Paris, en 1664 ou 1665, in-8°, a été réimprimée à Castres, en 1684, in-4°.

CASTIGLIONE (BALTHAZAR). La *Biographie universelle* attribue faussement à Jean Chaperon l'ancienne traduction française du *Courtisan*, revue par Dolet. J'en suis peut-être la cause; mais je suis revenu de l'erreur dans laquelle le P. Niceron m'avait entraîné. Voici des détails certains à ce sujet : cette traduction est de Jacques Colin d'Auxerre qui la publia pour la première fois, sous le voile de l'anonyme, à Paris, chez J. Longis, 1537, in-8°. Il en parut une seconde édition à Lyon, la même année, chez D. de Harsy. Meslin de Saint Gelais et Etienne Dolet revirent l'édition de Lyon, chez F. Juste, 1538, in-8°. La traduction du même ouvrage par J. Chaperon, parut aussi à Paris en 1537, chez Vincent Sertenas. Le P. Niceron et la *Biographie universelle* ne citent pas une nouvelle traduction anonyme, publiée sous ce titre: *Le parfait Courtisan et la Dame de cour*. Paris, de Luyne, 1670, in-12.

*CATHELINOT (DOM ILDEPHONSE), laborieux bénédictin de la congrégation de S. Vannes, sur lequel on trouve de curieux détails dans la *Bibliothèque lorraine* de D. Calmet, publiée en 1751. Formey, dans sa *France littéraire* de 1757, et Adelung, dans son *Supplément* à Jôcher, les ont reproduits en grande partie. D. Cathelinot naquit à Paris vers l'an 1670. Il fit profession à S.-Mansuy, le 23 mai 1694. Il avait près de 80 ans, lorsque Calmet rédigea son article, et il était tombé en enfance, lorsque Formey l'abrégeait. On peut donc croire que D. Cathelinot mourut vers 1757. Le P. Calmet a bien distingué les ouvrages publiés par D. Cathelinot, d'avec ceux qu'il a laissés en manuscrit. Les principaux d'entre les premiers sont :

I. Le *Supplément à la Bibliothèque sacrée*, inséré par Calmet dans le quatrième volume de la première édition de son Dictionnaire de la Bible, et refondu avec le travail de Calmet dans l'édition de 1730. Le *Supplément* de D. Cathelinot donne une idée très-avantageuse de ses connaissances en Bibliographie, et fait regretter que les immenses matériaux qu'il avait recueillis, n'ayent pas vu le jour.

II. *Lettres spirituelles* de M. Bossuet, imprimées sur le manuscrit de D. Cathelinot, 1746, in-12, réimprimées sous le titre de *Lettres et opuscules de M. Bossuet*, 1748, 2 volumes in-12. L'abbé Le Queux, dans son catalogue général des ouvrages de Bossuet, en tête de l'édition de 1763 des *Oraisons funèbres*, dit qu'il est évident que le copiste ou l'éditeur a un peu travaillé sur ces lettres.

D. Calmet donne ensuite la notice des manuscrits que D. Cathelinot avait préparés pour l'impression. On y remarque:

1° Une *Bibliothèque sacrée* complète en 3 vol. in-fol.

2° Des *Dissertations sur l'Histoire ecclésiastique de Fleury*, 2 vol. in-4°.

3° Une *Dissertation* fort ample sur le dictionnaire de Bayle et ses autres ouvrages. 1 vol. in-12.

4° Une *Bibliothèque universelle bénédictine* en latin. 3 vol. in-fol.

5° Une *Dissertation sur Eras-*

me, contre l'*Apologie* du même par l'abbé Marsollier.

La *Biographie universelle* n'a point donné d'article à D. Cathelinot. Les auteurs du *Supplément au Dictionnaire* de Feller, ont abrégé de la manière la plus inexacte, l'intéressant article de D. Calmet. Ils passent entièrement sous silence les ouvrages impr. du savant D. Cathelinot, et présentent comme imprimés ceux qu'il a laissés en manuscrit.

CATON (MARCUS PORTIUS). L'article de ce grand homme, dans la *Biographie universelle*, est sans doute un des plus intéressans et des plus exacts ; c'est ce qui fait que j'y ai remarqué avec peine l'indication des *Origines de Caton*, avec les *Commentaires de Jean Annius* ; il s'agit sans doute ici d'Annius de Viterbe ; or, les critiques les plus judicieux sont persuadés que les fragmens publiés par cet auteur, sont des ouvrages apocryphes. Ainsi, les *Commentaires* ne valent pas mieux que les *textes*.

CAUX (GILLES DE). La *Biographie universelle* pouvait dire que son poëme intitulé l'*Horloge de sable*, avec la traduction en vers latins du professeur d'Hérouville, se trouvait dans le *Recueil des fables choisies de La Fontaine*, et autres pièces, publié à Rouen en 1738, in-12, par l'abbé Saas. Voilà probablement quelle était l'intention de M. Désessarts, en citant ce recueil dans ses *Siècles littéraires*. J'ai eu aussi raison de dire que la traduction des *Fables choisies de La Fontaine*, était des PP. Vinot et Tissart, oratoriens. On voit que le recueil contient d'autres pièces.

CÉBES. Suivant la *Biographie universelle*, la première édition grecque de cet auteur parut à Venise ou à Rome, vers 1490. Les plus habiles bibliographes, tels que Maittaire et l'abbé Morelli, croient que cette édition fut imprimée dans l'une ou l'autre de ces villes, par le célèbre Calliergi, vers 1500. M. Jean Schweighauser, dans les pièces liminaires de son excellente édition du *Manuel d'Epictète et du tableau de Cébes*, Leipsick, 1798, in-8°, partage cette opinion.

† CERISIERS (RENÉ), né à Nantes, en 1609, entra dans la compagnie de Jésus en 1622. Il y fit profession des quatre vœux, et y enseigna les humanités et la philosophie. On ignore les motifs qui lui firent quitter cette compagnie ; mais, lorsqu'il fut rendu à l'état séculier, il devint aumônier du duc d'Orléans et ensuite du roi. Il a publié beaucoup d'ouvrages avant et depuis sa sortie des jésuites. Claude Irson, dans sa *Nouvelle Méthode pour apprendre la langue française*, et Sorel, dans sa *Bibliothèque française*, en citent plusieurs avec éloges. L'ex-jésuite de Feller, dans le *Supplément* à son *Dictionnaire historique*, assigne l'année 1662, comme l'époque de la mort de ce fécond écrivain. On doit croire en effet qu'il ne vivait plus en 1662, car Claude Irson, dans la seconde édition de sa *Méthode*, publiée cette année, ne comprend plus l'abbé de Cérisiers dans la *Liste des auteurs les plus célèbres de notre langue*. Les princi-

paux ouvrages de René de Cérisiers sont :

I. *Les heureux commencemens de la France chrétienne*, ou *Vie de S. Remy*, Reims, 1633, in-4°; 1647, in-8°.

II. *La Consolation de la philosophie*, traduite du latin de Boëce, en prose et en vers, Paris, 1636, in-4°. Il y a beaucoup d'éditions de cette traduction, qui est très-médiocre. L'auteur y joignit, dès 1638, la *Consolation de la théologie*, ouvrage de son propre fonds, qui n'est qu'une mauvaise copie d'un excellent original.

III. Les *Confessions*, les *Soliloques*, le *Manuel*, les *Méditations* et les premiers livres de la *Cité de Dieu*, traduits du latin de S. Augustin. La traduction des *Confessions*, publiée pour la première fois en 1638, et pour la cinquième fois en 1647, se réimprimait encore en 1709. Mais les traductions d'Arnaud d'Andilly et de Dubois l'ont fait entièrement oublier. La traduction des *Soliloques* a eu aussi beaucoup d'éditions. Le commencement de la traduction de la *Cité de Dieu* parut en 1655, in-fol.

IV. *L'Innocence reconnue*, ou *Vie de sainte Geneviève de Brabant*, Paris, 1640, in-4°; 1643, in-12. Ce petit ouvrage, dit Berquin, qui fait partie de la Bibliothèque Bleue, écrit en quelques endroits avec une affectation ridicule, est plein de morceaux de la simplicité la plus noble et la plus onctueuse. Cet ouvrage reparut en 1646, in-8°, avec deux autres du même auteur, sous ce titre : Les *Trois états de l'innocence affligée dans Jeanne d'Arc, reconnue dans Geneviève de Brabant, couronnée dans Hislande, duchesse de Bretagne.* Ce dernier recueil fut réimprimé à Toulouse en 1650 ; à Paris, en 1696, et sans doute ailleurs en d'autres temps. L'abbé Lenglet regarde l'*Histoire de la Pucelle*, comme une mauvaise rapsodie, digne de la *Cour Sainte* du P. Caussin.

V. *Joseph*, ou *la Providence divine*, Paris, 1642, in-8°. Dans l'épître dédicatoire de cet ouvrage, l'auteur se peint comme un homme qui vient d'éprouver un revers de fortune. Il voulait sans doute parler de sa sortie des jésuites.

VI. *Réflexions chrétiennes et politiques sur la vie des rois de France*, Paris, 1644, in-12. Ce livre a été augmenté par l'auteur et reproduit sous ce titre : Le *Tacite français, avec des Réflexions politiques et chrétiennes, etc.*, Paris, 1648, 2 vol. in-4°, et 1653, 2 vol. in-12. L'abbé de Claustre, dans la table du *Journal des Savans*, a pris mal à propos cet ouvrage de Cérisiers pour une traduction de Tacite.

VII. *L'Illustre Amalazonthe*, sous le nom du sieur Des Fontaines, Paris, 1645, 2 vol. in-12. On trouve dans ce Roman l'Histoire du procès du président Giroux, de Dijon, sous le nom de Rufinius. Ce président, ayant été convaincu de plusieurs crimes, avait été condamné, en 1643, à avoir la tête tranchée.

VIII. *Le Philosophe français*, Rouen, 1651 et 1652, 3 volumes in-18.

IX. L'*Année française, contenant les éloges de Ste. Clotilde, Ste. Bathilde....., d'Anne d'Autriche, etc.*, Paris, Angot, 1660, in-12.

Claude Irson attribue à Cérisiers une traduction de l'*Imitation de Jésus-Christ*, c'est probablement celle qui parut en 1662 sous les initiales R. C. A. (René Cérisiers, Aumônier), et qui n'offre qu'une réimpression un peu retouchée de la trad. de Marillac.

CERVANTES SAAVEDRA (MICHEL). La *Biographie universelle* ne dit pas qu'en tête de la belle édition espagnole de *Don Quichotte*, Londres, 1738, 4 v. in-4°, se trouve une Vie de l'auteur par don Gregorio Mayans-y-Siscar, dont les noms se trouvent horriblement défigurés dans plusieurs éditions du Dictionnaire de M. Chaudon. Cette vie a été traduite en français par Daudé, Amsterdam, 1740, 2 vol. in-12.

* CESAIRE ou CESARIUS, né, selon la plus commune opinion, à Cologne, entra dans l'ordre de Citeaux en 1199, fut long-temps maître des novices dans le monastère du Val-Saint-Pierre, nommé autrement Heisterbach, près de Bonn, puis prieur dans l'abbaye de Villers en Brabant, et mourut vers 1240. On a de lui: *Dialogus miraculorum; Coloniæ, per Joannem Koelhoff*, 1481, in-fol. Fabricius cite deux autres éditions de Cologne, 1591 et 1599, in-8°. Elles sont intitulées: *Illustrium miraculorum et historiarum mirabilium libri XII*. L'édition de 1599 a été donnée par Tilman Bredenbach, chanoine de Cologne. L'édition la mieux imprimée est celle de Jacques Fischer, de Harlem, *Antverpiæ*, 1605 in-8°, *apud Nutium;* mais elle est tronquée: on en a retranché la fameuse histoire de Jean Conaxa. Celle qui se trouve dans le second volume de la *Bibliothèque Cistercienne* est également tronquée. Le P. Garasse a rapporté cette histoire assez longuement dans sa *Doctrine curieuse*, livre 7, section 20. Voy. la brochure intitulée: *Histoire de Jean Conaxa, riche marchand d'Anvers, etc.*, Paris, Germain Mathiot, 1812, in-8° de 31 pages. La *Vie de S. Engelbert*, par le même Césaire, fut imprimée à Cologne en 1633, avec des notes de Gelenius. Ses *Homélies* avaient paru en 1615.

CESAR (C. JULIUS). Dans un article de l'importance de celui-ci, on aime à voir les deux parties qui le composent, c'est-à-dire, la partie historique et la partie bibliographique, rédigées avec le même soin. Je conviens avec plaisir que la partie bibliographique de la *Biographie universelle* offre, en général, une grande exactitude; cependant tous les détails n'en sont pas également vrais, ou également satisfaisans.

1°. On commence par citer une traduction française de la guerre des Gaules, faite par Henri IV, et indiquée, dit-on, par Casaubon, dans sa *préface* de Polybe. Qu'est devenue cette traduction? Les recherches faites à ce sujet dans les derniers temps, prouvent que Henri IV n'avait traduit que les cinq premiers livres; ils sont restés manuscrits. Abel de Ste.-Marthe dit, dans son *Discours pour le rétablissement de la Bibliothèque de Fontainebleau*, que Desnoyers, secrétaire-d'Etat, les tira de la Bibliothèque du roi pour les présenter à Louis XIII. Il faut donc regarder comme un ouvrage imaginaire, le volume que citent les nouveaux éditeurs de la *Bibl. hist. dela France,* t. 1 n° 3880, sous ce titre : *les Comment. de César,* traduits par le roi Henri IV et le roi Louis XIII. Paris, de l'Imprimerie royale, 1650, in-fol. Il existait une copie de la traduction de Henri IV, dans la bibliothèque Séguier, d'où elle passa dans celle de M. de Coislin, qui la légua avec ses autres manuscrits à la bibliothèque des religieux bénédictins de St.-Germain-des-Prés. Malgré l'incendie de la plus grande partie de cette bibliothèque, en 1792, on a eu le bonheur de sauver les manuscrits qu'elle possédait, et de les transporter à la Bibliothèque du roi, où l'on peut voir aujourd'hui la copie dont il est question. Elle renferme les corrections d'un précepteur de Henri IV, nommé La Gaucherie ; d'où l'on peut conclure que ce sont les versions de l'illustre écolier qui était alors dans sa onzième année. M. Serieys en a inséré quelques pages dans la compilation qu'il a intitulée : *Nouvelle Histoire de Henri IV,* traduite pour la première fois du latin de Raoul Boutrays, etc., etc. Paris, Plancher, 1816, in-12.

C'est dans une *Lettre* adressée à Henri IV, que se trouve la mention de Casaubon, et non dans la *préface* de Polybe.

2°. Ce n'est pas M. de Percis, mais M. de Pécis, qui a publié la *Guerre de Jules César dans les Gaules,* Parme, 1786, 3 vol. in-8°.

3°. La traduction française des *Commentaires de César*, par Blaise de Vigenère, 1576, in-4°, ne peut être accompagnée du *Parallèle de César et de Henri IV*, par Antoine de Bandole, puisque ce Parallèle ne parut pour la première fois qu'en 1609. Et, en effet, c'est l'édition de Vigenère, de 1609, qu'il fallait citer. J'ai prouvé ailleurs que Jean Baudouin s'était caché sous le masque d'Antoine de Bandole.

4°. L'édition de César, donnée en 1755, 2 vol. in-12, par Barbou, est due aux soins de Jean Capperonnier, bibliothécaire du roi. En la même année 1755, Barbou publia la première révision de la traduction de Perrot d'Ablancourt, par l'abbé Le Mascrier. La traduction soi-disant *toute nouvelle* de La Haye, 1743, n'est autre chose que la traduction de d'Ablancourt, légèrement revue par un anonyme.

CHADUC (Louis), antiquaire du XVIIe siècle, sur lequel on trouve de curieux détails dans la *Biographie universelle.* Le rédacteur a ignoré que son *Traité sur les pierres gravées* était en manuscrit à la Bibliothèque de Sainte-Geneviève.

(Note manuscrite de l'abbé de Saint-Léger.)

CHALUS DE LA MOTTE (F.), ancien militaire, demeurant dans les Pays-Bas espagnols, catholique de naissance, embrassa la réformation vers 1700, et publia l'*Histoire de sa conversion et de celle de toute sa famille à la religion réformée.* On a encore de lui un ouvrage intitulé : *Les fourberies de l'Église romaine, ou les pratiques ridicules des prêtres et des moines des Pays-Bas espagnols, les singeries avec lesquelles ils amusent le peuple*, et *l'abus qu'ils font des choses les plus saintes de leur religion.* Campen, veuve de Gaspard Cotius, 1706, in-8° de 93 pages.

† CHAMBRAY (ROLAND FREART, sieur DE), savant architecte, originaire d'une noble et ancienne famille de la province du Maine, et cousin-germain de M. Desnoyers, baron de Dangu, ministre et secrétaire d'État, ayant le département de la guerre, et surintendant des bâtimens, sous Louis XIII, naquit à Paris, en 1606. Après avoir fini ses études, il fut destiné au barreau, et exerça pendant quelque temps la profession d'avocat. Il alla faire ensuite un voyage en Italie, et s'y appliqua à l'étude des mathématiques et des beaux-arts, entr'autres, de la peinture, de la sculpture et de l'architecture, dont il fit une étude particulière, d'après les plus beaux monumens de Rome. Après y avoir séjourné quelque temps, il revint en France, et s'attacha, ainsi que deux de ses frères, nommés *de Chantelou*, auprès de son parent, M. Desnoyers, qui était alors ministre de la guerre, et qui l'employa dans plusieurs commissions pour le service du roi, tant en Allemagne, qu'en Italie. Il fut envoyé particulièrement à Rome en 1640, par ordre exprès de Sa Majesté, pour quelques négociations importantes auprès de Sa Sainteté. Comme le roi avait paru satisfait des savantes recherches qu'il avait faites sur les arts, dans son premier voyage à Rome, il lui ordonna d'en faire de nouvelles, et de ne rien négliger de tout ce qui pouvait contribuer à la perfection de l'architecture et à l'embellissement du Louvre, qu'on se proposait alors d'achever et d'agrandir. Ce fut dans ce second voyage, qu'aidé de M. de Chantelou, son frère, et du fameux le Poussin, le Raphaël de son siècle, avec lequel il s'était lié d'une très-grande amitié, il recueillit quantité de dessins de tout ce que l'Italie pouvait offrir de plus rare et de plus curieux en architecture antique. Il fut reçu à Rome avec beaucoup d'accueil par le cardinal del Pozzo, qui lui fit présent, entr'autres choses, d'un manuscrit italien de Léonard de Vinci sur la peinture, avec des figures de la main du Poussin. Ayant achevé ses négociations, M. de Chambray revint en France, et emmena avec lui à Paris son ami de Poussin, par ordre de M. Desnoyers, qui était aussi surintendant des bâtimens, et qui, voulant retenir ce grand peintre en France, lui donna un logement aux Tuileries, avec une pension considérable et le brevet de premier peintre du roi.

C'est à ces deux voyages que nous sommes redevables de l'excellent ouvrage du *Parallèle de l'architecture antique avec la moderne*, etc., que M. de Chambray mit au jour en 1650, in-fol. Il traduisit en français, vers le même temps, le Traité de la Peinture de Léonard de Vinci, qu'il avait rapporté d'Italie, et le fit imprimer à Paris en 1651, en un volume in-fol. Il en fit aussi une édition en italien, qu'il entendait parfaitement bien, et dédia ces deux éditions au Poussin, qu'il qualifie toujours de premier peintre du roi, quoiqu'il eût déjà quitté la France, où il s'était déplu par les tracasseries que sa dignité lui avait occasionnées, malgré la protection particulière du ministre, et les grands avantages qu'on lui avait faits pour l'attacher au service du roi. M. de Chambray traduisit aussi de l'italien en français les quatre livres d'architecture d'André Palladio, qui furent imprimés à Paris en 1651, en un volume in-fol. Ce livre est devenu extrêmement rare. On ignore le reste des particularités de la vie de cet homme célèbre, qui mourut en 1676.

On lui doit encore l'*Idée de la perfection de la peinture, démontrée par les principes de l'art et par des exemples*, etc. Au Mans, in-4°. Paris, 1672, in-8°. Son *Parallèle de l'architecture* a été réimprimé en 1702, avec des augmentations laissées par Charles Errard, qui avait coopéré à la première édition. Ch. Ant. Jombert en a publié un abrégé en 1766, in-8°. Ce volume forme le tome IVe de la *Bibliothèque portative et élémentaire d'architecture*, dont on est redevable au même Jombert.

Moréri a placé M. de Chambray sous le nom de *Fréart*, aux *additions et corrections* du Xe vol. : l'article contient quelques remarques curieuses.

* CHAMPIGNY (Le colonel, chevalier de), frère de celui qui fut l'instrument principal dont Frédéric, prince de Galles, se servit dans l'étranger pour opérer une révolution en Angleterre. On a de cet auteur :

I. *Le maître et le serviteur, ou les devoirs réciproques d'un souverain et de son ministre, traduit de l'allemand de Frédéric-Charles de Moser.* Hambourg, 1760, in-8°.

II. *Examen du ministère de M. Pitt, traduit de l'anglais, avec des notes.* La Haie, 1764, in-8°.

III. *Réflexions sur le gouvernement des femmes.* Londres, 1770, in-8°.

IV. *Lettres anglaises.* 6 vol. in-8°, y compris le supplément qui en a deux, et qui parut en 1774 et en 1775 à S.-Pétersbourg et à Francfort. C'est un roman mêlé de beaucoup d'anecdotes vraies, où l'auteur sous des noms supposés fait souvent la relation de ses propres voyages.

V. *L'état présent de la Louisiane.* La Haie, 1776, in-8°.

VI. *Histoire abrégée de Suède, depuis les rois de la maison de Wasa, jusqu'en* 1776. Amsterdam, 1776, in-4°.

VII. *Histoire des rois de Danemarck de la maison d'Oldenburg; traduite de l'allemand de Schlégel, conseiller de justice et professeur.* Amsterdam, 1776, 2 vol. in-4°. Le 3e volume, Amsterdam, 1778, in-4°.

VIII. *Nouvelle histoire générale d'Angleterre, depuis l'origine la plus reculée de ce royaume, jusqu'à l'année* 1780. Amsterdam, 1777, 2 vol. in-4°. Cet ouvrage devait avoir 15 vol.

CHAMPION (Pierre), jésuite. Il avait commencé à faire imprimer une vie du célèbre Palafox, évêque d'Osma : l'impression fut arrêtée à la 7e feuille, à cause de la franchise de l'historien. Le docteur Arnaud s'est beaucoup servi de ces 7 feuilles, pour *l'histoire de Palafox*, qui forme le IVe volume de la *Morale pratique des Jésuites*. L'abbé Dinouart se procura le manuscrit entier du P. Champion, qui se trouvait parmi les manuscrits du collége de Clermont; il lui a été fort utile pour la composition de sa *Vie de Palafox*, publiée en 1767, in-8°, sous le voile de l'anonyme.

CHANUT (L'abbé). La *Biographie universelle* ne cite point sa traduction française du concile de trente, qui a eu quelque succès lorsqu'elle parut; et elle lui attribue faussement la traduction du *Catéchisme de ce concile*, qui est de M. Varet, avocat, frère d'Alexandre Varet, théologien très-connu. J'ai trouvé ce renseignement dans le *Catalogue de la Bibliothèque de la Doctrine Chrétienne*, si habilement rédigé par le P. Baizé.

CHAPELAIN (Jean). Dans une note ajoutée à cet article, la *Biographie universelle* présente une des méprises les plus singulières, puisqu'on y confond la *Pucelle* de Chapelain avec celle de Voltaire. On ne peut attribuer cette méprise au rédacteur de l'article; elle est donc l'effet de la mauvaise habitude qui a été prise au bureau de la *Biographie*, de laisser faire des corrections ou additions, par les personnes qui revoient les épreuves, sans les communiquer à ceux qui ont rédigé les articles.

* CHAPELLE (Nicolas-Pierre Besset de la) abbé, ancien premier commis des affaires étrangères, et laborieux traducteur du XVIIIe siècle; ses traductions sont plus connues que sa personne; les principales sont:

1°. *Capitulation harmonique* de Muldener, continuée jusqu'au temps présent, ou traduction et concordance des capitulations des empereurs, depuis Charles V, jusques et compris l'empereur François Ier. Paris, 1750, in-4°.

2°. *Histoire d'Ecosse*, traduite de l'anglais de Robertson. Londres et Paris, 1764, 3 vol. in-12. Nouvelle édition revue, corrigée et augmentée d'un volume. Londres, 1772, 4 vol. in-12. Cette traduction, revue par l'abbé Morellet, a eu du succès; il ne faut pas la confondre avec celle qui parut à Paris, chez Pissot, 1785, 3 vol. in-12. Celle-ci est de l'abbé Blavet; elle a été inconnue aux auteurs de la *Biographie univ.* Voy. ce mot.

3°. *Le Protestant cité au tribunal de Dieu, dans les saintes Ecritures, au sujet des points de foi controversés*, trad. de l'anglais. Paris, 1765, in-12.

4°. *L'Incrédule convaincu, ou Fondemens de la religion chrétienne*, traduit de l'anglais. Paris, 1765, in-12.

5°. *Tableau historique et politique de la Suisse*, traduit de l'anglais de Stanyan. Paris, 1766, in-12.

6°. *Correspondance secrète de Robert Cécil avec Jacques VI*, publiée par Dalrymple, traduite de l'anglais. 1767, in-12.

La plupart de ces traductions renferment des notes qui prouvent que l'auteur connaissait bien les matières traitées dans les ouvrages originaux.

CHAPPE D'AUTEROCHE (l'abbé). Je n'ai pas coutume de relever dans les dictionnaires que j'examine, de simples fautes d'impression : il en est cependant qu'il est utile de signaler, principalement lorsqu'elles présentent un sens qui peut se soutenir ; c'est ainsi qu'on lit dans la *Biog. univ.*, article de l'abbé Chappe, qu'il parut contre lui une autre critique sous ce titre : *Lettre d'un style franc et loyal*, etc. ; la brochure est réellement intitulée : *Lettre d'un* SCYTHE *franc et loyal*, etc. On en ignore l'auteur.

CHAPT DE RASTIGNAC (l'abbé). La *Biographie universelle* a renvoyé cet article à la lettre R.; mais l'auteur des *Mémoires ecclésiastiques* donne quelques détails sur cet estimable écrivain : il me paraît lui avoir attribué faussement un ouvrage particulier sur le *Divorce en Pologne*. La conduite de ce royaume, relativement au divorce, occupe 12 pages dans l'*Accord de la révélation et de la raison, contre le divorce*. Le même compilateur appelle *Nicolaï*, le patriarche de Constantinople, Nicolas. Voici le vrai titre de la brochure dont il s'agit : *Lettre synodale de Nicolas, patriarche de Constantinople, à l'empereur Alexis Comnène*, sur le pouvoir des empereurs, relativement à l'érection des métropoles ecclésiastiques ; traduite du grec, avec des notes, etc. Paris, Crapart, 1791, in-8° de 122 p. Les auteurs du *Supplément au Dictionnaire* de Feller, ont reproduit les inexactitudes de M. P.....

* CHARDON DE LUGNY (ZACHARIE), né et élevé dans la religion protestante, était page au mariage de Louis XIV. Il fut converti par Bossuet, et élevé au ministère ecclésiastique dans le séminaire de Saint-Sulpice, dont il sortit pour demeurer dans la communauté des prêtres de cette paroisse. Il fut député du roi et du clergé de France pour les controverses, et il a travaillé avec un grand zèle à la conversion des protestans. Il mourut le 23 juin 1733, âgé de 90 ans. On a de lui :

I. *Traité de la religion chrétienne*. Paris, 1697, 2 vol. in-12.

II. *Recueil des falsifications que les ministres de Genève ont faites dans l'Ecriture-Sainte, en leur dernière traduction de la Bible*. Paris, 1707, in-12.

III. *Nouvelle méthode pour réfuter l'établissement des Eglises prétendues réformées et de leurs religions*. Paris, 1731, in-12.

(*Remarques historiques sur l'Eglise et la paroisse de S.-Sulpice ; Journal des Savans.*)

CHARENTON (le P.). L'article de ce jésuite dans la *Biographie universelle*, donne lieu à plusieurs observations. 1° Sa traduction des *Entretiens de l'ame dévote* de Thomas à Kempis, parut en 1709 et non en 1706. Je ne remarque cette faute d'impression dans la *Biographie universelle*, que parce qu'elle se trouve déjà dans Moréri. 2°. On trouve à la suite de la traduction de l'*Histoire d'Espagne* de Mariana, une dissertation non pas *traduite* de Mahudel, mais composée par Mahudel, sur quelques monnaies d'Espagne. 3°. L'abbé de Vairac avait publié le prospectus, non d'une traduction de l'Histoire d'Espagne de Mariana, mais d'une nouvelle histoire d'Espagne, qui devait former 10 volumes in-4°. Le travail de l'abbé de Vairac n'a point paru. On n'a de cet auteur, sur l'Espagne, qu'une *Histoire des révolutions* de ces contrées, publiée en 1724, 5 vol. in-12. Encore assure-t-on que le cinquième volume seul est de lui, le reste avait été laissé en manuscrit par le célèbre docteur Dupin. Les libraires donnèrent 300 fr. à l'abbé de Vairac, pour l'empêcher de mettre son nom à la tête de cet ouvrage. Voy. les *Observations sur les écrits modernes*. Tome 5, pag. 232.

CHARLAS (Antoine), auteur de plusieurs écrits plus favorables à la cour de Rome qu'à l'Eglise gallicane. Le but de l'auteur, dit l'abbé Chaudon, n'était d'abord que d'attaquer différens abus, introduits *selon lui* par les jurisconsultes et les magistrats français, sous prétexte de conserver les libertés de leur Eglise. L'abbé de Feller a retranché les mots *selon lui*, et il a rendu la phrase toute ultramontaine; car une maxime favorite de ces docteurs est de refuser à la puissance civile ses droits les plus essentiels, et de les présenter comme des atteintes à l'autorité spirituelle.

CHARLEMAGNE. L'article le plus exact sur ce prince, est sans doute celui de la *Biographie universelle;* mais on lit avec plus d'intérêt celui de M. Chaudon. Feller a défiguré le sien par plusieurs invectives étrangères à son sujet; on y trouve cependant quelques détails d'érudition qui peuvent être utiles.

CHARLES IX, roi de France. J'avoue encore ici que l'article de M. Chaudon me semble, par un heureux mélange d'anecdotes et de récits, par un style d'une élégante simplicité, l'emporter de beaucoup sur le ton sec et dur de la *Biographie universelle*. Feller fait de grands efforts pour atténuer les horreurs de la Saint-Barthélemi et ses suites.

CHARLES X, roi de France. M. du Masbaret reprochait à Moréri de ne pas avoir donné d'article à ce fantôme de roi, de la façon du duc de Mayenne, au nom duquel beaucoup d'actes publics ont été passés: il y eut aussi de la monnaie frappée en son nom. Je reprocherai à la *Biographie universelle* de n'avoir pas renvoyé ici au mot *Charles de Bourbon*, où elle a parlé assez en détail de ce prétendu roi de France.

CHARLES I, roi d'Angleterre. On ne peut lire sans une vive émotion l'article de la *Biographie universelle* sur cet infortuné monarque: il offre tous les genres d'intérêt; mais on eût pu le terminer par quelques détails sur le véritable auteur de l'*Eikon basilike*, ou *Portrait du Roi d'Angleterre dans ses souffrances*. Une note renvoie à l'opinion de Hume, qui laisse son lecteur dans l'incertitude: suivant lui, l'ouvrage est digne du talent de Charles I, mais nombre de témoignages tendent à prouver qu'il a été réellement composé par le docteur Jean Gauden, évêque anglais. Le problème me paraît avoir été résolu par ceux qui, comme M. Chaudon, tout en convenant que l'ouvrage a été écrit par Gauden, croient aussi qu'il a été revu et approuvé par

Charles I. La *Biographie universelle*, à l'article *Gauden*, allègue en sa faveur la lettre qu'il adressa au chancelier Clarendon, pour réclamer le mérite et la récompense de sa pieuse imposture.

* CHARLIER (Pierre-Jacques-Hippolyte), prêtre du diocèse de Paris. Il y était né en 1757, et y avait fait ses études avec distinction. Ses heureuses qualités lui procurèrent les bontés de M. de Beaumont. Ce prélat, dont on sait quel était le zèle pour le bien de l'Église, accueillait les sujets utiles. Il fit entrer M. Charlier à S^e^-Magloire. Le jeune clerc y étudia les sciences ecclésiastiques, et montrait pour son instruction une ardeur peu commune. Il passait ses journées dans la bibliothèque de S^e^-Magloire, et s'y nourrissait de la lecture des Livres Saints, des écrits des Pères et des auteurs ecclésiastiques. Il fut fait prêtre en 1783. M. de Juigné, instruit de son mérite, l'attira chez lui, et le fit son secrétaire, en le chargeant de sa bibliothèque. C'était servir M. Charlier selon ses vues, que de le mettre au milieu des livres. Il continua ses études favorites, et se rendit utile par des travaux qui, pour n'avoir pas beaucoup d'éclat, n'en ont pas pour cela moins de prix. Il rédigea, dans le *Pastoral* de M. de Juigné, la suite des évêques et archevêques de Paris. Il coopéra à l'édition du *Bréviaire* imprimé par ordre de ce prélat : il en refondit les rubriques, et mit à la tête une *Théorie abrégée du Plain-chant*, qui a été réimprimée en particulier, avec des corrections. Il acheva la traduction en vers latins du poëme de La Religion, qu'avait commencée M. Revers, auteur du Pastoral. Il donna un abrégé du Pastoral, en un petit volume, qui pût être plus commode pendant la révolution. Ses connaissances n'étaient ni superficielles ni frivoles : il savait le grec et l'hébreu, et écrivait très-bien en latin. Dans ces derniers temps, il avait fait un rituel pour la liturgie générale. C'est lui qui a revu la nouvelle édition des *Psaumes* du P. Berthier, et qui en a corrigé les épreuves, particulièrement pour les citations de grec et d'hébreu. Il travaillait à revoir et à mettre en état d'être imprimé le second volume des OEuvres de saint Grégoire de Nazianze. C'est au milieu de ces occupations, qu'une maladie prompte l'a enlevé. Ses travaux littéraires ne l'empêchaient pas d'exercer les fonctions de son état, et il avait consenti, pour se rendre utile, à soulager, sans aucun intérêt, le pasteur d'une grande paroisse (S.-Denis). C'est là qu'il est mort, après quatorze jours de maladie, le 25 juin 1807.

(*Mélanges de philosophie*, tome III.)

CHARPENTIER (François), de l'académie française. Son article dans la *Biographie universelle*, présente une inexactitude et quelques omissions. C'est à tort que Seaux y est nommé comme l'endroit que Charpentier a voulu désigner dans son *Voyage au vallon tranquille*. Ce lieu est fontenay, dans le département de l'Aisne, terre qui appartenait dans ce temps-là à M. Vincent Hotman, conseiller au grand conseil, depuis maître des requêtes et intendant des finances. Il avait épousé Marie Colbert, fille de J. B. Colbert, seigneur de Villacerf et de Saint-Ponange.

Persuadé que la lecture des voyages était très-utile, Charpentier a été l'éditeur de quelques ouvrages de ce genre, qui ont beaucoup gagné à passer par ses mains. Je ne citerai ici que le *Voyage du Levant* de Nicolas du Loir, imprimé en 1654, dont il corrigea le style et qu'il enrichit de plusieurs remarques; il a rendu le même service aux voyages du chevalier Chardin, probablement pour l'édition faite à Lyon en 1687, ainsi qu'à l'excellent ouvrage de Guillet, intitulé: *Athènes ancienne et moderne*. La *préface* du *Catulle* de la Chapelle est presque toute entière de lui; il est auteur de l'*Epître dédicatoire* et de la *Préface* du *Dictionnaire de l'académie française*, édition de 1694.

Charpentier dit dans le *Carpenteriana*, que ce n'a pas été une petite affaire que de corriger le style de Chardin, mais qu'il a été assez bien dédommagé par la bonté des matières qui se rencontrent dans son voyage. La *Relation de la mort de Soliman*, continue-t-il, a fait beaucoup d'honneur à M. Chardin, grâces à mes corrections et à l'*Epître au roi*, que j'ai faite.

CHARPENTIER (PAUL), provincial des Petits-Augustins, mort en 1773. Son article pèche par trop de brièveté, dans le *Dictionnaire* de M. Chaudon et dans la *Biographie universelle*, preuve que le dernier a été rédigé d'après le premier. Il fallait dire, 1° que la traduction du *Siége de Rhodes* était traduite du latin de Thomas Guichard, historien du XVIe siècle, et qu'elle se trouvait dans le *Mercure* d'avril 1766; 2° que la *Lettre encyclique du général des augustins* était traduite du latin; 3° que le *Poëme sur l'horlogerie*, laissé imparfait par le P. Charpentier, était un poëme latin. Ce religieux, recommandable par sa modestie et son goût pour les lettres et les arts, avait aussi traduit le poëme d'*Imberdis*, sur la *fabrique du papier* (*Papyrus, carmen*). Elle devait être insérée avec le latin, dans l'*Essai d'une nouvelle histoire de l'imprimerie*; mais cet ouvrage n'a point paru.

CHARRIERE (Madame DE). Si l'on trouve des détails curieux dans la *Biographie universelle*, sur cette Hollandaise qui affectionnait notre littérature, on regrette que l'auteur de l'article ne se soit pas assez étendu sur ses premiers ouvrages. Madame de Charrière n'avait guères que vingt-deux ans, lorsqu'elle publia, vers 1766, le conte très-agréable intitulé: *Le noble*.

Un père entiché de son ancienne noblesse, en est le sujet; il avait un fils et une fille; un nouveau noble lui enleva sa fille, spirituelle et jolie; ce mariage ne fut excusé qu'à la faveur de celui du fils, qui épousa une demoiselle laide et bossue, mais complètement noble. Ce conte a été réimprimé en 1771, sous la rubrique de *Londres*, in-12, avec un discours préliminaire de l'éditeur; on l'a inséré dans le cinquième volume de la *Bibliothèque choisie des contes, facéties, etc.* Paris,

Royez, 1786, 5 vol. in-12. Les *Lettres neufchateloises*, *roman*, parurent à Amsterdam en 1784, 1 vol. in-12. Cette année vit aussi paraître le petit volume intitulé: *Lettres de mistriss Henley*; ces lettres se retrouvent dans le volume qui a pour titre: *Le mari sentimental, ou le mariage comme il y en a quelques-uns* (par M. Constant de Rebecque), *suivi des Lettres de mistriss Henley, publiées par son amie madame de C*** de Z***, et de la justification de M. Henley, adressée à l'amie de sa femme*. Genève et Paris, Buisson, 1785, in-12. Ces romans ont une marche différente de celle des autres. Ils commencent là où les autres finissent; dans l'un, le mari meurt victime de sa sensibilité; on voit dans l'autre une femme que sa délicatesse extrême conduit au tombeau. Les auteurs ont voulu corriger les femmes qui abusent de l'ascendant qu'elles peuvent avoir sur un mari délicat et sensible, et engager les hommes trop fiers de leur raison, à se prêter avec complaisance aux petites faiblesses d'une épouse qui n'aspire qu'au bonheur de leur plaire. La *Justification* de M. Henley n'est point de madame de Charrière.

CHASSAGNE (DE LA); romancier du dix-huitième siècle. J'ai prouvé à l'article de Vital d'Audiguier que le roman intitulé: *le Chevalier des Essars et la Comtesse de Bercy*, n'était autre chose que l'*Histoire des amours de Lisandre et de Calliste*, abrégée et mise en style moderne.

CHASTELET (PAUL HAY, Sieur DU), le fils. Quoi qu'en dise la *Biographie universelle*, il n'y a aucune augmentation dans la réimpression qui a été faite du *Traité de la politique de France*, sous le titre de *Troisième partie du testament politique du cardinal de Richelieu*. Cette réimpression, suivant le frontispice, aurait été faite en 1689, à Amsterdam, chez Henri Desbordes; mais on sait qu'elle a été réellement exécutée à Lyon. Il y a des exemplaires qui ont pour titre: *Mémoire politique d'Armand du Plessis, cardinal duc de Richelieu, pair, etc.* Amsterdam, H. Desbordes, 1689, in-12.

CHATEAUBRIANT, ou plutôt CHATEAUBRIAND (FRANÇOISE, comtesse DE). La *Biographie universelle* cite dans cet article le *joli roman* des *Effets de la jalousie*, par madame de Murat, et l'*Histoire amoureuse de François premier*, ou *Histoire tragique de la comtesse de Chateaubriand*, par Lesconvel. Amsterdam (Rouen), 1695, in-12. C'est le même ouvrage dont Lesconvel paraît être le seul auteur. L'analyse qui se trouve dans l'*Histoire des femmes françaises*, à l'article de madame de Murat; est celle de l'ouvrage de Lesconvel, qui parut sous ce titre: *La comtesse de Chateaubriand, ou les effets de la jalousie*. Paris, 1695, in-12. L'édition de 1724 ressemble entièrement à la précédente; ainsi on ne peut pas même dire que madame de Murat ait fait des changemens à l'ouvrage. Il ne fallait pas se contenter de citer dans cet article le nom de P. Hevin; on eût mieux fait de renvoyer à la *Réfutation de la prétendue Histoire du comte et de la comtesse de Chateau-*

briand, par Varillas. Cette Réfutation parut au mois de mars 1686, sous la forme d'une lettre, et Varillas n'y a jamais répondu. Un petit-fils de l'auteur, conseiller au présidial de Rennes, la fit réimprimer à Rennes, en 1757, in-4°, de 27 pag. On avance à tort dans la *Biographie universelle*, à l'article de P. Hevin, que sa *Réfutation* de Varillas se trouve dans l'édition de l'*Histoire de François premier*, publiée en 1686; il n'en est rien: Bayle qui a donné une analyse détaillée de cette affaire, n'aurait pas manqué de faire remarquer cette pièce curieuse. C'est lui peut-être qui a induit en erreur la *Biographie universelle*, parce que, dans les *Nouvelles de la république des lettres*, du mois de janvier 1686, il a placé, immédiatement à la suite de son extrait, l'analyse du *Factum* de P. Hevin. Ce *Factum* est, comme on voit, une pièce antérieure à la *Lettre* du mois de mars.

CHATELLARD (le P.), jésuite. Cet habile professeur d'hydrographie à Toulon, mourut, non en 1756, comme le dit M. Chaudon, mais en 1757, le 15 octobre. Ses ouvrages sont intitulés: *Recueil de traités de mathématiques, à l'usage des gardes de la marine*. Toulon, 1749, 4 vol. in-12. M. Chaudon n'indique que 3 vol. On ne sait pourquoi la *Biographie universelle* n'a pas parlé de cet auteur; car ses ouvrages sont estimés.

---

* CHAULMER (CHARLES), écrivain médiocre du XVIIe siècle, qui s'est exercé dans différens genres de littérature, mais qui n'a réussi dans aucun; il n'a pas cependant mérité l'oubli dans lequel l'ont laissé jusqu'à ce jour les rédacteurs de nos Dictionnaires historiques.

Les poëtes de son temps l'appelaient l'honneur de son siècle. Ils le présentèrent comme un esprit éclatant, estimé de l'univers: la postérité lui a fait expier ces éloges exagérés. Sur le frontispice de plusieurs ouvrages, Chaulmer prend le titre d'historiographe de France: on voit aussi sur l'un d'eux, qu'il était conseiller du roi. Plusieurs pièces de vers grecs, faites en son honneur par son cousin Vattier, professeur de langue arabe au Collége de France, portent à croire qu'il était originaire de Normandie, comme son célèbre parent: c'est aussi ce que fait conjecturer le lieu où a été imprimée la première édition de son Abrégé d'histoire de France.

Voici la liste des principaux ouvrages de Chaulmer.

I. *Abrégé de l'histoire de France* (cité sous le nom de *Chomer* par le P. Lelong). Rouen, 1636 in-8°. Paris, 1665, 2 vol. in-12.

II. *La mort de Pompée, tragédie*, dédiée au cardinal de Richelieu. Paris, Ant. de Sommaville, 1638, in-4°. Pièce aussi irrégulière que mal écrite, mais où l'on trouve quelques situations intéressantes et quelques morceaux imités de Lucain.

III. *Tableau de l'Europe et de l'Asie*. Paris, 1652, 2 vol. in-12.

IV. *Tableau de l'Afrique, où sont représentés royaumes, républiques, principautés de cette seconde partie du monde*. Paris, 1654, in-12.

V. *Tableaux de l'Europe*,

Asie, Afrique, Amérique, avec l'histoire des Missions. Paris, 1654, 4 vol. in-12. Ce titre présente peut-être la réunion des trois articles ci-dessus.

VI. *Le nouveau monde, ou l'Amérique chrétienne, avec le supplément à l'abrégé des annales ecclésiastiques et politiques de l'ancien, ou l'histoire des Missions, et des autres affaires de l'Europe, de l'Asie et de l'Afrique, depuis* 1641 *jusqu'en* 1658 (dédié à l'abbé de Marolles). Paris, chez l'auteur, 1659; in-12.

VII. *Magnus apparatus poeticus, seu epithetorum, synonymorum et phrasium poeticarum opus absolutissimum (illustrissimo viro D. J.-B. Colbert dicatum). Parisiis*, J. Hénault, 1666, in-4°. Cet ouvrage peut être considéré comme une imitation du *Gradus ad Parnassum*, qui paraissait depuis quelques années.

VIII. *Nouveau Dictionnaire des langues française et latine dans leur pureté.* Paris, Société des libraires, 1671, in-4°.

IX. *Annales ecclesiastici Cæsaris Baronii à Lud. Aurelio Perusino, in totidem libellos brevissimè reducti, in quot magna volumina opus ab auctore digestum est. Accessit Baronii supplementum chronologicum ad Christi annum* 1665. *Auctore Carolo* Chaulmer. *Parisiis*, Variquet et Ch. Fosset, 1665, 3 vol. in-12. Le troisième volume est tiré principalement de Bzovius. Chaulmer a publié la traduction de cet ouvrage, sous ce titre :

Abrégé des Annales ecclésiastiques de César Baronius, composé en latin par le R. P. Aurèle Pérusin, prestre de l'Oratoire de Jésus, et traduit dans la pureté de nostre langue françoise; Paris, Cochart, 1673; 10 tomes séparés en 12 vol. Cette traduction avait paru dès 1664, en 6 vol.; le 8e vol. de la nouv. édit. contient la traduction du *Supplément* donné en 1665, par le traducteur, avec une continuation jusqu'à l'an 1672. Les vol. 11 et 12 renferment un *Dictionnaire ecclésiast.*

X. *Les Épîtres familières de Cicéron*, nouvellement traduites du latin en français, avec le texte latin, sous les lettres C. C. historiographe de France. Paris, S. Benard, 1669, 1674, 2 vol. in-12. Le privilége est daté du 5 août 1664. Une autre traduction a été imprimée. Lyon, chez Molin, en 1689, 2 vol. in-12, sans lettres initiales du traducteur. Il est dit dans la permission d'imprimer, que le privilége, obtenu à Paris, par la veuve Thiboust et P. Esclassan, en 1679, pour six ans, est expiré. Le privilége lui-même, reproduit à la suite de la *permission*, porte que la traduction est de divers auteurs, et il s'agit cependant de la traduction publiée à Paris, en 1679, par J. G. (Jacques Godouin).

CHAUVIN (Pierre), docteur en médecine, agrégé au collége de Lyon, et médecin ordinaire du roi. On doit à ce médecin : 1° *Michaëlis Ettmuleri, phil. et med. doct. operum omnium medico-physicorum editio novissima, cœteris omnibus tùm correctior, tùm auctior, tùm verò felicior. Lugduni*, 1690, 2 vol. in-fol. La préface qui est de M. Chauvin, instruit en détail des augmentations et des changemens qu'il a jugé à propos de faire, dans le recueil des œuvres d'Ettmuler ; 2° *Lettre adressée à madame de Senozan, sur la baguette divinatoire de Jacques Aymar.* Lyon, 1693, in-12.

*CHAUX (Mademoiselle DE LA), connue vers le milieu du dix-huitième siècle, par la passion qu'elle conçut pour le médecin Gardeil qui l'abandonna de la manière la plus honteuse.

Mademoiselle de la Chaux avait appris l'hébreu, le grec, l'anglais et l'italien, pour soulager Gardeil dans ses travaux.

Diderot dédia à cette demoiselle son *Addition* à la Lettre sur les sourds et muets. Pour se soustraire à la misère, mademoiselle de la Chaux composa un petit roman historique intitulé : *Les trois favorites.* Il y avait de la légèreté dans le style, de la finesse et de l'intérêt ; mais il était parsemé d'une multitude de traits applicables à madame de Pompadour. Mademoiselle de la Chaux n'osant livrer cet ouvrage à l'impression, Diderot lui conseilla de l'envoyer tel qu'il était, sans adoucir, sans changer, à la maîtresse de Louis XV, avec une lettre qui la mît au fait de cet envoi. Cette idée lui plut ; elle écrivit une lettre charmante. Deux ou trois mois s'écoulèrent sans qu'elle entendît parler de rien, et elle tenait la tentative pour infructueuse, lorsqu'une croix de Saint-Louis se présenta chez elle, avec une réponse de la marquise ; elle invitait l'auteur à venir à Versailles. L'envoyé, en sortant de chez mademoiselle de la Chaux, avait laissé adroitement sur sa cheminée un rouleau de 50 louis. Mademoiselle de la Chaux, modeste et timide, différa de jour en jour le voyage de Versailles. Au bout de quelque temps, le même émissaire revint avec une seconde lettre remplie des reproches les plus obligeans, et une gratification, équivalente à la première et offerte avec le même ménagement. Le reste de la vie de mademoiselle de la Chaux n'a été qu'un tissu de chagrins et d'infirmités. Elle mourut sur la paille, dans un grenier (Voy. les *OEuvres de Diderot*, tom. 12, pag. 373 et suivantes). Diderot attribue à mademoiselle de la Chaux la traduction des *Essais sur l'entendement humain* de Hume, et il ajoute qu'il a revu cette traduction. Elle n'a pas été imprimée ; car la seule que nous possédions, parut à Amsterdam en 1758. Elle est de M. de Mérian.

† CHETARDIE (Le marquis DE LA). M. du Masbaret paraît avoir eu des renseignemens très-particuliers sur la vie politique et militaire, ainsi que sur les aventures galantes de ce marquis. J'ai cru qu'on lirait avec intérêt l'article qu'il lui a donné. Il est plus instructif que celui de la *Biog. univ.*

Jean-Joachim TROTI, marquis DE LA CHÉTARDIE, s'est distingué par ses talens politiques et guerriers. Il naquit en 1705, avec un génie véritablement transcendant dont on voit peu d'exemples. A l'âge de 16 ans, il publia un ouvrage sur les fortifications, qui fut bien reçu. Il n'avait que 22 ans, lorsqu'il fut envoyé en Angleterre auprès de George Ier. Il se fit admirer de ce monarque, qui lui donna cet éloge, qu'il serait un jour un des plus grands politiques d'Angleterre. Il passa en Hollande, de-là en Prusse, auprès du père de Frédéric II. Son ambassade dura neuf ans, pendant lesquels il négocia avec divers électeurs et princes de l'empire. De Prusse il passa, avec la même qualité, en Russie, auprès de la czarine Anne Iwanouna. Il fut l'ame de la révolution qui plaça Elisabeth Petrowna sur le trône de Russie en 1741. Cette princesse, qui était une fort belle personne, n'avait guère alors que 22 ans. Le marquis la prit entre ses bras, l'éleva haut à un balcon, pour la montrer au peuple, criant: Vive l'impératrice de la Russie. Elisabeth ne fut point ingrate; elle donna toute sa confiance à M. de la Chétardie, et par son crédit il disposait de tout. Le marquis était peut-être le plus bel homme de l'Europe, et d'un esprit enchanteur. La czarine prit de la tendresse pour lui, et je sais de bon lieu, qu'elle conçut le dessein de l'épouser et de le faire déclarer czar, et la chose se serait faite, si le marquis, par des raisons de politique, ne l'en eût détournée. Une intrigue lui fit perdre sa faveur. Il s'attacha à Mme Testof, dont le mari était capitaine des gardes de la czarine. Dès ce moment, ses assiduités auprès de la princesse, furent moins fréquentes et moins vives. Elle s'aperçut du changement, et n'en savait pas la cause. Ce fut M. Bestuchef, chancelier de Russie, et l'ambassadeur d'Angleterre, qui dévoilèrent tout. Sur ces entrefaites, M. de la Chétardie prétexta un voyage en France. Cependant Elisabeth le demandait encore pour ambassadeur, sans doute pour se venger de lui, par les chagrins qu'elle lui préparait. M. de la Chétardie, qui le prévoyait, témoignait la plus grande répugnance; il fallut les ordres les plus positifs du roi, pour l'y déterminer; il y reçut mille mortifications. De son côté, il travaillait à remettre sur le trône Pierre Ivanowna. Les choses étaient fort avancées, lorsque le complot fut découvert par la trahison de son secrétaire d'ambassade. Le scellé fut aussitôt mis sur tous ses effets, qui s'y gâtèrent, et il lui fut signifié un ordre de sortir dans vingt-quatre heures de Pétersbourg. Il en était à quarante lieues, lorsqu'il parut un officier qui lui demanda le portrait de l'impératrice qu'il avait reçu en présent de cette princesse. Il demanda à voir l'ordre. Il était signé de M. Bestuchef. M. de la Chétardie répondit qu'il ne recevait point d'ordre que de la czarine. L'officier dépêcha un courrier, qui apporta l'ordre signé d'elle, et aussitôt il remit le portrait avec les marques des ordres de Russie. Il arriva à Metz dans le temps de la convalescence du roi. Il fut mal reçu; il requit que son procès lui fût fait; ce qui n'eut point lieu, mais le secrétaire fut pendu; lui cependant reçut ordre de se retirer à la Chétardie. Mais il n'y resta pas longtemps; il fut employé dans la guerre d'Italie en qualité de lieutenant-général, et commanda la retraite de notre armée vers Gênes, après la journée de Parme le 15 juin 1746. Il eut l'ambassade de Turin, en 1758, d'où il passa à la cour de Naples, pour exécuter une commission. Il fut de la guerre d'Allemagne, et il était le plus ancien lieutenant-général de l'armée de Soubise. Il était malade au temps de la malheureuse journée de Rosbach. Ce fut un vrai malheur; le public lui a rendu cette justice, que s'il avait été présent, il aurait dissuadé cette action dans les circonstances. Il commandait à Hanau, lorsqu'il y mourut de maladie le 1er janvier 1759, à l'âge de 54 ans, sans avoir contracté d'alliance. Il fut enterré à Dorstein, bourg catholique de la dépendance de l'électorat de Mayence, à deux lieues de la ville de ce nom; son oraison funèbre fut prononcée par l'aumônier du corps royal d'artillerie. Une chose assez singulière dans sa vie, il a conclu trente-trois traités. Il a laissé des Mémoires qui ne peuvent être qu'extrêmement curieux; ils sont entre les mains d'une demoiselle qu'il avait aimée, et qui est fort attachée à sa mémoire (mademoiselle Devau, qui a épousé un commis de M. le duc de Choiseuil); elle travaille à les rédiger. Je tiens ces faits de M. Bourdeix, aide-de-camp de M. de la Chétardie, qui, après sa mort, conduisit ses équipages en France. M. de la Chétardie était frère utérin de M. le comte de Menestrol. En lui je croyais la famille éteinte; cependant notre Gazette du 9 juillet 1763 énonce un Joachim-Jacques de la Chétardie, maréchal-de-camp, commandant au Vieux-Brissac, et gouverneur de Landrecies. Il avait épousé Claire-Marie-Colette de Berard de Villebreuil de Montalet, morte après lui en 1763, après avoir contracté une seconde alliance.

N. B. Je ne connais pas l'ouvrage *sur les Fortifications*, dont parle M. du Masbaret.

† CHEVALIER (Guillaume de). Duverdier, Moréri, Goujet et même l'abbé de Saint-Léger, dans ses notes manuscrites sur Duverdier, parlent de cet auteur d'une manière fort succincte ou inexacte. Je vais abréger ici le long article que Colletet lui a consacré. Guillaume de Chevalier, dont le lieu natal n'est pas connu, vint très-jeune à la cour du roi Henri III. Après la mort de ce prince, il servit de son épée, en plusieurs occasions, son successeur Henri le Grand, qui le reconnut toujours pour homme de bien. Après la pacification des troubles du royaume, Guillaume de Chevalier suivit toujours la cour, et ne laissa presque passer aucun événement mémorable, sans le célébrer en prose et en vers. On a de lui:

I. *Le décès ou la fin du Monde, divisé en trois visions.* Paris, 1584, in-4°. Le poëte n'avait alors que 20 ans environ; il a traité avec beaucoup d'obscurité de style des questions extrêmement obscures en elles-mêmes.

II. *La Renommée sur la naissance de Mgr. le Dauphin.* Paris, 1601, in-4°.

III. *La France, sur l'accident arrivé à leurs Majestés le 9 juin 1606.* En passant la Seine au pont de Chatou, les quatre chevaux qui conduisaient Henri IV et Marie de Médicis, renversèrent dans l'eau le carrosse de leurs Majestés, et mirent ainsi leur vie dans le plus grand danger. Le poëte présente la France triste et confuse à cette funeste nouvelle, et puis transportée de joie, quand elle sut que leurs Majestés en avaient été quittes pour la peur. Ce poëme, en stances de six vers, est un peu meilleur que les précédens.

IV. *La vertu sur le tombeau d'Uranie.* 1610. Le poëte chante sous ce nom la vie et la mort de la maréchale de Sainct : il a joint à son poëme un long discours en prose sur le même sujet, adressé au maréchal de Bassompierre, frère de la défunte. Colletet trouve l'auteur un peu trop enflé dans sa prose et trop bas dans ses vers.

V. *Philis, tragédie.* 1609. Cette pièce n'a que trois actes, mais ils sont d'une grande étendue. La mort fait le prologue du poëme, et représente ainsi un personnage si étrange, que Colletet l'appellerait volontiers *la mort de la pièce.* Comme si elle n'était pas assez longue d'elle-même, l'auteur marque à la fin de chaque acte les intermèdes que l'on y pourrait ajouter : à la fin du premier, l'Espérance et la Volupté, amenées prisonnières par le Deuil ; et à la fin du second, Phinée et les Harpies : ce que Colletet trouve fort ridicule, ou du moins fort inutile, puisque l'auteur se contente d'en donner les titres, sans en donner les vers.

VI. Les deux derniers, et, suivant Colletet, les plus importans ouvrages de notre auteur, sont deux discours en prose, qu'il publia pour la troisième fois à Paris en 1610, intitulés, l'un : *Les Ombres de défunts sieurs de Villeaux et de Fontaine, où il est amplement traité des duels et des moyens de les arracher entièrement* ; et l'autre : *De la vaillance, où il est exactement montré en quoi elle consiste.*

CHEVERT (François de), lieutenant-général des armées du roi, etc. On composerait un livre curieux des *militaires précoces*, comme on en a fait un des *savans précoces* ; Chevert tiendrait un rang distingué dans le premier de ces ouvrages. La *Biographie universelle* ne fait pas bien connaître ses premiers pas dans la carrière militaire ; elle se contente de dire qu'il suivit, à l'âge de onze ans, une recrue du régiment de Carneau (lisez Carné), qui passait à Verdun ; qu'il servit en qualité de soldat dans ce régiment, jusqu'à sa nomination à une sous-lieutenance au régiment de Beauce, en 1710, etc. Tout cela est peu exact ; des Mémoires authentiques nous apprennent qu'un colonel, témoin de l'exactitude avec laquelle Chevert, âgé seulement de neuf ans, exécutait avec ses camarades des évolutions militaires, le plaça comme volontaire dans un régiment. La cour ayant été instruite des dispositions extraordinaires de ce jeune homme, Louis XIV écrivit à M. de Carné, colonel d'un régiment d'infanterie, qu'il avait donné à Chevert la charge de lieutenant dans le régiment qu'il commandait ; la lettre est datée de Marly, le 18 août 1706 : Chevert avait alors onze ans et sept mois. V. l'*Eloge de Chevert*, dans le volume intitulé : *Eloges de quelques-uns des plus célèbres guerriers français.* Strasbourg, 1797, petit in-8°. On avait déjà un *Éloge historique de Chevert.* Paris, 1769, in-12, tiré du *Mercure de France.*

CHEVREAU (Urbain). Bayle, Niceron et Charles Ancillon nous ont donné des notices très-détaillées sur cet auteur qui s'est exercé avec succès dans différens genres. L'abbé Joly, dans ses *Remarques* sur Bayle, a réparé plusieurs omissions ou plusieurs méprises de ces biographes, sans arriver encore à une parfaite exactitude ; il était à croire que les auteurs de la *Biographie universelle* profiteraient de toutes ces observations, et redresseraient les inexactitudes de ces différentes notices ; il en est arrivé tout autrement : leur article reproduit d'anciennes fautes, et il en présente de nouvelles. 1°. Il ne nous apprend point que Chevreau a traduit, de S. Chrysostôme, les *Instructions chrétiennes*, Paris, 1652, petit in-12 ; et de Théodoret, le *Traité de la providence*, Paris, 1652, petit in-12. 2°. Chevreau a publié, dès 1648, les traductions des *Considérations fortuites* et de la *Tranquillité de l'esprit* de Joseph Hall, moraliste anglais. Son *École du sage*, traduite en partie du même auteur, avait paru dès 1645. 3°. Chevreau a publié de *nouvelles Lettres* en 1646, in-8°. 4°. On trouve dans ses poésies de l'édition de 1656, quelques morceaux trad. d'auteurs latins, et plusieurs imitations des auteurs italiens et espagnols. 5°. Jacques Bernard n'a pas été l'éditeur de l'*Histoire du monde*. La Haye, chez Abraham de Hondt, 1698, 5 vol. in-12. Il dit seulement avoir vu l'exemplaire qui a servi de copie, corrigé et augmenté de la main de l'auteur. 6°. Les *OEuvres mêlées* parurent en 1697. Le titre en a été rafraîchi en 1717. Les exemplaires portant cette dernière date, renferment ordinairement des poésies extraites du *Recueil* de 1656. C'est donc à ce premier recueil, que doit s'appliquer le jugement que la *Biographie* porte du dernier.

† CHEVREMONT (l'abbé DE), Lorrain de naissance, qui fut pendant long-temps secrétaire de Charles V, duc de Lorraine. Cet abbé s'occupa beaucoup de l'étude de la politique ; il se piquait d'avoir fait des découvertes merveilleuses sur cette matière. Il a voyagé dans quelques cours étrangères. La lecture de ses ouvrages prouve qu'il était à Rome en 1684 ; à Paris, de 1694 à 1699 ; en Pologne, vers 1700. Les principaux sont :

I. La *Connaissance du monde, ou l'Art de bien élever la jeunesse, pour les divers états de la vie.* Paris, 1694, in-12. Cet ouvrage est en forme de lettres ; la 8e, publiée en 1695, concerne l'*Art de voyager*.

II. La *Connaissance du monde, voyages orientaux ; nouvelle purement historique, contenant l'histoire de Rhetima, Géorgienne, sultane disgraciée.* Paris, 1695, in-12.

III. La *France ruinée ; par qui et comment?* 1695, in-12.

IV. L'*Histoire et les Aventures de Kemiski, Géorgienne*, sous le nom *de madame D****. Paris et Bruxelles, Foppens, 1697, in-12.

V. Le *Christianisme éclairci sur les différends du temps, en matière de quiétisme.* Amsterdam, Gallet, 1700, in-12.

VI. L'*Etat actuel de la Pologne, Cologne.* Bouteux, 1702, in-12. Le *Journal des Savans*, dans l'analyse de cet ouvrage, dit qu'on y reconnaît le style du feu abbé de Chevremont. Cet abbé était donc mort depuis quelque temps. Le *Testament politique du duc de Lorraine*, (Leipsick, 1696, in-12), que quelques personnes lui attribuent, et qui a été réimprimé dans le *Recueil des testamens politiques*, est, suivant Mylius, de Henri de Straatman, conseiller du conseil aulique de l'empereur d'Allemagne. L'abbé de Chevremont écrivait mal; aussi, tous ses ouvrages sont-ils oubliés aujourd'hui.

On donne encore à cet auteur: 1° des *Mémoires sur le séjour de la reine Christine à Rome*. Voyez le *Recueil des pièces sur cette reine*, petit in-12. 2° Les *Caractères* qui se trouvent dans le *Porte-feuille de M. L. F.* (La Faille).

CHEVRIER (François-Antoine), trop fécond écrivain du XVIIIe siècle; l'article, qui le concerne dans la *Biographie universelle*, a été rédigé avec beaucoup de négligence. 1°. Les ouvrages de l'auteur ne sont pas rangés dans l'ordre chronologique. 2°. Les *Mémoires, pour servir à l'Histoire des hommes illustres de Lorraine* (n° XII), sont le même ouvrage que l'*Histoire secrète de quelques personnages illustres de la maison de Lorraine* (n° XXVIII): c'est un frontispice nouveau substitué à l'ancien. 3°. L'*Histoire générale de Lorraine et de Bar*, in-8° (n° XV), est une énonciation aussi vague qu'inexacte. Voici le titre de cet ouvrage: *Histoire civile, militaire, ecclésiastique, politique et littéraire de Lorraine et de Bar*. Bruxelles, 1758, 7 vol. in-12. Les deux derniers sont composés des *Mémoires sur les hommes illustres de Lorraine*, et ils forment les tom. 8 et 9 de cette histoire. L'auteur n'a pas publié les tom. 6 et 7, à cause des persécutions que lui attira la manière dont il avait présenté certains faits dans les premiers volumes.

Chevrier a eu beaucoup de part à une espèce de Journal politique, que Vattel publiait par cahiers, en 1757 et années suivantes, sous le titre de *Mémoires pour servir à l'histoire de notre temps*, dont la collection forme 5 vol. petit in-8°. L'éditeur a donné 6 autres volumes, sous le titre de *nouveaux Mémoires*, etc. On trouve dans cette suite les différens ouvrages de Chevrier, intitulés, *Point d'appui*, cités par la *Biographie universelle*, sous le n° XX. On trouve aussi dans cette suite, différens poëmes attribués à Chevrier, et dont la *Biographie universelle* ne parle pas; tels sont l'*Acadiade*, l'*Albionide*, l'*Hanovriade*, la *Mandrinade*, etc.

* CHEVRIERES (J. G. de), Français réfugié en Hollande, se livra à la composition ou à la traduction de plusieurs ouvrages. On a de lui:

I. *Abrégé chronologique de l'histoire d'Angleterre, avec des notes*. Amsterdam, 1730, 7 vol. in-12. Le style de cet ouvrage, dit l'abbé Desfontaines, est plein de feu, et les transitions assez bien ménagées. Ce jugement n'a pas empêché cet abrégé de tomber dans l'oubli.

II. La *Vie de Philippe II, roi d'Espagne, traduite de l'italien de Gregorio Leti*. Amsterdam, 1734, 6. vol. in-12.

III. Les *Images des héros et des grands hommes de l'antiquité, traduites de l'italien de Canini*. Amsterdam, 1731, in-4°. Que-

ques personnes lui attribuent une *Histoire de Stanislas*. Londres, 1741, 2 vol. in-12.

CHIARI (l'abbé), poëte comique et romancier italien. Son roman intitulé : *La cantatrice per disgrazia*, Venise, 1762, a été traduit librement en français, sous ce titre : *Adrienne, ou les aventures de la marquise de N. N., traduites de l'italien*, par M. D. L. G. (De La Grange). Paris, 1768, 2 parties in-12.

*CHILD (Josias), baronnet anglais, devint, sous Charles II, le tyran de la compagnie des Indes dont il était le directeur. Des négocians anglais avaient vu que les affaires de la compagnie étaient très-florissantes en Asie, et ses bénéfices immenses; ils résolurent d'y envoyer des vaisseaux. Charles II leur en vendit la permission, à un prix supérieur sans doute à celui qu'il recevait de la compagnie établie, pour soutenir son privilége. Cette concurrence devint un brigandage. Les Anglais se cherchèrent et se battirent avec un acharnement sans exemple; cette division leur fit perdre la confiance des Asiatiques et celle de Bantam. Les Hollandais les en chassèrent ignominieusement; l'insulte était trop publique et trop grave, elle détermina la vraie compagnie à faire les plus grands efforts. Vingt-trois vaisseaux furent armés et huit mille hommes embarqués, pour obtenir une réparation, pour exercer une vengeance éclatante, et surtout pour faire d'énormes gains. La flotte allait mettre à la voile; Charles en suspendit le départ, en recevant 2,250,000 fr. des Hollandais. La compagnie, quelque temps après, fit partir ses bâtimens pour les Indes, sans les fonds nécessaires pour former une cargaison, mais avec ordre à ses facteurs de les rassembler sur son crédit. Elle trouva 6,750,000 fr. Josias Child, à l'insu de ses collègues, adressa à son frère, gouverneur de Bombay, l'ordre d'imaginer des prétextes, quels qu'ils fussent, pour frustrer les prêteurs de leurs créances. Jean Child, homme avide, féroce et digne frère de Josias, commença ses pirateries, interrompit le commerce de la compagnie pendant plusieurs années, lui occasionna une dépense de neuf à dix millions, la perte de cinq gros vaisseaux, et d'un plus grand nombre de petits, celle de plusieurs milliers de matelots, et avec tout cela la ruine du crédit et de l'honneur de la nation. La statue de Child, dit un orateur, devrait être placée devant l'hôtel de chaque compagnie commerçante, avec le détail de son infâme conduite pour inscription. On doit à cet homme perfide différens *Discours sur le commerce*, écrits en anglais en 1669, et imprimés en 1694, in-12. M. de Gournay, intendant du commerce, en a publié une traduction française, sous ce titre : *Traité sur le commerce et sur les avantages qui résultent de la réduction de l'intérêt de l'argent, avec un petit Traité contre l'usure*, par le chevalier Th. Culpeper. Amsterdam et Paris, 1754, in-12. Cette traduction a eu beaucoup de succès.

(*Eloge* de Nic. Sahlgren, par l'abbé du Val-Pyrau, vers 1778, in-4°.)

† CHILLIAT (Michel), imprimeur-libraire de Lyon, qui vint s'établir à Paris vers 1695. La *Biographie universelle* lui donne un assez long article; peut-être ne devrait-il être considéré que comme éditeur. A l'époque de sa mort, il se trouvait encore muni de plusieurs priviléges, que ses héritiers cédèrent à différens libraires : c'est sans doute la lecture de ces priviléges qui aura fait métamorphoser ce fabricateur de livres en auteur. L'examen détaillé de l'article de la *Biographie* confirmera l'idée que je me suis formée du sieur Chilliat.

1°. Chilliat convient lui-même n'avoir été que l'éditeur du livre intitulé : *Le triomphe de la miséricorde de Dieu sur un cœur endurci, ou les confessions de Augustin de France converti, écrites par lui-même*. Paris, 1682, 1686, in-12. La suite nous prouvera que cette déclaration est conforme à la vérité.

2°. *L'amour à la mode, satyre historique*, Paris, 1695, in-12, est un ouvrage de madame de Pringy, connue à cette époque par le livre intitulé : *Les différens caractères des femmes de ce siècle*. Paris, 1693, in-12. L'épître dédicatoire de *L'amour à la mode* au prince de Neufchâtel est signée des lettres *de P....*; et le libraire, dans un avis au lecteur, parle des applaudissemens que l'auteur reçoit tous les jours sur son livre du *Caractère des femmes de ce siècle*; cependant, si l'on s'en tenait au privilége, il est accordé au sieur Chilliat.

3°. En la même année 1695, parut l'ouvrage intitulé : *La censure des vices et des manières du monde*. Le privilége est au nom du sieur Chilliat, imprimeur-libraire à Lyon; mais c'est seulement pour le faire imprimer : on ne dit pas que ce soit un ouvrage de sa composition.

4°. Dans l'épître dédicatoire de la *Méthode facile pour apprendre l'histoire de Savoie*, Chilliat convient qu'il a *fait* travailler à cet abrégé; il n'en est donc pas l'auteur; d'ailleurs il n'existe qu'une édition de cette Méthode, les exemplaires même portant la date de 1707 sont de la première édition; le frontispice seul est nouveau.

La *Biographie* ne parle pas d'un autre ouvrage qui porte le nom de Chilliat dans le privilége et celui du véritable auteur au frontispice; c'est celui qui a pour titre : *Granicus ou l'Ile galante, nouvelle historique, par François Brice*. Paris, veuve Mazuel, 1698, in-12. Le privilége pour l'impression de cette nouvelle a été accordé, le 8 mars 1697, à Michel Chilliat, et on lit au bas que les héritiers dudit sieur Chilliat l'ont cédé au sieur P. Gissey, qui a abandonné ses droits à la veuve Mazuel. L'ouvrage fut achevé d'imprimer pour la première fois le 15 décembre 1698 : Chilliat est donc mort dans le courant de 1697 ou de 1698. Il avait aussi obtenu, le 8 mars 1697, un privilége pour l'impression de la *Méthode facile pour apprendre l'histoire de Hollande*, impression qui ne fut achevée pour la première fois que le 23 avril 1701. Les héritiers de l'auteur cédèrent ce privilége à Nicolas Le Clerc, et l'ouvrage parut anonyme; d'après ces détails, je n'oserais affirmer que cette *Méthode* fût de Chilliat. *La Censure des vices* obtint assez de succès; on y fit des augmentations après la mort de Chilliat; la dernière édition est de 1737. Michel Chilliat fut encore éditeur ou auteur de la comédie des *Souffleurs*, pièce destinée pour le théâtre Italien, et imprimée à Lyon en 1696, in-12. C'est à tort que la *Biographie universelle* donne cette pièce à *Chilliard*, nom évidemment estropié.

CHINIAC DE LA BASTIDE (PIERRE). Suivant la *Biographie universelle*, on a attribué à cet auteur la traduction française du *Traité du pouvoir des évêques*, composé en portugais par Antoine Pereira, célèbre oratorien. Mais, 1° l'ouvrage a été traduit du latin et non du portugais; 2° la traduction porte ces mots au frontispice, *par le nouvel éditeur des Lois ecclésiastiques de France* : le rédacteur de l'article doit savoir que cet éditeur a été M. Pinault.

CICERON (MARCUS TULLIUS). L'article de la *Biographie universelle* sur ce grand orateur est remarquable sous tous les rapports: la bibliographie en est très-soignée; cependant la partie qui concerne les traductions françaises donne lieu à quelques observations plus ou moins importantes. 1°. Le *Dialogue des orateurs illustres*, traduit en 1809 par M. Charles Dallier, n'a jamais été attribué à Cicéron. Il est toujours cité sous le nom de Tacite ou de Quintilien : on a confondu ici ce dialogue avec les *Entretiens de Cicéron sur les orateurs illustres*, dont nous avons une traduction par Villefore, à laquelle renvoie la *Biographie*. 2°. Les *Oraisons choisies*, traduites en 1725 par Philippe, ont été augmentées en 1757 d'un troisième volume, traduit par l'abbé Dinouart. 3°. Les *Oraisons choisies* de Cicéron, traduction revue par M. de Wailly, parurent dès 1772, en 3 volumes : de plus, la traduction des *Catilinaires* par l'abbé d'Olivet, avec celle des *Philippiques* de Démosthène, fit dès-lors corps avec ces 3 volumes; il ne fallait donc pas annoncer ce quatrième volume comme imprimé nouvellement en 1801. 4°. Je prouverai, à l'article *Dubois*, que la traduction des *Lettres familières* de Cicéron publiée en 1704 n'est point de cet auteur, et qu'on la doit à l'abbé Maumenet. 5°. Le bailli de Resseguier avait publié à Avignon dès 1776 la traduction du *Traité de l'amitié*, in-8°.

MM. Péricaud aîné et C. Bréghot, avocats à Lyon et auteurs du *Ciceroniana*, ont promis de publier une bibliographie universelle de Cicéron : ils me paraissent très-capables d'exécuter cet ouvrage à la satisfaction des amateurs; je les invite à ne pas l'abandonner.

Dans le prospectus des Œuvres complètes de Cicéron, avec des traductions françaises en regard du texte latin, M. Fournier avait promis de terminer cette édition par une bibliographie choisie de Cicéron : il a poussé cette collection jusqu'à 32 volumes, sans cependant remplir l'engagement qu'il avait contracté envers le public.

CICERON (QUINTUS). La *Biographie universelle* a omis d'indiquer à la fin de cet article, la traduction de la lettre *de petitione consulatûs*, par M. Adry, publiée en 1809, à la suite d'une nouvelle édition de la traduction des traités de l'*Amitié* et de la *Vieillesse*, par M. Barrett. Cette traduction était achevée avant 1802. M. Eusèbe Salverte en a publié une dans le *Magasin encyclopédique* (mai 1806). Si l'on en excepte un très-petit nombre d'endroits, cette dernière traduction est fidèle et écrite avec élégance.

CLAMINGES (NICOLAS DE), plus connu sous le nom de CLEMANGIS. Avant la révolution de 1789, on voyait à Troyes, dans la bibliothèque léguée par Fr. Pithou, un manuscrit des Œuvres de Clémangis, que l'on peut regarder comme autographe; il est corrigé de la main de l'auteur, et avait appartenu à Etienne de Clémangis, son frère, archidiacre de Barrois, et proviseur du collége de Navarre. (Voy. la *Notice de quelques ouvrages manuscrits de Clémangis*, par M. Adry, dans le *Journal encyclopédique*, octobre 1782, pag. 317.)

*CLARKE (JEAN), grammairien anglais du dix-huitième siècle, qui s'est appliqué avec autant de zèle que de succès à faciliter à la jeunesse anglaise la connaissance de la langue latine. Il était persuadé que le meilleur moyen pour y parvenir, consistait à multiplier les traductions littérales des auteurs anciens. Celles qu'il a publiées ont eu beaucoup de succès. Le nom de ce laborieux instituteur doit passer avec estime à la postérité; il est à regretter que les Anglais ne lui ayent pas consacré un article dans leurs biographies. Il était instituteur à Hull, ville forte et commerçante dans le comté d'Yorck. J. Clarke a publié:

I. *Essai sur l'éducation de la jeunesse, dans les classes de grammaire.* Vers 1720, in-12. Réimprimé en 1740.

II. *Nouvelle grammaire de la langue latine.* Vers 1734, in-12. Réimprimée plusieurs fois.

III. *Essai sur l'étude.* 1737, in-8°.

IV. *Introduction à la syntaxe latine, pour apprendre aisément à composer en latin, avec des exemples de thêmes appropriés aux règles de la syntaxe, à quoi l'on a ajouté un Abrégé de l'histoire grecque et romaine.* 1 vol. in-12, publié pour la première fois en 1734. Dès l'année 1739, il en parut une treizième édition à Dublin. L'édition de Londres, 1780, est la vingt-troisième. On trouve à la fin, une *Dissertation sur l'utilité des traductions littérales ou libres des auteurs classiques.*

C'est l'ouvrage le plus connu de l'auteur; il a été traduit en français, à Genève, en 1745, in-8°. Cette traduction a été réimprimée à Paris, en 1746 et en 1754. M. de Wailly convaincu de l'utilité de ce livre pour la jeunesse, retoucha cette traduction et la publia de nouveau en 1773, chez Barbou, en ajoutant à la fin un vocabulaire latin et français. Il existe plusieurs réimpressions de cette édition; la dernière est de 1803.

Parmi les traductions des auteurs latins qui sont dues à J. Clarke, les unes sont littérales, et les autres libres. Les premières sont:

1°. *Eutrope*, avec le texte latin. *Eboraci* (*Yorck*), 1722, in-8°. Réimprimé plusieurs fois.

2°. *Cornelius Nepos. Londini*, 1726, in-8°. La treizième édition parut en 1784.

3°. *Florus*. Yorck, 1727, in-8°. Réimprimé en 1736 et en 1749.

4°. *Justinus*. Londres, 1732, in-8°. La huitième édition parut en 1760.

5°. *Ovidii Metamorphoseon, libr. XV*. Londres, 1735, 1752, in-8°.

Les traductions libres sont celles: 1° de *Suetone*, avec le texte latin, 1732, in-8°. La seconde édition parut en 1739. 2° De *Salluste*. Vers 1736, in-8°. La quatrième édition parut en 1774. L'auteur publia aussi une Vie de Salluste, qui fut réimprimée pour la quatrième fois, en 1766.

On doit aussi à notre auteur: 1° *Corderii colloquiorum centuria selecta*, dont la vingt-cinquième édition parut en 1783. 2° *Erasmi colloquia selecta*. Ces deux traductions sont littérales. Le *Journal des Savans* de 1726 et de 1727, attribue à J. Clarke des critiques de Hutcheson et de Wollaston, qui sont tombées dans l'oubli.

CLARKE (Edouard). La *Biographie universelle* cite les *Lettres sur l'Espagne* qu'il a publiées en 1763, en anglais, 1 vol. in-4°; mais elle ne fait pas connaître la traduction française que M. Imbert en a donnée sous ce titre: *Etat présent de l'Espagne et de la nation espagnole: lettres écrites à Madrid pendant les années* 1760 *et* 1761. Bruxelles et Paris, 1770, 2 vol. in-12.

CLARKSON (David). M. Chaudon n'a point assez détaillé l'article de cet auteur que l'on ne trouve pas dans la *Biographie universelle*. Son traité *sur l'état primitif de l'épiscopat* a paru en anglais, à Londres, en 1681, in-4°. Son traité *sur la liturgie* n'a été publié qu'en 1689, in-8°. Tous deux ont été réunis dans une traduction française imprimée à Amsterdam en 1716, petit in-8°. Le premier ouvrage a été réfuté par le docteur Henri Maurice, et le second par Thomas Comber. On a publié, après la mort de l'auteur, un volume de ses *Sermons*, in-fol.

CLAUDE, *frère célestin*. M. Chaudon recommande à l'attention des curieux l'ouvrage de cet auteur *sur les erreurs de nos sensations*. Il ajoute qu'on a obligation de ce livre à Oronce Finé, qui en a été l'éditeur en 1542. Cela n'est pas tout-à-fait exact, puisque M. de la Lande cite une édition de cet ouvrage, dans le format in-fol., imprimée en 1541. Voici le titre de l'édition d'Oronce Finé: *De his quæ mundo mirabiliter eveniunt, ubi de sensuum erroribus et potentiis animæ, ac de influentiis cœlorum, fr. Claudii Cœlestini opusculum. De mirabili potestate artis et naturæ, ubi de philosophorum lapide, fr. Rogerii Bachonis, anglici, libellus. Hæc duo gratissima et non aspernanda opuscula Orontius Fineus diligenter recognoscebat*, etc. *Parisiis*, 1542, in-4°. Ces dernières expessions indiquent assez clairement une réimpression.

J'ai à soumettre à mes lecteurs une remarque plus importante sur cet article de M. Chaudon; l'auteur est indiqué dans différens ouvrages sous le nom de François-Claude Cœlestin, ainsi qu'on le voit dans le *Supplément* d'Adelung, dans la *Bibliographie Astronomique* de M. de Lalande; dans le *Catalogue* de Falconet, même dans la *Biographie universelle*, au mot *Oronce Finé*, *etc.*, *etc.* Ce serait donc par une singulière méprise que M. Chaudon aurait donné à cet auteur la qualification de *célestin;* le nom de François Claude ne se trouve pas dans la *Bibliothèque des Célestins*, par le père Becquet, Paris, 1719, in-4°. L'abbé de Feller a reproduit sans changement l'article de M. Chaudon.

CLAVIERE (ETIENNE DE), habile éditeur de Claudien et de Perse, dans le commencement du XVIIe siècle; la *Biographie universelle* présente une fort bonne notice des ouvrages de cet auteur, mais elle laisse tout à désirer sur son personnel. Colletet m'apprend qu'Etienne de Clavière fut assez long-temps principal du collége de Sens. Il séduisit une demoiselle de cette ville, et en eut plusieurs enfans. Bientôt les émolumens de sa place ne suffirent plus pour soutenir une famille si nombreuse; il vint à Paris, y épousa publiquement sa concubine, et embrassa la profession d'avocat. Colletet trouvait beaucoup d'esprit et d'imagination dans les petits poëmes que Clavière publia soit en latin, soit en français; sa prose française lui paraissait aussi assez nette et assez pure.

*CLEIRAC (ETIENNE), avocat en la cour du parlement de Bordeaux, très-versé dans la connaissance de la législation et des affaires maritimes, fit paraître, en 1634, une explication des termes de marine, employés par les édits, ordonnances et réglemens de l'admirauté. Ce n'était que le prélude d'un travail plus important qu'il publia à Bordeaux, sous le titre: *Les us et coutumes de la mer*, divisés en trois parties, avec un Traité des termes de marine, etc., Bordeaux, 1647, in-4°. Réimprimés dans la même ville en 1661. Cet utile recueil a été reproduit à Rouen en 1671 avec les nouveaux édits, réglemens, etc., rendus sur le fait du commerce de la mer. On doit au même auteur un autre ouvrage intitulé: *Usance du négoce*, ou Commerce de la Banque des lettres de change; ensemble des figures des ducats de Guyenne et des anciennes monnaies bourgeoises de Bordeaux pour le même change. Bordeaux, 1656, in-4°. Les *us et coutumes de la mer* ont servi de base à l'ordonnance de la marine de 1681. C'est un bel hommage rendu à l'érudition de M. Cleirac.

CLEMENCET (DOM). La *Biographie universelle* a rangé parmi les ouvrages de cet auteur:

I. Les *Lettres d'un magistrat à Morenas*, qui sont du président Rolland.

II. La *Justification sommaire de l'Histoire ecclésiastique* de l'abbé Racine, qui est de Rondet. L'*Avertissement* de cette *Justifi-*

cation explique comment elle a été composée par celui qui présidait à la nouvelle édition de l'*Histoire de l'abbé Racine* ; or, Rondet a été chargé de ce soin, et non D. Clémencet.

CLEMENT (JACQUES), jacobin, assassin du roi de France Henri III. La *Biographie universelle* fait naître ce méchant moine, à Sorbon près Rethel, patrie du vénérable fondateur de la Sorbonne : c'est une erreur; Jacques Clément est né à Sorbonne, village auprès de Sens. Telle est l'opinion de Mézerai, Moreri, Voltaire, etc. etc.

(*Note communiquée* par M. G. Champré, natif de Rethel.)

CLEMENT DE BOISSY. Sa *Grammaire latine*, 1777, in-12, est une seconde édition de l'ouvrage qu'il publia à Blois, dès 1755, sous le titre d'*Enfant grammairien*. Ce magistrat a donné quelques ouvrages, sous le nom de M. de Fontenay, entr'autres, l'*Abrégé de l'ancien et du nouveau Testament*. Paris, Méquignon junior, 1788, 2 gros vol. in-12 : ce sont les tomes 1 et 3 de l'ouvrage qui parut sous le même masque et avec le titre de *Manuel des Saintes Ecritures*, 1789, 3 vol. in-12. M. Ersch, dans sa *France littéraire*, imprimée à Hambourg, a consacré un article particulier à M. de Fontenay ; il était donc essentiel que *la Biographie univers.* fît observer que ce nom était le masque de M. Clément. L'ouvrage intitulé l'*Auteur de la nature*, 1782 ou 1785, est composé de 3 vol. in-12.

CLÉMENT, frère du précédent, évêque constitutionnel de Versailles. On a de lui quelques opuscules que la *Biographie univ.* ne fait pas connaître :

I. Deux *Lettres* adressées à l'auteur des *Observations sur le nouveau Rituel de Paris*. (M. Larrière), 1787, in-12 ; la première, de 56 pag., et la deuxième de 47.

II. *Tradition de l'Eglise, opposée aux opinions du nouveau Rituel de Paris*, sur la conception immaculée de la Sainte Vierge, et sur son assomption au ciel, en corps et en ame (1787), in-12 de 126 pages. Ces opuscules sont remarquables, par une saine logique et par une érudition bien choisie. Jamais ouvrage ne donna lieu à tant de critiques, que ce *nouveau Rituel* de M. de Juigné. Celles qui ont pour auteur l'avocat Maultrot, peuvent former 2 gros vol. in-12 ; elles ont particulièrement le mariage pour objet. Les *Observations* de M. Larrière forment 3 part., et composent en totalité 181 pag. L'abbé Jabineau l'a attaqué par des *Réflexions préliminaires* et par de *secondes Réflexions*. M. Robert de Saint-Vincent fut un des premiers à entrer dans la lice, par une dénonciation du *nouveau Rituel de Paris*, aux Chambres assemblées, du mardi 19 décembre 1786, in-12 de 34 pag.

CLERIC (le P.), jésuite, couronné huit fois par l'acad. des jeux floraux de Toulouse. M. Chaudon dit qu'on a de lui une traduction de l'*Electre* de Sophoclè ; cette traduction est restée manuscrite, comme le prouve une lettre écrite par le P. Lombard, son confrère, que cite M. Titon du Tillet, dans le 1er supplément de son *Parnasse français.*

CLERY. On a publié à Paris, dans les formats in-8° et in-18, une édition tout-à-fait tronquée de son *Journal*, sous ce titre : *Mémoires de M. Cléry*, ou *Journal de ce qui s'est passé dans la tour du Temple, pendant la détention de Louis XVI*, avec des détails sur sa mort, qui ont été ignorés jusqu'à ce jour. Londres, de l'imprimerie de Baylis, 1800. Cléry a adressé au rédacteur du *Spectateur du Nord*, une vive et longue réclamation contre ce libelle ; elle est datée de Schierensée en Holstein, le 30 janvier 1801. Voy. le *Spectateur du nord*, du mois de févr. 1801, pag. 273.

CLOOTZ (Anacharsis). la *Biographie universelle* cite, parmi ses ouvrages, l'*Alcoran des princes*, St.-Pétersbourg, 1783, in-8°, qui est de l'imposteur Zannowich, connu sous le nom de Castriotto, prince d'Albanie. Clootz connaissait beaucoup ce charlatan, et il a publié sur lui, dans ses *Vœux d'un Gallophile*, des anecdotes qu'il présente comme un supplément au livre des *Liaisons dangereuses*. L'*Alcoran des princes* y est cité comme un ouvrage de ce fameux Castriotto.

*CLOSEN (le baron DE) naquit en Bavière, en 1718, d'une des plus anciennes familles de ce duché. Il y a tout lieu de croire qu'il fut de bonne heure destiné à la profession des armes, puisque son éducation était à peine finie lorsque la guerre, qui s'éleva en 1733, entre la France et la maison d'Autriche, le tira de la maison paternelle; dès ce moment, les camps et les armées devinrent sa patrie. Cé fut dans le régiment de Daun, au service de l'empereur Charles VI, qu'il fit ses premières armes. A la mort de ce prince, M. de Closen retourna dans sa patrie, et fut promu successivement aux grades de lieutenant-colonel, de colonel, de maréchal-de-camp. À peine commençait-il à goûter quelque repos, qu'une grande puissance de l'Europe lui fit faire les offres les plus considérables, pour l'attirer à son service. M. de Closen, alors attaché au roi de France et au duc de Deux-Ponts, crut qu'il ne pouvait que perdre à changer de maître. Cet homme, qui avait échappé tant de fois à tous les périls de la guerre, succomba, dans le sein du repos, à une fièvre qui l'emporta en peu de jours. Il mourut en 1764, généralement regretté des officiers et des soldats. Le marquis de Chastellux a tracé son éloge historique dans le *Mercure de France* de l'année 1765. On retrouve ce morceau, qui renferme beaucoup de détails militaires, dans le *Journal des Savans*, édit. de Hollande, mois de mai 1765.

COCCHI (ANTOINE). Au sujet d'un recueil de pièces de l'auteur, traduites en français par Puisieux, en 1762, on lit ces mots dans la *Biographie universelle* : « Les principaux ouvrages qu'il contient, sont : une *Dissertation sur le régime pythagoricien, qui a été mise en français par l'abbé Bentivoglio.* » Lisez : qui avait déjà été mise en français..... On trouve la traduction de son *Discours sur la contagion de la pulmonie*, dans les *Mélanges de littérature étrangère*, par M. Millin, tom. 4, pag. 58 et suiv.

COCHLEE (Jean). Moréri présente plus de détails sur les ouvrages de ce célèbre controversiste, que M. Chaudon et même que la *Biographie universelle* : un article rare et curieux a été omis par cette dernière, et dénaturé par M. Chaudon : c'est celui qui a pour titre : *Concilium delectorum cardinalium et aliorum prælatorum, de emendandâ Ecclesiâ, Paulo III jubente, conscriptum et exhibitum anno* 1538. *Accessit J. Cochlæi discussio æquitatis super concilio, etc., ad tollendam per generale concilium inter Germanos in religione discordiam.* 1539, in-8°. M. Chaudon a partagé en deux cet ouvrage, de manière qu'il a attribué à Cochlée le *Concilium delectorum cardinalium*, qu'il n'a fait que commenter.

COCUS (Robert), omis par la *Biographie universelle*. M. Chaudon cite son savant ouvrage intitulé : *Censura quorumdam scriptorum*, sous la date de 1523, au lieu de 1623. La première édit. parut en 1614, 12 ans après la mort de l'auteur. J'en possède une, donnée à Helmst., en 1655, in-8°.

* CODRET (Annibal), médecin, et ensuite jésuite, natif de Sallanches en Savoye, mort à Avignon le 19 septembre 1599, âgé de 74 ans, après en avoir passé 54 dans la compagnie de Jésus. On doit à ce jésuite, qui enseigna long-temps les humanités, un ouvrage latin intitulé : *Grammatica latinæ institutionis, seu brevia quædam istius linguæ rudimenta. Taurini*, 1570, in-8°.

Ce rudiment parut si bien fait, qu'il devint bientôt d'un usage général. Il en existe beaucoup d'éditions latines et françaises. Elles présentent plus ou moins de changemens, plus ou moins d'additions ; telles sont celles qui ont été données par le libraire de Paris, Simon Benard, en 1669, en 1679, en 1695, etc. Cette dernière est ainsi intitulée : les *Nouveaux rudimens de la langue latine, premièrement faits par le R. P. Annibal Codret, et depuis augmentés, etc., à l'usage du Collége des RR. PP. jésuites.*

La veuve Thiboust et Pierre Esclassan vendaient en, 1696, les *Rudimens* du P. Codret, avec moins de changemens que ceux de S. Benard. Ce fut vers 1699 que P. Esclassan fit ou fit faire de nouveaux changemens à ces Rudimens. Voici le titre de cette nouvelle édition : les *Nouveaux rudimens de la langue latine, réduits en un nouvel ordre très-clair et très-méthodique, etc.*, 1 vol. in-12, avec une épître dédicatoire à Antoine-François Ferrand. On appelle cet ouvrage le Rudiment de Ferrand. En 1762, M. Philippe Dumas, professeur de Toulouse, y fit des changemens assez considérables. On s'en est servi dans ce nouvel état, jusqu'à la révolution de 1789, dans les principaux colléges de Paris. Le Rudiment du P. Codret a été aussi le modèle du Rudiment de *Langres*, qui a été adopté dans beaucoup de provinces, de celui d'*Angers*, et sans doute de plusieurs autres. Il en a été fait une édition à Annecy, en 1722, sous ce titre : *De primis latinæ grammaticæ rudimentis libellus*. Le Rudiment de Lhomond l'a enfin fait oublier. Celui-ci ne me paraît pas plus clair pour les enfans que les premières éditions du Rudiment de Ferrand. Le mérite de ce dernier ouvrage doit être rapporté à son premier auteur, Annibal Codret. Cependant ce nom ne se trouve dans aucun de nos dictionnaires historiques : il y a, ce semble, de l'ingratitude à laisser dans l'oubli le nom des professeurs qui ont dirigé pendant plus de deux siècles les études de l'enfance.

Le nom de Codret rappelle une plaisante méprise de Voltaire, ou plutôt du duc de la Vallière. Voyez la brochure intitulée : *Appel à toutes les nations de l'Europe, des jugemens d'un écrivain anglais, ou manifeste au sujet des honneurs du pavillon entre les théâtres de Londres et de Paris*, 1761, in-8°. Le duc de la Vallière avait dans sa bibliothèque un extrait des ouvrages d'Urceus Codrus, auteur licentieux du XVe siècle, publiés sous le titre de *Sermones festivi*; il prit cet écrivain pour un de nos vieux sermonaires, et le désigna comme tel à Voltaire, qui dit, d'après cette indication (page 75) : « On n'a qu'à lire les sermons du R. P. Codret, et surtout aux pages 60 et 61 de l'édition in-4° de Paris, 1515. » L'abbé de Saint-Léger releva dans le temps cette méprise.

Les éditeurs du Voltaire de Beaumarchais n'ont réimprimé qu'en partie l'*Appel à toutes les nations* (tome 47) ; ils ont supprimé la lettre du duc de la Vallière, qui avait induit Voltaire en erreur; mais dans un autre volume (le 49e), ils ont reproduit une lettre de Voltaire au duc de la Vallière, dans laquelle cette méprise est rappelée.

COLBERT (le ministre). Bayle, dans une lettre du 2 juin 1695, cite une *Vie* anonyme de Colbert, qu'il attribue à l'auteur du *Testament politique de M. de Louvois*, et il pense que cet auteur est celui à qui on devait les *Galanteries des rois de France*, c'est-à-dire le sieur Vannel ; Bayle confond ici les *Galanteries des rois de France*, ou les *Intrigues galantes des rois de France*, publiées en 1695, avec les *Intrigues amoureuses de la France*, données, en 1684, par Sandras de Courtilz, et réimprimées en 1694.

Comme il est constant que le même Sandras est l'auteur du *Testament politique de Louvois*, c'était à lui aussi que Bayle voulait attribuer la *Vie de Colbert*.

La *Biogr. univ.* n'a pas soupçonné la méprise de Bayle ; en la lisant, on est forcé d'attribuer à Vannel la *Vie de Colbert*. Nous verrons à l'article COURTILZ que la *Biogr. univ.* ne cite ni la *Vie de Colbert*, ni le *Testament de Louvois*, ce qui rend cet article incomplet.

COLLET (CLAUDE). On a sous son nom une traduction française du IXe livre d'*Amadis de Gaule* : le même livre existe aussi en français sous le nom de Gilles Boileau de Bullion. Cette double attribution, en apparence contradictoire, s'explique très-bien par les dates, qui prouvent que Boileau est le premier traducteur et Collet le réviseur de la traduction de Boileau. Aussi ce dernier se plaignit-il, dans la préface de sa *Sphère des deux mondes*, de l'espèce de larcin que Claude Collet lui avait fait (voyez ci-devant l'article *Boileau*). Cette difficulté n'est pas assez clairement expliquée dans la *Biographie universelle*, soit à l'article *Boileau*, soit à l'article *Collet*. Etienne Jodelle a composé, sur la mort de Claude Collet, des vers funèbres, qui font croire que ce poëte ne mourut que vers l'année 1570.

COLIGNI (l'amiral de). M. le marquis de Paulmy, dans le 28e volume de ses *Mélanges tirés d'une grande bibliothèque*, a tracé une vie militaire de ce célèbre amiral, extraite en grande partie de ses Mémoires, écrits par lui-même, dont quelques-uns ont été imprimés et le reste est encore manuscrit dans plusieurs grandes bibliothèques. Je ne vois pas que la *Biogr. univ.* ait fait usage de ce morceau curieux; au moins elle ne le cite pas.

COLLINS (ANTOINE). La *Biographie universelle* a voulu indiquer tous les ouvrages de cet Anglais qui ont été traduits en français; mais l'énumération n'est pas complète; on ne cite pas, 1o l'*Essai sur la nature et la destination de l'ame humaine*, traduit de l'anglais, 1769, in-12, inséré dans le Dictionnaire de la Philosophie ancienne et moderne de l'Encyclopédie méthodique; 2o l'*Essai sur l'usage de la raison*, dont l'analyse se trouve dans le Portefeuille d'un Philosophe, Cologne, Marteau, 1770, t. 5, p. 211. Le premier traducteur des *Recherches philosophiques sur la liberté de l'homme*, se nommait *de Bons* et non pas *de Bouc*. Sa traduction a été insérée, avec quelques corrections, dans le tome IVe du Portefeuille d'un Philosophe.

COLLOT (PIERRE), docteur de Sorbonne et curé de Chevreuse. On a de lui différens ouvrages, qui ont eu beaucoup de succès et qui ont été encore réimprimés dans ces derniers temps. En voici les titres:

I. *De l'esprit de saint François de Sales*. Paris, 1727, in-8°. Cet abrégé a fait oublier le volumineux ouvrage que Camus, évêque de Belley, avait publié sous le même titre, en 6 vol. in-8°, 1641.

II. *De la vraie et solide piété, recueillie des épîtres et des entretiens du même saint*. Paris, 1728, 1776, in-12.

III. *Conversations sur plusieurs sujets de morale, propres à former les jeunes demoiselles à la piété*. Paris, Lamesle, 1733, in-12.

IV. *Instructions sur les dimanches et fêtes de l'année*. in-12.

COLOM DU CLOS (ISAAC DE), d'abord maître de langue française, et ensuite professeur de philosophie en l'Université de Gottingue. Cet Allemand paraît avoir affectionné la langue française; la *Biographie universelle* me semble ne pas avoir détaillé suffisamment les ouvrages qu'il a publiés pour faciliter aux étrangers la connaissance de cette langue; les principaux sont:

I. *Réflexions sur les petits enfans*. 1741 et 1745, in-8°.

II. *Principes de la langue fran-*

çaise. 1748, 1749, 1757, 1765, 1776, 1787, in-8°.

III. *Réflexions et remarques sur la manière d'écrire des lettres.* 1749, 1750, 1754, 1763, in-8°, réimprimées encore sous ce titre: *Réflexions sur le style, et en particulier sur celui des lettres.* Gottingue, 1778, in-8°.

IV. *Le génie, la politesse, l'esprit et la délicatesse de la langue française*, par l'auteur de l'Éloquence du temps, avec des additions. 1755, in-8°. La première édition de cet ouvrage est de Bruxelles, 1701. L'auteur paraît avoir été une dame de qualité; elle avait publié en 1699 l'*Éloquence du temps.*

V. *Modèles de lettres.* 1760, 1764, 2 vol. in-8°.

VI. *Essai d'un traité du style des cours, ou réflexions sur la manière d'écrire dans les affaires d'Etat*, par J.-S. Snecdorf; revu et corrigé. Hanovre, 1775, in-8°.

(Mensel, *Allemagne savante*, édition de 1783.)

COLOMB (CHRISTOPHE). La lettre qu'il a adressée sur ses découvertes à Ferdinand et Isabelle, en 1503, a été écrite en espagnol: avant de citer la traduction italienne dont le savant abbé Morelli a publié une nouvelle édition en 1810, la *Biographie universelle* eût dû mentionner la traduction latine d'une autre lettre, écrite en 1493, qui se trouve dans le tom. II de l'*Hispania illustrata* de Schott, pag. 1282. Le traducteur se nommait Léandre de Cosco. On trouve de curieux détails sur cette lettre dans l'ouvrage de M. l'abbé Cancellieri.

COLOMME (Le P.), barnabite. Le *Dictionnaire* de M. Chaudon, la *Biographie universelle* et l'auteur des *Mémoires pour servir à l'histoire ecclésiastique* attribuent au P. Colomme un *Plan raisonné d'éducation publique*, qui est de M. Colomb. Cette brochure, publiée en 1762, est adressée à MM. les prévôt des marchands et échevins de la ville de Lyon. Ce n'est, pour ainsi dire, que le prospectus d'un ouvrage plus important, qui n'a point paru. L'auteur se dit compatriote du marquis de Mirabeau: peut-être est-ce le même dont on a un Placet au roi, concernant le bien général de la province de Bretagne, par la Compagnie de Languedoc; Nantes, veuve Marie, 1758, in-4° de 9 pages. On a oublié de ranger parmi les ouvrages du P. Colomme une nouvelle traduction des Opuscules de Thomas à Kempis. Paris, 1785, in-12. L'auteur a publié une édition augmentée de sa *Vie chrétienne, ou Principes de la sagesse*, Avignon, 1779, 2 vol. in-12.

† COLONNE (FRANÇOIS-MARIE-POMPÉE), venu d'Italie en France à la fin de 1669, à l'âge de vingt ans, y retourna en 1690, et revint de nouveau se fixer à Paris; où il périt le 26 mars 1726, âgé de quatre-vingt-huit ans, par l'incendie de la maison qu'il habitait avec M. Laurent, auteur d'une traduction de l'histoire de l'Empire Ottoman, par Sagredo. Cet Italien était fils naturel de Pompée Colonne, prince de Gallicano, mort en 1661; il avait beaucoup d'esprit et d'instruction; cependant ses ouvrages prouvent qu'il était en arrière des connaissances de son temps,

parce qu'il y montre de la crédulité ; l'un d'eux est dédié au duc de Richelieu. Voltaire raconte quelque part (Voy. le Dictionnaire philosophique, édition de Kehl, article *Astrologie*) que le comte de Boulainvilliers et un Italien nommé Colonne qui avait beaucoup de réputation à Paris, lui prédirent l'un et l'autre qu'il mourrait infailliblement à l'âge de 32 ans. Il a eu le plaisir de les tromper de 56 ans. Sur le frontispice d'un ouvrage de M. Colonne, on lui donne la qualité de gentilhomme romain. Personne n'a su, comme cet auteur, joindre l'étude des sciences les plus abstraites, telles que la physique, l'astronomie, l'algèbre, et presque toutes les parties des mathématiques, à toutes les autres sciences qui se cultivent dans la société civile. Voici les principaux ouvrages de M. Colonne, publiés avant ou après sa mort :

I. *Introduction à la philosophie des anciens, par un amateur de la vérité. Paris, veuve de Cl. Thiboust.* 1689. in-12 de 395 p. ou avec un changement de la moitié du frontispice ; *Paris, Laurent d'Houry*, 1702. in-12. Une note manuscrite attribue cet ouvrage à M. Colonne, et l'on y trouve en effet le fond de son système et des citations de ses auteurs favoris, Hermès, Trismégiste, Bernard, comte de Trévisan, le Cosmopolite, Géber, et autres alchimistes. D'ailleurs, la forme seule de cet ouvrage appartient à M. Colonne ; ce n'est autre chose que l'*Escalier des sages en la philosophie des anciens*, publiée à Groningue, en 1689, in-fol., par Barent-Coenders Van-Helpen. Colonne l'a mis en meilleur français ; dès la cinquième page, il annonce qu'il publiera plusieurs autres volumes. il a tenu sa parole.

II. *Les secrets les plus cachés de la philosophie des anciens, découverts et expliqués à la suite d'une histoire des plus curieuses*, sous le nom de Crosset de la Haumerie. Paris, d'Houry, 1722, in-12. Reproduits en 1762.

III. *Abrégé de la doctrine de Paracelse et ses archidoxes*, avec une explication de la nature des principes de la chimie, pour servir d'éclaircissement aux traités de cet auteur. Paris, d'Houry, 1724, in-12, anonyme. L'auteur s'y désigne sous l'anagramme ; *Sum incola francus.*

IV. Les *Principes de la nature, selon les opinions des anciens philosophes*, ou *Abrégé de leurs sentimens sur la décomposition des corps, etc.* Paris, 1725, 2 vol in-12, anonyme.

V. *Nouveau Miroir de la fortune*, ou *Abrégé de Géomance, pour la récréation des personnes curieuses de cette science*, Paris, 1726, in-12.

VI. *Principes de la nature ou de la génération des choses*, Paris, Cailleau, 1731, in-12. Cet ouvrage a été publié par M. de Gosmond, ami et élève de l'auteur. Cet éditeur, dans une lettre au P. Castel, jésuite, présente Colonne comme l'auteur de quatre des articles précédens, et il assure que c'est tout ce qui paraissait alors de lui.

VII. *Histoire naturelle de l'univers*, dans laquelle on rapporte des raisons physiques sur les effets les plus curieux et les plus extraordinaires de la nature, Paris, Cailleau, 1734, 4 vol. in-12.

Cette Histoire, bien conçue, est dédiée au duc de Richelieu, qui permettait à l'auteur de l'aller voir. Elle a été publiée aussi par les soins de M. de Gosmond, qui a placé en tête un Abrégé assez détaillé de la Vie de l'auteur. Il paraît constant que M. Colonne a eu part aux ouvrages suivans:

1°. *Vade mecum philosophique, en forme de dialogue*, sous le nom d'Alexandre Le Crom. Paris, 1719, in-12. Le sieur Le Crom était une espèce d'apothicaire, demeurant rue St.-Denis.

2°. *Plusieurs expériences utiles sur la médecine, la métallique, etc.*, Paris, 1718, in-12, par Alexandre Le Crom.

3°. *Suite des expériences utiles, etc.*, Paris, 1725, in-12. Voy. la préface de l'Abrégé de Paracelse.

Dans les *Principes de la nature*, Colonne renvoie plusieurs fois à ses *Traités chimiques*; il entendait probablement par ses Traités chimiques, ceux qu'il avait fournis au sieur Le Crom.

COLUTHUS. On a une nouvelle traduction du poëme de cet auteur, *sur l'Enlèvement d'Hélène*, dans les *Nouveaux Mélanges de poésies grecques*, auxquels on a joint deux morceaux de littérature anglaise (par M. Scipion Allut), Amsterdam et Paris, 1779, in-8°. Elle a été réimprimée dans le tome 2e de la *Bibliothèque choisie de contes, de facéties et de bons mots*, Paris, Royez, 1786, 9 vol. in-8° et in-18.

COMEIRAS (Victor-Delpuech de), ancien vicaire-général de Beauvais. La *Biographie universelle* attribue à cet abbé les *Considérations sur la possibilité, l'intérêt et les moyens qu'aurait la France de r'ouvrir l'ancienne route du commerce de l'Inde, etc.*, qui sont de M. son frère.

* COMEYRAS (Pierre-Jacques Bonhomme de), né dans le midi de la France, fut reçu avocat, à à Paris, le 7 septembre 1775. Louis XVI le nomma, en 1787, l'un des six avocats qui formèrent le comité établi pour préparer la réforme de l'ordonnance criminelle de 1670. Chargé par ses collègues de comparer la procédure criminelle de France et la procédure criminelle d'Angleterre, et de chercher dans les écrits des criminalistes les plus estimés, des principes sur les peines, il avait rassemblé quelques matériaux; mais les événemens qui survinrent au mois de mai 1788 ayant obligé le comité tout entier d'envoyer sa démission à M. de Lamoignon, ce travail resta suspendu. Le décret de l'Assemblée Nationale sur la réformation de quelques points de la jurisprudence criminelle, détermina M. de Comeyras à publier le résultat de ses recherches: il mit donc au jour son *Essai sur les réformes à faire dans notre procédure criminelle*. Paris, Desenne, 1789, in-8° de 56 pages. Cette brochure très-substantielle fit quelque sensation: elle peut encore être utile aujourd'hui. M. de Comeyras fit paraître l'année suivante un *Mémoire à consulter et consultation* pour Louis-Philippe-Joseph d'Orléans, 1790, in-8°. En 1798, il était Résident auprès des Ligues Grises, et mourut à Ancone, au mois d'octobre de cette même année, si l'on en croit M. Ersch, dans le ve volume de sa *France*

littéraire. La table du *Moniteur* présente le Résident comme frère de l'avocat.

COMMENDON (le cardinal). La *Biographie universelle* attribue à tort au célèbre Fléchier l'édition de la Vie latine de ce cardinal, publiée à Paris, en 1669, in-4°, et non in-12. C'est sans doute l'article *Fléchier* de M. Chaudon qui a occasionné cette méprise, puisque l'évêque de Nîmes y est présenté comme éditeur de cette Vie, sous le nom masqué de Roger Akakia. Or, Roger Akakia était fils de Martin Akakia, célèbre professeur du Collége de France; et c'est réellement à lui que le manuscrit de la Vie du cardinal Commendon fut envoyée d'Italie par l'antiquaire Séguin, pour le faire imprimer à paris. La Bibliothèque choisie de Colomiés est le premier ouvrage dans lequel Fléchier soit présenté comme éditeur de la Vie de Commendon: l'abbé Goujet a reproduit cette méprise dans le premier supplément au dictionnaire de Moréri; M. Chaudon est parti de-là pour supposer que le nom de Roger Akakia était un masque.

*COMPAN (l'abbé), avocat au parlement et prêtre habitué de S.-André-des-Arcs à Paris, était né à Arles, en Provence. On lui doit :

I. *L'Esprit de la religion chrétienne opposé aux mœurs des chrétiens de nos jours*. Paris, 1763, in-12.

II. *Voyage au Temple de la Piété, et autres œuvres diverses*. Paris, 1765, in-12. Nouvelle édition, Paris, 1769, in-12.

III. *Nouvelle méthode géographique*. Paris, 1770, 2 vol. in-12. Cet ouvrage n'est qu'un plagiat fait à l'abbé Lenglet du Fresnoy et à l'abbé Nicolle de la Croix. Voyez une lettre de Barbeau de la Bruyère, dans l'*Année littéraire* de Fréron, 1770, tom. 7, p. 301.

On doit à un auteur du même nom :

I. *Colette, ou la vertu couronnée par l'amour*. Amsterdam et Paris, 1775, 2 vol. in-12.

II. *Le Secret, divertissement en un acte, mêlé d'ariettes*. Amsterdam et Paris, 1780, in-12.

III. *Dictionnaire de Danse*. Paris, 1787, in-8°

*COMPANS (M.), prêtre de la congrégation de S.-Lazare, était l'un des directeurs du séminaire Saint-Firmin à Paris, en 1786. On a de lui quelques ouvrages :

I. *Histoire de la vie de Jésus-Christ*. Paris, Varin et Brajeux, 1786, 2 vol. in-12, réimprimée en 1788.

II. *Traité des dispenses*, par P. Collet, nouvelle édition revue, augmentée et abrégée. Paris, 1788, 2 vol. in-8°: cet abrégé est estimé.

* COMTE (JEAN LE), professeur émérite de la nation de Picardie, a enseigné les belles-lettres dans la seconde du collége Mazarin, depuis l'an 1688, jusqu'à l'an 1707. Ce professeur joignait au goût le plus exquis et le plus délicat, les plus grands talens pour la poésie latine. M. Pourchot l'ayant fait connaître au poëte Santeul, celui-ci soumit la plupart de ses écrits au jugement de M. Le Comte, et acquiesça bientôt, sans réplique,

aux corrections qu'il lui indiquait. On a de lui plusieurs pièces de vers latins, insérées dans les *Carmina selecta* de Gaullyer. L'une d'elles est intitulée *Sermo Horatianus* ou *Satyra bicornis*; dans cette satire ingénieuse, dont les journalistes de Trévoux firent, en décembre 1703, le plus grand éloge, l'auteur raillait l'ancienne philosophie enseignée par Duhan, et faisait la critique de quelques pièces de Gibert, professeur de rhétorique au collége Mazarin. Cette satire étant devenue rare, Pourchot l'a publiée de nouveau, avec des notes, dans sa *Défense du sentiment d'un philosophe*, *contre la censure d'un rhéteur*, 1706, in-12. On doit encore à M. Le Comte la traduction de la *Lettre de Cicéron à son frère Quintus*. Paris, 1697, in-12, et une *Paraphrase* en vers latins de six psaumes de David.

CONCHES (Guillaume de). C'est ainsi que M. Chaudon a désigné ce grammairien et théologien normand, dont on a un ouvrage *De opere sex dierum*, imprimé dès l'origine de l'imprimerie, non pas in-8°, mais in-fol. Panzer qui cite cet ouvrage, nomme l'auteur *Guillerinus de Conchis*. La *Biographie universelle* ne donne pas d'article à ce théologien.

CONDAMINE (La). On a de ce savant, dans les Mémoires de l'académie des sciences de l'année 1757, l'extrait d'un *Voyage en Italie*, qui a été traduit en anglais, 1778, in-12.

CONDORCET (le marquis de). On ne trouve point dans la collection de ses œuvres, Brunswick (Paris), 1804, 21 vol. in-8°,

1°. L'*Eloge du P. Le Sueur*, inséré dans le Journal littéraire de Pise, année 1775, t. 20, art. 8, p. 233; et dans l'Esprit des journaux, avril 1777, p. 193.

2°. L'*Adresse à la France et à ses commettans sur le 31 mai*;

3°. Des *Lettres sur le commerce des grains*. Paris, 1775, in-8° de 29 pages. Elles lui ont été attribuées par le Journal des Savans et par La Harpe dans sa Correspondance littéraire. En lisant la *Biographie universelle*, on croirait que ce célèbre écrivain a enrichi d'un volume de notes la traduction de l'ouvrage de Smith sur la Richesse des nations par Roucher : ces additions n'existent que sur le frontispice de la traduction; la même erreur, à peu près, se trouve dans le Dictionnaire de MM. Chaudon et Delandine.

CONFUCIUS. L'article de ce philosophe chinois, dans le *Dictionnaire* de Feller, est rempli de déclamations bien étrangères au sujet. Voy. dans cet *Examen critique* les articles *la Brune* et *Cousin*.

CONINCK (le P.), jésuite. Après avoir cité ses *Commentaires* sur la *Somme* de S. Thomas, M. Chaudon a ajouté qu'ils avaient été condamnés par les différens parlemens, dans le temps de la proscription des jésuites. L'abbé de Feller, en bon ex-jésuite, n'a pas cru devoir consigner, dans son dictionnaire, cette petite circonstance. La *Biog. univers.* ne donne point d'article au P. Coninck.

CONRINGIUS (Hermannus). La Collection des ouvrages de ce savant, a paru à Brunswick, 1730, en 6 vol. in-fol., et non pas en

7 vol., comme on le dit dans le *Dictionnaire* de M. Chaudon et dans la *Biographie universelle*.

CONSTANTIN (le sieur DE), voyageur du XVIIIe siècle, a publié en 1702 et années suiv., le *Recueil des voyages* qui ont servi à l'établissement de la Compagnie des Indes orientales, des Pays-Bas, traduit du hollandais. Amsterdam, 7 vol. in-12. Rouen, 1725, 10 vol. Ce *Recueil* est estimé.

* CONTE (JEAN-JOS.-FRANÇ. LE), natif de Bièvre, cultiva de bonne heure les sciences et les lettres, et devint associé de l'académie des sciences de Paris. On a de lui : *Histoire des deux Aspasies*, Paris, 1736, in-12; réimprimée à Amsterdam, l'année suivante. Cette histoire de deux illustres courtisanes de l'antiquité, est bien écrite et remplie de critique; on y trouve des traits d'histoire fort piquans. L'auteur adressa aussi, en 1736, une épître en vers à MM. de Maupertuis, Clairault et Le Camus, sur leur voyage dans le Nord, précédée de remarques sur la figure et l'étendue de la terre. Cette pièce se trouve dans le t. 2 du *Glaneur français*; c'est elle, probablement, qui a fait attribuer à Le Conte deux brochures dont Maupertuis est le véritable auteur; savoir : l'*Examen désintéressé des différens ouvrages qui ont été faits pour déterminer la figure de la terre*, et *l'Examen des trois dissertations de Désaguliers, sur la figure de la terre*, 1738, in-8°.

Le fils ou le neveu de l'auteur, procureur du roi au siége de Romorantin, prononça, à la rentrée d'après Pâques, de ce bailliage, le 8 mai 1772, un *Eloge* très-détaillé de l'illustre Pothier; il a été imprimé à Orléans en 1772, in-12. Ce magistrat mourut à Romorantin, le 27 août 1775. On ignore l'époque de la mort de l'académicien.

CONTI (le prince DE), frère du grand Condé. La *Biographie universelle*, dans l'article de ce prince, passe du n° 2 de ses ouvrages au n° 4. L'article 3 *oublié* est probablement l'ouvrage intitulé : *Mémoires touchant les obligations des gouverneurs de province, et ceux pour la conduite de sa maison*. Paris, 1667, in-8°.

CONTI (la princesse DE). La *Biographie universelle* fait mal à propos deux ouvrages de l'*Histoire des amours de Henri IV*, et de l'*Histoire des amours du grand Alcandre*. C'est un seul et même ouvrage, sous deux titres; la seule différence consiste en ce que les noms masqués dans le *grand Alcandre*, ont été rétablis dans l'*Histoire des amours de Henri IV*.

* COQ-MADELEINE (LE), chevalier de l'ordre de Saint-Louis, et lieutenant-colonel de cavalerie.

On a de cet auteur :

I. *La fidélité couronnée, ou histoire de Parmenide, prince de Macédoine*. Bruxelles, 1706, petit in-12.

II. *Histoire et explication du calendrier des Hébreux, des Romains et des Français*, Paris, 1727, in-12, dédiée au cardinal de Fleury.

III. *Service de la cavalerie*. Paris, 1720, in-12.

*COQUILLE DES LONCHAMPS (Henri), né à Caen vers 1746, se distingua dans ses études, embrassa l'état ecclésiastique, et fut nommé, en 1771, professeur de quatrième au collége Du Bois à Caen. Les talens qu'il développa dans l'exercice de ses fonctions, le firent nommer recteur de l'Université, en 1779. L'année suivante, le roi lui accorda la survivance et l'adjonction de la chaire royale d'éloquence. Vers 1782, il fut député à Paris par l'université de Caen, pour des affaires aussi importantes que délicates. Il s'acquitta de sa mission avec tant de succès, qu'en 1786 le roi le nomma syndic général de l'Université de Caen; l'Université regarda comme une obligation pour elle, de placer son portrait avec ceux de ses bienfaiteurs. La ville de Caen dut à son zèle pour le bien public, l'établissement d'une école de médecine clinique. En 1791, l'Université fit imprimer sa délibération au sujet du serment exigé des fonctionnaires publics. La rédaction de cette pièce fait honneur aux talens de M. Coquille; en ayant fait parvenir au pape un exemplaire, par le fameux abbé Maury, Sa Sainteté adressa aux recteur et syndic général de l'Université de Caen un bref, dans lequel elle les félicite d'avoir publié une déclaration dictée par la sagesse et la piété, et qui respire dans tous ses points une doctrine vraiment catholique. Une conséquence naturelle de cette déclaration était le refus du fameux serment. M. Coquille se retira à Paris auprès de son compatriote et ami le Blond, qui bientôt le fit attacher à la bibliothèque Mazarine. Il mourut dans l'exercice des fonctions d'administrateur de cette bibliothèque, au mois de janvier 1808, dans la soixante-deuxième année de son âge. Il passe pour constant que M. Coquille a beaucoup aidé l'abbé le Blond, en 1785, dans la rédaction du second volume de la Description des pierres gravées de M. le duc d'Orléans. M. Coquille est mort sans fortune. Il était neveu du général du Gommier. On a en vain sollicité, pendant plusieurs années, une modique pension pour son infortunée veuve, morte en novembre 1819; elle n'a reçu que des secours provisoires.

CORBINELLI (Jean), secrétaire des commandemens de la reine Marie de Médicis. La *Biographie universelle* lui attribue faussement les *Sentimens d'amour tirés des meilleurs poëtes modernes. Paris*, 1665, 2 *vol. petit in*-12. Cette compilation appartient à un autre auteur du même nom. (Voy. la préface du *Recueil des poésies sacrées*, publié par Lafontaine.) La bibliothèque du Conseil d'Etat possède le manuscrit en 2 vol. in-4° de son *Tacite réduit en maximes*.

† CORDIER (Maturin), le meilleur article sur cet auteur avant la publication de la *Biographie*, était celui de M. Senebier, dans l'*Histoire littéraire de Genève*; on y trouve cependant plusieurs inexactitudes et des indications trop vagues. Les mêmes reproches peuvent être faits à l'article de la *Biographie universelle*; il m'a semblé qu'un professeur aussi zélé que Maturin Cordier et dont les ouvrages avaient été si utiles à la jeunesse pendant un

siècle au moins, méritait un article plus détaillé.

Maturin Cordier, natif de Normandie, est mort à Genève, le 8 septembre 1564, âgé de 85 ans. Ce célèbre professeur se distingua par son zèle pour l'éducation de la jeunesse, par sa pure latinité et par sa vaste érudition; il avait une de ces ames antiques, qui désirait sincèrement le bien public, et qui le préférait toujours à ses intérêts et à sa propre gloire; son école devint une pépinière de grands hommes, et il eut la satisfaction de se faire dans chacun d'eux des amis zélés qui lui témoignèrent constamment de la reconnaissance et de l'attachement. Le plus intime de ses amis, Robert Estienne, lui fit adopter la religion réformée, et Calvin, l'un de ses élèves, lui dédia son commentaire sur la première épître aux Thessaloniciens. On connaît bien peu de circonstances de la vie de Cordier; après avoir exercé ses talens avec distinction à Paris, à Nevers et à Bordeaux, il vint à Genève en 1541. Il passa quelque temps à Neufchâtel et à Lausanne; il se fixa enfin à Genève en 1545, pour remplacer Castalion, et devint principal du collége. Calvin nous apprend que comme les régens des basses classes enseignaient mal dans ce collége, et faisaient manquer les études par le commencement, Cordier, qui sentit la grandeur du mal, en trouva le remède, et eut le courage de l'employer; il quitta la première classe pour diriger la quatrième, et se dévoua ainsi à l'enseignement des élémens de la grammaire. A l'âge de 85 ans, cet excellent professeur se rendit le témoignage de n'avoir été occupé pendant cinquante ans au moins que de la pensée de former la jeunesse à la piété et aux bonnes mœurs, en même temps qu'aux belles-lettres. Il publia beaucoup d'ouvrages en divers temps; les principaux sont:

I. *Maturini Corderii de corrupti sermonis emendatione libellus. Parisiis*, *Rob. Stephanus*, 1530. in-8°. tertia editio, *auctior cui accessit carmen parœneticum ut ad Christum pueri statim accedant. Parisiis*, *Rob. Steph.* 1536, in-4°. Il fit paraître la même année, chez le même libraire, un *abrégé* de cet ouvrage in-8°. Cordier réforma beaucoup cette production dans la quatrième édition que Rob. Estienne en donna en 1541, in-8°. On l'avait averti que les exemples de mauvaises phrases qu'il n'avait mis en avant qu'afin de les faire éviter, apportaient du préjudice à la jeunesse, parce qu'elle s'arrêtait beaucoup plus à ces expressions barbares, qui servaient à plaisanter, qu'aux expressions pures. On lui avait donc conseillé de supprimer cette partie du livre, et il se rendit enfin à ces remontrances. Le titre de l'ouvrage fut ainsi changé, dans la quatrième édition: *Commentarius puerorum de quotidiano sermone*, *qui priùs liber de corrupti sermonis emendatione dicebatur*, *lat. et gallicè.* réimprimé chez Rob. Estienne, en 1550 et en 1580, in-8°. La plus mauvaise édition de l'ouvrage *De corrupti sermonis emendatione*, est celle de Paris, chez Antoine Bonnomère en 1531, dans laquelle le nom de l'auteur fut supprimé, ainsi qu'une préface de sa façon; Ménage s'est appuyé de l'édition de 1541, chez Rob. Estienne, pour avancer qu'on jouait encore à la paume avec la main à cette époque, parce que Cordier présente un de ses interlocuteurs qui le donne à entendre. Ce passage se trouve déjà dans l'édit. de 1531, qui d'ailleurs est d'un tiers moins ample que celle de 1539.

II. *Distica Catonis cum gallicâ interpretatione et, ubi opus fuit, declaratione latinâ, ex recognitione Maturini Corderii et cum græcâ interpretatione Maximi Planudæ; accesserunt dicta sapientum Græcè, cum interpretatione latinâ et gallicâ. Parisiis et Basileæ*, 1536, in-8°. *Parisiis, Rob. Steph.*, 1585, *in*-8°.

Cordier fit imprimer ensuite à Lyon, chez Thibaut-Payen, des *Commentaires et familière exposition des mêmes distiques.* Duverdier dit que cet ouvrage a été réimprimé plus de cent fois; comme aucun bibliographe n'en donne la date, il est possible qu'on veuille parler de l'édit. latine avec l'interprétation française.

III. *Exempla de latino declinatu partium orationum. Parisiis. Rob. Steph.*, 1536, in-8°. Réimprimés sous le titre de *Rudimenta grammaticæ et de grammaticâ latinâ, aucta à J. Adolpho Frohnio. Lemgoviæ, Meyerus*, 1680, in-8°.

Cet ouvrage a sans doute occasionné le suivant:

Les déclinations des noms et verbes que doivent savoir entièrement par cœur les enfans auxquels on veult bailler entrée à la langue latine. Ex fragmentis Maturini Corderii descripta. Lugduni, Ant. Vincentius. 1544, in-8°.

Le même ouvrage avec beaucoup de changemens et sans nom d'auteur. *Paris, Rob. Estienne.* 1549, in-8°.

IV. *Sentences* extraites de l'Ecriture-Sainte, pour les enfans, avec vingt-six cantiques. *Paris*, 1551, in-8°. *Lyon*, 1561.

V. *Cantiques, hymnes spirituels. Lyon*, 1552 et 1560. in-16 chez Jean Cariot.

VI. *Isagoge summa grammatices. Parisiis, Fr. Steph.* 1546, in-8°.

VII. *Lusus pueriles et epistola monitoria de corruptis moribus vitandis inter scholasticos. Parisiis*, 1555, in-8°.

VIII. *Sententiæ proverbiales, sive adagiales, gallico-latinæ. Parisiis, Audoenus Parvus*, 1549, in-8°.—*Eædem, ab auctore auctæ et recognitæ. Parisiis, David*, 1561. in-8°.

IX. *M. Tullii Ciceronis epistolarum familiarum liber secundus. Aliquot item epistolæ ex cæteris libris tùm ad Atticum, tùm ad alios selectæ in gratiam juventutis, cum latinâ et gallicâ interpretatione. Maturino Corderio auctore. Parisiis. Car. Steph.* 1559, in-8°.

X. *Principia latinè loquendi et scribendi, sive selecta quædam ex Ciceronis epistolis ad pueros in latinâ linguâ exercendos; cum interpretatione gallicâ. Parisiis*, 1556, *in*-8°. *Genevæ*, 1574. *Tiguri*, 1578, in-8°.

XI. *De syllabarum quantitate, regulæ speciales quas Despauterius in carmen non redegit. Parisiis, Simon Colinæus*, 1533, in-4°; 1537, 1542, in-8°.

XII. *Conciones variæ 26 gallicæ*, ou *cantiones sacræ*, suivant Draudius, 1557, *in*-16: *chez Jean Girardin, en* 1558. Senebier cite un ouvrage sous ce titre: *Sentences* extraites à l'usage des enfans hors de l'Ecriture-Sainte, avec 26 cantiques, 1551, *in*-8°. (Il faut peut-être lire 1557), et *à Lyon en* 1561. Voy. le n° IV.

XIII. *Epîtres chrétiennes en vers. Lyon*, 1557, *in*-16, *chez Tachet.* — Autre édit. sans indication de lieu, 1625, in-8° de 72 p.

XIV. *Miroir de la jeunesse pour la former à bonnes mœurs et civilité de vie. Poitiers, pour Pierre et J. Moines frères*, 1559, in-16, réimprimé à Paris, en 1560, sous le titre de *Civilité puérile*. Cet ouvrage a eu un prodigieux succès. C'est probablement le même qui a été arrangé pour les écoles catholiques sous le titre suivant : *La civilité honneste pour l'instruction des enfans, en laquelle est mise au commencement la manière d'apprendre à bien lire, prononcer et écrire* (par P. H. E.) *Paris*, 1625. *in*-8°; et ensuite sous celui-ci : *La civilité puérile et honnête, pour l'instruction des enfans, en laquelle*, etc., *dressée par un missionnaire.* Vers 1700, in-12, souvent réimprim., même dans ces derniers temps : on l'adopta dans une multitude de petites écoles. Vers 1713, l'abbé de la Salle, instituteur des frères des Ecoles chrétiennes, reproduisit cet ouvrage sous une nouvelle forme. On a continué d'imprimer ces différens ouvrages en caractères qui imitent l'ancienne écriture.

XV. *Sententiæ proverbiales, gallico-latinæ, emendatæ et auctæ*, 1560, in-8°.

XVI. *Remontrances et exhortations au Roi et aux grands de son royaume, Geènve*, 1561, *in*-8°; en vers.

XVII. *Colloquiorum scholasticorum libri IV, ad pueros in sermone latino paulatim exercendos. Genevæ*, 1563; *Parisiis, Gabr. Buon*, 1564, in-8°. *Lugduni, Thomas de Straton*, 1564; *Parisiis, Gabr. Buon.* 1584, in-8°. Une des éditions les plus récentes et les plus correctes est celle de Londres, chez Richard Reily, 1760, in-12. John. Clarcke a aussi publié à Londres : *Corderii colloquiorum centuria selecta*, souvent réimprimée. On trouve 12 dialogues de Cordier dans l'ouvrage intitulé : *Petrarchi et Corderii selecta opuscula.* Paris, Barbou, 1770, in-12. On en trouve quelques-uns dans le volume qui a pour titre : *Faciles aditus ad linguam latinam.* Ces dialogues sont le dernier ouvrage de Maturin Cordier : il y a déposé, pour ainsi dire, tout le fruit de sa longue expérience, dans l'éducation de la jeunesse, et c'est ce qui explique le succès dont ils ont joui depuis le moment de leur publication ; nous en avons plusieurs traductions françaises :

1°. Par Gabriel Chapuys. Lyon, 1576, 1579, in-8°. Paris, 1646.

2°. Par J. de Caurres, Paris, de Roigny, 1578, nouv. édit. revue et corrigée. Rouen, 1665, in-18.

3°. Par un anonyme, avec la construction grammaticale, Rotterdam, 1656, in-8°.

4°. Par un anonyme, Paris, veuve de Cl. Thiboust, 1672, in-12. — Amsterdam, 1729, petit in-12.

5°. Par Samuel Chapuzeau, Genève, 1666 et 1675, in-12, si l'on en croit M. Senebier. M. Dumas a joint un dialogue de Cordier, avec la traduction française, au volume qu'il a publié en 1763, sous le titre de *Colloques choisis d'Erasme, traduits en français*, in-16. M. Guilbert, dans ses *Mémoires biographiques et littéraires du département de la Seine-Inférieure*, *Rouen*, 1812, in-8°, t. I, dit que Maturin Cordier naquit à Rouen. Suivant La Monnoye, dans ses notes sur la Croix du Maine, il avait été originairement prêtre à l'église de Notre-Dame de Bonne-Nouvelle, à Rouen. C'est donc mal à propos que dom Liron a donné une place à notre auteur dans sa *Bibliothèque chartraine*.

* CORGNE (PIERRE), chanoine de Soissons, a composé, dans le siècle dernier, plusieurs ouvrages de littérature ecclésiastique dont voici le Catalogue :

I. *Dissertation théologique sur la célèbre dispute entre le pape S. Etienne et S. Cyprien*, Paris, 1725, in-12. Il cherche à y prouver que la conduite de S. Cyprien ne peut autoriser le refus de se soumettre au jugement du pape, uni avec le plus grand nombre des évêques.

II. *Dissertation sur le pape Libère*, dans laquelle on fait voir qu'il n'est jamais tombé. Paris, 1726, in-12, anonyme.

III. *Dissertation critique et théologique sur le concile de Rimini*, 1731, in-12, où il entreprend de justifier le pape Libère, de prouver que la formule de Rimini était orthodoxe, que le pape a droit de présider au concile général par ses légats.

IV. *Dissertation critique et théologique sur le monothélisme et sur le sixième concile général*, 1741, in-12. C'est une justification du pape Honorius.

V. *Mémoire dogmatique et historique touchant les juges de la foi*, 1736, in-12; pour prouver, contre l'abbé Legros, que les évêques seuls, à l'exclusion des prêtres, sont les juges des questions de doctrine.

VI. *Défense des droits des évêques dans l'Eglise*, 2 vol. in-4°, Paris, 1762. L'auteur, en y réfutant le système presbytérien de l'abbé Travers, tombe dans l'excès contraire, en élevant les droits du premier ordre au-dessus de ceux du second. Il y traite une foule de questions étrangères à son sujet. On trouve à la fin de l'ouvrage une longue Dissertation contre l'institution divine des curés, et pour faire voir qu'ils ne tiennent leurs pouvoirs que de l'évêque. En général, tous les ouvrages de l'abbé Corgne renferment beaucoup de recherches; mais les citations y sont trop accumulées. Il manque de goût et de discernement dans le choix et dans la discussion, et les textes qu'il invoque prouvent souvent le contraire de ce qu'il veut prouver. Tous ses écrits sur les droits respectifs des deux ordres ont été fortement réfutés par le savant Maultrot.

CORNARO (LOUIS). La *Biographie univ.* ne fait pas connaître d'une manière assez précise les traductions françaises de ses différens Traités sur la sobriété. Sébastien Hardy, en 1646, et La Bonodière, en 1701, n'ont traduit que le premier Traité. M. de Premont, en la même année 1701, a publié, sous le titre de *Conseils pour vivre long-temps*, la traduction des quatre Traités. La traduction de M. de Prémont a été réimprimée, en 1772, in-12, avec celle de Lessius, par de La Bonodière, sous ce titre : *de la Sobriété et de ses avantages*; et, en 1783; in-18, séparément, sous l'ancien titre.

CORNEILLE (Pierre). La bibliographie de cet article, dans la *Biographie univers.*, est loin de répondre à son importance et à son mérite.

1°. On eût dû citer l'édition du théâtre de Corneille, revue par Corneille lui-même. Paris, Guillaume de Luyne, 1663 et 1664, 2 vol. in-fol. Le privilége est daté de 1653.

2°. L'édition publiée en 1738, par le censeur royal Joly, mérite beaucoup d'éloges, ainsi que le volume d'*OEuvres diverses*, donné la même année par l'abbé Granet. Ces soigneux et habiles éditeurs ont recueilli nombre de morceaux, qui ne se trouvaient que dans les éditions originales de plusieurs pièces de Corneille. Ils étaient perdus pour le commun des lecteurs, tant ces pièces étaient devenues rares. On doit s'étonner cependant que Joly n'ait pas inséré dans son édition de P. et de Th. Corneille, un *Avis au lecteur*, composé par Th. Corneille, pour les *OEuvres* de P. Corneille, édition in-fol. On le trouve en tête des *Discours sur l'art dramatique* dans l'édition de de 1668, en 4 vol. in-12; dans celle de 1682, en 4 vol., et dans celle de 1692, en 5 vol. Il existe des tirages séparés de cet *Avis* (édit. in-12), en tête d'un volume sans date et sans frontispice, sur le dos duquel les relieurs ont mis ordinairement ces mots : *Préfaces de Corneille.* On le lit avec d'autant plus d'intérêt, qu'il peut passer pour un petit traité de prononciation française, remarquable par la sagesse et la justesse des vues. Je rencontrai M. Renouard, au moment où il allait imprimer, dans son édition de Corneille, cet excellent *Avis au lecteur;* je lui dis qu'il était de Th. Corneille. Ce riche libraire, qui se vante d'être en même temps éditeur et correcteur d'épreuves, pour les ouvrages qu'il publie, fit difficulté de me croire, et me demanda quelques preuves à l'appui de mon assertion ; je lui écrivis, le lendemain, qu'en ouvrant les *OEuvres* de P. et de Th. Corneille, édition de Paris, 1723, chez la veuve Ribou, il y lirait une note ainsi conçue : » Cet *Avis au lecteur* est de Th. Corneille. » M. Renouard voulut bien se rendre à cette autorité ; il a reproduit, dans son édition de Corneille, la note de 1723, mais sans faire mention de celui qui la lui avait fait connaître. C'est son ordinaire.

Un morceau de grammaire, aussi remarquable que cet *Avis au lecteur*, n'a pu échapper à la sagacité de M. le comte François de Neufchâteau ; aussi, l'a-t-il placé en tête de l'*Esprit du grand Corneille*, qui forme les tom. 46 et 47 de la belle collection des meilleurs ouvrages de la langue française, que publie M. Didot l'aîné ; il y a joint un excellent commentaire où l'on voit que toutes les réformes proposées dans notre orthographe, il y a plus de 150 ans, sont aujourd'hui généralement adoptées. L'ingénieux académicien a cru, sans doute, que des avis aussi sages feraient encore plus d'impression, sous le nom de P. Corneille, que sous celui de son frère Thomas ; c'est ce qui l'aura empêché de les restituer à ce dernier.

3°. La belle édition de Corneille, publiée par M. Palissot, contient 12 vol. On doit regretter qu'elle ait été exécutée sur un papier trop commun. Les exemplaires en papier velin, sont très-beaux. M. Palissot n'a pas connu l'*Avis au lecteur*, dont je viens de parler.

4°. Le titre des *Chefs-d'œuvre de P. et de Th. Corneille*, imprimés à Oxfort, en 1746, in-8°, ne me paraît pas exact, au moins si j'en juge par une 3e édition ainsi intitulée : *Les Chefs-d'œuvre dramatiques de MM. Corneille*, avec le *Jugement des savans*, à la suite de chaque pièce. Amsterdam et Leipsick, Arkstée et Merkus, 1760, 2 vol. petit in-12. On trouve en effet, à la fin du 2e vol., *Ariane* et le *Comte d'Essex*, par Thomas Corneille. C'est sans doute ce choix qui a donné l'idée de celui qui a pour titre : Les *Chefs-d'œuvre de P. et de Th. Corneille*, nouvelle édit. augmentée des notes et commentaires de M. de Voltaire. Paris, libraires associés, 1771, 3 vol. in-12. Cette édition est très-utile et très-commode pour les jeunes gens.

5°. L'existence de la traduction en vers des deux premiers livres de la *Thébaïde de Stace*, par Corneille, ne peut être révoquée en doute, puisque Ménage en cite un vers de la page 36 ; mais il fallait ajouter, en l'indiquant, que, depuis le moment où l'abbé Granet a rappelé l'existence de cette traduction, il a été impossible d'en trouver un exemplaire, ce qui porte à croire que Corneille l'a supprimée avec soin.

6°. Corneille n'a fait paraître en 1651, que les 20 premiers chapitres du 1er livre de l'*Imitation de Jésus-Christ*, traduite en vers français.

7°. En citant les *Louanges de la Sainte Vierge*, composées en rimes par S. Bonaventure, et mises en vers français par Corneille, il était convenable d'annoncer que l'abbé Granet avait inséré cet ouvrage dans le recueil d'*Œuvres diverses*.

8°. Sur la fin de l'article, le mot *epicinia* se lit pour *epinicia*.

CORNELIUS NEPOS. Cet article de la *Biographie universelle* ne laisse presque rien à désirer. On y indique avec soin les principales éditions de cet auteur, et les plus importantes traductions qui en ont été publiées en diverses langues. Dans la série des traductions françaises, l'ordre chronologique se trouve un peu interverti par l'omission de l'époque à laquelle parut la traduction du père Vignancour, jésuite ; ce fut en 1656, à Paris. Cette traduction a été souvent réimprimée. La dernière édition, peut-être, est celle de Limoges, 1713, sans le nom du traducteur. Je détaillerai, dans la seconde édition de mon *Dictionnaire des ouvrages anonymes*, les raisons qui me portent à croire que la traduction anonyme, publiée à Paris en 1743, et réimprimée plusieurs fois, est un ouvrage posthume de M. de Préfontaine, auteur d'une traduction d'*Eutrope*, en 1710, et éditeur, en 1726, d'un *Cornelius Nepos* avec des notes françaises. Cette édition a été longtemps classique dans l'université de Paris.

COSME, dit *De Prague*, suivant la *Biographie universelle*. On assure que l'on garde dans l'église métropolitaine de Prague le manuscrit autographe du *Chronicon Bohemorum* que cet auteur a composé. Ce bruit semble détruit par la publication de l'ouvrage intitulé : *Scriptores rerum bohemicarum, tomus primus, etc.* Tome premier des Écrivains de l'Histoire de Bohême, contenant la chronique de Cosme, doyen de l'église de Prague, revue sur un manuscrit de la bibliothèque du chapitre de l'église métropolitaine de Prague ; les deux continuateurs de cette chronique, l'un et l'autre chanoines de Prague : et un troisième continuateur, moine de Sazava, etc. Prague, 1783, in-8°. Les manuscrits de la chronique de Cosme sont indiqués dans ce volume, et il n'y est point parlé de manuscrit *autographe*. S'il eût existé à Prague, les nouveaux éditeurs n'auraient pas manqué de le signaler au frontispice de leur recueil. Voy. l'*Esprit des Journaux*, avril 1784, page 411.

COSTA (JEAN A), ou Jean Lacoste. Ce professeur avait encore laissé en manuscrit des *Leçons sur les principaux titres du droit civil;* M. Styvard, avocat au parlement de Paris, avait fait ou fait faire une copie exacte de ce manuscrit ; mais elle a été égarée pendant long-temps. L'abbé de St.-Léger la retrouva dans un fatras de papiers abandonnés ; et en procura l'acquisition à la bibliothèque de Ste.-Geneviève. B. Woorda le publia avec des notes, à Leyde, en 1773, in-4°.

La *Biographie universelle* a renvoyé cet article à la lettre L. Cette manière de renfermer ainsi les articles avec le nom principal, est contraire à l'usage adopté jusqu'à ce jour par les personnes les plus versées dans l'histoire littéraire, particulièrement par les différens éditeurs du Dictionnaire de Moréri, pendant 60 ans. Elle occasionne souvent des recherches inutiles aux personnes qui consultent les Dictonnaires historiques.

COSTAR (PIERRE). La *Biographie universelle* ne s'exprime pas avec exactitude, lorsqu'elle dit que son *Recueil des plus beaux endroits de Martial* a été publié à *Toulouse*, en 1689, par G. La Faille ; ce Recueil composé de deux volumes, est dédié à G. La Faille, par un éditeur qui signe son épître : D. C. D. V. ; ce n'est donc pas La Faille qui l'a fait imprimer. Le même Recueil donne lieu à une autre difficulté ; on y trouve la traduction par L. S. G. L. A. C., de la *Dissertation* latine de Nicole *sur la beauté des ouvrages d'esprit*. Ces lettres initiales indiquent ; Le Sieur Germain La Faille Ancien Capitoul. Aussi Basnage, dans son *Histoire des ouvrages des savans* (novembre 1693), et Lenglet du Fresnoy, dans la *Bibliothèque des romans* (pag. 18), présentent Germain de La Faille comme traducteur de Nicole.

COSTARD (JEAN-PIERRE), reçu libraire à Paris, le 17 février 1769, se livra à des dépenses qui épuisèrent bientôt les fonds assez considérables qu'il avait placés dans le commerce. Ce libraire avait du talent pour la poésie ; il en donna des preuves dès 1765, dans deux héroïdes intitulées : l'une, *Lettre de Caïn après son crime, à Mehâla son épouse;* l'autre, *Lettre du lord Welfort à milord Dirton son oncle.* Il publia en 1770, des *Amusemens dramat.*, 1 v. in-8°. Ce sont deux contes moraux mis en action. Le principal personnage du 1er drame offre un modèle de la plus exacte probité. L'objet du 2e drame est de faire sentir qu'un mariage bien assorti est l'état le plus désirable et la plus grande faveur que le ciel accorde à l'humanité. M. Costard a rédigé plus d'un volume des quatre qui composent le *Dictionnaire universel, historique et critique des mœurs.* On lui doit aussi *L'ame d'un bon roi, ou choix d'anecdotes et des pensées de Henri IV*, Paris, 1775, in-8°; *Le génie du pontife, ou anecdotes et pensées de Clément XIV*, Paris, 1775, in-8°. Ces deux compilations se ressentent de la précipitation avec laquelle elles ont été rédigées. Le dérangement de ses affaires força M. Costard de quitter le commerce, vers 1788. Il réunit, l'année suiv., les différ. pièces de poésie dont il était auteur, et les publia sous le titre de *Lettres en vers, et opuscules poétiques.* 1789, in-12. Ce recueil n'ajouta ni à sa réputation ni à son aisance; l'auteur traîna l'existence la plus triste et la plus pénible, dans le cours de la révolution. Vers 1800, il se mit à publier, sous le voile de l'anonyme, diverses compilations religieuses et morales qui ont eu quelque succès. Les principales sont: *Manuel de la bonne compagnie.* Paris, 1803, 1 vol. in-18. Réimprimé pour la troisième fois en 1818, chez Ancelle. *Le flambeau de la sagesse et de la religion.* Paris, Marrot, 1805, in-12. *L'Ecole du monde ouverte à la jeunesse.* Paris, Hubert, 1805, in-12; 1806, in-12. *Le Louvre, Louis XV et sa cour.* Paris, Frechet, 1807, in-12. *L'homme de bonne compagnie*, in-12. *Ecole de l'urbanité française, ou entretiens d'un père avec ses enfans sur l'usage du monde, etc.* Paris, Tardieu, 1810, in-12. Dénué de toutes ressources, vers 1814, M. Costard fut reçu en qualité de bon pauvre à l'hospice de Bicêtre, et y termina, peu de temps après, une vie qui devait lui être à charge. Il avait environ 72 ans.

L'omission de cet auteur ne peut être reprochée à la *Biographie universelle*; mais il devrait être mentionné dans le *Supplément* au Dictionnaire de l'abbé de Feller.

COSTE (P.). On dit à tort, dans une note de la *Biographie universelle*, que la traduction des *Captifs* de Plaute par Coste, en 1716, est la première traduction française de cette pièce; Thomas Guyot, attaché aux petites écoles de Port-Royal, en avait publié une dès 1666. Voy. ce mot.

* COSTE (Pierre), né à Bayonne, en 1732, mort à Paris, vers 1810, cultiva la littérature, sans avoir recours ni au manége ni à l'intrigue pour se faire valoir. Il a négligé de mettre son nom à la tête des différens ouvrages qu'il a publiés. M. Coste fut attaché très-jeune au service militaire; il débuta, en 1756, dans la carrière littéraire, par des *Lettres sur le voyage d'Espagne*, qui sont une peinture de ce qu'il a vu en Espagne: les moines n'y sont pas ménagés; l'auteur ra-

conte, de leur part, des horreurs inconnues chez les peuples les plus sauvages. La plupart des articles tirés de la littérature espagnole qui ont paru dans le Journal étranger, sont de lui; et il a traduit de cette langue, en 1775, plusieurs nouvelles de Cervantes, entre autres *La Bohémienne*, qu'il a fort embellie. Il publia en 1789 un *Voyage* supposé *au pays de Bambouc*, rempli de vues intéressantes sur différens objets de commerce. A la même époque, il rédigea des lettres adressées aux grands, dans lesquelles il faisait valoir avec force, mais sans excès, les droits du tiers-état. En 1800, il fit paraître, sous le nom de mademoiselle Dumesnil, des *Mémoires*, où cette célèbre actrice est vengée comme elle devait l'être, de la légèreté injurieuse avec laquelle mademoiselle Clairon a parlé d'elle dans ses Mémoires. Ce qui a frappé dans cet ouvrage, c'est l'excellent goût que suppose la manière dont l'auteur y a jugé nos spectacles et tous les abus qui paraissent les menacer d'une subversion inévitable. Il a publié en 1802 des *Nouvelles inédites* de Cervantés et autres auteurs espagnols, 2 vol. in-12. On doit encore à M. Coste un *Essai sur les prétendues découvertes nouvelles, dont la plupart sont âgées de plusieurs siècles*. Paris, 1803, 1 vol. in-8°. Cet ouvrage a rappelé celui de Dutens sur le même sujet, mais il n'a pas fait autant de sensation. M. Palissot connaissait particulièrement M. Coste; il lui a consacré, dans ses Mémoires littéraires, édition de 1803, un article étendu dont j'ai profité. Le célèbre critique regrette que M. Coste n'ait pas fait imprimer à Paris la première réfutation qu'on ait composée des paradoxes littéraires que Marmontel a semés avec profusion dans sa Poétique. Il eût fallu, pour cela, rompre un engagement que M. Coste avait contracté avec un libraire d'Amsterdam; mais l'auteur s'y refusa, par le sentiment d'indifférence qu'il a toujours eu pour la renommée. M. Palissot assure que M. Coste a traduit de l'anglais le Voyage du commodore Byron autour du monde. Cela veut dire probablement que M. Coste a beaucoup contribué à cette traduction, qui a fait tant d'honneur à M. Suard, comme M. l'abbé Roger, ex-jésuite, avait contribué, en 1771, à la traduction de l'Histoire de Charles-Quint, et comme M. Jansen contribua; en 1779, à celle de l'Histoire d'Amérique. Dans ses dernières années, M. Coste a eu la plus grande part à la rédaction de plusieurs des sept volumes de l'Almanach des gourmands. On trouve un petit article sur notre auteur, sous le nom de Costé, dans la *Biographie des hommes vivans*, publiée en 1817.

*COSTE (Bertrand de la), né à Paris, dans le fauxbourg St-Marceau, embrassa l'état militaire, et servit en France, en Pologne, en Danemarck et en Russie. Après avoir parcouru presque toute l'Europe, il s'arrêta à Hambourg et y passa plusieurs années; le séjour de cette ville finit par l'ennuyer; il se retira à Amsterdam, où il mourut. Cet homme, d'un esprit bizarre, se vantait d'avoir trouvé le mouvement perpétuel, la quadrature du cercle, etc.; et cependant il n'avait étudié que les élémens d'Euclide, dans la traduction française d'Henrion. Il avait inventé une machine, qu'il appelait Machine d'Archimède : l'ayant présentée à l'académie des sciences, qui ne lui donna point d'approbation, il publia contre les membres de cette académie plusieurs libelles qui ont été imprimés à petit nombre. En voici les titres :

I. *Le Réveil-matin, fait par M. Bertrand, pour réveiller les prétendus savans mathématiciens de l'académie royale de Paris, etc.* Hambourg, 1674, in-8° de 75 p. sans compter la préface de 20 p.; *imprimé par Bertrand, libraire ordinaire de l'académie de Bertrand, avec privilége de Bertrand.*

II. *Ne trompez plus personne, ou suite du Réveil-matin, etc.* Hambourg, etc. 1675, in-8° de 69 pages, sans compter 12 pages de préliminaires.

III. *Le monde désabusé, ou la démonstration des deux lignes moyennes proportionnelles, par Bertrand de la Coste, colonel d'artillerie, au service de la république de Hambourg.* Hambourg, 1675, in-4° de 40 pages.

IV. *Ce n'est pas la mort aux rats ni aux souris; mais c'est la mort des mathématiciens de Paris, et la démonstration de la trisection de tous triangles.* Hambourg, 1676, in-8° de 14 pages, sans compter 18 autres pages qui se trouvent tant au commencement qu'à la fin.

V. *La démonstration de la quadrature du cercle, etc.* Hambourg, 1677, in-8° de 24 pages, sans compter 12 pages de préliminaires.

*COSTER (Joseph-Franç.), né à Nancy en 1729. Après avoir fait de brillantes études, il se livra aux pénibles travaux de la banque, pour soulager un père avancé en âge. Le patriotisme dont il fut constamment animé, le porta aussi à étudier les matières commerciales et les intérêts du pays qu'il habitait. Il a laissé divers monumens de son habileté et de son zèle. S'étant ensuite rendu utile au prince de Beauveau, ce prince le fit nommer secrétaire des Etats de Languedoc. En 1770, il passa de cette charge honorable à celle de premier commis au contrôle général des finances, place qu'il remplit avec distinction sous quatorze contrôleurs, et qu'il ne quitta qu'après vingt ans d'exercice, dans les commencemens de notre révolution. M. Coster goûta, pendant quelques années, un loisir qu'il partageait entre l'agriculture et les lettres. Il fut incarcéré en 1794, sous prétexte que ses talens pouvaient nuire à la chose publique. Il obtint sa liberté au bout de dix-huit mois, pour travailler au Catalogue de la bibliothèque publique et des médailles, confiées à sa garde. Il fut nommé, en 1796, professeur d'histoire à l'école centrale de Nancy. Devenu proviseur du lycée de Lyon, en 1804, il lutta deux ans avec une constance inébranlable contre les obstacles qui s'opposaient à la prospérité de l'établissement. Une retraite honorable lui ayant été accordée, il revint dans ses foyers, où il mourut en 1813. On a reproché à cet excellent citoyen l'envie qu'il manifesta de se produire, mais il s'ouvrit toujours des voies légitimes, et ne se montra jamais inférieur à la place où il était parvenu.

On doit à cet homme laborieux plusieurs ouvrages utiles ; les principaux sont :

I. *La Lorraine commerçante*, discours couronné par la société royale de Nancy, et imprimé à Nancy en 1759, in-8°. Pour déterminer ses compatriotes à honorer le commerce, M. Coster leur expose les immenses avantages qu'il procure aux nations les plus célèbres des deux mondes, et auxquels ils ont participé dans des temps plus heureux.

II. *Lettres d'un citoyen à un magistrat*, 1761, in-8°. A l'occasion du tarif projeté pour toute la France, M. Coster prouva que les nouveaux droits étaient contraires aux priviléges de sa province, et qu'ils étaient plus onéreux que ses anciennes charges. Les fabricans de Lorraine et de Bar empruntèrent la plume de l'abbé Morellet pour lui répondre. Leur Mémoire parut en 1762, in-8°. M. Bresson, lieutenant-général du bailliage de Darney, publia aussi contre M. Coster, *Réponse d'un citoyen à un citoyen*, Nancy, 1761, in-8°.

III. *Eloge de Charles III, duc de Lorraine, dit le Grand*, avec des notes historiques. Francfort, 1764, in-8°. Cet éloge est moins oratoire qu'historique ; les notes sont instructives.

IV. *Discours sur le patriotisme*, Nancy, 1765, in-8°. C'est le discours prononcé par l'auteur, lors de sa réception à l'académie de cette ville. Cette société le nomma son secrétaire perpétuel en 1790.

V. *Eloge de Colbert*, qui a obtenu le premier *accessit* de l'académie française. Paris, Brunet, 1773, in-8°. M. Coster, digne appréciateur du génie de Colbert, s'attache à le venger de ses détracteurs.

VI. *Discours d'ouverture pour le cours d'histoire de l'école centrale*, Nancy, 1796, in-8°.

VII. *Observations sur le rapport et projet de loi sur l'instruction publique*, par M. Chaptal, Nancy, 1801, in-8°.

M. Coster a laissé en manuscrit les *Eloges* des ducs de Lorraine, Ferry III, Antoine, René II et Léopold.

On trouve dans le *Précis des travaux de la société royale de Nancy*, publié en 1817, l'analyse de l'Éloge de M. Coster, prononcé par M. Blau. L'auteur a bien voulu me transmettre son manuscrit dont j'ai profité pour la rédaction de cet article.

* COSTER (Jean-Louis), frère du précéd., entra dans la compagnie de Jésus. Après la suppression de cette compagnie, il devint bibliothécaire de l'évêque de Liége. On a de lui deux *Oraisons funèbres* : l'une du dauphin, père de Louis XVI, et l'autre de Stanislas Ier, roi de Pologne, duc de Lorraine, etc., toutes deux prononcées et imprimées à Nancy, en 1766, in-4°. M. l'abbé Coster entreprit, en 1772, l'*Esprit des Journaux*, et s'occupa jusqu'en 1775, de la rédaction de cet utile journal. — Un troisième frère avait embrassé l'état ecclésiastique, et devint curé de Remiremont. Il prononça, en cette qualité, une Oraison funèbre de Stanislas Ier, roi de Pologne, etc., imprimée à Nancy, en 1766, in-4°.

COTEL (Antoine de), poëte français du xvie siècle. Les articles de ces poëtes sont traités presque toujours avec exactitude dans la *Biographie universelle*. Celui d'Antoine de Cotel donne lieu cependant à remarquer que ce n'est pas le succès de la traduction de l'Iliade par Salel, qui l'empêcha de continuer la traduction de ce poëme, mais celui qu'obtint, en 1581, la traduction d'Amadis Jamin, qui revit le travail de Salel, le corrigea et le compléta. Colletet paraît persuadé que la continuation de Cotel n'eût pas valu celle d'Amadis Jamin. D'ailleurs, Hugues Salel s'était contenté de traduire les onze premiers livres qui avaient paru dès 1545. Cotel se présentait en 1578 comme son continuateur : Ce n'était donc pas un rival qu'il eût à redouter.

*COTTEREAU ou COTEREAU (Claude), prêtre, chanoine de Notre-Dame de Paris, naquit à Tours. Ce laborieux auteur fit ses études à Poitiers, et fut lié d'amitié avec Jean Bouchet, poëte poitevin. De retour dans sa patrie, Cottereau embrassa l'état ecclésiastique, fut employé dans le ministère et devint archi-prêtre dans l'église de Tours. Des raisons particulières lui ayant fait faire un voyage à Paris, il y obtint un canonicat. Cottereau fut aussi serviteur domestique, c'est-à-dire, aumonier du cardinal du Bellay, évêque de Paris. On a de lui :

I. *De jure et privilegiis militum libri tres*; et *de officio imperatoris liber unus. Lugduni*, *Steph. Dolet*, 1539, *in-fol.* On trouve un extrait de cet ouvrage dans les *Soirées littéraires* de M. Coupé.

II. *Les douze livres de Columelle, traduits en français.* Paris, Kerver, 1551 et 1552, in-4°. Le dixième livre est traduit en vers français. Cette traduction, réimprimée en 1555 et en 1556, in-4°, par les soins du même Kerver, avec les notes de Jean Thierry de Beauvais, fut dédiée au cardinal du Bellay, par Jacques Verjus, ami de Cottereau, et son exécuteur testamentaire. Les registres de l'église de Paris prouvent que Cottereau mourut le 3 novembre 1550. Cottereau remit à Dolet le manuscrit latin de la *Pandore* de Jean Olivier, évêque d'Angers; elle fut imprimée en 1541, in-4°. La traduction de cet ouvrage est de Guill. Michel, dit de Tours, et non de Cottereau. Il y a deux pièces de vers latins de notre auteur dans le *Genethliacum Cl. Doleti*, *Stephani filii. Lugd.*, 1539, in-4°, et plusieurs pièces en vers français, dans les épîtres du *Traverseur des voies périlleuses*, qui est, comme on sait, Jean Bouchet. M. Née de La Rochelle soupçonne avec raison, dans sa *Vie d'Etienne Dolet*, p. 101 et 102, que Cottereau est le même que Claudin de Touraine, dont la Croix du Maine et Duverdier ont fait un auteur différent.

(La Croix du Maine et Duverdier, *Almanach historique de Touraine*, pour l'année 1764. *Notes manuscrites* de M. L. T. Hérissant et de l'abbé de Saint-Léger).

COTTON DESHOUSSAYES (Jean-Baptiste), savant bibliothécaire de Sorbonne, enlevé à la république des lettres, à l'âge de

56 ans, dans le temps où il s'occupait d'un ouvrage très-important qui aurait pu être intitulé : *Elémens d'histoire littéraire universelle.* « L'histoire littéraire, dit ce judicieux écrivain, montre l'homme par ce qu'il a de plus grand, par les efforts, quelquefois par les succès de son esprit, souvent admirables, toujours intéressans. Un tel spectacle ne peut manquer d'agrandir l'ame, de l'ennoblir, tandis que celui de l'histoire civile et politique, théâtre ordinaire de la méchanceté, ainsi que de la faiblesse de l'homme civilisé, flétrit le cœur de l'homme sensible et humain qui voudrait rendre heureux tout ce qui respire. »

Il ne nous reste que le plan de cet ouvrage; j'en ai acquis le manuscrit à la vente de M. Haillet de Couronne qui avait été l'ami particulier de l'auteur. Ce manuscrit a 178 pag. in-4°. Il porte la date de 1779. Un autre manuscrit du même savant terminé en 1780, a pour titre : *Bibliographie raisonnée*, ou nouveau système bibliographique, dans lequel on a suivi le plus qu'il a été possible l'ordre de la nature, celui de l'origine, du progrès, du développement et de l'enchaînement des connaissances humaines. Première classe générale, science de la religion surnaturelle, in-4° de 147 pag. Voici la conclusion de ce morceau; elle donnera une idée des vues de l'auteur.

« Nous terminons ici ce que nous avons à dire sur la manière dont on peut disposer les écrits des auteurs ennemis de toute religion, ennemis de celle que Dieu a véritablement donnée aux hommes, ennemis de la vraie Eglise de Jésus-Christ. Nous n'imiterons pas le P. Garnier, jésuite (*Syst. Biblioth. colleg. Reg. Paris. Soc. Jesu*), qui met, sans distinction, dans la classe des auteurs hétérodoxes, tous ceux qui ont écrit contre les ordres religieux en général et en particulier, contre la société à laquelle il appartenait, et qui n'existe plus. Il fait même un chapitre particulier pour cette société qui était chère à son cœur, et qu'il paraît confondre avec l'Eglise de Jésus-Christ. Nous ne croyons pas qu'on soit hérétique ou schismatique pour attaquer les ordres religieux avec fondement ou sans raison; et ces sortes de livres me paraissent en général plus contraires à la charité qu'à la foi. Au reste, nous croyons pouvoir assurer que, jusqu'à présent, on n'a pas classé d'une manière naturelle les livres de théologie orthodoxe et hétérodoxe. Nous avons essayé de faire ce que, selon nous, on n'a pas encore fait. Puisse cet essai paraître heureux! Nous le continuerons pour les sciences naturelles. Notre système bibliographique établit entre elles et la science de la religion un mur de séparation qu'il ne faut jamais franchir, si l'on veut être juste et sage. »

En lisant le plan des *Elémens d'histoire littéraire universelle*, de l'abbé Deshoussayes, j'ai vu que le *Traité des universités de France*, manuscrit de 358 pages, in-4°, dont parle la *Biogr. univ.*, avait été composé en 1758. C'est donc un traité auquel l'abbé Deshoussayes avait, pour ainsi dire, renoncé. Dans son nouvel ouvrage, l'auteur devait traiter des universités en général, de leur nature, de leur origine, de leurs fonctions, de leurs droits, etc.

*COULANGE (DE), ex-jésuite, depuis médecin de la Faculté de Montpellier, dont on a un recueil de *Poésies variées* publiées à Paris, en 1753, par le libr. Cailleau, 1 vol. in-12. Fréron en parle avec éloge dans ses *Lettres sur quelques écrits de ce temps*. V. t. XI, p. 13.

Le libraire Cailleau, pour donner du cours aux poésies du médecin de Montpellier, publia dans le même format les *chansons choisies* de M. de Coulanges, un des esprits les plus fins du siècle de Louis XIV. J'ignore si le débit des deux volumes répondit à son attente, mais les *Poésies variées* du médecin de Montpellier sont tout-à-fait oubliées aujourd'hui, et l'on recherche encore le volume du chansonnier du siècle de Louis-le-Grand. Du reste, le médecin Coulange était fort lié avec Gazon Dourxigné; il a inséré dans ses *Poésies variées*, quelques pièces de vers de son ami, et il lui en adressa quelques-unes. Si l'on en croit l'abbé Sabatier de Castres, M. de Coulange vivait encore en 1781.

COURTALON DE LAISTRE (JEAN-CHARLES), curé de Ste.-Savine à Troyes, mort en 1786; la *Biographie universelle* place parmi ses ouvrages imprimés, une traduction du poëme *De partu Virginis* de Sannazar, et de celui *De raptu Proserpinæ* de Claudien. Ces deux traductions sont restées manuscrites.

COURTILZ (SANDRAS DE). Cet écrivain est renommé par la multitude d'ouvrages qu'il publia sous des noms empruntés : ce sont presque tous des romans historiques qui ont eu beaucoup de vogue dans le temps où ils parurent. Nous avions déjà trois notices assez étendues sur la vie et les ouvrages de ce fameux romancier; la première par M. de Sallengre dans le 1er vol. de ses *Mémoires de littérature*, en 1715; la deuxième par le P. Lelong, en 1719, à la fin de sa *Bibliothèque historique de la France*; la troisième, par M. de Brequigny, en 1760, dans le Journal des Savans, à la suite de l'extrait de l'ouvrage posthume de Courtilz, intitulé : *Mémoires de M. de Bordeaux*; cette dernière, comme on devait s'y attendre, est la plus étendue et la plus curieuse, mais elle n'est pas la plus exacte; M. de Brequigny n'y parle pas de la *Vie de Colbert* qui est attribuée à Courtilz, par Bayle dans ses lettres; quant aux Testamens de Colbert et de Louvois, M. de Brequigny dit que le P. Lelong assure que ces ouvrages ne sont pas de Courtilz; on lit positivement dans la notice du P. Lelong, que Courtilz fit imprimer en Hollande, en 1694, le *Testament de Colbert*; quant à celui de *Louvois*, le père Lelong cite l'opinion de Bayle qui l'attribuait, ainsi que la Vie de Colbert, à l'auteur des *galanteries des rois de France* (lisez *des intrigues amoureuses de la France*, ouvrage de Courtilz). L'abbé Lenglet, dans sa *Bibliothèque des Romans*, p. 88 et suiv., cite seize ou dix-sept ouvrages de Courtilz: dans l'exemplaire qu'il a laissé avec des notes manuscrites, il ajoute à sa liste le *Testament de Louvois*. L'article de la *Biographie universelle*, sur Sandras de

Courtilz, est encore plus étendu et plus curieux que la notice de M. de Brequigny. Elle ne parle cependant ni de la *Vie de Colbert* ni du *Testament de Louvois*. Rien ne prouve que les *Remarques sur le gouvernement du Royaume durant les règnes de Henri IV, Louis XIII et Louis XIV*, soient de notre auteur. J'ignore d'après quelle autorité MM. Chaudon et Feller attribuent à Courtilz les *Mémoires de Saint-Hilaire*, imprimés à Paris, en 1766, 4 vol. in-12. *Le dépôt central des bibliothèques particulières du Roi*, aux galeries du Louvre, possède le manuscrit de cet ouvrage, qui ne paraît pas être de l'aventurier Courtilz. Il commence et finit comme l'imprimé; on ne peut donc pas dire, comme l'avancent nos deux biographes, que l'ouv. ait été terminé par l'éditeur.

COUSIN (le président). La *Biog. univ.* dit que l'on attribue à ce président la *Morale de Confucius*, Amsterdam (Paris), 1688, 2 vol. in-8°, et la *Lettre sur la Morale de Confucius*, *Paris*, 1688. Il y a bien des erreurs à démêler dans cette courte remarque :

1°. La *Morale de Confucius* n'est qu'une petite brochure composée de 132 pages, sans la préface, qui en a 20. Elle parut d'abord à Amsterdam, en 1688. C'est un abrégé du grand ouvrage des PP. Intorcetta et Couplet, intitulé *Confucius Sinarum philosophus*, *etc*. Placcius, dans son *Theatrum anonymorum*, semblait l'attribuer au P. Couplet. Jacques Bernard, analysant Placcius, dans le mois de septembre de la *République des lettres* de 1710, le relève et affirme que l'auteur de la *Morale de Confucius* est le ministre la Brune. Malgré cette assertion, la préface, qui est écrite avec beaucoup de modération, et bien plus dans les Principes du catholicisme que dans ceux du protestantisme, la préface, dis-je, me porterait à croire que cet abrégé est réellement du président Cousin; mais l'on ne peut dire la même chose de la *Lettre sur la morale de Confucius* : elle est signée des lettres initiales S. F***, qui sont indubitablement celles de Simon Foucher, chanoine de Dijon, comme le reconnaît la *Biographie universelle* elle-même à son article. Cette lettre, revêtue de l'approbation du président Cousin, parut à Paris pour la première fois; dans plusieurs réimpressions, sous le titre d'Amsterdam, elle se trouve tantôt en tête, et tantôt à la suite de la *Morale de Confucius*; la dernière et la plus belle édition de ces deux opuscules, est de Paris, chez Valade, 1783, in-12. Il y a des exemplaires en grand papier.

COUSTEL (PIERRE), l'un des professeurs des petites écoles de Port-Royal, dont plusieurs élèves, parmi lesquels on compte le grand Racine, ont tenu un rang très-distingué dans l'Etat, dans l'Eglise et dans les Lettres. Cet habile instituteur a publié quelques ouvrages relatifs à l'éducation et à la morale. Moréri, ou plutôt l'abbé Goujet lui a consacré un article plein d'intérêt; il n'en a point dans la *Biogr. univ.* : si l'esprit de parti a occasionné cette omission, il ne pouvait donner un plus mauvais conseil. L'abbé Goujet paraît porté à croire que la traduction des *Captifs* de Plaute, publiée à Paris, en 1666, petit in-12, est de P. Coustel; mais il n'ose l'affirmer; elle est de Thomas Guyot, autre professeur des mêmes écoles de Port-Royal, comme on peut le voir dans la notice que j'ai publiée en 1813, dans le *Magasin encyclopédique*, sur la vie et les écrits de cet habile traducteur. Thomas Guyot n'a pas d'article dans la *Biographie univers.* Je réparerai cette injuste omission.

COUTURIER (l'abbé LE), prédicateur du roi. La *Biog. univ.* fait mourir cet abbé en 1778, et elle annonce qu'il présenta au roi en 1779, son *Eloge du dauphin*, et qu'il fit imprimer en 1781, son *Eloge de Marie-Thérèse.* Il est probable que cet orateur n'est mort qu'en 1788.

† CRAMAIL (ADR. DE MONTLUC-MONTESQUIOU, comte DE), fils du fameux maréchal de Montluc, accrédité à la cour de Henri IV. Il était, sous Louis XIII, avec Bassompierre, un des *matadors* d'une coterie de galans de cour que l'on nommait les *Intrépides.* Le cardinal de Retz, au commencement de ses *Mémoires*, le met de moitié avec lui dans une conspiration contre le cardinal de Richelieu, qui le fit enfermer à la Bastille, d'où il ne sortit qu'à la mort de l'Eminence. Il mourut en 1646, âgé de 78 ans; il a publié, sous le nom de Devaux dos Caros, les *Jeux de l'inconnu.* Rouen, 1630, 1637, in-8°. On lui attribue encore:

I. La *Comédie des Proverbes.* Troyes, 1639, in-8°.

II. Les *Nouveaux et illustres Proverbes histor.*, 1655, 1 vol. La 3ᵉ édition de cet ouvrage parut en 1665, augmentée d'un vol. La comédie des *Proverbes* se trouve à la fin du second. Ménage a su tirer bon parti de ce dernier ouvrage, dans son *Dictionnaire étymologique.*

CRENIUS (THOMAS), laborieux compilateur et éditeur du XVIIᵉ siècle, en Hollande. On recherche encore les trois volumes in-4° dans lesquels il a réuni nombre d'opuscules latins sur la manière d'étudier, sur la philologie et sur l'érudition. Il est à regretter que la *Biographie universelle* n'ait pas mentionné ces trois volumes, dont le premier parut à Rotterdam en 1692, et les deux autres à Leyde en 1696. Moréri en donne les titres avec exactitude. Le même Moréri et M. Chaudon citent comme un ouvrage particulier de Crenius des *Commentationes philologicæ et historicæ*, Amsterdam, 1711, 3 vol. in-8°: ce n'est autre chose que trois volumes de la compilation du même auteur intitulée, *Animadversiones philologicæ et historicæ.* Du reste, l'article de la *Biographie* contient beaucoup de détails curieux.

CREQUI (N...., marquis DE). Il y a dans cet article de la *Biographie universelle*, un fils confondu avec son père, un neveu avec son oncle, une nièce avec sa tante. J'ai consulté M. de Pougens sur cette famille, avec laquelle il a eu des liaisons particulières, et c'est sous ses yeux que j'ai rédigé l'article ci-après.

Charles-Marie, marquis de Créquy, fils de Louis-Marie de

Créquy, et de Rénée-Charlotte de Froullay, cultiva la littérature; il fit imprimer clandestinement à Troyes, en 1772, sous le titre d'Amsterdam, une *Vie de Nicolas de Catinat*, 1 vol. in-12. On y trouve des passages qui manquent à la seconde édition de cet ouvrage, publiée à Paris en 1775, sous le titre de *Mémoires pour servir à l'histoire de Nicolas de Catinat.* On attribue au même auteur les *Principes philosophiques des SS. Solitaires d'Egypte, extraits des Conférences de Cassien.* Madrid, de l'imprimerie Royale (Paris, de l'imprimerie de ***), 1779, in-18. Le marquis de Créquy mourut peu de temps après la publication de ce volume, âgé d'environ 62 ans.

Sa mère, qui mérite d'être comptée parmi les femmes les plus spirituelles du XVIIIe siècle, lui survécut quelques années, et mourut en 1803, dans un âge très-avancé. Elle était née en 1715, et avait été mariée en 1737. Sa maison était le rendez-vous de plusieurs littérateurs distingués, entre autres, de Le Tourneur, de Champfort, de M. Charles Pougens, etc. Elle a légué à ce dernier sa bibliothèque, qui était nombreuse. Madame de Créquy n'a jamais rien livré à l'impression; mais elle avait différens écrits dans son porte-feuille, parmi lesquels ses amis citent *Les méprises du sentiment*, des *Pensées* et des *Réflexions sur divers sujets*, etc.

CRESPIN (Jean), imprimeur à Genève, mort en 1572. La *Biographie universelle* me reproche avec raison d'avoir attribué à cet imprimeur l'édition des auteurs bucoliques et gnomiques grecs publiée en 1584, par Vignon, son gendre; je ne m'étais pas exprimé avec assez d'exactitude, mais la vérité est que Crespin imprima dès 1569 les poëtes bucoliques; il y joignit ensuite les poëtes géorgiques et gnomiques: c'est d'après cette dernière édition, qu'a été faite celle de Vignon, 1 vol. in-16, en trois parties.

* CROCÉ (Jules-Cesar), maréchal de Bologne, qui vivait sur la fin du XVIe siècle et au commencement du XVIIe. Il se fit connaître comme littérateur, par la publication de plusieurs comédies, mais principalement par celle de deux ouvrages burlesques en prose, contenant *Les aventures de Bertolde et de Bertoldin, son fils.* Camille Scaliger y ajouta dans la suite celles de *Cacaseno, fils de Bertoldin.* Le peintre Joseph-Marie Crespi embellit ces ouvrages de planches gravées, qui sont estimées des curieux. Crocé fut surnommé de son vivant la *Lyre Bolonnaise.* La savante et fameuse académie *Della Crusca*, enchantée des Aventures de Bertolde, etc., engagea ses meilleurs poëtes à les mettre en vers, ce que ceux-ci, au nombre de 23, exécutèrent avec un succès dont toute l'Italie a été extrêmement contente. Le célèbre imprimeur *Lelio della Volpe* donna une belle édition de ces poëmes en 1736, grand in-4°, avec de nouvelles figures dessinées et gravées par Louis Mattioli, célèbre peintre de Bologne. On les a réimprimés à Bologne, en 1741, 3 vol. in-12,

et à Padoue en 1747, 3 vol. in-8°, avec figures. Il existe une traduction française de la première partie, par un anonyme, La Haye 1750, in-8°; réimprimée à Paris, en 1752, 2 vol. petit in-12.

CROMWELL (OLIVIER). C'est rendre service aux personnes laborieuses, que d'entourer les articles d'hommes célèbres, de tous les renseignemens qui contribuent à les faire apprécier. On sait que les Anglais doivent à Cromwell leur fameux acte de navigation, composé de 19 articles. Ne pouvait-on pas mentionner cet acte dans la *Biog. univers.*, et profiter de la circonstance, pour dire qu'on en trouve la traduction dans le livre de l'abbé Dubos, intitulé : *Les intérêts de l'Angleterre mal entendus*, etc., et un Abrégé avec de judicieuses observations à la fin du 1er vol. de l'*Histoire de la puissance navale de l'Angleterre*, par M. de Sainte-Croix, édition de 1786? Butel-Dumont en a publié une traduction séparée, avec des notes utiles. Paris, 1760, in-12. Ce petit volume est recherché. On trouve encore la traduction de l'abbé Dubos, avec des observations, à la fin du volume intitulé : *Traité de commerce et de navigation entre la France et la Grande-Bretagne, ratifié en* 1786. Paris, 1814, in-8°. On peut reprocher à la *Biographie* d'avoir présenté dans cet article le lord Littleton comme auteur des *Lettres d'un père à son fils sur l'histoire d'Angleterre*, tandis qu'à l'article Goldsmit, elle les place avec raison parmi les ouvrages de cet habile écrivain.

Un anonyme a publié : La *Vie d'Olivier Cromwell, lord protecteur de la république d'Irlande*, recueillie des meilleurs auteurs qui ont parlé de ce héros, et de plusieurs manuscrits; Londres, 1724, in-8°. Cet ouvrage a été traduit en français, La Haye, 1725, 2 vol. in-8°. Une 4e édition de l'original a été imprimée à Dublin, en 1735, in-12. On remarque encore parmi les histoires de Cromwell, celle qui a pour titre : *An historical and critical Account of the life of Oliver Cromwell, after the manner of M. Bayle*, etc., by William Harris, London, 1762, in-8°. Cet ouvrage est souvent cité par M. Villemain, dans son *Histoire de Cromwell*. Paris, 1819, 2 vol. in-8°.

CROSE (JEAN CORNAND DE LA), protestant français, que la révocation de l'Edit de Nantes fit sortir de France en 1686; il se retira d'abord à Amsterdam, et aida Jean Le Clerc dans la composition des onze premiers volumes de la *Bibliothèque universelle*. Le onzième volume est entièrement de lui. Il fit paraître :

I. Sur la fin de 1687, le volume qui a pour titre : *Recueil de pièces concernant le quiétisme et les quiétistes, ou Molinos, ses sentimens et ses disciples*, Amsterdam, 1688, petit in-8°. On trouve dans ce volume la traduction de la *Guide spirituelle* de Molinos. J'en possède un exemplaire signé par l'auteur.

II. Trois *Lettres touchant l'état présent d'Italie*, écrites en l'année 1687, pour servir de supplément aux Lettres du D. Burnet, trad. de l'anglais. Cologne, P. Dumarteau, 1688, in-12. Ce volume que l'auteur fit aussi paraître en langue flamande, renferme une lettre entière dont le précédent ne contenait qu'un extrait.

III. *Critique contre l'histoire du divorce de Henri VIII*, de l'abbé Le Grand. Amsterdam, 1690, in-12. Cette critique fait suite aux extraits de l'histoire de Le Grand, insérés dans la *Bibliothèque universelle*. La Crose se retira vers 1690 en Angleterre, et il y coopéra à l'*Histoire des ouvrages des savans*, que publiait le ministre de la Roche; il y fit paraître aussi une Description de la France, Londres, 1694. On a encore de lui, dans les *Memoirs for the ingenious*, 1693, p. 197-297, des remarques sur l'ouvrage de Blount, intitulé : *Oracles of reason*. La Crose mourut vers 1707. Cet auteur avait de l'esprit, de l'imagination et une grande mémoire; il écrivait assez bien en français, en anglais et en hollandais. Ces talens ne sont pas communs. La *Biographie universelle* donne quelques détails sur notre auteur, à l'article La Croze, de Berlin. L'orthographe de ces deux noms n'est pas la même.

(Voyez *Bibliothèque universelle* de Le Clerc; tome XIe, 2e édition; *Struvii introductio ad rem litterariam, edente Juglero*. la *Bibliothèque historique* du même, édition de Meusel; *Walchii Bibliotheca theologica*.)

CUENTZ, ancien magistrat de St.-Gall, en Suisse, s'est retiré à Neufchatel vers 1740, pour y faire imprimer l'ouvrage de métaphysique, intitulé : *Essai d'un système nouveau concernant la nature des êtres spirituels, etc*. Neufchatel, 1742, 4 vol. in-8°. D. Sinsart et le cardinal Gerdil ont réfuté plusieurs principes de cet auteur.

(Voyez la préface du *Recueil de pensées sur l'immortalité de l'ame*, par Sinsart, 1756, petit in-8°.)

CYPRIEN (S.). La *Biographie universelle* ne présente aucun détail sur les ouvrages de ce père de l'Eglise, qui ont été réimprimés ou traduits en français, dans ces derniers temps. Je tâcherai de réparer cette omission. M. l'abbé de la Hogue, docteur de Sorbonne et professeur de théologie, avant la révolution, a cru devoir refuser le serment exigé des fonctionnaires ecclésiastiques par l'Assemblée constituante, et se retira à Londres. Une de ses premières pensées a été de consoler ses compagnons d'exil volontaire, par la composition ou la publication d'ouvrages conformes à ses vues. Il fit paraître bientôt le volume intitulé : *Sanctus Cyprianus ad martyres et confessores, ad usum confessorum Ecclesiæ gallicanæ. Londini*, 1794, in-12, de 120 pag. Ce volume contient des lettres choisies de S. Cyprien, avec des notes latines, ainsi que le traité *De mortalitate*, et des extraits des traités *De lapsis*, et *De unitate Ecclesiæ*.

Il donna ensuite la traduction française de ce volume, sous ce titre : *S. Cyprien consolant les fidèles persécutés de l'Eglise de France, convainquant de schisme l'Eglise constitutionnelle, et traçant à ceux qui sont tombés, des règles de pénitence*; 1 vol. petit in-8°. Cette édition s'étant écoulée avec rapidité, l'auteur en donna, en 1797, une seconde, revue et augmentée. On trouve dans celle-ci de nouvelles lettres de S. Cyprien, le traité presque entier *De la mortalité*, l'extrait du traité *contre Demetrius*, *sur les maux de cette vie*, le traité de l'*Unité de l'Eglise*, celui *Des tombés*, *etc.*, *etc.* La traduction de ces différens traités pourra faire survivre l'ouvrage aux malheureuses querelles qui lui ont donné naissance. Un anonyme fit aussi paraître à Paris, la traduction du *Traité de S. Cyprien*, *de ceux qui sont tombés pendant la persécution*. Paris, chez Leclere, 1794, in-8°, de 40 pages.

CYRILLE (S.), apôtre des Slaves, mort vers 880. La *Biog. univ.* ne cite qu'une édition de ses *Apologies morales*, celle qui a été publiée à Vienne en Autriche, par le P. Cordier, jésuite, 1630, in-12. Il y a au moins trois éditions de ses fables, antérieures à celle du P. Cordier; sans compter une traduction en vers allemands, par Daniel Kolkman, imprimée à Augsbourg, en 1571, in-4°, avec fig. Feu M. Adry a inséré, dans le Magasin encyclopédique du mois de mars 1806, une dissertation très-curieuse sur S. Cyrille et sur les diverses éditions de ses fables. La plus ancienne édition est intitulée : *Speculum sapientiæ beati Cyrilli episcopi, aliàs quadripartitus apologieticus vocatus, in cujusquidem proverbiis, omnis et totius sapientiæ speculum claret, feliciter incipit.* Elle se termine par ces mots; *Hoc sibi messis erit, cum dicitur, ite, venite*; in-4° sans date et sans indication de lieu ou d'imprimeur. M. Adry croyait que cette édition pouvait avoir été imprimée par Schoëffer à Mayence, vers 1475; mais le P. Laire, qui en a donné la description dans son *Index librorum*, etc., *Senonis*, 1791, 2 vol. in-8°, prétend qu'elle a été donnée à Bâle, par Richel, de 1480 à 1490. L'habile M. Van Praët partage entièrement l'opinion du P. Laire.

D.

DAGOUMER (Guillaume). Ce célèbre professeur de philosophie croyait que les bêtes avaient une ame; mais une ame incapable de réflexion. Le P. Grégoire-Martin, minime, a traduit en français la partie du Cours de philosophie de Dagoumer, relative à l'ame des bêtes. Lyon, 1758, in-4° de 16 pages.

DALIBRAY (Charles Vion, sieur de), poëte et traducteur du XVIIe siècle; son article est fort curieux dans la *Biographie universelle*. M. du Masbaret lui attribue encore la traduction française du *Tarquin* de Malvezzi, sans indiquer la date de cette trad. L'*Histoire comique*, ou les *Aventures de Fortunatus* parurent pour la première fois à Rouen, en 1626, in-12. C'est un des premiers ouvrages de l'auteur; il y en a aussi une édition de Paris, 1644, in-8°.

DALRYMPLE (Sir John). La

Biographie universelle a oublié de rappeler ici la traduction française des *Mémoires de la Grande-Bretagne et de l'Irlande*, publiée en 1776 par l'abbé Blavet, et annoncée précédemment à l'article de cet abbé.

DAMASE (S.), pape. M. du Masbaret a laissé une multitude de remarques sur l'art. que lui donne Moréri ; elles tendent à corriger des inexactitudes sur les principales circonstances de sa vie et sur ses ouvrages. Celui de la *Biographie universelle* m'a paru exact sous ces différens rapports.

DAMIENS (Robert-François). Lors de l'assassinat de Louis XV par Damiens, plusieurs écrits furent condamnés au feu.

1°. La *Lettre d'un patriote*, citée par la *Biographie universelle*.

2°. La *Déclaration de guerre contre les auteurs du parricide tenté sur la personne du roi*.

3°. Les *Réflexions sur l'attentat commis le 5 janvier*, etc.

On trouve ces trois écrits dans le volume que cite la *Biographie universelle*, sous le titre d'*Iniquités découvertes*, etc. Londres, 1760, in-12. Grosley en avait composé un du même genre sous le titre d'*Observations d'un patriote*, sur la forme et le fond de cette grande affaire ; il l'avait fait imprimer à Troyes, chez son imprimeur Gobelet ; mais un espion des jésuites dénonça au Gouvernement l'envoi qu'il en avait fait à Paris. Gobelet et sa femme furent arrêtés et mis à la Bastille. Voy. les *Fragmens manuscrits de la vie de Grosley*. On les trouve à la suite de quelques exemplaires de sa Vie, imprimée en 1787, in-8°. à Paris ; chez Théophile Barrois.

*DAMIENS DE GOMICOURT, plus connu sous le nom de GOMICOURT (Augustin-Pierre), né à Amiens, le 7 mars 1723, d'une famille distinguée dans le commerce et dans la haute bourgeoisie. Le jeune de Gomicourt se sentant un goût naturel pour la littérature, abandonna le commerce que ses pères avaient exercé avec gloire pendant longtemps. Dès la naissance de l'académie d'Amiens, il en fut un des principaux membres : le duc de Chaulnes, gouverneur-général de la province, qui l'aimait beaucoup, le nomma secrétaire-général du gouvernement de Picardie et d'Artois ; et ensuite il devint commissaire des chevau-légers de la garde du roi. On ignore l'époque de sa mort.

Dès l'année 1750, M. de Gomicourt lut à l'académie d'Amiens, dont il était directeur, le commencement de son *Histoire de la surprise d'Amiens par les Espagnols en 1597, et de sa reprise par Henri IV*. L'année suivante, on entendit le reste avec plaisir. Ce morceau a été depuis livré à l'impression. Il publia en 1751 des *Observations sur la nature des biens ecclésiastiques*, in-12 ; et en 1754, une *Dissertation historique et critique, pour servir à l'histoire des premiers temps de la monarchie française*, dans laquelle il s'efforça de prouver, contre le comte de Boulainvilliers, que les rois de la première race étaient aussi puissans qu'à l'époque où il écrivait. Ces deux dissertations firent une sensation assez vive ; elles annonçaient un écrivain élégant et judicieux. L'auteur a fait imprimer ces différens morceaux avec d'autres du même genre, sous ce titre : *Mélanges historiques et critiques, contenant diverses pièces relatives à l'histoire de France.* Amsterdam et Paris, Dehansy, 1768, 2 volumes in-12.

On trouve dans le deuxième volume un *Mémoire* de Colbert, envoyé à Louis XIV, avec des observations de l'éditeur. Les 21 et 23 novembre 1768, la chambre des comptes condamna ce recueil comme dangereux en lui-même, injurieux à la magistrature, et principalement attentatoire à l'autorité de la Chambre. Le Parlement témoigna du mécontentement de cet arrêt de la Chambre des comptes ; sur le réquisitoire de M. Antoine-Louis Séguier dans la séance du 3 février 1769, la Cour supprima les *Mélanges*, comme tendant à donner atteinte aux lois fondamentales de l'Etat, etc. ; en même-temps, elle déclara que l'arrêt de la chambre des comptes avait été rendu sans pouvoir ni juridiction.

En 1769, M. de Gomicourt entreprit un ouvrage périodique sous le titre d'*Observateur français à Londres*; il en a publié 8 volumes par an, jusqu'en 1772 inclusivement. C'est un recueil de lettres sur l'état de l'Angleterre, relativement à ses forces, à son commerce et à ses mœurs, avec des notes historiques, critiques et politiques ajoutées par l'éditeur. M. de Gomicourt avait inséré dans ce journal des extraits raisonnés des *Commentaires* de Blackstone *sur les lois anglaises.* Ces extraits firent désirer l'ouvrage entier. M. de Gomicourt se chargea de cette pénible tâche, et fit imprimer à Bruxelles, chez de Boubers, la traduction entière de l'ouvrage de Blackstone, 1774-1776, six volumes in-8°. Cette traduction n'est pas estimée; on en désire une plus exacte et plus élégante.

Tous les ouvrages de M. de Gomicourt ont paru sous le voile de l'anonyme ; aussi les continuateurs du P. Lelong n'ont point reconnu l'auteur de la *Dissertation* publiée en 1754, dans les *Mélanges* publiés en 1768 ; le P. Daire lui-même, dans son *Histoire littéraire de la ville d'Amiens*, 1782, in-4°, présente comme ensevelies en manuscrit dans les archives de l'académie d'Amiens, plusieurs dissertations qui font partie des *Mélanges* de 1768.

DAMILAVILLE, fameux correspondant de Voltaire. J'ai dit, d'après la révélation que m'en a faite M. Naigeon, que le *Christianisme dévoilé* était le premier ouvrage philosophique de M. le baron d'Holbach. En comparant l'ouvrage avec ceux que le même auteur donna dans la suite, cette assertion paraît tout-à-fait conforme à la vérité. La *Biographie universelle* prétend que le *Christianisme dévoilé* est de Damilaville, et elle ne cite aucune autorité, à l'appui de cette assertion, pas même celle de La Harpe; mais peut-être se rappelait-elle m[illegible] réponse à cette assertion très-hasardée, réponse que j'ai reproduite dans le *nouveau Supplément au Cours de littérature* de La Harpe, Paris*, 1817, in-8°. Quoi qu'il en soit, le rédacteur de l'article Damilaville, est persuadé que ce commis aux vingtièmes, qui, de son propre aveu, n'avait pas fait d'études, est l'auteur d'un ouvrage qui suppose de grandes recherches d'érudition ; et il cite d'un air triomphant, la réfutation de plusieurs passages de cet ouvrage par Voltaire. Il y a, dans la correspondance de Voltaire, bien d'autres réfutations d'ouvrages philosophiques, quelquefois même des réfutations de ses propres ouvrages ; elles sont aussi sincères que celle-ci.

* DAMPIERRE (DE LA SALLE DE) sut allier le goût des affaires à celui des lettres. Il a été longtemps munitionnaire des guerres, et, dès l'année 1763, il fit représenter, sur le Théâtre-Français, la pièce intitulée : *Le Bienfait rendu ou le Négociant*, comédie en cinq actes et en vers. Cette pièce offre une double intrigue ; les caractères en sont mal tracés ; le seul qui soit soutenu à un certain point, est celui de l'oncle, que le jeu de Préville faisait ressortir. L'édition, qui se donna alors de cette pièce, parut sans la participation de l'auteur ; elle est très-fautive. M. de Dampierre a composé d'autres pièces qu'il a fait imprimer sous le titre modeste de *Théâtre d'un amateur*. Paris, Duchesne, 1787, 2 vol. in-18. C'est lui qui est auteur d'un *Mémoire sur une question relative aux vivres des troupes de terre*, 1770, in-8°, et de la *Lettre d'un ancien munitionnaire des vivres du roi*, 1777, in-8°, pièces que la *Biographie universelle* attribue au général Picot de Dampierre, tué d'un coup de canon dans le bois de Vicoigne, le 8 mai 1793.

DANDINI (JÉRÔME). M. Chaudon a confondu son commentaire sur les trois liv. d'Aristote, *De animâ, Parisiis*, 1611, in-fol, avec son ouvrage posthume intitulé : *Ethica sacra*. Il me paraît d'autant plus essentiel de relever cette méprise, qu'elle peut encore induire en erreur, depuis la publication de la *Biographie universelle* où il n'est fait aucune mention du commentaire sur Aristote. L'abbé de Feller a évité la méprise de M. Chaudon.

DANÈS (PIERRE-LOUIS), ancien curé d'Anvers, puis chanoine d'Ypres, etc., mort en 1736. On a de lui plusieurs traités de théologie ; son meilleur ouvrage est intitulé : *Generalis temporum notio*, Ypres, 1726, in-12. L'abbé Paquot en a donné une édition continuée jusqu'en 1772, imprimée à Louvain, en 1773. L'abbé de Feller a donné un bon article sur cet auteur. La *Biog. univers.* n'en parle pas.

DANET (PIERRE). Son Dictionnaire des racines de la langue latine, publié en 1677, est devenu cher et rare, parce qu'il a été beaucoup vanté dans ces derniers temps. Cet ouvrage est in-8°, et non in-4°, comme le dit la *Biographie universelle*.

DANGEAU (l'abbé DE), célèbre grammairien du XVIIe siècle, a fait imprimer, pour ses amis seulement et pour *quelques curieux*, comme il le dit lui-même, seize opuscules sur la langue française. Ces opuscules ont obtenu l'estime des grammairiens ; plusieurs ont été imprimés sous différens titres; c'est ce qui est cause que jusqu'à ces derniers temps, les biographes les avaient indiqués d'une manière aussi inexacte qu'incomplète. On voit que la plupart en ont parlé, sans les avoir vus. L'énumération de la *Biographie universelle* est plus exacte que celles de Niceron, de Moréri, etc. Peut-être eût-il été essentiel d'avertir que l'abbé de Dangeau avait réuni lui-même ses différens opuscules sous deux titres généraux. Je possède un exemplaire de ce genre. Le premier recueil est intitulé: *Idées nouvelles sur différentes matières de grammaire*, par l'auteur de la *Géographie historique*. Paris, Jean Desaint, 1722, in-8°. Il contient un Avis au lecteur d'une page, et six opuscules, savoir: 1° *Discours sur les voyelles*, 36 pages; 2° *Second discours, qui traite des consonnes*, 24 pages; 3° *Lettre sur l'orthographe*, écrite en 1694, 14 pag.; 4° *Remarques sur l'orthographe*, 12 pages et demie. C'est un supplément à la lettre précédente; 5° *Sur l'orthographe française*, 20 pages; 6° *Suite des Essais de grammaire*, 51 pages. Les cinq premiers numéros avaient été recueillis en grande partie, dès 1711, sous le titre d'*Essais de grammaire*.

Le second recueil a pour titre, *Réflexions sur la grammaire française*. Paris, J.-B. Coignard, 1717, in-8°. Il renferme dix opuscules, savoir: 1° *Des principales parties du discours*, 14 pag.; 2° *Des parties du verbe*, 64 pages; avec une table de 4 pag.; 3° *Comparaison de la langue française avec les autres langues*, 2 pages et demie; 4° *Considérations sur les diverses manières de conjuguer, des Grecs, des Latins, etc.*, 23 pag.; 5° *Des particules*, 11 pag., avec un avis de 2 pag.; 6° *Des prépositions*, 11 pag.; 7° *De la préposition Après*, 4 pag.; 8° *Sur le mot Quelque*, 5 pag.; 9° *Sur le mot Quelqu'un*, 3 pag.; 10° *Utilité de la table du verbe Canto*, 22 pag. La collection des opuscules s'élève donc à seize. La *Biog.* n'en compte que quinze. Elle a omis le n° 5 du premier, et le n° 4 du second. Cette dernière erreur vient de ce qu'elle a indiqué sous un numéro particulier, un avis de 2 pag., qui fait partie du Traité des particules. On trouve neuf opuscules de l'abbé de Dangeau, avec des changemens, dans le volume imprimé par les soins de l'abbé d'Olivet, sous ce titre: *Opuscules sur la langue française*, par divers académiciens. Paris, 1754, in-12.

* DANGEUL (PLUMARD DE), né au Mans, maître des comptes, auparavant maître d'hôtel du roi, était très-versé dans les matières d'économie politique. Le désir de s'instruire encore davantage, le décida à aller visiter les principales villes de l'Europe. Étant à Stockholm, en 1754, l'académie royale lui offrit une place parmi ses membres. Fréron nous a conservé le discours de remercîment qu'il y prononça. La nation suédoise y est louée avec autant de noblesse que de vérité. Il a publié, comme traduit de l'anglais de Nickols, un ouvrage de sa composition, sous ce titre: *Remarques sur les avantages et les désavantages du commerce de la France et de la Grande-Bretagne*, Londres et Paris, 1765, in-12. Cet ouvrage a eu beaucoup de succès,

DANIEL (Pierre). Le petit article de M. Chaudon sur cet Orléanais, copié du Dictionnaire de Ladvocat, renferme deux méprises assez graves :

1°. il attribue à Plaute l'*Aulularia* dont Pierre Daniel a été l'éditeur en 1564. Cette pièce est différente de celle de Plaute, qui porte le même titre, et l'auteur n'en est pas connu.

2°. Il est faux que la portion de la bibliothèque de P. Daniel, acquise par Bongars, ait été transportée au Vatican. C'est une erreur que l'on trouve dans le *Voyage littéraire de France*, par deux bénédictins, et dans la préface du livre de Mabillon, *De liturgiâ Ecclesiæ gallicanæ*. Mais il est certain que les manuscrits de P. Daniel, achetés en 1604 par Bongars, sont encore aujourd'hui dans la bibliothèque de Berne, par l'effet du don qu'en fit Jacques Graviset, fils de celui à qui Bongars les avait légués en mourant. Il est probable que les manuscrits acquis par P. Pétau, et qui, lors de la vente de son cabinet, furent achetés par la reine Christine, se trouvent aujourd'hui au Vatican; car on sait que cette princesse légua des manuscrits au pape.

La *Biographie universelle* a rectifié M. Chaudon, quant à la comédie de l'*Aululaire*; mais elle a reproduit sa méprise quant à la portion de la bibliothèque de P. Daniel, achetée par Bongars. Cependant le vrai détail de cette affaire se trouve dans la préface de l'excellent *Catalogue des manuscrits de la bibliothèque de Berne*, par M. Sinner; il a été reproduit par nombre d'auteurs. Voyez l'*Encyclopédie d'Iverdun*, et le *Dictionnaire des sciences morales et politiques*, par Robinet. L'article de ce dernier ouvrage a été inséré dans l'*Encyclopédie méthodique*, *Dictionnaire des arts et métiers*, au mot *Imprimerie*.

L'abbé de Feller a reproduit les deux méprises de M. Chaudon, ce qui doit étonner quant à la première; car cet abbé connaissait très-bien les poëtes latins, anciens et modernes. Ces deux erreurs se trouvent aussi dans la traduction italienne de M. Chaudon, imprimée à Bassano, en 1796.

DANTECOURT ou D'ANTECOURT (le P.), genovefain. Cet habile controversiste du XVIIe siècle n'a pas trouvé grâce aux yeux de MM. les directeurs de la *Biographie universelle*; ils l'ont rayé du nombre des hommes célèbres; sa *Défense de l'Eglise* contre le ministre Claude, parut en 1689, 2 vol. in-8°. On lui doit encore des *Remarques sur le livre d'un protestant* (le même Claude), intitulées: Considérations sur les lettres circulaires, etc. Paris, 1683, in-12.

* DAON (Roger-François), prêtre eudiste, supérieur du séminaire de Caen, mort le 16 août 1748, âgé de 69 ans. On estime beaucoup deux de ses ouvrages:

I. La *Conduite des confesseurs dans le tribunal de la Pénitence*. Paris, Delusseux, 1738; 5e édition, Paris, 1740, in-12. On en a plusieurs autres éditions et une traduction italienne.

II. La *Conduite des ames dans la voie du salut*. Paris, 1753, in-12. C'est comme la seconde partie de l'ouvrage précédent.

Ce théologien a fait aussi réimprimer avec des additions quelques opuscules d'autres auteurs, soit théologiques, soit ascétiques. On trouve sur M. Daon un bon article dans les *Additions* au Moréri, de l'édition de 1759, t. 10.

DAUDE (le P. Adrien), jésuite, docteur en théologie et professeur ordinaire d'histoire dans l'université de Wurtzbourg, mort en 1756. On a de lui plusieurs volumes d'un ouvrage exact et judicieux intitulé : *Historia universalis et pragmatica romani imperii regnorum*, etc., in-4°. Le premier volume parut en 1748, la suite du second tome fut publiée en 1756. Elle va depuis 476 jusqu'en 1800. Il est fâcheux que la mort ait enlevé cet historien avant qu'il eût achevé la vaste carrière dont il avait si heureusement atteint le milieu.

DAUDÉ (Pierre), né à Marvejols, ville du Gévaudan (Lozère), le 26 septembre 1654. Après avoir fait de bonnes études à l'académie de Saumur et à Genève, il alla à Puylaurens pour y faire ses cours de philosophie et de théologie. Il quitta la France au commencement de l'année 1680 pour aller en Angleterre continuer ses études en théologie. Il y prêcha avec succès en 1681 ; mais il renonça à la profession de ministre pour entrer dans la famille de Trévor, de la province de Sussex, en qualité de précepteur du fils de la maison. Un excès de défiance de ses forces empêcha P. Daudé d'écrire quelque chose de suivi sur les mathématiques, sur la philosophie naturelle et sur la métaphysique, où il avait fait de grands progrès. Il avait écrit sur ces diverses sciences bien des choses qu'il a jetées au feu lui-même ou qu'il a voulu que son héritier brûlât ; on ne connaît de lui qu'une traduction d'un morceau de Chubb sur l'*Amour-propre et l'amour de bienveillance*, imprimée à Amsterdam avec d'autres pièces fugitives, chez Mortier, en 1730. P. Daudé mourut le 29 janvier 1733, dans sa soixante-dix-neuvième année.

DAUDÉ (Pierre), neveu du précédent, naquit aussi à Marvejols ; il alla à Londres, en 1725, pour avoir soin de son père, qui était réfugié ; il s'acquitta si bien de ce qu'il devait à ce bon père, qu'il perdit en 1729, que son oncle le retint auprès de lui, pour en faire son héritier. Il mourut le 11 mai 1754, âgé de 73 ans. On a de lui un ouvrage latin et quelques traductions de l'anglais, dont on trouve les titres dans la *Biographie universelle*, qui, en renvoyant à l'éloge de P. Daudé, dans la *Bibliothèque britannique* de 1733 et années suiv., tom. 1er, a évidemment confondu l'oncle avec le neveu.

DAVESNE (François), écrivain fanatique et séditieux, du temps de la Fronde, dont les opuscules sont entièrement oubliés aujourd'hui. M. Imbert de Cangé, amateur de livres, très-connu au commencement du XVIIIe siècle, avait pris la peine de recueillir ces opuscules. La *Biographie universelle* s'est donné la peine bien plus inutile d'en donner un détail fort ennuyeux. Le rédacteur de l'article cite quatre fois M. Imbert, sous le nom de *du Cangé*. Tous les bibliographes contemporains ont écrit *de Cangé*.

DAVID. Il est malheureux qu'en voulant indiquer le premier ouvrage portant la date certaine de son impression, la *Biographie universelle* ait laissé une faute dans l'indication de cette date. En effet, ce fut en l'année 1457, et non en 1453, que fut imprimé le fameux *Psautier* de Mayence.

* DAVID (MAURICE), avocat au parlement de Dijon, naquit en cette ville, l'an 1614. Il avait épousé Marguerite de Thésut, dont il eut plusieurs enfans, et qu'il perdit avant 1660, puisque vers ce temps-là il reçut la prêtrise. Il fut choisi en 1663, pour supérieur du monastère du refuge de Dijon. Peu après, il fut fait promoteur de l'officialité de Langres. Maurice David mourut à Dijon le 11 novembre 1679. Il a donné au public un ouvrage qui a pour titre: *Animadversiones in observationes chronologicas Possini ad Pachymerem. Divione, apud P. Palliot*, 1679, in-4°. Ce petit volume est rare et estimé. L'abbé Joly a inséré à la fin du second volume des *Mémoires de Bruys*, plusieurs lettres de Maurice David au célèbre Du Cange. Les réponses de Du Cange sont restées manuscrites, et elles se trouvent à la bibliothèque du roi, ainsi que des lettres de M. de Mazaugues dans un exemplaire des *Animadversiones*, qui renferme aussi le manuscrit original de l'auteur.

DAVID (JEAN), intendant de la maison de Soubise. Si la *Biographie universelle* eût su que J. David avait géré les affaires de cette maison, peut-être n'eût-elle pas trouvé tant de vanité dans le legs qu'il lui fit par testament, d'une grande partie de sa fortune.

Bayle, dans sa *République des lettres*, nous présente M. David comme très-connu parmi les savans, par son érudition et par la guerre qu'il a faite à MM. de Marca, Justel et de Launoi. Il attaqua aussi le ministre Larroque, qui lui répondit dans l'écrit intitulé: *Conformité des Eglises réformées de France avec les anciens*, considérations servant de réponse à ce que M. David a écrit contre la dissertation de Photin. Rouen, 1671, in-4°.

*DAVOT (GABRIEL). L'article très-court que M. Chaudon donne à cet estimable professeur de l'université de Dijon, pouvait facilement être augmenté par MM. les collaborateurs de la *Biog. univ.*; ils l'ont entièrement négligé: pour moi, je me contenterai de rectifier et de compléter ce qui concerne l'utile ouvrage laissé par M. Davot. Il est intitulé: *Traités sur diverses matières de droit français, à l'usage du duché de Bourgogne et des autres pays qui ressortissent au parlement de Dijon*, Dijon, 1751-1757, 7 vol. petit in-8°. L'éditeur, Jean Bannelier, publia à Dijon, en 1765, un 8e volume, pour continuation, sous ce titre: *Coutume du duché de Bourgogne, et cahiers servant à l'interpréter, etc.*, *avec des observations*. On doit probablement au même éditeur la *Table générale des matières conte-*

nues dans les 8 *tomes des Traités du droit français*, Dijon, 1767, petit in-8°.

DEBONNAIRE (l'abbé), un des nombreux traducteurs de l'*Imitation de Jésus-Christ*. M. Chaudon s'est bien mépris, lorsqu'il l'a présenté comme auteur de différens ouvrages en faveur de la constitution. La *Biographie universelle* n'est pas plus véridique, lorsqu'elle avance que cet abbé prit vivement parti *contre les jansénistes*, dans les démêlés qui troublèrent l'Eglise de son temps; ce fut tout le contraire: l'abbé Debonnaire se montra un ardent défenseur des partisans de Port-Royal. L'abbé de Feller a abrégé l'article de M. Chaudon; mais il a conservé la méprise sur les ouvrages en faveur de la constitution. Grosley, dans ses *Mémoires sur les Troyens célèbres*, a peint cet écrivain sous ses véritables traits.

DEFORIS (Jean-Pierre). Dans une note de l'article intéressant que donne la *Biographie universelle* sur ce bénédictin, on dit que la traduction française de la *Défense de la déclaration du clergé* forme les tomes XIX et XX de l'édition des *OEuvres de Bossuet*, dirigée par D. Deforis. Il fallait ajouter que c'est l'édition de cette excellente traduction, publiée en 1774, avec des augmentations, par le savant traducteur Charles-François Le Roy, ex-oratorien. On doit encore à D. Deforis l'*Exposition de la doctrine de l'Eglise sur les vertus chrétiennes*, contre les articles que M. l'évêque du Mans a fait signer aux PP. de l'Oratoire, et examen de la lettre apologétique du P. Duverdier (depuis évêque de Mariana, en Corse), assistant du R. P. General, in-12 de 304 pages, en France (Paris), 1776. C'est un écrit très-virulent, dans lequel la congrégation de l'Oratoire n'est guère plus ménagée que M. de Grimaldi, évêque du Mans.

DELILLE (Jacques). On est assez disposé à excuser les éloges excessifs donnés à ce grand poëte, dans la *Biog. univers.*, quand on se rappelle que l'éditeur est chargé du débit des ouvrages de l'immortel traducteur de Virgile et de Milton. Cependant, comme la plus sévère exactitude doit présider à la rédaction d'une notice biographique, surtout quand il s'agit d'un auteur très-célèbre, je me permettrai de relever, dans l'article *Delille*, quelques réticences réfléchies ou quelques fausses assertions.

1°. On dit que M. Delille se fit d'abord connaître par quelques odes. Pourquoi ne pas citer celle qu'il adressa à M. Lefranc de Pompignan, et dont on trouve quelques strophes dans *l'Année littéraire* de Fréron, 1758, t. v, p. 47. Il existait alors une douce liaison entre les deux poëtes; l'on savait déjà que la traduction des *Géorgiques* de Virgile, en vers, par M. de Pompignan, était très-avancée, pour ne pas dire terminée. Le jeune Delille, qui était pénétré d'admiration pour Virgile, et qui déjà avait commencé à traduire aussi en vers son plus bel ouvrage, obtint aisément communication du travail de M. de Pompignan; il le lut sans doute avec enthousiasme: et avec la riche mémoire dont la nature l'avait doué, il dut en retenir beaucoup de vers. C'est la seule manière d'expliquer pourquoi l'on trouve dans les *Géorgiques* de M. Delille, quelques vers empruntés à M. de Pompignan, puisque celui-ci n'a fait impr. sa trad. qu'en 1784, pour la première fois.

2°. La traduction des *Géorgiques* ne parut qu'en 1770, in-8°, grand et petit papier, et in-12. Il en a été fait cinq éditions, au moins, pendant le cours de cette année. Ce fut en 1785 que l'auteur y fit, pour la première fois, d'importantes corrections, et la fit paraître avec des variantes. En 1780, l'*Année littéraire* mit en parallèle plusieurs morceaux des *Géorg.*, traduits par Malfilâtre, avec les mêmes morceaux trad. par l'abbé Delille; Clément, dans ses *Nouvelles Observations critiques*, en 1772, n'en avait cité que de courts passages; c'était néanmoins une bonne fortune pour lui, car les essais du jeune Malfilâtre sont d'un mérite supérieur.

3°. Ce n'est pas en 1780, mais en 1782 que parut la première édition du poëme des *Jardins*.

4°. En annonçant les *Poésies fugitives* de l'abbé Delille, il fallait témoigner quelques regrets de n'avoir pu retrouver son ode à M. Lefranc de Pompignan.

M. Charles Remard, conservateur de la bibliothèque du château royal de Fontainebleau, m'a communiqué un manuscrit de sa composition, intitulé : *Supplément nécessaire aux OEuvres de J. Delille, ou Examen général de ses différens poëmes originaux, et de ses traductions en vers*, dans lequel on met en évidence les emprunts innombrables qu'a faits ce poëte à une foule d'auteurs qui ont traité avant lui les mêmes sujets ; avec des remarques littéraires et critiques, et une préface indispensable à lire.

Ce travail, dans lequel je trouve une grande connaissance des littératures latine, anglaise et italienne, sera utile à la jeunesse studieuse : elle y verra par quelles études profondes et variées, le chantre de l'*Imagination* s'est préparé à la composition de ses ouvrages.

DELAUDUN (Pierre). Suivant M. du Masbaret, il y a des corrections à faire en cet article de Moréri, des retranchemens et des additions. La *Biographie universelle* a corrigé les principales fautes de Moréri ; néanmoins le nouvel article donne aussi lieu à des corrections, à des retranchemens et à des additions. Je puiserai tout cela dans le manuscrit de Colletet.

Pierre Delaudun naquit en 1575, dans le duché d'Usez, au village d'Aigaliers dont son père était seigneur. Il perdit ce père fort jeune; mais un de ses oncles, nommé Robert Delaudun, aumônier du roi et principal du collége de Narbonne, à Paris, le força de venir à Paris pour achever ses études. Il étudia ensuite en droit, se fit recevoir avocat au parlement de Toulouse, et fut pourvu de la charge de procureur du collége de Narbonne. Il avait cette place en 1597, époque où il publia plusieurs poëmes. Sa réputation naissante le fit introduire chez le prince de Condé qui le nomma son conseiller ordinaire. Après un assez long séjour à Paris, Pierre Delaudun retourna dans son pays, où il mourut de la peste en 1629, pourvu de la place de lieutenant de juge en la temporalité d'Usez, place que son père avait eue. Les ouvrages de P. Delaudun sont :

I. Les *Poésies de Pierre Delaudun d'Aigaliers, contenant deux tragédies* (Dioclétien et Horace), *la Diane, mélanges et acrostiches*. Paris, 1596, in-12. Le martyre de S. Sébastien se trouve décrit dans la première tragédie ; c'est probablement ce qui a fait donner à cette pièce, dans quelques ouvrages, le titre de *Martyre de S. Sébastien*.

II. *La communion du vrai catholique, devant et après cette sainte solennité*, 1597, in-12. Ce petit poëme, divisé en deux parties, est composé d'un genre de vers que l'auteur appelle *demi-sonnets*, et dont il fut l'inventeur. Cette invention n'a pas trouvé d'imitateurs.

III. L'*Art poétique français* (divisé en cinq livres). Paris, du Breuil, 1598, in-12. Colletet en trouvait la disposition assez bonne et le style assez net.

IV. *Le paradis d'amour, ou la chaste matinée du fidèle amant*. C'est un mélange de vers et de prose, composé à l'imitation de la *Bergerie* de Remi Belleau. L'*Epître liminaire*, dit Colletet, ne contient que les lettres capitales de son nom.

V. *La Franciade*, divisée en neuf livres, et dédiée au roi de France Henri IV. Paris, 1604, in-12, avec de savantes notes, par Robert Delaudun, qui paraît avoir été éditeur de cet ouvrage. L'oncle s'imaginait que le neveu avait rendu aussi célèbre, par ce poëme, la gloire de Henri-le-Grand, qu'Homère et Virgile avaient rendu fameuse celle d'Achille et d'Enée, par leurs immortelles épopées. Tous deux purent reconnaître leur erreur, même de leur vivant, suivant Colletet ; le premier vers de la *Franciade* parut dur, bas et ridicule au grand prince à qui elle était dédiée ; il en railla l'auteur, et il n'en fallut pas davantage pour décrier l'ouvrage. Colletet convient que les notes peuvent être utiles. Il faisait en général très-peu de cas des poésies de P. Delaudun.

DELVINCOURT ou D'ELVINCOURT, vicaire-général du diocèse de Laon, mort en 1794. On a de lui la *Pratique des devoirs des curés*, traduite de l'italien du P. Ségneri. Paris, Berton, 1782, in-12. Il avait laissé en manuscrit une traduction du *Pénitent instruit*, par le même auteur. Un de ses amis la fit paraître à Paris, en 1802, 1 vol. in-12.

DEMANDRE, maître de pension. Voyez le mot CALIGNON.

DEMANET (l'abbé). La *Biographie universelle* attribue à cet ecclésiastique un *Parallèle général des mœurs et des religions de toutes les nations*, 1768, 5 vol. in-12. A la vérité, cet ouvrage est annoncé dans *La France littéraire* de 1769 ; mais je n'ai jamais pu le voir, et je suis très-porté à croire que l'abbé Demanet n'en a publié que le *Prospectus*.

* DENIS (Guillaume), prêtre, professeur royal d'hydrographie à Dieppe, publia, en 1666, un traité sur l'aiguille aimantée, in-4° ; en 1668, la solution des problèmes de navigation, sous

ce titre : *L'Art de naviguer par les nombres*, dans lequel les règles de la navigation sont résolues par un triangle rectiligne rectangle; in-8°; réimprimé en 1673, in-4° ; en 1669, un Traité de l'usage des déclinaisons du soleil pour trouver la latitude.

* DENIS (JEAN-BAPTISTE), originaire de Toul et allié à la famille Hordal, qui comptait parmi ses parens la célèbre Pucelle d'Orléans, embrassa l'état ecclésiastique et exerça divers emplois dans plusieurs diocèses, particulièrement auprès des évêques; il se trouvait à Rome au moment où Clément XI fut élu pape, c'est-à-dire en 1700. Vers le même temps, M. de Bissy, alors évêque de Toul, le prit pour secrétaire, et il suivit ce prélat à Meaux en 1704, lorsqu'il fut nommé pour succéder au grand Bossuet. La connaissance intime que J.-B. Denis acquit des intrigues auxquelles se livraient le haut clergé et particulièrement les jésuites, lui donna du dégoût pour les principes de l'Eglise romaine, et l'engagea à embrasser la religion protestante : il quitta Paris en 1706, pour se rendre à Genève ; quelques années après il passa, en Angleterre. En 1712, il fit imprimer sous le titre de Londres, mais probablement en Hollande, un volume petit in-8°, intitulé : *Mémoires anecdotes de la cour et du clergé de France*. L'auteur donne dans cet ouvrage des renseignemens très-curieux sur la conduite intérieure de plusieurs évêques et archevêques de ce temps ; sur des événemens qui se sont passés dans les diocèses de Toul et de Meaux, etc. C. Jordan (*a*) me paraît avoir eu tort d'insinuer que cet ouvrage n'était pas authentique, en disant qu'on l'avait donné sous le nom de J.-B. *le Denis*. Il faut d'ailleurs lire Denis. Dreux du Radier a consigné dans la *Table du Journal de Verdun*, une autre erreur, en présentant *le Denis* ou plutôt Denis, comme ancien secrétaire de Bossuet: il fallait dire, de M. de Bissy.

C'est dans l'ouvrage de J.-B. Denis que se trouve la fameuse anecdote relative au prétendu mariage de Bossuet avec mademoiselle *** (Desvieux de Mauléon), racontée depuis par Voltaire avec de nouveaux détails, d'après la famille Secousse. Il y a des invraisemblances dans l'un et l'autre récit ; mais l'on peut conclure, du fonds de l'anecdote, qu'il a existé une liaison assez intime entre Bossuet et mademoiselle Desvieux, dès le temps où Bossuet n'était que chanoine de Metz. Burigny avoue, dans la vie de l'illustre évêque, que cette liaison dura jusqu'à sa mort. Il est très-possible que Bossuet ait acheté une maison pour la donner à mademoiselle Desvieux, et qu'à sa mort ses héritiers ayent été obligés d'acquitter le prix de cette maison. Voilà à quoi se réduit principalement l'anecdote racontée par J.-B. Denis, et voilà ce que Voltaire a dénaturé, en disant que la famille de Bossuet, après sa mort, régla les reprises et les conventions matrimoniales. C'est l'abbé Guyon qui, dans l'*Oracle des nouveaux philosophes*, 1759, in-12, a réfuté avec le plus de véhémence l'anecdote

(*a*) V. le *Supplément de la Clef du Cabinet*. Verdun, 1713, t. 2, p. 551.

relative au prétendu mariage de Bossuet ; mais il était si peu érudit qu'il a eu le malheur de défier M. de Voltaire de citer, non pas plusieurs livres, mais *un seul* où il soit dit que M. de Meaux a vécu marié. Quoique le volume de J.-B. Denis ne soit pas commun, il n'est pas cependant assez rare pour que M. l'abbé Guyon n'ait pu en entendre parler.

DENYS LE CHARTREUX. Son traité *De quatuor novissimis* a eu une grande vogue ; la *Biographie universelle* cite les traductions espagnole et italienne qui en ont paru : pourquoi a-t-elle passé sous silence celle qui existe en français sous ce titre : *Des quatre fins de l'homme*, par Denys le Chartreux, *traduction nouvelle*, avec un abrégé de sa Vie, Paris, 1685, in-12? Jacques Boileau a publié son traité *De vitâ et moribus canonicorum*, Coloniæ Agrippinæ, 1670, in-12. Nous en avons une traduction française, sous ce titre : *De la vie et des mœurs des chanoines, traduit du latin*, par l'abbé Méry. Paris, 1761, in-12.

* DENYSE (LOUIS-TRANQUILLE), professeur de grammaire, et sous-principal des Artiens, au collége de Navarre à Paris, mourut au mois d'octobre 1742. On a de lui :

I. *Cent fables choisies des anciens auteurs* mises en vers latins, par Gabriel Faërne, de Crémone, traduites en français. Paris, veuve Thiboust, 1699, petit in-12.

II. Les *Fables de Phèdre en vers français*, avec le latin à côté et des notes. Paris, 1708, in-12. Il ne faut pas confondre ce traducteur avec Jean DENYSE, professeur de philosophie au collége de Montaigu, qui a publié :

1°. *La vérité de la religion chrétienne démontrée par ordre géométrique*. Paris, 1717, in-12. L'auteur avait composé un cours de philosophie suivant cette méthode, et ce traité est une portion de ce grand ouvrage.

2°. *La nature expliquée par le raisonnement et par l'expérience*. Paris, 1719, in-12. C'est une seconde pièce détachée du cours de philosophie de l'auteur.

En 1763, le pasteur de Neufchâtel, Petit-Pierre, croyant que J.-J. Rousseau avait quelque satisfaction à faire au christianisme, engagea ce philosophe à lire l'ouvrage de M. Denyse. J.-J. lui répondit qu'il n'avait point offensé le christianisme, et qu'il n'avait que faire du livre de M. Denyse. *V*. la Correspondance de J.-J. Rousseau.

* DESBANS (LOUIS), avocat à Paris, au commencement du XVIIIe siècle, eut la réputation d'un homme instruit, mais ne sut point se procurer les avantages de la fortune. Le chancelier Voisin travailla à lui obtenir une pension, que lui fit enfin avoir le garde-des-sceaux d'Argenson. Cette pension n'ayant pas été fort exactement payée, Desbans serait mort à l'Hôtel-Dieu, si quelques amis n'eussent pas eu soin de lui. Ce jurisconsulte publia en 1702, sous les initiales L. D. B., un volume intitulé : l'*Art de connaître les hommes*. Ce n'était qu'un abrégé du livre de M. Esprit sur la *Fausseté des vertus humaines*. Paris, 1678, 2 vol. in-12. Desbans n'avait pas indiqué la source où il avait puisé. Il pouvait donc passer

pour plagiaire. Son abrégé fit sensation. Les libraires de Hollande croyant que les initiales indiquaient l'abbé de Bellegarde, dont les ouvrages avaient alors de la vogue, réimprimèrent en 1708, l'*Art de connaître les hommes*, sous le nom de cet abbé. Cette édition réussit encore mieux que celle de Paris. On écrivit de la capitale à l'auteur de la *République des lettres*, pour dévoiler l'espèce de plagiat dont le sieur Desbans s'était rendu coupable, et pour montrer que l'abbé de Bellegarde était tout-à-fait étranger à l'ouvrage. Les libraires de Hollande n'en continuèrent pas moins à le réimprimer sous le nom de cet abbé.

Une si honteuse révélation ne corrigea point le plagiaire Desbans ; il commit un nouveau larcin en 1715, par la publication du volume intitulé : les *Principes naturels du droit et de la politique*, in-12 ; il eut cette fois la hardiesse de mettre son nom au bas d'une épître dédicatoire au chancelier Voisin, et d'annoncer, à la fin de l'ouvrage, qu'il recevrait chez lui tous ceux qui auraient des difficultés à lui proposer. Qu'eût répondu cet effronté plagiaire à l'amateur de livres qui lui eût présenté les *Essais de morale et de politique, où il est traité des devoirs de l'homme considéré comme particulier et comme vivant en société, de l'origine des sociétés civiles, de l'autorité des princes et du devoir des sujets ; divisés en deux parties*. Lyon, Thomas Amaulry, 1687, in-12. Desbans a copié la seconde partie de ce volume. Son plagiat sera détaillé, pour la première fois, dans la seconde édition de mon *Dictionnaire des anonymes*.

M. d'Argenson regardait comme un chef-d'œuvre le nouvel ouvrage de Desbans ; cependant il ne se débitait pas. L'auteur, dans son chagrin contre le public, dévoua aux flammes la plus grande partie des exemplaires, ce qui a rendu le volume fort rare. Au milieu du dernier siècle, Dreux du Radier eut connaissance d'une copie manuscrite de cet ouvrage; il le trouva si nettement et si sensément écrit, qu'il résolut de le livrer à l'impression, ce qu'il exécuta en 1765, 2 parties in-12. Cette nouvelle édition des *Principes naturels du droit et de la politique* est précédée d'un *Discours* de l'éditeur, *contenant une idée historique de la pratique du droit public et de la politique, dans les différens siècles de la monarchie, et une notice des principaux ouvrages sur cette matière*. Ce morceau de 56 pages est fort curieux. Cependant la nouvelle édition de l'ouvrage de Desbans eut encore peu de succès ; mais doit-on s'en étonner, lorsqu'on se représente la réputation dont jouissaient alors *L'Esprit des lois* et le *Contrat social?* Les principes de l'anonyme de 1687, et ceux de Desbans sont en opposition avec ceux de Montesquieu et de J.-J. Rousseau.

(Voyez le *Catalogue des ouvrages imprimés ou manuscrits de M. Dreux du Radier*. Rouen, 1776, in-12, de 51 pag., *très-rare.*)

DESCARTES (René). Après avoir lu avec admiration, dans différens Dictionnaires historiques, les découvertes de Descartes et les principaux traits de sa vie, on éprouvait encore du plaisir à lire quelques détails sur l'ingénieuse nièce de ce grand philosophe. La *Biographie universelle* a dédaigné ces détails. Jusqu'à ces derniers temps, les opuscules en vers de Catherine Descartes étaient ensevelis dans plusieurs recueils assez anciens; le libraire Léopold Collin les a fait réimprimer en 1806, à la suite des *Lettres de mesdames de Scudéry et de Salvan de Saliez*, 1 vol. in-12. Quelques morceaux cependant ont échappé à ses recherches: par exemple, *trois lettres à mademoiselle de Scudéri*, qui se trouvent dans les *Essais de lettres familières* (par les abbés Cassagne et Furetière), Paris, 1690, petit in-12.

On voit dans l'article *Descartes*, de M. Chaudon, une faute d'impression; assez grave pour être corrigée: suivant l'auteur, l'*Arrêt burlesque pour le maintien de la doctrine d'Aristote*, se trouve dans les œuvres de *Descartes*, qui le composa de concert avec *Dongeois*, son neveu, Racine et Bernier; on voit qu'il faut lire: *dans les œuvres de Despréaux*, dont le neveu s'appelait non pas Dongeois, mais Dongois.

*DESCEMET (Jean), docteur-régent et doyen d'âge de l'ancienne faculté de médecine de Paris, médecin du lycée dit impérial, ancien professeur de botanique, d'anatomie et censeur royal, membre de la société de médecine, de plusieurs académies étrangères et sociétés savantes, etc., né à Paris, le 20 avril 1732, est décédé le 17 octobre 1810.

M. Descemet, naturellement enclin à la culture, à la connaissance des arbres et des plantes, a profité avec facilité des leçons de son savant maître, M. Duhamel-Dumonceau; aussi n'avait-il pas atteint sa dix-huitième année, que ses progrès étonnans, ses connaissances en botanique, son inclination, les avis de ses maîtres, le vœu de sa famille et de ses amis, le décidèrent à embrasser la profession de la médecine, qu'il a exercée toute sa vie avec une distinction particulière, avec un zèle et un désintéressement exemplaires.

Son application à la théorie et à la pratique de la médecine ne l'a jamais détourné de la continuation de ses études et de ses observations sur la botanique et l'anatomie. Il posséda à un très-haut degré l'art d'appliquer ces connaissances au soulagement de ses malades.

Le public est redevable à M. Descemet de la nouvelle édition du *Traité des arbres et arbustes* de M. Duhamel-Dumonceau; il a communiqué à l'un des éditeurs ses avis décisifs et les nombreuses annotations par lui rédigées sur un exemplaire de la première édition; avis consignés dans l'avertissement de la seconde édition, exactement conformes au vœu de l'auteur, qui, après avoir publié son bel ouvrage en 1755, avait énoncé et confié à M. Descemet le désir qu'un savant le revît et le continuât.

Le même éditeur ne tarda pas à donner le plan de cette vaste entreprise, en priant M. Descemet d'en être le rédacteur, à des offres très-avantageuses: malgré son penchant pour l'accroissement des sciences, et son désir d'être utile à la postérité, il fut arrêté par trois considérations.

La première, le respect qu'il portait à la mémoire de son ancien maître, paraissait lui imposer le devoir de conserver en entier ce qu'il avait publié; il ne pouvait consentir à en devenir en quelque sorte le censeur.

La deuxième était son éloignement de toute occupation capable de partager les momens qu'il consacrait, sans distinction de fortune, au soulagement de l'humanité souffrante et de ses amis.

Et la troisième, la crainte de ne pouvoir exécuter, de la manière la plus satisfaisante, par maladie ou défaut de temps disponible, un ouvrage qu'on devait livrer à terme fixe, et dont le retard eût reculé la jouissance du public et nui aux intérêts des éditeurs.

On doit encore à M. Descemet la découverte importante, dans l'anatomie de l'œil, de la membrane qui contient l'humeur aqueuse, et dont la partie intérieure de la cornée transparente est revêtue. Cette découverte est rappelée dans les *Mémoires de l'académie des sciences*, *Savans étrangers*, tome 5, pages 177 à 189; dans le *Journal de Médecine*, tome 30, pages 333 à 341; dans l'*Histoire de l'anatomie*, par M. Portal; dans sa *Thèse* du 23 février 1758, et dans plusieurs auteurs.

Il serait facile de citer une infinité de découvertes qu'il a faites, notamment celle dont a parlé le célèbre Lorry : *De Morbis cutaneis introductio*, page 4, etc.

M. Descemet a toujours été trop modeste pour parler de lui avec avantage : c'est par suite de sa modestie, que dans le principe ou le cours d'une maladie sérieuse, il acceptait avec plaisir les avis, les consultations de ses confrères, ayant coutume de dire à ce sujet : *Il y a plus d'esprit dans deux têtes que dans une.*

Cette modestie le portait encore à observer, à méditer, avant de se décider ou d'agir; il était convaincu et avouait souvent que le bon médecin doit connaître le tempérament du malade, ensuite aider la nature et non la contraindre ou la contrarier, pour parvenir à la guérison parfaite.

M. Descemet connaissait parfaitement le prix du temps; il savait l'employer constamment pour ses malades, pour les académies et sociétés savantes dont il faisait partie, pour sa famille, pour ses amis, et il savait s'en réserver assez pour ne pas abandonner ses études favorites.

(*Extrait d'une Notice* publiée par feu M. Desessarts.)

*DESCHAMPS (Jean), originaire de Bergerac, naquit en 1708, à Butzow, dans le Mecklembourg; il fit ses études à Genève et à Marbourg. Le roi de Prusse l'attacha, en 1737, au service de l'Eglise de Reinsberg; en sa qualité de candidat, et prêchant devant la cour, il s'attribuait le caractère de chapelain. Le prince royal, depuis Fréderic II, n'a jamais été à ses sermons. M. Deschamps, ayant été disciple de Wolff à Marbourg, traduisit, en 1736, in-8°, sa logique allemande, et cette traduction, dédiée au prince royal, fut bien reçue du public. Le prince ne fit pas un aussi bon accueil à l'épître dédicatoire. Deschamps y comble d'éloges un prince qu'il avoue ne pas connaître; c'était, suivant Frédéric, avouer, à la tête d'une logique, qu'il ne savait pas raisonner. Deschamps publia ensuite un Cours abrégé de la philosophie wolfienne, en forme de lettres; Amsterdam, 1743-1747; 3 vol. in-8°. Ces lettres, adressées à un jeune théologien, finissaient ordinairement par quelques nouvelles littéraires. Voltaire étant venu à Berlin, Deschamps s'avisa de mettre, à la fin d'une lettre, son portrait, et de représenter sa figure, comme l'une des plus laides et des plus ridicules. Le roi, irrité de cette sortie imprudente, fit jouer au château une comédie, dont on a cru qu'il était lui-même l'auteur. Dans une des scènes, un libraire, dans son magasin, indiquait les livres dont il avait eu bon débit; ensuite il faisait voir de grandes piles de volumes entassés, disant: *C'est la philosophie de Deschamps, je la vends à l'aune*. Quand le pauvre Deschamps apprit cela, il se tint renfermé quelques jours, puis partit sans rien dire; il alla se faire donner l'imposition des mains à Cassel; il passa de-là à Londres, où il devint prêtre de l'Eglise anglicane, et pasteur de la chapelle royale de la Savoie: ce fut dans cette place, qu'il mourut en 1767. Jean Deschamps avait de l'esprit et de l'instruction. On a encore de lui:

I. *Recueil de nouvelles pièces sur les erreurs prétendues de la philosophie de Wolf*. Leipsick, 1736 et 1737, 2 vol. in-8°.

II. *Recueil de cinq sermons* prononcés par M. Reinbeck, traduits de l'allemand. Berlin, 1739, in-8°.

III. *Le Philosophe roi et le roi philosophe*, traduit du latin de Wolf. Berlin, 1740, in-4°.

IV. *De la Conversion de S. Paul*, traduit de l'anglais de Littleton, 1750, in-8°.

V. *La Religion chrétienne prouvée par le raisonnement*, 1753, in-8°.

VI. *Dialogues des morts*, trad. de l'anglais de Littleton. Londres, 1760, in-8°.

J. Deschamps a fourni plusieurs extraits à la *nouvelle Bibliothèque germanique* et à la *Bibliothèque impartiale*; il a composé presque tous ceux qui roulent sur la religion, dans le *Journal britannique* de Maty; il a fourni, pendant plusieurs années, au *Journal encyclopédique*, les articles littéraires de Londres.

(*Frances littéraires* de Berlin, 1757, et de Paris, 1769; *Supplément* d'Adelung; *Souvenirs* de Formey; *Correspondance* de Fréderic II avec Suhm.)

*DESJARDINS (Nicolas), né en 1682, dans le village d'Arthem, à deux lieues de la ville de Saint-Quentin, montra de bonne heure les plus heureuses dispositions. Après avoir appris dans le collége de Saint-Quentin, les premiers élémens de la langue latine, il vint continuer ses études à Paris; il se fixa tout entier à l'étude des orateurs grecs et latins, vers lesquels le portait sans cesse un goût prédominant; à l'âge de 24 ans, il fut nommé pour aller remplir la chaire de rhétorique du collége de Beauvais en Picardie. La place de principal du collége de Saint-Quentin, ayant vaqué en 1718, les magistrats et le chapitre de cette ville y nommèrent Nicolas Desjardins; à cette place était attachée l'obligation de professer la rhétorique. Comme il avait professé cette classe, pendant 12 ans, à Beauvais, il arriva à Saint-Quentin, avec le plus riche fonds d'instruction, et bientôt il conçut, forma et exécuta le projet de développer tous les principes de la science de l'orateur, d'en puiser toutes les règles dans les oraisons même de Cicéron, ainsi que dans ses autres ouvrages, et de les établir sur le propre texte de ce fameux orateur. Telle fut la base de l'édition qu'il projeta des oraisons de Cicéron. Pour faciliter leur intelligence, il fit précéder chaque harangue d'un argument historique, où il s'est attaché à en expliquer le sujet, à développer le caractère des principaux acteurs de la pièce, à marquer l'état présent des affaires de la république; il a donné une analyse de chaque oraison, sur le modèle des analyses du P. du Cygne; il a expliqué l'histoire du temps où chaque oraison a été prononcée, et des antiquités romaines, dans des notes placées au-dessous du texte, et qui sont claires, exactes et précises. A ce travail il a joint deux tables savantes, et de la plus scrupuleuse exactitude; l'une, qui indique les choses les plus remarquables dont il a été parlé dans les notes, et l'autre, géographique. Le premier volume de cette importante édition, parut en 1737, in-4°; il obtint le suffrage des savans, et en particulier de l'abbé d'Olivet qui, dans sa nouvelle édition des *OEuvres* de Cicéron, a profité du travail de M. Desjardins. Ce succès faisait désirer la publication des deux autres volumes qui devaient terminer l'ouvrage; la plus grande partie en était également disposée pour l'impression : mais un travail trop opiniâtre, et des veilles immodérées, avec les occupations d'une classe pénible, ont épuisé toutes les forces de l'auteur. Constitué de façon à vivre un siècle, il avait à peine atteint sa 56e année, lorsqu'il fut enlevé à la patrie et à ses élèves, le 6 décembre 1738. —François DESJARDINS, professeur dans le même collége, méritait, à tous égards, de remplacer son frère, et il le remplaça en effet. Il avait intention de publier la suite des *Discours* de Cicéron; mais ses occupations, jointes à la faiblesse de sa santé, l'ont empêché d'exécuter ce projet. Il mourut le 14 mars 1773, à l'âge de 76 ans. Ces deux estimables frères ont cultivé avec quelque distinction la poésie latine et la poésie française. Le cadet avait presque terminé un poëme latin, sur la naissance de J.-C. On le trouve en grande partie, ainsi que d'autres poésies des deux frères, à la fin de l'*Histoire abrégée de la ville de Saint-Quentin*, par M. Hordret, avocat. Paris, 1781, in-8°. Ces poésies sont précédées d'une notice fort détaillée, sur la vie et les ouvrages de Nicolas et François Desjardins. J'en ai extrait le présent article.

*DESMARETS ou DESMARES, ou enfin DESMARET (FRANÇOIS), natif de Troyes, hérita d'une partie des manuscrits des frères Pithou, qui étaient demeurés entre les mains de son beau-père, Antoine Allen. Il s'empressa d'en faire part à Claude Le Pelletier, successeur de Colbert dans le contrôle-général des finances, et qui s'honorait de descendre de P. Pithou. Desmarets, concentré dans le barreau de Troyes, jusqu'à la mort d'Antoine Allen, arrivée vers 1660, en fut tiré par le contrôleur-général, et transféra son domicile à Paris, où son protecteur lui procura un titre de docteur honoraire dans la faculté de droit. Il fit imprimer, en 1682, un *Traité de la religion du serment*, d'après les Mémoires de Simon Vigor. Ce Traité tendait à confirmer la supériorité de la juridiction royale sur les tribunaux ecclésiastiques, et entrait par-là dans le plan que suivait alors Louis XIV, pour assurer cette supériorité. Desmarets donna depuis, en 1689, in-folio, une nouvelle édition des Observations de MM. Pithou sur le Code et sur les Novelles, et de la Conférence des lois mosaïques et romaines. Le directeur de l'imprimerie royale déploya, dans cette édition, toute la magnificence capable de flatter le contrôleur-général sous le nom duquel elle paraissait. Dans la portion des manuscrits des frères Pithou, que Desmarets envoya à Claude Le Pelletier, se trouvait le précieux manuscrit des *Fables de Phèdre*, qui existe encore aujourd'hui dans la bibliothèque de M. Le Pelletier de Rosambo. Ce manuscrit est unique, puisque le second, que l'on connaissait dans la bibliothèque des bénédictins de St.-Remi de Reims, a péri, en 1775, dans l'incendie de cette bibliothèque.

(*Mémoires* de Grosley, *sur les Troyens célèbres.*)

DESMOLETS (le P.), oratorien, a été, suivant la *Biographie universelle*, l'éditeur de l'*Histoire de l'empire ottoman*, par de Jonquières, chanoine régulier; il fallait dire : *de l'Histoire de l'empire ottoman*, par le prince Démétrius Cantemir; traduite en français par de Jonquières, chanoine régulier de l'ordre hospitalier du St.-Esprit, de Montpellier. Il n'y a que les chanoines réguliers de la congrégation de France, autrement dits génovefains, qui soient désignés suffisamment par le titre de chanoines réguliers.

DESMOULINS (Laurent), poëte français du xve siècle. La *Biographie universelle* dit que l'édition de 1511, de son *Cimetière des malheureux, ou Catholicon des mal avisés*, citée par quelques bibliographes, est imaginaire. Ne serait-ce pas celle que possédait Colletet, formant un petit in-8°, en lettres gothiques, sans date et sans le nom du libraire ni de l'imprimeur?

DESMOULINS (Camille). On a dit faussement, soit dans de prétendues histoires de la révolution, soit dans des dictionnaires historiques, particulièrement dans celui de MM. Chaudon et Delandine, dans les *Mémoires ecclésiastiques*, dans la *Biographie universelle*, etc., que Camille Desmoulins, n'ayant pas voulu recevoir la bénédiction nuptiale des mains d'un prêtre constitutionnel, la reçut de M. Berardier, ancien principal du collége de Louis-le-Grand. Ce fut M. de Pancemont, curé de St.-Sulpice, qui la lui donna. Le fait a été consigné par un témoin oculaire, dans une *Histoire des événemens arrivés sur la paroisse St.-Sul-*

pice pendant la révolution, principalement à l'occasion du serment ecclésiastique. Paris, Crapart, 1792, in-8° de 96 pages. Voici ce qu'on lit à la page 23 de cette brochure : « L'auteur trop fameux des *Révolutions du Brabant*, Camille Desmoulins, se présente aussi à M. le curé pour être marié : il était accompagné d'un notaire, chargé d'écrire toutes les questions et toutes les difficultés qui lui seraient faites. M. le curé demanda au sieur Camille s'il était catholique. — Pourquoi, Monsieur, me faites-vous cette question, répond Camille? — Je vous fais cette question, parce que, si vous n'étiez pas catholique, je ne pourrais vous conférer un sacrement de la religion catholique. — Eh bien! oui, je suis catholique. — Non, Monsieur, vous ne l'êtes pas, puisque vous avez dit, dans un de vos numéros, que *la religion de Mahomet était tout aussi évidente pour vous que celle de J.-C.* — Vous lisez donc mes numéros? — Quelquefois. — Vous ne voulez donc pas absolument, M. le curé, me marier? — Non, Monsieur... je ne le puis, jusqu'à ce que vous fassiez une profession de foi publique de la religion catholique. — Je m'adresserai au comité ecclésiastique, pour savoir si ce que j'ai écrit suffit pour que vous mettiez obstacle à mon mariage..

» Le notaire venu avec le sieur Camille avait écrit toutes les réponses de M. le curé : elles sont portées au comité ecclésiastique, et Mirabeau remet à son ami Desmoulins une décision par laquelle il établit qu'on ne peut juger de la croyance, que sur la profession de foi extérieure ; que le sieur Desmoulins, se disant catholique, doit être reconnu pour tel, et que M. le curé de St.-Sulpice est tenu de le marier sans retard.

» Le sieur Desmoulins apporte la consultation de Mirabeau à M. le curé, qui lui dit : Depuis quand Mirabeau est-il un père de l'Eglise? — Ah! ah! répond Camille, *Mirabeau, père de l'Eglise*, je lui dirai cela, cela le fera rire. — Je ne puis, Monsieur, déférer à une consultation qui d'ailleurs vous condamne ; car je ne prétends vous juger que sur votre profession de foi extérieure, sur ce que vous avez imprimé. J'exige donc qu'avant de vous marier, vous rétractiez les impiétés que vous avez dites dans vos numéros. — Je ne compte pas faire de nouveau numéro avant mon mariage. — Ce sera donc après. — Je le promets. — J'exige de plus que vous remplissiez tous les devoirs prescrits quand on se marie, et que vous vous confessiez. — Volontiers, M. le curé, et ce sera à vous-même.

» A ces conditions, le sieur Camille fut *marié*, ayant pour témoins Pétion, Robespierre et M. de M***. Mirabeau ne put s'y trouver comme il l'avait promis. M. le curé fit aux époux une courte exhortation, pendant laquelle le sieur Desmoulins fondait en larmes. Robespierre lui dit : *Ne pleure donc pas, hypocrite.* Ces pleurs n'étaient pas en effet bien sincères; le sieur Desmoulins ne se rétracta pas dans un de ses numéros, comme il en avait donné parole, et continua ses licences contre la religion. »

DESORMEAUX (Joseph-Ripault). MM. Chaudon et Delandine ont confondu le meilleur ouvrage de cet auteur, qui est son *Abrégé chronologique de l'Histoire d'Espagne*, en 5 vol. in-12, avec l'ouvrage de MM. Lacombe et Macquer, intitulé : *Abrégé chronologique de l'Histoire de l'Espagne et du Portugal*, 2 vol. in-8°. La même méprise se trouve dans la *Biographie universelle*, non quant au format de l'ouvrage, mais quant à la mention *du Portugal*, dont M. Désormeaux ne parle pas. En outre, le jugement porté sur l'ouvrage dans la *Biographie*, convient à l'*Abrégé* de Lacombe et de Macquer, et non à celui de Désormeaux. En effet, son *Abrégé de l'Histoire d'Espagne* n'est point de l'espèce de ceux dont le président Hénault a fondé le genre et fixé la perfection. M. Désormeaux, suivant les meilleures critiques, y ajoute la liaison des faits, le fil de la narration ; sans cesser d'être chronologiste et abréviateur, il remplit les fonctions d'historien ; ce qui est peut-être aussi un nouveau genre et une invention dans la classe historique.

DESPLACES (Laurent-Benoit). On a encore de lui l'ouvrage anonyme intitulé : *Essai critique sur l'histoire des ordres royaux et militaires de St.-Lazare, de Jérusalem et de N. D. du Mont-Carmel.* Liége, chez J.-J. Tutot, 1775, in-12 de 260 pages. La préface de l'auteur le fait suffisamment connaître. Il y donne une idée de ceux qui ont travaillé avant lui sur le même sujet, sans dire un seul mot de *Gautier de Sibert;* il dit avoir fait, en 1762, un écrit anonyme pour servir de préservatif contre l'épidémie *économique ;* et, en 1764, la traduction du livre de l'Agriculture de Pline l'Ancien. Il termine cette préface en avertissant « qu'il comptait donner son ouvrage au public dès 1770 ; *mais qu'un particulier de la république des lettres, guidé par l'intérêt*, a trouvé les moyens de l'obliger à en suspendre l'impression pendant plusieurs années. » Ce particulier est évidemment Gautier de Sibert, qui intrigua pour empêcher l'Histoire anonyme de paraître avant la sienne. On apprend encore dans la préface de cet *Essai*, qu'en 1740, le duc d'Orléans, (mort à Ste.-Geneviève en février 1752), grand-maître de l'ordre, possédait deux Histoires manuscrites de cet ordre ; l'une par Julien de *St.-Didier*, et l'autre par *Guénégaud*, maître des requêtes et chancelier du même ordre ; celle-ci, destinée à l'impression, et munie d'une approbation donnée par Gros de Boze, censeur royal, le 15 septembre 1717. Ces deux histoires doivent être à la bibliothèque du roi, où furent portés, après la mort du prince, les manuscrits de sa bibliothèque.

La présente notice de l'*Essai* de M. Desplaces est de l'abbé de Saint-Léger, qui l'a écrite dans le quatrième volume de la *Bibliothèque historique de la France*, page 512, à côté du titre de l'ouvrage de Gautier de Sibert, sur le même sujet. Il est étonnant que ce profond bibliographe n'ait pas reconnu dans la préface de l'*Essai critique*, l'auteur du *Préservatif contre l'agronomie*, 1762, in-12, et de l'*Histoire de l'agriculture ancienne*, extraite de

Pline, 1764 ou 1765, in-12.

DESPREZ (Louis). Nous devons encore à cet estimable professeur, *Q. Horatii Flacci ad Pisones Epistola, ad artis poeticœ formam redacta. Cum paraphrasi scholasticâ Horatianorum versuum locupletissimâ è regione.* Parisiis, Fr. Muguet, 1674, in-12. On lit au bas de l'épître dédicatoire au célèbre Jérôme Bignon, les lettres L.D.R.P.I.C. (Ludov. Desprez, rhetoricæ professor in cardinalitio); c'est le même qui publia en 1691 l'Horace *ad usum Delphini*, et qui avait publié en 1684, Juvénal et Perse. La découverte de cet anonyme fait entendre les réflexions suivantes placées, par M. Desprez, en tête de l'Art poétique, dans son Horace *ad usum*: ..... « Hinc enim verò animo meo consilium pridem subiit, ordine quodam adhibito illustrare hanc Horatii partem; si quod est eximium, illustrari potest; liberaliter accipe, lector, opellam hanc meam; dico libellum quo *Epistolam ad Pisones in artis poetica formam utcunque redegi, olim jam editum*, nunc verò à me recognitum rursùsque tibi propositum. »

On est étonné, après cette déclaration, de trouver l'Art poétique, tel qu'il se lit dans les éditions ordinaires d'Horace, et non comme il se trouve arrangé dans le petit volume de 1674. Il me semble que jusqu'à ce jour on n'a point remarqué cette singularité. Je soumets cette observation au savant rédacteur de l'article de la *Biographie universelle*.

* DESROCHES dit DE PARTHENAY (Jean-Baptiste), né à La Rochelle, fut d'abord écuyer-conseiller et avocat-général du roi, au bureau des finances et Chambre des domaines de la généralité de La Rochelle. On ignore les motifs qui le firent renoncer à cette place, mais il paraît avoir passé une grande partie de sa vie à voyager. Son séjour dans la plupart des cours de l'Europe, l'a mis à même de se livrer avec fruit à l'étude de l'histoire. Il aida d'abord à La Haye le célèbre Bruzen de la Martinière dans la composition de plusieurs ouvrages, et particulièrement dans la rédaction de son grand *Dictionnaire géographique*. Ses affaires l'ayant appelé à Amsterdam, il y composa son *Histoire de Danemarck* et autres ouvrages. Il revint ensuite à La Haye et y fit paraître, sous le nom de l'abbé de Parthenay, l'*Histoire de Pologne sous le règne d'Auguste II*. Vers le même temps, il se remit à aider Bruzen de la Martinière, qui reconnut en 1739 que l'infatigable activité de ce collaborateur avança beaucoup le Dictionnaire géographique. Desroches alla ensuite à Copenhague et il s'y occupa de la traduction de plusieurs ouvrages. On doit à cet écrivain laborieux:

I. Les traductions du *Nouveau traité sur la situation du paradis terrestre*, par le P. Hardouin, et des *Commentaires* de M. Huet sur les navigations de Salomon, dans le *Recueil de traités géographiques et historiques* pour faciliter l'intelligence de l'Écriture-Sainte, pub. par Bruzen de la Martinière. La Haye, 1730, 2 v. in-12.

II. *Histoire de Danemarck, avant et depuis l'établissement de la monarchie. Amsterdam*, 1730

6 vol. in-12. — Nouvelle édition, revue et corrigée, à laquelle on a joint une suite de la même histoire jusqu'en 1732. Paris, 1732, 9 vol. in-12. Cette Histoire, écrite avec trop de précipitation, a été effacée par celle que donna ensuite P. Henri Mallet, et dont la troisième édition est aussi en 9 v. in-12.

III. *Histoire de Suède*, traduite du latin de Puffendorf et continuée jusqu'en 1730. *La Haye*, 1732, 3 vol. in-12. C'est l'ancienne traduction de cette histoire par Roussel, revue, corrigée et augmentée.

IV. *Histoire de Pologne, sous le règne d'Auguste II. La Haye*, 1733 et 1734. 4 vol. petit in-8°. Dans une lettre écrite à l'abbé d'Artigny en 1750, Rousset a eu tort d'avancer que cette histoire était de la Barre de Beaumarchais.

V. *Pensées morales* par le baron de Holberg, traduites du danois, sous le nom de J. B. D. R. de Parthenay. *Copenhague*, 1754, 2 vol. in-12. Quelques opinions singulières de l'écrivain danois ont sans doute empêché ce recueil d'avoir un grand succès en France.

VI. *Description et histoire du Groënland*, traduite du danois de Jean Eggede. Copenhague, 1763, in-8°.

J.-B. Desroches a présidé à la traduction française du *Voyage de Norden* qui parut en 1755, 2 vol. in-fol.

Cet auteur mourut vers 1766.

DEVIENNE (dom), bénédictin. On dit, dans la *Biogr. univ.*, que ce religieux a été partisan des principes qui ont amené la révolution de France; qu'en sait-on? Voici ce qui résulte de la lecture d'une brochure publiée en 1790, par dom Devienne. La composition de son histoire de Bordeaux lui fit de puissans ennemis, qui parvinrent à le faire enfermer, dès l'année 1776. L'infortuné dom Devienne ne put réussir à faire entendre sa justification; ou l'on gardait un profond silence, ou on lui répondait que telle était la volonté du roi, et qu'il ne devait aucun compte de ses ordres. Ce fut la révolution de 1789 qui brisa ses fers. Est-il étonnant que cette victime de la tyrannie se soit montrée favorable aux principes d'une révolution qui lui avait rendu sa liberté. Le véritable tort de ce religieux est d'avoir fait une mauvaise histoire de France, d'après les principes qui ont opéré la révolution. Le rédacteur de l'article *Devienne*, dans le *Supplément* au dictionnaire de Feller, a copié presque entièrement l'article de la *Biographie*, et ce qu'il ajoute prouve qu'il connaissait encore moins que celui de la *Biographie*, la position particulière de D. Devienne. La brochure qui m'a fait connaître les détails que je viens de donner, a pour titre: *Le cri de la raison*, ou *Adresse à ceux qui désirent le bonheur de la France*, par M. l'abbé, ci-devant dom Devienne, auteur des *Histoires de Bordeaux et d'Artois*. Paris, 1790, in-8°, de 34 pag.

DEZALLIER D'ARGENVILLE (ANTOINE-JOSEPH). La quatrième édition publiée en 1748, de la *Théorie et de la pratique du jardinage*, est dans le format in-4°, et non pas in-8°, comme le dit la *Biographie universelle*. La nouvelle édition de la *Conchyliologie*, par MM. de Favanne de Montcervelle, père et fils, 1780, 2 vol. in-4°, n'est pas complète.

La première édition du *Voyage pittoresque de Paris*, par d'Argenville fils, remonte à l'année 1749.

DIDEROT (Denis). On trouvera peut-être bien des longueurs dans l'article de la *Biog. univers.*, sur ce célèbre philosophe du XVIIIe siècle ; mais au moins on ne lui attribue pas des ouvrages auxquels il n'a jamais pensé, tels que le fameux *Code de la nature*, de Morelly, le *Traité de l'éducation publique*, qui ne peut avoir pour auteur qu'un écrivain religieux, attaché aux principes du jansénisme. M. Chaudon a eu le tort de mettre ces deux ouvrages parmi ceux de Diderot ; il a été suivi par l'abbé de Feller.

On trouve dans les *Mémoires de Trevoux* (2e vol. d'avril 1761), un morceau de Diderot, intitulé : *Réflexions sur une difficulté proposée contre la manière dont les Newtoniens expliquent la cohésion des corps et les autres phénomènes qui s'y rapportent*. Dans le temps où M. Naigeon mit en ordre les matériaux de la collection des *OEuvres* de Diderot, il ne put se rappeler dans quel journal ce morceau était déposé. C'est d'après ses indications, que je l'ai déterré dans le journal que je cite ; il a été réimprimé dans le *Journal des Savans, combiné*. Amsterdam, 1761, mois de mai.

Je puis tranquilliser le rédacteur de l'article *Diderot*, dans la *Biographie*, sur le sort des *Mémoires historiques et philosophiques, pour servir à la Vie de Diderot*, par M. Naigeon. Ils existent entre les mains de la sœur de l'auteur, âgée en ce moment de près de 86 ans, ainsi que la copie, possédée par M. de Malesherbes, de la *Promenade du Sceptique* ou les *Allées*, 1747, in-4°, ouvrage inédit de Diderot, etc., etc. Il est bon d'observer que l'ouvrage de M. Naigeon n'est pas terminé ; je puis dire aussi qu'il est écrit avec une emphase bien opposée au genre biographique.

DIGGES (Sir Dudley). Puisque la *Biographie universelle* a annoncé, sous ce nom, le monument élevé à la gloire de Walsingham, sous ce titre : *Le Parfait Ambassadeur, ou les Négociations touchant le mariage de la reine Elisabeth, contenues dans les Lettres de Fr. Walsingham, son résident en France*, etc., Londres, 1655, in-fol. ; c'était l'occasion de citer la traduction française de ces négociations, par Boulesteys de la Contie, sous le titre de *Mémoires et instructions pour les ambassadeurs*, Amsterdam, 1700 et 1717, 4 vol. in-12. On trouve à la fin les *Maximes politiques* de Walsingham, dont la traduction avait paru dès 1695, et au milieu desquelles le traducteur a inséré ses propres réflexions ; ce qui, joint à l'incorrection du style, est probablement cause que cet ouvrage est peu recherché en France, tandis que l'original est fort estimé des Anglais.

† DINOUART (Joseph-Antoine-Toussaint) naquit à Amiens, le 1er novembre 1716. Dès sa plus tendre jeunesse, il montra du goût pour la poésie latine ; mais

la réflexion lui fit bientôt abandonner l'art des vers, pour celui de la prédication où il obtint des succès dans sa patrie. Quelques préjugés, et un opuscule en faveur des femmes l'ayant brouillé avec son évêque, il vint s'établir à Paris. Le curé de St.-Eustache l'admit dans son clergé. Il quitta bientôt cette église, où ses sermons étaient assez suivis, pour veiller à l'instruction d'un enfant de M. de Marville, lieutenant de police. Cette éducation lui valut 600 livres de pension viagère, et il obtint ensuite un canonicat de l'église collégiale de St.-Benoît; l'aisance où il se trouvait alors, lui permit de se livrer à ses goûts pour la littérature sacrée et profane. On doit à ce fécond littérateur, quelques ouvrages peu recherchés aujourd'hui, des trad. dont la plupart ne sont point estimées, des éditions de plusieurs ouvrages utiles, enfin un journal qui a eu de la vogue. Notre abbé avait coopéré, dès 1755, au *Journal chrétien* de l'abbé Joannet; en 1760, les deux associés renouvelèrent l'accusation de déisme et d'athéisme, contre Poullain de Saint-Foix, qui leur fit un procès criminel au Chatelet, et ils furent obligés de se rétracter. Il est bon de rappeler cet événement à plusieurs journalistes de nos jours.

L'abbé Dinouart entreprit le *Journal ecclésiast.*, au mois d'octobre 1760, et il l'a continué jusqu'à sa mort, arrivée le 3 avril 1786. La collection de ce journal forme plus de cent volumes. On y trouvait des extraits de sermons et des livres de morale, des recherches sur les lois ecclésiastiques, les conciles, des cas de conscience, etc., etc. Les principaux ouvrages de la composition de l'abbé Dinouart sont:

I. Des *Hymnes* et d'autres *Poésies latines*, dont on trouvera l'indication dans la *France littéraire* de 1769, dans le *Journal ecclésiastique* de novembre 1780, et dans l'article fort détaillé que le P. Daire a consacré à notre auteur. Voyez l'*Histoire littéraire d'Amiens*, 1782, in-4°, pag. 347. De ces trois notices, la plus sûre est sans doute celle de 1780; mais elle n'est pas la plus complète.

II. *Lettre à l'abbé Goujet, au sujet des hymnes de Santeul, adoptées dans le nouveau Bréviaire*, Arras, 1748, in-4°. Il s'y plaint des changemens qu'on a faits à quelques hymnes de ce poëte, qu'il met au-dessus d'Horace, et à la tête de tous les poëtes latins du XVIIe siècle. L'abbé de Lavarde fit une réponse à cette censure, à laquelle l'abbé Dinouart répliqua, la même année, par un écrit intitulé: *Le Camouflet*. On y trouve des recherches grammaticales et critiques, mais trop de fiel et d'amertume.

III. Le *Triomphe du sexe*, Amsterdam, 1749, in-12. L'auteur prétendait prouver, sinon la supériorité des femmes sur les hommes, du moins leur égalité: c'est cet ouvrage qui le brouilla avec son évêque.

IV. L'*Eloquence du corps dans le ministère de la chaire*. Paris, 1754, in-12. — 2e édition, revue, corrigée et augmentée, Paris, 1761, in-12. L'auteur a rassemblé dans cet ouvrage les meilleurs préceptes donnés par les plus grands auteurs; mais il n'a pas su éviter la petitesse minutieuse des détails.

V. *Manuel des pasteurs*, 1764, 2 vol. in-12. Nouvelle édition, très-augmentée; Lyon, 1768, 3 vol. in-12. Cet ouvrage peut encore être fort utile aux curés de la campagne. C'est un extrait des meilleurs rituels.

Les principales traductions portant le nom de notre auteur, ou sans son nom, sont :

1°. La *Rhétorique du prédicateur*, traduite du latin d'Augustin Valério, évêque de Véronne et cardinal. Paris, 1750, in-12. En plusieurs endroits, le traducteur a substitué ses pensées à celles de l'original; on lui reproche aussi d'avoir supprimé des morceaux qui méritaient d'être conservés.

2°. *Sarcotis*, *carmen*, ou *Sarcothée*, poëme du père Jacques Masénius, jésuite; nouvelle édition, avec la traduction française. Paris, Barbou, 1757, in-12. On a obligation à l'abbé Dinouart d'avoir reproduit, en beaux caractères, un assez bon poëme dont sa traduction, quoique très-libre, facilite l'intelligence. Des écrivains anglais avaient reproché à Milton d'y avoir puisé pour composer son *Paradis perdu*. Le traducteur a soigneusement rassemblé toutes les pièces du procès intenté à l'Homère anglais.

3°. *Oraisons de Cicéron contre Verrès*, et l'*Oraison pro Murenâ*, traduites en français, avec le texte en regard. Paris, Barbou, 1757, in-12. Ce volume fait suite aux *Oraisons choisies de Cicéron*, de la traduction de Philippe, imprimées en 1725, chez le même libraire. Plusieurs exemplaires des trois volumes portent la date de 1763; ce sont des frontispices renouvelés.

4°. *Histoire d'Alexandre-le-Grand*, par Quinte-Curce, de la traduction de Vaugelas, avec les *Supplémens* de Fréinshémius, traduits par l'abbé Dinouart. Paris, Barbou, 1759, 2 vol. in-12. Réimprimée l'année suivante avec le texte latin en regard. Ce n'est qu'une révision des traductions de Vaugelas et du Ryer.

5°. *Abrégé de l'embryologie sacrée, ou Traité des devoirs des prêtres, des médecins, des chirurgiens et des sages-femmes, sur le salut éternel des enfans qui sont dans le ventre de leur mère*, traduit du latin du docteur Cangiamila. Paris, 1762, in-12; seconde édition, revue et augmentée, Paris, 1766, in-12. Cette traduction d'un ouvrage estimé, a été faite en société avec M. Roux, médecin célèbre. Les éditeurs y ont ajouté des recherches sur l'opération césarienne, par M. Simon; un extrait des Mémoires du clergé sur les sages-femmes et les arrêts qui les concernent.

6°. La *République des jurisconsultes*, précédée d'une notice sur la vie et les écrits de l'auteur, Gennaro, célèbre avocat napolitain, suivie de l'analyse d'un traité italien du même auteur, *sur l'Abus de l'éloquence dans le barreau*, et d'un poëme latin sur les lois des douze Tables. Paris, 1768, in-12. Le traducteur a souvent corrigé la prolixité de l'écrivain original; mais la traduction fourmille d'erreurs dans les noms propres et dans les titres des livres.

Les ouvrages dont l'abbé Dinouart ne doit être considéré que comme éditeur, sont :

1°. *Indiculus universalis*, ou

l'Univers en abrégé, du P. Pomey, jésuite. Paris, Barbou, 1756, in-12. Outre les changemens, les corrections et les augmentations, l'ouvrage est rédigé dans un nouvel ordre; il a eu une grande vogue dans son ancien état; il peut encore être utile aux jeunes gens. Le petit dictionnaire des mots latins les plus communs, qui termine l'ouvrage, est de l'abbé Valart.

2°. Le *petit Apparat royal*, ou le *nouveau Dictionnaire français et latin*, Paris, Barbou, 1756, in-8°. Cette édition a été revue, corrigée et augmentée. Néanmoins elle a été justement critiquée par l'abbé Lallemant de Maupas, dans l'avertissement qui précède la nouvelle édition de cet *Apparat*, imp. à Rouen en 1760.

3°. *Vie du vénérable D. Jean de Palafox, évêque d'Angelopolis, et ensuite évêque d'Osme*, Cologne, 1767, in-8°. C'est l'ouvrage du P. Champion, jésuite, dont l'auteur a refondu le style. Les deux tiers de cet écrit sont tirés de la *Morale pratique des jésuites*, par Antoine Arnauld, t. IV.

4°. *Méthode pour étudier la théologie*, avec une table des principales questions à examiner et à discuter dans les études théologiques, et les principaux ouvrages qu'il faut consulter sur chaque question. Paris, 1768, in-12. C'est un ouvrage de Dupin, que l'éditeur a revu et augmenté. Le Catalogue des ouvrages avait été communiqué à Dupin par le docteur Witasse; l'abbé Dinouart y a fait aussi des additions.

5°. *Santoliana*, ouvrage qui contient la vie de Santeul, ses bons-mots, etc. Paris, 1764, in-12. Cette compilation, qui déplut beaucoup à la maison de St.-Victor, n'est en quelque sorte que la copie de l'ancienne, dont le titre était : *La Vie et les bons-mots de Santeul, etc.*

6°. *Abrégé chronologique de l'histoire ecclésiastique*, Paris, 1768, 3 vol. in-8°. C'est une nouvelle édition très-augmentée de l'ouvrage publié par Macquer, sous ce titre, en 1751, 1 volume in-8°, et en 1757, 2 vol. in-8°.

7°. *Traité de l'autorité ecclésiastique et de la puissance temporelle, conformément à la déclaration du clergé de France de 1682, etc.* Paris, 1768, 3 volumes in-12. C'est l'ouvrage publié en 1 vol. in-8° par Dupin. L'éditeur a placé à la fin du troisième volume l'excellent rapport fait à l'assemblée du clergé par M. de Choiseul-Praslin, évêque de Tournay.

8°. *L'Art de se taire, principalement en matière de religion*, Paris, 1771, petit in-12. C'est une réimpression pour ainsi dire entière de la *Conduite pour se taire et pour parler, principalement en matière de religion*, ouvrage anonyme du P. du Rosel, jésuite, publié à Paris en 1696, in-12. Ce nouveau plagiat de l'abbé Dinouart le fit nommer l'*Alexandre des plagiaires*. Voyez une lettre curieuse de M. l'abbé Grosier, à ce sujet, dans l'*Année littéraire*, 1772, tome VIII, pag. 268.

L'abbé Dinouart a coopéré avec l'abbé Jaubert à la rédaction des *Anecdotes ecclésiastiques*, Paris, 1772, 2 vol. in-8°. Il a inséré plusieurs morceaux de littérature dans le *Journal de Verdun*. Il avait commencé, en 1760, à réimprimer, à la fin de chaque mois, dans le *Journal chrétien*, les *Hymnes* de Santeul, revues, avec les corrections de l'auteur même et des variantes. Mais il a interrompu ce travail, et a donné son manuscrit à la bibliothèque Mazarine. C'est ce que l'abbé Dinouart nous apprend lui-même, dans le Catalogue de ses écrits, qu'il a inséré dans le *Journal ecclésiastique* du mois de novembre 1780. Ce Catalogue n'est pas très-complet, parce que l'auteur n'a pas voulu rappeler tous les ouvrages sortis de sa plume féconde; mais on doit l'en croire, lorsqu'il parle de quelques-uns qui sont restés manuscrits : de ce dernier nombre sont encore un Abrégé latin du traité de Sanchez sur le mariage, et un *Manuel alphabétique des prédicateurs*, qui devait avoir deux ou trois volumes in-8°. Le P. Daire et d'autres bibliographes attribuent faussement à notre auteur une traduction des *Devoirs et de l'Amitié*, de Cicéron. Ce sont les premiers essais des traductions de M. Barrett. La traduction du traité de l'Amitié parut chez Barbou, en 1754, avec le traité de la Vieillesse. Celle des Devoirs ne fut publiée qu'en 1759.

N. B. L'article *Dinouart*, de la *Biographie universelle*, présente huit ou dix méprises; on n'en trouve point dans le Dictionnaire de M. Chaudon, ni dans celui de Feller. Seulement, ce dernier fait un grief à l'abbé Dinouart de s'être montré favorable à la petite Eglise.

DOLET (Etienne). On avance, dans la *Biographie universelle*, que Jacques Locher, sous le nom de *Jonas Philomusus*, a fait un abrégé en 2 vol. in-8°, Bâle, 1537, 2 vol. in-8°, et 1539, in-4°, des *Commentarii linguæ latinæ*. Il y a bien des observations à faire sur ces assertions. 1°. Jacques Locher qui, à la vérité, avait pris le surnom de *Philomusus*, est mort en 1528. Il n'a donc pu faire, dix ans après, l'abrégé du grand ouvrage de Dolet sur la langue latine. 2°. L'abréviateur de Dolet s'appelait aussi Jonas Philologus, autre nom masqué sur lequel on n'a aucun renseignement positif. 3°. Je ne connais pas d'édition in-4° de l'abrégé des Commentaires de Dolet; je sais seulement que le second volume ne parut qu'en 1539.

DOMINIS (Marc-Antoine de). Ce savant ex-jésuite est très-connu par son grand ouvrage intitulé : *De republicâ ecclesiasticâ*, en 3 vol. in-fol. Il y développe, sur la discipline ecclésiastique, des principes qui étaient au-dessus de son siècle, et qui en conséquence furent condamnés par quelques facultés de théologie : Dominis pensait, sur l'importante question du mariage, comme pensent aujourd'hui les magistrats les plus éclairés et les théologiens les plus instruits. L'abbé de Feller a profité de cet article pour proclamer ses principes ultramontains sur la même question ; mais il a la maladresse de s'appuyer de l'autorité du comte de Mirabeau dans sa *Monarchie prussienne*, et de celle de l'abbé Fauchet dans son Discours sur la *Religion nationale*; quelles autorités ! Heureusement tous les Français qui soutiennent sur le mariage les principes de l'ancienne France, ont pour eux l'autorité de la chose jugée ; en effet, le Code civil suppose la distinction du contrat civil du mariage et de la bénédiction nuptiale ; M. le baron Locré, aussi habile canoniste que profond jurisconsulte, dans le tome second de son *Esprit du Code civil*, éd. in-4°, a développé, de la manière la plus claire, les principes de cette distinction. Ces principes doivent être ceux de l'Eglise de France actuelle, puisque, d'après la Charte, la religion catholique est la religion de l'Etat. Quelle est la religion de l'Etat, sinon celle qui a été professée par les prédécesseurs de l'auguste auteur de la Charte ? Or la religion des rois de France, quant aux objets de discipline, n'était point celle des théologiens ultramontains que l'on s'efforce en vain d'introduire aujourd'hui en France.

Si l'on veut savoir quelle était, avant la révolution, l'opinion des théologiens les plus recommandables sur la question du mariage, on n'a qu'à lire l'excellent volume intitulé : *Expositions des droits des souverains touchant les empêchemens dirimans de mariage*, Paris, 1787, in-12, avec approbation et privilége du roi. Voyez au mot DUFOUR ce que j'ai à dire de son auteur ; un tel ouvrage inspire plus de confiance que ceux du même genre imprimés pour ainsi dire clandestinement, ou qui ont paru depuis la révolution, quel que soit d'ailleurs leur mérite.

* DONCOURT (HENRI-FRANÇOIS SIMON DE), né à Bourmont, en Lorraine, le 14 janvier 1741, mort à Paris vers 1783, prêtre de la communauté de Saint-Sulpice. Cet ecclésiastique fut chargé pendant long-temps, à ce qu'il paraît, des catéchismes de la vaste paroisse à laquelle il était attaché ; il a fait aussi de grandes recherches pour éclaircir tout ce qui est relatif à l'église et à la paroisse de Saint-Sulpice. Il a publié :

I. *Cantiques sur les points principaux de religion et de la morale chrétienne, à l'usage des catéchismes de la paroisse de Saint-Sulpice*. Paris, Crapart, 1765, in-8°. Réimprimés en 1769, en trois parties in-8°. — Nouvelle édition, sous ce titre :

Opuscules sacrés et lyriques, ou cantiques sur différens sujets de piété, avec les airs notés ; à l'usage de la jeunesse de la paroisse de Saint-Sulpice. Paris, Crapart, 1772, 4 vol. in-8°. Ces cantiques sont choisis de différens auteurs : il y en a deux de Fénélon. On trouve, en tête du troisième volume de l'édition de 1772, une notice raisonnée des cantiques qui ont paru depuis 1586 jusqu'en 1772.

II. *Cantiques spirituels à l'usage des petits catéchismes de la paroisse Saint-Sulpice*. Paris, 1769, in-12. Ce volume a été imprimé pour les campagnes.

III. *Cantiques spirituels à l'usage des moyens catéchismes de la paroisse Saint-Sulpice*. Paris, 1769, in-12.

IV. *Instructions et prières pour remplir dignement les devoirs de la religion chrétienne*. Paris, 1783, 3 vol. petit in-12.

On trouve séparément ses *Remarques sur l'église et la paroisse de Saint-Sulpice*, extraites de cet ouvrage. 1783, in-12.

V. *Exercices ordinaires du chrétien*. In-24.

VI. Calendrier historique des usages et offices propres de la paroisse de Saint-Sulpice. In-12 et in-24.

On doit encore à M. l'abbé Simon de Doncourt : 1° Le *Culte de l'amour de Dieu, ou dévotion au sacré-cœur de Jésus*, par M. de Fumel, évêque de Lodève. Nouvelle édition. Paris, 1774, in-12. 2°. *Mémoires sur la vie de M. Olier, curé de Saint-Sulpice*, par M. de Bretonvilliers, son successeur. Sans date, in-12.

DOPPET (François-Amédée), médecin, depuis général. La *Biographie univers.* affirme que sa traduction de Meibomius, *De usu flagrorum in re venereâ*, publiée en 1788, a été réimprimée avec luxe en 1792, à Paris, avec le texte. Tout est obscur et faux dans cette assertion. Voici l'explication et le redressement de ce passage. La prétendue traduction de Doppet est intitulée : *Aphrodisiaque externe*, ou *Traité du fouet et de ses effets sur le physique de l'amour, ouvrage medico-philosophique, suivi d'une dissertation sur tous les moyens capables d'exciter aux plaisirs de l'amour; par* D***, médecin, sans indication de lieu (Genève) 1788, in-18 de 158 pages. Quelques exemplaires portent un autre frontispice conçu en ces termes : *Traité du fouet*, ou *Aphrodisiaque externe*, à Paris, chez les marchands de nouveautés. L'auteur déclare, dans son *Discours préliminaire*, qu'il a consulté Meibomius sans le suivre, et qu'il a joint de nouvelles réflexions à celles de ce savant médecin.

L'ouvrage publié en 1792 à Paris, est de Mercier de Compiègne; il a pour titre : *De l'utilité de la flagellation dans les plaisirs du mariage et dans la médecine, et des fonctions des lombes et des reins.* Ouvrage curieux, traduit du latin de Meibomius, orné de gravures en taille-douce et enrichi de notes historiques et critiques, auxquelles on a joint le texte latin. Ce volume a été réimprimé en 1795. Mercier de Compiègne n'a cité le docteur Doppet, ni dans ses pièces liminaires, ni dans ses notes. Il n'y a donc que le sujet qui soit commun entre ces deux ouvrages.

DORIGNY (le Chevalier), colonel d'infanterie, chevalier de l'ordre royal et militaire de Saint-Louis, et commandant un corps de chasseurs, dans la guerre de 1757, en Allemagne, mort de ses blessures, en 1761, dans la vingt-cinquième année de son âge. Je ne nomme ici ce brave officier, que pour renvoyer à son *Eloge*, qui se trouve dans le volume intitulé : *Eloges de quelques-uns des plus célèbres guerriers français*. Strasbourg, 1797, petit in-8°.

DORMAY (Claude), chanoine de Soissons, suivant la *Biog. univ.* Ce n'est pas désigner assez clairement cet auteur, qui était chanoine régulier de St.-Jean-des-Vignes à Soissons. On lui doit l'ouvrage anonyme, intitulé : *Animadversiones in libros Præ-Adamitarum, seu Exercitatio super versibus* XII, XIII *et* XIV, *cap.* V, *epistolæ S. Pauli ad Romanos. Parisiis*, D. Thierry, 1657, in-8° de 323 pages. L'ouvrage est dédié à Charles de Bourlon, évêque de Soissons. Voilà donc un nouvel adversaire de La Peyrère à ajouter à la liste que donnent Bayle et Niceron !

DOUCIN (Louis), jésuite. la *Biog.* et M. P..., dans ses *Mém. ecclés.*, ne veulent pas que ce jésuite continue d'être considéré comme le véritable auteur du fameux *Probléme ecclésiastique* contre le cardinal de Noailles. Les détails qui se trouvent sur cet ouvrage, dans le 13e volume des *OEuvres* du chancelier d'Aguesseau, paraissent avoir convaincu ces auteurs, que le *Probléme ecclésiastique* était de D. Thierry de Viaixnes, fameux janséniste. En examinant avec une sérieuse attention les pièces de ce procès, on demeurera convaincu que le P. Doucin est le véritable père du *Probléme*. Que l'on se rappelle d'abord que d'Aguesseau convient que ce libelle a eu pour premier éditeur le P. de Souastre, jésuite flamand, qui l'a fait imprimer à Liège ; qu'on relise ensuite la *seconde lettre* de M. Tabaraud à M. de Bausset, sur l'*Histoire de Fénélon*. On y verra, page 120, « que, lors de l'arrestation de D. Thierry de Viaixnes, on saisit, parmi ses papiers, des lettres qui prouvaient qu'il avait copié ce libelle, et qu'il en avait fait tirer plusieurs copies par ses écoliers.... *Il* ne cessa cependant de protester que ni lui, ni aucun de ses confrères et de ses amis, n'avaient eu part à la composition de cet écrit séditieux ; il déclara que D. Senoc, son ancien maître, l'ayant prié de lui en procurer la lecture dans la primeur où il était extrêmement difficile d'en avoir des exemplaires imprimés, c'était pour le satisfaire, qu'il l'avait copié sur le premier qui lui était tombé entre les mains, et qu'il en avait fait tirer d'autres copies par ses élèves, pour répondre aux demandes de ses amis. On doit remarquer que la date des lettres.... justifiait que toutes ces copies avaient été faites postérieurement à l'impression et publication du *Probléme*. »

Ces rapprochemens prouvent évidement que l'opinion, qui attribue le *Probléme ecclésiastique* au jésuite Doucin, est encore la plus probable ; c'est aussi la plus commune. Voyez le *Dictionnaire historique* de M. Chaudon, au mot Noailles.

* DOZENNE (Pierre), jésuite, né à Alençon, mort le 19 janvier 1728, âgé de 70 ans ; il était assistant de France. On a de lui, dans les *Selectæ orationes panegyricæ patrum soc. Jesu.*, recueillies par le P. Verjus, *Lugduni*, 1667, 2 vol. in-12 : 1° un panégyrique sur le mariage de Louis XIV ; 2° un autre panégyrique pour féliciter ce prince de gouverner par lui-même. Il a publié en français :

I. La *Divinité de Jésus-Christ, par ses œuvres*. Paris, Michallet, 1688, in-12.

II. La *Morale de Jésus-Christ*. Paris, Michallet, 1686, in-4°.

III. *Vérités nécessaires pour inspirer la haine du vice et l'amour de la vertu*. Paris, Anisson, 1703, in-12. Paris, Guerin et de la Tour, vers 1750, in-12.

*DROMGOLD ou DRUMGOLD (Jean) naquit à Paris, en 1720,

d'une ancienne famille du comté de Lowth, en Irlande, dont la résidence était près de la ville de Drogheda, au manoir de Walshestown. Dépouillée et ruinée par les guerres civiles, cette famille suivit, en 1691, le sort de la garnison de Limerick, composée d'une grande partie de la noblesse d'Irlande, qui, par la plus glorieuse capitulation, et la plus extraordinaire dont l'histoire ait conservé le souvenir, sans se soumettre au vainqueur, se fit escorter, au plus fort de la guerre, par une flotte française, commandée par M. de Château-Renaud, avec un passe-port du prince d'Orange, pour conduire 18 mille hommes de troupes, et plusieurs milliers de gentilshommes, dans le camp ennemi. Pendant plus d'un siècle, ces intéressantes victimes de la guerre ont joui de la généreuse adoption, de la noble hospitalité de la France, qui les admit aux plus hautes places de l'Etat, de l'Armée et de l'Eglise. Sans fortune, Jean Dromgold, et son frère, depuis abbé, ont été élevés sous la protection du cardinal Fleury, au collége royal de Navarre : Jean y fit ses études d'une manière si distinguée, qu'à l'âge de 22 ans il remplissait avec éclat la chaire de rhétorique dans ce collége. Le poëme de la bataille de Fontenoi de Voltaire, étant tombé entre ses mains, il osa, si jeune encore, critiquer l'ouvrage d'un auteur célèbre, alors au plus haut point de sa gloire, et publia, sous le voile de l'anonyme, les *Réflexions sur un imprimé* intitulé : *La Bataille de Fontenoi*, poëme, dédiées à M. de Voltaire, historiographe de France. Le bon goût, l'esprit, la justesse de la critique, le ton modeste et les élans de patriotisme, qui se firent remarquer dans ce petit ouvrage, excitèrent un grand intérêt. S. A. S. le prince de Clermont vint trouver l'auteur dans sa classe, enleva le jeune professeur, le fit gentilhomme ordinaire de sa chambre, son aide-de-camp, et secrétaire de ses commandemens. M. Dromgold échangea sa chaire de rhétorique contre une compagnie de cavalerie ; plusieurs de ses élèves ont reproché à Bellone d'avoir enlevé aux muses leur jeune favori. Il servit sous le prince, dans la guerre de 1745, et dans celle de 7 ans, obtint la croix de S. Louis et le rang de mestre-de-camp de cavalerie. En 1763, il accompagna le duc de Nivernois dans son ambassade en Angleterre, harangua en latin l'université d'Oxford, et partagea les honneurs qu'elle rendit à cet ambassadeur, avec qui il resta intimement lié. Les *Mémoires* du chevalier ou de mademoiselle d'Eon, chargée d'affaires de la cour de France à Londres, parlent de l'esprit et de la gaieté du colonel Dromgold, ainsi que ceux de Collé, avec qui il travaillait à de petites pièces jouées chez les princes.

Le duc de Bedford, à la famille duquel M. Dromgold tenait par sa mère, qui était de la maison Gower, étant venu en qualité d'ambassadeur à Paris, pour la ratification de la paix, demanda à la cour de France quelque marque de faveur pour M. Dromgold ; celui-ci préféra que cette grâce tombât sur son frère l'abbé, qui obtint une riche abbaye. Pour lui, vers 1772, il fut nommé colonel-commandant et directeur des études de l'école militaire ; à la réforme de cet établissement, il jouit d'une pension considérable jusqu'à sa mort. Dans tous ses brevets, il est qualifié du titre de comte ; mais, fier de sa proscription, comme gentilhomme irlandais, il n'a jamais voulu lui-même le prendre. Il avait épousé mademoiselle Christine Dillon de la famille des comtes de Roscommon, chef de la maison de Dillon. On se souvient encore avec attendrissement, des marques touchantes d'intérêt qu'ont données à ses vertus, les personnes les plus respectables de Paris, à la mort de son mari. Une fille unique ne lui a survécu que le temps qu'il fallait pour se faire longuement regretter.

Opposé, par principes, aux philosophes qui dominaient la littérature en France, M. Dromgold donna peu de publicité à ses ouvrages ; les principaux sont :

I. *Réflexions sur le poëme de la bataille de Fontenoy*. 1745, in-4°.

II. *Charles et Vilcourt, idylle nouvelle*, Paris, 1772, in-8°, de 29 pages. Cette pièce n'a rien de la fadeur des idylles ordinaires ; c'est un conte en vers, dans lequel l'auteur combat la manie du suicide et d'autres travers de son temps.

III. *Avis aux vivans, au sujet de quelques morts*, par l'auteur de *Charles et Vilcourt*. Amsterdam et Paris, 1772, in-8°, de 27 pages. Cette petite brochure tend à rappeler les Français à l'esprit de franchise et de gaieté qui caractérisait nos bons aieux.

IV. *La gaieté, poëme*. Amsterdam et Paris, 1772, in-8°. Petit ouvrage plein de grâce, dans lequel l'auteur donne un récit touchant de ses propres malheurs.

M. Dromgold est mort à Paris, le 1er février 1781. On a trouvé, parmi ses papiers, plusieurs ouvrages esquissés : une *Vie de S. Louis*, un *Traité sur l'éducation publique*, la *Philosophie de Platon*, etc.

Je dois à M. Patrick Lattin les détails sur la vie de M. Dromgold, son parent et son ami ; et à M. Boissonade, l'indication de ses derniers ouvrages Je prie ces deux messieurs de recevoir ici l'expression de ma reconnaissance.

DROU, savant avocat aux conseils du roi, depuis l'année 1754, jusqu'à l'époque de sa mort, en 1783. M. Chaudon, après avoir fait un éloge mérité des talens de cet avocat et de son zèle à défendre les opprimés, se contente de dire que ses *Mémoires* sont recherchés comme des modèles de bonne logique. D'après une mention aussi vague, il est difficile de se faire une juste idée de ces *Mémoires*, ou de se les procurer. La *Biographie universelle* n'a point donné d'article à M. Drou ; il en méritait un plus développé que celui de M. Chaudon. D'après les recherches auxquelles je me suis livré, je vois que M. Drou a souvent traité, dans ses *Mémoires*, des questions de droit public français ; c'est ce qu'il a fait particulièrement en 1771, dans une *Requête* au roi, en faveur des prévôt, conseillers, etc., de la ville de Cambrai, contre M. de Choiseul, archevêque de Cambrai et frère du ministre, lequel archevêque voulait enlever à la cité de Cambrai la franchise de sa commune; en 1772, dans une *Réplique* pour les mêmes prévôt, conseillers, etc., contre le même archevêque. Cette *Réplique* a 230 pages in-4°; la même année 1772, dans une *Requête* présentée au roi, pour P. de Lur, marquis de Saluces, qui réclamait le paiement du marquisat de Saluces, acheté en 1560, par Charles IX; en 1773, dans une *Réfutation* pour le même marquis de Saluces, de trois libelles diffamatoires publiés contre lui, par un soi-disant marquis de Saluces, etc.

Les *Mémoires secrets* de Bachaumont nous apprennent qu'en 1776, M. Drou a inséré, dans un *Mémoire* sur l'usure, une digression historique et intéressante sur ce fléau qui, suivant l'austère avocat, est toujours la suite et la preuve infaillible d'un mauvais gouvernement. Ce Mémoire a été occasionné par une requête des usuriers d'Angoulême, au conseil du roi.

DROUET (Étienne-François), bibliothécaire des avocats. La *Biographie universelle* prétend qu'il avait entrepris avec Rondet un *Dictionnaire historique et critique*, en 3 vol. in-fol. Quel était l'objet de ce dictionnaire? Veut-on parler d'un *Dictionnaire historique et critique de la Bible*, dont Rondet a publié les trois premiers volumes en 1776, in-4°? mais j'ai sous les yeux la notice raisonnée des ouvrages de Rondet, écrite par lui-même, et il ne dit pas un mot de Drouet. Ce n'est pas non plus M. Drouet; mais Rondet seul, qui a publié la table des vingt-trois volumes de l'Histoire générale des auteurs ecclésiastiques de D. Ceillier. Rondet, dans son avertissement, déclare avoir employé près de vingt ans à la confection de cette table.

Il était essentiel de dire que M. Drouet, dans son édition de Moréri, n'avait point répondu à l'attente des savans. M. du Masbaret le prouve en mille endroits de ses Mémoires manuscrits.

C'est M. Drouet qui a extrait des articles de grammaire, fournis par Dumarsais à l'Encyclopédie, ceux qui ont paru à la suite de la logique du célèbre grammairien, en 1769, 2 vol. in-8° et in-12. On lui doit encore une édition du grand catéchisme historique de l'abbé Fleury, traduit en latin par lui-même. Paris, 1776, in-12. M. Chaudon a eu tort d'attribuer cette traduction à M. Drouet.

DUBOCAGE DE BLEVILLE (Michel-Joseph). On lui attribue dans la *Biographie universelle*, *La princesse Coque d'œuf et le prince Bonbon*, publiés en 1745, sous le nom de M. D'*Egacobud*, qui est le nom renversé de M. Dubocage. J'avais cru jusqu'à ce jour, d'après l'*Histoire littéraire des femmes françaises*, que ce badinage était de mademoiselle de Lubert, auteur de plusieurs ouvrages du même genre.

* DUBOIS (Nicolas), premier professeur d'Ecriture-Sainte, dans l'université de Louvain, a publié, sur la fin du XVIIe siècle, plusieurs ouvrages entièrement oubliés aujourd'hui. Le plus remarquable est une dissert. anonyme contre les quatre art. du clergé de France, intitulée: *Ad illustrissimos et RR. Galliæ episcopos, disquisitio theologica, juridica super de-*

claratione cleri gallicani factâ Parisiis 19 *martii* 1682. Bossuet qui a daigné réfuter ce professeur, l'appelle un pauvre auteur, *autorem crassissimùm*. Ses ouvrages en effet montrent un homme qui veut à toute force percer la foule des auteurs médiocres, mais dont les efforts ne sont pas secondés par un mérite solide. Incapable de rien approfondir, il ne fait qu'effleurer les questions; son style est plein de véhémence et d'emportement, il se passionne sur tout, il outre tout, il n'hésite sur rien, il se met peu en peine de prouver, il veut qu'on recoive ses décisions comme autant d'oracles, et par tous ces défauts il se décrédita entièrement lui-même dans l'esprit de ses lecteurs. Ce portrait est aussi celui d'un fameux journaliste de ce temps.

(*Défense de la déclaration du clergé*, trad. par le Roy, édition de 1774.)

* DUBOIS DE SAINT-GELAIS (Louis-François), secrétaire de l'académie de peinture et de sculpture, avait été précepteur des enfans du directeur de la monnaie des médailles; il fut aussi commissaire de la marine, à Amsterdam, et secrétaire pour l'Espagne au congrès d'Utrecht. On a de lui plusieurs ouvrages, la plupart anonymes. Les principaux sont:

I. *La Philis de Scire* du comte Bonarelli, traduite en français, avec la Dissertation sur le double amour de Celie. Bruxelles, 1707, in-12, 2 vol. Cette traduction est estimée.

II. *Histoire journalière de Paris*, 1717, 2 vol. in-12.

III. *Description des tableaux du Palais-Royal*, avec la vie des peintres à la tête de leurs ouvrages. Paris, 1727, in-12.

IV. *Remarques sur l'Angleterre en* 1713, dans les *pièces échappées du feu.*

Il a été l'éditeur du recueil intitulé: *Etat présent d'Espagne*, etc., Villefranche, 1717, in-12; et il y a de lui, dans ce recueil, un mémoire présenté par le duc d'Arcos au roi Philippe V, pour le rang et l'honneur des ducs et pairs.

Cet auteur est mort en sa maison de Cires-lez-Marlon, en Beauvoisis, près de Chantilly, le 23 avril 1737, dans la 68ᵉ année de son âge.

DUBOIS (le cardinal). Il passe pour certain que ce fameux ministre empêcha le régent Philippe d'Orléans de convoquer les états-généraux; la *Biographie universelle* eût dû, ce me semble, confirmer ou détruire ce bruit. Le *Mémoire* attribué au cardinal Dubois sur cet important objet, a été inséré par l'abbé Soulavie, dans le tome 2ᵉ du recueil intitulé: *L'Histoire, le Cérémoinal et les Droits des états-généraux du royaume*, 1787, 2 vol. in-8°.

DUBOIS (Philippe Goibaud). Ce célèbre traducteur était mort depuis 10 ans, lorsque le libraire Coignard mit au jour la traduction française des *Lettres familières* de Cicéron, 1704, 4 vol. in-12. Rien n'indique que ce soit un ouvrage posthume. Le P. Houbigant, dans son ouvrage manuscrit sur la manière d'étudier, attribue cette traduction à l'abbé Maumenet, et il le dit d'une manière si positive et si désobligeante pour le traducteur, qu'on voit qu'il était sûr du fait. On ne doit donc pas ajouter foi aux bibliographes que la *Biographie universelle* présente comme persuadés que Goibaud Dubois a traduit les *Lettres familières* de Cicéron.

DUBOIS (PHILIPPE). La *Biographie universelle* assure ici que c'est par un quiproquo typographique inexplicable, qu'on lit dans son tome V, pag. 350, à l'article N. Bourbon l'ancien, que Phil. Dubois donna une édition des pièces de Bourbon, *ad usum delphini*. Paris, 1685, 2 vol. in-4°. J'ai expliqué ce prétendu *quiproquo*, qui est la copie d'un *quiproquo* réel de Moréri.

* DUCASTEL (J. B. L.), célèbre avocat au conseil supérieur de Bayeux, fut, en 1791, député de la Seine-Inférieure à l'Assemblée législative. La nature semblait l'avoir destiné pour l'éloquence. Fils d'un charpentier, il avait appris le métier de son père: un jour il quitte sa hache pour aller entendre plaider; il trouve qu'un des deux avocats n'avait pas bien fait valoir les moyens de sa cause; ses réflexions sont trouvées justes par d'autres auditeurs, habitués du Palais; il se sent une vocation décidée pour le barreau, il veut être avocat, et il l'est devenu. Il plaidait ordinairement contre Thouret, et ces deux avocats passaient pour les deux plus habiles dans la plaidoirie: Thouret l'emportait pour le fond, et Ducastel pour la réplique. Ayant éprouvé quelque désagrément au parlement de Rouen, M. Ducastel vint, en 1777 ou 1778, se fixer à Paris, pour y exercer sa profession. Il débuta avec une telle supériorité, que les premiers avocats de Paris en conçurent de la jalousie; ils le firent rayer du tableau, sous le prétexte qu'il avait plaidé dans les conseils supérieurs établis par Maupeou. Il fut obligé de retourner à Rouen. Pendant la législature, sa conduite répondit à sa réputation d'habileté et de probité. Le 6 octobre, il appuya avec force le rapport du décret qui portait suppression des titres de Sire et de Majesté. Dans le courant du même mois, il présida l'Assemblée. Il parla le 3 novembre, en faveur de la masse des émigrés, prétendant qu'on ne pouvait regarder comme tels, que ceux qui s'étaient formés en rassemblement militaire sur la frontière. Il présenta, à la suite, un projet portant qu'au premier janvier 1792, les émigrés non rentrés seraient déclarés conspirateurs, et comme tels punis de mort, et leurs biens confisqués. Il s'opposa ensuite à l'adoption du décret proposé par M. François de Neufchateau, pour la vente des églises et des presbytères, combattit les vues de Brissot sur les colonies, et défendit le ministre de la marine, Bertrand de Moleville. Le 2 juin, il fit décréter que l'état civil des citoyens serait constaté par les officiers municipaux, et le 3 août il fit adopter le principe du divorce par consentement mutuel, ou incompatibilité d'humeur; il demanda de plus, mais *sans succès*, qu'il ne fût applicable qu'aux mariages contractés à l'avenir. Après la journée du 10 août, M. Ducastel quitta l'Assemblée, et se retira à Rouen, où il mou-

rut vers 1800. Il avait publié, avant la révolution, un *Mémoire*, étendu et plein d'érudition, *sur les dîmes, pour le clergé de Normandie, contre les cultivateurs de la même province.* Caen, 1773, in-8°. L'auteur a réuni dans cet ouvrage les observations qu'il avait déjà insérées, sur le même objet, dans quelques Mémoires. (*Correspondance littéraire secrète*, octobre 1791. *Biographie moderne.*)

DUCHAT (Louis-François le), poëte latin et français. La Croix du Maine lui attribue une tragédie de *Suzanne;* mais Colletet assure que cette pièce n'a pas été imprimée. L'auteur avait dédié son poëme de *Lucrèce* à Suzanne d'Aquavive Caracciole; son épître dédicatoire, composée d'un sonnet, finit ainsi :

> . . . . J'espère, après ceci,
> Chanter encor comment une Suzanne ici,
> En tout, forsqu'en malheur, à Lucrèce ressemble.

DUCHAT (Yves), savant helléniste du XVIIe siècle. Grosley n'a pas connu tous les ouvrages de ce célèbre Troyen. J'ai sous les yeux un poëme en grec et en français, sous ce titre : *Hymne d'Alexandre-le-Grand, avec les Parallèles de lui et de Philippe, et des rois très-chrétiens, Louis XIII, heureusement régnant et Henri-le-Grand, dédiés au roi.* Paris, J. Libert, 1624, in-4° de 82 pag. Les parallèles composent la dédicace, qui a cinq pages en chacune des deux langues. L'Hymne d'Alexandre est un long panégyrique de ce prince en vers grecs; la traduction française est en prose. Le volume est terminé par un hymne en vers grecs, adressé au marquis de la Vieuville, surintendant des finances, avec la traduction latine en regard.

On trouve encore à la bibliothèque de Monsieur, à l'arsenal, un opuscule intitulé : *Vers grecs, avec la traduction française en prose, sur ce qui s'est passé depuis la guérison du roi jusqu'à la prise de La Rochelle.* Paris, Libert, 1629, in-8°. Voy. le catalogue dressé par le libraire Nyon, n° 12436.

Grosley ne connaissait pas non plus la traduction française faite par l'auteur lui-même, de son *Histoire de la guerre sainte.* La *Biographie universelle* l'a indiquée avec exactitude, ainsi qu'une autre pièce citée par Grosley, sans date, d'après la nouvelle édition de la Bibliothèque historique de la France.

*DUCOUDRAY (Hilaire Rouillé, marquis), ancien lieutenant général des armées de France, est mort à Paris, le premier janvier 1805, à l'âge de 88 ans. Il fit à 17 ans ses premières armes, au siége de Philisbourg. Il commandait, à la bataille de Fontenoy, une compagnie de gendarmerie, et il partagea avec ce corps la gloire d'arracher au maréchal de Saxe, qui croyait la bataille perdue, cette exclamation : *Comment de telles troupes ne sont-elles pas victorieuses?* Il fut blessé et prisonnier à la bataille de Minden. Sa fermeté naturelle, jointe à un grand fonds de religion, lui a fait voir sans frayeur les approches de la mort, qu'il avait appris à ne pas craindre, pendant une longue vie sans tache. Il avait épousé, le 2 avril 1753, Marie d'Abbadie, fille de Bertrand d'Abbadie, conseiller du parlement de Pau.

(*Journal de Paris*, 7 janvier 1805. *Gazette de France.*)

DUDITH (ANDRÉ). Dans cet article de la *Biog. univ.*, on s'est écarté un peu de l'habitude de donner dans la langue originale le titre des ouvrages; mais c'est pour tomber dans plusieurs méprises. En effet Reuterus a publié en 1610, le volume in-4°, intitulé: *Andreæ Dudithii quondam episcopi Quinque Ecclesiensis etc. orationes in concilio Trident. habitæ. Apologia ad D. Maximil. II imp. Commentarius pro conjugii libertate*, etc., etc. Dans l'analyse française de ce titre, la Biographie cite deux discours prononcés au concile de Trente, au lieu de trois. Elle indique, comme une *Apologie de l'empereur Maximilien*, l'apologie que Dudith présenta à ce prince, pour justifier l'abandon de son évêché et son mariage; enfin elle annonce, comme un traité général en faveur de la liberté du mariage, ce qui est énoncé dans le titre-courant du volume, comme une apologie du mariage des prêtres, *Demonstratio pro cælibatu clericorum*. On a une nouvelle édition des discours de Dudith, prononcés au concile de Trente, elle est intitulée: *Orationes quinque in concilio Tridentino habitæ, quarum posteriores duæ nunc primum è manuscripto prodeunt, cum appendice orationum duarum, quas Georgius Drascowith in eodem concilio habuit; præfatus ac dissertationem de vitâ et scriptis auctoris adjecit Lorandus Samuel Fy. Halæ Magdeburgicæ*, 1743, in-4°.

DUEZ (NATHANAEL), maître de langues du XVIIe siècle. M. Chaudon et la *Biographie universelle* le font naître en Hollande; mais on ignore véritablement son origine. L'imprimeur genévois de Tourne lui reprochait en 1643, d'être sorti d'une nation barbare; il l'accusait de s'être emparé de la traduction française du *Janua linguarum*, pour la gâter. Dans ce même temps, vivait Paul DUEZ, jésuite, natif de Liège, commentateur de Tibulle et traducteur de Rodriguez. Voy. les *Mémoires littéraires* de Paquot, tom. II, édit. in-fol.

* DUFOUR (PIERRE-JOSEPH), dominicain, né à Candies, diocèse d'Alet en Languedoc, professa long-temps la théologie à Toulouse. On lui doit la traduction d'un ouvrage, traduit de l'italien du P. Concina, dominicain de Venise, sous le titre d'*Explication de quatre paradoxes*, qui sont en vogue dans notre siècle. Avignon, chez J. Girard (ou plutôt Auxerre, chez Fournier), 1751, in-18. Le traducteur, sous le nom du chevalier *Philalethi*, Vénitien, a augmenté cet ouvrage d'une relation exacte des disputes sur la morale, qui se sont élevées par-delà les monts, depuis 1739. On attribue au P. Dufour trois des écrits qui ont paru en 1761 et années suivantes, pour justifier saint Thomas d'Aquin, relativement à ses opinions sur l'indépendance absolue des souverains et sur le régicide. Ce sont deux *Lettres d'un théologien*, et un *Mémoire* pour S. Thomas,

contre un anonyme, calomniateur de sa doctrine. En 1764, il fit soutenir à Toulouse une thèse très-importante, en faveur des libertés de l'Eglise gallicane, et de la doctrine de S. Thomas sur ce sujet; elle a été imprimée dans le format in-4° en latin, et dans le format in-12 en français. On a encore de cet auteur, outre plusieurs dissertations latines sur quelques questions de théologie :

I. *L'Autorité de S. Augustin et de S. Thomas dans l'Eglise catholique*, établie par tradition. (*Toulouse*), 1773, 2 vol. in-12.

II. *Doctrina VII præsulum vindicata, seu epistola romani theologi ad VII Galliæ præsules, de iniquo animadversore qui catholicam doctrinam in breviario ab ipsis recens promulgato consignatam notare ausus est*, 1774, in-8°.

Le P. Dufour vivait encore vers 1786; car il est considéré, 1° comme rédacteur du *Mémoire à consulter*, pour les professeurs conventuels en la faculté de théologie, en l'université de Toulouse, etc., contre les professeurs séculiers perpétuels de la même faculté, etc. Paris, Simon et Nyon, 1786, in-4° de 90 pag.; 2° comme auteur de l'excellent ouvrage anonyme intitulé: *Exposition des droits des souverains sur les empêchemens dirimans du mariage, et sur leurs dispenses*, Paris, Leclere, 1787, in-12; imprimée avec approbation et privilége du roi.

DUHAN (Laurent). On trouve, dans la *Biographie universelle*, à l'article de cet auteur, une expression qui n'est point usitée à Paris. Duhan est présenté comme auteur d'un ouvrage *long-temps réputé dans les écoles*; le rédacteur a sans doute voulu dire, *qui a été long-temps en réputation dans les écoles.*

DUMARSAIS (César-Chesneau). A l'occasion de l'*Essai sur les préjugés*, faussement attribué à ce célèbre grammairien, la *Biographie universelle*, juge avec bien de la sévérité les bibliographes qui jouissent de quelque réputation; il est malheureux seulement que dans le même article, le rédacteur donne la preuve d'une grande légèreté et d'un jugement peu solide. A l'en croire, M. Naigeon a trompé tous les bibliographes modernes, en attribuant au baron d'Holbach la plupart des ouvrages philosophiques publiés dans le dix-huitième siècle. Mais comment le nouveau bibliographe réfute-t-il M. Naigeon? C'est en affirmant que l'*Histoire critique de Jésus-Christ* est de Voltaire, parce qu'il a reconnu dans cet ouvrage l'auteur de *la Bible enfin expliquée*. Pourquoi les éditeurs de Voltaire, Beaumarchais, Condorcet, M. de Croix, etc., n'ont-ils pas eu la même sagacité? Qui aurait empêché Voltaire d'avouer l'*Histoire critique de Jésus-Christ*, lui qui, dans tant d'ouvrages, et dans tant de circonstances, a combattu sa divinité? Pour moi, je préfère, je l'avoue, à l'autorité de M. D. L., celle de M. Naigeon, qui m'a fait une si franche confession sur les ouvrages philosophiques publiés de son temps, qu'aucune de ses indications n'a encore été détruite par les ouvrages publiés postérieurement à ses aveux; tels sont les Correspondances de Grimm, de madame du

Deffant, de Galiani, etc. ; et puis, quelle peut donc être l'autorité d'un bibliographe qui vient nous dire que Dumarsais ne fut point l'*éditeur* d'un livre étranger à son genre d'études (l'*Essai sur les préjugés*)? On n'a jamais avancé une telle ineptie, puisque Dumarsais était mort depuis quatorze ans, lorsqu'on publia cet *Essai*. M. P..... dans ses *Mémoires ecclésiastiques* témoigne une grande déférence pour les assertions de M. D. L. Je le félicite de sa bonhomie.

* DUMAS (Philippe) naquit à Issoudun en 1738; il y fit ses premières études et à l'âge de 12 ans, il alla les continuer à Paris, dans le collége du Plessis. Les succès qu'il y obtint le déterminèrent à se faire recevoir aggrégé à la faculté des arts de l'université de Paris; en attendant une place convenable à ses talens, il alla d'abord faire une classe de grammaire à La Flèche, et ensuite enseigner la rhétorique à Metz, où il se maria. C'est de-là qu'on l'appela à Issoudun, sa patrie, pour venir y être principal du collége. La circonstance de son mariage fit naître quelques difficultés qu'il aurait facilement levées ; mais toute discussion lui était pénible ; il quitta Issoudun et vint à Toulouse occuper la chaire de rhétorique du collége royal, que M. de Brienne lui avait fait offrir. Dans ses nouvelles fonctions, M. Dumas se concilia l'estime générale, et il fut nommé, en 1782, membre de l'académie des Jeux floraux. il mourut un mois après cette nomination. On doit à ce professeur les ouvrages suivans :

I. *Les Colloques choisis d'Erasme*, traduits en français, avec le texte vis-à-vis de la traduction, suivis de trois dialogues moraux tirés de Pétrarque et de Maturin Cordier. *Paris*, *Brocas*, 1762; *in*-12.

II. *L'Economique* de Xénophon, et le projet de finances du même auteur, traduits en français ; avec des notes. *Paris*, *Dehansy*, 1768, *in*-12. Cette traduction fit autant d'honneur au goût et au bon esprit de l'auteur, qu'à ses connaissances et à ses talens.

III. *Psaumes* de Davi (175) traduits en vers hexamètres, par Buchanan, Commire et autres. *Toulouse*, 1780, *in*-12.

Plusieurs psaumes ont été traduits par l'auteur, qui se proposait de donner une suite à ce volume.

On doit aussi à M. Dumas de nouvelles éditions revues et augmentées

1°. Des *Rudimens de la langue latine*, à l'usage des colléges de l'université de Paris. *Paris*, 1763, *in*-12.

2°. De la *Grammaire grecque* de Clénard. *Paris*, 1763, *in*-12.

3°. Du *Manuel des grammairiens* de Nicolas Mercier. *Paris*, 1763, *in*-12.

(*Mémoires pour servir à l'histoire des Jeux floraux de Toulouse*, par M. Poitevin-Peitavi. *France littéraire* de 1769, etc.)

* DUMAS (Charles-Guillaume-Frédéric), né en 1725. On a de lui :

I. *Voyages et découvertes*, faits par les Russes, traduits de l'allemand de M. G. P. Muller. Amsterdam, 1766, 2 vol. petit in-8°.

II. *Relation historique de l'expédition contre les Indiens de l'Ohio* en 1764, commandée par le chevalier Henri Bouquet, etc.; traduite de l'anglais. Amsterdam, 1769, in-8°.

III. *Examen de la doctrine touchant le salut des païens*, ou nouvelle apologie pour Socrate, traduite de l'allemand de J. Auguste Eberhard. Amsterdam, 1773, in-8°.

VI. *Examen de la traduction des livres* 34, 35 *et* 36 de Pline l'ancien, avec des notes par M. Falconet, sculpteur. In-12. Extrait du *Journal encyclopédique* des mois de juillet à septembre 1775, et dans le tome sixième des OEuvres de Falconet. Lausanne, 1781, in-8°.

M. Dumas a fourni des articles à la *Bibliothèque des sciences et des beaux-arts*, journal qui s'imprimait à La Haye, et qui a fini au 100ᵉ vol., en 1780 inclusivement.

* DUMAS (Jean), pasteur de l'Eglise française à Leipsick, mort le 4 avril 1799, a publié:

I. *Traité du suicide*, ou du meurtre volontaire de soi-même. Amsterdam, 1773, in-8°. Livre bien fait et utile.

II. *Cantiques*, tirés en partie des psaumes et en partie des poésies sacrées des meilleurs poëtes français, avec des airs notés. Leipsick, 1774, in-8°.

DUMAY (Paul). Il y a, dans Moréri, une grande méprise au sujet de la Bibliothèque Janinienne, dont le titre est non pas simplement *Bibliotheca Janiniana*, mais *Bibliotheca Janiniana Sancti Benigni divionensis*. Colomiez, dans sa *Bibliothèque choisie*, avait cru que c'était le catalogue de la bibliothèque du président Janin ; en quoi il s'était bien trompé. Le dictionnaire qui dit que c'est le catalogue de la bibliothèque de Nicolas Janin, abbé de S.-Bénigne de Dijon, frère du président, se trompe au même degré. La *Bibliothèque Janinienne* est uniquement le catalogue des livres de la bibliothèque de S.-Bénigne de Dijon, et Paul Dumay lui donna le nom de *Bibliotheca Janiniana*, parce que Nicolas Janin, frère du président Pierre Janin, était alors abbé de S.-Bénigne de Dijon. Du reste, ce catalogue est mal dressé, et la matière est de peu de conséquence; car cette bibliothèque, autrefois riche en manuscrits, avait été, pour ainsi dire, au pillage; et au temps de Paul Dumay, il n'en restait plus que le rebut. Ce détail se trouve bien circonstancié dans le *Menagiana*, édition de M. de la Monnaie, tom. II, p. 97. L'auteur de l'article qui cite la page 105 de cet ouvrage, dans l'article de Pierre Dumay, fils de Paul, avait, pour ainsi dire, sous les yeux de quoi se détromper.

A l'auteur de la Bibliothèque des écrivains de Bourgogne, qui dit que ce catalogue n'a jamais été imprimé, j'oppose M. Ménage qui, à l'endroit cité, marque précisément la forme du livre, le lieu et l'année de l'impression. *Bibliotheca Janiniana Sancti Benigni divionensis, ope et industriâ P. D., Divione*, 1621, *in-4°*. En même temps, il entre dans un détail qui fait connaître qu'il avait sur sa table l'ouvrage imprimé.

(*Mémoires* de M. du Masbaret.)

N. B. La *Biographie universelle* est tombée dans la même faute que Moréri.

DUMAY (Louis), publiciste. Une fausse conjecture de Prosper Marchand, a induit en erreur la *Biograph. univers.*; le zélé bibliographe avait cru que les *Discours historiques et politiques* de Dumay, sur la guerre de Hongrie, étaient la même chose que les *Mémoires de la guerre de Transylvanie et de Hongrie*; la *Biographie* le dit d'une manière positive; il n'en est rien cependant. Le dernier ouvrage est traduit du latin d'Ascagne *Centorio de Gli Hortensii*, natif de Milan, historien très-estimable, suivant de Thou.

On lit dans l'*Avis au lecteur* des *Discours historiques et politiques de la guerre de Hongrie*, que, « bien que Dumay ne soit pas Français, il n'a pourtant rien de rude dans le discours. »

* DUMONT (Gabriel), pasteur de l'Eglise wallonne, et professeur en langues orientales, ainsi qu'en hist. ecclésiast., à Rotterdam, mort vers 1748; il avait été pasteur à Leipsick, avant d'être appelé à Rotterdam. G. Dumont avait un savoir vaste, et auquel on rendit justice de son vivant; il n'a cependant publié que quelques dissertations, soit anonymes, soit sous son nom, dans l'*Histoire critique de la république des lettres*, dans les *Discours de Saurin*, *sur la Bible*, et dans les *Miscellanea Lipsiensia*. M. de Superville a publié ses *Sermons* à Rotterdam, chez Beman, 1749, in-8°.

DUMONT (Gabriel-Martin), professeur d'architecture et membre des académies de Rome, de Bologne et de Florence. On a de cet artiste une collection importante, sous le titre d'*œuvre de gravures et d'architecture*, Paris, 1765, in-fol. Elle est composée de 212 planches qui représentent les productions de plusieurs maîtres célèbres; l'auteur y a joint nombre de morceaux qui sont les fruits de son propre génie. Les richesses que M. Dumont a recueillies dans ses voyages, c'est-à-dire, les monumens et les ruines qu'il a eu occasion de dessiner, forment, dans sa collection, différentes suites considérables.

M. Dumont est le premier qui ait fait connaître les *Ruines de Pœstum*, et qui les ait publiées en 7 planches, en 1764. Les dessins en avaient été levés sur les lieux, en 1750, par M. Soufflot. On a publié à Paris, en 1769, les *Ruines de Pœstum*, autrement *Posidonia*, traduction libre de l'anglais, in-fol. Cette collection est composée de 18 planches et d'une carte géographique. Le traducteur est Jacques Varennes.

(*Journal des Savans* de 1769; *Esssais historiques* sur Dijon, par M. Girault, 1814, in-12.)

DUPARC (Jacques Lenoir), jésuite. Il y a quelques discours de lui dans les *Nouvelles littéraires* de Caen, publiées par l'abbé Porée. La lecture de ses deux ouvrages contre les *trois siècles* de l'abbé Sabatier, peut être utile aux jeunes gens.

* DUPLESSIS (le chevalier). On a de lui plusieurs romans qui ont trouvé des lecteurs dans le temps où ils parurent :

I. *Mémoires de sir Georges Wollap ; ses voyages dans différentes parties du monde*, etc. Paris, 1787 et 1788, 6 parties, in-12.

II. *Honorine Derville*, ou *Confessions de madame la comtesse de B***, écrites par elle-même.* Paris, 1789, 2 vol. in-12.

III, *Histoire du marquis de Seligni et de madame de Luzal*, ou *Lettres authentiques et originales, trouvées dans un portefeuille, à la mort de M. le maréchal de ****. Paris, Regnault, 1790, 2 vol. in-12. L'éditeur, dans un Avertissement, assure que l'authenticité fait le principal mérite de cette collection. Ces lettres ont été écrites du temps de Law ; à l'époque où elles parurent, il était curieux de pouvoir comparer la situation des finances, avec l'état où elles étaient près d'un siècle auparavant.

DUPUY, secrétaire au congrès de Riswick. Les *Amusemens de l'amitié*, en 1 vol. in-12, qu'on lui attribue dans la *Biogr. univ.*, sont de l'abbé de Varennes.

DUPUY-DEMPORTES (Jean-Baptiste). Il n'y a pas assez de développemens sur les principaux ouvrages de cet auteur, dans l'article que la *Biographie universelle* lui a consacré ; M. Chaudon n'en avait pas parlé.

I. Le *Traité historique et moral du Blason*. 1754, 2 vol. in-12. On trouve dans cet ouvrage beaucoup de choses étrangères au sujet, et d'autres qui n'ont avec l'objet principal qu'un rapport éloigné ; ce qui a fait dire assez plaisamment à Fréron : Si vous voulez vous amuser et apprendre beaucoup de choses, excepté la science des armoiries, lisez ce *Traité du blason.*

II. Le *Gentilhomme maréchal*, tiré de l'anglais de Jean Barthelet, chirurgien, où l'on a rassemblé tout ce que les auteurs les plus distingués ont rapporté de plus utile pour la conservation des chevaux. Paris, Jombert, 1756 et 1758, 2 vol. in-12.

III. Le *Gentilhomme cultivateur, ou Corps complet d'agriculture*, traduit de l'anglais de M. Hales, et tiré des auteurs qui ont le mieux écrit sur cet art. Paris, chez Simon, 1761 et années suiv. 8 vol. in-4°, ou 16 vol. in-12. L'auteur anglais n'a fourni à l'écrivain français que le plan de son ouvrage, et une partie de ses observations. Cette collection renferme des remarques utiles sur tout ce qui tient à l'agriculture, et on la consultera toujours avec intérêt, pour connaître l'état des connaissances en ce genre, à l'époque où elle parut. On attribue au même auteur plusieurs brochures peu importantes, auxquelles il n'a pas mis son nom. On lui donne aussi l'édition augmentée des *Mémoires* de Gaudence, de Lucques, 1753, 4 parties in-12, et la traduction de l'*Histoire du ministère du chevalier Walpole*, 1764, 3 vol. in-12. Grimm lui attribue le *Testament politique*, du même Walpole, Paris, 1768, 2 v. in-12.

DURAND (Guillaume). Suivant Colletet, ce poète français et latin naquit à Paris, et non à Senlis : il s'adonna, dès sa jeunesse, à la science du droit et des lois. Après avoir paru avec assez d'éclat dans le barreau de Paris, il épousa une femme en la ville de Senlis, où il se retira ; et en même temps, il y traita d'une charge de conseiller du roi au présidial. Le premier ouvrage qu'il publia à Paris, et qu'il dédia au roi Henri III, est intitulé : *Enchiridion, ou Manuel discours*. C'est un discours en rime sur les biens et sur les maux que, par le changement et la vicissitude des temps, les Israëlites reçurent de la main de Dieu. La *Biographie universelle* reproche à Duverdier d'avoir copié, d'une manière si peu exacte, le titre d'une *Elégie* de Guillaume Durand, adressée à Henri de Lorraine, duc de Guise, Paris, 1569, in-4°, qu'on ne sait si l'original était latin ou français, et si Durand en est l'auteur, ou seulement le traducteur. Colletet s'exprime d'une manière plus précise ; car il dit que G. Durand composa une *Elégie latine*, traduite de certains vers français *sur les Poitevins, défendus par Henri de Lorraine*, imprimée à Paris, l'an 1569.

DURAND (David). Je dois des remercîmens à M. D. L., soit pour l'idée avantageuse qu'il a bien voulu présenter aux lecteurs de la *Biographie universelle*, de ma notice sur la vie et les ouvrages de D. Durand, soit pour l'abrégé qu'il en a fait. S'il a confondu ensemble les *Sermons sur divers textes de l'Ecriture-Sainte*, composés par D. Durand avec les *Morceaux choisis* dont il n'a été, en grande partie, que l'éditeur, cela vient, peut-être, du mot *choisis*, que j'ai inséré mal à propos dans le titre du premier de ces recueils.

Ayant plusieurs additions et rectifications à faire à cette notice, je la reproduis ici :

David DURAND naquit, vers 1681, à Saint-Pargoire, dans le Bas-Languedoc, diocèse de Beziers (Hérault). Il était fils et frère de pasteurs distingués ; son père, Jean Durand, ministre, avant la révocation de l'Edit de Nantes, des églises de Poussan et de St.-Pargoire, appartenait à une famille de robe, de Montpellier, alliée à d'anciennes familles du Languedoc, entre autres, à celle du cardinal de Bernis.

Son frère, Jean-Antoine Durand, père de David-Henri Durand, est mort en 1756, pasteur de Dombresson, dans la principauté de Neufchâtel en Suisse.

David Durand eut la même vocation. Après avoir été reçu ministre à Bâle, à l'âge de 22 ou 23 ans, il passa en Hollande, où il fut nommé chapelain d'un régiment de cavalerie, composé de protestans languedociens, réfugiés dans ce pays. Ce régiment, commandé par le fameux *Mitron Jean Cavalier*, qui avait eu l'honneur de traiter de couronne à couronne avec Louis XIV, se trouva dans plusieurs actions en Espagne, pendant la guerre de la succession, entre autres à la bataille d'Almanza, où il fut mis en déroute avec toute l'armée des alliés. David Durand fut reconnu par les paysans d'un village, pour être le ministre *hérétique* d'un corps *hérétique*, et par-là même l'objet de leur exécration. Ces malheureux le saisissent et l'entraînent dans une étable à cochons, où ils le condamnent à être brûlé vif. L'infortuné n'attendait plus que le moment de sa mort ; on le conduisit dans une espèce de cuisine, où il vit bouillir l'eau destinée à son supplice ; ramené dans son étable, il voit passer un officier de son régiment, auquel il fait en deux mots l'exposé de sa situation. Ce brave jeune homme, nommé Brugairolles, alla se jeter aux pieds du duc de Berwick, qui commandait l'armée française ; il lui peignit avec une énergique sensibilité, l'état de David Durand. Le général dépêcha aussitôt des soldats, qui arrivèrent assez à temps pour délivrer le martyr. On le conduisit dans le camp du général, et il y passa plusieurs semaines, mangeant à sa table.

Au bout de quelque temps, le duc de Berwick obligé, malgré l'éclat de ses victoires, à de grands ménagemens vis-à-vis de la nation espagnole, qu'il s'agissait d'attacher à la domination franç., déclara à David Durand, que, ne pouvant le mettre entièrement à l'abri du tribunal de l'inquisition, il fallait qu'il se soumît à demeurer quelque temps chez un ecclésiastique du voisinage, qui se chargerait de sa conversion. David Durand fut en conséquence transféré chez le curé d'une ville du royaume de Valence, appelée *Castillon de la Plana*. Le curé, vieillard vénérable par sa bonne mine et par ses cheveux blancs, eut, pour son néophyte, des bontés plus que paternelles ; il ne lui parla jamais de controverse ; mais sans cesse il lui peignait la charité prescrite par l'Evangile, cherchant à le dédommager, par les égards de la tolérance la plus affectueuse, du malheur qu'il avait eu de tomber entre les mains des agens de l'inquisition, et lévant les mains au ciel, toutes les fois qu'il était question de ce redoutable tribunal.

L'humanité de ce digne ecclésiastique alla si loin, que, de concert avec les gens du duc de Berwick, il facilita à D. Durand, les moyens de se rendre à Montpellier ; on dit, pour satisfaire les officiers de l'inquisition, qu'on l'y avait envoyé, à l'effet de le faire instruire dans la religion catholique, au couvent des jésuites. D. Durand, passa plusieurs mois chez un religieux, à la conduite duquel il ne rendit pas un témoignage aussi flatteur qu'à celle du digne curé espagnol. Il trouva cependant le moyen de s'enfuir à Genève, où il rencontra beaucoup d'amis. Il y prêcha plusieurs fois, et, dans un de ses discours, il demanda pardon à Dieu, non d'une abjuration absolue et proprement dite, qu'il a nié constamment avoir jamais faite ; mais de la faiblesse qu'il avait eue de se prêter à des démarches qui avaient eu pour objet son changement de religion. Ce sermon fit pleurer tout l'auditoire.

Après avoir séjourné fort peu de temps à Genève, David Durand revint à Rotterdam, où il fit connaissance avec l'illustre Bayle. Malgré la différence des âges et surtout des opinions, le philosophe de Rotterdam admit le jeune ministre dans sa familiarité ; il dut en effet le voir avec plaisir allier le goût des lettres à l'étude de la théologie, et annoncer un caractère de modération et de douceur dont les exemples étaient rares alors parmi ses confrères. David Durand a toujours parlé de Bayle avec transport, tout en déplorant l'usage qu'il fit de ses talens, et, quoique fâché de remarquer que les vertus qu'il admirait en lui, ne fussent pas produites par les principes de la religion.

Après un séjour de quelques années à Rotterdam, David Durand alla à Londres ; sa *Vie de Vanini* est datée de cette ville, le 10 août 1714. En 1717, il était chapelain du lord baron de North et Grey : une note de la préface de sa *Religion des mahométans* (page 63), semble prouver qu'en 1720, il était déjà ministre de l'église de St.-Martin ; il fut nommé membre de la société royale, le 16 janvier 1728 ; cet honneur lui fut sans doute déféré à cause de la réputation que lui avait faite l'*Histoire de la peinture ancienne*, extraite de Pline, et publiée en 1725, avec des remarques fort curieuses. David Durand devint ensuite ministre de l'église de la Savoie, à laquelle a été réunie celle de St.-Martin. C'est dans cette place qu'il termina sa longue et honorable carrière, le 16 janvier 1763, à l'âge de 82 ans.

Peu après sa nomination à la Savoie, il avait épousé une veuve, dont il n'eut point d'enfans. C'était la tante, par alliance, du riche chevalier Vanheck, père du lord Huntingfield, créé pair d'Irlande, vers 1794.

David Durand était d'une humeur fort gaie ; il parlait avec facilité, et se piquait même de parler très-purement. On a remarqué qu'il aimait beaucoup les louanges ; il s'accusait facilement lui-même d'être trop porté à se rendre justice, et il s'appliquait volontiers le caractère qu'Horace donne aux Grecs :

Præter laud.m nullius avaris.
De arte poet., *v.* 324.

David Durand a eu pendant long-temps des pensionnaires de la plus grande distinction ; ce qui lui eût donné la facilité d'amasser des richesses ; mais sa générosité l'empêcha de faire la moindre épargne. Il ne laissa à son neveu, d'autre héritage qu'une bibliothèque très-nombreuse à la vérité, mais en mauvais état. Cet estimable neveu attachait plus de prix à la parfaite réputation qui suivit son oncle dans le tombeau, et aux bons exemples qu'il lui avait transmis, qu'à toutes les guinées qu'il eût pu lui laisser.

Voici la liste des ouvrages de David Durand, venus à ma connaissance, soit pour les avoir eus sous les yeux, soit pour en avoir vu des annonces dans des catalogues exacts, ou lu des extraits dans des journaux dignes de foi.

I. *La Vie et les Sentimens de Lucilio Vanini.* Rotterdam, Gaspard Fritsch, 1717, in-12.

Lors de la publication de cet ouvrage, des gens soupçonneux prêtèrent de mauvais desseins à l'auteur. Quelques personnes en portent aujourd'hui un jugement bien différent ; M. Naigeon, entre autres, dans le *Dictionnaire de l'Encyclopédie méthodique*, qui traite de la philosophie ancienne et moderne, regarde cet ouvrage comme rempli de digressions inutiles ; il n'y trouve que les préjugés et l'esprit étroit d'un controversiste.

L'abbé Goujet dit, dans le catalogue raisonné et manuscrit des livres de sa bibliothèque, que la *Vie de Vanini* a été traduite en anglais, en 1730.

II. *La Religion des Mahométans*, avec des éclaircissemens sur les opinions qu'on leur a faussement attribuées, tirée du latin de Reland, avec une profession de foi mahométane, qui n'avait point encore paru. La Haye, Isaac Vaillant, 1721, in-12.

L'auteur a bien fait de mettre au frontispice de cet ouvrage, *tiré du latin de Reland*, car ce n'est pas une traduction fidèle. David Durand a fait beaucoup de changemens et d'additions au texte de Reland. J. F. Bernard les lui a reprochés avec beaucoup de dureté dans les notes qu'il a jointes à la réimpression de cet ouvrage dans le tome 5ᵉ des *Cérémonies et Coutumes religieuses*.

III. *Histoire de la peinture ancienne*, extraite de l'*Histoire naturelle* de Pline, livre 35, avec le texte latin, corrigé sur les manuscrits de Vossius, et sur la première édition de Venise, et éclairci par des remarques nouvelles. Londres, G. Bowyer, 1725, in-fol. Rare.

Une *Epître dédicatoire, au roi d'Angleterre*, en vers, ouvre le volume. L'auteur y vante le rapport que la poésie et la peinture ont entre elles.

Le judicieux Rollin fait une mention bien honorable de cet ouvrage, dans son *Histoire ancienne*, tome 11ᵉ, pag. 154, édit. de 1748. J'y ai trouvé, dit-il, d'excellentes réflexions dont j'ai fait grand usage.

Il existe un exempl. de l'*Histoire de la peinture ancienne*, avec des corrections et changemens manuscrits à la marge, de la main même de M. Durand. (Voy. le catalogue fait sur un plan nouveau, d'une bibliothèque d'environ 19,000 volumes, 1776, in-8°, tom. 1, pag. 249.)

Ce catalogue est celui de la bibliothèque de M. Van Goens, alors professeur à Utrecht. La composition de cette bibliothèque et la rédaction du catalogue, enrichi de beaucoup de notes très-curieuses, font le plus grand honneur aux connaissances de cet auteur.

IV. *Histoire naturelle de l'or et de l'argent*, extraite de Pline le Naturaliste, livre 33, avec le texte latin, corrigé sur les manuscrits de Vossius, et sur la première édition, et éclairci par des remarques nouvelles, outre celles de J. F. Gronovius, et un poëme sur la chute de l'homme et sur les ravages de l'or et de l'argent, dédié au roi et à la reine. Londres, G. Bowyer, 1729, in-fol. Aussi rare que le précédent.

Le poëme sur la chute de l'homme, est un abrégé de Milton ; le satirique Desfontaines le comparait à l'Iliade de la Motte ; mais des critiques judicieux y ont trouvé de la poésie et des images. Il a été réimprimé, en 1730, à La Haye, chez Vander Kloot, par les soins de J. Rousset, à la suite d'une édition en 3 vol. in-12, de la traduction française du *Paradis perdu* de Milton, par Dupré de Saint-Maur.

David Durand avait proposé, en 1725, par souscription, l'*Histoire de la sculpture*, extraite également de Pline. Il paraît que ce travail n'a point été publié.

V. *C. Plinii S. Historiæ naturalis ad Titum imperatorem præfatio : ex manuscriptis et veteri editione recensuit et notis illustravit D. Durandus. Londini, typis Robertianis*, 1728, in-8° de 92 pag.

Cette préface de Pline a été appelée un ouvrage divin, par *Alexander Benedictus*, un des anciens éditeurs de Pline. Beaucoup d'auteurs ont cherché à en corriger le texte ; on en trouve la liste au commencement du 8e livre des *Disquisitiones Plinianæ*, du comte Antoine-Joseph *à Turre Rezzonico*. Parme, 1763, 2 vol. in-fol. David Durand n'y est pas oublié : son nom est accompagné de cet éloge aussi noble que simple, *optimè de Plinio aliis etiam in voluminibus meritus*.

On assure, dit le *Journal des Savans*, du mois de septembre 1728, que cette dédicace de Pline à l'empereur Tite, est tout autrement correcte que dans l'édition du P. Hardouin, et même que dans tout le livre, il n'y a pas une seule faute d'impression.

Cet opuscule n'a pas été mentionné par M. Boehmer, dans sa *Bibliothèque des écrivains sur l'Histoire naturelle*, Leipsick, 1785-1789, 9 vol. in-8° ; il est si rare que je ne le trouve pas indiqué dans le précieux catalogue de la bibliothèque (*Historico-naturalis*) de M. Joseph Banks, rédigé par M. Dryander. Londini, 1796-1800, 5 vol. in-8°.

J'en ai acquis un exemplaire dans une vente publique, au mois de mars 1811.

David Durand a publié une traduction française de cette préface. La bibliothèque du roi en possède un exemplaire, commençant à la page 73 jusqu'à 111 inclusivement. Elle est suivie d'éclaircissemens sur le début de cette préface, et par occasion, sur un endroit de Catulle qui en donne la clef. Ce 3e article va depuis la page 113, jusqu'à 126; un 4e article contient des remarques sur quelques endroits d'Horace ; il va depuis 127 jusqu'à la page 136.

Le tout est daté de Londres, le 19 septembe 1734. Il paraît qu'il ne manque à cet exemplaire que le texte latin de Pline.

VI. *Ethicæ christianæ compendium*, *auctore Joanne-Frid. Ostervald. Londini*, 1727, in-8°. David Durand se chargea de revoir une partie des épreuves de cet ouvrage qui fut imprimé à l'insu de l'auteur. Il y mit une préface latine. Le morceau qu'il en cite dans la vie d'Ostervald, prouve qu'il écrivait avec facilité en latin, avantage que lui procura la lecture habituelle et approfondie des auteurs classiques.

La *Morale chrétienne* d'Ostervald a été réimprimée à Bâle, en 1739; elle a été traduite en flamand et en français.

VII. *L'Abbé petit-maître, ou la savante raisonnable;* imité d'Erasme, in-4° (vers 1729).

VIII. *Les Aventures de Télémaque, fils d'Ulisse*, par Fénélon, nouvelle édition, corrigée et enrichie des imitations des anciens poëtes, de nouvelles notes et de la vie de l'auteur. Hambourg, et se vend à Londres, chez Vanden Hoeck, 1731, 2 v. in-12, de 672 pages, y compris les pièces liminaires et la table des matières.

Dans une lettre écrite en janvier 1742, à l'auteur de la *Bibliothèque Britannique*, et insérée dans la première partie du tome 19e de cet ouvrage, David Durand déclare avoir fourni, pour cette édition de Télémaque, la vie de Fénélon et les passages imités des poëtes latins. Il ajoute que les imitations grecques et plusieurs bonnes remarques de géographie ont été fournies par le savant Fabricius. Reimar, qui a publié à Hambourg, en 1737, in-8°, une vie de ce célèbre bibliographe, ne parle pas de cette édition de Télémaque ; il ignorait apparemment la part que son héros y avait eue.

David Durand devait faire réimprimer cette édition en Angleterre, avec des augmentations considérables, surtout par rapport aux passages imités. Ch. Et. Jordan, qui a publié la relation du voyage littéraire qu'il fit, vers 1733, en France, en Angleterre et en Hollande, avait vu David Durand occupé de ce travail ; mais le projet n'en fut réalisé qu'en 1745. Cette nouvelle édition parut à Londres chez Watts ; voici son titre : *Les Aventures de Télémaque, fils d'Ulisse*, par Fénélon, nouvelle édition revue et corrigée avec soin, enrichie des imitations des anciens, de la vie de l'auteur, et d'un petit dictionnaire mythologique et géographique, avec des figures, petit in-8°, de XXXIX et 451 p., sans compter le petit dictionnaire qui a 16 pages non numérotées.

Par le mot *anciens*, l'éditeur n'entend plus seulement les poëtes, comme dans l'édition de Hambourg, mais encore les historiens, les orateurs, etc.

La vie de Fénélon, ou plutôt son éloge historique qui contient 16 pages, est remarquable en ce qu'on y trouve les sentimens d'un protestant éclairé sur les opinions mystiques qui ont divisé deux illustres prélats de l'Eglise romaine. L'auteur prévient, dans un court avertissement, qu'il a revu et corrigé ce morceau pour la présente réimpression. Il l'avait composé en juillet 1731.

David Durand avertit dans une note, que le Discours *de la poésie épique et de l'excellence du poëme de Télémaque*, a été revu, changé et enrichi en plusieurs endroits sur des corrections envoyées par l'auteur, M. de Ramsay.

Cette édition est dédiée au duc de Cumberland. L'exemplaire que j'ai eu sous les yeux, n'a pas de figures.

Les auteurs du Journal des Savans ont annoncé cette édition en mai 1746, ainsi qu'une édition de la tragédie d'Esther, dont il sera parlé ci-après.

C'est probablement la même édition de Télémaque qui se trouve annoncée dans la *Bibliothèque annuelle et universelle* (par Burtin), *Paris*, *Lemercier*, 1753, petit in-12, tome 3, page 403, comme ayant paru dans le cours de l'année 1750. Au reste on aura une juste idée du travail de David Durand sur Télémaque, en lisant les réflexions suivantes, tirées de l'avertissement de l'édition de cet immortel ouvrage, que M. Bosquillon a publiée en l'an VII (1799), 2 vol. in-12 et in-18, avec des variantes, des notes critiques, et plusieurs fragmens extraits de la copie originale.

« L'édition de Hambourg 1731, » réimprimée en 1732, dit le sa» vant éditeur, l'emporte beau» coup sur les précédentes. Elle » est enrichie des imitations des » poëtes grecs et latins, et de » nouvelles notes. Les éditeurs » ont conféré avec soin les meil-

» leures éditions, comme le » prouve la liste qu'ils ont don- » née des lacunes de l'édition des » Wetsteins et de celle de Paris, » 1731, in-4° ; le choix des di- » verses leçons est en général fait » avec beaucoup de jugement, » mais on ne peut leur pardon- » ner d'avoir corrigé, sans au- » torité, divers passages qui leur » ont paru altérés par l'infidélité » des copistes, ou par la négli- » gence des correcteurs. Un édi- » teur doit toujours respecter » aveuglément son texte. Nous » ne pouvons néanmoins dissi- » muler, pour donner une idée » de la discrétion et de la saga- » cité des éditeurs, que la plu- » part de leurs corrections se » trouvent dans la copie origi- » nale. »

L'avertissement dont il s'agit ici, contient une histoire aussi curieuse que détaillée, des principales éditions de Télémaque. L'auteur de la *Bibliothèque britannique* avait déjà écrit cette histoire jusqu'en 1742. La lettre de David Durand, citée plus haut, en fait partie. Ces deux morceaux de bibliographie méritent d'être lus avec attention par les amateurs de l'histoire littéraire.

Les anciennes notes de Fabricius et de David Durand sur Télémaque, se trouvent dans l'édition de ce poëme, publiée en 1793, à Paris chez Didot l'aîné, par feu J. E. Hardouin, avec une imitation en vers français, 6 vol. in-12. M. Hardouin dit, dans son prospectus, s'être servi pour le texte de Fénélon, de l'édition de Hambourg 1732 (1731.)

IX. *Histoire du seizième siècle.* Londres, Coderc et l'auteur, 1725-1730, 6 vol. in-8°. — *Continuation de l'Histoire du seizième siècle; septième partie qui contient la vie de M. de Thou, extraite de ses propres Mémoires jusqu'en* 1601, *et continuée jusqu'à sa mort en* 1617, *et les commencemens du règne de François II*, Londres, 1732, in-8°, pp. 348 pour la vie et 79 pour l'Histoire. Cette continuation est de la plus grande rareté.

Cette Histoire, faite sur le plan d'un ouvrage du même titre, en latin, par *Perizonius*, a obtenu un succès mérité. Pierre de Hondt l'a réimprimée à La Haye, en 1734, 4 vol. in-12, qui ne comprennent pas la septième partie. C'est sans doute de ce dernier volume qu'ont voulu parler Goujet, Ladvocat, Barral, M. Chaudon et autres biographes modernes, lorsqu'ils ont dit d'une manière trop vague, à l'article du célèbre Jacques-Auguste de Thou, que M. Durand avait publié sa vie, in-8°, à Londres, en français, et qu'elle était fort curieuse. J'en possède un exemplaire; on trouve en tête un portrait de M. de Thou, gravé à Londres, par J. Tinney, avec des vers au bas, composés par D. Durand.

X. *Eloge de Perizonius*, 11 p. in-8°, en tête de la 6ᵉ partie de l'*Histoire du* XVIᵉ *siècle*. Londres, 1730, in-8°, et 16 pag. in-12, à la tête du 4ᵉ vol. du même ouvrage, édition de La Haye.

On trouve dans cet Eloge, des détails curieux sur la vie littéraire et les opinions politiques du savant Perizonius, dont David Durand avait suivi les leçons d'histoire, pendant plusieurs années.

XI. *Sermons sur divers textes de l'Ecriture-Sainte.* Rotterdam, chez Fritsch et Bohm, 1711, in-8° de x et 386 pages. Il y a plus de mouvemens dans ces *Sermons*, que dans ceux de beaucoup d'orateurs de la communion protestante. Ce volume est très-rare.

David Durand n'avait que 30 ans environ, lorsqu'il publia ce volume de sermons. Une nécessité indispensable le força à cette publication. Ayant prêché près d'un an, dans l'église wallonne de Rotterdam, il demanda un témoignage, pour se retirer à Amsterdam. Deux ministres réfugiés mirent opposition à la délivrance de ce témoignage, et accusèrent David Durand, devant le consistoire, d'avoir prêché l'arminianisme. Le consistoire reçut l'accusation, examina l'affaire, et en renvoya la décision au prochain synode qui devait se tenir à Brille. Ce fut dans cette circonstance que l'on conseilla à David Durand de faire imprimer ses sermons. Il suivit le conseil; mais les trois premiers discours étaient à peine imprimés, que le synode se tint. Notre auteur s'y présenta avec confiance. Les endroits de ses sermons, qui avaient été dénoncés, furent examinés. On lut les remarques des accusateurs; on écouta les réponses et les explications de l'accusé. Après une mûre délibération, le synode reconnut l'orthodoxie de David Durand, et déclara que le jugement qu'il rendait en sa faveur, lui tiendrait lieu du témoignage qu'il avait demandé au consistoire de Rotterdam.

XII. *Sermons choisis de divers auteurs*, avec un fragment de la *Vie de M. Jaquelot*, et une *Oraison funèbre de la reine Marie*. Londres, J. F. Coderc, 1726, in-8°. — Les mêmes sous ce titre: *Sermons choisis et autres pièces de divers auteurs*, sur les dispositions requises pour écouter la parole de Dieu (traduit de l'anglais de Mylord Tillotson, archevêque de Cantorbery); sur la Pentecôte chrétienne (par M. Besombes, ministre à Londres); sur l'espérance de la résurrection (par J. Fréd. Ostervald); sur le Messie (par Jaquelot); sur la révélation (trad. de l'anglais de Richard Bentley); sur les avantages temporels promis à la piété (par l'éditeur); discours adressé à la reine Marie, lorsqu'elle fut sur le point de monter sur le trône (par Jaquelot), avec une Oraison funèbre de ladite reine, par M. Grœvius (traduite du latin par l'éditeur), seconde édition augmentée d'un sermon (de l'éditeur); sur la mort du roi Georges Ier, avec une préface où l'on trouve une lettre de M. Jaquelot à la reine d'à-présent, avec la réponse de cette princesse; (le tout précédé d'une épître dédicatoire à M. G. V. N., par David Durand). Londres, chez l'éditeur, 1728, in-8°.

La meilleure pièce du recueil est le sermon de Jaquelot; ce volume est encore plus rare que le précédent; la prétendue seconde édition ne diffère de la première, que par l'addition du sermon sur la mort de Charles Ier, et par un nouveau frontispice plus détaillé que le premier, avec la date de 1728.

Le discours sur la mort de Georges Ier, avait été imprimé séparément en 1727, in-8° de VIII et 33 p.

XIII. Onzième et douzième volumes de l'*Histoire d'Angleterre*, par Rapin-Thoyras. La Haye,

Pierre de Hondt, 1734, et Paris, 1749, 2 vol. in-4°.

Dans la Préface de la nouvelle édition de Rapin-Thoyras, Lefèvre de Saint-Marc juge un peu sévèrement notre auteur, au sujet des deux volumes qui sont de sa composition.

XIV. *Académiques* de Cicéron, traduites en français avec le texte latin et des remarques nouvelles, outre les conjectures de Davies et de Bentley. Londres, Paul Vaillant, 1740. — *Academica, sive de judicio ergà verum, in ipsis primis fontibus; opera Petri Valentiæ Zafrensis, editio nova emendatior. Londini, typis Bowyerianis*, 1740, in-8°.

M. Renouard, libraire, dans un voyage qu'il a fait à Londres, en 1813, a acquis un exemplaire des *Académiques*, enrichi de corrections et de notes de la main de l'auteur.

Ce volume a été d'une telle rareté, que M. Capperonier, l'un des conservateurs des livres imprimés de la bibl. du Roi, voulant ajouter cette traduction à celles qui ont été publiées chez Barbou, fut obligé de la copier de sa main, sur un exemplaire que lui prêta M. Chardin, possesseur d'un des plus beaux cabinets qui soient à Paris. Le modeste et habile éditeur a exécuté, en l'an 4 (1796), le projet que son amour pour les lettres lui avait fait concevoir. Son édition des *Académiques* de Cicéron forme deux vol. in-12, parce qu'il a joint à la traduction des *Académiques*, par David Durand, celle du *Commentaire philosophique* de Pierre de Valentia, par Jean Salvemini de Castillon, membre de l'académie de Berlin.

Ce travail de M. de Castillon se trouve en tête de la nouvelle traduction des académiques de Cicéron, qu'il a publiée à Berlin en 1779, 2 vol. in-8°; il n'avait pu se procurer, même à Londres, un seul exemplaire de la traduction de David Durand. Il eut cependant le bonheur d'en découvrir un qu'il vit porté sur le catalogue de la bibliothèque d'un homme de lettres. S'il eût été content de la traduction de David Durand, il se fût borné à en donner une nouvelle édition; mais il crut pouvoir mieux faire. Sa traduction néanmoins n'a pas satisfait les savans; elle leur a paru souvent inférieure à celle de David Durand.

M. Bozérian l'aîné a fait aussi réimprim. la traduction des Académiques, par David Durand, à la tête de la collection qu'il a publiée en 1796, 10 vol. petit in-12, des ouvrages philosophiques de Cicéron, traduits en français par différens auteurs. Un meilleur plan de cette collection avait été tracé par David Durand, dans la préface de ses Académiques. Il a été imprimé séparément, comme on va le voir.

XV. *Projet d'une édition complète des ouvrages Philosophiques de Cicéron*. Londres, Vaillant, 1740, in-4°, réimprimé dans le tome 15e de la *Bibliothèque britannique*.

David Durand mit au jour ce Projet, peu de temps après la publication de sa traduction des *Académiques* de Cicéron; il parut assez important à l'abbé Desfontaines, pour mériter un article particulier dans les Observations sur les *écrits modernes*.

David Durand se proposait de

réunir en un corps les traductions des ouvrages philosophiques de Cicéron, publiés à différentes époques par les abbés Regnier et d'Olivet, par Dubois, Morabin et Geoffroy; il devait compléter leur travail, en traduisant le traité *De fato*, et la Lettre de Q. Cicéron à son frère sur la *demande du consulat*. Cette lettre a trouvé dans ces derniers temps, deux habiles traducteurs, MM. Adry et Eusèbe Salverte; car je regarde comme non avenue, une traduction publiée dans le XVIe siècle. Le Traité *De fato* a été traduit par M. l'abbé Giraud. Lyon et Paris, chez Brunot-Labbe, 1816, in-12.

XVI. *Notice sur Pierre de Valentia*, dans la *Bibliothèque britannique*, tom. 18e, première partie, pages 60 et suivantes.

Lorsque David Durand fit réimprimer, à la suite des Académiques de Cicéron, le Commentaire philosophique de P. de Valentia, il ne savait rien de positif sur la personne de l'auteur; mais, ayant eu depuis communication de la Grande Bibliothèque espagnole, de Nicolas Antoine, il y trouva un article instructif sur ce philosophe; ce qui lui donna lieu de rédiger une notice sur la personne et les écrits de P. de Valentia, qu'il envoya à l'auteur de la Bibliothèque britannique, et que celui-ci inséra en forme d'extrait de l'ouvrage de Valentia.

XVII. *Exercices français et anglais, pour les enfans, avec des exercices de conversations et de lettres, et un choix de bons mots, au nomb. de* LXXX, par D. D. de la S. R. Londres, J. Nourse, 1746, in-12.

XVIII. *Esther*, tragédie de Racine, revue avec soin, et ponctuée à l'usage de la jeunesse qu'on veut former à une prononciation correcte. Londres, Jean Nourse, 1746, in-12.

XIX. *Dissertation, en forme d'entretien, sur la prosodie française*, à la tête du Dictionnaire anglais-français de Boyer, édit. de Londres, 1748, 2 vol. in-4°; d'Amsterdam, 1752 et de plusieurs autres éditions, jusqu'en 1773, où elle fut remplacée par le Traité de l'abbé d'Olivet sur le même sujet.

XX. *Nouvelle méthode pour apprendre facilement les langues française et anglaise*, par M. Rogissart, nouvelle édition, revue et corrigée; Londres, *Nourse et Vaillant*, 1745, in-12. — Autre édition augmentée d'un *Essai sur la prosodie française. Londres*, Watts, 1750, in-12. Dod et Johnson, 1765, in-12. Johnson, Clarke et autres, 1772, in-12.

Il existe aussi une édition de cette grammaire en 1751, chez J. Nourse, avec les corrections de David Durand, mais sans l'*Essai sur la prosodie*. Ces différentes éditions prouvent que les améliorations faites par notre auteur à la grammaire de Rogissart, ont été très-bien accueillies en Angleterre. On lit ces mots à la fin de l'Essai sur la prosodie française. *A Londres, le 1er d'août* 1748, *retouché en septembre* 1749. On trouve en effet d'utiles additions dans cette réimpression, ce qui la rend préférable à celles qui se trouvent à la suite du Traité de la prosodie française, par l'abbé d'Olivet, lesquelles sont conformes à la première édition de 1748. Il faut cependant en excepter l'édition de ce dernier

Traité qui a été donnée par M. Maugard, à Paris, en 1812, in-8°. Ce soigneux et savant éditeur s'est servi pour la réimpression du morceau de D. Durand, d'une édition du Dictionnaire de Boyer (*Londres*, 1752), dans laquelle se trouve l'Essai revu par l'auteur.

David Durand affectionnait la grammaire de Rogissart. Il lui trouvait cet avantage particulier, qu'étant en deux colonnes, c'est-à-dire en français et en anglais, elle était également propre et à ceux qui n'ont aucune connaissance du français, et qui veulent l'apprendre, et à ceux qui n'ont que peu ou point de connaissance de l'anglais, et qui sont bien aises de trouver à côté l'interprétation qui peut leur en faciliter l'intelligence.

XXI. *Vraie notice de la République des Provinces-Unies des Pays-Bas.* Londres, 1748, *in-4°.*

Ce n'est qu'un programme de souscription, auquel l'auteur a joint une table très-détaillée des matières que devait contenir l'ouvrage, fait sur le plan de celui de M. Otton, intitulé : *Belgii federati Notitia.*

XXII. *Le Nouveau Testament de Jésus-Christ : nouvelle édition d'après le texte de M. Martin, mais retouchée en faveur des jeunes gens, avec une table des matières ;* Londres, Watts, 1750, in-8° ; nouvelle édition, Londres, 1808, petit in-12.

XXIII. *Eclaircissemens sur le toi et le vous.* Londres, le premier juin 1753, 24 pages petit in-12, dans le *Journal britannique* de Maty, tom. XI, pages 298 et suiv.

David Durand a écrit en homme d'esprit dans ce morceau, l'histoire du *toi* et du *vous* chez les peuples anciens et modernes, mais particulièrement en France; il prouve, comme l'a fait depuis, d'après lui peut-être, M. de La Harpe, dans la leçon qu'il donna aux écoles normales, sur le tutoiement, que la grammaire toute impérieuse qu'elle est, se trouve dominée par l'usage, et cela, parce que des raisons de bienséance doivent être au-dessus d'une simple délicatesse d'oreille.

XXIV. *Les devoirs d'un mourant*, ou *Sermon* sur Isaïe, XXXVIII. 1. On y a joint une *lettre supposée, venue du ciel, de la part d'une épouse à son mari affligé.* Londres, P. Vaillant, 1755, in-8°.

Ces deux opuscules sont annoncés dans le *Journal britannique* de M. Maty, tome 18e. Le journaliste observe que le second est imité d'un poëme latin de M. d'Orville. Du reste, il reconnaît, dans tous les deux, l'auteur de beaucoup d'ouvrages publiés en divers temps.

Masson, dans son *Histoire critique de la République des lettres*, 15 vol. in-12, présenta, en 1717, David Durand, comme l'auteur des *réflexions morales, satiriques et comiques*, dont la quatrième édition parut à *Liége*, en 1733, in-12, ainsi que des *Nouvelles réflexions* sur le *Pogge*, publiées à Amsterdam en 1712, petit in-12.

Notre auteur déclare, dans la préface de la *Religion des mahométans*, n'avoir jamais vu les *Réflexions* sur les contes de Pogge, et n'avoir jamais pu achever la lecture des *Réflexions satiriques et comiques.* Il est étonnant qu'après une dénégation aussi franche et aussi ferme, le P. Niceron et Lenglet Dufresnoy se soient encore permis d'attribuer ces deux ouvrages à David Durand, l'un dans le tome IX de ses *Mémoires*, à l'article du Pogge; l'autre dans le second volume du Traité de l'*Usage des romans*.

L'abbé Desfontaines regardait Jean-Frédéric Bernard, libraire d'Amsterdam, comme le véritable auteur des *Réflexions satiriques et comiques*.

Charles-Etienne Jordan dit, dans son *Voyage littéraire*, qu'un des projets favoris de David Durand, était de publier une histoire de Pline, moins chère que celle du P. Hardouin. Il tenait beaucoup à son projet d'une édit. complète des ouvrages philosoph. de Cicéron, traduits en français par différens auteurs. C'est dans cette vue qu'il traduisit les *Académiques*, et le Traité *de Fato*. La traduction de ce dernier ouvrage est restée manuscrite. Il avait composé une vie de Jaquelot; Jordan la vit entre ses mains. Elle lui parut contenir bien des faits. Quelques endroits, surtout, devaient ne pas faire plaisir aux amis de Bayle. Elle été imprimée à Londres en 1785, in-8°. Voy. le Catalogue de la bibliothèque de M. Gossett, vendue à Londres en 1813, n° 2747, page 102.

David Durand avait encore laissé en manuscrit, la vie de J. Frédéric Ostervald, pasteur de Neûchatel. Celle-ci a été publiée à Londres, en 1778, par M. Samuel Beuzeville, à qui David Durand en avait confié une copie, c'est un volume in-8° de XIV et 307 pages. Le manuscrit original fut brûlé à Londres en 1765, au mois de novembre, dans le grand incendie de Corn-Hill, avec les *sermons* de notre auteur, un *Mémoire historique sur sa vie et ses écrits*, et *diverses lettres* très-intéressantes, que lui avaient écrites Fontenelle, J.-B. Rousseau, le chancelier d'Aguesseau, l'abbé de Bernis, l'abbé Trublet, Rollin, Formey, etc.

On trouve à la suite de la préface de l'éditeur, une pièce de 212 vers hexamètres, intitulée: *Avis aux prédicateurs; ou idée générale de la vraie prédication*, par David Durand. Ce poëme est très-faible de poésie.

La vie d'Ostervald est écrite dans le style familier de la conversation. On y rencontre assez fréquemment des expressions incorrectes et peu françaises. Cependant la lecture en est aussi attachante qu'instructive; Beaucousin avait raison de la regarder comme un précieux morceau de biographie. Il apprend à connaître la réforme et beaucoup de ses personnages illustres; tel est le précis du jugement déposé, par cet amateur de livres, sur l'exemplaire qu'il possédait de la vie d'Ostervald.

Un autre manuscrit de David Durand, qui s'est conservé parce qu'il n'était point dans la caisse fatale, brûlée en 1765, est un recueil en deux vol. in-fol., le premier, sur l'histoire ancienne, le deuxième, sur l'histoire moderne poussée jusqu'à la paix de Maëstricht, en 1748. C'est un travail, fait par l'auteur, pour l'usage de ses pensionnaires. Il est précédé d'un Traité sur la sphère, et d'un autre sur la chronologie. Cette histoire est écrite d'un style simple et familier. L'auteur s'est moins attaché aux grands événemens de la guerre et de la politique, qu'à des circonstances privées et surtout aux bons mots et paroles remarquables des princes et autres personnages célèbres. Ce livre est actuellement entre les mains de M. de Guissardière, ci-devant précepteur des princesses d'angleterre, dont il dirigeait encore, en 1806, les lectures et les études ; il en faisait un cas particulier, l'appelant l'histoire *domestique* ou *anecdotique* du monde.

Il me paraît résulter des différens jugemens, portés sur notre auteur, qu'il joignait un style naturel, mais inégal, à des connaissances aussi étendues que variées, et à un goût assez sain. Les défauts de son style doivent être attribués aux troubles politiques qui l'éloignèrent de sa patrie, et le privèrent du commerce de ceux de ses compatriotes, qui ont contribué, par leurs écrits, à rendre notre langue la première des langues vivantes.

On conserve son portrait dans une salle d'assemblée à Royston.

*DURAND (David-Henri), neveu du précédent, etc., naquit en 1731, à Neufchâtel en Suisse, y fut consacré au saint ministère, en 1755, après avoir fait ses études théologiques à Genève, où il dit avoir trouvé tout à la fois, *leçon*, *émulation* et *exemple*. Venu à Londres en 1756, il y fut élu, l'année suivante, aux trois églises françaises alors unies, et en 1760, à celle de la Savoie qu'il a desservie pendant 48 ans, c'est-à-dire, jusqu'à sa mort arrivée en 1808, dans la 77e année de son âge. M. Durand, quoique doué d'excellentes qualités, a souffert les peines d'esprit les plus déchirantes ; il éprouva aussi les souffrances du corps les plus aiguës. Un coup de pistolet lui fut tiré, le 2 mai 1783, lorsqu'il prêchait sur l'idolâtrie spirituelle. L'ébranlement causé dans son physique, par cet événement, a pu occasionner la faiblesse de caractère qui lui a été reprochée. L'accusation de plagiat, intentée contre lui, se trouve réfutée par des faits trop curieux, pour ne pas les rapporter ici. Après avoir échappé aux flammes d'un incendie nocturne et subit, ce digne pasteur fit transcrire ses sermons, pour en laisser une copie chez un ami. L'écrivain, auquel il les remit à cette fin, était fort lié avec un ministre anglais, qui, étant venu le voir un jour, en escamota un fort adroitement, le traduisit, le prêcha plusieurs fois à Bath, avec le plus grand succès, et le fit imprimer avec deux sermons de Saurin, qu'il s'était pareillement appropriés, le tout sous son nom. Un ministre de Neufchâtel, qui allait postuler une place en Amérique, pria un jour M. Durand de lui céder sa chaire, ce qui fut acccordé ; mais, quelle fut la surprise de M. Durand, lorsqu'il entendit réciter un de ses propres sermons, sauf quelques changemens dans le style. Après le service, le prédicateur pria M. Durand de lui faire part de ses observations ; notre pasteur refusa en disant que le discours qu'il avait entendu, était un des siens. Le prédicateur étonné, lui avoua qu'il avait traduit ce sermon de l'anglais ; il lui apporta le lendemain le volume qui était celui qu'avait publié l'ami du copiste de M. Durand. Le plagiaire était alors en prison, pour avoir escamoté la fortune d'une famille honnête, dont la fille lui avait été promise en mariage; il avait surpris la confiance de cette famille, en prêchant un jour le sermon de M. Durand. Notre pasteur laissa, en mourant, un assez bon nombre de sermons, parmi lesquels plusieurs ont été choisis et mis en ordre par M. Chirol, pasteur à Londres. Ce choix forme un volume in-8°, imprimé à Londres, en 1815, aux frais de M. Fauche Borel, compatriote de l'auteur. Ces sermons sont remarquables par la grandeur et la simplicité des divisions, par l'énergie du style et la force des argumens.

*DURAND (Jacques-François), né en 1727, dans une chaumière du village de Semalé, près d'Alençon en Normandie, fit ses études à Paris, où il eut le bonheur de passer quelque temps auprès du célèbre abbé Poule. En étudiant l'Ecriture-Sainte, M. Durand crut voir que l'Eglise romaine a fait subir d'importantes altérations à la religion chrétienne; il forma le projet de renoncer au catholicisme, et en 1755, il se rendit à Lausanne, dans cette vue. Il embrassa en effet le protestantisme dans cette ville, et, peu de mois après, il fut chargé des leçons de latin, dans le séminaire des étudians français; il s'appliquait en même temps à la théologie, dans l'académie de Lausanne. Ses professeurs furent étonnés de sa facilité à concevoir, de la solidité de son jugement, et de ses talens pour la composition; il fut consacré au ministère évangélique, dans le mois de janvier 1760; il avait publié, presqu'au moment de son arrivée à Lausanne, un volume de philosophie, intitulé; *Aglaé philosophe.* Les journalistes trouvèrent une excessive longueur dans cet ouvrage. L'auteur l'abandonna pour rédiger un *Abrégé des sciences et des arts*, qu'il fit paraître en 1762. Ce livre eut un grand succès; on y a fait des changemens, pour le faire servir à l'instruction de la jeunesse, dans plusieurs pays catholiques. En 1767, l'auteur publia l'*Esprit de Saurin*, 2 vol. in-12. L'abbé Pichon s'empara de cet ouvrage; il y fit des retranchemens et des additions. Cette édition tronquée parut en 1768, à Paris, sous ce titre: *Principes de la religion et de la morale*, extraits des ouvrages de Jacques Saurin. A la fin de 1767, M. Durand donna aux Eglises réformées ses *Sermons pour les solennités chrétiennes*, qui eurent un débit prodigieux; la réputation de M. Durand prenait chaque jour des accroissemens rapides. Berne voulut jouir de ses talens; il y fut appelé, en 1768, comme directeur d'un nouveau séminaire. Ce fut dans cette ville, qu'il se livra avec une ardeur nouvelle à la prédication; il y obtint les plus grands succès. M. Durand exerça, pendant dix-sept ans, à Berne, les fonctions pastorales; il y fit imprimer successivement plusieurs volumes de sermons qui furent assez généralement goûtés. Enfin, en 1780, il mit au jour son *Année évangélique*, en 7 vol. in-8°. Cet ouvrage est encore recherché; il a été traduit en anglais et en allemand. On assure que plusieurs des sermons dont il est composé, ont été prêchés en Italie; on y trouve plus de facilité que de logique ; trop souvent l'auteur emploie des expressions peu usitées en France, et il prodigue les citations de la *Bible*, d'après des versions peu élégantes. Ayant été nommé, en 1787, *professeur en histoire ecclésiastique* dans l'académie de Lausanne, M. Durand revint dans cette ville l'année suivante, et enseigna de nouveau, dans le séminaire français, la philosophie et la morale chrétienne ; sa destination académique changea bientôt : on lui donna une chaire d'*histoire civile*, d'où il passa à celle de *morale chrétienne*. En 1792, il publia 2 vol. de *Supplément à l'année évangélique*. La *Statistique élémentaire* de la Suisse parut à Lausanne, en 1795, 4 vol. in-8°.

M. Durand a livré à l'impression, en 1803, le *Bon Fils* ou la *Piété filiale*. Cet ingénieux roman n'étonne pas par des aventures extraordinaires, mais il attendrit par des scènes touchantes ; des savans l'ont appelé le *Télémaque bourgeois* ; malheureusement, il y a des négligences de style et des longueurs dans les détails. Le dernier ouvrage de M. Durand, qui me soit connu, a pour titre : *Sermons nouveaux*. Valence, 1809, 2 vol. in-8°. M. Armand-Delille, pasteur de l'Eglise réformée de Valence, qui en a été l'éditeur, est un des élèves de M. Durand ; il a mis en tête une notice intéressante sur la vie et les ouvrages de son respectable maître, qui n'est mort qu'au mois d'avril 1816, âgé de 87 ans. On trouve la *Relation de ses derniers momens*, dans le 6e n° du *Journal de l'Eglise chrétienne*, 1818, in-8°. La notice que je présente ici, n'est, pour ainsi dire, qu'un extrait de celle de M. Armand-Delille.

DURAND (Antoine-Joseph), religieux de la Trinité et docteur de Sorbonne, fut nommé en 1745, prieur-curé de la paroisse de St.-Remi, à Meaux. Il a rempli cette place avec quelque distinction, jusqu'à l'époque du serment prescrit aux fonctionnaires civils et ecclésiastiques. Le refus de prêter ce serment, força M. Durand de quitter sa cure. Il fut recueilli chez des demoiselles charitables de la ville, et il n'est mort que le 9 avril 1798, dans un âge fort avancé, sans héritiers connus. M. Durand était fort simple dans ses mœurs, et fort exact à remplir ses devoirs ; il était animé d'un zèle assez vif contre les personnes suspectes de jansénisme, et contre les philosophes. On se souvient à Meaux d'un refus public de communion, fait à une demoiselle qui n'avait pas suivi les instructions de ce pasteur. Le public a laissé dans l'oubli l'ouvrage que ce docteur de Sorbonne a publié sous ce titre : *Je veux être heureux, entretiens familiers*. Paris, Belin, 1782, 2 vol. petit in-12.

* DURAND DE MAILLANE (Pierre-Toussaint), né à S. Remi en Provence, le 1er novembre 1729, embrassa la profession d'avocat, et se livra surtout à l'étude du droit canonique. La réputation dont il jouissait, le fit élire à l'unanimité de 120 électeurs, député du tiers-état de la sénéchaussée d'Arles, aux états-généraux de 1789. L'assemblée électorale le chargea de coopérer à la rédac-

tion des *cahiers*, dont les bases furent présentées par un homme du plus grand mérite, l'ancien avocat général Servan. M. Durand de Maillane soutint dans l'Assemblée nationale les intérêts nationaux, de manière à mériter d'être député, par le département des Bouches-du-Rhône, à la Convention nationale; il devint ensuite membre du Conseil des anciens. A la suite du 18 fructidor, an V (4 septembre 1797), il fut mis au Temple, comme accusé d'avoir favorisé la rentrée des émigrés. Il obtint sa liberté au mois de février 1798. Après la révolution du 18 brumaire (9 novembre 1799), il fut nommé juge de la cour d'appel d'Aix, et mourut juge honoraire en 1811. Les ouvrages qu'il a publiés sur le droit canonique, étaient recherchés avant la révolution; on peut encore les consulter avec fruit. Les principaux sont:

I. *Dictionnaire du droit canonique*. Avignon, 1761, 2 volumes in-4°; Lyon, 1770, 4 vol. in-4°; 1776, 5 vol. in-4°; réimprimé encore en 1787, 6 vol. in-8°.

II. *Institutes du droit canonique*, traduites du latin de Lancelot en français, et adaptées par des explications aux usages présens de l'Italie et de l'Eglise gallicane. Lyon, 1770, 10 vol. in-12, y compris l'*Histoire du droit canonique* qu'il avait publiée l'année précédente.

III. *Les Libertés de l'Eglise gallicane*, prouvées et commentées, suivant l'ordre et la disposition des articles dressés par P. Pithou et sur les recueils de P. Dupuy. Lyon, 1771, 5 vol. in-4°. Cette édition est utile par les concordances et les rapports qu'elle établit entre les éditions précédentes. Les Libertés de l'Eglise gallicane tiennent au droit public de France; les laïcs mêmes doivent étudier les principes sur lesquels elles sont fondées.

IV. *Le Parfait notaire apostolique et procureur des officialités*, par J. L. Brunet, nouvelle édition augmentée. Lyon, 1775, 2 vol. in-4°.

V. *La Noblimanie*. Avignon, chez Joly, 1788, in-8°. Dans cette brochure, l'auteur dénonça aux états-généraux, alors prochains, les plus crians abus politiques du gouvernement envers le tiers-état, les chaînes accablantes du régime féodal et les vexations des grandes corporations civiles et ecclésiastiques, où il n'entrait que des nobles et des anoblis.

VI. *Rapport sur le projet de décret des comités ecclésiastique et de constitution, concernant les empêchemens, les dispenses et la forme des mariages*, in-8° de 24 pages. Le projet de loi qui suit le rapport est signé: Durand de Maillane, Lanjuinais, commissaires du comité ecclésiastique. On trouve encore, après ce projet, un *Rapport* de Durand de Maillane, *sur l'affaire du sieur Talma, comédien français*, imprimé par ordre de l'Assemblée nationale. Le rapporteur proposait dès-lors de déclarer les mariages devant les municipalités; mais, conséquent dans ses principes, il proposait aussi de ne point gêner les ministres de l'Eglise, dans le droit et la liberté de régler l'admission à la bénédiction nuptiale. Ainsi, M. Durand de Maillane reconnaissait le mariage de M. Talma comme valable aux yeux de la loi; mais il ne blâmait pas le curé de Saint-Sulpice, qui lui refusait la bénédiction nuptiale, vu les censures de l'Eglise contre la profession de comédien. La sagesse des principes de M. Durand de Maillane ne le sauva pas de plusieurs attaques aussi vives qu'imprudentes : M. l'abbé Barruel, l'abbé Rougane, l'abbé Samary, député de Carcassonne, l'abbé Thiébaut, député du bailliage de Metz, publièrent contre lui des brochures oubliées aujourd'hui, tandis que la loi du 20 septembre 1792, sur les actes civils, a sanctionné les principes du rapporteur des comités ecclésiastique et de constitution. M. Durand de Maillane a répondu à ses adversaires, dans une *Suite et défense du Rapport sur les empêchemens, les dispenses et la forme des mariages*, in-8° de 28 pages. L'abbé Thiébaut publia contre cette *Suite* une seconde brochure intitulée : *Notes critiques et dogmatiques*, Metz, 1791, in-8°. Ce député était alors absent par congé.

VII. *Histoire apologétique du comité ecclésiastique de l'Assemblée nationale*, Paris, Buisson, 1791, in-8°. L'auteur avait été membre de ce comité. Cet ouvrage, dicté par un attachement sincère à la religion, est remarquable aussi par la modération avec laquelle il est écrit.

VIII. *Plan de Code civil et uniforme pour toute la république française*, 8 juillet 1793, imprimé par ordre du comité de législation. Paris, imprimerie nationale, in-8° de 149 pages.

IX. *Réponse au Mémoire de Fréron, sur le Midi*. Le 7 thermidor an IV (1796), in-8°. En juillet 1795, Durand de Maillane avait été envoyé dans le Midi ; il en fut rappelé trois mois après, pour n'avoir pas empêché le massacre des personnes désignées comme terroristes.

Cet habile jurisconsulte a eu part au *Dictionnaire universel raisonné de justice naturelle et civile, ou Code de l'humanité*, rédigé par le professeur de Félice, Yverdon, 1778, 13 vol. in-4°.

DURET (Pierre-Claude). Pernetti (et non pas Pernety), dans ses *Lyonnais dignes de mémoire*, lui attribue vaguement une *Histoire des voyages aux Indes Occidentales*, in-4°. Il vaut mieux, d'après la mauvaise réputation de Pernetti, reléguer cet ouvrage parmi les productions imaginaires, que de conjecturer, avec la *Biographie universelle*, que Pernetti a voulu parler du *Voyage de Marseille à Lima et dans les autres lieux des Indes Occidentales*, par le sieur Durret, Paris, 1720, in-12.

D'abord, ce n'est pas le même nom ; ensuite le Voyage de Durret est pillé de la *Relation de Marseille au Pérou*, par le P. Feuillée, minime. Voyez la préface du *Nouveau voyage aux îles de l'Amérique*, par le P. Labat, Paris, 1722, 6 vol. in-12. On y verra que Durret, trop connu pour un homme qui n'était point sorti de son cabinet, s'est caché sous le nom du nommé Bachelier, chirurgien, de Bourg-en-Bresse, qu'il suppose avoir fait ce voyage en 1707. Il ne faut donc pas croire, d'après la *Biog. univ.*, que Durret se qualifiait : *bachelier et chirurgien à Bourg-en-Bresse*.

DUREY DE MEINIERES (Jean-

Baptiste-François), président aux enquêtes du parlement de Paris, obtint cette place en 1731, et la quitta en 1758. « Quelques fautes de jeunesse et son humeur prodigue, dit M. Chaudon, avaient dérangé ses affaires ; mais il les répara dans ses derniers jours par une conduite sage. Après avoir passé quelque temps chez Voltaire à Ferney, il se retira dans une campagne près de Paris, où il rédigea des extraits raisonnés, historiques et critiques des registres du parlement avec des tables. »

M. Désessarts, dans le tome VII de ses Siècles littéraires, donne, sur le président de Meinières, ou plutôt de Mesnières, des détails bien opposés à ceux-ci, et qui paraissent bien plus conformes à la vérité.

« Aussi fidèle à sa compagnie qu'au bien public, dit M. Désessarts, aussi impartial qu'éclairé dans ses opinions, il a consacré la première partie de sa vie aux augustes devoirs de la magistrature. Quand le temps de la retraite fut venu, M. de Meinières commença une nouvelle vie, non moins laborieuse et non moins utile. Il suivit librement ses goûts; mais l'amour du travail tenait à son existence, et ses goûts furent toujours de servir les hommes. Il fut magistrat dans son cabinet, comme il l'avait été au palais. C'est ici que M. de Meinières est moins connu, et qu'il mérite plus de l'être. Il est auteur d'un ouvrage estimable, qui fut le fruit de sa retraite et de ses délassemens; mais que la tranquillité de sa vie et la constance de son assiduité lui ont permis de porter à une étendue considérable. Il a consulté les registres du parlement, et il en a fait un dépouillement général. »

Il me paraît évident que les auteurs du *Dictionnaire historique* ont confondu la jeunesse de M. Durey de Meinières avec celle de M. Durey de Morsan, son cousin germain. Voyez la *Biographie universelle.*

DUROSOY (Jean-Baptiste), ex-jésuite. Sa *Philosophie sociale* parut en 1783 et non en 1752, comme le dit la *Biographie universelle.* Il préparait une seconde édition de cet ouvrage, très-augmentée, lorsque la déportation des prêtres insermentés le força de quitter sa patrie. Retiré en Suisse, dans le canton de Soleure, il y trouva des amis et des bienfaiteurs, et il leur témoigna sa reconnaissance par quelques ouvrages historiques. Le premier est l'*Histoire généalogique de la maison de Vigier*, in-fol., dont il soigna l'édition, après en avoir retouché le style, le fond étant d'un savant de la Suisse. Le second est la *Vie de madame Marie-Marguerite-Gertrude de Suri, épouse de M. de Besenval*, capitaine au régiment des gardes-suisses du roi de France, puis banneret de l'Etat de Soleure. On ignore si elle est imprimée. Mais beaucoup d'autres ouvrages que cet habile professeur de théologie se proposait de publier, ont été détruits, entre autres la Vie de Frédéric-Casimir, baron de Rathsamhausen, prince du Saint-Empire-Romain, abbé de Mourbach et Lure; plusieurs discours académiques, des pièces de poésies, ses sermons et son cours de théologie. Il mourut le 22 avril 1804, dans sa 78^e^

année. M. le premier président de Boug s'était déchargé sur lui de quelques détails par rapport au Recueil des édits, déclarations, lettres patentes, arrêts du conseil-d'état et du conseil souverain d'Alsace, etc., dont le duc de Choiseul l'avait chargé dès 1766. L'ouvrage a été imprimé à Colmar, chez Decker, en 1775, 2 v. in-fol. Voyez une notice plus étendue sur l'abbé Durosoy, dans l'ouvrage anonyme intitulé : *Essai sur l'histoire littéraire de Belfort et du voisinage*, Belfort, 1808, in-12.

DURYER (Pierre), poëte tragique et traducteur. Suivant la *Biographie universelle*, dans les lettres imprimées sous le nom de Furetière (il eût été plus exact de de dire : attribuées à Furetière), on trouve des détails sur la pauvreté de Duryer ; on pouvait ajouter : *et sur sa loyauté*. Ces détails sont contenus dans une lettre que Duryer écrit à un ami qui l'avait félicité sur sa traduction de Sénèque, et à qui il devait 20 pistoles ; en les lui renvoyant, Duryer s'étonne qu'il loue sa traduction de Sénèque, faite en six mois, et qui aurait exigé six ans de travail. Il lui avoue qu'il a la vanité de croire qu'il eût pu être d'Ablancourt ou Vaugelas, et qu'il est devenu Marolles. « O fortune ! fortune ! s'écrie-t-il, c'est un effet de ta rigueur ! Tu m'as forcé, malgré moi, de te sacrifier ma réputation ; mais tu ne me forceras jamais de te sacrifier mon honneur, et je ne veux point tromper mon ami. » Voilà assurément un exemple remarquable de franchise.

Duryer parle du soin que sa femme prend de lui, de sa petite salle, de la propreté qu'elle y entretient, et de sa nourriture. En dépit de la fortune, ils passent leur vie à s'admirer l'un l'autre ; la femme admire le génie que le mari a pour la traduction, et le mari admire le génie que sa femme a pour le ménage. Il raconte ensuite à son ami comment madame Billaine et Courbé, libraires, sont venus lui apporter les 600 francs qu'ils lui devaient encore pour la traduction des Oraisons de Cicéron. Madame Billaine, en robe détroussée, embrassa Duryer de très-bonne grâce, et lui offrit mille francs sur la traduction de Tite-Live, qui était fort avancée. A l'instant sa femme vint lui dire tout bas : *Prenez-la au mot, mon cher mari*. Le pauvre Duryer la crut, et, sur-le-champ, les mille livres lui furent comptées en beaux louis d'or et en argent. La dette de son ami acquittée, il se voyait plus de douze cents francs devant lui ; jamais il ne s'était trouvé si riche, ou pour mieux dire moins pauvre. Duryer prie son ami de ne pas égarer cette lettre, et de la faire imprimer, pour sa justification, à la fin ou à la tête du premier de ses livres qui se réimprimera. Cette lettre est une espèce de testament littéraire ; j'ai cru que l'analyse en intéresserait le lecteur.

On dit, dans le même article, que la traduction des Supplémens de Fréinshémius fut imprimée en 1647, in-12, à la tête de la traduction de Quinte-Curce par Vaugelas. C'est une erreur copiée du P. Niceron. Le Q.-Curce de Vaugelas parut, pour la première fois, en 1653, in-4°, avec la traduction de Fréinshémius, par Duryer. C'est même Duryer qui est auteur de la préface.

*DUSSERRE-FIGON (Joseph-Bernard), ex-jésuite, connu sous le nom de du Serre, ou sous celui de Figon, est né à Avignon, en 1728. Il est mort à Florence, en Toscane, le 22 mai 1800, âgé de 72 ans passés. Il était attaché à la paroisse de St.-Roch, de Paris, avant la révolution. On a de lui plusieurs ouvrages qui ont joui, dans le temps, d'une certaine célébrité. En voici les titres :

I. *Panégyrique de madame de Chantal*, prononcé dans l'église de la Visitation, à Paris, à St.-Denis et à Meaux, pour la cérémonie de la canonisation, l'an 1772. Paris, Berton, 1780, in-8°, avec des notes.

II. Le *Panégyrique de Ste-Thérèse*, prononcé dans l'église des carmélites de Saint-Denis. Paris, Lesclapart, 1785, in-8°, avec des notes.

III. *Discours pour la fête séculaire de la maison de St.-Cyr*, prononcé le 27 juillet 1786, avec des notes. Paris, Berton, 1786, in-8.

IV. *Oraison funèbre de Louise-Marie de France*, Paris, Onfroy, 1788, in-8°. avec des notes.

V. *Discours pour la fête de la Rosière*, prononcé dans l'église de Surêne, le 30 août 1789, paris, Onfroy, 1789, in-8°. On remarque dans tous ces discours un écrivain correct et élégant.

M. l'abbé Dusserre-Figon a composé, en Italie, avant sa mort, des discours qui obtinrent des succès mérités, et qui ne se ressentaient nullement de l'âge de l'auteur. — Son frère, aussi ex-jésuite, demeurait à Avignon en 1808.

DUTEMS (Jean-François-Hugues; plus connu sous le nom de), professeur, etc. La *Biograph. universelle* s'étend beaucoup sur l'Histoire du duc de Marlborough, en 3 vol. in-8°, rédigée par cet abbé, sur les matériaux de M. Madgets (lisez Madgett), interprète au ministère de la marine. Elle reproche à M. Madgett d'avoir revendiqué l'ouvrage; il a seulement témoigné son étonnement et son mécontentement de ce que la famille de l'abbé Dutems avait présenté cet abbé, comme seul auteur de l'Histoire de Marlborough. Il avait droit, ce me semble, de faire cette réclamation. Je puis parler de cette affaire, ayant été chargé de remettre à l'honnête Madgett les quinze cents exemplaires de l'ouvrage qui lui furent donnés par le chef de l'ancien gouvernem^t. M. Madgett m'a toujours avoué l'obligation qu'il avait à son ami Dutems pour la rédaction de cette histoire, et il était bien disposé à partager avec lui les avantages pécuniaires que la vente devait produire; mais, par l'effet des mauvaises mesures qui furent prises, l'ouvrage se vendit très-lentement; le libraire qui en était chargé mourut; les exemplaires déposés entre ses mains furent envoyés chez M. l'abbé Dutems, qui mourut lui-même peu de temps après les avoir reçus. L'infortuné Madgett fit de grands efforts pour obtenir la part qu'il avait dans cette propriété. Ainsi ses réclamations portaient autant sur le produit de la vente, dont la moitié lui appartenait, que sur les matériaux qu'il avait fournis pour la rédaction de l'*Histoire de Marlborough*. Voilà le fond de cette affaire, dont on ne peut se faire une juste idée en lisant, soit l'article de la *Biographie*, soit l'abrégé qu'en donnent les auteurs du *Supplément* au Dictionnaire de Feller.

* DUTILLET DU VILLARD, de la même famille que le célèbre greffier du parlement de Paris, a été chargé, en 1737, d'établir une nouvelle forme de répartition d'impôts dans l'Angoumois. On a de lui :

I. *Sur la nécessité d'établir le cadastre du royaume*, Paris, 1781, in-4°.

II. *Essais sur le bien public, et observations sur les Mémoires concernant la vie et les ouvrages de M. Turgot, ministre d'état*, Poitiers, 1783, in-4° de 18 pages.

DUVAL (André). On a de ce fameux docteur de Sorbonne : les *Vies de plusieurs saints de France et des pays voisins*, jointes par René Gautier, à sa trad. française des *Fleurs des vies des saints*, du jésuite espagnol Ribadeneira, Paris, 1608, in-fol., souvent réimprimées. M. Chaudon ayant indiqué, d'une manière un peu vague, ce travail d'André Duval, est probablement cause que la *Biographie universelle* s'est exprimée, à ce sujet, d'une manière fort inexacte, en disant que le docteur de Sorbonne avait publié, des traductions de *Vies des saints*, d'après l'espagnol de Ribadeneira. Moréri dit, avec raison, à l'article Gautier, qu'il n'y a guère plus de critique dans les Vies ajoutées par Duval, que dans celles de Ribadeneira.

* DUVAL (François), littérateur du XVIIIe siècle, natif de Tours, dont on a plusieurs ouvrages anonymes, qui prouvent dans leur auteur une instruction aussi agréable que variée. Il était fort jeune, lorsqu'il publia, en 1708, les *Mémoires historiques de la révolte des Cevennes*, avec une *Epître dédicatoire* à M. D***. Ce morceau d'histoire a été réimprimé en 1712, avec beaucoup de changemens, soit dans l'Epître dédicatoire, soit dans le texte, sous le titre d'*Histoire nouvelle et abrégée de la révolte des Cevennes*, Paris, chez Nicolas Pépie, petit vol. in-12. Les journalistes de Trevoux louèrent cet essai, apparemment pour encourager l'auteur ; et, en effet, Duval retoucha encore ce qu'il appelait son coup d'essai, et le fit reparaître avec de nouveaux changemens, dès 1713, chez le libraire Nyon, sous le titre d'*Histoire du soulèvement des fanatiques dans les Cevennes*. Les journalistes de Trevoux accordèrent encore des éloges à cet ouvrage, mais comme à une production nouvelle, due à un nouvel auteur. Le P. Lelong s'est évidemment trompé, en attribuant la première édition à Grimarest qui, en 1708, avait déjà publié beaucoup d'ouvrages. Duval publia en 1715, un *Nouveau Choix de pièces de poésies*, 2 vol. petit in-8°, avec une préface assez longue et assez bien raisonnée, dans laquelle il présente des considérations sur la poésie en général et sur les vers français en particulier. L'éditeur a choisi les meilleures pièces qui avaient paru depuis plus de 20 ans. Parmi elles se trouve une ode de neuf strophes en vers de huit syllabes, intitulée : *Le vrai Dieu*, par

M. Arouet. On sait que c'est le nom de famille de Voltaire : plusieurs morceaux de sa jeunesse sont signés de ce nom. L'Ode sur *le vrai Dieu*, renferme un hommage éclatant à la Divinité de Jésus-Christ. M. Pitou, dans son voyage à Cayenne, raconte avoir appris de l'abbé Thomas, chanoine de St.-Claude, qui était alors à Ferney, que cette Ode fut réimprimée en 1776, dans l'*Année littéraire* de Fréron. Cet abbé s'étant empressé d'en complimenter Voltaire, le malin vieillard lui répondit: « Cette pièce n'est pas de moi, mon ami, je n'ai jamais rien fait de bon pour cet homme-là. » Je crois cependant que Duval ne s'est pas trompé, en adoptant cette ode pour son recueil. Elle n'est pas indigne de la jeunesse de Voltaire. Du reste, j'ai en vain cherché cette Ode dans l'*Année littéraire*. On a encore de François Duval, des *Lettres curieuses sur divers sujets*. Paris, Nic. Pépie, 1725, 2 vol. in-12. Ces *Lettres* renferment différens morceaux de littérature et d'histoire, de la composition de l'auteur, ainsi que beaucoup de pièces de vers, soit latins, soit français ; les vers latins valent beaucoup mieux que les vers français. La plupart de ces *lettres* sont adressées à des hommes puissans ou à des hommes célèbres ; elles ne méritent pas tout-à-fait l'oubli où elles paraissent tombées ; c'est dans l'une d'elles que j'ai vu que Duval avait été l'éditeur du *Nouveau Choix de pièces de poésie* ; il a redonné, à la fin du second volume, son histoire du soulèvement des fanatiques dans les Cevennes, sous le titre d'*Essai historique sur la révolte des Cevennes*. M. Court, père de M. de Gébelin, dans la liste des principaux ouvrages dont il s'est servi pour la composition de son *Histoire des Camisards*, cite l'*Histoire de la révolte des Cevennes*, Paris, 1712, avec ces mots à la suite : ouvrage aussi court qu'inexact. Il eût peut-être jugé un peu plus favorablement la réimpression de 1713, si elle lui fût tombée sous la main. François Duval était parent du savant Ursin Durand, bénédictin.

*DUVAL-PYRAU (l'abbé), conseiller de la cour du landgrave et prince de Hesse-Hombourg, membre de plusieurs académies et sociétés littéraires. Cet auteur a contribué à répandre parmi les nations étrangères les principes de tolérance et d'humanité qui ont été si solennellement proclamés en France, dans la dernière moitié du XVIIIe siècle. Je le crois originaire du pays de Liége ; l'époque de sa mort ne m'est pas connue.

On a de lui :

I. *Accord de la religion et des rangs*, Francfort, 1775, in-8°.

II. *Catéchisme de l'homme social*, Francfort-sur-le-Mein, 1776, in-8°, traduit en allemand, la même année. L'auteur a tâché de réunir dans ce volume tout ce que les différens moralistes nous ont tracé des devoirs de l'homme en société, envers Dieu, envers lui-même et envers ses semblables.

III. L'*Education virile*, donnée en peinture par quatre tableaux inventés par M. Rivière, traduit de l'italien, 1777, in-8°.

IV. *Aristide*, Yverdon, 1777, in-8°, traduit en allemand, Leipsick, 1777, in-8°. Dans cet ouvrage en prose, l'auteur mêle tour à tour l'histoire à la fiction; on l'a jugé inférieur à Bélisaire, pour le style; mais il lui est supérieur pour les grands traits de vertu et par la solidité des raisonnemens.

V. *Agiatis*, Yverdun, 1778, in-8°. Ouvrage dans le même genre et du même mérite que le précédent.

VI. *Journal et Anecdotes du voyage du comte de Falkenstein en France*, Francfort, 1777, in-8°; traduit en allemand la même année.

*VII. *Eloge de Nicolas Sahlgren*, commandeur de l'ordre de Wasa, et directeur de la compagnie des Indes. Aux dépens de l'auteur. Francfort-sur-le-Mein, 1778, in-4° de 46 pages. L'auteur a imité, d'une manière assez heureuse, dans ce morceau, la forme que Thomas a donnée à son Eloge de Marc-Aurèle. Ce n'est point en son nom qu'il fait le panégyrique du vertueux Sahlgren; c'est un Suédois qui le prononce aux Indes-Orientales, en présence d'un grand nombre de ses compatriotes et d'Indiens qui l'interrompent quelquefois par leurs soupirs, ou pour rendre témoignage à la vérité de ses récits.

VIII. Le *Patriotisme en action, ou Eloge historique de Jonas Alstromer*, conseiller de la chambre royale de commerce de Suède, etc. Berlin, 1784, in-4°. Jonas Alstromer avait été l'ami intime et constant de Sahlgren. Il avait eu pour lui les bontés d'un père.

DUVERDIER (Gilbert Saunier, sieur du). Le *Voyage de France*, qui forme, dans la *Biographie universelle*, le premier article de la nombreuse nomenclature des ouvrages de ce trop fécond écrivain, est du jésuite Claude de Varenne, qui en a. publié diverses éditions, depuis 1639 jusqu'en 1650 environ, c'est-à-dire, probablement jusqu'à sa mort. Dans ces éditions, l'épître dédicatoire au fils du Roi de Dannemark est signée O. D. V., initiales du nom d'Olivier de Varennes, libraire, vendeur de l'ouvrage, et parent sans doute de l'auteur. En 1655, Duverdier a donné une nouvelle édition de l'ouvrage, revue et augmentée; elle a été suivie de plusieurs autres.

* DUVERNET (Th.-J.), abbé, qui ne mérite point l'oubli dans lequel la *Biographie universelle* l'a laissé. Il publia, en 1781, sous le voile de l'anonyme, les *Disputes de M. Guillaume*, bagatelle où il se moquait assez plaisamment de Linguet, de d'Esprémenil, de l'abbé Sabatier, etc. Cette gaieté fit rire les Parisiens pendant quelques jours. Le gouvernement, qui n'était pas ménagé dans cette brochure, accorda à l'auteur les honneurs de la Bastille; cette retraite, qui ne dura que trois semaines, lui donna la singulière envie de dire son mot sur le ministère de M. de Maurepas, dont chaque opération lui semblait une ineptie. Cette nouvelle imprudence fut punie d'une nouvelle détention à la Bastille. Après cinq mois de séjour dans cette prison, le ministre Amelot vint visiter le prisonnier, et lui annoncer sa délivrance. L'abbé Duvernet, croyant que c'était une raillerie qu'un supérieur se permettait envers un infortuné, dit

au ministre de Louis XVI quelques dures vérités ; elles le firent rester sept mois de plus en prison. Ce fut pendant ce séjour que notre abbé rédigea une *Vie de Voltaire ;* lorsque l'ouvrage fut achevé, il demanda sa liberté. M. Lenoir la lui accorda ; mais il emporta le manuscrit de la *Vie de Voltaire.* L'auteur le redemanda en vain pendant deux ans ; il se lassa d'attendre, et en confia une copie informe à un libraire étranger, qui s'empressa de l'imprimer ; sans nom d'auteur et sans indication de lieu, 1786, in-12. Un autre le reproduisit sous la rubrique de Genève, 1786, 1 vol. grand in-8°. Quelqu'incomplet que fût l'ouvrage, les hardiesses dont il était parsemé, lui donnèrent une grande vogue ; les évêques en demandèrent justice au roi : *Je ne veux point me mêler de cela*, répondit Louis XVI au garde des sceaux, qui lui demandait vengeance au nom du clergé, *si Duvernet a tort, on doit le réfuter, c'est l'office des évêques*. En peu de mois, il se fit plusieurs contrefaçons de l'ouvrage. J'en possède en effet une édition datée de 1787, in-8°, en petits caractères.

Bientôt l'on envoya à l'auteur, de toutes parts, des faits et des anecdotes sur Voltaire. Tout fut recueilli et classé avec soin. Les événemens de la révolution ayant conduit l'abbé Duvernet dans une cellule de la maison des carmes, il occupa son loisir à la refonte de son ouvrage ; mais il mourut vers 1796, avant de l'avoir livré à l'impression. Le libraire Buisson publia cette édition refondue, en 1797, 1 vol. in-8°. La Vie privée de Voltaire s'y trouve après sa Vie publique, qui a reçu beaucoup d'améliorations.

Croira-t-on que l'auteur des *Mémoires ecclésiastiques* ait porté deux jugemens contradictoires sur cette *Vie de Voltaire* ; cela vient sans doute de la différence des caractères que présentent les éditions qui en ont été faites. Il attribue les unes au marquis de Villette, et les autres à l'abbé Duvernet. La première est, suivant ce grand critique, d'une violence d'expressions qui confond, ainsi que l'ouvrage de Condorcet ; mais les ouvrages de Luchet de Duvernet sont d'un genre moins passionné. Voyez le tome IV des *Mémoires*, pages 394 et 395. M. P..... n'était pas encore revenu de son erreur en 1819, lorsque M. Lepan publia sa *Vie de Voltaire;* il soutint aussi, dans l'*Ami de la religion et du Roi*, qu'il existait une *Vie de Voltaire*, par le marquis de Villette. Un charitable ami lui ayant fait découvrir son erreur, il avoua son ancienne méprise dans un nouveau n° de son journal. On doit encore à l'abbé Duvernet une *Histoire de la Sorbonne*, Paris, Buisson, 1790, 2 vol. in-8°. Cet ouvrage est rempli d'inexactitudes.

DUVOISIN (Jean-Baptiste), évêque de Nantes. Suivant la *Biographie universelle*, ce savant théologien a donné une traduction du Voyage de Mungo-Parck, et c'est la meilleure. Je veux bien croire à l'existence de cette traduction, puisqu'elle est mentionnée aussi et louée dans un article fourni par M. de Villers, au *Spectateur du Nord*, du mois de mars

1800 ; mais je voudrais que le *Spectateur du Nord* et la *Biographie universelle* eussent dit dans quel lieu et en quelle année avait été imprimée cette traduction de Mungo-Park.

E.

* EANDI (Jos.-Ant.-Fr.-Jér.), professeur de physique expérimentale, membre du collége de philosophie, littérature et beaux-arts dans les classes de philosophie et de mathématiques de l'université, de l'académie des sciences et de la société d'agriculture de Turin, de l'institut de l'académie des sciences de Bologne, de l'académie des beaux-arts de Pérugia, naquit à Saluces, le 12 octobre 1735, d'André-Valérien Eandi, notaire, et d'Antoinette Garetti. Dans le cours de ses études, le jeune Eandi aima la lecture avec passion. Ses humanités furent à peine terminées, qu'il vint à Turin, pour concourir à une des places d'une école qu'on pourrait appeler normale. il surpassa tellement les autres concurrens, qu'on lui adjugea une place, malgré un défaut de langue qu'il parvint, comme Démosthène, à vaincre entièrement, à force de déclamer sur la rive du Pô. Le père Beccaria étant venu apporter le goût de la vraie physique, dans l'université de Turin, Eandi demanda et obtint la permission de passer de la section de littérature dans celle de philosophie. Il fut nommé répétiteur de géométrie à la fin de 1757. Le P. Beccaria, voyant les heureuses dispositions d'Eandi, le fit son compagnon dans ses recherches physiques, et lui inspira le goût des mathématiques. Eandi subit, en 1761, son examen de professeur en philosophie. Il resta à Turin jusqu'à la Toussaint de 1770, qu'il devint professeur de philosophie et préfet des études à Savillan. M. Eandi avait embrassé l'état ecclésiastique ; ainsi ses études philosophiques ne durent pas lui faire négliger l'étude de la morale et celle de la religion. Il se distingua comme prédicateur, et publia un ouvrage intitulé : *Ragione e religione*, qu'il dédia à M. Valperga, évêque de Nice. Les journaux ecclésiastiques du temps louèrent beaucoup cette production.

Après six ans d'exercice dans la chaire de philosophie de Savillan, Eandi fut nommé à Turin, le 5 novembre 1776, professeur substitut du célèbre P. Beccaria. Ce ne fut qu'en 1788, qu'il obtint la place de ce maître si renommé ; mais il publia, dès 1782, ses *Notices historiques sur les études du P. Beccaria*. Il fit paraître, en 1783, ses *Memorie historiche*, adressés à M. Balbe, héritier par testament des manuscrits du restaurateur de la physique en Piémont. Cet ouvrage, rempli d'érudition, est écrit avec une grande pureté de style, et il est plutôt l'histoire du rétablissement des sciences exactes en Piémont, que l'histoire de Beccaria.

Le 21 décembre 1788, Eandi fut élu académicien. Il a lu à l'aacadémie d'importans Mémoires, qui figurent dans son recueil. On lui doit en société avec M. Vassali, le commencement d'un *cours de physique*, que les professeurs recherchent encore aujourd'hui pour leurs classes, quoique la physique ait fait de grands progrès depuis sa publication ; on ne peut pas mettre plus de science que M. Eandi n'en a mis dans son introduction de 88 pages. L'ouvrage parut sous le titre modeste de *Physicæ experimentalis lineamenta ad subalpinos*, Turin, 1793, in-8°. Il en existe une contre-façon de l'année 1800, remplie de fautes. Il a aussi publié, en 200 pages in-8°, ses *Aritmetices et geometriæ elementa ad Subalpinos*.

On a encore d'autres écrits de ce savant, tels que des sermons, panégyriques, discussions de principes politiques, etc., etc. Il a laissé une vaste correspondance, dans laquelle on trouve une immense érudition. Cet habile professeur mourut le 1er octobre 1799. Voyez dans le tome VIe des *Mémoires de l'académie des sciences, littérature et beaux-arts de Turin*, une longue et intéressante *Notice sur sa vie et ses ouvrages*, par son neveu, son élève et son ami, M. Vassali-Eandi, qui a joint son nom au sien, pour témoigner au public tout ce qu'il doit à son respectable maître.

N. B. Les *Mémoires historiques du P. Beccaria* sont cités dans la *Biographie universelle*, sous le nom de l'abbé Landi. Voyez le mot Beccaria.

EBERHARD ou EVRARD, de Béthune, dans l'Artois. Son ouvrage, intitulé *Græcismus*, peut avoir été imprimé à Angoulême, en 1493, comme le disait Prosper Marchand. Pendant longtemps, cette édition parut douteuse à l'abbé de Saint-Léger; mais il changea d'avis lorsqu'il vit annoncer : *Auctores octo morales, Cato, facetus, etc. Engolismæ, die 17 mensis maii*, 1491, in-4°, sans nom d'imprimeur, dans l'*index librorum* du P. Xavier Laire, part. 2, p. 68, n° 14. Quant à l'édition du même ouvrage, indiquée par Paquot dans ses *Mémoires*, comme étant sortie en 1483 de presses d'un imprimeur de Lyon, nommé Jean Dupré, l'abbé de St.-Léger, qui a fait tant de recherches sur les imprimeurs lyonnais, ne connaissait de ce nom qu'un imprimeur de Paris.

(*Notes manuscrites* de l'abbé de St.-Léger, sur la seconde édition de son *Supplément à l'histoire de l'imprimerie* de Pierre Marchand.)

C'est d'Eberhard de Béthune, dit M. du Masbaret, que sont ces vers si connus, attribués à divers auteurs :

Clotho colum bajulat, Lachesis trahit,
Atropos occat.

. . . .

Cor sapit, et pulmo loquitur, fel commovet iras.
Splen ridere facit, cogit amare jecur.

EBERARD (JEAN-AUGUSTE), célèbre philosophe allemand du XVIIIe siècle, connu en France par la traduction française de la première partie de sa *Nouvelle apologie de Socrate* (Voyez le mot DUMAS). La *Biographie universelle* parle, dans cet article, du goût bien prononcé de la nation française pour les beautés sombres et austères des écrits de M. de Chateaubriand : peut-on regarder comme l'opinion d'une nation entière, celle d'un parti d'opposition, quelque nombreux qu'il soit? Des critiques judicieux et impartiaux n'ont-ils pas, dès l'origine, réclamé contre l'engouement que l'on voulait inspirer pour les paradoxes et les sophismes présentés par M. de Chateaubriand, dans un style qui n'est pas irréprochable? On n'a point oublié les sévères critiques de M. l'abbé Morellet sur les différens ouvrages de M. de Chateaubriand (Voy. le t. IIe des *Mélanges de littérature* de cet abbé); le *Coup d'œil rapide* de M. Ginguené *sur le Génie du christianisme*, 1802, in-8°; le *Rapport* fait au chef de l'ancien gouvernement, par M. de Chénier, dans la séance du conseil-d'état du 27 février 1808, Paris, de l'imprimerie royale, 1815, in-4°; enfin les *Extraits des procès-verbaux des séances de la deuxième classe de l'institut*, Paris, 1811, in-4°, parmi lesquels on remarque le *Rapport* de M. le comte Daru, sur le *Génie du christianisme*.

ECCLESIA (JEAN-PAUL *ab*), ou DE L'EGLISE, cardinal, sur la vie duquel on lit d'intéressans détails dans Moréri. Comme ses ouvrages sont restés manuscrits, la *Biographie universelle* justifiera aisément le silence qu'elle a gardé sur cet auteur; mais lui sera-t-il aussi facile de justifier l'omission d'Augustin DE L'EGLISE, célèbre jurisconsulte, mort en 1572, dont la traduction italienne de M. Chaudon fait connaître les ouvrages? Celle de François-Augustin DE L'EGLISE, dont on a : *Li scrittori Piemontesi*, 1614, in-4°, *et S. R. E. cardinalium, archiepiscoporum, episcoporum et abbatum Pedemontanæ regionis chronologica historia. Taurini*, 1645, in-4°. Voyez les *Piémontais illustres*, Turin, 1784, 4 v. in-8°.

ECHARD (LAURENT). M. Chaudon a affirmé, et la *Biographie universelle* a répété que la traduction très-libre de son *Interprète du gazetier ou du nouvelliste*, publié en français, sous le titre de *Dictionnaire géographique*, Paris, 1747, in-8°, était de l'abbé Ladvocat, déguisé sous le nom de Vosgien. Mes nouvelles recherches m'ont prouvé que l'abbé Vosgien était réellement auteur de ce travail. Voyez son article, dans la *Bibliothèque lorraine* de D. Calmet. Moréri fait observer que l'abbé Ladvocat a eu part à cette traduction, et qu'il en donna, en 1750, une nouvelle édition, corrigée et très-augmentée. Voilà sans doute l'origine de l'attribution de l'ouvrage entier au bibliothécaire de Sorbonne, qui convient lui-même, dans son *Dictionnaire historique*, que M. Vosgien a composé le *Dictionnaire géographique*, d'après l'anglais d'Echard.

EDME ou EDMOND (S.), archevêque de Cantorbéry. Cet article, dans la *Biographie universelle*, a été rédigé d'après les *Vies des pères, des martyrs*, traduit. de l'anglais par l'abbé Godescard. On ne pouvait prendre un meilleur guide; néanmoins il ne fallait pas citer, d'après lui, *Soissy*, près de Provins, au lieu de Soisy. D'un autre côté, si l'abbé Godescard indique le *Speculum Ecclesiæ* (Miroir de l'Eglise) par S. Edmond, imprimé dans le tome XIII de la *Bibliothèque des Pères*, la *Biographie universelle* cite le tome III. L'abbé Godescard renvoyait sans doute à l'édition de la *Bibliothèque des Pères*, imprimée à Cologne en 1618 et 1622, 14 vol. in-fol.; car l'ouvrage de S. Edmond ne se trouve que dans le 25e volume de l'édition de Paris, 1677. Dans ces cas il serait convenable de désigner les éditions auxquelles on renvoie. On a une *Vie (nouvelle et intéressante) de S. Edme, tirée des manuscrits de l'abbaye de Pontigni*, Auxerre, 1763, in-12 de 72 pages, par Edme Ch., curé de G. On voit que le rédacteur de l'article *Edme*, dans la *Biog. univ.*, a un peu trompé la confiance des éditeurs; car son article ne présente rien de neuf.

EGBERT, archevêque d'Yorck, mort en 767. Moréri a donné un fort bon article sur cet auteur. M. Chaudon en présente un abrégé qui pourrait être plus exact; la *Biographie universelle* n'en parle pas. Pourquoi priver ainsi la génération actuelle des recherches utiles faites dans le XVIIIe siècle?

EGINARD, célèbre secrétaire de Charlemagne, dont il a écrit la vie. Je n'ose affirmer qu'il n'existe pas d'édition in-8° de cet ouvrage, avec les notes de Nic. Héerkens, Groningue, 1755, comme le dit la *Biographie universelle*. Mais l'édition que je possède sous cette date, est un in-18 de 111 pages. D. Bouquet n'a point inséré, ainsi que le prétend la même *Biographie*, dans le 5e vol. de la *Collection des historiens de France*, la plus ancienne trad. franç. de la Vie de Charlemagne. On ne trouve dans ce volume que le texte latin de l'auteur avec des notes. Je ferai observer aussi que le nom du plus récent de ses traducteurs est *Denise*, et non *Denis*. Lorsque M. Denise publia cette traduction, en 1812, il était attaché à l'éducation de MM. les pages du chef de l'ancien gouvernement.

EGNACE (Jean-Baptiste). La *Biographie universelle* a peut-être bien fait de présenter cet auteur sous son vrai nom d'Egnazio; mais elle aurait dû nous offrir aussi, dans leur langue originelle, les titres de ses ouvrages; cela l'eût sans doute empêché de citer avec M. Chaudon l'édition de 1588 de son ouvrage *de Cæsaribus*, tandis que la première édition est de Venise, 1516. Cela nuit à l'ordre chronologique qui doit régner dans l'indication des ouvrages d'un auteur. M. Chaudon avait su éviter ce défaut. C'était ici l'occasion de dire que l'*Heliogabali oratio ad meretrices*, qui se trouve à la fin de l'ouvrage d'Egnazio, *de Cæsaribus*, n'est pas de lui; mais de Léonard Arétin. Cette harangue, souvent réimprimée, soit dans les éditions de Suétone, soit dans les *Historiæ augustæ scriptores*, est évidemment calquée sur celles de Tite-Live; il n'y a peut-être qu'un mot ou deux à y reprendre pour la latinité.

EIDOUS (Marc-Antoine). La *Biographie universelle* renvoie à mon *Dictionnaire des ouvrages anonymes*, pour connaître les nombreuses traductions que cet auteur a publiées d'ouvrages anglais. N'eût-elle pas mieux fait de renvoyer aux articles qu'elle-même a donnés ou devait donner des écrivains originaux. M. Chaudon n'a cité que cinq traductions d'Eidous, et il s'est trompé sur trois noms d'auteurs. Il a cité, en effet, *Gunilla* pour Gumilla, *d'Antremoux*, pour d'Antermoni, et *Venegar*, pour Venegas. M. Prudhomme, dans son *Dictionnaire universel*, a copié ces trois méprises. Eidous n'a point d'article dans le Dictionnaire de Feller.

ELIEN (Claude). Suivant la *Biographie universelle*, son *Traité sur la milice des Grecs* avait été traduit et imprimé à Paris, dès 1536; in-4°, par un anonyme. 1° Cette traduction est un in-fol. en caractères gothiques, avec un grand nombre de figures en bois; 2° Il était facile de découvrir le nom de l'auteur à qui elle est attribuée; il suffisait d'ouvrir la *Bibliothèque française* de Duverdier, édition de Rigoley de Juvigny, t. I, p. 577. On y voit que ce traducteur des auteurs anciens sur l'art militaire, se nommait Nicole Volkir ou Volskir, seigneur de Seronville, né à Bar-le-Duc, dont on a plusieurs ouvrages en prose et en vers. Il se donna le surnom de *Polygraphe*, ou qui écrit beaucoup. C'est sous cette qualité qu'il se désigne sur le frontispice de la traduction dont il s'agit.

EMANUEL CALECAS. M. du Masbaret, au sujet de cet article de Moréri, s'exprime ainsi: « Est-ce s'exprimer pertinemment, de dire: *Il vivait dans le* XIIIe *siècle, comme l'assure Pierre Galesini? Bellarmin prétend que Calecas vivait sur la fin du* XIVe *siècle; mais le P. Echard prouv qu'il le faut placer au commencement du* XVe. M. l'abbé Goujet avait remarqué, dans son *Supplément du Dictionnaire*, en 1735, que les deux premières opinions étaient fausses, et qu'il fallait s'en tenir à la critique du P. Echard; le compilateur de la dernière édition a fait de cela un fort mauvais salmigondis.

EMERY (Jacques-André), supérieur général de la congrégation de St.-Sulpice, suivant la *Biographie universelle*. Il eût été plus exact de le désigner comme supérieur général de la communauté des prêtres de St.-Sulpice. Tel est le titre de l'établissement fondé par un ancien curé de St.-Sulpice, M. Olier. M. Emery s'est montré digne de devenir l'un de ses successeurs. Aussi connu comme homme de lettres que comme théologien, il s'est attiré quelques désagrémens par la publication des *Nouveaux opuscules de Fleury*, Paris, 1807, in-12. La *Biographie* prétend que les additions à ces opuscules ont servi de prétexte pour inquiéter l'éditeur: cela n'est pas exact. C'est la préface mise par M. Emery, en tête des Opuscules de Fleury, qui mécontenta le gouvernement; pour se justifier, M. Emery publia des *Corrections et additions* qui déplurent au moins autant que la préface. Ces mécontentemens étaient-ils fondés? Voilà ce qu'il était utile d'examiner. On avait lieu de s'étonner de voir l'ancien supérieur d'une communauté, et qui l'était alors du séminaire de Paris, s'efforcer de prouver que Fleury et Bossuet n'étaient pas aussi attachés qu'on le croit communément à la doctrine des quatre articles de l'assemblée du clergé de France de l'année 1682. On pouvait donc considérer M. Emery comme le chef du parti ultramontain, qui déposait ses mauvais principes dans le journal intitulé, d'abord *Annales religieuses*, et ensuite, *Mélanges de philosophie*.

On voyait encore que M. Emery, en publiant les Opuscules de Fleury, cherchait à prouver que, dans certaines circonstances, la *puissance des Papes est souveraine, et qu'elle s'élève au-dessus de tout*. Le moment était assez mal choisi pour rappeler des maximes dont la cour de Rome a abusé si souvent, et que Pie VI venait de faire revivre par ses protestations contre les lois organiques du Concordat de 1802, et particulièrement contre la doctrine de 1682. Il y avait dans cette conduite de quoi inquiéter le gouvernement le moins ombrageux. M. Emery était d'autant plus blâmable, que, long-temps auparavant, c'est-à-dire en 1772, dans la préface de son *Esprit de Leibnitz*, il s'était déclaré le partisan sincère des libertés de l'Eglise gallicane. Voici ses expressions :

« Nous ajoutons, pour écarter jusqu'aux plus légers soupçons d'*ultramontanisme*, que nous sommes très-attachés aux maximes du clergé de France, consignées dans la déclaration de 1682. Nous la regardons, cette déclaration, comme un monument précieux, même au Saint-Siége, dont nous ne doutons pas qu'il ne loue un jour la sagesse et ne réclame l'autorité : parce qu'en même temps qu'on y rejette des prérogatives qui n'ont pas de fondement dans l'Evangile, on y établit celles qui sont de droit divin, et sur lesquelles repose l'immuable grandeur du Saint-Siége ; et, si l'Eglise gallicane y indique d'une main la partie de l'édifice que l'on peut abattre, elle montre de l'autre celle qui doit être à jamais sacrée et inviolable. Le moment n'est peut-être pas éloigné où l'on adoptera, dans les Etats catholiques de l'Europe, nos maximes, et la crainte qu'en poussant précipitamment la juridiction du pape, on ne la fasse reculer au-delà de ses justes bornes, nous a donné lieu de faire l'observation précédente. »

En faisant réimprimer, en 1803, l'*Esprit de Leibnitz* sous le nom de *Pensées de Leibnitz*, M. Emery n'a pas reproduit ce bel éloge de nos libertés ; il ne craignait donc pas dès-lors de passer pour ultramontain.

La préface des *Opuscules de Fleury* et les *additions* renferment en outre les raisonnemens les plus captieux et dont il est très-facile d'abuser. L'auteur commence ainsi : « Il est un petit nombre d'auteurs dont la réputation se soutient et va même en croissant. Tel est M. l'abbé Fleury..... » Cette réflexion est très-adroitement présentée pour arriver au but que se proposait l'éditeur ; mais elle est fausse historiquement ; car la réputation de l'abbé Fleury a été violemment attaquée depuis quarante ans. Dès l'année 1778, on vit paraître une édition de son *Catéchisme historique*, avec des notes satiriques par l'abbé Paquot. En 1781, l'abbé de Feller, dans la première édition de son *Dictionnaire historique*, censura avec amertume l'*Histoire ecclésiastique* de Fleury, ses *Discours* et son *Catéchisme*. Il est à remarquer que les auteurs des *Mélanges de philosophie* ont proclamé ce Dictionnaire le meilleur ouvrage de ce genre.

Vers 1794, le docteur J. Marchetti publia, en italien, une critique très-vive de l'*Histoire ecclésiastique* de Fleury. Nous en avons une traduction française, d'après la quatrième édition italienne, 2 vol. in-8°, 1803. L'ex-jésuite Rossignol fit imprimer à Turin, en 1802, ses *Réflexions sur l'Histoire ecclésiastique de M. l'abbé Fleury*, 1 vol. in-8°. Il dit, dans sa préface, que l'Histoire de l'abbé Fleury est un monument élevé, non à la gloire, mais à l'opprobre du christianisme. Il ajoute que sa célébrité, aussi fragile que le verre, a été l'effet d'un faux éclat, qu'un examen sérieux et réfléchi aurait dû faire bientôt disparaître. M. l'abbé Rossignol a envoyé son ouvrage à un grand nombre de cardinaux, qui lui ont adressé les réponses les plus flatteuses. M. Emery a pu connaître encore les *Remarques* italiennes du chanoine Alphonse Muzzarelli, théologien de la Ste.-Pénitencerie, *sur l'Histoire ecclésiastique*, *spécialement* contre les discours de Fleury; on en a une traduction française d'après la quatrième édition, Rome, 1807, avec approbation. Peut-on dire sérieusement, après tout cela, que la réputation de l'abbé Fleury va en croissant? Depuis 1814, des journalistes soi-disant chrétiens, et plusieurs autres écrivains ont imprimé en France des diatribes encore plus virulentes contre le judicieux Fleury. La traduction française de l'ouvrage du D. Marchetti a été réimprimée l'année dernière à Besançon. Au moment où je rédige cet article, paraît un ouvrage remarquable, intitulé: *Du Pape*, par l'auteur des *Considérations sur la France*, Lyon, 1819, 2 vol. in-8°. Le but de cet écrit est de faire renoncer la France aux libertés de son Eglise, afin de faciliter l'établissement d'une théocratie universelle dont le pape serait le chef. M. de M***, dans plusieurs chapitres, critique sévèrement l'abbé Fleury. Je rends justice à ses bonnes intentions; mais je crois qu'il aura encore moins de succès que le bon abbé de Saint-Pierre, dont la diète européenne a tant tardé à se réaliser.

ENS (Gaspard). Il n'était pas nécessaire de recourir, comme l'a fait la *Biographie universelle*, à la *Bibliotheca mathematica* de Murhard, pour savoir ce que Gaspard Ens avait traduit de nos *Récréations mathématiques*, dans son *Thaumaturgus mathematicus*, imprimé en 1628. Il suffisait de porter son attention sur les ouvrages de ce titre en français; le premier est intitulé: *Récréation mathématique*, par Henri Van Etten (masque du P. Leurechon, jésuite), Pont-à-Mousson, 1626, in-8°. Un anonyme fit réimprimer cet ouvrage à Rouen, en 1628, avec une 2e et une 3e partie; les dates font voir que Gaspard Ens n'a guère pu traduire que l'édition originale de Pont-à-Mousson.

EOBANUS HESSUS (Helius). L'article consacré à ce savant du xvie siècle, par la *Biographie universelle*, est aussi neuf que curieux. Aussi vient-il de bonne main. Les articles accompagnés de cette signature ne me donnent presque rien à faire. Je crains cependant que l'habile rédacteur de celui-ci n'aït pas connu un auteur qui, avant lui, avait fait beaucoup de recherches sur Eobanus; je veux parler de Frédéric-Jacques Beyschlag, adjoint au gymnase de Halle, en Souabe, qui a publié: *Sylloge variorum opusculorum*, Halle, 1729, 2 v. in-8°. On trouve, dans le premier volume, un morceau de 94 pag., intitulé: *De non contemnendis studiis humanioribus, futuro theologo maximè necessariis, aliquot clarorum virorum ad Eobanum Hessum epistolæ inter quas Hessi una cum ejusdem de contemptu studiorum ode unâ et ad magnificum senatum Erphurdiensem adhortatio carmine elegiaco, etc.* L'éditeur a joint à ces pièces des notes fort détaillées. La plus ample concerne la vie et les ouvrages d'Eobanus. J'ai vu avec plaisir qu'elle prouvait l'exactitude des recherches faites par la *Biographie universelle*. Le recueil de Beyschlag a été également inconnu au P. Niceron et aux continuateurs de Moréri.

EPHREM (S.) La *Biographie universelle* ne donne pas assez de détails sur les anciennes versions latines des écrits de ce saint. Ses *Sermons*, traduits en latin par Ambroise le Camaldule, furent imprimés à Florence par Antoine Mischominus, en 1481, in-fol. Il y en a une autre édition de Brescia, par Baptiste de Farfengo, 1499, in-4°. D'autres de Paris, Petit, 1505, in-4°; sans date, in-12; Paris, Vascosan, 1533, Cologne, 1547. Il existe une version de ces *Sermons* bien antérieure, puisqu'elle paraît être du ve siècle, à en juger par le style. Il y en a plusieurs passages dans les *Scintillæ* de Défenseur, moine de Ligugie, au commencement du viiie siècle. D. Rivet s'est donc mépris, lorsqu'il a dit que les versions latines de S. Ephrem étaient modernes et ne méritaient aucune confiance.

(*Extrait des Notes manuscrites de l'abbé de St.-Léger, sur la Croix du Maine.*)

On peut encore reprocher à la *Biographie universelle* l'omission des *OEuvres de piété* de saint Ephrem, traduites en français par l'abbé Ignace Le Merre, Paris, Didot, 1744, 2 vol. in-12.

Panzer cite, dans le 8e vol. de ses *Annales typographiques*, *la Fleur de prédication selon St. Effrem*, translatée de grec en latin, et translatée de latin en français, à la requête de Philippe, cardinal de Luxembourg, par Pierre Cucuret, Paris, par Antoine Verard, sans date, in-fol.

EPICTÈTE, le plus célèbre moraliste de l'antiquité. La *Biographie universelle* compte dix-neuf traductions françaises de son *Manuel*. Il y en a une vingtième, qui est du P. Brotier. Elle a été indiquée à l'article Brotier neveu, qui en fut l'éditeur; mais il fallait la rappeler ici.

Le Discours du P. Tholomas, *sur le Philosophe Epictète*, parut en 1760, et non en 1700.

ÉPRÉMÉNIL (J.-J. Duval d'). La *Biographie universelle* attribue à ce célèbre conseiller au parlement, deux écrits qui ont fait une vive sensation en 1790, savoir : *De l'Etat actuel de la France*, et *nullité et despotisme de l'Assemblée nationale*. Dans la *Biographie des hommes vivans*, ces deux brochures sont données à M. Ferrand, aujourd'hui pair de France ; ce qui me paraît plus conforme à la vérité. M. Chaudon avait précédé la *Biographie universelle* dans cette fausse indication.

ERASME (Didier). Les traductions françaises des ouvrages d'Erasme méritaient plus de détails que n'en donne la *Biographie universelle*. Elle ne parle que des traductions des *Colloques*, et de l'*Eloge de la folie ;* mais celles qui ont été données de plusieurs autres ouvrages, tant dans le XVIe que dans le XVIIIe, ont fait assez de sensation pour qu'on en fasse mention. Un gentilhomme du pays d'Artois, nommé Louis Berquin, fut brûlé, en 1529, comme hérétique. On avait saisi, dans sa bibliothèque, plusieurs ouvrages favorables aux opinions nouvelles, et des traductions manuscrites d'Erasme, lesquelles, par des additions faites au texte, pouvaient compromettre l'auteur et le traducteur. C'étaient la *Déclamation des louanges du mariage*, le *Symbole des apôtres*, *Briève admonition de la manière de prier*, et la *Déclamation de la paix*. Une décision de la Sorbonne, du 10 mai 1525, porte qu'on ne devait pas permettre que ces traductions fussent imprimées à Paris. Voyez d'Argentré, *Collectio judiciorum de novis erroribus*, tome II, page 42. « Il parut *secrètement*, dit Erasme lui-même, quelques traductions de mes livres, auxquelles Berquin avait ajouté plusieurs choses du sien. » Ce qui donne à entendre que ces traductions étaient manuscrites. On n'a pas des motifs suffisans pour attribuer à Berquin, comme l'a fait la *Biographie universelle*, la traduction du *Chevalier chrétien*, et celle du *Vrai moyen de bien et catholiquement se confesser*, imprimées par Etienne Dolet, en 1542.

J'ai fait connaître précédemment six traductions de six traités d'Erasme, publiées à Paris, de 1711 à 1715, par un célèbre magistrat (Voyez le mot Bosc). Je dois dire ici que Burigny, dans sa *Vie d'Erasme*, cite une fois ce traducteur, en affirmant que l'abbé Marsollier l'a aidé dans la traduction de deux traités. Voyez le tome II, p. 548.

On trouve, dans les *Adages* d'Erasme, un long article intitulé : *Bellum*. On l'a imprimé à part ; Bayle le cite avec éloge : il a été traduit librement en français à Londres, en 1794, dans un ouvrage qui a pour titre : *Anti-Polemus*, et il a été donné dans la même ville de Londres, en 1816, une édition séparée de cette traduction, in-12.

La première édition de l'*Eloge de la folie*, ne peut être de 1501, comme le dit la *Biographie universelle ;* on a sans doute voulu mettre 1510. Ce qu'il y a de certain, c'est que l'*Epître d'envoi* d'Erasme à Morus, son ami, est datée du mois de juin 1508.

La traduction anonyme de Paris, 1520, est probablement celle que Georges Halluin avait terminée dès 1517, et dont Erasme fut très-mécontent, parce que ce traducteur lui fait dire des choses auxquelles il n'a point pensé. V. *Erasmi Epistolæ*, *lib.* 13, *epist.* 9. Burigny, dans sa *Vie d'Erasme*, ne parle ni de cette traduction, ni de celle qui parut à La Haye, en 1642, in-18, et non in-8°. La *Biographie universelle* devait indiquer au moins la première édition de la traduction de Gueudeville. C'est celle de Leyde, chez Vander Aa, 1713, in-12. M. Chaudon a cité une édition d'Amsterdam, 1728.

ERMAN (Jean-Pierre), pasteur de la colonie française de Berlin, mort en 1814. La *Biogr. univ.* ne devait point passer sous silence deux écrits de cet auteur, où l'on trouve de curieux renseignemens sur les réfugiés français du XVIIe et du XVIIIe siècle. On peut les considérer comme d'utiles supplémens à ses huit volumes de *Mémoires* sur ces intéressantes victimes du fanatisme. Ce sont :

I. *Mémoire historique sur la fondation de l'Eglise française de Berlin*, publié à l'occasion du jubilé qui sera célébré le 10 juin 1772. Berlin, au profit des pauvres, petit in-8° de 124 pag.

II. Un second Mémoire intitulé : *Mémoire historique sur la fondation des colonies françaises dans les Etats du roi de Prusse*, publié à l'occasion du jubilé qui sera célébré le 29 octobre 1785. M. Réclam a eu part à la rédaction de ce nouveau Mémoire. On doit à M. Georges Erman, fils aîné de notre auteur, un *Mémoire historique sur la fondation de l'Eglise française de Postdam*, publié aussi en 1785; il est rempli de détails intéressans. Voy. le *Journal encyclopédique* de janvier 1786, pag. 151 et suiv.

ERMANGAUD ou ERMANGARD, suivant Moréri; il faut mettre Ermangard ou Ermangaud, si l'on en croit M. du Masbaret; on le dit du XIIe ou XIIIe siècle; il faut dire du XIIe tout court : on ajoute qu'il a écrit contre les Vaudois, et il ne parle aucunement de ces hérétiques; l'erreur vient de Gretser, qui intitula son ouvrage, *Traité contre les Vaudois*; c'est que, du temps de Gretser, on nommait du nom commun de Vaudois, les sectaires du XIIe siècle. Dans le vrai, l'ouvrage d'Ermangard est uniquement contre les hérétiques, qui disent que « c'est le démon, non pas » Dieu, qui a créé ce monde et » toutes choses visibles, » c'est-à-dire, contre les nouveaux Manichéens, appelés pour lors Pauliniens, Bulgares, Cathares.

* ERMENS (Jos.), imprimeur-libraire à Bruxelles, mort vers 1805, avait des connaissances assez étendues en bibliographie; il a rédigé avec soin, et enrichi de quelques notes utiles plusieurs catalogues de bibliothèques assez importantes. On lui doit de nouvelles éditions de l'*Histoire de Marie de Bourgogne*, par Gaillard, Bruxelles, 1784, in-12; et de l'*Histoire du cardinal de Granvelle*, par de Courchetet, Bruxelles, 1784, 2 vol. in-8°, avec des préfaces historiques et critiques. Ermens quitta le commerce de la librairie, pour faire un voyage, tant en France, que dans les sept Provinces-Unies, à l'effet de visi-

ter les bibliothèques les plus considérables. Son but était de noter tous les livres traitant des choses belgiques. Les Révolutions des Pays-Bas l'empêchèrent d'effectuer ce voyage ; mais il avait déjà rédigé une Bibliographie des Pays-Bas très-étendue, en 7 volumes in-fol., avec une table des auteurs, en 1 volume in-4°, pour les 4 premiers vol. in-fol. Il avait augmenté du double en 1790, l'*index* des écrivains des choses belgiques, composé par Jean-Baptiste Verdussen, d'après le manuscrit autographe de ce dernier, qui existait, en 6 vol. in-fol., à Bruxelles, dans la bibliothèque publique dite de Bourgogne.

*ERNST (SIMON-PIERRE), chanoine régulier et professeur de théologie à l'abbaye de Bolduc, était, depuis 1797 environ, curé de la succursale d'Afden près d'Aix-la-Chapelle ; il fut nommé, en 1814, membre de l'institut royal des Pays-Bas. Ce savant ecclésiastique est mort en 1818.

On a de lui ;

I. *Mémoire sur la question :* « Vers quel temps les eclésiastiques commencèrent-ils à faire partie des Etats de Brabant ? quels furent ces ecclésiastiques, et quelles ont été les causes de leur admission ? » qui a remporté le prix de l'Académie impériale et royale des sciences et belles-lettres de Bruxelles, en 1783. Bruxelles, de l'imprimerie académique, 1783, in-4°, 177 pag. L'analyse s'en trouve au *Journal des Savans*, octob. 1784, pag. 643-652, édit. in-4°.

II. *Observations historiques et critiques sur la prétendue époque de l'admission des ecclésiastiques aux Etats de Brabant; vers l'an 1383*, par M. **. Maestricht, chez P. L. Lekens, 1786, in-4°, pp. 78.

III. *Ordines apud Brabantos ejusdem cum eorum principibus esse œtatis....* Trajecti ad Mosam, P. L. Lekens, 1788, in-8°, pp. 52.

IV. *Histoire abrégée du Tiers-Etat de Brabant*, ou Mémoire historique dans lequel, après un coup-d'œil sur la constitution des villes en général au moyen âge, on voit l'origine des communes en Brabant; l'époque et les causes de l'intervention de leurs députés aux assemblées de la nation, etc. Maestricht, chez P. L. Lekens, 1788, in-8°, pp. 206.

V. *Examen impartial des observations sur la constitution primitive et originaire des trois Etats de Brabant*, publiées par les commissaires de la société des (soi-disant) amis du bien public, établie à Bruxelles. A Maestricht (Bruxelles), 1791, anonyme in-8°, pp. 90.

VI. Le *Masque limbourgeois se lève* (Liége, 1791), in-4°, pp. 8. C'est un écrit anonyme sur les troubles du duché de Limbourg.

VII. *Observations sur l'instruction, en forme de Catéchisme*, publiée par le professeur Eulogius Schneider à Bona, par un ami de la vérité. (Cologne) 1791, in-8°, pp. 98, en allemand.

VIII. *Traduction en allemand de la Lettre pastorale* de S. A. l'évêque et prince de Liége, en date du 7 septemb. 1793. Cologne, chez J.-G. Schmitz, 1794, in-8°, pp. 50.

IX. *Observations sur la déclaration exigée des ministres des cultes, en vertu de la loi du 7 vendémiaire an 4.* (Maestricht, chez Lekens) 1797, in-8°, pp. 44.

X. *Apologie des ministres des cultes qui ont prêté la déclaration exigée par la loi du 7 vendémiaire an 4*, contre les critiques de MM. Dedoyar et Vanhoeren, les Motifs de Malines et autres brochures. (*Ibidem*) 1797, in-8°, pp. 170.

XI. *Réflexions sur la Lettre de M. l'archevêque de Malines, relativement au serment exigé des ecclésiastiques*, par un ancien professeur de théologie. Liége, 1797, in-12, pp. 11.

XII. *Entretien d'un curé et d'un laïque, sur la question :* « Est-il » permis d'assister aux messes des » prêtres assermentés en vertu des » lois du 7 vendémiaire an 4 et » du 19 fructidor dernier, et » quel est le sens de ces sermens ? » Maestricht, chez Th. Nypels, an 5, in-8°, pp. 33. — Le même, en allemand, à Aix-la-Chapelle, in-8°, pp. 53.

XIII. *Explanatio formulæ jurisjurandi de odio in regiam potestatem*, etc. Gallicè Parisiis editam latinam fecit, adjunctâ præfatione apologeticâ, adversùs epistolam pastoris anonymi, S. P. Ernst, etc. Trajecti ad Mosam, apud Nypels, an 6, in-8°, pp. 30, pour la préface, et 21 pour la traduct. des éclaircissemens sur ce serment de haine à la royauté, attribués à l'abbé de Malaret.

XIV. *Réflexions sur le décret de Rome et la décision de quelques évêques, relativement au serment de haine*, etc., par un ami de la vérité et de la paix. Maestricht, chez Th. Nypels, an 7, in-8°, pp. 124.

XV. *Examen de la seconde lettre* du jurisconsulte français *au ci-devant notaire des Pays-Bas*, sur la communication, en fait de religion, avec les prêtres qui ont prêté le serment de haine, etc. Maestricht, in-8°, pp. 54.

XVI. *Pensées diverses d'un bon et franc catholique*, à l'occasion du bref de N. S. P. le pape, à M. l'archevêque de Malines, sur le serment de haine à la royauté. (Maestricht), chez Nypels, an 7, in-8°, pp. 78.

XVII. *Encore un mot sur le serment de haine à la royauté*, etc., *et la rétractation ordonnée par les réponses de M. de Petro, évêque d'Isaure, etc.*, par un homme de sang-froid. A Anvers (Maestricht), an 8, in-8°, pp. 56.

XVIII. *Le Triomphe de la vérité, ou le Serment de haine à la royauté, justifié par un bref de N. S. le pape Pie VI, et par la déclaration du Corps législatif*, par le citoyen Astère. Bruxelles, (Maestricht), an 8, in-8°, pp. 56.

XIX. *Trois Lettres d'un homme à trois grands-vicaires :* Corneille Lemaigre de Namur, J. H. Landsheere de Malines, et Titius de Liége, pour les prêtres nommés fidèles, relativement au serment de haine, à la promesse de fidélité et au schisme. Maestricht, chez Nypels, an 8, in-8°, pp. 100.

XX. *Réflexions pacifiques et catholiques sur l'instruction importante*, par demandes et réponses, relativement au serment de haine, et à la promesse de fidélité, etc. Maestricht, Th. Nypels, an 8, in-8°, pp. 70.

XXI. *La Mauvaise foi dévoilée, ou Réponse aux brochures intitulées :* Notice sur l'abbé Sicard, etc., et Défense légitime, etc., relatives au serment de haine et au schisme, avec quelques observations sur les Lettres pastorales de M. l'évêque de Liége, Maestricht, chez Nypels, an 9-1800, in-8°; pp. 76.

XXII. *Le Serment de haine et le schisme, considérés dans une lettre de M. le nonce de Cologne, du 2 janvier* 1801, *à quelques prêtres sermentés*, En Europe, an 9 ou 1801, in-8°, pp. 38.

XXIII. *Tableau historique et chronologique des suffragans ou co-évêques de Liége*, etc., où l'on a joint des notices sur l'origine des maisons religieuses... dans la ville et sa banlieue, par S.-P. Ernst. Liége, 1806, in-8°, pp. 410.

Il se trouve plusieurs chronologies historiques de la composition de M. Ernst, dans le 3e vol. de l'*Art de vérifier les dates*, publié à Paris, par D. Clément, bénédictin de Saint-Maur.

Il composa, en 1807, à la demande de M. l'évêque de Liége, son supérieur, un écrit apologétique du nouveau Catéchisme publié par ordre de Bonaparte; le titre de cet écrit est: *Observations pacifiques sur quelques écrits anonymes contre le Catéchisme, à l'usage de toutes les églises de l'empire français.* Son Excellence le ministre des cultes, feu M. Portalis, ayant demandé à le voir avant qu'il fût imprimé, M. l'évêque de Liége le lui fit passer au mois de juillet 1807; ce ministre étant mort peu après, M. Ernst n'a plus eu de nouvelles sur son écrit.

Il s'occupait, en 1808, d'une *Histoire généalogique et critique des comtes d'Ardenne, ducs bénéficiaires de la haute et basse Lorraine, dans le* xe *et* xie *siècle*; et encore d'une *Histoire des anciens ducs de Limbourg*.

La *Galerie historique*, qui s'imprime à Bruxelles, ne cite, de tous les ouvrages de M. Ernst, que son *Histoire des comtes de Limbourg*, en ajoutant qu'elle est estimée. J'ignore l'année où elle a paru.

(*Article rédigé d'après une lettre autographe de l'auteur, communiquée* par M. G***.)

† ERRARD (Charles), peintre et architecte, naquit à Nantes, en 1606. On ignore les particularités de sa jeunesse: tout ce qu'on sait, c'est qu'il peignit le dix-septième *mai* qui fut donné à l'église cathédrale de Paris, en 1645. Ce tableau représente saint Paul guéri de son aveuglement, et baptisé par *Ananie.* M. Errard était un des douze anciens qui se réunirent, en 1648, pour former l'académie de peinture et sculpture, que le roi honora ensuite de sa protection, en lui accordant un réglement et des lettres-patentes pour son établissement. En 1666, sa majesté voulant établir aussi une académie de peinture à Rome, pour perfectionner les jeunes artistes qui ont gagné le prix de peinture, sculpture ou architecture, dans celle de Paris, M. Errard, qui était alors recteur de l'académie royale, fut choisi pour être l'instituteur de cette nouvelle académie à Rome, et il en eut la conduite jusqu'en 1673, qu'il revint à Paris; M. Noël Coypel lui succéda jusqu'en 1675; M. Errard fut le relever en qualité de directeur, et il y passa le reste de sa vie.

Ce fut pendant ce long séjour en Italie, que cet illustre artiste fit mesurer et dessiner les plus beaux morceaux d'architecture des maîtres modernes de son temps, pour en former une suite au *Parallèle d'architecture*, auquel il avait travaillé conjointement avec M. de Chambray. Mais l'importance de l'emploi que le roi avait confié à M. Errard, ne lui ayant pas permis de donner ses soins à une nouvelle édition qu'il projetait de cet excellent ouvrage, la mort le surprit avant qu'il pût faire usage des matériaux qu'il avait amassés pour sa continuation. On voit quelques morceaux détachés de ce recueil curieux, dans la nouvelle édition du *Parallèle* (publ. par Ch.-Ant. Jombert, en 1766, in-8°), et qui forme le dernier volume de sa *Bibliothèque portative d'architecture*. M. Errard, pendant son séjour en Italie, a été élu plusieurs fois, par les Romains, prince de leur célèbre académie du dessin. Il mourut à Rome, directeur de l'académie de France, en 1689, âgé de quatre-vingt-trois ans. On a de lui, à Paris, l'ancienne église des Filles de l'Assomption, rue Saint-Honoré, qui fut commencée à bâtir, d'après ses dessins, l'an 1670, et achevée en 1676.

*ERYTHRÉE (NICOLAS), natif de Venise. Rien n'est plus connu que son *Index* de Virgile. Ce travail a été successivement perfectionné par Ant.-Mar. Bassus de Cremone, en 1586, dans une édition de Virgile, imprimée à Venise; par le P. de La Rue, jésuite, en 1675 et en 1682, dans son édition de Virgile, *ad usum Delphini;* par Nicolas Lallemant, dans le Virgile de Rouen, 1711, *cum selectissimis Abrami et aliorum notis;* par l'abbé Lezeau, dans le 4e vol. du Virgile, publié par le libraire Barbou à Paris, en 1714; par Maittaire, dans le Virgile de Londres, chez Townson, en 1715; par P. Burman, dans sa grande édition de Virgile, Amsterdam, 1746, 4 vol. in-4°; enfin, par M. Heyne, dans ses excellentes éditions de Virgile, particulièrement dans celle de Leipsick, 1803, en 4 vol. in-8°. Il est à croire que cet *Index* sera encore amélioré dans la belle édition de Virgile, qui s'exécute à Paris, sous la direction de M. Le Maire, professeur de poésie latine à la Faculté des lettres. Quelqu'importantes que soient les améliorations faites au travail de Nicolas Erythrée, par tant de savans hommes, la première conception de cet utile ouvrage doit mériter à son auteur une reconnaissance éternelle. Erythrée paraît avoir professé les belles-lettres; on lui doit des notes sur Virgile, qui parurent pour la première fois, avec son *Index*, à Venise, en 1538 et en 1539, 2 vol. in-8°.

Les savans font peu de cas de ces notes, malgré la vogue qu'elles ont eue. On voit dans les anciennes éditions de l'*Index* d'Erythrée, que ce professeur se servait de ce travail, pour la composition d'un ouvrage sur la langue latine, ouvrage qui n'a point vu le jour.

J'ai tâché de réparer, dans cette courte notice, l'omission de tous nos Dictionnaires historiques, y compris la *Biographie universelle*.

ERYTHRÆUS (VALENTIN), professeur d'éloquence à Altorf, mort en 1676. On trouve, dans Moréri, un bon article sur ce professeur; pour quelle raison a-t-il été oublié par les rédacteurs de la *Biographie universelle*? Ils se sont occupés de beaucoup d'écrivains, qui n'ont pas laissé des ouvrages aussi estimés que ceux de notre professeur.

ESCARS (PERUSSE D'). Ce nom ne se dit jamais sans article; l'*s* ne se fait pas sentir, et l'on prononce *Décars*. Il en est de ce nom, comme de celui de *Descartes*: la généalogie de cette illustre et ancienne maison m'a été communiquée manuscrite; elle porte à tous les articles *Descars* sans l'apostrophe *d'Escars*. Je remarquerai encore, que la terre et le château, d'où ces messieurs tirent leur nom (elle est dans le bas Limousin, et il y a preuve qu'elle est dans la maison, au moins depuis le XIIIe siècle), est appelée, dans la province, *Les Cars*, et pour dire que ces messieurs sont dans leur terre, on dit qu'ils sont aux *Cars*; mais quand il est question de leur personne, on dit toujours, et sans varier, M. *Décars*.

La maison de Perusse d'Escars prétend descendre des princes souverains de *Perouse* ou *Peruse*, anciennement *Perusia*, ville d'Italie, où l'on dit qu'on voit encore, en divers endroits, les armes que portent ceux de cette maison. Un seigneur de Peruse se retira en France, en 870, après que Charles-le-Chauve eut cédé au Saint-Siége les droits qu'il avait sur la partie d'Italie, dépendante de l'empire d'Occident, où la province de Peruse était comprise, et y continua sa postérité.

Le premier, dont on ait connaissance, est un Aimar de Peruse, qui vivait en l'an 1000, sous le règne du roi Robert: il assista, en 1027, au traité de paix fait entre les comtes d'Orléans et de Paris, et il le signa comme un des principaux seigneurs du royaume. Il avait épousé Yolande de Luzignan, de qui il eut Robert, qui épousa Jeanne d'Armagnac, fille du comte d'Armagnac. Il fut père de Louis, vicomte de Perusse, chambellan de Philippe Ier, qui épousa en 1098, Marie d'Albret, qui lui apporta la terre de St.-Bonnet, qui, depuis, a toujours été dans la maison. De ce mariage vint Jean de Perusse, marié à Isabeau de Couserans, fille du comte de ce nom, d'où vint Charles, vicomte de Perusse, chambellan de Philippe-Auguste, qui épousa, en 1188, Anne de Mollesac, vicomtesse de la Vauguion; il en eut trois fils: Jean, tué à la bataille de Bouvines, mort sans alliance; Philippe, vicomte de Perusse et de la Vauguion; et Louis de Perusse, seigneur de St.-Bonnet et de St-Ibar.

Philippe épousa Marguerite d'Harcour; il fit en 1228 une fondation dans l'abbaye d'Uzerche, pour prier Dieu pour l'ame de sa femme. Ses enfans furent: Jacques de Perusse, mort sans alliance à la Croisade de 1238; 2° Gaucher de Perusse, tué à la bataille de Taillebourg. Il avait épousé Alix de Maillé, dont il n'eut que deux filles, Luce et Blanche. Luce épousa Aimeric, vicomte de Rochechouart, sixième du nom, et lui porta en dot la seigneurie de Perusse.

Louis de Perusse, chevalier, seigneur de Saint-Bonnet et de Saint-Ibar, second fils de Charles de Perusse, épousa Laure de Chabanais, dont il eut Geofroi, qui accompagna saint Louis au siége de Damiette. Celui-ci épousa Jacquette de Parthenai, fille de Gui l'Archevêque, sire de Parthenai et seigneur de Soubise, dont il eut Audouin, chambellan de Philippe-le-Bel, duquel il obtint diverses concessions, pour illustrer la terre d'Escars, qu'il avait acquise. Il épousa Marguerite de Ségur, fille unique et héritière du baron de Ségur; il en eut un fils, Audouin deux de Perusse, sire d'Escars, seigneur de St.-Bonnet et de St.-Ibar, et de la Coussière, baron de Ségur, chambellan de Louis X et de Philippe-le-Long; il épousa Gabrielle de Vantadour, dame d'Alassac : il firent bâtir et fondèrent conjointement le monastère des jacobins de Limoges; ils furent enterrés dans l'église où leur mausolée se voit.

Arnoul de Perusse, sire d'Escars, vicomte de la Vauguion, baron de Ségur, seigneur de St.-Bonnet, St.-Ibar, Alassac, la Porte et de la Coussière, fut fait grand-maréchal de l'Eglise, par Innocent IV; il fit bâtir, à ses dépens, les murs d'Avignon, et fit une fondation aux jacobins de Limoges, en 1365; il épousa Souveraine de Pompadour, etc.

Je m'arrête ici dans cette brillante généalogie; j'ai pensé que je prenais une peine inutile, et qu'il serait mieux et plutôt fait de la joindre à mes Mémoires, telle que je l'ai reçue de la maison.

Le Dictionnaire ne représente qu'un lambeau de cette généalogie, postérieur au temps où je me suis arrêté, à la fin duquel on lit : *Il y a une autre branche de cette maison en Limousin, qui subsistait en* 1708. Cette note est apparemment de l'édition du Dictionnaire de 1712, et devait-elle se lire dans toutes les éditions, jusques et compris l'édition de 1759? C'est cependant cette branche qui possède la terre d'Escars, dont le chef est lieutenant-général pour le roi, dans le haut et bas Limousin. Je n'en rapporterai que les deux derniers degrés, que je n'ai point trouvés dans la généalogie qui m'a été communiquée.

François-Marie de Perusse, marquis d'Escars, maréchal-de-camp, lieutenant-général du haut et bas Limousin, avait épousé Emilie Fitz-James, fille du feu maréchal de Berwic, dame du palais de la reine, morte à Paris, au mois de janvier 1770. De ce mariage est né le marquis, lieutenant-général du haut et bas Limousin, premier maître-d'hôtel du roi, au mois d'octobre 1769, sur la démission du marquis de Brunoi, fils du célèbre Paris de Montmartel.

Le jeune marquis d'Escars a trois oncles paternels : M. le comte de Perusse, maréchal-de-camp, ci-devant colonel du régiment de Normandie (il est mort le 27 avril 1771); M. le comte d'Escars, ancien mestre-de-camp de cavalerie, et M. le comte de St.-Ibar ou St.-Cybar, qui est à la tête des affaires de la maison.

Dans le fragment de la généalogie, rapporté dans le *Dictionnaire*, on lit toujours *Estuer*, et ailleurs, à Quelen, c'est *Stuer*. La généalogie est pareillement à *Stuer*, et *Estuer* ne s'y montre pas.

Marie-François de Perusse d'Escars, marquis de Montel (c'est une branche différente de celles dont je viens de parler), épousa, le 22 octobre 1762, Marie-Françoise de Polignac, fille de François-Alexandre, vicomte de Polignac, etc.

(*Mémoires de M. du Masbaret.*)

N. B. M. le marquis, aujourd'hui duc d'Escars, remplit, auprès de S. M. Louis XVIII, les fonctions de premier maître d'hôtel. Les gens de lettres trouvent en lui un protecteur aussi généreux qu'éclairé.

ESCOBAR Y MENDOSA (ANTOINE), jésuite espagnol. Depuis la publication des *Provinciales* de Pascal, on ne peut prononcer, sans exciter le rire ou l'indignation, le nom de ce fameux casuiste. Il était réservé à la *Biog. univ.* d'en présenter une apologie presque complète; cet article a excité un mécontentement général. L'ancien magistrat, qui défend avec énergie, depuis six ans, les doctrines véritablement françaises, n'a pu lire, de sang-froid, l'article *Escobar*. Je tâcherai d'offrir ici les principaux traits de la réfutation qu'il en a faite dans l'ouvrage intitulé: *Henri IV et les jésuites, avec une Dissertation sur les Provinciales de Pascal.* Paris, 1818, in-8°:

La *Biographie universelle* soutient que les principaux points de la doctrine d'Escobar, sont *tirés, la plupart, des Pères de l'Eglise.* Pour juger si cette assertion est vraie, transcrivons les textes de la doctrine d'Escobar, qu'ont produits MM. les curés de Paris, par-devant l'assemblée du clergé de France, à la suite de leur remontrance du 1er octobre 1656. Pourrait-on demander de plus religieux vérificateurs? Selon Escobar, *toutes les opinions probables sont également sûres en conscience.* En conséquence, *il est permis de consulter divers docteurs, jusqu'à ce qu'on trouve quelqu'un qui nous réponde selon quelque opinion favorable qui nous favorise.* Ainsi, *les rois peuvent imposer un tribut, comme juste, selon une opinion probable*, et *les peuples, refuser de le payer comme injuste, selon une autre opinion probable.* Un *juge*, également, *tant supérieur qu'inférieur, peut juger selon une opinion probable, en quittant la plus probable.* Escobar pousse la licence des opinions probables jusqu'à dire que *les lois, qui imposent des peines pour certaines actions, n'obligent point en conscience, même en matière importante; qu'un homme surpris en adultère, qui tue le mari en se défendant, n'est point irrégulier; qu'un homme condamné aux galères, ne l'est pas davantage;* par où l'on peut juger à quels dignes sujets Escobar ouvre l'entrée aux SS. Ordres.

Après ce que l'on vient de voir, l'on ne sera guères surpris qu'Escobar permette *de boire et manger tout son saoul, sans nécessité et pour la seule volupté*, ob solam voluptatem. Son confrère Pirot, qui a pris sa défense, ainsi que celle des autres casuistes, trouve qu'Escobar est exact, quand il ne voit qu'un simple péché véniel dans l'action de celui qui *se gorge de boire et de manger jusqu'à vomir*, si usque ad vomitum se ingurgitet. De nos jours, on eût dédié à Escobar, la *Gastronomie* ou l'*Almanach des gourmands.* Mais s'il permet de prolonger à un tel point la jouissance des repas, d'autre part, quel moyen il trouve pour abréger la messe aux gens du monde! c'est ce qui peut se faire, *si l'on rencontre quatre messes à la fois, qui soient tellement assorties, que quand l'une commence, l'autre soit à l'évangile, une autre à la consécration, et la dernière à la communion.* Escobar suppose qu'alors l'attention se partage dans les quatre messes, et qu'ainsi l'on entend les quatre parts en même temps, en quoi il enchérit sur ses confrères Bauni, Azor et autres, qui ont dit seulement, que deux moitiés de messes entendues en même temps, font une messe entière.

Moréri et Ladvocat n'ont donné que quelques lignes à notre Escobar. M. Chaudon a porté un jugement modéré, mais juste, contre ses principes, qui aplanissent le chemin du salut. L'abbé de Feller convient qu'Escobar élargit un peu trop le chemin; mais, comme s'il se repentait d'avoir blâmé un si bon jésuite, il s'efforce de prouver que des ouvrages, dans le genre de ceux d'Escobar, n'ont pas fait autant de mal que quelques zélateurs l'ont prétendu.

Ce n'est que dans le *Dictionnaire historique, littéraire et critique* de l'abbé Barral, qu'Escobar a été traité avec une sévérité très-excusable. Le rédacteur assure que le plus pernicieux des ouvrages d'Escobar, avait été imprimé trente-neuf fois, comme un bon livre, mais qu'à la 40e édition donnée depuis la publication des *Provinciales*, il fut regardé comme le plus détestable et le fruit de toutes les abominations des casuistes.

ESOPE. Il y a plusieurs inexactitudes dans la note de l'article de la *Biographie universelle*, sur ce fabuliste. La traduction française, en prose, publiée à Paris, avec des figures de Sadeler, en 1659, in-4°, doit porter au frontispice, au lieu des initiales R. L. F. P., celles-ci: R. D. F., qui signifient *Raphaël Du Fresne.* Cette édition a été reproduite en 1689; ainsi, le nom de *P. Aubouin* doit être celui de l'imprimeur, et non celui d'un traducteur.

ESPANAY ou ESPANNEY (JEAN LE SAULX sieur D'), auteur d'une très-mauvaise tragédie, imprimée à Rouen, en 1608. Colletet nous apprend que ce poëte obscur et barbare était pédagogue à Rouen, et qu'il enseignait, à de jeunes seigneurs, les premiers élémens de la grammaire; il juge sa tragédie avec autant de sévérité que la *Biographie universelle*.

ESPINAY (CHARLES D'), poëte du XVIe siècle, mort évêque de Dole. Sa nomination à un évêché ne fut pas, comme le dit la *Biographie universelle*, la récompense des services qu'il rendit à la cour de France, au concile de Trente. Colletet nous apprend que Charles IX lui donna l'évêché de Dole, parce qu'il connaissait son mérite, et pour récompenser, en sa personne, les fidèles services de quelques-uns de sa maison; mais pour des raisons tout-à-fait inconnues, ce prélat ne fut sacré que le 16 septembre 1565. La seconde édition de ses *Sonnets*, porte au frontispice les noms entiers de l'auteur. Il était intimement lié avec Ronsard; les plus fameux poëtes de son temps le comblèrent d'éloges.

ESPRIT (JACQUES). M. Chaudon termine l'article de cet académicien, par cette observation : Louis DE BANS (lisez DES BANS, et voy. ce mot ci-devant) a tiré de ce livre (la *Fausseté des vertus humaines*), son *Art de connaître les hommes*. Cette indication est si vague, qu'il était difficile d'en faire une juste application.

*ESQUIEU (l'Abbé), mort vers 1750. « Cet abbé que j'ai connu, dit l'abbé Goujet, dans son *Catalogue manuscrit*, après avoir donné dans le grand monde, est mort sur la paroisse de Saint-Germain-le-Vieil, livré aux excès condamnés dans les convulsionnaires. » L'abbé Esquieu avait de l'esprit et des connaissances en littérature. On a de lui :

1°. Traduction de l'*Apothéose de l'empereur Claude*, écrite en latin, par Sénèque le philosophe, sous le titre d'*Apocoloquintose*. On la trouve dans les *Mémoires de littérature et d'histoire* du P. Des Moletz, tom. 1, 2e partie, et dans les *OEuvres de Sénèque*, trad. par La Grange. Suivant l'éditeur, cette traduction avait été attribuée à l'abbé de La Bleterie, mais c'est à tort ; elle est en prose et en vers de même que l'original.

2°. *Critique de la tragédie de Pyrrhus*, en forme de lettre, adressée à M. de Crébillon. Paris, 1726, in-8° de 45 pag.

ESTOUTEVILLE, branche de Villebon, dernier degré. On dit, dans Moréri, que Jean d'Estouteville, seigneur de Villebon, *mourut à Rome le 18 août 1568, et que son cœur fut mis dans le tombeau du cardinal d'Estouteville*. Ceci passe mon imagination, observe M. du Masbaret ; car, sûrement, il ne mourut pas à Rome, n'y ayant même aucune preuve qu'il y ait été, au moins sur la fin de sa vie. Il mourut à Rouen, où il exerçait sa charge de bailli et de gouverneur. Il y mourut, selon M. Le Laboureur, le 18 avril 1564 ; mais il ne mourut que l'année suivante, comme il est prouvé par une quittance de sa veuve, qui se voit à la bibliothèque du roi, parmi les papiers de M. de Gaignières, citée dans l'*Histoire généalogique des grands-officiers de la couronne*, t. 8, p. 101.

EUCHER (S.), évêque de Lyon, mort dans le ve siècle. M. Chaudon et la *Biog. univ.* n'ont point indiqué la traduction de son *Histoire des martyrs de la légion thébaine*, par Jean-Armand Dubourdieu, imprimée à Amsterdam, en 1705, in-12, avec une Dissertation critique très-vantée par Bayle, mais réfutée avec énergie, par Dom Joseph Delisle, bénédictin, et pas M. de Rivas.

EUCLIDE, l'un des pères de la géométrie. L'article de cet auteur, dans la *Biog. univ.*, vient de main de maître. Pour faire bien connaître les ouvrages de ce grand géomètre, on établit différentes classes : 1° *OEuvres complètes* ; 2° *Editions complètes des Elémens* ; 3° *Traductions latines* ; 4° *Editions qui ne contiennent qu'une partie des Elémens* ; 5° *Ouvrages divers*. Il manque ici une classe assez importante, c'est celle des *Traduc-*

tions françaises ; quelques-unes seulement sont indiquées dans plusieurs divisions ; mais il était convenable ; ce me semble, de citer : 1° les traductions de divers ouvrages d'Euclide, par le mathématicien Henrion, auquel je donnerai un article à sa lettre. Les meilleures éditions sont celles de Rouen, 1649 ou 1676, 2 vol. in-8°; de Paris, 1683 ou 1685, 2 vol. in-8°. Henrion avait, dès 1615, publié la traduction des *quinze livres des Elémens* d'Euclide ; 2° les *six premiers livres des Elémens* d'Euclide, traduits par J. Errard ; Paris, 1598, in-8° ; —neuf livres trad. par le même ; Paris, 1629, in-8° ; 3° les *Elémens d'Euclide*, traduits de grec en français, par Pierre Le Mardelé ; Paris, 1632, in-8° ; Lyon, 1646, in-8° ; 4° les *Elém. d'Euclide*, trad. par le P. Dechalles, jésuite ; Paris, 1672, in-12, 1676, in-8°, 1683, in-12 ; Ozanam en a donné de nouvelles éditions corrigées et augmentées, Paris 1709 et 1720, in-12 ; on en doit aussi plusieurs à M. Audierne ; Paris, 1745 et 1763, in-12 ; 5° *Elémens de la géométrie d'Euclide*, où les *six premiers livres d'Euclide*, avec le 11e et le 12e, trad. nouvelle par Fréderic de Castillon ; Berlin, 1777, in-8° ; l'*Allemagne savante* de Meusel les cite sous l'année 1767, et la *Biog. univ.*, sous la date de 1775 ; on a encore le *dixième livre d'Euclide*, illustré de nouvelles démonstrations dans le *Traité des quantités incommensurables* de Jacq.-Alex. Le Tenneur ; Paris, 1640, in-4° ; 6° *Elémens de géométrie d'Euclide*, traduits par M. Peyrard, avec des notes ; Paris, 1804, in-8°; *Supplément* à cette traduction, 1810, in-8°; depuis la publication de l'article de la *Biogr. univers.* M. Peyrard a fait paraître le second et le troisième volume de son édition des *OEuvres d'Euclide*, en grec, en latin et en français. Pierre Forcadel, de Beziers, avait donné à Paris, l'an 1564, une traduction française des *six premiers livres des Elémens d'Euclide*, et en 1565, celle des livres 7, 8 et 9 des mêmes *Elémens ;* il publia aussi, en 1565, la traduction de la *Musique d'Euclide*, in-8°, et ce qui se trouve du *livre d'Euclide*, du *léger* et du *pesant*, à la suite du *livre d'Archimède*, des *poids*, in-4°.

La *Biographie universelle* cite la traduction de la *musique.* On assure que Forcadel ne savait pas le grec ; il n'avait pas même étudié la langue latine, suivant Gassendi, dans sa *Vie de Peirèsc.* Les traductions de Forcadel sont donc justement oubliées ; mais il n'est pas inutile de les mentionner dans un *Dictionnaire historique*, qui doit renfermer tous les élémens d'une *Histoire littéraire universelle.*

EUDES (Jean), frère de l'historien Mèzeray, et fondateur de la congrégation des *Eudistes.* Dans le cours de cet article, la *Biog. univ.* cite un ouvrage, dans le genre de celui de l'évêque de Langres, avec un renvoi à Marie Alacoque ; il est évident qu'il y a ici une faute grave d'impression, et qu'il faut lire *de l'évêque Languet.*

EULER (Léonard), l'un des plus illustres géomètres du xviiie siècle. Son article, dans la *Biog.*

univ., est de la même main que celui d'Euclide ; on y trouve le même talent : j'y ai remarqué quelques légères omissions.

I. Il parut, en 1786, une traduction médiocre du second volume de l'*Introduction à l'analyse des infiniment petits*, par M. Kramp, 2 vol. petit in-4°.

II. Il existe une édition de Paris, 1776, 1 vol. in-8°, de la *Théorie complète de la construction et de la manœuvre des vaisseaux*, publiée par Euler, à St.-Pétersbourg, en 1773. Cette nouvelle édition a été retouchée, pour le style, par M. de Kéralio.

III. Les *Additions* de La Grange, aux *Elémens d'Algèbre* d'Euler, parurent, dès 1770 ou 1772, dans la première édition de la traduction française, par J. Bernoully. Cette traduction a été réimprimée à Saint-Pétersbourg, en 1788, avec des corrections. L'abbé de Feller a eu la témérité d'affirmer que Condorcet avait donné, en 1787, une édition des *Lettres* d'Euler, *à une princesse d'Allemagne*, avec des notes qui n'ajoutent rien au mérite de l'ouvrage. On sait que ces notes n'existent pas ; il faut être bien aveuglé par la prévention, pour prononcer un jugement aussi défavorable, sur une simple annonce.

On a reproché avec amertume, à Condorcet, de n'avoir pas inséré dans son édition des *Lettres à une princesse d'Allemagne*, plusieurs passages favorables à la religion chrétienne : c'est un tort que je ne chercherai pas à excuser ; mais les mêmes hommes, qui censurent la conduite de Condorcet, ont-ils réclamé contre les altérations nombreuses faites par leurs partisans, dans l'ouvrage si répandu de M. Lhomond, intitulé : *Histoire abrégée de l'Eglise?* Je détaillerai ces altérations, au mot LHOMOND.

† EURIC, le même qu'Evaric et Euoric, mais plus connu sous le premier nom, était fils de Théodoric I, roi des Goths, et frère de Théodoric II, auquel il succéda en 467, après l'avoir fait assassiner. (Voy. Théodoric.) En 476, Odoacre, ayant renversé l'empire d'Occident, et voulant se faire des appuis parmi les plus puissans des princes barbares, abandonna à Euric les conquêtes des Romains au-delà des Alpes jusqu'au Rhin et à l'Océan. Le sénat, en ratifiant ce don magnifique, pouvait, dans l'état où étaient alors les choses, satisfaire sa vanité, sans diminuer la puissance de l'empire. Les succès d'Euric légitimèrent ses prétentions. L'Espagne, Arles, Marseille et l'Auvergne passèrent en peu de temps sous sa puissance ; elle était telle, que Sidonius, évêque de Clermont, étant allé implorer sa clémence, ne craignit pas de dire que l'antique divinité du Tibre était protégée par le génie de la Garonne. Euric faisait alors son séjour à Bordeaux. Si, au récit du même Sidonius, ce prince arien causa beaucoup de mal aux catholiques, il est malheureux qu'il n'ait pas eu, en matière de religion, les mêmes principes qu'en politique. Il fut le premier qui fit rédiger par écrit les lois de sa nation, non pas, dit Montesquieu, pour les faire suivre aux vaincus, mais pour les suivre lui-même. Tels furent, dans un temps où le système compliqué de la jurisprudence romaine était ar-

rivé à sa perfection, les premières institutions du droit germanique. Ce roi des Goths mourut à Arles, en 485, lorsque son fils Alaric était encore dans l'enfance. (*Sidonii Apollinaris Opera; Hist. du Bas-Empire*, par *Le Beau*; *Histoire de Gibbon; Esprit des lois* de Montesquieu.)

EUSTRATE, savant archevêque de Nicée, au XIIe siècle. M. Chaudon donne une notice courte, mais suffisante, sur cet auteur qui est connu par quelques Commentaires grecs sur Aristote : pourquoi la *Biographie universelle* a-t-elle omis un savant aussi renommé?

EUTROPE, historien latin. La *Biogr. univ.* s'exprime ainsi, au sujet de deux éditions de cet auteur : « M. Capperonnier a donné une édition d'*Eutrope*, 1798, in-12; Philippe de Prétot en avait donné une en 1746. » Il y a peu d'exactitude dans ces indications. En voici la rectification :

La veuve de la Tour imprima, en 1746, une jolie édition d'Eutrope, due aux soins de M. de Line; elle se vendit d'abord chez Merigot, et ensuite chez Barbou, avec un frontispice de l'an 1754. M. Capperonnier redonna *Eutrope* chez Barbou en 1793, en y joignant *Aurelius-Victor* et *Sextus Rufus*. MM. Chaudon et de Feller nomment mal-à propos *Dellin* l'éditeur de 1746. Voy. la *Notice des éditions des auteurs latins qui composent la collection Barbou*, publiée en 1770, et rédigée par l'abbé Dinouart. M. de Line est mort vers 1770.

Deux traductions françaises d'*Eutrope* ont été omises par la *Biographie universelle* :

1°. Celle qui parut à Paris, en 1710, chez Brocas, 1 vol. petit in-12, sous le voile de l'anonyme; elle est de M. de Préfontaine, dont j'ai parlé ci-devant. (Voy. le mot *Cornelius Nepos*.)

2°. Celle de M. l'abbé Paul, imprimée à Lyon, en 1809, 1 vol. in-12; elle est plus exacte que celle de l'abbé Lezeau.

EYMAR (ANGE-MARIE D'). On lit avec intérêt, dans le *Dictionnaire* de MM. Chaudon et Delandine, l'article relatif à ce membre distingué de l'Assemblée constituante, qui fut ensuite ambassadeur en Piémont, et qui mourut préfet de Genève. M. d'Eymar joignait le caractère le plus aimable à un esprit très-cultivé. La *Biographie universelle* ne lui a pas donné d'article; elle n'a pu, cependant, s'empêcher de louer la belle conduite qu'il tint à Turin, envers le père de l'illustre La Grange. (Voy. ce mot.)

EYMERIC (NICOLAS), fameux dominicain, auteur du *Directoire des inquisiteurs*, en latin. On ne lit plus ce volumineux ouvrage; mais on doit relire souvent l'excellent abrégé que l'abbé Morellet en a donné sous le titre de *Manuel des inquisiteurs*, Lisbonne (Paris), 1762, in-12. On l'a inséré, en 1769, à la fin d'une nouvelle édition de l'*Histoire des inquisitions*, par l'abbé Goujet, 2 vol. in-12.

EZANVILLE (RENAULT D'). C'est ainsi que Colletet écrit le nom de cet auteur; la notice qu'il nous a laissée sur sa vie et ses écrits, contient 14 pages in-4°. L'article de la *Biographie universelle* est aussi exact que piquant; elle n'a probablement pas connu le volume publié par d'Ezanville, en 1618, sous ce titre : *Tablettes énigmatiques et sententieuses, présentées au roi très-chrétien Louis le Juste;* ensemble un Dialogue du roi et de Monsieur, son frère, avec plusieurs proverbes sententieux en rime; il composa encore quelques tableaux sententieux qu'il présenta au roi, qui le connaissait, et qui agréait ses petites gentillesses d'esprit; j'entends, dit Colletet, celles qui concernaient la guerre, plutôt que les autres, qui n'avaient pour objet que le poëme. Il vivait encore à Paris, l'an 1620, suivant le même Colletet, et mourut probablement sur la fin de cette même année, ou au commencement de 1621, dans un âge peu avancé.

F.

FABER (BASILE), auteur du XVIe siècle, très-connu par son *Thesaurus eruditionis scholasticæ*, dont la première édition est de 1571, in-fol., et la dernière, de 1735, 2 vol. in-fol. Voyez ci-devant le mot *Ainsworth*. Moréri, Chaudon et Feller ont donné un article à ce grammairien latin. La *Biogr. univ.* n'en parle pas.

FABRE (CLAUDE), prêtre de l'Oratoire, habile humaniste. On lui doit encore l'édition de Phèdre, ainsi intitulée :

Phædri Augusti Cæsaris liberti fabularum æsopïarum libri V. Nova editio emendata; notis gallicis selectissimis, appendice ad ejusdem fabulas, Publii Syri aliorumque veterum sententiis aucta. Parisiis, fratres Barbou, 1731, in-12.

Les notes de cette édition de Phèdre, autant littéraires que grammaticales, ne sont ni trop rares ni trop nombreuses; et elles ont tellement acquis l'estime générale, que cette édition est devenue classique dès le moment de sa publication. On n'y a fait que de très-légers changemens jusqu'en 1783, c'est-à-dire, jusqu'à l'année où parut l'excellente édition de Phèdre, donnée par le P. Brotier, chez le libraire J. Barbou. Il était juste que les corrections importantes dues aux recherches et à la sagacité d'un aussi bon latiniste que le P. Brotier, fussent insérées dans les éditions de Phèdre que l'on mettait dans les mains des écoliers. C'est ce qui fut exécuté par divers éditeurs. Cependant on trouve toujours, dans leurs éditions, les principales notes de l'éditeur de 1731. Depuis bien des années, je désirais connaître cet éditeur; mais d'abord il fallait savoir à quelle année remontait la première édition due à ses soins, ce qui n'était pas facile à distinguer dans les nombreuses réimpressions qui en ont été publiées. D'ailleurs, les meilleures éditions de Phèdre, où l'on trouve tant de renseignemens bibliographiques, même celle que l'on doit à J. Gottl. Samuel Schwabe, Brunswick, 1806, 2 vol. in-8°, ne fournissent aucun renseignement sur l'édition qui était l'objet de mes recherches. Lorsque le hasard m'eut présenté l'édition de 1731, j'y trouvai bientôt tous les caractères d'une édition originale, et je ne fus pas longtemps sans me convaincre qu'on la devait au P. Fabre, de l'Oratoire, qui avait donné, trois ans auparavant, une traduction française de Phèdre, avec le texte latin et des notes bien plus détaillées. Il ne faut que comparer ces deux Phèdres pour acquérir la même certitude. Singulière destinée de certains livres! Tous nos dictionnaires historiques parlent de la traduction de Phèdre par le P. Fabre, qui n'a eu qu'une édition, et ils gardent le silence sur sa petite édition de Phèdre, qui a été réimprimée plus de cent fois. Il m'est bien agréable de pouvoir rendre ici, pour la première fois, un hommage public au laborieux P. Fabre, pour un travail qui a été d'une utilité générale; car parmi tous ceux qui ont aujourd'hui, en France, quelque connaissance du latin, il n'en est aucun qui, dans sa jeunesse, n'ait eu, comme moi, dans ses mains, sans le savoir, l'édition de Phèdre avec les notes du P. Fabre.

Il y a peu d'auteurs plus difficiles à bien entendre que Phèdre, malgré sa belle latinité; cela vient de ce que les manuscrits de cet auteur se sont trouvés très-fautifs. Depuis le P. Brotier, le P. Desbillons a encore éclairci beaucoup l'affranchi d'Auguste. Je ne puis trop recommander l'édition de Phèdre que M. Adry a publiée sous ce titre : *Phædri Augusti liberti fabularum æsopiarum libri quinque; cum notis et emendationibus Fr. Jos. Desbillons, ex ejus commentario pleniore desumptis. Tertia editio, cui accessère adnotationes gallicæ J. F. A.-Y. Parisiis, apud Lud. Duprat-Duverger*, 1807, in-12 de LXVI et 182 pages. Le *Petit Dictionnaire latin-français*, attribué au P. Fabre, et dont la *Biographie universelle* parle d'une manière trop vague, est intitulé : *Generalis Dictionarii latino-gallici epitome*, Lugduni, 1715, in-8°, anonyme. Il a été réimprimé en 1726, 1740 et 1759.

FABRICIUS (Jean-Albert), le plus laborieux, peut-être, des bibliographes connus jusqu'à ce jour. Il a trouvé, dans la *Biographie universelle*, un juste appréciateur des services qu'il a rendus à l'histoire littéraire en général, et en particulier à la bibliographie.

FABRONI (Ange), célèbre biographe italien du XVIIIe siècle. L'excellente notice que donne la *Biographie universelle*, sur ce savant, me paraît manquer de développemens relativement au *Giornale de' litterati* dont Fabroni est le principal auteur. Ce journal commença à paraître en 1771, et finit en 1796. Les tomes 103, 104 et 105 doivent contenir une table générale. On connaissait déjà en Italie plusieurs journaux du même titre : le premier parut à Rome dès 1668. Le dessin en fut proposé par Michel-Ange Ricci, depuis cardinal, lequel forma une société de gens de lettres à Rome, entre lesquels on remarque principalement François Nazzari et Jean-Justin Ciampini. Comme cela arrive presque toujours, il s'éleva bientôt une querelle entre Nazzari et son imprimeur, ce qui produisit deux journaux. Ciampini continua le premier jusqu'en 1681; celui de Nazzari finit en 1679. En 1686, le P. Benoît Bacchini, bénédictin de la congrégation du Mont-Cassin, publia, à Parme, un journal du même titre : il trouva un habile collaborateur dans le P. Gaudentio Roberti, religieux carme. Ce journal, continué à Modène en 1692, renferme 9 volumes in-4°. Voyez la *Table du Journal des Savans*, par l'abbé de Claustre, in-4°, tome 10ᵉ, p. 650 et 659.

FAERNE (GABRIEL), l'un des plus célèbres fabulistes latins modernes. Je trouve deux omissions assez importantes dans l'article que lui donnent Moréri, Ladvocat, Chaudon, Feller et la *Biographie universelle*. On n'y parle pas, 1° de la première édition assez soignée de ses fables, publiée à Paris en 1697, in-12, sous le titre de *Phædrus alter*. Elle est due aux soins de M. Mayoli, qui a mis en tête un avertissement fort instructif, et qui a rangé les fables dans un nouvel ordre. 2° De la traduction en prose des mêmes fables, publiée en 1699, par le professeur L. Tranquille Denyse. Voyez ce mot, ci-devant. On peut encore reprocher à la *Biographie universelle* de ne pas avoir cité l'édition de Faerne, sortie des presses de Bodoni, 1793, in-4°. L'abbé Salviniani, qui en fut l'éditeur, a mis à la fin une notice exacte des éditions précédentes.

† FAIGUET DE VILLENEUVE (JOACHIM), et non FAIGNET, comme on lit dans *le Dictionnaire* de M. Chaudon, dans le tom. 4 du *Dictionnaire des anonymes*, et dans la *Biog. univ.*, d'abord maître de pension à Paris, et ensuite trésorier de France au bureau de Châlons en Champagne, était né à Moncontour en Bretagne, le 16 octobre 1703. Il s'accoutuma de bonne heure à discuter avec clarté et justesse, une foule de questions qui intéressent la société. Lorsqu'il n'était encore que maître de pension, il inséra dans l'*Encyclopédie* plusieurs articles parmi lesquels on distingue les mots : *citation*, *dimanche*, *épargne*, *étude*. Devenu trésorier de France, il livra à l'impression des morceaux plus étendus. On a de lui :

I. *L'Econome politique*, contenant des moyens pour enrichir et pour perfectionner l'espèce humaine, Paris, 1763, in-12. Cet ouvrage est intéressant, tant par son objet que par la manière dont il est écrit. Dans une des utiles dissertations qu'il renferme, l'auteur propose l'établissement d'une régie ou compagnie perpétuelle dans le royaume, pour recevoir les petites épargnes des artisans, des domestiques, etc. : c'est le but de la *société des artisans*, fondée dans ces derniers temps. M. Faiguet a reproduit plusieurs exemplaires de son ouvrage, sous ce titre : *l'Ami des pauvres*, ou *l'Econome politique*, etc., 1766, in-12; il y a joint un *Mémoire sur la diminution des fêtes*, imprimé avec des signes ou caractères nouveaux qui le rendent fort difficile à lire. Cet écrivain pensait que notre orthographe devait être rapprochée de la prononciation.

II. *Mémoires sur la conduite*

des finances et sur d'autres objets intéressans ; Amsterdam, 1720 (1770), in-12. L'auteur a inséré dans ce volume, les *moyens de subsistance pour nos troupes, à la décharge du roi et de l'État*, imprimés séparément en 1769.

III. *Légitimité de l'usure légale*, où l'on prouve son utilité, etc., Amsterdam, Rey, 1770, in-12. L'auteur discute, dans ce volume, les passages de l'*Ancien et du Nouveau Testament*, sur l'usure; il y démontre clairement que les casuistes sont en contradiction avec eux-mêmes. On lit ces deux vers à la fin :

A cinquante-cinq ans, avocat de l'usure,
J'instruisais la Sorbonne et la magistrature.

IV. *L'Utile emploi des religieux et des communautés*, ou *Mémoire politique à l'avantage des habitans de la campagne*, Amsterdam, 1770, in-12. M. Faiguet se fit encore connaître par différens morceaux de prose et de vers insérés au *Mercure* et dans d'autres journaux. Il inventa, pour le service des armées, une sorte de fours mobiles et portatifs, dont les *Mémoires de l'académie des sciences*, année 1761, font une mention honorable; il est aussi le premier qui ait fabriqué en France un pain composé avec trois parties égales de froment, de seigle et de pommes-de-terre. Cet estimable écrivain mourut en 1780.

FALCONET (Etienne), sculpteur célèbre. La traduct. des 34e et 35e livres de l'Histoire naturelle de Pline, qui parut sous son nom, n'est pas de lui; mais d'un de ses amis, retiré comme lui à Saint-Pétersbourg, et qui s'était livré à l'étude des lois. Elle était, dans l'origine, fort inexacte; Falconet y fit beaucoup de corrections dans l'édition de La Haye, 1773. Comme elles furent jugées encore insuffisantes, un ami se chargea de la revoir de nouveau. C'est d'après toutes ces modifications qu'elle reparut dans les éditions subséquentes, savoir, en 1782, à Lausanne, dans l'édition des œuvres de Falconet, en 6 vol. in-8°, et, en 1787, à Paris, dans l'édition des mêmes œuvres, réduites à 3 vol. On trouve en tête des exemplaires de cette dernière, dont le titre a été rafraîchi en 1808, un éloge de l'auteur par M. Lévesque, historien de la Russie; ce qu'il y a de remarquable, c'est que l'on n'a point inséré dans les nouvelles éditions la longue préface de l'édition de 1773, qui renferme une critique sévère de toutes les traductions entières ou partielles de Pline.

L'*Examen de la traduction des livres* XXXIV, *etc.*, de Pline, par Falconet, attribué à C. G. F. Dumas (Voyez ce mot ci-devant), parut d'abord dans divers numéros du *Journal encyclopédique*, en 1772. Il en a été tiré des exemplaires séparément; c'est ce qui explique pourquoi ils ne portent ni date ni lieu d'impression. On peut voir la *lettre* de M. Falconet à M. ***, ou *Réponse* à un prétendu examen de la traduction de trois livres de Pline (Hollande), 1776, in-8° ; réimprimée dans l'édition de Lausanne.

FALCONIA (Proba). C'est sans doute par pure distraction que la *Biograph. univers.*, voulant indiquer que le *Cento Virgilianus* de cette femme célèbre se trouve dans le *Corpus poetarum* de Maittaire, renvoie à l'édition de Genève, 1713; il fallait dire Londres.

* FARDEAU (Louis-Gabriel), né à Paris, en 1730, y devint procureur au Châtelet, en 1757, quitta sa charge en 1781, et mourut vers 1785. Ayant cherché quelques délassemens dans le commerce des muses, il publia successivement plusieurs recueils de poésies et plusieurs ouvrages dramatiques, qui l'exposèrent aux sarcasmes des journalistes. Voici la liste de ces productions :

I. *Le Triomphe de l'Amitié*, drame en un acte et en vers, 1773, in-8°.

II. *Les Amusemens de la société*, ou poésies diverses, 1774, in-8°.

III. *Le Mariage à la mode*, drame en un acte et en vers, 1775, in-8°.

IV. *Récréations littéraires*, 1776, in-8°.

V. *Le Service récompensé*, comédie en un acte, mêlée d'ariettes, 1778, in-8°.

VI. *Le Cabaretier jaloux*, comédie en un acte et en prose, 1779, in-8°.

Les pièces dramatiques de M. Fardeau n'ont jamais été représentées, et sont au-dessous du médiocre. Le rédacteur du *Journal des Théâtres* s'est amusé à recueillir quelques petits vers détachés, extraits de différentes ariettes du *Service récompensé*; on en formerait de merveilleuses devises pour les bombons du jour de l'an. En voici deux exemples :

Une action si gracieuse
Vaut récompense généreuse.

Quand un feu promptement s'allume,
Alors plus vite il se consume.

On doit encore à cet auteur une *Collection de Mémoires, en conformité desquels les affaires dont ils traitent, ont été jugées*. Amsterdam et Paris, 1778, in-12.

FARNABY ou FARNABIE (Thomas), célèbre commentateur d'auteurs latins. Il existe une assez jolie édition de son *Index Rhetoricus*, avec les *formulæ oratoriæ*, et l'*Index poeticus*, Amsterdam, Jansson, 1648, petit in-12.

FAUCHEUR (Michel le), célèbre ministre protestant, que M. Chaudon fait suffisamment connaître, et qui a été oublié par les rédacteurs de la *Biographie universelle*. Des omissions de ce genre prouvent plus de légèreté ou de partialité que de discernement.

FAUQUE (mademoiselle), connue à Londres sous le nom de madame de Vaucluse. On lui doit l'*Histoire de madame la marquise de Pompadour*, traduite de l'anglais, Londres, aux dépens de S. Hooper, *à la Tête de César*, 1759, 2 parties in-12. Il y en a deux éditions : l'une a 160 pages, et l'autre 189. Le même ouvrage existe aussi en anglais. Les éditions françaises paraissent avoir été imprimées en Hollande; l'une d'elles fut saisie par ordre du roi de France.

Il ne faut pas confondre cette Histoire avec les *Mémoires de madame la marquise de Pompadour*, Liége (Hollande), 1765, 2 parties, petit in-8°. D'après une lettre de M. le duc de Nivernois, en date du 20 janvier 1763, j'avais attribué ces *Mémoires* à madame de Vaucluse, nom que prit à Londres mademoiselle Fauque, après avoir été abandonnée par un officier anglais qu'elle comptait épouser; mais M. de Nivernois n'a probablement voulu parler que de l'*Histoire*, puisque les *Mémoires* n'existaient pas encore. D'ailleurs, en lisant les *Mémoires*, on s'aperçoit bien que ce n'est pas une femme qui les a écrits, tant on y trouve d'anecdotes et de citations! L'auteur des *Mémoires* est demeuré inconnu jusqu'à ce jour.

Il est possible cependant que M. de Nivernois ait voulu parler des *Mémoires pour servir à l'Histoire de la marquise de Pompadour*, traduits de l'anglais, Londres, Hooper, 1763, petit in-8° de 128 pages. Je n'ai pu encore vérifier si ces *Mémoires* sont la même chose que l'*Histoire*.

M. de Nivernois parle aussi d'un *écrit insolent* qui a paru à Londres le jour de l'ouverture du parlement, et qu'il croyait l'ouvrage de deux Françaises, dont l'une était madame de Vaucluse: j'ignore de quel écrit il peut être question ici; mais M. Mac-Carthy possédait un Mémoire de madame F. de la C. (Fauque de la Cépèdes, ou madame de Vaucluse), contre M. C. (Celesia, ministre de la république de Gênes), Londres, 1758, in-8°. Voyez les *OEuvres posthumes* du duc de Nivernois, publiées par M. François de Neufchâteau, Paris, 1807, t. 2, p. 202.

FAVIER, célèbre publiciste du XVIIIe siècle. La *Biographie universelle* lui attribue les *Lettres sur la Hollande*, La Haye, 1780, 2 vol. in-12. Elles sont de M. Pilati de Tassulo. Dans le même article, elle cite les *Mémoires secrets* de Bolingbroke, traduits de l'anglais, en 3 vol. in-8°. J'ai déjà dit que cette traduction n'était composée que de deux parties in-8°.

* FAVIERES (Guillaume), maître des comptes à Paris, cultiva les belles-lettres et surtout la poésie latine. On a de lui, dans le 14e volume des *Amusemens du cœur et de l'esprit*, une inscription latine pour la fontaine de Ville-Flix-sur-Marne.

* FAVIERES (Etienne-Guillaume), conseiller au parlement de Paris, fils du précédent, a publié en 1731, plusieurs pièces de vers latins de sa composition. Dans celle qu'il a faite pour célébrer la naissance de son respectable père, il le loue de son amour pour la justice et de sa tendre piété. La pièce la plus importante d'Etienne-Guillaume Favières, est un *Eloge du printemps*, dans lequel Voltaire se trouve honorablement mentionné, et qui est accompagné d'une traduction en vers français attribuée à M. de Querlon par l'abbé Goujet, dans son *Catalogue manuscrit*. M. Favières envoya à Voltaire ce poëme, suivi de la traduction. Voltaire remercia l'auteur par une lettre qui se trouve dans sa correspondance générale; mais il commit une singulière erreur en l'écrivant. Il déclare à M. Favières qu'il ne sait point qui est l'auteur des vers latins. Néanmoins il le félicite, *quel qu'il soit*, sur le goût qu'il a, sur son harmonie, etc. Pour preuve de sa sincérité, il cite plusieurs vers qui, en effet, sont très-

bien tournés; ensuite il complimente M. Favières de sa traduction, ou plutôt sur son imitation libre du *Printemps.* M. Favières remercia Voltaire des choses flatteuses qu'il donnait à son essai; il rendit hommage à ses grands talens et aux richesses abondantes qu'il communiquait aux gens de lettres. C'est un bienfait, ajoute-t-il, dont ils seront toujours reconnaissans, aussi bien que *mon traducteur et moi*, *qui sommes*, *avec attachement inviolable*, *vos très-humbles serviteurs*, *etc.* On ne pouvait faire remarquer avec plus de délicatesse la méprise dans laquelle Voltaire était tombé. M. Philippe a reproduit les vers latins de MM. Favières père et fils, dans le 14e volume des *Amusemens du cœur et de l'esprit.* Il y a joint la lettre de Voltaire, et la réponse de Favières fils.

M. Favières le fils est mort à Paris, le 8 juin 1772, conseiller honoraire au parlement de Paris.

FAUCHER (Le P. Chrysostome), religieux du tiers-ordre de St.-François, à qui l'on doit deux ouvrages assez estimés :

I. *Histoire de Photius*, *patriarche schismatique de Constantinople*, suivie d'observations sur le fanatisme. Paris, 1772, in-12.

II. *Histoire du cardinal de Polignac*, Paris, 1777, 2 vol. in-12.

FAZIO (Barthelemi). On a encore de lui : *De Differentiis verborum latinorum*, *Romæ*, 1491, in-4°. M. Méermann possédait un exemplaire de cet ouvrage, si rare, que son existence avait été révoquée en doute par des hommes rès-érudits. Il permit d'en faire une copie dont Saxius a eu communication, et que ce savant a fait imprimer à la fin du 2e volume de son *Onomasticon.*

FELLON (Thomas-Bernard), jésuite. La *Biographie universelle* a confondu le *Traité de l'Amour de Dieu*, composé par cet auteur, selon la doctrine, l'esprit et la méthode de S. François de Sales, Lyon, 1738, 3 vol. in-12, Paris, 1747, 4 vol. in-12, avec l'*Abrégé* de l'ouvrage de S. François de Sales, par l'abbé Tricalet, Paris, 1756, 1 vol. in-12. L'abbé Bonvallet des Brosses a donné une édition du Traité de S. François de Sales, avec de légers changemens, Paris, chez Hérissant, 1763, 2 vol. in-12; Lyon, 1813, 2 vol. in-12.

FENEL (Jean-Basile-Pascal). La *Biographie universelle* compte parmi les ouvrages imprimés de cet académicien, un *Mémoire sur l'état des sciences en France*, *depuis la mort de Philippe-le-Bel*, *jusqu'à celle de Charles V.* Ce Mémoire, couronné en 1744 par l'Académie des inscriptions, est resté manuscrit.

FENELON (François de Salignac de la Motte). La notice bibliographique de l'immortel auteur de *Télémaque*, dans la *Biographie universelle*, ne laisserait rien à désirer, si les *Sermons* y étaient indiqués d'une manière plus exacte. Ils parurent pour la première fois en 1706, au nombre de six, et forment le tome premier et unique d'un *Journal des prédicateurs*, entrepris par l'abbé du Jarry. Tel est le faux titre du volume. Le véritable est celui-ci : *Recueil de sermons choisis sur différens sujets*. Ces Sermons reparurent avec quatre autres du même auteur, en 1718, in-12, sous le titre de *Sermons choisis sur divers sujets*, par les soins de M. de Ramsay. Le *Recueil* si rare *de quelques Opuscules* de Fénélon parut, pour la première fois, en 1720. C'est ici l'occasion de prévenir les amateurs que l'édition de *Télémaque*, imprimée à Lyon dès 1815, 3 vol. in-8°, n'est pas encore en vente.

* FERLUS (François), ci-devant bénédictin, correspondant de l'Institut, et ancien directeur de l'école de Sorrèze, est mort à Sorrèze vers le mois de juin 1812, âgé de 70 ans.

On a de lui : *Projet d'éducation nationale, présenté à l'Assemblée nationale le 10 juin 1791, et agréé par elle*, 1791, in-8°. — FERLUS (R.-D.), frère du précédent, et auteur de plusieurs morceaux de poésie estimés, est directeur de l'école de Sorrèze.

* FEROUX (Christophe-Léon), né en 1730, à Frévent, près l'abbaye de Saint-Pol-en-Artois, fut déterminé de bonne heure, par son goût pour la méditation, pour l'étude et pour l'agriculture, à entrer dans l'un de ces ordres religieux qui, originairement, avaient rendu de grands services à l'agriculture et aux lettres. Il choisit l'ordre des Bernardins. Placé, dès l'âge de 27 ans, à la tête de maisons considérables, par l'étendue de leurs possessions, il les administra avec sagesse. Sa position le mit à même de réfléchir beaucoup sur différens objets d'économie publique, et il présenta ces réflexions au public, en 1784, sous le titre de *Vues d'un solitaire patriote*, 2 vol. in-12. Cet ouvrage est écrit d'une manière nette et précise ; il contient des vues utiles. L'auteur donna de nouveaux développemens à ses idées favorites, dans un autre ouvrage qu'il intitula : *Nouvelle institution nationale*, Paris, 1788, 2 vol. in-12. Dom Feroux est mort à Paris, le 19 ventôse an XI (1803), âgé de 73 ans. Il avait été reçu docteur de Sorbonne. La droiture du caractère, jointe à une ame sensible et à beaucoup de simplicité, répondaient en lui aux qualités d'un esprit juste, actif et pénétrant.

FERRAND (Fulgentius Ferrandus), diacre de Carthage, dans le VIe siècle. La *Biogr. univ.* ne cite pas son *Exhortation au comte Reginus, sur les devoirs d'un capitaine chrétien*, dont on a une traduction française, par le P. G. Chastelain, sous ce titre : *Idée du Capitaine chrétien* ; Paris, 1675, in-12.

FERRIERE (Claude-Joseph de). La *Biographie universelle*, induite en erreur par M. Chaudon, a mis un *s* à la fin de ce nom. Cette lettre ne se voit pas sur les frontispices des ouvrages de MM. de Ferriere ; on indique la traduction des *Institutes* de Justinien, comme ayant été donnée en 1719, et l'*Histoire du droit romain*, comme n'ayant paru qu'en 1760 ; il y a erreur dans les deux indications. L'*Histoire du droit romain* parut dès 1718 ; mais une seconde édition, augmentée de plus d'un tiers, et qui a servi de modèle aux suivantes, fut donnée en 1726. Des exemplaires portent la date de 1734. La traduction des *Institutes* ne parut qu'en 1721. Adelung donne ces dates avec exactitude.

L'édition du *Dictionnaire de droit*, à laquelle Boucher d'Argis fit des additions, parut en 1749. Claude-Joseph de Ferriere mourut probablement l'année précédente, car il avait préparé lui-même cette édit., et le censeur Rassicod l'avait approuvée dès 1747.

FERRIERES (CHARLES-ELIE DE) membre de l'Assemblée constituante. Son *Essai sur le théisme*, parut, pour la première fois, en 1785, 2 vol. in-12. Les opuscules qu'il a donnés depuis la révolution, ont d'abord été publiés sous ce titre : *Mélanges de littérature et de morale*, Poitiers, Catineau, an VI (1798), in-8° de 80 p.; ils renferment : 1° un Discours sur le goût; 2° l'Eloge de M. de Brequigny; 3° Lydia, conte imité du grec de Parthénius de Nicée. L'auteur, ayant fait imprimer en 1800, une *Dissertation sur l'état des lettres dans le Poitou, depuis l'an 300 de l'ère chrétienne, jusqu'à l'an* 1789, la réunit aux trois précédens opuscules; le tout fut annoncé, en 1800, dans le *Magasin encyclopédique :* cette annonce, répétée dans la *Biographie universelle*, s'éloigne un peu, comme on le voit, de l'exactitude prescrite dans les indications bibliographiques.

* FEUILLET (MADELAINE), nièce du célèbre chanoine de Saint-Cloud, de ce nom, se livra, vers la fin du XVIIe siècle, à la composition de plusieurs ouvrages de piété, qui ont eu du succès; les principaux sont :

I. *Sentimens chrétiens* sur les principaux mystères de Notre-Seigneur, etc. Paris, Roulland, vers 1689, in-12.

II. *Concordance des prophéties avec l'Evangile*, sur la passion, la résurrection et l'ascension de Jésus-Christ. Paris, 1689, in-12.

III. L'*Ame chrétienne soumise à l'esprit de Dieu*. Paris, 1701, in-12.

IV. Les *Quatre Fins de l'homme*. Paris, 1694, in-12.

Madelaine Feuillet a aussi traduit, du latin, deux ouvrages du jésuite Drexelius; savoir : la *Voie qui conduit au ciel*, Paris, 1684, in-12; et l'*Ange gardien*, Paris, 1691, in-12. En 1698, le sieur de Vertron plaçait encore mademoiselle Feuillet, dans son Catalogue des dames illustres vivantes. Voy. le t. 2 de la *Nouvelle Pandore*.

FEVRE D'ETAPLES (JACQUES LE). L'article de la *Biogr. univ.*, sur cet homme célèbre, est un des meilleurs de l'ouvrage; mais Le Fèvre n'y est présenté que comme théologien. Il m'a semblé qu'il s'était acquis autant de réputation, par son habileté dans la philosophie et dans les sciences exactes : c'est ce qui m'enhardit à entrer dans de plus grands détails sur sa vie et ses ouvrages.

Jacques Le Fèvre, nommé en latin *Faber Stapulensis*, naquit à Etaples, village de Picardie, vers 1440, de parens aisés. C'est à tort que Teissier, dans ses remarques sur les Eloges de M. de Thou, le présente comme un fils naturel. Il étudia à Paris, et embrassa l'état ecclésiastique; son mérite lui fit obtenir divers bénéfices et diverses places; mais une extrême envie de s'instruire davantage et de connaître les savans de tous les pays, le détermina à voyager : pour le faire avec plus de liberté, il abandonna à sa famille tout son patrimoine, et renonça à toutes les places aussi honorables que lucratives, dont il avait été revêtu. Le Fèvre parcourut l'Italie, l'Europe, l'Asie et une partie de l'Afrique; de retour de ses voyages, vers 1492, il enseigna la philosophie à Paris, au collége du cardinal Le Moine, et commença, quelques années après, à donner des ouvrages au public. On peut croire que Le Fevre quitta sa chaire en 1506, puisqu'il était à Bourges, en 1507, à la suite de la cour. Guillaume Briçonnet, pour lors évêque de Lodève, et abbé de St.-Germain-des-Prés, lui donna un logement dans cette abbaye, vers le même temps, et c'est de cette abbaye que Le Fèvre date son *Quincuplex Psalterium*, imprimé in-fol. en 1509. Son illustre protecteur, devenu évêque de Meaux, et de retour, en 1518, de son ambassade de Rome, emmena Le Fèvre avec lui dans son diocèse; il l'établit au régime de la maladrerie de Meaux, le 11 août 1521, et il le fit son vicaire général le 1er mai 1523. Quelques années après, les cordeliers de Meaux intentèrent à leur évêque un procès dont celui-ci sortit avec honneur. Ces moines accusèrent d'hérésie les savans que l'évêque avait appelés à Meaux. Ce fut cette circonstance qui força Le Fèvre de quitter Meaux en 1526; il alla passer six mois à Strasbourg. Le Fèvre trouva de puissans protecteurs, qui sollicitèrent le roi pour lui. Sa Majesté écrivit au parlement de surseoir les procédures. En 1522, lors de la publication d'un Commentaire sur les Evangiles, le syndic de la Sorbonne, Beda, avait déjà suscité à Le Fèvre une affaire, au sujet de laquelle le roi lui donna des juges. Le Fèvre s'était pleinement justifié en leur présence. Ses Dissertations sur les trois Magdelaines et sur sainte Anne, firent aussi beaucoup de bruit, et produisirent beaucoup d'ouvrages polémiques; mais l'ouvrage qui lui fait le plus d'honneur, est sa traduction française du *Nouveau Testament :* on doit même dire de toute la *Bible*, car il est reconnu aujourd'hui que la célèbre *Bible* française, imprimée en 1530, à Anvers, par Martin Lempereur, est en entier de la traduction de Le Fèvre. En 1528, Le Fèvre fut nommé précepteur du prince Charles, troisième fils de François Ier, mort duc d'Orléans, en 1545; il resta à la cour jusqu'en 1531, estimé et protégé de son prince. Il ne fut pas obligé de quitter ce séjour et d'abandonner son poste, pour se garantir des poursuites de Béda, auquel le roi avait imposé silence, par une lettre adressée à l'université, en 1527. Quatre ans après, la reine de Navarre demanda Le Fèvre à François Ier, et l'emmena avec elle à Nérac, où il mourut en 1536, âgé d'environ cent ans. Un nommé Thomas Hubert, ou plutôt Hubert Thomas de Liége, conseiller de l'électeur palatin, a raconté qu'au milieu d'un repas où était la reine, Le Fèvre se mit à pleurer; parce qu'ayant connu la vérité, et l'ayant enseignée à plusieurs personnes qui l'avaient scellée de leur propre sang, il avait eu la faiblesse de se tenir dans un asile, loin des lieux où les couronnes des martyrs se distribuaient. La reine, qui était éloquente, le rassura; il fit son testament de vive voix, s'alla mettre sur un lit, et y fut trouvé mort peu de temps après. Ce récit a tout l'air d'un conte. On doit avoir plus de confiance dans ce que dit le poëte Macrin, ami de Le Fèvre, qui a composé une ode sur sa mort; il le présente comme un vieillard, moins accablé par la maladie que par son grand âge, parlant souvent de Jésus-Christ dans ses derniers momens, et rendant le dernier soupir avec le calme d'un homme qui s'endort. Macrin, qui était bon catholique, ne doute point que son ami ne soit dans le ciel. Le Fèvre n'a point été docteur de Sorbonne, comme quelques personnes l'ont prétendu; la Sorbonne n'a donc pu le dégrader de son doctorat, ainsi que Bayle l'assure. Tous les savans contemporains citent Le Fèvre, non comme théologien, mais comme philosophe; et, en effet, c'est la philosophie qu'il a principalement professée avec tant d'éclat, qu'on le surnommait *ingeniorum Faber*. Il a montré les mathématiques à Budée. La plupart de ses ouvrages sont du domaine de la philosophie; le nombre en est considérable. J'indiquerai les principaux. L'article que Bayle a consacré à Le Fèvre d'Etaples, dans son Dictionnaire, m'a paru renfermer beaucoup d'erreurs; elles ont été relevées par l'abbé Joly, dans ses *Remarques*; et c'est d'après Joly, principalement, que j'ai rédigé ma notice.

Principaux Ouvrages de J. Le Fèvre, rangés par ordre chronologique.

OUVRAGES PHILOSOPHIQUES.

I. *In Aristotelis octo physicos libros paraphrasis. Parisiis*, J. Higman, 1492, in-fol. On lit, à la fin, des vers de Josse Clichtoue, élève de J. Le Fèvre.

II. *Artificialis introductio moralis in decem libros ethicorum Aristotelis. Parisiis*, Wolffg. Hopylius, et Henr. Stephanus, 1496, in-fol. Réimprimé plusieurs fois avec les Commentaires de Josse Clichtoue.

III. *Ars moralis ex Aristotele. Parisiis*, Guido mercator, 1499, in-4°. Réimprimé, en 1513, à Vienne, en Autriche.

IV. *Aristotelis philosophiæ naturalis paraphrases et introductio metaphysica. Parisiis*, Wolffg. Hopylius, 1501, in-fol. Réimprimé plusieurs fois à Paris et à Lyon.

V. *Epitome compendiosaque introductio in libros arithmeticos Severini Boetii, adjecto familiari commentario dilucidata. Astronomicon. Parisiis*, Wolffg. Hopylius et Henr. Stephanus, 1503, in-fol. Réimprimé en 1510. L'ouvrage sur l'Astronomie a encore été réimprimé en 1517, avec un Commentaire de Josse Clichtoue.

VI. *In sex primos metaphysicorum libros Aristotelis introductio. Parisiis*, 1505, in-fol. Réimprimé en 1515, avec d'autres écrits du même auteur.

VII. *Aristotelis logicorum libri*

recogniti, Boetio Severino interprete et paraphrasis in eosdem, cum adjectis annotationibus, ordinatore J. Fabro Stap. Parisiis, Wolffg. *Hop.* 1503, in-fol. Réim- en 1520.

VIII. *Introductiuncula in politica Aristotelis et Xenophontis œconomic. Parisiis*, Henr. Stephanus, 1508, 1512, 1516, in-fol. *Metaphysica introductio quatuor dialogorum libris elucidata. Parisiis*, Henr. Steph., 1515, in-fol.

IX. *Arithmetica decem libris demonstrata. — Musica libris demonstrata quatuor. Epitome in libros arithmeticos Boetii. — Rhythmimachiæ ludus, qui et pugna numerorum appellatur. Secunda editio, Parisiis*, Henr. Steph., 1514, in-fol.

OUVRAGES THÉOLOGIQUES.

I. *Quincuplex psalterium, gallicum, romanum, hebraicum vetus conciliatum, etc. Parisiis*, Henr. Stephanus, 1508, in-folio. Réimprimé en 1513. Ce psautier a été recherché pendant longtemps; il est presque entièrement oublié aujourd'hui. Il en existe une édition de Caen, 1515, in-folio.

II. *S. Pauli epistolæ XIV ex vulgatâ editione, cum Commentariis, etc. Parisiis*, 1512, in-fol. L'auteur composa cet ouvrage, ainsi que le précédent, dans la maison abbatiale de St.-Germain-des-Prés. Il existe beaucoup d'éditions de ces Commentaires.

III. *Commentarii in epistolas catholicas. Meldis*, 1525, in-fol. — *Basileæ*, André Cratander, 1527, in-fol. Il n'existe que deux éditions de ce Commentaire.

IV. *Commentaria in quatuor Evangelia. Parisiis*, Simon Colinæus, 1521. Cet ouvrage fut réimprimé l'année suivante à Meaux, aux dépens du même Simon de Colines. Il en existe aussi une édition de Bâle, 1523, chez André Cratander. Ces différens Commentaires ont occasionné des disputes assez vives entre Erasme et l'auteur. On en trouve l'histoire dans l'ouvrage de Herman Vonder Hardt, intitulé : *Historia litter. reform.* Le fameux Noël Bede, syndic de Sorbonne, publia : *Annotationum libri duo, in Jac. Fabrum Stapul., et in Desid. Erasmum liber unus. Parisiis*, 1526, in-fol. Cette critique a été supprimée, ce qui l'a rendue fort rare.

V. *De Mariâ Magdalenâ et triduo Christi disceptatio. Parisiis*, H. Steph., 1517, in-4°. Réimprimée en 1518 et en 1519.

VI. *De tribus et unicâ Magdalenâ disceptatio secunda. Parisiis*, Henr. Steph., 1519, in-4°. L'auteur rétracte, dans cette seconde dissertation, plusieurs choses qu'il avait avancées dans la première. L'opinion de Le Fèvre a été attaquée par Beda, par Fischer, évêque de Rochester, et par Baltasar Sorio, dominicain espagnol. Le fameux H. Corn. Agrippa, ami de l'auteur, le défendit avec chaleur.

Le Fèvre a traduit plusieurs ouvrages des Pères grecs en latin; entr'autres, J. Damascène, *De orthodoxâ fide*, Paris 1507, in-4°, et avec les Commentaires de Clichtoue, 1512 et 1519, in-fol. Il a été éditeur de beaucoup d'autres, principalement des *OEuvres* de S. Denys l'Aréopagite, traduites en latin par Ambroise-le-Camaldule, avec des Commentaires, Paris, Higman, 1498, in-fol.; Henr. Etienne, 1515; in-fol.; de la *Dialectique* de George de Trébisonde, en 1508; des *Contemplationes idiotæ* (Raimundi Jordan), *Parisiis*, 1519, in-4°.

Le Fèvre croyait que les ouvrages portant le nom de S. Denys l'Aréopagite, étaient réellement de lui; cette opinion était encore celle de plusieurs savans, au commencement du XVIIIe siècle, comme le prouve la *Dissertation sur S. Denys l'Aréopagite*, publiée à Paris, en 1702, in-8°, sous le voile de l'anonyme, par D. David, bénédictin de Saint-Maur; on vit paraître aussi, sous le voile de l'anonyme, en 1708, un *problème proposé aux savans*, sur le même sujet. Ce nouvel écrit paraît être du P. Honoré de Sainte-Marie, carme: c'est à tort que l'abbé Godescard, dans une note des *Vies des pères*, t. 9, le donne à un religieux de Sept-Fonds, dont le travail est resté manuscrit, et assigne la date de 1720 à la *Dissertation* du P. Honoré. D. Ceillier l'a induit en erreur, en disant, dans le 15e vol. de l'*Histoire générale des auteurs ecclésiastiques*, que le travail du religieux de Sept-Fonds avait été imprimé en 1708. Le P. Honoré, dans son *Problème*, expose le *pour* et le *contre*, touchant les ouvrages attribués à S. Denys l'Aréopagite. Aujourd'hui l'on est assez généralement convaincu que ces ouvrages sont apocryphes, et qu'ils ont été compilés dans le Ve siècle.

Les principaux ouvrages publiés par J. Le Fèvre, en français, sont:

I. *Les Saintes Evangiles de Jésus-Christ, avec une épître exhortatoire.* Paris, Simon de Colines, 8 juin 1523, in-8°, sans nom d'auteur. L'*Epître exhortatoire*, dans laquelle l'auteur recommande la lecture de l'*Ecriture sainte* en langue vulgaire, manque à beaucoup d'exemplaires. Ce volume a été réimprimé, dès le mois de janvier 1524, sous ce titre: le *Nouveau Testament de Notre-Seigneur Jésus-Christ*, nouvellement traduit en français. Mon exemplaire ne contient pas l'*Epître exhortatoire*, laquelle suivant Richard Simon, dans sa *Bibliothèque critique*. doit se trouver en tête de la seconde partie; il en cite plusieurs passages. Cette seconde partie, contenant les *Epitres S. Paul*, etc., parut le 6 novembre 1523, chez le même libraire, et dans le même format. Simon de Colines mit au jour, en 1525, la traduction des *Psaumes*. Jacques Le Fevre, ayant été persécuté pour la publication de ces traductions, fit imprimer à Anvers, en 1528, le reste de la *Bible*; le tout fut reproduit dans cette dernière ville, en 1530, par Martin Lempereur, sous ce titre: la *Sainte Bible, en franç., translatée selon la pure et entière traduction de S. Jérôme*, etc., in-fol. C'est la judicieuse conjecture de M. *N.* Indès (Denis Nolin), théologien de Salamanque, dans ses excellentes *Dissertations sur les Bibles françaises*, etc. Paris, 1710, in-12. Cette traduction de l'*Ancien* et du *Nouveau Testament*, est, aux yeux de tous les critiques, la première qui ait été faite en notre langue, avec quelque exactitude. Il en existe différentes éditions: Prosper Marchand les fait bien connaître. Voy. son *Dictionnaire*.

II. Les *Epîtres et Evangiles pour les cinquante-deux dimanches de l'an, avec briefves et très-utiles expositions d'icelles.* Meaux, 1523, in-8°, nouvelle édition; Lyon, Etienne Dolet, 1542, in-18, avec une *Epître*, de Dolet, *au lecteur chrétien;* les *Epîtres* et *Evangiles* sont suivis d'*Exhortations* assez étendues.

Cet ouvrage fut condamné, dès 1523, par la faculté de théologie de Paris, sous le titre d'*Exposition sur les Evangiles*, et comme une production de Le Fèvre d'Etaples. Le même ouvrage se trouve censuré sous le titre d'*Exhortations sur les Epîtres et Evangiles*, dans les conclusions de la même faculté de 1524 à 1531. Voy. *Collectio judiciorum de novis erroribus*, par d'Argentré. Paris, 1724, 1728 et 1736, in-fol., tom. 2, pag. X et 9. On a douté s'il était question du même ouvrage. L'édition originale est presque introuvable; mais la réimpression faite par Dolet, dont la bibliothèque du roi possède un exemplaire, lève toutes les incertitudes. Je me suis convaincu que la trad. des *Epîtres* et *Evangiles*, dans l'édition de Dolet, était la même que dans le *Nouveau Testament* de Le Fèvre d'Etaples. Il est étonnant que M. Née de la Rochelle n'ait point fait cette confrontation, lorsqu'il voulut prouver, dans sa *Vie de Dolet*, que cet imprimeur n'était point l'auteur de la traduction des *Epîtres et Evangiles*, sortie de ses presses en 1542.

Les détails ci-dessus serviront aussi à prouver que le titre et la date, donnés par la *Biogr. univ.* aux *Epîtres et Evangiles* de Le Fèvre d'Etaples, sont un peu hasardés. Dans le tom. 2 de l'utile collection de d'Argentré, p. 175, se trouve rapporté le titre des *Epîtres et Evangiles*, à peu près tel que Dolet l'a reproduit.

Beyschlag, que j'ai déjà cité, a inséré dans le premier volume de son *Sylloge variorum opusculorum*, pag. 261, un plan fort détaillé de la vie de Jacques Le Fèvre d'Etaples, sous ce titre: *Tumultuariè conscripta Sciagraphia Commentarii de vitâ Jac. Fabri Stapulensis.* Ma Notice éclaircit presque toutes ses indications.

* FEVRE (Jacques le), prévôt et théologal d'Arras. On a de cet auteur: *Anciens Mémoires du* XIVe *siècle, depuis peu découverts*, où l'on apprend les aventures les plus surprenantes, et les circonstances les plus curieuses de la vie de Bertrand Du Guesclin, trad. nouvellement par Le Fèvre, etc. Douay, Bellere, 1692, in-4°. On doit entendre par le mot *traduit*, que Jacq. Le Fèvre a remis en nouveau langage les manuscrits dont il s'est servi. Ces manuscrits sont ceux que Menard et Du Chatelet (Voy. le mot Du Guesclin) avaient eus entre les mains, et un autre que ces deux auteurs n'avaient pas connu; celui-ci est intitulé: *Mémoires tirés des Histoires de France et de Du Guesclin, pour servir d'éclaircissement à l'Histoire du* XIVe *siècle.* Le théologal d'Arras n'avait pas étudié l'art de former son style. En cherchant trop à ne point altérer, dans sa traduction, la simplicité de son original, il employa fréquemment des ex-

pressions basses et triviales ; les proverbes usités dans sa province lui sont familiers ; sa narration décousue et traînante, est souvent interrompue par des réflexions qui ne disent rien au cœur ni à l'esprit ; quelquefois il adopte des contes populaires qui, sans doute, sont faux, puisque les mémoires du temps se taisent à cet égard. Les anciens éditeurs de la *Collection universelle des Mémoires sur l'Histoire de France*, ont inséré dans leurs tomes 3, 4 et 5, l'ouvrage de Jacques Le Fèvre, qui est très-rare ; mais ils en ont éloigné ce qui était oiseux, trivial et inutile ; ils y ont ajouté des notes et des observations tirées de Menard, de Du Chatelet, du P. Griffet, et des *Mémoires historiques sur Charles-le-Mauvais*, publiés par Secousse.

FEYJOO Y MONTENEGRO (Benoît-Jérôme), critique espagnol. Suivant la *Biogr. univ.*, nous posséderions une traduction française de son *Théâtre critique*, par M. d'Hermilly, 1742, 12 vol. in-8°. Ce traducteur n'a publié que 4 petits vol. in-12 de cette traduction ; 1742-1746.

FIACRE. L'éditeur de la *Biographie universelle* n'a admis dans son vaste recueil, ni S. Fiacre, patron de la Brie, ni le frère Fiacre, frère lai de l'ordre de St.-Augustin, dont on a imprimé la Vie en 1722, in-12. Ce bon frère s'est acquis de la célébrité, par des prédictions qui parurent surnaturelles. La reine Anne d'Autriche attribuait à ses prières la naissance de Louis XIV. De nos jours, l'abbé Guiot a publié un *Abrégé de la Vie du frère Fiacre*, Paris, 1805, in-8°.

L'abbé de Feller n'a pas été aussi dédaigneux que l'éditeur de la *Biographie* ; son article sur S. Fiacre est beaucoup plus étendu que celui de M. Chaudon, et il y explique l'origine des voitures portant le nom de *Fiacres*, et qui sont si utiles au public, dans Paris. Son article relatif au frère Fiacre, se lit avec intérêt.

FIELDING (Henri), célèbre romancier anglais. Les *Mémoires du chevalier Kilpar* que lui attribuent plusieurs biographes français, suivant la *Biographie universelle*, sont de M. de Montagnac.

* FILHOL, graveur, publia, en 1801, le *Prospectus* d'un cours historique et élémentaire de peinture, ou Galerie complète du Muséum central de France, accompagnée d'un texte descriptif et raisonné. Cette tâche était bien capable de l'effrayer ; mais la beauté et l'utilité de l'entreprise animèrent son courage : le public accueillit favorablement son travail et celui des artistes qui l'ont très-heureusement secondé. En 1812, il était presque arrivé à la centième livraison de sa précieuse collection, lorsque la mort l'enleva aux arts. Cette perte donna des inquiétudes sur la continuation d'une aussi belle entreprise. Cependant on fut bientôt rassuré par l'estimable veuve de ce graveur, qui crut, avec raison, que le public recevrait la suite des livraisons avec la même indulgence. Elle a lutté jusqu'à ce moment avec autant de courage que de succès contre les pé-

nibles circonstances où la plaçaient ses malheurs particuliers et les événemens publics. En mettant au jour la 120ᵉ livraison, elle a informé les amateurs qu'elle suspendait son entreprise jusqu'au moment où il lui serait possible de la reprendre. Tout en désirant que cette époque ne soit pas trop éloignée, on peut jouir avec reconnaissance des livraisons publiées jusqu'à ce jour; elles forment 10 volumes grand in-8°, et renferment les plus beaux tableaux et les plus belles statues de notre magnifique Muséum. Leur prix est de 1440 francs papier vélin, et 960 francs seulement en papier fin. Cette dépense est légère, en comparaison de ce que coûtent les 4 volumes grand in-fol. du Musée de MM. Robillard et Laurent, leur prix étant de 3840 fr., et de 7680 fr., fig. avant la lettre.

FLECHIER (Esprit). Je crois avoir prouvé à l'article *Commendon*, que Fléchier n'avait point été l'éditeur de l'ouvrage de Gratiani, intitulé : *Vie du cardinal Commendon*. La *Biographie univers.* a répété cette fausse assertion, qui est tirée de M. Chaudon et de plusieurs autres auteurs. L'abbé de Saint-Léger, lui-même, a été entraîné dans cette erreur, comme on le voit par une note insérée dans le 2ᵉ volume de l'*Histoire des membres de l'académie française*, par d'Alembert; une méprise, encore plus grave, a eu lieu relativement au même Fléchier : son neveu, en publiant les lettres de ce digne évêque, plaça à la fin du second volume, des *Réflexions sur les différens caractères des hommes*, qu'il présente, dans sa Préface, comme un ouvrage remarquable par la solidité des principes. Il ne faut que parcourir cet ouvrage, pour juger qu'il n'est point sorti de la plume élégante de Fléchier; il venait de paraître sous ce titre : *Réflexions sur les différens caractères des hommes*, par M. E. F., évêque de N.; Maestricht, Jacques Delessart, 1714, in-12 : mais c'est une grossière imposture du libraire hollandais, puisque le volume n'est autre chose que la réimpression de l'ouvrage anonyme de l'abbé Goussault, intitulé : *Réflexions sur les défauts ordinaires des hommes, et sur leurs bonnes qualités*. Paris, veuve Guerout, 1692, in-12. Il est bien étonnant que les auteurs du *Journal des Savans* et du *Dictionnaire de Moréri*, aient été dupes de cette imposture; il l'est encore davantage que l'abbé Ducreux ait inséré les *Réflexions sur les différens caractères*, dans le 9ᵉ vol. de la Collection des *Œuvres de Fléchier*. Menard, dans sa *Vie de Fléchier*, en tête du premier volume des *Œuvres de Fléchier*, 1763, in-4°, ne dit pas un mot de ces *Réflexions*. Qu'il me soit permis d'observer ici, que les auteurs de la *Biographie universelle*, sans doute d'après Moréri et Chaudon, renvoient, pour avoir des détails sur Fléchier, au tom. 2 de l'*Histoire de Nismes*, par Menard; cela ne suffit plus aujourd'hui, puisqu'on trouve de plus grands détails, en tête du volume publié en 1763, par le même auteur.

*FLEMMING (Jacques-Henri, comte de), favori et depuis premier ministre d'Auguste Iᵉʳ, roi de Pologne, électeur de Saxe, naquit le 8 mars 1677, dans la Poméranie suédoise; et, quoique dès sa jeunesse il eût été attaché au Brandebourg et à la Saxe, la Suède le regardait toujours comme son sujet. On lui donna une éducation convenable à sa naissance. Il fit ses études à Francfort-sur-l'Oder, et ensuite à Utrecht, sous le célèbre Grævius. Ses études finies, il entra au service de Brandebourg. Il commença par un drapeau; peu de temps après il eut une compagnie. En 1692, il entra lieutenant-colonel au service de Jean-George IV, électeur de Saxe. Ce prince étant mort, et Frédéric-Auguste lui ayant succédé, Flemming obtint un régiment, et accompagna le nouvel électeur en Hongrie, qui y commanda l'armée de l'empire pendant les campagnes de 1695 et 1696. En 1697, il fut envoyé en Pologne, où il pratiqua si bien, qu'il fit élire roi son maître. Cette négociation lui valut la charge de maréchal-de-camp, et fut le fondement de sa fortune. En 1700, il fut fait lieutenant-général, et, en cette qualité, il fit le siége de Riga, que Charles XII lui fit lever. En 1702, il fut blessé à la bataille de Clischoff. Le roi de Suède, qui était victorieux partout, et qui le regardait comme un sujet déloyal et traître à l'Etat, demanda long-temps qu'il lui fût livré. Flemming, qui voyait que son maître était hors d'état de rien refuser, sentant que la raison d'Etat le ferait sacrifier, prit le parti de se retirer en Prusse. De-là il écrivit au roi Stanislas, avec lequel il avait été lié en Pologne, pour le supplier d'obtenir du roi de Suède qu'il cessât cette proscription contre lui. Stanislas en parla avec chaleur; il réitéra ses prières huit jours de suite: enfin il se jeta presque aux pieds de Charles, qui lui dit: *Mon frère, vous le voulez, je vous donne sa vie; mais souvenez-vous que vous vous en repentirez un jour.* En effet, Flemming servit depuis son maître, contre le roi Stanislas, beaucoup trop au-delà de son devoir. Peu de temps après Auguste le fit feld-maréchal, son premier ministre et grand-écuyer de Lithuanie. Il était à Dresde lors de l'étrange visite que le roi de Suède fit au roi de Pologne. Si Auguste n'avait pas eu plus de générosité que Flemming, Charles XII était arrêté. Après la défaite de Charles XII à Pultawa, Flemming contribua beaucoup au rétablissement d'Auguste sur le trône de Pologne. Il affermit l'alliance entre son maître et le célèbre czar Pierre Ier; il fit la paix avec les confédérés, et conclut l'alliance avec le Danemarck. Le czar et le roi de Danemarck lui conférèrent leurs ordres; il avait déjà celui de Pologne. Il passa ambassadeur au congrès infructueux de Brunswick, ensuite il fut à Hanovre, auprès de Georges Ier. Le roi de Suède, de retour de Bender, étant rentré en Poméranie, Flemming se donna de grands mouvemens pour attirer le roi de Prusse dans l'alliance de son maître, et il réussit. La paix du Nord étant faite, il fut à Vienne, où il conclut le mariage du prince électoral de Saxe, depuis électeur et roi de Pologne avec l'archiduchesse aînée de l'empereur Joseph. Il avait épousé une Sapieha; sur la fin de ses jours, il fit casser son mariage pour épouser une Radzivil, dont il eut un fils qui avait dix-huit mois quand il mourut à Vienne, où il était retourné en ambassade. On prétend que sa succession montait à seize millions d'écus, sans compter ce qu'il avait dépensé pendant la splendeur de sa fortune, qui a duré environ trente ans. Son fils mourut peu de temps après lui; et comme il ne l'avait point substituée, cette fortune immense passa à son épouse qui, en se remariant, en porta la plus grande partie dans une maison étrangère. M. Flemming était fier et d'une ambition démesurée. Il était généreux par ostentation, et voulait que toutes ses actions fissent de l'éclat. Vigilant, laborieux, infatigable, dormant peu; quelque débauche qu'il eût faite, deux heures de sommeil lui suffisaient pour se remettre; il travaillait sans se fatiguer, et avec tant d'aisance, qu'il semblait se faire un jeu des plus grandes affaires. (Polnitz, *t. III*, *lettre* 6; Voltaire, *Vie de Charles XII.*)

(*Mémoires de M. du Masbaret.*)

FLEURIAU (J.-Fr.). Suivant M. Geoffroy, dans un de ses *Feuilletons*, on doit à ce jésuite, l'édition du *Théâtre des Grecs*, trad. par le P. Brumoy, publiée en 1763, 6 vol. in-12. Cette édition est estimée.

FLEURY (Claude), célèbre historien. Son article, dans la *Biographie universelle*, a été rédigé avec étendue, avec soin, je dirai aussi avec une modération dont on doit savoir gré à l'auteur, au milieu des invectives dont on charge, surtout depuis trente ans, la mémoire du plus sage et du plus judicieux des historiens de l'Eglise. On a oublié d'énumérer, parmi les adversaires de ce grand homme, des docteurs italiens tels que M. Jean Marchetti, archevêque d'Ancyre, un chanoine Alphonse Muzzarelli, messieurs de la Mennais, etc., etc. Voyez ci-devant le mot Emery. Il est peut-être utile d'informer les savans francais que M. Marchetti est auteur d'un volume intitulé: *De' prodigj avvenuti in molta sagre immagini; specialmente di Maria santissima, secondo gli autentici processi compilati in Roma: memorie estratte e raggionate da D. Giov. Marchetti, esaminatore apostolico del clero, e presidente del Gesù, cum breve ragguaglio di altri simili prodigj comprovati nelle curie vescovili dello stato pontificio. Roma*, 1797, *dalle stampe di Zempel presso Vincenzo Poggio, con licenza de' superiori*; in-8° de 293 pages, avec 24 gravures *di Maria santissima e di due crocefissi.*

Il existe deux traductions françaises de ce bel ouvrage; l'une par plusieurs ecclésiastiques français, imprimée sur de mauvais papier et en mauvais caractères, à Hildesheim, en 1799, sous les auspices du prince-évêque de cette ville; l'autre, par un évêque de France, retiré aussi dans l'étranger, imprimée à Paris, chez Belin, rue St.-Jacques, en 1801, sous ce titre: *Miracles arrivés à Rome, en 1796, prouvés authentiques*, ou *Extrait raisonné des procès-verbaux authentiques, des prodiges qui ont eu lieu à Rome, sur un grand nombre de saintes images, spécialement de Notre-Dame*, par le docteur J. Marchetti, examinateur apostolique du clergé, etc. Ouvrage traduit de l'italien d'après l'édition de Rome, chez Zempel, 1 vol. in-12. Il me semble que nos infortunés compatriotes pouvaient faire un meilleur emploi de leur temps.

Voilà l'homme que les ultramontains opposent avec orgueil à notre judicieux Fleury.

M. Marchetti est fils d'un paysan d'Empoli, près de Florence, sur la route de Pise. Il fut instituteur, 1° du fils du duc Galeas-Sforce Césarini; 2° du fils de la reine d'Etrurie, et aumônier de cette reine.

Les jésuites ne l'aimaient pas, parce qu'il se fit donner par intrigue, après leur suppression, leur maison mère *Il Gesu*, à Rome, où il était logé et servi magnifiquement dans les appartemens du général, qui étaient ceux-là même du cardinal Farnèse, par qui cette maison avait été fondée.

Ce fut pour le récompenser de ses écrits bien ultramontains, qu'il fut nommé *presidente del Gesu*, avec un bon revenu.

Il a combattu constamment le P. Bolgani, jésuite. Si l'on demande comment cela se faisait, puisqu'il partageait l'animosité des jésuites contre les jansénistes, on répondra que M. Marchetti voulait faire parler de lui à tort et à travers.

Dans un discours *sur la primauté de saint Pierre*, prononcé à Gênes, le 29 juin 1815, M. Marchetti s'est montré adversaire des libertés de l'Eglise gallicane, et il a témoigné peu d'égards pour un de leurs plus illustres défenseurs, M. le cardinal de Bausset.

La *Biographie universelle* a fort bien fait de renvoyer au tome 25e des *Lettres édifiantes* où se trouve un *Mémoire* de Fleury, *sur les études convenables aux missionnaires*, et au 3e volume des *Annales philosophiques* qui renferme une *lettre* jusqu'alors inédite de l'abbé Fleury, contenant de curieux détails sur la vie et les travaux de J. de Gaumont, conseiller au parlement de Paris; mais il était convenable de prévenir les lecteurs que le premier morceau avait été réimprimé en 1784, à Nismes, dans la nouvelle édition du *Traité du choix et de la méthode des études*; et le second, en 1807, dans les *Nouveaux opuscules de Fleury*, publiés par les soins de M. Emery.

FLORUS (LUCIUS-ANNOEUS-JULIUS), historien latin. La *Biographie universelle* indique *Léléal*, pour Le Bel, auteur d'une traduction française de l'*Abrégé de l'Histoire romaine* de Florus, Paris, Mérigot, 1776, petit in-12.

FOÉ (DANIEL DE), écrivain anglais, célèbre auteur de *Robinson Crusoé*. Je regrette que la *Biographie universelle* n'ait pas observé que l'on possédait une traduction française anonyme de son *Histoire du Diable*, Amsterdam, 1729, 2 vol. in-12. Cette indication empêcherait à l'avenir les bibliographes de confondre cette traduction avec celle que Bion a publiée d'un ouvrage de Swindenius.

FOIGNY (GABRIEL DE), cordelier devenu protestant, auteur des *aventures de Jacques Sadeur*. Si l'on en croit la *Biographie universelle*, la première édition de ce *Voyage imaginaire* ou *Roman politique*, porterait au frontispice ces mots : Genève, 1676, in-12. Plusieurs exemplaires que j'ai vus, portent Vannes, 1676 ; mais il est très-probable que cette indication est aussi fausse que le fond de l'ouvrage. La hardiesse des développemens que donne l'auteur sur la religion et les mœurs des peuples qu'il prétend avoir visités, l'aura sans doute déterminé à tromper ses lecteurs même sur le lieu d'impression de l'ouvrage; quoi qu'il en soit, cette première édition est intitulée : *La Terre australe connue*, c'est-à-dire, la description de ce pays inconnu jusqu'ici, de ses mœurs et de ses coutumes, par M. Sadeur, avec les aventures qui le conduisirent sur ce continent, et les particularités du séjour qu'il y fit durant trente-cinq ans et plus, réduites et mises en lumière par les soins et la conduite de G. de F. Elle est bien différente de celle qui parut à Paris en 1692, sous le titre d'*Aventures de J. Sadeur, etc.* Le président Cousin, dans le *Journal des Savans*, présenta cette édition comme la première de l'ouvrage ; mais elle avait subi beaucoup de retranchemens.

FOIX (Marc-Antoine de), jésuite, auteur de l'*Art d'élever un prince*, Paris, 1687, in-12, et non in-4°. La seconde édition de cet ouvrage, publiée en 1688, par les soins du P. Galimard, forme 1 volume in-8°, et non 2 vol. in-12, comme le dit la *Biographie universelle*.

FOLIGNO (la Bienheureuse Angele de). Il me semble que la *Biographie universelle*, au lieu de renvoyer au Catalogue de Dufay, pour faire connaître une traduction des Opuscules d'Angèle de Foligno, eût mieux fait de donner le titre de cette traduction. Le voici : *La Théologie de La Croix, ou les OEuvres et la Vie de la B. Angele de Foligny*, traduites de l'original latin (par P. Poiret), Cologne, De la Pierre, 1696, in-12. Poiret avait donné déjà la *Théologie du cœur* et la *Théologie de l'Amour ;* il donna ensuite la *Théologie réelle*.

Ce n'est pas par envie de critiquer, que je fais cette observation ; c'est, au contraire, pour saisir une occasion de féliciter l'éditeur de la *Biographie universelle* d'avoir admis, parmi les collaborateurs, et surtout parmi les correcteurs de cet important ouvrage, M. Gence, auteur de l'article d'Angele de Foligno. M. Gence, en effet, par ses profondes connaissances en grammaire et par sa grande expérience dans la correction des épreuves, contribue beaucoup depuis la lettre F à l'amélioration de la *Biographie universelle*. On lui doit les articles : Gersen, Gerson, Jésus-Christ, Kempis, Lesueur, etc.

FONTAINE (Nicolas). Un des solitaires de Port-Royal. L'*Abrégé de S. Chrysostôme sur le Nouveau Testament*, qui lui est attribué, est composé de 2 vol. in-8°, Paris, 1670 ; mais son *Abrégé* du même Père sur l'Ancien Testament n'a qu'un vol. in-12, publié en 1688. La *Biographie universelle* a tort de présenter ces deux ouvrages comme imprimés en 1670, dans le format in-8°.

FONTANIEU (Gaspard-Moïse), ancien intendant du Dauphiné,

contrôleur-général des meubles de la couronne, etc.; connu par la formation d'un *Recueil de titres*, composé de 841 porte-feuilles in-4° que l'on conserve à la bibliothèque du roi : il a aussi laissé en manuscrit plusieurs grands ouvrages : la *Biographie universelle* fait observer qu'il n'a publié qu'un seul ouvrage, l'imitation de la *Rosalinde* de Morando : le manuscrit fut volé à l'auteur par un valet, et imprimé furtivement à Grenoble, en 1730, in-4°, au nombre de quinze exemplaires.

FONTENELLE (Bernard le Bovier de). La *Biographie universelle* dit, dans une note : « Nos bibliographes affirment que l'opuscule intitulé *Relation de l'île de Bornéo*, est de Fontenelle, parce que Bayle l'a dit ainsi, et qu'il l'a réimprimé dans ses Œuvres diverses. » Ne faudrait-il pas lire : *et qu'on l'a réimprimé*.... puisque les *OEuvres diverses* de Bayle ont été recueillies par Desmaiseaux. On peut s'étonner que Lalande n'ait pas cité, dans sa *Bibliographie astronomique*, l'édition des *Mondes*, de Fontenelle, avec des remarques et des figures en taille-douce de M. Bode, astronome de l'académie royale des sciences de Berlin, imprimée à Berlin, chez Chr.-Fréd. Himburg, 1783, petit in-8°. J'ignore le nom du traducteur français des remarques de M. Bode. La *Biographie universelle* eût dû réparer l'omission de M. de Lalande.

* FORBIN (Gaspard-François-Anne de), de la même famille que le fameux comte de Forbin, chef d'escadre sous Louis XIV, naquit à Aix en Provence le 8 juillet 1718. Il embrassa d'abord le parti des armes, devint chevalier de Malte, et se livra ensuite à l'étude des sciences mathématiques et physiques. On a de lui :

I. *Accord de la foi avec la raison dans la manière de présenter le système physique du monde, et d'expliquer les différens mystères de la religion.* Cologne et Paris, 1757, 2 vol. in-12. Cet ouvrage annonçait un homme de génie, qui avait beaucoup lu, et plus encore médité. Le titre a été rafraîchi en 1768.

II. *Exposition géométrique des principales erreurs de Newton sur la génération du cercle et de l'ellipse.* Paris, 1761, in-12. L'auteur, suivant M. de Lalande, ne comprenait pas la loi du mouvement rectiligne.

III. *Élémens des forces centrales*, ou Observations sur les lois que suivent les corps mus autour de leur centre de pesanteur; suivies d'un jugement de l'académie royale des sciences sur plusieurs de ces observations, et d'un examen critique de ce même jugement; à quoi on a joint un théorème général et fondamental sur la mesure des surfaces et des solides, et quelques observations sur la nature des courbes quarrables et rectifiables. *Paris*, veuve Desaint, 1774, in-8°. L'auteur s'est principalement attaché à développer les vrais principes des forces centrales, en procédant par les voies les plus simples et le plus à la portée du commun des géomètres; ensuite il relève les erreurs dans lesquelles plusieurs grands géomètres sont tombés et tombent tous les jours. La réputation de Newton n'a nullement souffert des attaques du chevalier de Forbin; quant à nos géomètres, ils n'ont pas paru ébranlés de ses objections.

Le chevalier de Forbin a laissé un manuscrit qui a pour titre : *Exposition des droits de la puissance temporelle en matière de religion*, par laquelle on réfute les faux principes avancés dans les actes de l'assemblée du clergé de 1765, avec l'usage que les souverains tant catholiques que grecs et protestans doivent en faire pour l'entière extirpation des schismes, des hérésies et des scandales qui se sont introduits dans l'Eglise de Dieu, et pour rétablir l'unité dans la religion chrétienne. Ce manuscrit n'a jamais pu être imprimé en France. L'original est annoncé dans le *Catalogue général des livres* qui se trouvaient chez Detune, libraire à La Haye, 1785, in-8°. Cet ouvrage était de nature à brouiller l'auteur avec les théologiens, comme ses autres écrits lui ont attiré la haine des mathématiciens.

On a, d'un officier de marine du même nom, de son frère probablement, *Système d'imposition pour la libération des dettes de l'Etat*, 1763, *in-12*.

FORBONNAIS (FRANÇOIS VÉRON DE). La *Biographie universelle* assigne une fausse date à son *Extrait de l'Esprit des lois*, qui n'a pu paraître isolément en 1750, puisqu'il fut imprimé, pour la première fois, en 1753, dans le 3e volume des *Opuscules* de Fréron. Aussi, les exemplaires tirés séparément, portent la date de 1753. La fausse date de 1750 se trouve aussi dans le Dictionnaire de M. Chaudon. Les continuateurs de Feller l'ont reproduite dans leur second volume.

FORMEY (JEAN-HENRI-SAMUEL), secrétaire de l'académie de Berlin. Je crois remarquer une erreur assez grave dans la nombreuse liste des ouvrages de ce savant, insérée dans la *Biographie universelle*. Le numéro XXV, *Frédéric-le-Grand*, *Voltaire*, etc., 1789, in-8°, est une critique du numéro XXVI, ou *Souvenirs d'un citoyen*; cette critique est de M. Jean-Charles Laveaux, et son titre entier est : *Frédéric-le-Grand*, *Voltaire*, *Jean-Jacques Rousseau*, *d'Alembert*, *etc.*, *vengés contre le secrétaire perpétuel de l'Académie de Berlin*, 1789, petit in-8°. Il y a aussi quelque inexactitude dans la *Biographie des hommes vivans*, relativement au même objet. *V.* l'article *Laveaux*.

† FORNIER (JEAN), naquit en Quercy, dans la fameuse ville de Montauban. Quoique son nom ne soit presque pas connu dans le monde, si est-ce qu'il fut un des premiers poëtes après Marot, qui prit le soin de régaler la France des prémices de ses Muses. En effet, dès l'an 1557, il fit imprimer à Tholose, in-12, et non pas in-8°, comme ont dit quelques-uns de nos bibliothécaires (1), qui se suivent et se gâtent ordinairement l'un l'autre, un livre intitulé les *Epigrammes érotiques*, que, sans écorcher la langue

(1) Duverdier et Draude.

grecque, il eût plus justement appelé *Epigrammes amoureuses*. C'est au frontispice de ce livre que l'on peut voir le portrait de sa maîtresse, en taille de bois, avec une inscription ou dédicace en vers, que j'insérerai ici d'autant plus volontiers, que, par elle, le lecteur pourra juger de la rudesse ou de la facilité de son style, même de la mesure de toutes ses autres épigrammes, qui sont toutes de dix vers, de dix à onze syllabes, comme la Délie de Maurice Sçeve, Lyonnais.

Pour ton haut nom, qui remplit l'univers,
Faire immortel il n'était besoin, dame,
Que fisses mettre en lumière ces vers
Qui n'adjoindront rien à ta boune fame,
Mais pour témoin de cette ardante flame
Qui m'a du tout à toi seulle asservi,
Tout ce qu'amour à mon esprit ravy
Voullu dicter, je te voue et dédie,
Comme tu sais que dés que je te vy
Je te sacrai tous les faits de ma vie.

Je crois qu'en lisant ces vers assez fades, on jugera que notre poésie française n'était encore, sur les rives de la Garonne et du Tarn, que dans son enfance et que dans son berceau, et que, hormis Marot, qui sans doute était mort en ce temps-là, et Ronsard qui commençait alors à fleurir, il y avait fort peu de bons poëtes supportables en France. Ce n'est pas que parmi ce grand nombre d'épigrammes qui passent le nombre de deux cents, et que j'appellerais plutôt dixains, puisque la vertu de l'épigramme, c'est d'être vive, aiguë et perçante, il n'y en ait quelques-unes qui ne sont pas à rejeter, témoin celle-ci, qui est sans doute imitée ou de Virgile, dans ses Eglogues, ou de mon Sannazar dans les siennes. (Epigr. 66).

Qui n'a jeté mille fois mille larmes
Faict mille plaincts, mille soupirs grinçans,
Celui pour seur n'a senti les alarmes
Que donne amour aux plus obéissants :
Car tout ainsi que les prés fleurissans
Ne sont jamais saouls d'eau pour nourriture,
Mouches à miel ne sont en leur pâture
Saoules au ver de ses nouvelles fleurs,
N'y les chevreaux de la tendre verdure,
Aussi l'amour n'est jamais saoul de pleurs.

Sur quoi j'avertis en passant que par ce mot purement latin, *Saoules au ver*, il veut dire, Saoules au printemps.

Voire même auparavant ces épigrammes érotiques, il avait fait imprimer à Paris, l'an 1555, quelques *Chants lyriques*, au nombre de dix-neuf, et en outre, dix-huit sonnets intitulés : *L'Uranie avec l'Uranomachie sur la naissance du roy Henry II*, qui fut l'an 1519, le dernier jour de mars. En quoi se trompe lourdement La Croix du Maine, qui appelle ces dix-huit sonnets un seul poëme, et qui ne lui attribue que ce seul ouvrage.

Et l'année même, je veux dire l'an 1555, il fit imprimer à Anvers les quinze prémiers chants de Roland le Furieux, qu'il avait traduits en vers français, des vers italiens de l'Arioste : travail qui est d'autant plus pénible et considérable que ce n'est qu'un échantillon de la pièce entière, qu'il avait achevée, comme il le dit lui-même dans sa préface au lecteur, et qu'il y rendit toutes les stances toscanes de l'Arioste en autant de stances françaises, sans faire enjamber l'une sur l'autre, ni les paroles ni le sens; et que se tenant ainsi dans les bornes étroites qu'il s'était prescrites, il leur donne toute la grace dont son esprit et son siècle étaient capables : c'est ainsi qu'il commence ce poëme :

Les Chevaliers, armes, amours et dames,
Leur courtoisie et fais je veux chanter,
Quand par la mer d'Affrique à voile et rames
Maint More vint la France tourmenter
En suivant l'ire et les ardentes flames
D'Agramant roi qui se voulut vanter,
Venger la mort du vieux Trojan son père,
Sur Charles roi et empereur prospère.

S'il en faut croire La Croix du Maine et du Verdier, ce fut lui qui traduisit encore en prose française les *Affections d'amour* du grec de Parthenius, ancien auteur, avec les *Narrations d'amour* tirées du fameux Plutarque. Mais s'il en faut croire la vérité, ce ne fut point ce Jean Fornier de Quercy, mais un certain Jean Fournier, Poitevin, comme on peut le voir clairement au frontispice du livre qui a été imprimé tant de fois en France, et particulièrement à Rouen, l'an 1599. Où l'on voit la bévue de ces négligens bibliothécaires qui confondent fort souvent les auteurs et les prennent l'un pour l'autre.

Du Verdier lui attribue encore une version française de l'*Histoire des guerres de Guyenne et de Languedoc, contre les hérétiques*. Mais je suis le plus trompé du monde, si ce n'est un ouvrage de la façon de ce même Jean Fournier, Poitevin. Et ce qui me confirme d'autant plus dans cette créance, c'est que je me souviens de l'avoir vu autrefois sous ce nom de Fournier, et non pas de Fornier, qui était le vrai surnom de notre poëte; et que Duverdier lui-même dit qu'il fut mis en langue française par Jean Fournier, et imprimé l'an 1569, temps auquel sans doute je crois que ce poëte était mort.

Outre ces deux bibliothécaires qui ont parlé de lui confusément jusqu'à dire qu'ils ne savent si ces deux Fornier et Fournier ne sont qu'un même, comme si un Quercinois pouvait être un Poitevin, Draude fait encore mention de lui dans sa *Bibliothèque exotique*.

(*Histoire manuscrite des poëtes français, par G. Colletet.*)

N. B. J. Fornier étant un des auteurs du XVIe siècle, au sujet duquel nous manquions de renseignemens positifs, j'ai cru devoir insérer ici en entier l'article de Colletet qui le concerne; il contient de graves méprises; mais il sert aussi à en redressr d'autres.

1°. Colletet s'est trompé en distinguant Jean Fornier de Jean Fournier, puisque la traduction des *Affections d'amour* est signée *J. Fornier*, au bas de l'Epître dédicatoire de l'édition de Paris, et porte le nom de J. *Fournier* sur le frontispice de l'édition de Lyon. Voyez l'excellent *Mémoire où l'on établit la différence des deux éditions faites en la même année* (1555), *à Paris et à Lyon, de la traduction française de J. Fornier, du roman grec de Parthenius de Nicée;* par l'abbé de Saint-Léger, en tête de la nouvelle édition de cette traduction. Paris, Guillaume, 1797, in-8° et in-18.

ou dans la Bibliothèque des romans grecs.

2°. La *Biographie universelle* a ignoré la date de l'impression des *Épigrammes érotiques*, et elle s'est trompée sur le lieu d'impression des *Chansons lyriques*.

On devait dire dans la même *Biographie*, que l'édition de la traduction française de Parthenius, *Paris*, 1743, ressemblait à la première de Paris, 1555, et non à la seconde de Lyon, même année.

Le *mémoire* de l'abbé de Saint-Léger prouve qu'il n'avait pas eu communication du travail de Colletet sur les poëtes français. L'abbé Goujet avait fait aussi de vains efforts pour se le procurer ; j'ai été plus heureux que ces deux illustres bibliographes ; mais ma plus grande satisfaction est d'avoir trouvé une occasion de faire jouir le public d'une partie des profondes recherches de Colletet, sur nos anciens poëtes.

FORTIS (JEAN-BAPTISTE), littérateur italien. La *Biogr. univ.* présente comme un extrait curieux de son *Voyage en Dalmatie*, l'ouvrage anonyme intitulé : les *Morlaques*, Venise, 1788. Le rédacteur ne sait si c'est l'écrit de ce nom, que les bibliographes attribuent à madame de Wynne, comtesse des Ursins et de Rosenberg. L'ouvrage de cette dame, imprimé en 1788, sans indication de lieu, 2 vol. in-4°, n'a rien de commun avec le *Voyage de Fortis*. Les circonstances singulières d'un fait tragique, arrivé à Venise entre quelques Morlaques, intéressèrent l'auteur, et, en réveillant sa curiosité sur un peuple si peu connu, donnèrent naissance à son ouvrage, qui, pour la singularité du mérite, le dispute à celle de la nation. Voyez l'analyse détaillée qu'en donne l'*Esprit des Journaux*, juillet 1790, pag. 225 et suiv.

FOUCHER D'OBSONVILLE (N....). Cet intéressant voyageur, mort en 1802, dans une petite terre près de Châteauthierry, était issu d'une famille connue dans la magistrature : son père était lieutenant-général du bailliage de Montargis. Le fils entra au service, avant sa vingtième année, et son premier pas fut de s'embarquer pour les Indes orientales ; il s'y montra bon à tout ; il fut employé à tout, soit comme militaire, soit comme négociateur près des chefs du pays, soit comme cotoal ou juge de paix des Indiens de diverses castes et religions, habitant Pondichéry et la banlieue. Ces différens emplois lui donnèrent occasion de satisfaire l'objet de ses désirs, et de multiplier ses observations sur les antiquités, les mœurs, les usages, la religion et la politique des Indiens. Depuis la paix de 1763, il rendit de grands services et à sa patrie, et au gouverneur du Bengale, Law de Lauriston, le seul qui, n'ayant pas subi le joug des Anglais, s'était retiré vers Patna, dans le haut du Gange, avec la majeure partie de la garnison et des habitans de Chandernagor ; il revint en France en 1771, et ce voyage fut le terme de ses courses lointaines ; des affaires personnelles, pécuniaires et toujours désagréables, ne lui permirent pas de rédiger toutes les observations qu'il avait recueillies pendant vingt années ;

cependant, pour obtempérer à la demande de M. de Buffon, il se décida, en 1781, à détacher de ces Mémoires, et à lui communiquer plusieurs notices sur l'*Histoire naturelle de différens animaux;* il les fit imprimer à Paris, en 1783, sous le voile de l'anonyme, et sous le titre d'*Essais philosophiques sur les mœurs de divers animaux étrangers*, 1 vol. in-8°. Les autres ouvrages de M. Foucher d'Obsonville, sont indiqués avec exactitude dans la *Biographie universelle;* il a laissé des manuscrits précieux, dont, sans doute, ses héritiers sauront apprécier la valeur. Feu M. Millin a inséré dans le *Magasin encyclopédique* de 1816, tom. 11, d'après la communication que je lui en ai faite, la très-curieuse *Notice sur la vie et les ouvrages* de M. Foucher d'Obsonville, par M. Carangeot, secrétaire de la société d'agriculture de Seine-et-Marne, séante à Meaux, et impr. dans cette ville, en 1803, in-8°.

FOUQUET (Nicolas). Il est bien étonnant que la *Biographie universelle* veuille encore faire croire aujourd'hui, d'après l'autorité de d'Auvigny, que Fouquet est auteur des *Conseils de la sagesse*, 2 vol. in-12, ouvrage généralement attribué depuis long-temps au P. Boutauld, jésuite. Il paraît certain seulement que Fouquet traduisit les psaumes dans sa prison, et qu'il s'y livrait à beaucoup d'exercices de piété. Voy. les *Nouveaux opuscules* de M. Fleury, pag. 235.

* FOURNEAUX (l'abbé de), qui, après avoir brillé à la cour de Lorraine, s'attacha au maréchal de Tessé. On a de lui quelques Odes et autres pièces de poésies publiées séparément ou insérées dans le *Journal de Verdun.* On lui attribue une *Histoire de la musique*, sans date (1704), in-4° de 8 pag. Il fit paraître, en 1723, un journal intitulé : *le Spectateur suisse.* L'abbé Desfontaines, en 1730, dans son *Nouvelliste du Parnasse*, dit que *le Spectateur suisse*, qu'on croyait disparu pour toujours, avait reparu depuis peu. Cette résurrection ne fut pas de longue durée. Le *Journal des Savans* attribue au *Spectateur suisse*, l'ouvrage intitulé : *Essai d'une philosophie naturelle*, applicable à la vie, aux besoins, aux affaires, et convenable aux deux sexes. Paris, 1724, in-12. Quelques exemplaires sont ainsi intitulés : *Nouvelle Philosophie des dames, amusante et conforme à la raison*, La Haye, 1727. Cet ouvrage est une espèce de critique de la plupart des philosophes moraux. La morale de l'auteur n'est pas fort sévère.

FOURNIER, dit le Jeune, (Pierre-Simon). Ce célèbre graveur et fondeur de caractères, avait adressé aux auteurs du *Journal des Savans*, dans le cours de l'année 1756, quatre *Lettres sur l'imprimerie.* En voici le sujet : vers la fin de 1755, on publia à Paris, plusieurs éditions, avec les démonstrations de la plus grande magnificence, telles que les *Fables de La Fontaine*, en 4 vol. in-fol., et la traduction italienne de *Lucrèce*, par Marchetti, 2 vol. in-8° ; elles étaient, à en croire les avis généraux et particuliers, le plus haut point de perfection où l'imprimerie pouvait atteindre. Il y avait apparence qu'on le croyait comme on le disait, car il n'y avait qu'une voix en leur faveur ; cependant, lorsque M. Fournier les vit, il y trouva des défauts si grossiers, et des ignorances typographiques si sensibles, qu'il ne put s'en taire. M. de Malesherbes, à qui il présenta ses remarques, y applaudit et l'engagea à les publier, en y ajoutant des détails sur la typographie étrangère. Ces quatre *Lettres* se lisent avec intérêt. MM. Jombert, Lottin l'aîné et Fournier l'aîné répondirent à M. Fournier le jeune ; ce dernier avait recueilli, en 1 vol., les différentes pièces de ce procès typographique ; il s'y trouve même une réponse manuscrite à la seconde *Lettre* insérée dans le *Mercure de France*, par son frère aîné. Je possède ce volume ; il paraît que M. Auffray a aidé M. Fournier le jeune, dans la rédaction de ces quatre *Lettres*. Voy. ci-devant le mot AUFFRAY.

FRAIN DU TREMBLAY. Parmi un grand nombre d'articles, dont M. l'abbé Goujet m'a ravi la gloire, dit M. du Masbaret, je revendique en particulier celui-ci ; il est de moi, à la réserve des réflexions malignes : je l'avais dressé, étant à Angers, à la sollicitation de M. Coignard, lui-même sollicité par M. Goujet ; il ne m'a seulement pas nommé.

M. Goujet retrancha la fin de mon Mémoire, où je traçais le portrait de M. Frain, et je ne sais pas pourquoi ; je le transcrirai ici, car il est au naturel. « Quelque gloire que M. Frain ait acquise par son savoir, les vertus morales et chrétiennes le rendirent encore plus recommandable : honnête homme, ami sincère, bon citoyen, ennemi de l'esprit de nouveauté ; ce sont les qualités que lui donnent tous ceux qui l'ont connu. »

J'ajoutais encore cette note, qui mériterait de trouver sa place à la fin de l'article : « Ceux qui souhaiteront avoir une connaissance détaillée de la famille des Frains et de ses diverses branches, peuvent consulter les notes de M. Mesnage, sur la vie de Guillaume Ménage. »

M. Du Tremblay reçut ordre de se défaire de sa charge de conseiller, pour avoir pris des conclusions dans une affaire, à la sollicitation de sa compagnie, au refus du procureur du roi.

(*Mémoires de M. du Masbaret.*)

N. B. L'article de la *Biographie universelle* est rédigé d'après celui de Moréri. Je possède un volume intitulé : *Traité de la vocation chrétienne des enfans*, par feu M. l'archevêque de Cambrai. Paris, Jos. Barbou, 1754, in-12. C'est un faux frontispice, mis à l'ouvrage de Frain du Tremblay, qui porte ce titre, mais qui a paru, non en 1683, comme le dit la *Biographie*, mais en 1685.

FRANC (N... LE), prêtre eudiste, ancien supérieur des Eudistes de Caen, demeurant à Paris, au commencement de la révolution, l'un de ceux qui furent massacrés au couvent des Carmes, le 2 septembre 1792 ; il avait publié deux ouvrages qui firent sensation ; l'un intitulé : le *Voile levé pour les curieux*, ou *Secret de la révolution révélé à l'aide de la franc-maçonnerie*, Paris, 1791, in-8°, et l'autre ayant pour titre :

Conjuration contre la religion catholique et les souverains, dont le projet conçu en France, doit s'exécuter dans l'univers entier. Paris, 1792, in-8°. Il existe une contrefaçon de ces deux ouvrages. L'éditeur du second, c'est-à-dire, probablement l'auteur lui-même, cite au verso du faux-titre, ces deux vers tirés du 4e chant d'un manuscrit de sa composition, intitulé : *les Abus*, poëme :

Oh! si les souverains vous laissent subsister,
La chute de leur trône il faut leur imputer.

Il faut convenir que ces vers ne donnent pas une grande idée du poëme ; mais la prose de M. Le Franc ne manque ni de clarté, ni d'énergie ; il avait fait des recherches sur les hommes célèbres du Cotentin (Manche). Il en communiqua le manuscrit, en 1792, au célèbre abbé de Saint-Léger ; celui-ci fit beaucoup de notes critiques sur ce travail, et le rendit à son auteur, peu après ; ce dont il eut du regret, lorsqu'il eut connaissance de sa mort déplorable. Ce manuscrit est probablement perdu.

FRANCKEMBERG (Abraham de), fameux partisan des sciences occultes dans le XVIIe siècle : la *Biographie universelle* ne le fait pas suffisamment connaître ; il mérite aussi d'être rangé parmi les écrivains mystiques. Les principaux écrits où il prend le nom de *Franciscus Montanus* ou *à Monte*, sont : l'*Abrégé de la théologie mystique* de Hugo de Palma, Amsterdam, 1647, en latin, et la *Metaphysica de cœlesti et terrestri mysterio*, par Jac. Boehm, 1650, in-12. Voy. la *Lettre touchant les auteurs mystiques*, par P. Poiret, à la suite de la *Théologie réelle*, Amsterdam, 1700, petit in-12, p. 56.

FRANÇOIS I, roi de France. Le *Parallèle de Charles-Quint et de François I*, imprimé séparément, en 1707, pour la première fois, n'est pas de Pelisson, comme le dit la *Biogr. univ.* ; c'est le 13e livre de l'Hist. de François I, par Varillas. On l'a réimprimé en 1730, aussi in-12, à la suite de la *Campagne de Louis XIV*, par Pelisson. Voilà ce qui a induit la *Biographie* en erreur.

FRANÇOIS, (A. le), auteur de la petite Géographie connue sous le nom de *Crozat*. L'abbé Desfontaines, dans ses *Observations sur les écrits modernes*, t. 30, p. 336, dit que cet auteur était curé de Gentilly, auprès de Paris ; son assertion a été confirmée par l'abbé Le Beuf, dans son *Histoire du diocèse de Paris*, tome 10. La première édition de cette Méthode géographique est de Paris, 1705, in-12, chez Brunet. On y fit de grands changemens en 1751. Dreux du Radier y fit d'autres changemens et de nouvelles additions en 1761. Cette Méthode se réimprime encore de nos jours, avec les changemens que nécessitent les révolutions dont nous sommes les témoins.

FREIND (Jean), célèbre médecin anglais. La *Biographie universelle* a omis d'indiquer la traduction française de son *Histoire de la médecine*, imprimée à Paris, en 1728, in-4°. Le traducteur n'en est pas connu ; mais on sait qu'elle a été revue par Senac, et qu'elle est plus exacte que celle de Coulet.

FREMONT D'ABLANCOURT (NICOLAS), neveu et élève du célèbre Perrot d'Ablancourt. On a de lui : *Nouveau Dictionnaire des rimes*. Paris, Augustin Courbé, 1648, in-8°, anonyme.—Le même revu et corrigé, *Paris*, 1667, in-8°, avec une lettre de P. Richelet sur l'origine de la rime : cet ouvrage a été mis dans un nouvel ordre par Richelet, *Paris*, 1692, in-12. On voit que Frémont d'Ablancourt a quelques droits à la célébrité qu'a obtenue Pierre Richelet par son *Dictionnaire des rimes*. La *Biographie universelle* s'est contentée d'indiquer ce travail de Fremont d'Ablancourt, et elle n'a pas mis assez d'exactitude dans cette indication.

FRÉRET (NICOLAS). L'article de ce célèbre académicien dans la *Biographie universelle*, quoique rédigé avec beaucoup de talent, paraîtra peut-être trop long à bien des lecteurs : c'est plutôt un éloge académique qu'une notice biographique. *Non erat hic locus ;* mais le jeune savant, auteur de l'article, ne s'est pas contenté de montrer son talent pour arrondir des phrases ; il a voulu aussi discuter des points délicats, et contredire des savans connus par leur érudition et surtout par leur bonne foi. On sait que l'on a imprimé, dans le cours du XVIIIe siècle, sous le nom de Fréret, plusieurs ouvrages contraires à la religion chrétienne; mais l'on sait aussi que de ces différens ouvrages, un seul appartient réellement à Fréret. M. de Sainte-Croix l'a déclaré positivement dans le *Magasin encyclopédique* en 1796, et dans les *Siècles littéraires* de M. Desessarts, en 1800, article Fréret. M. Naigeon s'était aussi exprimé à ce sujet sans ambiguité dans le *Dictionnaire de la philosophie ancienne et moderne de l'Encyclopédie méthodique*. C'est d'après deux autorités aussi graves que j'ai indiqué, sous le nom de Fréret, la fameuse *Lettre de Thrasybule à Leucippe*. M. R. R. me le reproche avec une *sainte indignation*. Eh bien ! je persiste à avoir toute confiance dans l'assertion de M. de Sainte-Croix, savant aussi recommandable par ses talens que par ses principes religieux, et dans celle de M. Naigeon, justement renommé par son érudition en histoire littéraire.

S'il ne faut à M. R. R. qu'une *révélation authentique* pour lui faire partager notre opinion, je vais la lui fournir ; il existe beaucoup de copies de la lettre de Thrasybule à Leucippe; celle que possédait feu M. l'abbé de Tersan, écrite de la main du célèbre bibliographe Mercier-Saint-Léger, contient de la même main un préambule conçu en ces termes :

Lettre de Thrasybule à Leucippe, 1758, *traduite sur la version anglaise*.

L'auteur de cet ouvrage est le célèbre M. Fréret, de l'académie royale des inscriptions et belles-lettres, qui l'adressa réellement à madame sa sœur, religieuse à Jouarre. Après sa mort, M. Racine, qui fut chargé de recueillir et de mettre en ordre ses papiers, crut devoir mettre de côté cette lettre afin qu'elle ne parût point; mais un académicien ayant su cela, pria M. Racine de la lui prêter; celui-ci fit d'abord quelque difficulté, mais la confia ensuite à l'académicien, sous la condition qu'il la lui rendrait dès le lendemain. L'académicien se saisit aussitôt du livre, et passa toute la nuit à le copier, et, pour être en état de tenir sa parole, il partagea l'ouvrage avec madame sa sœur. Celle-ci a communiqué cette copie, et insensiblement elles se sont multipliées. M. Paris de Meysieux, intendant de l'Ecole royale militaire, en possède un exemplaire, aussi bien que..... C'est sur ce dernier que j'ai copié celui-ci. On y trouvera quelques lacunes, mais on m'a assuré qu'elles étaient dans tous les exemplaires. M. Fréret a composé cet ouvrage chez les Pères de l'Oratoire de..... où il était allé passer quelque temps, et l'on s'imagina, dans le monde, qu'il était allé faire une retraite. On verra, par la lecture de cette lettre, qu'il était bien éloigné de faire une pareille démarche. Je prie tous ceux entre les mains desquels ce manuscrit pourra tomber, de le lire dans les mêmes dispositions qui m'ont porté à le copier, je veux dire celles d'un homme bien convaincu de la vérité de la religion chrétienne, et qui ne cherche à connaître les différentes objections des incrédules que pour s'affermir de plus en plus dans la foi, par la connaissance du peu de solidité de leur système. C'est par les mêmes motifs que je crois devoir avertir tous ceux qui ne seraient point éclairés sur les principes de la religion, que ce livre n'est point fait pour eux, et qu'ils doivent, autant par amour pour leur repos que par la crainte des dangers auxquels ils seraient exposés, s'abstenir de la lecture de celui-ci et de tous ceux qui lui ressemblent.

M. C. R.

(Mercier, chanoine régulier.)

Il y a, dans cette révélation, un ton de conviction qui doit frapper tous les lecteurs. C'est donc en vain que M. R. R., pour enlever à Fréret un ouvrage dont il est le véritable auteur, associe cet ouvrage à l'*Examen critique des apologistes de la religion chrétienne*, qui, à la vérité, a paru sous son nom, mais que depuis long-temps personne ne lui attribue. *V.* le mot Burigny. Il n'y a pas de bonne foi dans ce procédé. Il fallait discuter isolément ce qui concerne la *Lettre de Thrasybule*.

† FRESCHOT (Casimir), né à Morteau en Franche-Comté, vers 1640, entra fort jeune dans la congrégation des Bénédictins de Saint-Vanne, et fit profession, le 20 mars 1663, dans le monastère de Saint-Vincent de Besançon. Il quitta cette ville, en 1674, lorsque Louis XIV l'assiégea. Ce religieux alla d'abord en Italie, où il se fit de la réputation par la publication de quelques ouvrages en italien, et par la traduction de plusieurs livres, du français en italien.

Après avoir passé quelques années à Rome, ensuite à Bologne, il fut admis en 1689, dans la congrégation des Bénédictins du Mont-Cassin. Casimir Freschot se dégoûta de l'état religieux, vers 1700, et il se retira, vers 1704, à Utrecht, où il enseigna les belles-lettres et l'histoire ; il vint finir ses jours dans l'abbaye de Luxeuil, le 20 octobre 1720.

Le choix qu'il a fait de cette pieuse retraite, pour terminer une vie très-agitée, et plus encore la notice que Dom Calmet lui a consacrée dans sa *Bibliothèque lorraine*, me semblent suffire, pour prouver la fausseté d'un article de gazette (1), dans lequel on allègue que Casimir Freschot s'était fait protestant. Aucun passage de ses ouvrages n'indique qu'il ait changé de religion ; au contraire, on le voit souvent reprocher aux protestans, leur injustice envers l'Eglise romaine.

Freschot a pu avoir des démêlés avec ses confrères, ou avec ses supérieurs. Comme il dit, dans plusieurs occasions, que ces démêlés étaient communs dans les monastères, et qu'il était fort difficile d'y remédier, on peut croire que ce sont des désagrémens de cette nature, qui lui ont fait abandonner la congrégation du Mont-Cassin, où un décret particulier, et par conséquent très-honorable, l'avait fait entrer.

Casimir Freschot cultiva avec soin, pendant plusieurs années, la poésie latine ; mais, de toutes les études auxquelles il se livra, l'histoire fut celle qui lui plut davantage, ou qui lui procura le plus de ressources pour subsister. Les ouvrages publiés par Casimir Freschot, sont en très-grand nombre ; mais Dom Calmet, dans sa *Bibliothèque lorraine*, et Dom Armellini, dans sa *Bibliotheca Benedictino-Casinensis*, n'en présentent que des listes incomplètes.

Bayle, dans une lettre écrite le 6 août 1705, cite quatre ouvrages anonymes qu'il attribue à un écrivain franc-comtois ; son éditeur Desmaiseaux, qui donne ordinairement des éclaircissemens si exacts sur les objets que Bayle ne fait qu'indiquer, n'a joint aucune note à ce passage ; mais un article de la *Méthode historique* de l'abbé Lenglet, m'a prouvé que Bayle avait voulu parler de Casimir Freschot.

Les écrits de ce religieux peuvent se partager en trois classes, savoir : ceux qu'il a publiés en latin, en vers ou en prose ; ceux qu'il a composés ou traduits en italien ; enfin, ceux qu'il a fait paraître en français.

Les ouvrages latins, effets des circonstances pour la plupart, ou témoignages de reconnaissance, sont entièrement oubliés ; les ouvrages italiens sont encore cités par les bibliographes ; les ouvrages français, presque tous anonymes, paraissent avoir été écrits pour subvenir aux besoins de l'auteur. Quelques-uns néanmoins, sont encore recherchés des curieux ; on y remarque beaucoup d'incorrections de style.

Voici la liste de ces ouvrages, la plus complète qu'il m'ait été possible de dresser :

I. *Melliflua Uranodia*, poëme moral dédié au cardinal Barberin. Rome, 1676, in-4°.

II. *Series eorum quæ in apertione et obseratione portæ sanctæ Basilicæ D. Pauli, à cardinali*

(1) Voy. le *Journal des Savans*, édition de Hollande, supplément du mois d'août 1708.

Barberino peracta sunt, anno jubil. 1675, Romæ, 1676, in-4°.

III. *Exarata Gentilitio D. Pauli gladio; ejusdem apostoli vitæ synopsis, Romæ*, 1675, in-4°. Cet ouvrage est mêlé de prose et de vers.

IV. *Giuoco geographico*. Venezia, 1679. L'auteur a eu pour but, dans cet ouvrage, d'exercer en même temps la mémoire et le jugement des enfans.

V. *Li pregi della nobilta veneta abbozati in uno giuoco d'arme di tutte le famiglie*, Venezia, 1682, in-12.

VI. *Relation de Gênes*. Bologne, 1685, en italien.

VII. *Idée générale du royaume de Hongrie*. Bologne, 1684, 1686, in-12, en italien.

VIII. *Succès de la foi en Angleterre*. Bologne, 1685, in-12, en italien.

IX. *Ristratto dell' historia d'Ungueria, e le cose occorsevi sotto il regno di Leopoldo, sino alla presa di Buda*. Bologne, 1686, in-4°.

X. *Mémoires historiques et géographiques sur la Dalmatie*. Bologne, 1687, in-12, en italien.

XI. *Memorie istoriche della casa Arcioni*. In Parma, 1693, in-4°. Ouvrage dicté par la reconnaissance.

XII. *Origine, progrès et ruine du calvinisme en France*. Rome, 1693, in-4°, en italien. C'est sans doute une réimpression de l'ouvrage qu'il avait publié à Bologne, aussi en italien, sous ce titre : l'*Hérésie détruite en France*.

XIII. *Notizie istoriche della Polonia*. Milano, 1698, in-12.

XIV. *Cérémonies nuptiales de toutes les nations*, traduites en italien du français du sieur de Gaya, Venise, 1685, in-12.

XV. *Description de la Louisiane*, traduite en italien du français du P. Hennepin, récollet. Bologne, 1686, in-12.

XVI. *Viaggi del signor Spon*, trad. del francese. Bologne, 1688, in-12.

XVII. *Vita di Carlo V, duca di Lorena*. Milano, 1692, in-12. C'est probablement la traduction de l'ouvrage français du ministre de la Brune, qui avait paru l'année précédente à Amsterdam.

XVIII. *Les Fastes de Louis-le-Grand*, traduits du français du P. du Londel, jésuite, ou, d'après l'ouvrage latin de cet auteur. Bologne, 1700.

XIX. Le *Cœur en paix*, ou l'*Art de vivre en paix avec toute sorte de personnes*; essai moral, traduit du français. Bologne, 1700. C'est probablement la traduction de l'excellent Traité de Nicole, des *Moyens de conserver la paix avec tous les hommes*.

XX. *Carmen Amœbœum, de pietatis et ingenii concordiâ*. Bononiæ, 1687, imprimé parmi les ouvrages des académiciens de Ravenne, qui prenaient le nom de *Bon-accord*.

XXI. *Panegyris in laudem cardinalis de Aguirre*. Bononiæ.

XXII. *Pro funere R. P. D. Angeli Mariæ Arcioni, abbatis religiossimi*. Placentiæ, 1689.

XXIII. *Supplementum ad Annales mundi, sive ad Chronicon universale Philippi Brietii, soc. Jesu, ab ann.* 1660 *ad annum* 1692, *à Soc. Jesu sacerdote*. Venetiis, Hertz, 1692, in 12. Ce fut le libraire, qui fit paraître ce livre, sous le nom d'un jésuite, afin d'en avoir un prompt débit.

XXIV. *Histoire anecdote de la cour de Rome; la part qu'elle a eue dans l'affaire de la succession d'Espagne, la situation des autres cours d'Italie*, etc. Cologne (Amsterdam), 1704, in-8° de 288 pag. — Nouvelle édition, Cologne, 1706, in-12. Cet ouvrage est composé d'un Dialogue entre l'abbé Scarlati, employé, dans sa jeunesse, à la secrétairerie du Pape Alexandre VII, depuis ministre de la maison de Bavière à Rome, et le cardinal de Furstemberg, évêque de Strasbourg, ministre de l'électeur de Bavière. Il n'a pu avoir qu'un succès de circonstances; cependant l'abbé Lenglet le cite dans sa *Méthode pour étudier l'histoire*. C'est un de ceux que Bayle indique.

XXV. *Mémoires de la cour de Vienne*, contenant des remarques d'un voyageur curieux, sur l'état présent de cette cour; et sur ses intérêts. Cologne, 1705, petit in-12, réimprimé la même année, et augmenté d'une sixième partie. — Autre édition divisée en sept parties, Cologne, 1706, petit in-12; second ouvrage indiqué par Bayle.

XXVI. *Intrigues secrettes du duc de Savoie*; avec une relation fidèle des mauvais traitemens qu'en a reçus M. de Phelypeaux, ambassadeur de France, contre le droit des gens. Venise (Bruxelles), 1705, petit in-12; réimprimé, en 1706, à la suite de l'article précédent dont il forme la 7e partie.

L'ambasseur Phelypeaux avait adressé une lettre à Louis XVI, sur les mauvais traitemens que le duc de Savoie lui avait fait essuyer. Le roi la fit donner à lire à plusieurs personnes de sa cour; on en tira des copies, et elle fut bientôt imprimée d'une manière très-incorrecte, sous le titre de *Mémoire contenant les intrigues secrettes, et malversations du duc de Savoie*, etc. Bâle, 1705, in-12. Cet ouvrage fit une vive sensation. L'auteur en fit faire, à Paris, une édition exacte, sous le titre de *Lettre au Roi*, dans laquelle sont insérés les détails de la longue et dure prison, où le duc de Savoie, à sa déclaration de guerre contre la France, mit et retint l'ambassadeur de S. M. In-12 de 153 pag.

Freschot s'empara de l'édition de Bâle, et y fit quelques changemens et plusieurs additions, pour avoir droit de la reproduire sous un autre titre.

L'auteur du *Journal de Verdun*, en rendant compte de l'édition, en sept parties, des *Mémoires de la cour de Vienne*, ne crut pas que l'auteur eût voulu se faire honneur de la 7e partie, qui avait paru avant les *Mémoires*. L'explication que je donne réfute suffisamment l'opinion du journaliste. (Voy. le *Journal de Verdun*, janvier, 1707, pag. 59.)

XXVII. *Réponse au manifeste qui court sous le nom de Son Exc. électorale de Bavière*, ou *Réflexions sur les raisons qui y sont déduites pour la justification de ses armes*. Pampelune, chez Jacques l'Enclume (Utrecht), 1705, in-12 de 239 pag., indiqué par M. Bayle. L'abbé Lenglet dit, dans sa *Méthode pour étudier l'histoire*, édition in-12, de 1772 (tom. 14, pag. 305), que Freschot fit paraître à Utrecht plusieurs ouvrages médiocres, dans l'un desquels il maltraite l'électeur de Bavière, Maximilien-Emanuel; il veut sans doute parler de cette *Réponse*. D'ailleurs, les trois autres ouvrages, indiqués par Bayle, sont indubitablement de Freschot. Bayle le regardait donc aussi comme auteur du quatrième.

Le *Manifeste*, auquel répond Freschot, avait été composé par l'abbé Dubos; on trouve un extrait de sa *Réponse* dans le *Journal littéraire* (par les abbés Hugo et Tricaud). Soleure, chez Joseph le Romain (Paris), 1705, in-8°, pag. 395 et suiv. Suivant les journalistes, cet ouvrage est assez bien écrit, et il est intéressant par les anecdotes qu'il renferme.

XXVIII. *Remarques historiques et critiques faites dans un voyage d'Italie en Hollande, en 1704*, concernant les mœurs, intérêts et religion de la Carniole, Carinthie, Bavière, etc., avec une relation des différens qui partagent aujourd'hui les catholiques romains dans les Pays-Bas. *Cologne, Jacques-le-Sincère*, 1705, 2 *vol.*, *petit in*-8°. Cet ouvrage, indiqué vaguement par Bayle, est sans doute le même que Dom Calmet désigne sous le titre de *Voyage littéraire*.

Freschot y relève avec force les railleries que Maximilien Misson s'est permises dans son *Voyage d'Italie*, contre les usages de l'Eglise romaine.

XXIX. *L'Etat du siége de Rome, dès le commencement du siècle passé jusqu'à présent*, avec une idée du gouvernement, des manières et des maximes politiques de la cour de Rome. Cologne, P. Marteau, 1707, 3 part. in-12. Réimprimées sans date, et en petits caractères. Cet ouvrage est un des meilleurs de notre auteur. L'épître dédicatoire à M. Masch, conseiller de Sa Majesté prussienne, est signée N. N.

XXX. L'auteur du *Journal de Verdun* attribue à l'auteur des *Mémoires sur la cour de Vienne*, des Entretiens sur les affaires du temps. *Cologne, J. Henri*, (*Amsterdam.*) 1707, ouvrage périodique interrompu, quelques mois après sa naissance, faute de souscripteurs. *V.* le *Journal de Verdun*, année 1707, novemb., p. 569.

XXXI. *Nouvelle relation de la ville et république de Venise*, divisée en trois parties. Utrecht, Guillaume Van Poolsum, 1709, in-12 de 684 pages.

L'épître dédicatoire à Jean Servais Milan-Visconti, chanoine de l'église impériale de Sainte-Marie d'Utrecht, est signée Freschot.

La première partie contient l'histoire générale de Venise; la seconde traite du gouvernement et des mœurs de la nation; la troisième donne connaissance de toutes les familles patrices employées dans le gouvernement. Il paraît que l'auteur avait déjà publié cette dernière partie en italien. *V.* ci-dessus n° V.

Freschot nous apprend dans sa *Nouvelle relation*, que Misson est auteur de la forme sous laquelle les Voyages de François Leguat ont paru en 1707, et de la préface qui les précède; Misson avait profité de l'occasion pour critiquer avec amertume les *Remarques historiques et critiques* de notre auteur, dans lesquelles il est lui-même fort maltraité. Il donne à Freschot la qualification de moine bourru; Freschot lui réplique ici avec beaucoup de vivacité. (*V.* les pages 438—441.)

Comme Freschot avait demeuré à Venise, pendant six ans, et qu'il possédait parfaitement la langue italienne, il a pu donner des détails exacts sur Venise. On doit donc avoir confiance en lui, lorsqu'il relève les inexactitudes du voyageur Misson. Il ne ménage pas davantage l'historien Amelot de la Houssaye.

XXXII. *État ancien et moderne des duchés de Florence, Modène, Mantoue et Parme.* Utrecht, Guillaume Broedelet, 1711, in-8° de 655 pag., sans la table des matières qui en a 15.

L'épître dédicatoire de 11 pag., à M. Jean-Jacques Vitriarius, professeur en droit public dans l'université d'Utrecht, n'est pas signée; mais dans la courte préface qui la suit, l'auteur rappelle sa *Relation de la cour de Rome*, et celle *des manières et de l'esprit des Vénitiens*, ainsi que ses *Mémoires de la cour de Vienne.*

XXXIII. *Histoire abrégée de la ville et province d'Utrecht.* Utrecht, 1713, in-8°.

XXXIV. *Histoire amoureuse et badine du congrès et de la ville d'Utrecht*, en plusieurs lettres, écrites par le domestique d'un des plénipotentiaires, à un de ses amis. Liége, chez Jacob le Doux, march. libr., sans date. (Utrecht, 1715), petit in-12 de 292 pag., sans la Clef qui en a onze, et qui est datée de Cologne, P. Marteau, 1714.

Des personnes, justement offensées du rôle que l'auteur leur attribuait dans cette histoire, lui firent infliger une punition; ce qui donna lieu à une procédure, que l'on arrêta dès le commencement.

XXXV. *Histoire du congrès et de la paix d'Utrecht, comme aussi de celle de Radstadt et de Bade.* Utrecht, Guill. Van Poolsum, 1716, in-8°.

L'épître dédicatoire, aux bourgmestres et sénateurs de la ville d'Utrecht, est signée par le libraire. L'auteur, honteux sans doute de l'éclat scandaleux, fait par l'histoire précédente, a dû garder l'anonyme. Du reste, comme cette histoire renferme des pièces curieuses et authentiques, elle a été recherchée pendant long-temps. Il paraît qu'elle a été traduite en mauvais latin, sous ce titre: *Rerum per Europam gestarum à Sancitâ ad Pyrenæos Pace, usque ad nuper pactam Ultrajecti, Rastadii et Badæ, synopsis.* Noribergæ, 1715, in-8°. La différence des dates ne détruit pas cette conjecture; car on sait que lorsque des libraires publient un ouvrage sur la fin d'une année, ils le datent de cette année ou de la suivante.

Plusieurs bibliographes attribuent à Casimir Freschot la collection, intitulée: *Actes et Mémoires touchant la paix d'Utrecht*, 6 ou 7 vol. petit in-8°. Je n'ai pu m'assurer s'il fut le rédacteur de ce recueil.

D. Calmet attribue encore à Casimir Freschot:

I. *Histoire des archevêques de Prague.*

II. *Traité touchant le couronnement de Jacques, roi d'Angleterre.*

III. *Panégyrique de Clément XI.* D. Calmet affirme aussi que D. Freschot, lorsqu'il mourut, travaillait à la Vie de Louis XIV, roi de France. Parmi les ouvrages que Freschot préparait, lorsque Armellini rédigea son article, plusieurs n'ont pas vu le jour; tels sont un *Poëme héroïque sur les victoires de l'empereur Léopold I*, et une *Histoire de la fondation de l'empire d'Occident par les papes.*

Quelle que soit ma répugnance à attribuer un ouvrage anonyme à un auteur, d'après de simples conjectures, et sans avoir de raisons positives, je ne puis m'empêcher de détailler ici les motifs qui me portent à croire que Casimir Freschot est l'auteur du petit volume, intitulé : *Relation historique de l'amour de l'empereur de Maroc, pour madame la princesse douairière de Conti, écrite, en forme de lettres, à une personne de qualité, par M. le comte D****. Cologne, P. Marteau, 1707, petit in-12 de 139 pages. Cette Relation est composée de onze lettres, signées N. N. Freschot a signé des mêmes lettres l'épître dédicatoire de son *Etat du siége de Rome*. Les deux dernières lettres sont dirigées contre les astuces, l'ambition et le despotisme des jésuites. Freschot en voulait beaucoup à ces Pères, et il les présenta, sous les mêmes couleurs, dans ses *Remarques historiques et critiques;* dans son *Etat du siége de Rome*, etc. Enfin, le style de la Relation est comme celui des autres ouvrages de Freschot, facile, mais incorrect.

N. B. Cette notice a été insérée dans le *Magasin encyclopédique* du mois de décembre 1815. Je la redonne ici revue et corrigée.

FREUX (André des), en latin *Frusius*, éditeur d'un *Martial*, purgé de toutes les obscénités qui le déparent ; la *Biographie universelle* fait, à ce sujet, l'énumération de plusieurs jésuites, qui ont essayé de rendre à Martial le même service. Elle a oublié le plus célèbre d'entre eux, c'est-à-dire, le P. Jouvancy, dans le volume anonyme intitulé : *M. Valerii Martialis epigrammata, demptis obscœnis, cum interpretatione ac notis.* Parisiis, Bénard, 1693, in-12.

FRISI (Paul), célèbre mathématicien d'Italie. La notice de ses ouvrages, dans la *Biogr. univ.*, présente, sous le n° VI, une erreur typographique remarquable. Au lieu de *Laurentii Resaud*, il faut lire *Laurentii Beraud.*

FURETIÈRE (Antoine). Cet article (dans Moréri) porte le cachet de M. Drouet, dit M. du Masbaret. Furetière avait bien déjà son article dans le Dictionnaire : M. Drouet a cru devoir le façonner de nouveau ; mais ce n'est qu'un vrai fagotage. L'article est composé de deux pièces disparates : l'une, à la première colonne, qui est l'ancien article de Furetière ; l'autre, à la seconde, qui est une addition de M. Drouet : pièces qui ne sont pas liées, et dont l'ensemble représente un objet fort disgracieux. D'ailleurs, n'y ayant là que la queue postiche de la main de M. Drouet, ce n'était qu'à cette queue qu'il devait mettre son empreinte, et non pas à l'article en entier. Encore va-t-on voir dans le moment le peu d'honneur que lui font ses additions.

Outre que la forme de l'article est tout-à-fait vicieuse, chaque partie a des défauts. Par exemple, cette phrase de la première partie, *Furetière s'est rendu recommandable par plusieurs ouvrages, et s'acquit de la réputa-*

tion par son roman et ses poésies, est un vrai pléonasme. D'ailleurs, on n'y fait aucune mention de sa *Nouvelle allégorique*, ou *Histoire des derniers troubles arrivés au royaume d'éloquence*, écrit ingénieux et bien supérieur à son *Roman bourgeois*.

La seconde partie de l'article est bien plus répréhensible. M. Drouet y pensait-il, quand il a écrit, *qu'on ne vit d'édition recevable du Dictionnaire de Furetière, qu'en* 1690, *les précédentes étant fort imparfaites*. Cette assertion est singulière, puisqu'il est de fait, qu'il n'y a aucune édition du Dictionnaire de Furetière avant 1690, et que cette édition est constamment la première de toutes, et même l'unique qui représente l'ouvrage de Furetière, tel qu'il est sorti de sa plume; les suivantes ayant poussé l'ouvrage bien plus loin.

M. Drouet se trompe encore quand il dit que cette édition de 1690, est en 3 vol in-folio; elle n'est qu'en 2. La même année, elle parut en 3 vol. in-4°.

Il se fit, il est vrai, des retranchemens dans l'édition de 1704; mais cela n'autorise pas à dire, qu'on y ait *tronqué et mutilé* l'édition précédente de M. Basnage. Ces retranchemens étaient nécessaires; M. Basnage, par esprit de parti, s'était émancipé sur plusieurs points de religion.

J'admire que M. Drouet, ayant entrepris l'énumération de toutes les éditions de ce Dictionnaire, s'arrête à l'édition de 1721. Il y en a cinq postérieures à celle-ci, qui avaient toutes vu le jour avant que M. Drouet donnât son édition de Moréri.

Enfin, je trouve dans l'une et l'autre partie de l'article de Furetière, comparées ensemble, une sorte de contradiction. Dans la première, le Dictionnaire de Furetière n'a servi que de *canevas* au Dictionnaire de Trévoux; et, dans la seconde, le Dictionnaire de Trévoux en est une nouvelle édition. Je ne vois pas d'accord entre ces deux énoncés. M'étant déterminé à refondre l'article, j'en prends occasion de tracer l'histoire du Dictionnaire de Furetière, objet intéressant de notre littérature.

Antoine Furetière, célèbre par ses ouvrages de littérature, et par ses disgrâces littéraires, naquit à Paris, d'une famille honorable. Après avoir fait, avec succès, les études ordinaires, il se livra à celle du droit civil et canonique, et s'y rendit habile. Il fut reçu avocat au parlement de Paris, et exerça la charge de procureur fiscal de l'abbaye de Saint-Germain-des-Prés. Il quitta cette profession pour embrasser l'état ecclésiastique. Il fut nommé à l'abbaye de Chalivoy, ordre de Cîteaux, diocèse de Bourges, et au prieuré de Chuines; et il eut encore le prieuré de Saint-Denis-de-la-Chartre, à Paris. Il s'acquit une fort grande réputation par ses ouvrages de belles-lettres; fut lié avec tous les savans de son temps. Zélé pour l'avancement des sciences, il encourageait au travail tous ceux qu'il fréquentait. C'était un homme d'esprit et de goût, d'un génie vif, aisé et fécond, avec de vastes connaissances; d'ailleurs, laborieux, et capable d'un ouvrage de longue haleine. Furetière, dit un excellent critique (Goujet, Bibl. fr., tom. 1), avait allié des qualités qui se trouvent rarement unies, beaucoup de politesse à une grande littérature. Il exprimait presque toujours ses pensées avec une netteté et une grâce, qui leur donnaient un tour agréable. Il joignait à ses talens une pénétration qui le rendait capable d'entrer dans les sciences les plus profondes, et une étendue de mémoire, qui avait embrassé toutes sortes de belles connaissances; une patience et une application capables de surmonter l'entreprise la plus laborieuse. L'académie française ambitionna un si bon sujet; il y fut reçu le 15 mai 1662, et n'en fut pas un des moindres ornemens. Il mourut, à Paris, le 14 mai 1688, à l'âge de 68 ans. M. Goujet, *Bibl. fr.*, tom. 18, ne lui en donne que 58; mais je pense que c'est une méprise de l'imprimeur.

Ses ouvrages sont vers et prose. En 1655, il publia un Recueil de ses poésies, réimprimé en 1664, contenant cinq satires, des stances, épigrammes, madrigaux, épitaphes, énigmes, trois épîtres et deux élégies. Il donna ensuite le *Voyage de Mercure*, satire en cinq livres, qui est une censure des diverses conditions, et en particulier de la charlatanerie de ceux qui professent les lettres, les sciences et les beaux-arts. Il y en a eu quatre éditions, dont la dernière est de 1669. En 1671, il publia *Fables morales et nouvelles* au nombre de 50, dont la moralité est bonne et facile à retenir. En 1672 et en 1673, *Paraboles de l'Evangile, traduites en vers*, avec une explication morale et allégorique, tirée des Sts.-Pères. Parmi ses ouvrages en prose, on distingue son *Roman bourgeois*, qui eut beaucoup de vogue dans le temps; et plus encore sa *Nouvelle allégorique*, ou *Histoire de divers troubles arrivés au royaume d'éloquence*, écrit ingénieux, dont il y a eu cinq ou six éditions.

Mais sa plus grande célébrité lui vint de son fameux Dictionnaire, ouvrage qui eut les suites les plus éclatantes, et dont l'histoire intéresse notre littérature.

L'académie avait entrepris un Dictionnaire tout français, dont le but était le perfectionnement de notre langue. Furetière fut associé à ce travail; mais cet engagement lui devint funeste. Lui-même avait conçu le dessein d'un Dictionnaire, aussi français, d'une toute autre étendue que celui de l'académie : c'était un Dictionnaire absolument universel, où il se proposait d'expliquer tous les termes de notre langue, tant anciens que modernes, avec tous les termes des sciences et des arts, et de nourrir tous les articles, qui en étaient susceptibles, des plus belles pensées de nos meilleurs écrivains. L'académie, instruite de son projet, le soupçonna d'avoir abusé de sa confiance, et d'avoir pillé le fruit de son travail; et pour empêcher que rien ne se fît à son préjudice, elle obtint, le 28 juin 1671, un privilége, par lequel il était fait défense de publier aucun Dictionnaire français, avant que le sien eût vu le jour; cependant Furetière en obtint un pour l'impression du sien, daté du 24 août 1684. L'académie se donna tous les mouvemens imaginables, pour le porter à se désister de son entreprise, et, n'ayant pu rien obtenir, elle se porta à l'exclure de son corps, par délibération du 22 janvier 1685, pour crime de plagiat. L'académie n'en demeura pas là : elle sollicita la révocation du privilége qu'il avait obtenu, et se pourvut au conseil ; sa demande lui fut accordée par arrêt contradictoire du 9 mars de la même année. Furetière se défendit vivement et avec une force digne de vaincre ; il appela comme d'abus du jugement de l'académie, et présenta plusieurs placets et requêtes au roi et à son conseil, à M. le chancelier et à divers magistrats ; il allégua que le privilége exclusif, obtenu par l'académie, ne pouvait avoir été accordé que par surprise, qu'il était injuste en lui-même ; qu'il y avait déjà cinquante ans que l'académie travaillait à son Dictionnaire, et que cependant à peine en avait-elle fait la moitié, qu'ainsi cette défense s'étendrait encore bien loin ; que ce privilége avait été sans effet, puisque l'abbé Danet et le sieur de Rochefort n'avaient pas laissé de donner chacun leur Dictionnaire, en 1684, et de le faire vendre partout le royaume, sans que l'académie s'y fût opposée, sous le prétexte de son privilége. Il ne restait plus que l'accusation de plagiat, et par un parallèle qu'il fit d'une longue suite d'articles de son Dictionnaire et de celui de l'académie, il parut à l'œil que son Dictionnaire ne tenait rien de celui de l'académie, et qu'il lui était bien supérieur. On peut voir les trois Factums qu'il composa à ce sujet, aussi vifs qu'ingénieux et persuasifs, où il s'abandonne cependant trop à la satire. Il publia encore divers écrits en prose et en vers, où il se livre à tout son ressentiment contre l'académie en général, et contre plusieurs de ses membres en particulier. Ces pièces, qu'on a toujours recherchées, furent imprimées séparément, dans le cours de la dispute, et puis réunies en 2 vol., en 1694.

Furetière n'eut pas la consolation de voir son Dictionnaire imprimé ; il ne publia, de son vivant, qu'un Essai de cet ouvrage en 1684, in-8°, sans nom de ville et d'imprimeur, sous ce titre : *Essai d'un Dictionnaire universel, concernant généralement tous les mots français, tant vieux que modernes, et les termes des sciences et des arts*. Pour le Dictionnaire, il ne parut qu'en 1690. Il s'en fit tout à la fois 2 édit., l'une en 2 vol. in-fol., et l'autre en 3 vol. in-4°, toutes les deux chez Renier Leers à Rotterdam. L'ouvrage fut reçu avec le plus grand applaudissement, et il méritait cet accueil : « On ne peut nier, dit » M. l'abbé Goujet, que ce Dic- » tionnaire ne soit un riche tré- » sor, où l'on trouve presque tout » ce qu'on peut désirer pour l'in- » telligence de notre langue : on » y détaille fort bien toutes les » différentes propriétés et les di- » verses significations des mots ; » tout y paraît développé avec » tant d'ordre et de clarté ; que » cet ouvrage est très-propre à » instruire ceux qui savent le » moins, et il est rempli de tant » de recherches curieuses et de » tant de belles remarques, qu'il » peut satisfaire les savans : plus » on s'en sert, plus on en décou- » vre l'abondance et l'utilité. »

Cet ouvrage est généralement estimé, et sera toujours recherché.

M. Basnage de Beauval en donna une nouvelle édition, en 1701, en 3 vol. in-fol., revue, corrigée et augmentée. Il avait associé à son travail M. Huet le père, ministre réfugié à La Haye; M. Regis, médecin; M. Brutel de la Rivière, et quelques autres personnes versées dans les lettres, les sciences et les arts. Cependant, dès la même année, on annonça une nouvelle édition qui devait se faire à Trévoux, par plusieurs savans de Paris, et l'on promettait grand nombre de corrections et d'augmentations.

L'édition parut à Trévoux, en 1704, en 3 v. in-fol., bien supérieure à celle de Basnage, néanmoins sur le même plan. Il arriva ici une chose bien frappante : les éditeurs supprimèrent, non-seulement le nom de Basnage, mais ce qui est bien plus odieux, celui de Furetière; et ce qui est le comble de l'indignité, après avoir osé annoncer au public, que leur Dictionnaire était un ouvrage nouveau, formé sur un plan neuf, dont on faisait honneur à M. le duc du Maine, on ne rougit pas de décrier le Dictionnaire de Furetière. « Il passe pour constant, » disent les Trévolistes, que tout » ce qu'il y a de bon dans Furetière, a été pris dans le *Dictionnaire de l'académie*. La partie » dont Furetière se faisait honneur, était celle des arts et des » sciences, et c'était précisément » celle qui valait le moins. » L'avanie n'en demeura pas là; elle a été répétée à toutes les éditions, au nombre de sept, qui ont suivi celle-ci. Le public donna cette édition aux jésuites de Paris, et, quoiqu'ils l'aient désavouée coup sur coup, par des désaveux publics, on n'a pas cessé de la leur attribuer. Il en parut aussi une autre édition à Trévoux, en 1721, avec de très-grandes augmentations, car celle-ci est en 5 vol. in-fol. Le P. Souciet, jésuite, y eut la principale part, et je le sais par moi-même; cependant les jésuites la désavouèrent encore. Cette édition fut réimprimée par les mêmes libraires, en 1732, sans aucun changement, si ce n'est qu'on retrancha les phrases du Dictionnaire latin qui termine l'ouvrage; elle fut encore copiée à Nancy, en 1733, et encore en 1740. Ganeau et les autres libraires de Paris, associés au privilége, en donnèrent une nouvelle à Paris, en 1743, en 6 vol. in-fol. Bien des personnes fournirent des Mémoires. M. Restaut en eut la direction. Les mêmes libraires en donnèrent une nouvelle en 1752, en 7 vol. in-fol., sous la direction de M. Berthelin, qui a trouvé de grands secours dans les Mémoires abondans du feu P. Souciet, de M. du Masbaret, curé de St.-Michel de la ville de St.-Léonard, de feu M. Valdruche, et de feu M. l'abbé Leclerc. Il parut, en 1762, à Avignon, un Abrégé de cette édition, en 2 vol. in-4°, et un meilleur, à Paris, l'année suivante, 3 vol. in-4°, par M. Berthelin, où sont généralement tous les termes du Dictionnaire. On prépara, depuis 1761, une nouvelle édition, dont M. du Masbaret a fourni la plus grande partie des matériaux, en 3 vol. in-4°, d'environ mille pages chacun, où il marque les retranchemens, les corrections et les additions qu'il y a faites, et la disposition qu'il faut y introduire; sans doute qu'il y aura bien d'autres Mémoires. Ce Dictionnaire est le plus riche trésor de notre langue; Il ne lui faut qu'une main intelligente, qui ait la liberté de faire les retranchemens convenables, et de mieux ordonner la plupart des articles; il a été confié à la direction de M. l'abbé Brillant; son édition a paru, en 1771, en 8 vol. in-fol.

Sans tenir en aucune façon à Furetière, j'ai toujours plaint son sort. L'académie le maltraita à l'excès, à propos de rien, et par pure jalousie; mais l'ingratitude des Trévolistes me choque encore davantage, et comme si le public y avait donné les mains, y avait applaudi, dès 1704, date de la première édition du Furetière, faite à Trévoux, ce Dictionnaire a cessé d'être nommé le *Dictionnaire de Furetière;* depuis cette époque, il ne fut appelé que le *Dictionnaire de Trévoux*, le *Trévoux* même tout court, dénomination plus en vogue que jamais, et qui ne périra pas. La destinée de Moréri a été plus favorable, tant la réputation a ses caprices! Son *Dictionnaire historique*, d'un vol. d'abord, puis de deux, est parvenu jusqu'à dix bien fournis, et ira encore bien plus loin; par combien de mains n'a-t-il pas passé? combien d'éditeurs n'a-t-il pas eus? combien n'en aura-t-il pas dans la suite des temps? Ce que Moréri a fait, est noyé; à peine en reste-t-il quelque trace; n'importe, c'est toujours le *Dictionnaire de Moréri*, le *Moréri* même, *simpliciter et sine addito.*

On imprima en 1696 *Furetериana*, ou *les bons mots et les remarques d'histoire*, *de morale*, *de critique*, *de plaisanterie et d'érudition* de M. Furetière. C'est un vol. in-12, dont j'ignore l'auteur.

N. B. On sait aujourd'hui, que Guy-Marais a été l'éditeur de ce volume.

M. du Masbaret et la *Biographie universelle* ne parlent pas d'un volume qui a pour titre:

Essais de lettres familières sur toute sorte de sujets, *avec un discours sur l'art épistolaire*, *et quelques remarques nouvelles sur la langue française*; ouvrage posthume de M. l'abbé *** (Cassagne, mise en ordre par l'abbé de Furetière) de l'académie française. Paris, Jacques Lefebvre, 1690, in-12.

Ce volume a été généralement attribué à Furetière, probablement parce qu'il renferme plusieurs lettres contenant l'initiale de son nom; mais l'excellent philologue, M. L. T. Hérissant, en l'examinant attentivement, s'est convaincu que l'abbé Cassagne était le véritable auteur de l'ouvrage; en effet, l'abbé Cassagne se décèle lui-même, p. 25, dans une lettre où il parle de son *Traité de morale sur la valeur*, et de son *Poëme sur la pacification générale.* J'ajouterai à cela que le soin pris par Furetière de mettre l'initiale de son nom à plusieurs lettres et à l'élégie qui termine ce volume, indique suffisamment qu'il n'en est que l'éditeur. Je dirai encore que les lettres marquées de la lettre F, valent mieux que les autres, et enfin que La Monnaye, dans son édition du *Ménagiana*, t. 2, p. 234, renvoie à une lettre de Furetière, dans le recueil de celles qu'on a *imprimées sous son nom.* La Monnaye ne paraît pas convaincu que ces lettres soient réellement de Furetière.

Les remarques sur la langue française, ajoutées aux lettres, sont en général pleines de justesse; et il est étonnant que l'abbé Goujet ne les ait pas citées dans sa *Bibliothèque française*.

On trouve dans ce volume trois lettres très-ingénieuses de mademoiselle Descartes. Elles n'ont pas été connues des gens de lettres qui ont publié, chez le libraire Léopold Collin, le Recueil des lettres des femmes françaises.

L'abbé Cassagne était mort dès 1679; Furetière mourut en 1688: le livre est donc posthume sous tous les rapports; aussi n'est-il précédé d'aucune préface.

L'auteur des *Essais de lettres* dit à la p. 30, que quand on écrit au roi, c'est une incivilité de mettre *serviteur*, à moins qu'on ne soit chancelier ou maréchal de France. Cela prouve évidemment que le livre n'est pas de Furetière, puisque cet académicien termina deux épîtres dédicatoires au Roi, 1° en 1672, en tête de sa Paraphrase en vers des paraboles de l'Evangile; 2° en 1684, à la tête de son Essai d'un Dictionnaire universel, par ces mots: de Votre Majesté, le très-humble, très-obéissant et très-fidèle *serviteur* et sujet.

M. du Masbaret a publié, sous le voile de l'anonyme, une *Lettre à M. le Rédacteur de la nouvelle édition du Dictionnaire, dit de Trévoux*. Amsterdam et Paris, Clousier, 1777, in-8° de 36 pages. Cette lettre, très-curieuse et très-rare aujourd'hui, contient le précis des trois volumes in-4° de remarques qu'il avait envoyés à Paris, pour l'amélioration de ce fameux Dictionnaire.

J'ignore ce que sont devenus ces trois volumes de remarques.

FURGAULT (NICOLAS), savant professeur de l'université de Paris. Le rédacteur de l'*Annuaire* du département de la Haute-Marne (Langres) pour 1811, le fait naître le 20 octobre 1705, et mourir le 23 décembre 1794. On trouve dans la *Biographie universelle*, d'autres époques de la naissance et de la mort de ce savant. Celles de l'*Annuaire* me paraissent les plus sûres.

G.

GAGNIER (JEAN), célèbre orientaliste. La première page de l'article de ce savant, dans la *Biographie universelle*, renferme plusieurs inexactitudes. Les détails que je vais donner, sont tirés de l'ouvrage que Gagnier publia à La Haye, en 1706.

Jean Gagnier naquit à Paris, d'un père qui mourut à la suite d'un ambassadeur en Danemarck. Sa mère, qui n'avait alors que vingt-quatre ans, prit la résolution de se faire religieuse dans le monastère royal des Filles de Ste.-Elisabeth; ses trois enfans, en bas âge, assistèrent à sa profession. Cet exemple fit sur eux une vive impression, et contribua sans doute à les faire entrer tous trois, par la suite, dans des congrégations religieuses; savoir: deux chez les Génovéfains, et le troisième chez les Prémontrés. L'aîné mourut deux ans après son entrée chez les Génovéfains. Jean Gagnier, dans le cours de ses études, tourna toute son application à la recherche des racines des langues saintes. Son supérieur se mit dans la tête, qu'avec cette disposition, il serait propre à déchiffrer de vieux titres, des anciennes bulles des papes, écrites en lettres gothiques, et il lui en donna la commission. Il fallut accepter cet emploi, en vertu de la sainte obéissance. Le même supérieur lui permit la lecture des livres défendus dont il possédait une ample provision. Une altercation étant survenue entre Gagnier et ce supérieur, celui-ci dénonça J. Gagnier à l'évêque de Beziers, sur le penchant qu'il avait à lire des ouvrages protestans, entr'autres, l'*Institution* de Calvin. Gagnier était alors curé d'une paroisse du diocèse de Beziers. Le prélat l'honorait de sa bienveillance ; il le fit venir chez lui, pour s'informer de la vérité : Gagnier témoigna son étonnement d'être dénoncé par un homme qui lisait non-seulement les ouvrages des Calvinistes, mais aussi ceux des Sociniens. Quelque temps après, Gagnier revint à Paris; on l'envoya de-là, pour gouverner la maison de S.-Crespin de Soissons ; ensuite il alla successivement à Epernay et à Landève, diocèse de Reims. Ce fut dans ce dernier séjour qu'il s'appliqua fortement à l'étude des ouvrages qui contenaient les principales controverses des deux partis. De Landève on le fit aller à Provins, où était la belle bibliothèque du président d'Aligre ; bientôt il se détermina à renoncer à sa patrie, pour suivre les mouvemens de sa conscience. Un jour donc qu'il était parti pour aller à Reims, il se rendit à Liége, et de-là à Maestricht, suivant la route de Hollande ; il profita d'un convoi qui partait pour l'Angleterre, et arriva à Londres le jour même qu'on y célébrait l'anniversaire de la naissance du roi Guillaume ; il y fut très-bien accueilli : le docteur Allix le présenta à l'évêque de Worcester, alors grand aumônier d'Angleterre. Cet illustre prélat admit Gagnier dans sa famille, et au nombre des commensaux de sa maison; il le fit recevoir ministre, par lettres-patentes, maître-ès-arts en la célèbre université de Cambridge, avec la nomination pour remplir une chaire de professeur ès-langues orientales dans l'université d'Oxford. Une des premières occupations de J. Gagnier, à Londres, fut la composition d'un ouvrage, pour rendre compte des motifs qui lui avaient fait abandonner la religion romaine. Cet ouvrage a été imprimé et publié à La Haye, sous ce titre : *L'Eglise romaine convaincue de dépravation, d'idolâtrie et d'anti-christianisme*, en forme de lettre, par J. Gagnier, ci-devant prêtre, chanoine régulier de l'abbaye royale de Sainte-Geneviève-du-Mont, de Paris, à présent de l'Eglise anglicane, et maître-ès-arts en l'université de Cambridge, au sieur Germain Gagnier son frère, aussi chanoine régulier de Saint-Yvet de Braine-les-Soissons, de l'ordre dit de Prémontré. La Haye, chez Jean Kitto, 1706, in-12 de 256 pag. Gagnier se maria à Londres.

Les *Instructions pour les Nicodémites*, Amsterdam, 1700, pet. in-12, que lui donne la *Biographie universelle*, sont de Jean Graverol, ministre protestant. La véritable date de cet ouvrage est de 1687 ; on y mit un nouveau frontispice en 1700.

GALEN (CHRISTOPHE-BERNARD VAN), prince-évêque de Munster. « Sa vie, dit la *Biographie universelle*, écrite par un anonyme, a été traduite et revue par le Lorrain, plus connu sous le nom d'abbé de Vallemont, Rouen, 1679, in-16. » Il n'y a pas assez d'exactitude dans ces expressions. La Vie de Van Galen, traduite en français, par M. G..., parut à Leide et à Cologne, en 1679. La même année, le Lorrain en donna, à Rouen, une édition revue et corrigée. On doit une histoire du même évêque, en latin, à Jean d'Alpen, chanoine de Cologne et de Munster, Goesfeldt, 1694, 2 vol. in-12. Elle est plus exacte que la précédente; mais le nouveau biographe passe sous silence des actions qu'on ne peut justifier que par le malheureux droit de la guerre.

GALIANI (FERDINAND). L'article de M. G..., sur cet auteur, dans la *Biogr. univ.*, ne laisse rien à désirer. J'ajouterai seulement, ici, que, depuis l'impression du t. 16e de la *Biogr.*, la Correspondance de Galiani avec Mme. d'Epinay, dont M. G... possédait les originaux, a été imprimée, sur ces mêmes originaux, à Paris, chez Treuttel et Würtz, 1818, 2 vol. in-8°. J'ai ajouté quelques notes à cette édition.

GALIFET, ou GALIFECT, ou enfin GALLIFET (JOSEPH DE), jésuite, dont la célébrité s'accroît de jour en jour, par les progrès que fait la *Dévotion au sacré cœur de Jésus*, dont il a été, pour ainsi dire, le fondateur. Il a traduit lui-même, en français, l'ouvrage latin qu'il avait publié à Rome, en 1726, sur cette dévotion. La traduction est intitulée : *Excellence de la dévotion au cœur adorable de Jésus-Christ.* Nancy, veuve Balthazar, 1745, in-4°. Feller a oublié de la mentionner; du reste, son article contient les réflexions les plus judicieuses sur la fameuse dévotion. Il y prémunit les personnes véritablement pieuses, contre la *dévotion au cœur de la Sainte Vierge*, que voulait aussi établir le P. Galifet. Cette dévotion a trouvé, dans ces derniers temps, nombre de partisans. La *Biographie universelle* n'a point donné d'article au P. Galifet.

GALILÉE GALILEI, l'une des plus célèbres victimes du tribunal de l'inquisition. Cette époque de la vie de Galilée est présentée, sous ses véritables traits, dans la *Biographie universelle*; on y couvre de ridicule ses juges, qui l'ont forcé d'abjurer son opinion sur le mouvement de la terre; mais on convient que le tribunal redoutable, auquel il fut soumis, n'exerça pas envers lui ses dernières rigueurs. Galilée ne fut pas jeté dans les cachots du saint-office; on lui laissa son domestique; il ne fut pas même mis au secret. Il eut pour prison le palais de l'archevêque de Sienne, Piccolomini, son ami et son élève : ce palais était magnifique et entouré de superbes jardins. Il m'a été facile de me convaincre de la justesse de ces récits, ayant eu, plusieurs années, à ma disposition, les pièces originales du procès de Galilée, formant 1 vol. in-4° assez épais; j'ai lu ces pièces avec attention; je les ai fait lire à plusieurs de mes amis, et nous sommes demeurés convaincus qu'il n'y avait rien dans ce fameux procès, qui ne fût déjà connu; c'est ce qui m'a empêché d'en faire continuer une traduction française dont je possède le commencement. A l'appui de ce que j'avance ici, je rappellerai la discussion qui s'est élevée, en 1785, dans les journaux français, au sujet de Galilée. M. Mallet du Pan inséra, dans le *Mercure de France*, un assez long article intitulé : *Mensonges imprimés au sujet de la persécution de Galilée :* il y soutenait qu'il fallait excuser le tribunal de l'inquisition, et que Galilée fut lui-même la cause de ses malheurs. L'illustre victime trouva un apologiste dans M. Ferri, de Rome, qui depuis s'est fait connaître si avantageusement par plusieurs ouvrages utiles. Cette apologie, insérée aussi dans le *Mercure*, est tirée principalement de la vie la plus étendue qu'on ait de Galilée, par Louis Brenna, et insérée par l'abbé Fabroni, en 1778, dans le premier volume des *Vitæ Italorum*. L'article de M. Ferri m'a convaincu que le procès original de Galilée, avait été bien connu de tous les Italiens qui avaient pris sa défense. On trouve les articles de MM. Mallet du Pan et Ferri, dans l'*Esprit des journaux*, février et mars 1785. Feller prend parti pour Mallet du Pan, contre M. Ferri. Cela n'est pas surprenant.

En lisant l'article *Galilée* de la *Biographie universelle*, j'ai remarqué que l'auteur ne s'était pas exprimé avec son exactitude ordinaire, relativement à un important ouvrage de Galilée. Suivant lui, ce fut un Français, le P. Mersenne, qui publia, le premier, la *Mécanique* de Galilée : la vérité est, qu'on doit au P. Mersenne, les *Mécaniques de Galilée*, trad. du latin, Paris, 1634, in-8°.

GALIMARD (le P.), jésuite, Voy. les mots Foix et Gisbert.

GALLARD (Germain), docteur de Sorbonne et grand-vicaire de Senlis. Il est vrai que cet abbé fut chargé par le clergé de France, de recueillir les différens ouvrages de l'immortel archevêque de Cambray, et qu'à cet effet on lui confia les manuscrits de l'auteur de *Télémaque ;* mais cet abbé se contenta de rassembler des matériaux : on fut obligé de lui adjoindre le père Querbeuf, ex-jésuite, qui, suivant la *Biographie universelle*, acheva l'édition en 9 vol. in-4°, et composa la *Vie* de l'archevêque. L'édition dont il est question, n'est point achevée; elle a été seulement continuée jusqu'au 9e v. inclusivement: le premier renferme la *Vie de Fénélon*, composée par le P. Querbeuf. Il faut plus d'étude qu'on ne le croit communément, pour parler avec exactitude de la langue de la bibliographie. M. P...t, auteur de l'article *Gallard*, s'était déjà essayé sur cet abbé, dans son *Journal* et dans le 4e vol. de ses *Mémoires ecclésiastiques*. Je retrouve encore son style et sa manière dans l'article *Gallard*, de la continuation de Feller, et je n'y remarque plus les fautes qui défigurent celui de la *Biographie*. Il ne faut donc pas désespérer de M. P....t; quand un article a été refait par lui trois ou quatre fois, il offre assez de liaison et d'exactitude dans les faits.

* GALLET (Jacques), natif de Lamballe dans le diocèse de Saint-Brieux (Côtes-du-Nord), fut long-temps supérieur du séminaire de Saint-Louis, à Paris. C'est dans cette maison qu'il commença à examiner les matières qui divisaient alors les auteurs bretons et normands, au sujet de la mouvance de Bretagne et du passage des Bretons dans l'Armorique ; pourvu de la cure de Compans, au diocèse de Meaux, il y continua ses recherches. L'abbé de Vertot s'était égayé aux dépens des premiers rois bretons. L'abbé Gallet, écrivain moins élégant, mais plus profond, plus érudit, démontra l'existence de ces anciens rois, raconta leurs exploits, détermina la durée de leurs règnes, etc. Le travail de l'abbé Gallet n'a été imprimé qu'après sa mort arrivée en 1726. L'abbé Desfontaines en publia une partie en 1739 ; c'est ce qui forme les tomes V et VI de son *Histoire des ducs de Bretagne*. Mais, comme le manuscrit dont cet abbé avait eu communication, était fort défectueux, Dom Morice en donna une nouvelle édition beaucoup plus exacte, et revue sur le manuscrit original qui appartenait au cardinal de Rohan ; elle se trouve à la fin du premier volume de son *Histoire de Bretagne*. Le style de l'abbé Gallet était fort diffus ; D. Morice a été obligé d'élaguer plusieurs de ses preuves et de n'en présenter quelquefois que la substance. L'abbé de Vertot, ayant vu les Mémoires de l'abbé Gallet, avant qu'ils fussent imprimés, dit à l'auteur, qu'il aurait suivi son système, s'il avait lu ses écrits, avant que de mettre au jour ce qu'il avait lui-même composé sur ce sujet. C'est le *Journal de Trévoux*, du mois d'avril 1724, qui nous apprend cette anecdote, peu propre sans doute à accréditer le système de l'abbé de Vertot.

* GALLONDE (Philippe-Charles), chanoine régulier de la congrégation de France (ou de Sainte-Geneviève), né à la Fère, le 17 février 1710, fit profession le 25 août 1728 ; il écrivait parfaitement bien, et il peut passer pour le rival du célèbre Nic. Jarry, calligraphe distingué du XVIIe siècle,

On a du P. Gallonde :

I. L'*Imitation de Jésus-Christ*, de la traduction du P. Brignon, à l'usage de sa majesté catholique, Louise-Elisabeth d'Orléans, reine des Espagnes et des Indes, en 5 vol. petit in-12, avec mignatures et arabesques. Cet ouvrage a été commencé au mois de juillet 1739, et fini au mois de décemb. 1741 ; je l'ai vu dans le cabinet de l'infortuné maréchal Duroc.

Louise-Elisabeth d'Orléans, fille du régent, née en 1709, reine douairière d'Espagne, avait épousé, le 21 janvier 1722, Louis Ier, mort le 31 août 1724, à seize ans et demi ; elle revint en France, en 1725, avec sa sœur mademoiselle de Beaujolois qui devait épouser Don Carlos, et mourut à Paris, la 16 juin 1742, dans la 33e année de son âge ; son corps fut inhumé à Saint-Sulpice. Cette princesse était sœur de l'abbesse de Chelles, morte le 20 février 1743, âgée de quarante-cinq ans, et de Louis d'Orléans, qui prit un appartement à Sainte-Geneviève, en 1730, s'y fixa totalement en 1742, et y mourut, le 4 février 1752, âgé de quarante-neuf ans.

Le duc de Saint-Simon conduisit en Espagne Louise-Elisabeth d'Orléans. On remarqua en elle des traits d'opiniâtreté et de fantaisie; elle montra peu de considération pour les dames de la cour.

II. Le livre *de chant*, dont on se servait pour l'office, à Sainte-Geneviève, grand in-fol. écrit sur vélin.

III. *Matines et Laudes de Noël*, selon le Bréviaire romain, écrites en 1741, vol. in-12 relié en mar. rouge, doublé de tabis, vendu à Paris, salle Sylvestre, le 13 juin 1816.

Le P. Gallonde est mort au prieuré de Longjumeau, le 22 février 1787, âgé de 77 ans. Cette maison servait de retraite à six ou sept vieillards qui y menaient la vie la plus douce, la plus paisible et la plus édifiante.

* GAMELIN (JACQUES), né à Carcassonne (Aude), le 5 octobre 1739, reçu professeur à l'académie de Saint-Luc, de Rome, en 1769; agrégé à l'académie royale de peinture, sculpture et architecture de Toulouse, en 1774, et directeur de l'académie de Montpellier, en 1776. On a de lui un nouveau Recueil d'ostéologie et de myologie, dessiné d'après nature, pour l'utilité des sciences et des arts, imprimé et gravé à Toulouse en 1779, grand in-fol. Il est mort dans sa ville natale, le 12 octobre 1803. On voit plusieurs tableaux de cet artiste à Carcassonne, à Narbonne, Montpellier, Perpignan, Nîmes, etc. Il est estimé pour le dessin; ses compositions ont de la chaleur, mais il pèche par le coloris.

(*Statistique* du département de l'Aude, par M. le baron Trouvé. Paris, 1818, in-4°.)

GARCIAS LASSO DE LA VEGA, plus connu sous le nom de Garcilasso de la Vega. Ses *Commentaires royaux qui traitent de l'origine des Incas*, ont été traduits par Baudoin, la première partie en 1633, 2 volumes in-4°, sous le tit. de *Commentaire royal;* la seconde en 1650 et 1658, 2 vol. in-4°, sous le titre d'*Histoire des guerres civiles des Espagnols dans les Indes.* Des libraires d'Amsterdam firent retoucher le style des deux traductions, et les réimprimèrent en 1704 et en 1706, 4 vol. in-12. La première partie de cette réimpression est intitulée : *Histoire des Incas, rois du Pérou.* Elle reparut encore à Amsterdam, en 1715, 2 vol. in-8°. P. Richelet fit paraître, en 1670, la traduction de la *Relation de la Floride*, 2 vol. in-12. L'abbé Lenglet-Dufresnoy la fit réimprimer avec une préface en 1707, 2 vol. in-12.

En 1737, et non en 1757, comme le dit la *Biographie universelle*, le libraire d'Amsterdam, Jean-Frédéric Bernard, retoucha de nouveau la traduction de Baudoin (première partie), et la réimprima avec élégance, en deux volumes in-4°. Il y joignit la traduction de la Floride par Richelet. Le tout est enrichi de figures gravées par Bernard Picart.

D'Alibard a donné en 1744, à Paris, une nouvelle traduction de l'*Histoire des Incas*, mise dans un meilleur ordre, 2 vol. in-12.

Il y a joint des notes et des additions sur l'histoire naturelle. Refondu judicieusement et enrichi de remarques, cet ouvrage a acquis un nouveau mérite.

Garcias Lasso de la Vega a traduit de l'italien en espagnol les *Dialogues d'amour* de Léon Hébreux, *Madrid*, 1590, in-4°.

* GARCIN (LAURENT), né à Neufchâtel en Suisse, vers 1734, débuta dans la littérature par la publication d'un poëme d'environ 120 vers hexamètres, *Sur le pouvoir de l'éloquence.* Fréron l'a inséré avec une lettre que lui adressait l'auteur, dans l'*Année littéraire*, 1757, tom. IV, p. 63 et suiv. Il fit paraître en 1760 la *Ruillière, épître* à M. ***. ; *brochure in-12 de 32 pages.* Il recueillit ensuite et publia un volume intitulé : *Odes sacrées, ou les psaumes de David en vers français, traduction nouvelle, par divers auteurs. Amsterdam, E. van Harrevelt*, 1764, *in-8°*. Fréron loua beaucoup le discours préliminaire de ce volume. Grimm, dans sa *Correspondance littéraire* année 1786, 3e partie, tome 3, pag. 331, indique M. Garcin comme le véritable auteur du *Traité du mélodrame*, imprimé à Paris, chez Vallat-la-Chapelle, en 1772. 1 vol. in-8°. M. Garcin a traduit du latin du P. Porée, les discours sur les *romans* et sur le *choix des amis.* Ces deux traductions se trouvent dans le *Choix littéraire* de M. Vernes.

* GARDEAU (JULIEN), Angevin, chanoine régulier et curé de St.-Etienne-du-Mont à Paris, mort le 12 septembre 1694, âgé de 61 ans. Il eut part à la contestation qui s'éleva entre les curés de Paris et le chantre de la métropole, au sujet des écoles de charité. Gardeau passe pour l'auteur du deuxième des trois factums imprimés dans cette affaire (en 1678), où il prouve que ce sont les curés et non les chapitres, qui sont les vrais successeurs des soixante-douze disciples, et que les curés composaient l'ancien *presbiterium*. C'est par reconnaissance et par estime pour le Père Gardeau, que les marguilliers de Saint-Etienne firent faire la belle chaire à prêcher qui leur coûta, dit-on, 12,000 livres. A la mort de Gardeau, les chanoines de Ste.-Geneviève voulurent défendre sa cotte-morte contre les marguilliers de la paroisse, en faveur de qui le docteur Jean *Gerbais* écrivit trois lettres, auxquelles répondirent les génovéfains Chartonnet et Duvaux. La mort de Gerbais, en 1699, fit cesser la guerre littéraire sur ce sujet; mais huit ans après l'affaire se renouvela au parlement, qui jugea en faveur des fabriques contre les religieux, lesquels cependant ont joui depuis des cottes-mortes de leurs confrères curés.

(*Note manuscrite* de l'abbé de Saint-Léger sur la *Bibliothèque historique de la France.*)

*GARRIGUES DE FROMENT, abbé connu par quelques libelles contre l'Etat et contre des particuliers. Le ministère de France l'a tenu sept années dans les cachots. Depuis il a fait le métier d'espion dans quelques villes d'Allemagne, qu'il quittait successivement quand il se voyait reconnu.

On a de lui :

I. *Abrégé chronologique de*

l'histoire d'Angleterre, traduit de l'anglais de Salmon. Paris, 1751, 2 vol. in-8°.

II. *Sentimens d'un amateur sur l'exposition des tableaux du Louvre*. 1753, in-12.

III. *Journal militaire et politique*, 1758.

IV. *Eloge historique du Journal encyclopédique et de Pierre Rousseau, son imprimeur*. Paris (Liége), 1760, in-12.

Cette satire a valu à l'auteur le portrait ci-dessus qu'en trace le *Journal encyclopédique* du mois de février 1761, p. 140.

* GASTELLIER DE LA TOUR (Denis-François), généalogiste du dernier siècle, né à Montpellier le 30 mai 1709, mourut à Paris en 1781. C'était un homme des mœurs les plus douces, les plus candides, les plus respectables; sa probité était intacte et à toute épreuve. Dans le temps qu'il composait le *Nobiliaire* de la province de Languedoc, il refusa, plusieurs fois, des sommes assez considérables qu'on lui offrait, pour l'engager à y insérer des titres suspects; et, cependant, sa fortune était des plus médiocres : il ne vivait que du mince produit de sa plume. Vêtu simplement, et toujours en noir, ce qu'il appelait, avec sa naïveté qui devenait quelquefois plaisante, *porter la livrée du Parnasse;* conservant une tranquillité d'ame inaltérable; n'importunant jamais personne de ses plaintes ni de ses sollicitations, il était un de ces philosophes pratiques, qu'il n'est pas rare de trouver à Paris.

Sa philosophie l'abandonna, néanmoins, à l'âge de plus de soixante-dix ans; mais, à dire le vrai, le stoïcisme le plus rigide succomberait peut-être dans pareille circonstance. Logé à une des extrémités de la capitale, derrière le Luxembourg, il voit entrer un jour, dans sa chambre, un commissaire qui lui demande s'il ne se nomme pas *La Tour*: —Oui, Monsieur.—Eh bien, suivez-moi. Incertain de ce qu'il lui voulait, n'osant l'interroger, ou ne recevant que des réponses vagues, il monte avec lui dans une voiture qui l'attendait à la porte. Ils arrivent devant une maison près du quai des Orfèvres. Le commissaire fait ouvrir tous les appartemens : il lui fait remarquer la richesse des meubles, une quantité immense de très-beau linge, de l'argenterie pour une douzaine de mille liv., des porcelaines précieuses; il le conduit dans les caves où il y avait des vins évalués à 5 ou 6,000 livres. Vous voyez tont cela, lui ajoute-t-il; tout vous appartient, la maison même avec quinze mille livres de rente. Ceci n'est point un rêve : c'est un de vos parens éloignés, qui vient de mourir sans enfans, et qui vous laisse tout son bien, comme à son seul héritier. Le passage subit d'un état approchant de la misère, à celui de l'opulence, produisit une commotion violente dans le bonhomme La Tour : il se fit en lui une révolution terrible, qui lui causa la mort au bout de trois semaines ou un mois.

On doit à M. Gastellier de La Tour :

I. *Dictionnaire étymologique des termes d'architecture*, Paris, 1753, in-12.

II. *Armorial des principales maisons et familles du royaume*, en société avec M. Dubuisson, Paris, 1757, 2 vol. in-12.

III. *Généalogie de la maison de Châteauneuf de Randon*, Paris, 1760, in-4°. — *De la maison de Foy*, 1762, in-4°.

IV. *Description de la ville de Montpellier*, Paris, 1764, in-4°.

V. *Armorial des Etats de Languedoc*, Paris, 1767, in-4°.

VI. *Généalogie de la maison de Varagne de Gardone*, Paris, 1769, in-4°. — *De la maison de Pressac-Desclignac*, Paris, 1770, in-4°.

VII. *Dictionnaire héraldique*, contenant tout ce qui a rapport à la science du blason, Paris, 1774, in-8°.

Il a laissé en manuscrit une *Description géographique et historique du Languedoc*, qui devait avoir plusieurs volumes in-fol.

M. Chaudon, dans le très-court article qu'il donne à M. Gastellier de La Tour, a le malheur de présenter, comme imprimé en 3 vol. in-4°, le grand ouvrage sur le Languedoc.

† GAUDIN (Jean), né en 1617, dans le Poitou, entra dans l'ordre des jésuites en 1633. Il fut, pendant long-temps, préfet des études à Limoges; il passa, vers 1678, à Tulle, et de-là il vint à Paris, où il mourut vers 1689. Ses ouvrages lui ont acquis la réputation d'un profond grammairien. Dès l'année 1661, il fit imprimer à Limoges trois livres d'épigrammes en vers latins, 1 vol. in-12. On a encore de lui:

I. *Nouveau Dictionnaire français-latin*, Limoges, 1664, in-4°, Paris, frères Barbou, 1724, in-4°.

II. La *Grammaire de Despautère, abrégée*, 8e édition, Limoges, 1704, in-12. — Autre édition revue, Paris, Barbou, 1722, in-12. — 10e édition entièrement refondue, Bordeaux, ve Calamy, 1767, in-8°, sous le titre de *Rudimens*. Il en existe encore une édition sous ce dernier titre, Poitiers, 1781, in-12.

III. *Trésor des deux langues, française et latine*, Tulle et Paris, 1678, in-4°. Les définitions de l'auteur sont courtes et assez justes; il fait assez souvent des remarques critiques sur quelques fautes des grammairiens et des autres Dictionnaires. On a publié un *nouveau Dictionnaire*, ou *Abrégé du Trésor des deux langues française et latine*, par le P. Gaudin, Paris, Barbou, 1712, in-8°.

IV. *Thesaurus trium linguarum latinæ, gallicæ, græcæ*, Tulle et Paris, 1680, in-4°; Limoges, 1706, in-4°.

Le P. Gaudin a aidé pendant quatre ans, son confrère le P. Tachard, dans la rédaction du *Dictionnaire nouveau, français-latin*, publié par ce dernier, en 1689.

La *Biographie universelle*, induite en erreur par quelques catalogues, lui attribue l'*Apparatus græco-latinus*, qui parut pour la première fois à Paris, en 1664, in-4°, et pour la seconde, en 1681.

Le P. Gaudin était à Limoges, en 1664: comment eût-il pu faire imprimer en même temps un ouvrage à Paris? Quant à l'édition de 1681, elle est attribuée au P. Jouvancy, dans un bon article sur ce jésuite, qui se trouve dans le Moréri de 1759, et qui est du P. Oudin, son confrère.

L'abbé Danet déclare, dans son Avertissement pour la seconde édition de son *Dictionnaire français-latin*, que le P. Gaudin lui a envoyé des remarques très-belles et très-judicieuses, qui lui ont été très-utiles.

(Sotvel. *Bibl. script. Soc. Jesu; Journal des Savans*, *Catal. de la Bibliothèque du Roi*; Baillet, *Jugemens des Savans.*)

* GAUDIN (D. ALEXIS), chartreux, s'est attaché à la métaphysique. Ayant publié à Paris, en 1703, in-12, un ouvrage anonyme, intitulé la *Distinction et la nature du bien et du mal*, traité où l'on combat l'erreur des Manichéens, les sentimens de Montagne et de Charron, et ceux de M. Bayle; et le *Livre de S. Augustin, de la nature du bien contre les Manichéens*, trad. en franç., sur l'éd. des Bénéd. avec des notes, Bayle répondit par un Mémoire qui est inséré dans l'histoire des ouvrages des Savans, août, 1704, pag. 369, et que l'on trouve aussi dans ses *OEuvres diverses*, t. IV, p. 179. L'illustre philosophe prouve très-bien dans ce Mémoire, que le solitaire n'a pas entendu l'état de la question.

L'abbé Tricaud a publié, en 1708, un *Abrégé de l'Histoire des Savans*, pour lequel D. Gaudin avait obtenu un privilége daté de Versailles, le 7 août 1707; ce qui ferait croire que notre solitaire est mort vers la fin de l'année 1707. D. Gaudin est encore auteur d'un petit *Traité sur l'éternité du bonheur et du malheur après la mort, et la nécessité de la religion.* C'est la première pièce du 1er tome des *Pièces fugitives d'histoire et de littérature* de l'abbé Archimbauld, qui en avertit à la pag. 95 du 3e tome, et qui fait observer que ce Traité est tiré d'un ouvrage important, intitulé les *Caractères de la vraie et de la fausse religion*, que l'auteur voulait donner, ce qu'il n'a pas fait.

GAUDIN (JEAN, ou plutôt JACQUES), ancien vicaire général de Nebbio en Corse, député du département de la Vendée à l'Assemblée législative, en 1792, depuis correspondant de l'institut, membre de l'académie de la Rochelle, juge et bibliothécaire de la même ville, où il mourut le 30 novembre 1810, âgé d'environ soixante-dix ans. Tout porte à croire qu'il était né à Luçon, ville du département qui lui donna sa confiance, et non en Corse, comme le prétendent les continuateurs de Feller. M. Gaudin nous apprend lui-même, dans ses *Avis à son fils*, Paris, 1805, in-12, qu'il a passé seulement huit ans en Corse. La plus grande partie de sa vie fut consacrée à l'enseignement, dans la célèbre congrégation de l'Oratoire. Les ouvrages de M. Gaudin prouvent qu'il avait des connaissances aussi étendues que solides; les places qu'il a occupées indiquent suffisamment qu'il avait un caractère honorable; on doit donc être plus qu'étonné de le voir présenté, par les continuateurs de Feller, comme un homme *livré à toutes sortes de vices.* C'est avec aussi peu de fondement, qu'ils avancent que cet auteur a été récompensé de la publication de son ouvrage sur les *Inconvéniens du célibat des prêtres*, par différens emplois distingués et *lucratifs*. Pendant beaucoup d'années, M. Gaudin n'eut que sa place de bibliothécaire, dont le traitement, modique en lui-même, était mal payé ; il avait été obligé d'ouvrir une école, pour se mettre au-dessus des besoins les plus pressans de la vie. Voici, d'ailleurs, comment il a peint sa position pendant une partie de la révolution.

« Je n'étais pas né tout-à-fait sans talens ; si je les eusse tous réunis sur un seul point, au lieu de me livrer à mille genres d'études, je serais certainement parvenu à me créer un état fixe et indépendant ; peut-être aurais-je pu atteindre à des postes élevés, surtout, lorsque placé dans la législature, toutes les portes pouvaient s'ouvrir devant moi : je n'en ai point profité, peut-être par crainte et faute d'énergie, mais plus sûrement encore par délicatesse et par honnêteté, en voyant que ces places, devenues la proie de quiconque osait s'en emparer, et pour lesquelles on ne demandait ni talens ni vertus, n'étaient plus alors que le prix de l'impudence et de l'immoralité ; que l'on ne s'y maintenait que par les mêmes crimes qui y avaient conduit : j'appelle se maintenir, la faculté d'exercer quelques mois un horrible pouvoir immanquablement suivi d'une catastrophe ; car, dans cette licence générale, la terreur pesait également sur tous, et les bourreaux ne tardaient pas à périr eux-mêmes, entassés sur leurs nombreuses victimes.

» Je l'avoue, je ne voyais ces maux qu'avec horreur ; je redoutais plus encore que l'on me forçât d'en être le complice. J'abandonnai tout, et tâchai d'échapper aux dangers, en me couvrant de la plus profonde obscurité ; je renonçai à toutes mes correspondances, et, quoique prêt à consumer mes dernières ressources, je ne fis aucun pas vers un avancement, parce qu'il ne me paraissait pas possible d'acheter alors quelque aisance que par des remords ; j'aimai mieux combattre, à force de courage et de privations, la profonde misère sous laquelle j'étais à chaque instant près de succomber. » (*Avis à mon fils*, pag. 30-32.)

Ces réflexions sont-elles d'un homme livré à *toute sorte de vices?* Quant à son ouvrage sur le *célibat*, imprimé à Lyon, en 1781, sous la rubrique de *Genève*, les continuateurs de Feller ignorent que le P. Du Verdier, assistant du général de l'Oratoire et évêque de Mariana, y a eu une grande part. En 1790, le comte de Mirabeau détermina le libraire Lejay à en donner une nouvelle édition. Ce fut alors que le canoniste Maultrot en publia une réfutation sous ce titre : *La Discipline de l'Eglise sur le mariage des prêtres*, 1 vol. in-8°.

Pendant la législature, l'abbé Gaudin ne se fit connaître que par un rapport sur les congrégations séculières dont il proposa la suppression ; in-8° de 18 p.

Les continnuateurs de Feller ont voulu augmenter l'article donné à l'abbé Gaudin, par la *Biographie universelle*, mais ils ont substitué aux faits qu'il leur était facile de connaître, les raisonnemens les plus ineptes et les injures les plus grossières. Est-ce là servir la religion ?

Les auteurs de la Table du *Moniteur* ont confondu notre auteur avec son parent et son collègue du même nom qui est devenu député à la Convention nationale.

* GAUDIO (Vincent), né à Bari, ville de la Pouille, se livra de bonne heure à l'étude de la jurisprudence; il se fit recevoir docteur en droit, et obtint une place de professeur dans l'académie royale de Naples. Son caractère hardi et novateur la lui fit perdre vers 1756. A cette époque, il enseignait la langue italienne à Gottingue, qu'il quitta bientôt pour se rendre à Giessen, d'où il alla à Berlin. Après quelques années de séjour en cette ville, il se retira à Amsterdam, où il acquit le droit de bourgeoisie en 1766. Ce professeur, ayant abandonné la religion catholique, pour embrasser la protestante, se livra à de profondes recherches sur les religions en général, et en particulier sur les sectes qui ont divisé la religion chrétienne. Il avait préparé une *Histoire critique des sectes du christianisme*, un *Discours sur l'impiété des fraudes pieuses*, une *nouvelle Méthode pour interpréter la parole de Dieu*, et plusieurs autres ouvrages du même genre. Une ébauche de sa *nouvelle Méthode* parut, en 1765, sous le nom de *Théophilandre*. La persécution que J.-J. Rousseau éprouva à Motiers-Travers, de la part du ministre protestant Montmollin, excita le zèle du professeur Gaudio, qui profita de l'occasion, pour faire insérer dans le *Journal des Savans*, imprimé en Hollande, des réflexions très-vives contre les prêtres en général, et en particulier contre le pasteur de Motiers-Travers. Ces réflexions furent dénoncées au magistrat, et le libraire Rey eut défense de vendre le *Journal* d'avril 1766, qui les contenait. L'auteur fit paraître sa justification dans le mois de mai suivant.

Vers le même temps, M. Gaudio avait terminé la traduction de l'ouvrage du mathématicien Lambert, intitulé : *Nouvel organe, ou Pensées sur la manière de trouver la vérité et de la distinguer de l'erreur et de l'apparence*. Il avait joint à cette traduction des remarques aussi considérables que le texte, et particulièrement des plaintes amères contre les théologiens de toutes les révélations et sectes du monde. Rien de tout cela n'a vu le jour, à l'exception, peut-être, des *Remarques sur les théologiens*, qui, probablement, ne sont autre chose que les *Réflexions sur la prêtrise*, dont je viens de parler.

On a différens ouvrages de M. Gaudio :

I. *Disputatio prima juris romani de hæreditatibus quæ ab intestato deferuntur*. Gottingue, 1756, in-4°.

II. *Disputatio de testamenti factionis in jure naturæ firmitate*. Gottingue, 1756, in-4°.

III. *Scelta di varii pezzi de piu classici autori, per la lingua e litteratura italiana*, Gottingue, 1757, in-8°. L'auteur a publié aussi de *Nouveaux Elémens de la Grammaire italienne*.

IV. *Nouvelle Découverte dans l'Histoire littéraire, sur Polybe*, Berlin, 1758, in-12. Il y soutient que Polybe n'écrivit son Histoire qu'à l'âge de soixante-un ans.

V. *Dissertatio ad Horatium Flaccum, in quâ vexatissimi loci ex arte poeticâ*, v. 128-130. *Nova traditur interpretatio et jura illustrantur. Laubaci*, 1760, in-8°. Cette Dissertation est remplie d'invectives contre plusieurs professeurs de Gottingue.

On doit encore à M. Gaudio, une pièce intitulée : *Dissertatio de Græcorum et Latinorum præstantiâ ejusque caussis*. Saxius avait entendu dire que Gaudio fut mis en prison, et qu'il devint fou. On ignore l'époque de sa mort. (*Journal des Savans*, édition de Hollande; *Onomasticon* de Saxius; *Dictionnaire* d'Adelung.)

GAULLYER (Denys), savant humaniste. La *Biographie universelle* cite ses *Règles pour la langue latine et française*. Paris, 1716 à 1719, 5 parties in-12, et elle ajoute : « L'abbé Goujet prétend que ces règles tiennent au système de Gaspard de Tende, également connu sous le masque de l'Etang. » Ce jugement de l'abbé Goujet n'est applicable qu'à la cinquième partie de l'ouvrage, intitulée: *Règles pour traduire le latin en français*.

Il y a d'autres négligences dans le même article: le *Recueil des fables d'Esope, Phèdre et Lafontaine*, a été réimprimé en 1728, avec des augmentations utiles; plusieurs ouvrages sont indiqués sans date; les *Selecta carmina orationesque*, etc., forment 2 vol.

GAULMIN (Gilbert), critique du XVIIe siècle, qui savait beaucoup de langues, mais qui a laissé peu d'ouvrages. L'abbé de Saint-Léger avait rassemblé d'assez nombreux matériaux, pour composer une notice sur sa vie. Je crois qu'ils ont été connus de MM. les rédacteurs de la *Biographie universelle;* aussi leur article Gaulmin est-il bien supérieur à ceux des dictionnaires précédens, sur le même auteur. Je me permettrai seulement deux légères observations :

1°. Les *remarques* ou *notes* de Gaulmin sur le *Faux Callisthène*, ne sont citées que par Baillet, et il ne donne aucun renseignement sur la date de leur impression. Le Faux Callisthène est sans doute l'auteur d'un roman de *la Vie d'Alexandre*, et il est probable que les notes de Gaulmin sont inédites.

2°. La tragédie d'Iphigénie composée par Gaulmin, était écrite en grec; l'auteur en cite six vers, à la pag. 14 de ses notes sur le roman d'Eustathe ou d'Eumathe.

GAULTIER (Philippe), né à Lille en Flandre, dans le XIIe siècle, célèbre auteur d'un poëme héroïque en vers latins hexamètres, intitulé: *l'Alexandréide*. La *Biographie universelle* cite une ancienne édition de ce poëme, in-4°, sans indication de lieu ni d'année; elle se trouve au dépôt central des bibliothèques particulières du roi, galerie du Louvre. M. Dibdin, bibliothécaire de lord Spencer, à Londres, connu par d'importans ouvrages de bibliographie, l'a examinée, avec attention, dans son voyage à Paris en 1819. Il y a reconnu le chiffre et les caractères de Guillaume Le Talleur, associé de Richard Pynson, qui imprimait à Rouen en 1487. Malgré la rivalité des nations, les membres de la république des lettres, habitant diverses contrées, sont unis par les liens d'une douce fraternité. C'est ce qui me fait consigner ici, avec une véritable satisfaction, le renseignement que je dois à mon savant confrère de Londres.

GAULTIER (François de), célèbre ministre protestant de Montpellier, que les troubles de l'Eglise de France, vers 1685, conduisirent à Berlin, où il remplit les mêmes fonctions, avec beaucoup de distinction, dès le commencement de l'année 1685. Il y eut pour collègue David Ancillon, beaucoup plus âgé que lui, et qu'il assista dans ses derniers momens. La réputation de M. Gaultier le fit nommer aussi ministre de la cour de son Altesse Electorale de Brandebourg. C'est ce que nous apprend le ministre La Brune, qui lui a dédié la seconde partie de son *Voyage en Suisse*, imprimé en 1686. Bayle analysa, dans sa *République des lettres*, quatre ouvrages anonymes de M. Gaultier, et il a fait connaître le nom de l'auteur, dans la seconde édition de son journal. Ces ouvrages sont :

I. *Réflexions générales sur le livre de M. de Meaux*, intitulé : *Exposition*, etc. Cologne de Brandebourg, 1685, in-8°.

II. *Réflexions sur la cruelle persécution que souffre l'Eglise réformée de France*, etc. 1685, in-12. 2ᵉ édition, augmentée, 1686, in-12.

III. *Actes de l'assemblée générale du clergé de France de 1685, concernant la religion*, avec des réflexions sur ces actes, par M. D. S. B. La Haye, Troyel, 1685, in-18.

IV. *Dialogues entre Photin et Irénée, sur le dessein de la réunion des religions*, etc. Mayence, chez Jean Le Blanc, 1685, 2 vol. in-18.

V. *Histoire apologétique ou défense des libertés des Eglises réformées de France*, etc. Amsterdam, H. Desbordes, 1688, 2 vol. in-12.

Ces différens ouvrages, le cinquième surtout, ont été utiles à Élie Benoist pour la composition de la dernière partie de son *Histoire de l'Edit de Nantes*.

VI. *Sermons*. Berlin, 1 vol. in-8°.

François de Gaultier mourut en 1703, chéri et vénéré du troupeau auquel il avait toujours rendu utile le crédit dont il jouissait à la cour de l'Electeur.

GAUTHIER ou GAUTIER (Joseph), chanoine régulier de la congrégation de Notre-Sauveur, professeur de mathématiques et d'histoire des cadets gentilshommes du roi de Pologne Stanislas, fut nommé aussi membre de l'académie de Nancy.

J.-J. Rousseau ayant condamné à l'immortalité cet académicien qui eut la hardiesse de se mesurer avec lui, il me semble que la *Biographie universelle* pouvait lui donner une petite place dans son vaste recueil. M. Gauthier remporta un prix à l'académie française, en 1745, pour un *Discours sur l'inutilité de la dispute*. L'auteur ne tira aucun fruit de cette victoire, puisque, dès l'année 1750, il inséra, dans le *Mercure de France*, une réfutation du discours de J.-J. Rousseau sur les sciences. On trouve cette réfutation dans plusieurs éditions des *œuvres* du philosophe de Genève. J.-J. Rousseau ne crut pas devoir répondre à cet adversaire; mais ses motifs, exposés dans une lettre très-piquante adressée à Grimm, engagèrent M. Gauthier à répliquer. Il ne put déterminer Rousseau à rompre le silence.

En 1752, M. Gauthier publia à Lunéville la *Réfutation du Celse moderne*, ou objections contre le christianisme, avec des réponses, etc., 1 vol. petit in-8°. L'autorité trouva apparemment les réponses moins fortes que les objections; car ce volume fut défendu à Nancy, ce qui n'empêcha pas de le remettre en circulation, quelques années après, sous la rubrique de Lunéville et Paris, Delalain, 1765. L'ouvrage réfuté par M. Gauthier, a été imprimé sous ce titre : *Examen critique du Nouveau Testament*, par M. Fréret. Londres, 1777, petit in-8°. On le retrouve dans plusieurs éditions des prétendues œuvres de Fréret.

M. Gauthier voulut aussi être poëte; il lut un jour à l'académie de Nancy une traduction en vers du 4ᵉ livre de l'Enéide; en l'entendant, on se rappela qu'il existait déjà un Virgile travesti. C'était pour un physicien trop sortir de sa sphère. Quand il y rentrait, M. Gauthier était admirable : calculs, méthodes, problèmes, journaux et traités savans, Mémoires des académies de Paris et de Londres, il citait et appliquait tout avec justesse; il était, pour tous ces objets, une bibliothèque vivante. La ville de Nancy le perdit vers 1776.

(*Histoire de Lorraine*, par l'abbé Bexon, *notes* pour la seconde édition de mon *Dictionnaire des anonymes*.)

GAUTIER (Réné), avocat général au grand conseil, infatigable traducteur de livres de piété, au commencement du XVIIᵉ siècle, depuis l'*Imitation* de Jésus-Christ jusqu'aux *Vies des saints* du jésuite espagnol Ribadencira (Voy. ci-dev. le mot *Duval* (André), Moréri fait bien connaître ce pieux écrivain. Il a pourtant oublié de mentionner sa traduction de l'Imitation, qui parut en 1605, et celle des *Traités spirituels* de Thomas à Kempis, 1623, in-12. L'Imitation de R. Gautier a eu peu de succès; celle du garde-des-sceaux Marillac, imprimée pour la première fois en 1621, la fit oublier; il est à remarquer cependant que plusieurs éditions in-8° de la traduction de Marillac portent sur le frontispice ces mots: traduits par M. R. GA. ou R. G. A., qui semblent indiquer Réné Gautier. C'est sans doute une ruse des libraires, occasionnée par la réputation dont jouissait ce traducteur, et par la modestie de Marillac, qui a toujours gardé l'anonyme. La *Biographie universelle* ne donne point d'article à Réné Gautier.

GAUTIER (François), prémontré. La *Biographie universelle* nous présente ce religieux comme étant né vers le milieu du XVIᵉ siècle; ensuite elle cite un ouvrage, qu'il a fait imprimer en 1705 dans le *Journal de Soleure*. Il devait être âgé alors de 150 ans. Une méprise du même genre termine cet article, puisqu'on fait mourir François Gautier en 1629. Cette fausse date se trouve, à la vérité, dans la *Bibliothèque Lorraine* de Calmet; mais une lecture attentive, de l'article du savant bénédictin, eût fait remarquer qu'il fallait lire 1729. Le P. Gautier est donc né vers le milieu du XVIIe siècle. Son article est exact dans Moréri.

GAVESTON (Pierre). C'est ainsi que ce mot est écrit dans la *Biographie universelle* et dans M. Chaudon ; mais Moréri, Prosper Marchand, les éditeurs de la *Bibliothèque historique de la France*, etc., écrivent GAVERSTON. On pouvait, à la fin de cet article, renvoyer à un libelle du fameux curé de St.-Benoît, Jean Boucher, lequel a pour titre : *Histoire tragique et mémorable de Pierre Gaverston, gentilhomme gascon, jadis mignon d'Edouard II, roi d'Angleterre*, tirée des chroniques de Thomas Walsingham, et tournée de latin en français, dédiée à monseigneur le duc d'Espernon. *Sans indication de lieu*, 1588, in-8°. C'est une vive satire contre le duc d'Espernon.

GAY (John), littérateur anglais. *La Biographie universelle* me reproche ici avec raison une erreur qui se trouve dans mon *Dictionnaire des ouvrages anonymes*. M. Brunet lui prouvera, dans la troisième édition de son excellent *manuel*, que dans ce même article elle a commis une faute bien plus grave que celle qui m'est reprochée.

GEDOYN (l'abbé), traducteur de Quintilien, etc. La *Biographie universelle* ne dit pas que, dès 1802, M. Adry publia une édition de cette traduction, en quatre vol. in-12, à Paris, chez Barbou. Elle renferme toutes les améliorations qui ont été reproduites dans l'édition de 1810, 6 vol. in-8°, accompagnée du texte latin.

GELLERT (Christian-Furchtegott), l'un des restaurateurs de la littérature allemande. La *Biographie universelle* dit que ses *Contes et Fables* ont été traduits dans presque toutes les langues, et plusieurs fois en français, entre autres *par Boullenger*, et *en vers, par Toussaint*.

Il fallait dire, *en vers*, par Boulanger de Rivery, Paris, 1755, in-12, et *en prose*, par Toussaint, Berlin, 1768, 2 vol. in-12. Un anonyme avait déjà publié une traduction en vers des *Fables et Contes*; à Strasbourg, 1750, petit in-8°. La traduction de Boulanger est plutôt une imitation qu'une traduction.

Ce fut en 1770, que M. Huber fit paraître sa traduction française des *Lettres choisies* de Gellert.

* GÉNARD (François), fils d'un marchand de vin de Paris, ruina son père qui le dégagea plusieurs fois du régiment des Gardes, où il était encore en 1752, âgé de 30 ans environ. Une affaire d'honneur l'avait fait enfermer au Petit-Châtelet, en 1750. En 1752, il fit imprimer à *Noyon*, sous la rubrique d'*Amsterdam*, un ouvrage intitulé : *Ecole de l'homme*, ou *parallèle des portraits du siècle et des tableaux de l'Ecriture sainte*. 3 vol. in-12. On remarqua dans cette production des impiétés couvertes de passages de l'Ecriture. On y distingua surtout les portraits de Louis XV, de la marquise de Pompadour, du prince Edouard, etc. La police saisit l'ouvrage et chercha l'auteur ; il fut arrêté et

conduit à la Bastille, le 10 mars 1752. Plusieurs personnes de condition s'intéressant à cet écrivain qui avait de l'esprit et faisait des vers, procurèrent probablement son élargissement, au bout de quelques mois. Génard profita de sa liberté pour voyager. Il alla d'abord en Flandre, ensuite à Liége, de-là à Amsterdam, où il fit imprimer un ouvrage contre Louis XV, intitulé : *La Comédie du temps* et *l'Ecole de la femme*, qui devait servir de pendant à l'*Ecole de l'homme*. Il publia aussi, en 1755, un recueil d'épigrammes contre la religion et les bonnes mœurs. On le vit à La Haye, sous le nom de Royer. Etant revenu à Paris en 1756, le lieutenant de police le fit conduire de nouveau à la Bastille. Tout porte à croire que cet individu a fini ses jours dans une maison de force.

GENET (Edme-Jacques). On lui attribue dans la *Biogr. univ.*, la traduction de l'*Histoire d'Eric IV, roi de Suède*, et les *Recherches sur l'ancien peuple finois*, deux ouvrages qui sont de son fils. La même erreur se trouve dans le *Dictionnaire* de MM. Chaudon et Delandine.

GENOVESI (Antoine). Les continuateurs du *Dictionnaire* de Feller, se sont contentés d'abréger l'excellent article que la *Biographie universelle* donne à cet auteur ; mais en l'abrégeant en très-mauvais style, ils ont dénaturé un fait très-important. L'Italie doit à Barthélemi Intieri, Florentin, la première chaire d'économie politique qui ait été fondée en ce pays ; il l'établit à ses frais, avec l'autorisation du Gouvernement, dans l'université de Naples, en y mettant ces trois conditions : que les leçons fussent données en italien ; que Genovesi fût le premier professeur qui la remplît, et qu'après la mort de ce savant, aucun prêtre ne pût lui succéder. Si l'on en croit les continuateurs de Feller, cette chaire d'économie politique aurait été fondée par l'abbé Genovesi lui-même.

GENTILLET (Innocent), jurisconsulte protestant assez célèbre. La *Biographie universelle* n'en parle pas ; mais M. Chaudon le fait suffisamment connaître : suivant lui, Gentillet prétend, dans son livre intitulé, le *Bureau du concile de Trente*, que ce concile est contraire aux anciens canons et à l'autorité du Roi. Il faut que cette opinion soit fondée, puisque le concile de Trente n'a point été reçu en France, relativement à la discipline ; Feller ajoute au jugement de Chaudon, que Gentillet prétend *ridiculement*, etc. Le même Feller dit faussement que Gentillet a publié un écrit sous le titre d'*Anti-Machiavel*, 1547, in-12. L'ouvrage dont il s'agit a pour titre : *Discours sur les moyens de bien gouverner et maintenir en bonne paix un royaume, ou autre principauté..... contre Nicolas Machiavel, Florentin*, sans indication de lieu, 1576, in-8°, seconde édition revue ; 1577, petit in-12. Il y a d'autres éditions de cet ouvrage ; le succès qu'il obtint, lui a fait donner, dans la conversation, le titre d'*Anti-Machiavel* ; mais aucune édition ne porte ce titre.

GENEVIÈVE de Brabant. C'est à tort que la *Biogr. univ.* donne à l'ex-jésuite Cerisiers, une tragédie intitulée : *Geneviève de Brabant.* La tragédie de ce titre parut anonyme en 1669. C'est dans une réimpression faite à Rouen, en 1711, suivant le duc de la Vallière, dans sa *Bibliothèque du Théâtre-Français*, tom. 3, pag. 82, qu'on lit sur le frontispice, par M. Cerisiers, conseiller et aumônier du Roi ; ce fécond écrivain était mort dès 1662, et c'est sans doute à cause de son ouvrage historique sur *Geneviève de Brabant*, que l'imprimeur de Rouen lui aura attribué la tragédie composée sur le même sujet.

GEOFFROY (Jean-Bapt.), natif de Charolles, célèbre professeur de rhétorique au collége de Louis-le-Grand, pendant vingt ans. M. Chaudon le dit né en 1706 ; M. l'abbé Courtepée fait remonter sa naissance à l'année 1704.

M. Chaudon dit que son premier ouvrage est une traduction du *Songe de Scipion*, de la *Lettre politique à Quintus*, et des *Paradoxes* de Cicéron, Paris, 1725, in-12 ; ce qui n'est guère probable, car M. Geoffroy n'eût été alors âgé que de dix-neuf ans, ou de vingt-un au plus. Comme l'abbé Courtepée n'attribue point ces traductions à M. Geoffroy, on peut croire qu'elles sont d'un autre écrivain du même nom. Sa *Harangue sur l'amour de la patrie*, a été traduite en français, par un de ses écoliers (M. de Puligneux, qui est devenu premier président à Montauban). Voy. la *Description histor. et topogr. du duché de Bourgogne*, par l'abbé Courtepée. Dijon, 1779, in-8°, tom. 4.

La *Biographie universelle* soupçonne aussi avec raison, que le P. Geoffroy, jésuite, n'est point le traducteur du *Songe de Scipion* ; et, en effet, de nouvelles recherches m'ont prouvé que ce traducteur était un abbé Geoffroy, sous-maître au collége Mazarin.

GERARD (Philippe-Louis), auteur du *Comte de Valmont.* Rien n'est moins authentique que les quatre vol. de Sermons publiés sous son nom, en 1816, par les libraires de Lyon.

GERBAIS (Jean), docteur de Sorbonne, dont on a un *Traité du pouvoir de l'Eglise et des princes, sur les empêchemens du mariage*, dans lequel il attribue aux deux puissances le pouvoir d'établir ces empêchemens. L'abbé de Feller, qui n'accorde aucun droit à la puissance civile, sur une matière qui l'intéresse aussi essentiellement, présente contre le droit incontestable des princes, la supposition la plus ridicule et la plus extravagante, qui soit jamais sortie de la tête d'un théologien ultramontain.

GERBIER (Pierre-Jean-Bapt.). Je n'ai pas remarqué, dans la curieuse notice que donne la *Biographie universelle*, des principales causes défendues par le célèbre avocat, l'énoncé de celle qui a donné lieu aux *Réflexions dans la cause des abbayes de Chezal-Benoist, sur la nature et l'origine du droit du Roi, de nommer aux prélatures de son royaume.* Paris, 1764, in-4° de

24 pag. Ces Réflexions, signées par Gerbier, sont d'un grand intérêt. Si nos publicistes et nos journalistes en eussent eu connaissance, peut-être ne se seraient-ils pas récriés, comme ils l'ont fait, contre le premier article de la loi présentée aux deux Chambres, le 22 novemb. 1817, par M. Lainé, alors ministre de l'intérieur; il est conçu en ces termes : « Conformément au concordat passé entre François Ier et Léon X, le Roi seul nomme, en vertu du droit inhérent à la couronne, aux archevêchés et évêchés, dans toute l'étendue du royaume. »

Cet article a été dicté par une profonde connaissance de l'*Histoire de France;* Le Vayer de Boutigny, l'abbé de Longuerue, l'abbé de Vertot, Du Boulay et autres auteurs, pénétrés des vrais principes du droit ecclésiastique français, en eussent approuvé la rédaction; il faut donc attribuer à l'affaiblissement des bonnes études, ou à des idées exagérées de la puissance ecclésiastique, les réclamations qui se sont élevées contre une maxime de droit public français : voici comment Gerbier la développe :

« Le Roi jouit, en vertu de sa couronne, du droit de nommer à toutes les prélatures de son royaume. Ce droit, inaliénable comme la couronne, imprescriptible comme elle, fait disparaître toute espèce de titre, toute sorte de possession; vingt Rois de France y auraient successivement renoncé, que le droit du prince qui leur succède, n'en serait pas moins intact, ainsi que tout ce qui constitue le domaine de la couronne.

» Cette vérité si certaine, si précieuse, a été cependant contredite par la congrégation de Saint-Maur; elle soutient que la nomination du Roi aux prélatures, n'est qu'*un privilége accordé par les papes, contre le droit commun et contre la discipline constante de l'Eglise.* Le concordat, suivant elle, est l'unique source de ce privilége, et elle rappelle à ce sujet, aux magistrats, la longue et courageuse résistance qu'ils opposèrent à ce traité fameux : enfin elle conclut qu'on ne peut pas appliquer à un pareil privilége les grands principes de l'imprescriptibilité, de l'incessibilité et de l'inaliénabilité du domaine.

» Il faut le dire, pour la justification de la congrégation de Saint-Maur : c'est pour la première fois qu'on la voit méconnaître les droits éminens de la couronne; cent fois les savans illustres, qui sont sortis de son sein, en ont été les défenseurs, et l'on en verra bientôt des preuves sur la question même que nous agitons. Mais il est facile de lui rappeler les principes que l'intérêt de cette cause lui fait oublier, et de prouver que ce droit, qu'elle rabaisse jusqu'à le traiter de *privilége émané de la concession du pape*, est un droit inné de la couronne, un des attributs essentiels de la souveraineté, un droit enfin, dont le souverain n'a jamais pu être dépouillé, et dans lequel il peut rentrer, quelque dérogation qui ait été surprise à la bonté des rois ses prédécesseurs.

. . . .

. . . .

» Ce droit était tellement établi, que l'ambition, qui souleva tant de fois l'Eglise romaine contre nos souverains, n'osa pas le méconnaître.

» Le pape Jean X écrit à Herman que, suivant une ancienne coutume qui n'a jamais cessé d'être en vigueur, il n'appartient qu'aux rois de conférer l'épiscopat à un clerc, parce que c'est dans ses mains que le sceptre a été placé par la Divinité. *Cùm prisca consuetudo vigeat qualiter nullus alicui clerico episcopatum conferre debeat, nisi Rex; cui divinitùs sceptra collata sunt.*

» Aussi, rien n'était plus fréquent que de voir les papes s'adresser au roi, pour lui demander de nommer à des évêchés des clercs qu'ils en croyaient dignes. On en trouve une foule de preuves dans le Recueil des *Capit.*, tom. 2, pag. 1141.

» Vasquès, l'un des plus célèbres sénateurs de l'Espagne, n'hésitait pas de dire qu'il « est hors » de tout doute que ce droit ap» partient aux souverains, en » vertu de leur royauté, et qu'il » est fondé sur le droit naturel. » Il en conclut que, ni l'usage, » ni la prescription, ni aucune » espèce de titre ne peut l'affai» blir, ni le diminuer dans les » mains du prince (1). »

» Mais, avec quelle énergie n'en a pas parlé le plus grand, le plus profond de nos jurisconsultes français!

« Les rois de France, dit Du» moulin (2), ont disposé de tout » temps des prélatures dans leur » royaume. Ce n'a point été l'effet » d'aucun privilége, comme Gra» tien entreprend de le prouver; » c'était le droit commun de la » France. Semblable au droit de » Régale, sorti de la même source, » il est de l'essence même de la » couronne, quoi qu'en aient pu » dire des canonistes ignorans. »

. . . .

. . . .

» Tant que l'Eglise n'a pas été un corps dans l'Etat, tant que ses ministres n'ont eu ni dignité, ni pouvoir extérieur; tant qu'ils n'ont vécu que des offrandes des fidèles, et qu'ils ont regardé le règne de la religion, comme un règne étranger à celui de ce monde, *regnum meum non est de hoc mundo*, l'élection a sans doute été la seule voie qui dût conduire au choix de ses pasteurs; et les souverains ont pu n'y exercer aucun droit.

» Mais aussi, dès l'instant que l'Eglise a acquis une existence civile, qu'elle est devenue le *premier* des ordres de l'Etat, et qu'admise à participer à la puissance publique, il lui a été donné d'exercer cette autorité sur les sujets du prince, les dignités de l'Eglise sont devenues de vraies magistratures, dont la disposition a dû nécessairement dépendre du souverain. Il n'y a en effet qu'un roi, qu'une loi, qu'une autorité: tout pouvoir émane de la puissance souveraine; toute dignité, qui s'exerce dans l'Etat, est une portion de la dignité royale; toute magistrature enfin, civile, politique, ecclésiastique, ne peut dériver que de cette magistrature suprême qui réside dans le souverain. *Ab eo tanquam à fonte promanant omnes dignitatum rivuli.*

» Les prélatures ont, à la vérité, des fonctions purement spi-

(1) Liv. 2, chap. 5. *Illustr. controv.*

(2) *Comm. sur l'Edit contre les petites dates*, gl. 15, n. 31, 32, 33 et suiv.

rituelles ; ces fonctions sont indépendantes de toute autorité temporelle. C'est là le vrai patrimoine de l'Eglise ; mais toutes leurs fonctions publiques, leur autorité extérieure, leur juridiction, sont nécessairement une émanation de la puissance souveraine.

» C'est ce qui faisait dire au grand Constantin, qu'*un évêque n'était que l'évêque de son diocèse, mais qu'il était l'évêque de tous*. C'était aussi dans le même esprit, que les pères du sixième concile de Paris, assemblés par les ordres de Louis-le-Débonnaire, disaient à ce prince, que souvent les princes du siècle exercent dans l'Eglise même le pouvoir le plus absolu. *Principes sæculi non nunquam intrà Ecclesiam potestatis adeptæ culmina tenent.*

» Tel est le véritable principe des droits du Roi, sur les prélatures de son royaume ; et l'on ne doit pas craindre qu'il conduise jamais à rien diminuer de l'autorité qui est propre à l'Eglise, et qu'elle ne tient que de Dieu seul. « Autre chose est, dit le célèbre Dumoulin (1), le droit de » servir aux autels, et de remplir » les fonctions augustes du sacer» doce ; autre chose, de régler et » de conserver la discipline ec» clésiastique. Salomon, de sa » seule autorité royale, destitue » le grand-prêtre, et institue Sa» docle à sa place. Judas Macha» bée choisit des prêtres sans ta» ches, et il leur commet le soin » des temples consacrés à la Di» vinité. Qui osera dire, ajoute » ce grand jurisconsulte, que la » puissance royale ait moins de » droit dans l'Eglise chrétienne » que dans l'Eglise juive ! Et » n'est-ce pas une vérité fonda» mentale de la religion de Jésus» Christ, que les rois sont les mi» nistres de Dieu, et que tout » doit leur être soumis ? »

(1) Dum. *Préf. sur l'Ed. des Pet. Dat.* n. 28.

» Il faut donc bannir à jamais cette idée étrange, que le droit du roi n'est qu'un *privilége*, que c'est une *concession* du pape, qu'il est *contraire au droit commun de l'Eglise*. Il n'est permis qu'à des docteurs ultramontains de soutenir de pareilles maximes. Les rois nomment à toutes les prélatures de leurs Etats, à cause de leur couronne ; ils nomment, ils choisissent de même tous ceux qui, dans les autres ordres de magistrature, doivent être les dépositaires de leur autorité souveraine. Il ne faut enfin que la moindre attention, pour sentir qu'il est de l'essence même des choses, que tout dépositaire de l'autorité publique soit choisi par celui en qui réside éminemment cette autorité, et que les rênes d'un empire qui existe dans l'empire de l'Etat, ne soient confiées qu'à ceux que choisit et que nomme celui qui gouverne l'Etat entier.

. . . .

. . . .

» Ce ne fut pas la nomination assurée au roi par le concordat, qui souleva toutes les cours et les corps de l'Etat, contre ce traité. L'unique cause de ce soulèvement fut que l'*abolition des élections paraissait devoir plus tourner au profit du pape que du roi*. Ce sont les termes mêmes, des Remontrances du parlement. Cette cour, si zélée pour la défense des droits de la couronne, ne fut affligée que de voir *diminuer* les droits du roi, et de ce qu'on lui donnait *moins d'avantages qu'au pape.*

» Elle parla à la vérité avec la plus grande force, en faveur des élections; mais les efforts mêmes qu'elle fit, pour en faire revivre l'usage que la Pragmatique semblait avoir affermi, n'avaient encore d'autre objet que la conservation des droits du roi, dont les élections étaient devenues depuis longtemps la sauvegarde contre les usurpations de la cour de Rome. Si les *élections* en effet *n'ont lieu*, disaient au roi ces mêmes magistrats, en 1461, le roi perd *cette belle prérogative qu'il a de donner la puissance d'élire* (1). Voilà ce qui excitait le zèle du parlement en faveur des élections. Il se rappelait que, sans leur secours, l'autorité royale eût peut-être, au commencement de la troisième race de nos rois, perdu tous ses droits sur les prélatures du royaume, et il craignait que de nouvelles entreprises ne menaçassent encore un jour les droits des souverains.

» Aussi voit-on que ceux qui se sont le plus élevés contre le concordat, ont été en même temps les plus zélés défenseurs du droit de nomination royale. Personne n'a mieux senti que Dumoulin les abus, les dangers, les inconvéniens du concordat, et personne aussi n'a parlé plus dignement, ainsi qu'on l'a vu, du droit du roi de nommer aux prélatures du royaume. »

GERDIL (Hyacinthe-Sigismond), barnabite, ensuite cardinal, auteur d'une multitude d'ouvrages en latin, en italien et en français. On remarque parmi ces derniers: I. *Réflexions sur la théorie et la pratique de l'éducation, contre les principes de J.-J. Rousseau.* Turin, 1763, in-8°. La *Biographie universelle* nous apprend, d'après le P. Fontana, que Rousseau dit, au sujet de cette critique: « Parmi tant de brochures imprimées contre ma personne et mes écrits, il n'y a que celle du P. Gerdil que j'ai eu la patience de lire jusqu'à la fin. Il est fâcheux que cet auteur estimable ne m'ait pas compris. » Ces réflexions ne se trouvent, ni dans les ouvrages, ni dans la correspondance de J.-J. Rousseau. M. l'abbé d'Auribeau, qui a publié à Rome, en 1802, la traduction française de l'Eloge funèbre du cardinal Gerdil, prononcé en italien par le P. Fontana, ne cite pas la source d'où ce panégyriste les a tirées.

II. *Discours philosophiques sur l'homme*, etc. Turin, 1769, in-8°. La *Biographie universelle* ne nomme pas le plagiaire qui a reproduit ces discours à Paris, sans indiquer leur respectable auteur. Il fallait mentionner cette réimpression de la manière suivante: *Discours philosophiques* sur l'homme, sur la religion et ses ennemis (par le cardinal Gerdil), suivis des lois ecclésiastiques tirées des seuls livres saints, par feu M. l'abbé de *** (par Fromageot, avocat), publiés par M. F..... D. L. S. P. D. P. (M. Feutry, de la Société philosophique de Philadelphie). Paris, Berton, 1782, in-12.

GESNER (Salomon) ou plutôt GESSNER, pour se conformer à la stricte orthographe du nom. La *Biographie universelle* s'exprime

(1) Preuves des libertés de l'Eglise gallicane.

ainsi, pag. 257, prem. colonne : « Gesner a encore composé des contes moraux, des drames, etc. ... Ses contes moraux, écrits d'un style assez trivial, offrent des traits d'une grande vérité à côté de plusieurs invraisemblances. »

Ces contes ne sont point de Gessner, ils sont de Diderot, et ont paru imprimés, pour la première fois, dans l'édition donnée par Gessner, de ses nouvelles idylles. 1773, in-4°, sous le titre de *Contes moraux et nouvelles idylles de D.... et Salomon Gessner.* Dans le conte qui a pour titre *Entretien d'un père avec ses enfans*, Diderot suppose que c'est son père lui-même qui est le héros de l'aventure, et l'y nomme en toutes lettres. Le style de ces contes a la couleur du sujet, et ce n'est pas précisément de la trivialité qu'on peut leur reprocher, mais quelque chose de ce dévergondage qui entrait dans la manière de l'auteur. Diderot, ajoute la *Biographie*, dans la seconde colonne de la même page 257, *qui avait traduit les contes moraux et les idylles*, etc. Ici la *Biographie* est en contradiction avec elle-même ; car dans la première colonne elle avait nommé le véritable traducteur des nouvelles idylles, M. Paul- (lisez : Jacques) Henri Meister de Zurich. Je l'avais désigné dans mon *Dictionnaire des anonymes*. J'avais aussi présenté Diderot comme auteur des *Contes*. Dans la suite du même article, la *Biographie universelle* signale M. Meister comme un homme peu familiarisé avec notre langue ; ce jugement est mal motivé, car on doit à M. Meister huit ou dix ouvrages composés en français.

GIANNONE (Pierre). Il est fort douteux que Louis de Bochat, comme le dit la *Biographie universelle*, ait traduit son *Histoire de Naples*, et que le libraire Bousquet de Genève n'ait pas voulu se charger seul des frais d'impression. M. Chaudon est le premier qui, en 1779, ait attribué à M. Desmonceaux la traduction que nous avons de l'important ouvrage de Giannone. Elle parut à Genève, quoiqu'elle porte le titre de *La Haye* ; et c'est ce qui rend très-probable l'opinion de M. Sénebier, qui présente M. Beddevole de Genève, comme le véritable traducteur de Giannone.

GIBERT (Jean-Pierre), savant canoniste du XVIIIe siècle, dont un des ouvrages a pour titre : *Tradition ou Histoire de l'Eglise sur le sacrement de mariage*. Paris, 1725, 3 gros vol. in-4°. L'abbé de Feller, qui ne manque aucune occasion de montrer son opposition aux théologiens ou avocats qui reconnaissent les droits de l'autorité civile sur le mariage, cite ici, à l'appui de son opinion, un long passage tiré d'un auteur protestant.

Il y a plus à profiter dans le traité substantiel de M. Tabaraud, intitulé *Principes sur la distinction du contrat et du sacrement de mariage ; sur le pouvoir d'apposer des empêchemens dirimans, et sur le droit d'accorder des dispenses matrimoniales*, Paris, Egron, 1816, in-8°, que dans l'ouvrage diffus de M. Gibert.

GIBERT (Balthasar), parent du précédent. Ce célèbre professeur de rhétorique, dans ses *Jugemens des savans*, a rendu un compte très-fidèle d'une dispute sur l'éloquence, occasionnée en 1695 et années suivantes, par la préface mise par Goibaud-Dubois en tête de sa traduction des sermons de S. Augustin, par quelques réflexions du P. Lamy, bénédictin, dans son *Traité de la connaissance de soi-même*, et par quelques ouvrages de Gibert lui-même. M. Brulart de Sillery, évêque de Soissons, ne dédaigna pas de se mêler parmi les combattans; ses lettres au P. Lamy ont été imprimées en 1700, par les soins du P. Bouhours, dans le recueil intitulé: *Réflexions sur l'éloquence.* L'abbé Goujet, vers la fin du 1er vol. de sa *Bibliothèque française*, n'a pas rendu un compte aussi exact de cette dispute. Il ne fait entrer M. de Sillery dans la lice, que vers l'année 1706. Malheureusement la *Biographie universelle* l'a pris pour guide, dans le précis qu'elle donne de cette dispute. On y remarque plusieurs inexactitudes.

Y a-t-il de la justesse dans l'opinion de la *Biographie universelle*, touchant les *Jugemens des savans qui ont traité de la rhétorique*, par Gibert? Elle dit que cet ouvrage est bien supérieur à celui que Baillet a publié sous le même titre; mais d'après ce que Baillet a donné du grand travail dont il a conçu le plan, voici le titre qui convient à son ouvrage: *Jugemens des savans sur les imprimeurs, les critiques, les grammairiens, les philologues, les traducteurs, les poëtes grecs et latins et les poëtes modernes.* Si toutes ces parties ne sont pas également bien traitées, on ne doit peut-être s'en prendre qu'à l'immensité du plan. Gibert ne s'étant occupé que d'un seul objet, a pu y mettre plus de soin, et produire un ouvrage plus satisfaisant. On voit néanmoins que ce n'est pas un ouvrage du même titre.

GILLET (Pierre), né en avril 1628, à Montmorency, près Paris, marié à Marie-Thérèse-Jeanne d'Autrelot, exerça avec distinction, à Paris, les fonctions de procureur, et y mourut, sur la paroisse St.-Etienne-du-Mont, le 5 avril 1720, âgé de 92 ans. Son portrait a été bien gravé par Drevet, d'après Rigaud, in-fol. Voy. la *Bibliothèque historique de la France*, tom. IV. C'est Pierre Gillet qui a recueilli les *arrêts et réglemens concernant les fonctions des procureurs.* Paris, 1695, in-4°; réimprimé en 1717, avec des augmentations. Ce recueil est connu sous le nom de *Code Gillet*, quoique ces mots ne se trouvent ni sur le frontispice, ni dans le corps de l'ouvrage.

GILLET (Jean-Baptiste), fils du précédent, né à Paris, le 10 septembre 1660, mort le 10 décembre 1730, a exercé avec distinction la profession d'avocat. C'est lui et Pierre Gillet son fils, aussi avocat, qui ont rassemblé les premiers matériaux de la collection d'Edits et d'Ordonnances terminée vers 1790 par M. de Saint-Genis, auditeur des comptes.

GILLET (Pierre), fils du précédent, né à Paris, le 29 avril 1695, mort le 18 avril 1773, à Bagneux près Paris, dans sa soixante-dix-huitième année. Cet homme qui a joui de l'estime et de la considération la mieux méritée, avait commencé la profession d'avocat en 1716. Pendant long-temps il a été regardé comme un des meilleurs consultans. Des mœurs simples et une vie laborieuse le distinguaient entre ses confrères. Une fortune médiocre, eu égard à sa célébrité, annonce son désintéressement. Ses lumières et ses profondes connaissances ont été également utiles aux citoyens, à ses confrères, et aux magistrats qui l'ont consulté, et sa réputation s'est soutenue jusqu'à l'époque de sa mort.

Il avait, par continuation d'un travail commencé par son père, formé une collection d'Ordonnances infiniment précieuse, tant par la multitude des pièces qu'elle rassemblait en ce genre, depuis le commencement de la monarchie, que par le dépouillement de toutes celles qui se trouvent éparses dans les différens livres de droit dont il a extrait les lois et même les arrêts les plus importans à la jurisprudence.

Toutes les consultations qu'il avait faites pendant sa vie, étaient rangées par ordre de matières, et formaient, en ce genre, une collection intéressante par l'ordre qu'il y avait mis.

Enfin, les ouvrages qu'il destinait au public, et qui sont tous écrits de sa main, étaient un troisième objet trop précieux pour ne pas le distinguer dans le nombre des manuscrits et des livres qui composaient sa bibliothèque.

Sa veuve, qui avait une incommodité dangereuse, ne lui a pas survécu long-temps, et ses enfans, occupés de la perte qu'ils avaient faite et de celle qu'ils pouvaient craindre, n'ont pu sans doute examiner par eux-mêmes ces différens manuscrits. Une écriture peu lisible rendait aussi cet examen difficile; enfin, les magistrats et les jurisconsultes qui auraient pu prendre cette peine et apprécier le mérite de ces collections et de ces ouvrages, étaient alors dispersés hors de la capitale et sans fonctions, par suite de la révolution opérée dans la magistrature.

Tous ces objets ont été vendus confusément avec les livres, et la famille de cet homme savant et respectable n'a pas eu la satisfaction de remplir ses vues, en publiant les ouvrages qu'il avait composés dans le dessein de rendre ses lumières utiles après lui comme elles l'ont été pendant sa vie.

Le plus important de ces ouvrages était un *Traité des Offices*; il avait été préparé pour l'impression, quelques années avant la révolution de 1789. On doit regretter qu'il n'ait pas vu le jour.

La collection d'ordonnances a été acquise par M. de Saint-Genis, auditeur des comptes, qui l'a augmentée et continuée jusqu'en 1790. Elle est composée de 413 volumes in-4°, reliés uniformément, et d'une Table alphabétique et chronologique, renfermée dans quatre-vingt-quinze boîtes in-fol. Cette précieuse collection a été achetée, en 1814, par M. le comte de Blacas, ministre de la maison du roi. Elle est placée aux galeries du Louvre, auprès de la Bibliothèque du conseil d'État: MM. les conseillers d'Etat, maîtres des requêtes, etc., la consultent souvent et avec fruit.

M. Pierre Gillet avait été nommé échevin de Paris, en 1754; il a été aussi batonnier de son ordre, administrateur des hôpitaux, conseiller de S. A. S. le prince de Conti, et chef du conseil souverain de Bouillon. L'un de ses fils, M. Gillet de Laumont, est aujourd'hui membre du conseil-général des mines, et chevalier de la Légion d'honneur.

GILLET (Louis-Joachim), genovéfain, traducteur de l'historien grec Josephe. Malgré les assertions de M. Chaudon et de la *Biographie universelle*, les personnes versées dans la connaissance de la langue grecque, assurent que la traduction du P. Gillet n'est pas plus fidèle que celle d'Arnauld d'Andilly: comme elle n'est pas écrite avec autant d'élégance, elle ne l'a point fait oublier. Je dois faire observer que, des six ouvrages attribués au P. Gillet, dans la *Biographie*, un seul a été livré à l'impression : c'est la traduction de Josephe.

GILPIN (Guillaume). La traduction des *Observations pittoresques*, par le baron de Blumenstein, parut en 1801, et ne forme que 2 vol. On doit au même la traduction des *trois Essais sur le beau pittoresque*. On lui doit encore la traduction de l'*Essai sur les gravures*. Breslau, 1800, in-8°. La traduct. des *Observations sur la rivière Wye*, est aussi de lui.

GINGUENÉ (Pierre-Louis), l'un des plus profonds littérateurs et des plus judicieux critiques des derniers temps. Il est rare que les hommes destinés à honorer leur patrie par leurs talens littéraires, n'éprouvent pas, dès leur enfance, un goût décidé pour l'étude dans laquelle ils doivent s'illustrer. A l'âge de vingt ans, M. Ginguené cultivait les lettres. Lorsqu'il sortit, pour la première fois, de la ville de Rennes, où il était né en 1748, il avait déjà composé un ouvrage dont le succès brillant devait commencer sa réputation. *La Confession de Zulmé*, poëme rempli de grâces, obtint, comme il le dit lui-même, tout ce que de pareils jeux d'esprit peuvent avoir de célébrité. A l'époque où elle parut, en 1775, si l'on excepte quelques poésies légères que Voltaire, accablé d'années, laissait échapper de loin en loin, une composition où le talent et le bon goût étaient réunis, semblait un phénomène. *La Confession de Zulmé*, communiquée par le jeune auteur à M. de Rochefort, circula manuscrite dans tous les cercles de Paris; elle fut attribuée à plusieurs poëtes alors à la mode, principalement à M. de Pezay, et les journaux la publièrent pour la première fois en 1777, tellement défigurée par les copistes, que le véritable auteur, sensible à la fois à sa célébrité naissante et au travestissement de ses vers, quitta le voile de l'anonyme, et rétablit son ouvrage tel qu'il l'avait composé; mais, ce qu'il y eut de remarquable, c'est que plusieurs écrivains l'accusaient de plagiat. On trouve les pièces de ce procès bizarre dans le *Journal de Paris* du mois de janvier 1779.

Quelques autres pièces de vers,

recueillies dans les almanachs du temps, soutinrent la bonne opinion que M. Ginguené avait donnée de son talent. C'est alors que commencèrent avec le poëte Lebrun, des liaisons qui ont duré jusqu'à la mort du lyrique. En 1786, l'académie française proposa un prix extraordinaire, dont le sujet devait être l'action héroïque du jeune prince Léopold de Brunswick, qui se noya en voulant traverser l'Oder, pour secourir des malheureux. M. Ginguené concourut, et son ouvrage obtint une mention honorable.

Une querelle très-sérieuse s'était engagée parmi les musiciens français. Le sujet du différend était la question de la prééminence de la musique allemande sur la musique italienne, et tous les artistes étaient divisés en deux factions, l'une appelée les *glukistes*, l'autre les *piccinistes*. Les amours-propres s'étant irrités, un débordement de brochures, dont quelques-unes étaient de véritables libelles diffamatoires, inondèrent le public, témoin et partie dans ces sortes de divisions. M. Ginguené, versé dans la langue italienne, pour laquelle il avait une prédilection particulière, entra dans le parti des *piccinistes*, et montra, pour le défendre, toute la ferveur de la jeunesse et du talent. Il fit paraître, sous le voile de l'anonyme, des lettres et articles divers sur la musique, sous le nom de *Méphile*, et ensuite *Mélophile*, à l'homme de lettres chargé de la rédaction des articles de l'opéra, dans le *Mercure de France*. Paris, 1783, in-8° de 27 pag.

Pendant le cours de sa vie, il fut toujours enthousiaste de la musique italienne. Ce fut lui qui fournit les articles de musique dans la vaste entreprise de l'*Encyclopédie méthodique*, formée par le libraire Pankoucke. M. Ginguené travailla également au *Mercure*, aujourd'hui si déchu de sa grandeur passée, mais alors rédigé par Laharpe, Marmontel et Chamfort, dont le jeune auteur devint à la fois l'ami et le disciple. Dans la suite, il fut l'éditeur des *OEuvres de Chamfort*, 4 vol. in-8°.

Voltaire et Rousseau, dont M. Ginguené vit les dernières années, venaient d'être ravis à la France et à l'Europe. Le philosophe de Genève, qui, pendant sa vie, avait condamné ses *Confessions* à l'obscurité, laissait, par sa mort, la liberté de publier ce dernier œuvre de son génie. On attendait avec impatience cet écrit d'un grand homme, qui devait découvrir à tous les yeux les replis les plus cachés de son ame; et l'apparition d'un livre dans lequel la franchise s'était élevée au-dessus des convenances dont elle ne croyait pas avoir besoin, d'un ouvrage où les plus célèbres écrivains encore vivans, étaient immolés, dut produire des jugemens entièrement opposés, et faire croître encore les haines dont l'auteur d'*Emile* avait été trop souvent la victime. La première partie de cet ouvrage parut en 1782; la seconde ne fut publiée qu'en 1789. M. Ginguené, non moins admirateur de Rousseau que de la musique italienne, publia une apologie des *Confessions*, sous le titre de: *Lettres sur les Confessions de J.-J. Rousseau*. Paris, chez Barrois l'aîné, 1791, in-8°.

Cette défense, juste à beaucoup

d'égards, ne paraît pas l'être quand l'auteur s'attache à prouver l'existence de cette vaste conspiration ourdie dans l'Europe entière, pendant vingt années, et dont le but aurait été d'enlever à Rousseau, avec le repos de sa vie, la gloire due à ses ouvrages. Rien ne prouve que Grimm, Diderot, d'Alembert, eussent formé ce projet, d'ailleurs inexécutable, et l'on doit plutôt en attribuer l'invention à cet esprit de méfiance que Jean-Jacques avait apporté en naissant, et que les traverses d'une vie aussi agitée que glorieuse, n'avaient pas contribué à diminuer. Cette erreur de M. Ginguené était d'autant plus pardonnable, qu'elle trouve sa source dans de nobles sentimens, l'admiration pour le génie, la compassion pour le malheur, et la reconnaissance pour les bienfaits. Laharpe a inséré dans le *Mercure* de 1792, une critique sévère, mais juste, de l'ouvrage de M. Ginguené; on la trouve dans le *Nouveau Supplément au Cours de littérature*, que j'ai publié en 1818, in-8°.

Cependant l'aurore d'un jour éclatant et nouveau était déjà levée pour la France. Toutes les ames généreuses souriaient aux espérances qu'une réforme générale et qu'un système de liberté faisaient concevoir. Ce fut par sentiment et par conviction que M. Ginguené se déclara pour les nouvelles idées; il publia diverses brochures parmi lesquelles on distingue un écrit ayant pour titre *De l'Autorité de Rabelais, dans la révolution présente*, Paris, Gattey, 1791, in-8°, qui obtint un grand succès; mais en approuvant les doctrines libérales, il n'en sépara jamais cette modération sans laquelle la force n'est qu'une impulsion aveugle, et cette austère vertu sans laquelle il n'y a point de liberté à espérer parmi les hommes. Aussi, M. Ginguené mérita nécessairement le sort des hommes dont il suivait les bannières; ami de la liberté, mais ennemi des fureurs démagogiques, il dut obtenir la faveur d'être proscrit: arrêté pendant plusieurs mois, il partagea la prison de Roucher, d'André Chénier; et sans le 9 thermidor, qui renversa la tyrannie révolutionnaire, il eût sans doute partagé leur honorable supplice.

Il avait succédé à Cerutti et à Grouvelle, dans la rédaction de la *Feuille villageoise*, journal destiné à faire connaître au peuple des campagnes les principes d'une sage liberté. Echappé à la hache des bourreaux, il reprit cet honorable travail; mais il l'abandonna en 1796, pour ne s'occuper que de la *Décade philosophique* qu'il avait fondée en 1794, et dont il fut un des plus zélés et des plus habiles collaborateurs, jusqu'en septemb. 1807, époque à laquelle le gouvernement réunit ce journal au *Mercure de France*. La collection de la *Décade philosophique*, qui, dans les dernières années, porta le titre de *Revue philosophique*, est composée de 54 vol. Pendant plusieurs années, M. Ginguené a encore enrichi le *Mercure de France*, d'excellens morceaux de critique littéraire.

Peu de temps après sa proscription, il avait été désigné pour faire partie d'une commission d'instruction publique, qui reçut du gouvernement provisoire la mission d'établir un système d'éducation approprié aux nouvelles institutions. Sous le directoire, M. Ginguené fut nommé à l'ambassade de Sardaigne. Pendant le gouvernement consulaire, il fut élu membre du Tribunat, et ses actions furent toujours la conséquence d'une pensée unique. Le tribun du peuple embrassa vivement et sans détour la défense de ses commettans. Eliminé avec ceux de ses collègues qui avaient préféré leur conscience aux honneurs et aux richesses, il abandonna les fonctions publiques, et cultiva les lettres au sein d'une glorieuse médiocrité : on le vit néanmoins, dans le *Mercure* de 1808, de 1809 et de 1811, adresser au chef de l'ancien gouvernement, des éloges qui semblaient sincères.

Dans son éloignement des affaires publiques, il s'occupa beaucoup de la continuation d'un ouvrage entrepris depuis longues années sur la littérature italienne, et qui, bien que non achevé, doit être son plus beau titre de gloire. Avant de livrer à l'impression le commencement de son travail, il pressentit le goût du public dans des lectures à l'Athénée, et ses efforts furent couronnés d'un succès solide que voulurent en vain lui disputer des critiques passionnés. La connaissance approfondie que M. Ginguené avait de la littérature italienne, sa vaste érudition classique, la sûreté de son goût, la justesse de sa critique, le rendaient éminemment propre au travail dont il s'était chargé. Rien n'a échappé à ses savantes investigations ; il a tout lu, tout analysé, tout apprécié ; les chefs-d'œuvre dont s'honore l'Italie, y sont fidèlement caractérisés, et les traductions qu'il en donne par extraits, joignent au mérite de l'exactitude, celui d'une élégance soutenue. En un mot, *l'Histoire littéraire d'Italie* peut être regardée comme l'un des plus beaux monumens de ce genre, qui existent dans toutes les langues de l'Europe. On a lu avec autant de surprise que d'indignation, dans la *Continuation* de Feller, une virulente diatribe dirigée contre cet excellent ouvrage.

Les six premiers vol. de l'*Histoire littéraire d'Italie* avaient paru de 1811 à 1813 ; les tomes 7, 8 et 9, terminés par l'Italien M. Salfi, littérateur très-instruit, dont le travail a été revu par MM. Daunou et Amaury Duval, parurent en 1819.

En 1810, M. Ginguené publia un volume de fables, dans lesquelles les hommes éclairés reconnurent un esprit juste et caustique, des détails élégans et une versification facile. L'auteur fit courageusement parler la vérité dans ce nouvel ouvrage. Quelques fables, échappées aux yeux perçans d'une censure scrupuleuse, firent entendre des principes qu'il était alors dangereux de publier ; il attaqua avec un courage égal la vanité récente et la morgue ancienne.

Les autres ouvrages de M. Ginguené sont des poésies légères, adressées à un jeune orphelin qu'il adopta à l'âge de six ans, et dont il fit lui-même l'éducation ; une traduction des *Noces de Thétis et Pélée*, 1812, in-18, charmant ouvrage de Catulle, dont il est parvenu à rendre avec bonheur un grand nombre de passages ; enfin, quelques jolies fables publiées en 1814.

Bon époux, fidèle et sensible ami, M. Ginguené fut honoré par une médiocrité qu'il sut rendre honorable. Sur la fin de sa vie, il passa dans la vallée de Montmorency des jours embellis par la culture philosophiq. des lettres et par les soins touchans de l'amitié. Son épouse chérie, dans l'union de laquelle il trouvait cette paix de l'ame, le premier des biens; l'orphelin auquel il servit de père ; ses livres, qui jusqu'au dernier moment ont consolé sa douleur : tels furent les compagnons et les instrumens du bonheur de cet homme excellent.

Sa gaieté, sa douceur ne furent point altérées par les souffrances de sa dernière maladie. Un pied dans le tombeau, il sentit renaître les goûts de sa jeunesse et sa prédilection pour la musique italienne. Quinze jours avant sa mort, il composa plusieurs jolies romances. Ces travaux consolateurs enlevaient à ce moment suprême tout ce qu'il a de sombre, de pénible; il ne lui en restait que cette teinte profondément touchante, ce calme mélancolique d'un ami qui pleure ses amis en les quittant, mais à travers les regrets duquel on voit briller l'espérance d'une réunion nouvelle et indissoluble.

M. Ginguené est mort le 17 novembre 1816, dans sa soixante-huitième année. Il était membre de l'Institut et particulièrement de la commission chargée de la continuation de l'histoire littéraire de la France, commencée par les Bénédictins de la congrégation de Saint-Maur. Les ouvrages de M. Ginguené, qui n'ont pas été mentionnés dans cette notice, sont :

I. *Éloge de Louis XII*, discours qui a concouru pour le prix de l'Académie française. Paris, 1788, in-8°.

II. *De M. Necker et de son livre intitulé*, De la Révolution française ; Paris, 1797, in-8° ; tiré de la *Décade philosophique*. La sévérité du critique a étonné ceux qui se rappelaient les obligations que l'auteur avait à M. Necker.

III. *Tableaux de la Révolution française*. Paris, Didot, 1790 et 1791, in-fol., depuis la quatorzième livraison jusqu'à la vingt-cinquième, chaque livraison contenant deux discours.

IV. *Coup-d'œil rapide sur le génie du christianisme*, ou quelques pages sur 5 vol. in-8° publiés sous ce titre par F.-A. de Chateaubriand; Paris, 1802, in-8°; extrait de la *Décade philosophique*.

On doit aux soins de M. Ginguené l'édition des *OEuvres* de Lebrun, son ami, avec une notice sur sa vie. Paris, 1811, 4 vol. in-8°. Il a inséré dans le *Mercure*, sur cette collection, jugée trop volumineuse, quatre extraits pleins de finesse et de goût.

Les articles fournis par M. Ginguené à la *Biogr. univ.* peuvent être rangés parmi les meilleurs de cette collection.

On doit penser qu'il fallait que M. Ginguené eût auprès de lui une nombreuse collection de livres, pour exécuter facilement les travaux auxquels il s'est livré ; aussi s'était-il formé une bibliothèque composée des meilleurs ouvrages anciens et modernes ; la littérature italienne y tenait une place distinguée. Le catalogue qui en a été publié en 1817, est une preuve de son excellent goût. M. Garat l'a enrichi d'une notice très-bien faite, sur la vie et les ouvrages de l'auteur. La bibliothèque a été acquise en entier pour une bibliothèque publique étrangère, par l'entremise de MM. Treuttel et Würtz, libraires, à Paris.

(*Constitutionnel* du jeudi 21 novembre 1816; *Siècles littéraires* de Desessarts, etc., etc.)

GIRARD (Philippe), poëte latin du XVIe siècle. La *Biographie universelle* se trompe évidemment, lorsqu'elle avance que le poëme latin de cet auteur, intitulé *Quelque chose*, a été réimprimé en 1730, et postérieurement. Il y a ici une omission de quatre lignes au moins, conçues à peu près en ces termes : « Un écrivain du XVIIIe siècle, nommé Coquelet, a publié en 1730 une facétie en prose française, sous le titre d'*Éloge de quelque chose*. Elle a eu plusieurs éditions ; » Girard n'y est pas nommé.

* GIRAUD (Jean-Baptiste), de la congrégation de l'Oratoire, naquit à Troyes en 1701. Son père, homme d'esprit, et originaire du Dauphiné, fut inspecteur des travaux faits pour le roi en Champagne. Il acquit dans cette place la baronie de Méry, et mourut à Paris, à 50 ans, laissant ce fils, âgé de 10 à 11 ans, et l'aîné de huit autres enfans. Leur mère, femme d'un esprit supérieur et d'une figure infiniment intéressante, savait plusieurs langues. Ce fut elle qui donna au jeune Giraud les premiers principes du latin, à Méry; mais elle lui fit achever ses études à Troyes. En 1713, il entra dans l'Oratoire, où il fut promu à la prêtrise en 1741. Il professa les humanités, la rhétorique et la philosophie en divers lieux, et se reposa successivement à Saumur, à Marines et à Rouen. Dans ces différentes stations, le P. Giraud, toujours entraîné par un sentiment irrésistible, se livrait à son goût pour la poésie latine. Après différens essais plus ou moins heureux, il entreprit une traduction de Boileau; elle était fort avancée, lorsqu'il apprit que plusieurs profeurs de l'Université de Paris s'occupaient du même travail; c'en fut assez pour lui faire abandonner son dessein : alors il se livra à la traduction des Fables de La Fontaine. Elle ne parut qu'en 1765; mais elle était commencée dès 1734. Un jour, le P. Giraud, jaloux d'avoir le suffrage de J.-J. Rousseau, vole à Montmorency, entre chez Rousseau qu'il n'avait jamais vu, l'aborde sans observer aucune des étiquettes d'usage : *Monsieur, je viens vous consulter sur mes fables*. Il tire son manuscrit, et lit; Rousseau admire : *Je savais bien que vous les trouveriez bonnes; car j'ai ouï dire que vous êtes connaisseur.* A peine est-il sorti, que se rappelant que le citoyen de Genève avait une croyance différente de celle de l'oratorien, il rentre : *A propos, Monsieur, n'allez pas dire à nos pères que je suis venu vous voir, ils s'imagineraient que je pense comme vous*. Cette anecdote peint merveilleusement la bonhomie du P. Giraud. Elle ressemblait assez à celle de La Fontaine. On se rappelle que le fabuliste français fit le voyage de Paris à Châ-

teau-Thierry, pour se raccommoder avec sa femme, et qu'il revint à Paris, sans l'avoir vue: son traducteur latin, passant un jour par Troyes, va rendre visite à madame sa mère; il y avait douze ans qu'il ne l'avait vue. Après un quart-d'heure d'entrevue, il prend congé d'elle: « *Eh! où allez-vous donc, mon fils!... oh! vous souperez avec moi.* — *Vous avez raison, ma mère, je n'y avais pas pensé*, répond le fils; puis il embrasse sa très-chère mère, lui dit adieu, et court rejoindre ses compagnons de voyage, fidèle à la parole qu'il leur avait donnée de souper avec eux. La maman ne fût pas trop flattée d'une pareille préférence. La meilleure édition des Fables de La Fontaine, traduites en vers latins par le P. Giraud, est celle de Rouen, 1775, 2 vol. in-8°, avec le français en regard; ou 2 vol. in-12, sans le français. La première édition n'avait qu'un vol. in-12. Cette traduction a été critiquée par certains journalistes, et exaltée par d'autres. Elle a conservé l'estime des amateurs.

Le P. Giraud mourut le 5 octobre 1776, à Rouen, âgé de plus de 76 ans. Cet article a été rédigé d'après celui de Grosley dans ses *Mémoires sur les Troyens célèbres*. La notice de Grosley est extraite elle-même de l'*Éloge* du P. Giraud, prononcé à l'académie de Rouen, en 1777, par M. Haillet de Couronne, secrétaire perpétuel.

GISBERT (Blaise), jésuite. La *Biographie universelle* lui donne *l'Art d'élever un prince*, qu'elle a attribué précédemment au P. Defoix, et qui est réellement de ce dernier. Quant à la *Philosophie du prince*, 1690, in-12, les auteurs du *Journal des Savans* désignent formellement le P. Galimard comme auteur de cet ouvrage, et ils annoncent en même temps l'*Histoire réduite à ses principes*, que le P. Galimard ne fit paraître qu'en 1691, 2 vol. in-12.

GMELIN (Samuel-Théophile), médecin et voyageur, a eu beaucoup de part au recueil allemand publié sous ce titre: *Voyages dans différentes parties de l'empire de Russie*, 4 vol. in-4°. Cet ouvrage a été en partie traduit en français par M. Frey des Landres, sous le titre d'Histoire des découvertes faites par divers savans voyageurs, imprimée à La Haye en 3 vol. in-4°, ou 6 vol. in-8°. C'est par erreur que la *Biographie universelle* n'a assigné que 2 vol. à l'édition in-4°.

GOBINET (Charles), docteur de Sorbonne très-connu par ses ouvrages de piété, surtout par son *Instruction de la jeunesse*, qui se réimprime encore aujourd'hui assez souvent, quoique la première édition remonte à l'année 1655. Un ecclésiastique, nommé Mortier, s'avisa, en 1705, d'en détacher le quatrième chapitre, sur la *correction fraternelle*, et y ajouta des réflexions qui conseillaient la délation. L'ouvrage fut supprimé, et l'auteur admonesté. La *Biographie universelle* l'appelle à tort *Morier*. Il existe une *Critique de la Correction fraternelle*. Basle, chez Schouten, 1707, in-12 de 167 pages. L'anonyme contredit avec énergie M. Gobinet lui-même, qui, si on l'en croit, a ouvert la voie aux folies de M. Mortier.

* GODEFROI (Denis), natif de Paris, était probablement de la même famille que les jurisconsultes ou historiographes de ce nom. Il embrassa la profession d'avocat; mais il n'est connu que par les notes qu'il a fournies au grand coutumier ou *somme rural* de Jean Boutiller, de l'édition de 1537, chez Galliot Du Pré. Ces notes, ainsi que sa préface, se retrouvent dans les éditions du *Grand coutumier* données par Carondas le Caron, père et fils, de 1603 à 1621. Prosper Marchand, dans son curieux article de J. Boutiller, semble avoir confondu notre Denis Godefroi avec le célèbre jurisconsulte de ce nom, qui ne naquit qu'en 1549; l'abbé Paquot, dans ses *Mémoires littéraires*, est tombé dans la même faute.

GODEFROI (Jacques). Lamonnoye avait déjà reproché à Baillet d'avoir présenté le Code théodosien comme le fruit de trente années de recherches. Morisot, écrivain contemporain, se contente de le désigner comme un travail de vingt ans. Voy. son éloge de Jacques Godefroi, à la fin de ses *lettres*. Dijon, 1656, in-4°. La *Biographie universelle* a reproduit l'opinion vulgaire sur les trente années.

GODOUIN (Jean). Ce professeur du Collége de France publia dès 1661, sous le voile de l'anonyme, *IV livres des épîtres familières de Cicéron, traduites en français*. Paris, Sommaville, 1661, in-12. L'édition de 1663 contient les seize livres. Cette traduction a été revue par plusieurs auteurs, dans l'édition donnée en 1679, chez la veuve Thiboust, 1 vol. in-8°. On ne lit sur le frontispice que les initiales des noms de Godouin.

GOERTS (Henri, baron de), né dans le Holstein, et ministre du prince, à qui il ne restait plus que le titre de ce duché, ayant rendu des services importans à Charles XII, roi de Suède, pendant le séjour de ce monarque à Bender, était depuis devenu son favori et son premier ministre. Jamais homme ne fut si souple, ni si audacieux à la fois; si plein de ressources dans les disgrâces, si vaste dans ses desseins, ni si actif dans ses démarches. Nul projet ne l'effrayait, nul argent ne lui coûtait. Il prodiguait les dons, les promesses, les sermens, la vérité et le mensonge. Il eût été capable d'ébranler l'Europe, et il en avait conçu l'idée. Ce que son maître était à la tête des armées, il l'était dans le cabinet. Aussi prit-il sur Charles un ascendant qu'aucun ministre n'avait eu avant lui. Le roi, qui à l'âge de vingt ans n'avait donné que des ordres au comte Piper, recevait alors des leçons du baron de Goerts, d'autant plus soumis à ce ministre, que le malheur le mettait dans la nécessité d'écouter des conseils, et que Goerts ne lui en donnait que de conformes à son courage. Goerts avait pressenti que le célèbre czar, Pierre I, était mécontent de ses alliés, qui l'avaient empêché d'avoir un établissement en Allemagne; ce fut le fondement sur lequel il bâtit le dessein d'une révolution. Il projeta donc de réconcilier Charles avec le czar, et d'en faire un allié, pour, avec son secours, remettre Stanislas sur le trône de Pologne; Jacques III, sur celui d'Angleterre; le duc de Holstein, dans ses Etats, et forcer le roi de Prusse à remettre ce qu'il avait pris sur la Suède. De cette manière, Charles XII se serait vengé glorieusement de ses ennemis. Flatté de ces grandes idées, il donna carte blanche à son ministre, avec un plein pouvoir qui l'autorisait à tout sans restriction, et qui le rendait plénipotentiaire auprès de tous les princes, avec qui il jugerait à propos de négocier. Goerts trouva des dispositions favorables dans le czar. Les flibustiers retirés à Madagascar, tous gens déterminés et connus par des actions auxquelles il ne manquait que de la justice pour être héroïques, s'offraient de se rendre en Suède, avec 60 vaisseaux chargés de richesses. Le cardinal Alberoni, puissant génie, qui a gouverné l'Espagne assez long-temps pour sa gloire, et trop peu pour la gloire de cet Etat, entra avec ardeur dans le projet de mettre le fils de Jacques II sur le trône d'Angleterre. Goerts, ayant ainsi dispersé à la cour de Russie et à celle d'Espagne les premières étincelles de l'embrasement qu'il méditait, alla secrètement en France, et delà en Hollande, où il vit les adhérens du prétendant. Les mécontens ne demandaient qu'un secours de dix mille hommes, et faisaient envisager une révolution sûre avec l'aide de ces troupes. Le comte de Gillembourg, ambassadeur de Suède en Angleterre, agissait en conséquence. Il eut plusieurs conférences avec les principaux mécontens. Le parti du prétendant alla jusqu'à fournir des sommes considérables, que Goerts toucha en Hollande, avec lesquelles il acheta des vaisseaux. Il envoya alors secrètement en France plusieurs officiers, entre autres le célèbre chevalier Folard. Beaucoup d'officiers français, un plus grand nombre d'Ecossais et d'Irlandais entrèrent dans la conspiration. Heureusement pour le baron de Goerts, le czar arriva en Hollande au commencement de 1717. Le baron le vit deux fois à La Haye, et il avança plus, dans ces deux conférences, qu'il n'eût fait en six mois avec des plénipotentiaires. Tout prenait un tour favorable; ses grands desseins paraissaient couverts d'un secret impénétrable, il se flattait que l'Europe ne les apprendrait que par l'exécution. Le premier qui découvrit ses intrigues fut le duc d'Orléans, régent du royaume. Lié avec le roi d'Angleterre, il lui découvrit les menées qui se tramaient contre lui. Dans le même temps, les Hollandais, qui prenaient ombrage de la conduite de Goerts, communiquèrent leurs soupçons au ministre d'Angleterre. Goerts et Gillembourg poursuivaient leurs desseins avec chaleur, lorsqu'ils furent arrêtés tous deux, l'un à La Haye et l'autre à Londres. Les Hollandais étaient sans excuse, ils avaient violé un droit sacré, en arrêtant le premier ministre du roi de Suède. Ils chargèrent même le comte de Valderen de l'interroger. Cette formalité ne fut qu'un outrage de plus. Goerts demanda au comte s'il était connu de lui:

Oui, répondit-il; *hé bien*, dit le baron, *si vous me connaissez, vous devez savoir que je ne dis que ce que je veux*. L'interrogatoire ne fut guères poussé plus loin. Goerts recouvra sa liberté, et n'en fut que plus animé. Il se rendit en poste auprès du czar, et ses insinuations prévalurent plus que jamais auprès de ce prince. D'un autre côté, le czar était fortement sollicité par le duc d'Osmond, muni des pleins-pouvoirs du roi d'Espagne et du prétendant. La mort de Charles XII mit fin à toutes ces menées; il fut tué au siége de Friderickshal, la nuit du 11 au 12 décembre 1718. La haine publique se déchaîna contre le baron de Goerts. Il fut arrêté immédiatement après la mort du roi, et condamné par le sénat à avoir la tête tranchée au pied de la potence de la ville: exemple de vengeance peut-être encore plus que de justice, et affront cruel pour la mémoire d'un roi que la Suède admire encore. La veuve du baron de Goerts n'est morte qu'en 1762, à Francfort-sur-le-Mein. Par son testament, elle légua tous ses biens pour établir un chapître de chanoinesses dans son château de Homberg ou Hombourg dans la Hesse.

N. B. Il m'a semblé que, même après l'article de la *Biographie universelle*, on ne lirait pas sans intérêt celui de M. du Masbaret.

GOLEFER, prieur de ....; décédé en octobre 1786, chez les chanoines réguliers de Sainte-Geneviève, où il s'était retiré depuis plusieurs années. On a de cet auteur *l'Epoux fugitif*, ou *Vie de S. Alexis*, traduite de l'italien du marquis de Brignolé-Salé. Paris, 1667, in-12. Plusieurs bibliographes lui attribuent avec raison la traduction des *Traités de S. Augustin sur l'évangile de S. Jean*, etc. Paris, Coignard, 1700, 4 vol. in-8°. Le traducteur, dans une épître dédicatoire au cardinal de Noailles, offre à ce prélat les *fruits de la solitude*, ce qui convient à un chanoine régulier qui avait rempli les fonctions de prieur-curé, et non à M. Dubois, à qui l'on donne ordinairement cette traduction. Les auteurs du catalogue imprimé de la Bibliothèque du roi, ne me paraissent pas avoir eu d'assez bons motifs pour attribuer au même M. Golefer la traduction des *Lettres familières de Cicéron*, publiée à Paris, chez Coignard, en 1704, 4 vol. in-12, avec le texte en regard, et des notes. Cette traduction est de l'abbé Maumenet. Voy. le mot CICERON.

*GONTERY (Jean), natif de Turin, entra dans la compagnie de Jésus, à l'âge de 22 ans, en 1584, et mourut à Paris en 1616, après s'être livré à la prédication et surtout à la controverse. On a de lui un assez grand nombre d'ouvrages écrits en français. La liste latine qu'en donne Sotvel, ne les fait pas connaître avec assez de précision; cette liste d'ailleurs n'est pas complète. Voici ceux dont les titres sont indiqués dans plusieurs catalogues estimés:

I. *Correction fraternelle faite à M. Du Molin, ministre du Pont-charanton* (sur le baptême et les limbes). Paris, 1607, in-12, sous le nom de *Philotée*, bachelier.

II. *Les conséquences auxquelles*

a été réduite la religion prétendue réformée, etc. Rouen et Paris, 1610, in-8°.

III. *La vraie procédure pour terminer le différent en matière de religion.* Caen, 1607, in-12. C'est un extrait des sermons de l'auteur, fait par le nommé Saint-Julian.

IV. *Déclaration de l'erreur de notre temps*, etc., avec la réplique contre Du Moulin, ministre. Rouen, 1609, in-8°; Paris, 1610, in-8°.

V. La réponse à la demande d'un de la religion prétendue réformée, touchant l'usage des images, Paris, 1608, in-8°.

VI. Réplique à la réponse que les ministres ont faite, sous les noms d'*Eusebe Philalethe*, contre le Traité des images du P. Gontery, par *Antoine de Banastre* (par le P. Gontery lui-même). Rouen, J. Osmont, 1609, in-12. Voyez la réfutation de cette *réplique*, par Antoine Gueroud, ministre. Leide, 1611, in-8°.

VII. *Sermon funèbre fait en la grande église de Soissons, aux cérémonies de la sépulture de Charles de Lorraine, duc de Mayenne.* Paris, 1612, in-8°.

VIII. *Lettres à M. le comte gouverneur de Sedan, avec les réponses.* Sedan, chez J. Jeannon, 1613, in-12. Il y a cinq lettres du P. Gontery, et autant de M. le comte. Ce sont des lettres de controverse sur l'autorité des papes et des conciles, sur le pouvoir des papes, sur le temporel des rois, sur le culte des images et de la croix, sur l'Eucharistie, sur le célibat des prêtres et sur les indulgences.

IX. *Du juge des controverses.* Paris, 1616, in-8°.

X. La pierre de touche, ou la vraie méthode pour désabuser les esprits trompés, sous couleur de réformation, avec la réfutation d'un libelle intitulé: *le Vœu de Jacob*, écrit par Gilbert, ministre de Belge. Bourdeaux, 1614, in-8°, et Paris, 1615, in-8°.

XI. *Instruction du procès de la religion prétendue réformée*, par le R. P. J. Gontery, etc.

Cet écrit a été réfuté par Bédé de la Gormandière, sous le titre de *Réponse au libelle*, etc. Charenton, 1618, in-8°.

On peut consulter sur le P. Gontery: 1° *Discours de ce qui s'est passé en la conférence entre le jésuite Gontery et les ministres de Caen*, par un anonyme. 1606, in-8°.

2°. *Les trophées du P. Gontery, jésuite, avec un catéchisme pour son instruction*, par J. Caspel. Sedan, 1613, in-8°.

3°. *Discours sur le sujet proposé en la rencontre du P. Gontier et du sieur du Moulin, où il est traité de la mission des pasteurs, du sacrifice de la messe, et de la présence réelle*, par Pierre de Berulle. Paris, 1609, in-8°.

Placcius a cru faussement que tous les ouvrages du P. Gontery avaient paru sous le nom de Philotée. Decker attribue à un jésuite qu'il nomme Goudier, le récit d'un colloque sur des articles de controverse, entre George-Frédéric, marquis de Bade, et François, duc de Lorraine, publié en 1613, sous le nom de *Simonius* ou *Simonis*, docteur en théologie et protonotaire apostolique.

Voy. *la Lettre à mademoiselle de Saincte Beuve sur le décès et en la louange du P. Gontery de la compagnie de Jésus* (par

J. D. C.). Paris, Séb. Chappelet, 1617, in-8°, de 42 p.

GORANI (le comte JOSEPH), d'une ancienne famille noble de Milan, né vers 1740. MM. Chaudon et Delandine, l'ayant supposé mort avant 1804, lui ont donné un article; mais il est probable que M. Gorani mène encore à Genève une vie très-retirée. Dans le long article que présente la *Biographie des hommes vivans* sur ce ci-devant *citoyen français*, on a oublié de mentionner ses *Lettres sur la Révolution française*, Paris, 1793, in-8°. Elles ont été inspirées par l'enthousiasme de la liberté. Ces lettres adressées au duc de Brunswick, au roi de Sardaigne, au pape, au roi d'Angleterre, avaient été insérées, en 1792, dans le *Moniteur*, et imprimées séparément. Avant la révolution de 1789, l'auteur avait publié en italien:

I. Un *Plan d'instruction publique*, en 2 vol. in-8°.

II. Un *Traité de l'impôt*, dont on a rendu compte avec éloge dans les *Ephémérides du citoyen*, en 1772.

III. Les *Eloges philosophiques et très-savans* de deux célèbres Florentins, Saluste-Antoine Bandini, archidiacre de Siennes, et le docteur Redi, premier médecin du grand-duc de Toscane.

IV. Un ouvrage contre le *Despotisme*, en 2 vol. in-8°, 1770. Cet ouvrage est anonyme.

V. Plusieurs *Mémoires* sur différentes parties des sciences et des arts.

GORINI (JOSEPH CORIO, marquis DE). Le Traité de cet auteur, intitulé l'*Uomo trattato fisicomorale*, Lucques, 1756, in-4°, a été traduit en français sous ce titre: l'*Antropologie, Traité métaphysique*. Lausanne, 1761, in-4°, et 2 vol. in-12.

*GOUDAR (ANGE), né à Montpellier, était fils de Simon Goudar, inspecteur-général du commerce. Il se livra de bonne heure à l'étude de la morale et de l'économie politique. Différens ouvrages qu'il publia en France, firent quelque sensation, mais contribuèrent fort peu à sa fortune; il alla en Angleterre vers 1760, et il s'attacha au parti de M. de Guerchy contre la chevalière d'Eon, qui, dans ses ouvrages, représenta Goudar comme un écrivain mercenaire et versatile. Bientôt Goudar quitta l'Angleterre pour se rendre en Italie. Il était à Naples en 1767: il avait cru y trouver la terre promise; mais, s'étant aperçu des vices de l'administration de ce beau pays, il voulut les réformer en les dévoilant au jour de l'impression. C'est à cette époque qu'il paraît avoir épousé une belle femme qui se fit connaître ensuite par quelques écrits, publiés sous le nom de *Sara-Goudar*. Il est probable que cette femme avait de la fortune; au moins l'on vit son mari mener un grand train à Naples: il avait loué un palais à la ville et un autre palais à la campagne; il avait une voiture et donnait à manger. L'ouvrage qu'il publia sur Naples fit sensation; mais, au bout de quelque temps, le ministre Tanucci fit brûler l'ouvrage par la main du bourreau, et exiler l'auteur du royaume. Goudar revint en Angleterre, et il y était en 1779, lorsqu'il publia son *Espion français à Londres*. On ignore l'époque de sa mort. Les auteurs de la *Correspondance littéraire secrète* lui ont attribué, dans leur feuille du 26 juillet 1788, la brochure intitulée *l'Autorité royale indépendante des Parlemens*, publiée un mois auparavant.

Les principaux ouvrages de Goudar sont:

I. *Pensées diverses* ou *Réflexions sur divers sujets*. Paris, 1748, 1750, in-12.

II. *Nouveaux motifs pour porter la France à rendre libre le commerce du Levant*, 1755, in-12.

III. *Les intérêts de la France mal entendus*, 1756; 3 vol. in-12. Grimm rend de cet ouvrage un compte très-avantageux dans sa *Correspondance littéraire*. Voy. les tom. 2 et 3 de la 1re partie.

Il existe une traduction allemande de cet ouvrage.

IV. *Relation historique du tremblement de terre de Lisbonne*, 1756, in-12.

V. *Discours politique sur le commerce des Anglais en Portugal*, 1756, in-12.

VI. *Journal de la conquête du Port-Mahon*, 1756, in-12.

VII. *La paix de l'Europe ne peut s'établir qu'à la suite d'une longue trêve.* Amsterdam, 1761, in-12.

VIII. *Histoire des Grecs ou de ceux qui corrigent la fortune au jeu*, 1758, 3 parties, in-12, réimprimées plusieurs fois.

IX. *Débats au parlement d'Angleterre au sujet des affaires générales de l'Europe*, trad. de l'anglais. Londres, 1758, in-12.

X. *Lettre à un académicien de Paris au sujet de la nouvelle charrue à semer*, 1758, in-12.

XI. *L'année politique pour servir à l'histoire de l'année 1758.* 1 vol. in-12.

XII. *Observations sur les trois derniers ballets qui ont paru aux Italiens et aux Français*, 1759, in-12.

XIII. *Anti-Babylone*, ou *Réponse à la Nouvelle Babylone* (de Monbron). Londres, 1759, in-12.

XIV. *Mémoires pour servir à l'histoire de Pierre III, empereur de Russie*, sous les initiales D. G***. Francfort, 1763, in-12.

XV. *L'Espion chinois*, ou *l'Envoyé secret de la cour de Pékin pour examiner l'état présent de l'Europe*, traduit du chinois. Cologne, 1768, 1774, 6 vol. in-12.

XVI. *Considérations sur les causes de l'ancienne faiblesse de l'empire de Russie et de sa nouvelle puissance.* Amsterdam, 1772.

XVII. *Naples : ce qu'il faut faire pour rendre ce pays florissant.* Amsterdam (Venise), 1771, in-8°. Cet ouvrage est celui qui attira des désagrémens à l'auteur. Goudar en publia l'apologie en 1775, dans une lettre à M. le marquis T*** (Tanucci), laquelle devait servir de préface à une seconde édition qui ne paraît pas avoir eu lieu.

XVIII. *Plan de réforme proposé aux cinq correcteurs de Venise actuellement en charge, avec un sermon évangélique pour élever la république dans la crainte de Dieu.* Amsterdam (Venise), 1775, in-8°.

XIX. *Della morte di Ricci, generale de Gesuiti*, 1775.

XX. *Saggio sopra i mezzi di ristabire lo stato temporale della chiesa*. Livorno, 1776, in-4°.

XXI. *L'Espion français à Londres*, ou *Observations critiques sur l'Angleterre et les Anglais*, ouvrage destiné à servir de suite à l'*Espion chinois*. Londres, aux dépens de l'auteur; 1779, 2 vol. in-8°. — Nouvelle édition; Londres, 1780, 2 vol. in-12. — SARA, Anglaise, connue sous les noms de Sara Goudar, parce qu'elle épousa le fameux chevalier de Goudar. Aussitôt après leur mariage, le mari et la femme voyagèrent en Italie; ils firent imprimer à Venise différens opuscules, soit sur les divertissemens d'Italie, soit sur le royaume de Naples. Les *Remarques sur la musique et la danse*, ou *Lettres à Milord Pembroke*, imprimées en 1773, portent au frontispice la lettre initiale du mari; cependant l'épouse les a insérées dans ses *OEuvres mêlées*, Amsterdam, 1777, 2 vol. in-12. Elle fut exilée de Naples avec son mari en 1774. Il paraît qu'elle se retira en Hollande, ou plutôt dans les Pays-Bas; car les caractères de ses *OEuvres mêlées* ressemblent bien à ceux qu'on emploie à Bruxelles. On trouve dans ces *OEuvres mêlées*, tom. Ier: 1° *Lettres au comte Alexis Orlow sur le carnaval de Naples*; 2° *Lettres à Milord Tilney sur les divertissemens de l'automne de Toscane*; 3° *Lettres à un noble vénitien*; 4° *Lettre à la République de Luques*. Le second volume renferme, en douze Lettres, des remarques sur la musique italienne et sur la danse. Les deux premières sont celles qui avaient paru séparément en 1773. On doit encore à Sara Goudar des *Remarques sur les anecdotes de madame du Barry*, Londres, 1777, in-12. Cette dame qui passa une partie de sa vie dans l'aisance et dans les jouissances du luxe, mourut à Paris, vers 1800, pauvre et abandonnée.

GOUGE (madame DE). L'article de cette courageuse victime de la révolution française se lit avec intérêt dans la *Biographie universelle*; mais la liste de ses ouvrages est incomplète. Je le remarque pour deux raisons: 1° parce que le rédacteur semble annoncer qu'elle sera complète, puisqu'il emploie ces expressions: *Voici la liste de ses ouvrages*; 2° parce que le même rédacteur semble révoquer en doute l'existence d'un opuscule de madame de Gouge, intitulé: *Remarques patriotiques par la citoyenne auteur de la Lettre au peuple*. Cet opuscule de 48 pages parut en 1788. Les autres opuscules omis par la *Biographie*, sont: I. *Le Bonheur primitif* ou les *Rêveries patriotiques*. Amsterdam et Paris; Royez, 1789; in-8° de 126 pages. Dans cet ouvrage, madame de Gouge renvoie à sa *Lettre au peuple* et à ses *Remarques patriotiques*. II. *L'ordre national*, ou *Le comte d'Artois inspiré par Mentor*; dédié aux Etats-Généraux, 1789, in-8° de 24 pag.

GOUJET (CLAUDE-PIERRE), l'écrivain du XVIIIe siècle le plus versé dans l'histoire littéraire. La *Biographie universelle* ne lui rend peut-être pas assez de justice sous ce rapport, tandis qu'elle entre dans de minutieux détails sur son attachement au jansénisme. L'abbé Goujet n'eût-il rédigé que cinq volumes environ sur les dix dont se compose la dernière édition du *Dictionnaire de Moréri*, et sa *Bibliothèque française*, en 18 vol. in-12, il mériterait à jamais notre reconnaissance. La prévention qui a présidé à la rédaction de son article, est cause sans doute qu'il s'y est glissé des inexactitudes assez remarquables. 1°. On y parle de l'*impression* de son *Histoire du Concile de Constance*. L'abbé Goujet dit seulement, dans les *Mémoires de sa vie*, qu'il avait *achevé* cette Histoire, mais qu'il cessa de continuer ce travail, lorsque le libraire Guérin se fut accommodé avec ceux qui l'avaient mis en œuvre.

2°. Goujet n'a donné qu'une édition du *Dictionnaire de Richelet*, Lyon, 1758, 3 vol. in-fol. Il est éditeur du *Dictionnaire portatif de la langue française*, extrait de ce grand dictionnaire. Lyon, 1756, 1759, in-8°.

3°. L'édition des *Mémoires de la Ligue*, revue par l'abbé Goujet, est composée de 6 vol. in-4° au lieu de 5.

4°. L'*Histoire des inquisitions*, 2 vol. in-12, a paru en 1759 et non en 1752. Cette dernière date se trouve, à la vérité, dans les *Mémoires de la vie de Goujet*, mais c'est une faute d'impression. Le catalogue manuscrit de l'abbé Goujet porte la date de 1759. Il en a été fait en 1769 une nouvelle édition augmentée de l'excellent *Manuel des inquisiteurs*, traduit et abrégé du latin par l'abbé Morellet en 1762.

GOULART (Simon), de Senlis. La *Biographie universelle* ne fait pas connaître d'une manière assez précise les travaux de cet infatigable écrivain. Il n'est point l'auteur de toutes les traductions auxquelles il a mis les initiales de ses noms; ainsi, par exemple, il n'a fait que revoir les anciennes traductions des œuvres de Xénophon, Cologny, 1613, in-fol. Pyrame de Candole en fut l'éditeur; mais il a avoué dans l'extrait du privilége que ces œuvres avaient été *faites françaises*, c'est-à-dire revues par S. G. S. Ce privilége ne se trouvant pas dans l'édition in-8° de cette traduction publiée en 1619, on a cru que tout le travail appartenait à Pyrame de Candole. La traduction de Sénèque paraît être entièrement de Simon Goulard; mais il fallait assigner la véritable époque de sa publication. Bayle la fait remonter à l'année 1590: c'est une erreur qui a été remarquée par l'abbé Joly. Cette traduction parut pour la première fois en 1595, 3 vol. in-4°, à Paris, chez Houzé. La seconde édition est de l'année 1598, 1 vol. in-fol.

GOURCY (l'abbé de). On regrette de trouver plusieurs inexactitudes dans l'article que la *Biographie universelle* a consacré à cet estimable écrivain:

1°. Son *Histoire philosophique et politique de la doctrine et des lois de Lycurgue*, est une broch. in-8° de 108 p., et non un in-12.

2°. La seconde édition de son *Discours sur l'état des personnes en France*, est de 1789, in-8°, et non de 1779.

3°. Sa traduction de l'*Apologétique* et des *Prescriptions* de Tertullien, forme un vol. in-12 au lieu d'un in-4°.

4°. La *Suite des anciens apologistes de la religion chrétienne*, parut en 1785, 2 vol. in-8°.

Les continuateurs de Feller ont copié presque toutes les méprises et négligences de la *Biographie*.

GOUSSAINVILLE. Il y a deux articles sous ce nom dans le Moréri de 1759. Le second est celui d'un éditeur des Œuvres de S. Grégoire-le-Grand, en 1675, 3 vol. in-fol., et des Œuvres de Pierre de Blois, publiées en 1667, 1 vol. in-fol. Un écrivain aussi laborieux ne mérite certainement pas l'oubli dans lequel l'a laissé la *Biographie universelle*.

M. Chaudon lui a donné un petit article, sous le nom de *Gussanvillan*. C'est le nom de l'auteur, latinisé, puisqu'il se nommait en latin *Gussanvillanus*. Il est étonnant que Feller ait reproduit l'article de M. Chaudon.

* GOUSSAULT (l'abbé), écrivain moraliste de la fin du XVIIe siècle, oublié par les premiers rédacteurs de nos Dictionnaires historiques, et dont cependant quelques ouvrages sont encore recherchés. L'abbé Goussault fut pendant quelque temps conseiller au parlement. Il était licencié de la maison de Sorbonne. Aussi remarque-t-on dans ses ouvrages un mélange assez agréable d'érudition profane et ecclésiastique. On voit aussi dans l'un d'eux que l'auteur avait voyagé en Italie. Lorsqu'il fut retiré des affaires, il se livra à la composition de différens ouvrages de morale qui furent bien reçus du public. Dès 1679, il avait publié des *Raisonnemens chrétiens sur ce qui s'est passé dans le commencement du monde*; à Paris, chez Dezallier, 1 vol. in-12. L'auteur y explique, d'après les sentimens des pères de l'Église, ce que l'on doit entendre par les géans, par la confusion des langues, opérée lors de la construction de la tour de Babel. Depuis sa retraite des affaires, l'abbé Goussault a fait paraître :

I. Des *Poésies et Pensées chrétiennes*. Paris, 1681, in-12. Ce sont de belles pensées des pères de l'Église, assez bien exprimées en notre langue, tant en prose qu'en vers.

II. *Lettre à un de ses amis sur le mandement de l'évêque de Laon, touchant les curés et les prêtres avancés en âge*. 1688, in-4°.

III. *Réflexions sur les défauts ordinaires des hommes et sur leurs bonnes qualités*. Paris, Brunet, 1692, in-12, et Lyon, 1694, anonyme. L'auteur paraît avoir caché son nom pour n'avoir point l'air de se mesurer avec l'abbé de Villiers qui venait de publier un ouvrage du même genre, ses *Réflexions sur les défauts d'autrui*. L'ouvrage de l'abbé Goussault eut du succès, puisqu'il fut réimprimé à Lyon. Jacques Delessart, libraire de Maestricht, le reproduisit au bout de vingt ans sous ce titre : *Réflexions sur les différens caractères des hommes*, par M. E. F., évêque de N., 1714, in-12. L'ouvrage fit encore plus de sensation sous ce nouveau titre que sous l'ancien. L'abbé Fléchier, croyant que ces Réflexions étaient réellement de son oncle, les inséra en 1715 à la suite des Lettres de l'évêque de Nîmes. Les journalistes du temps n'élevèrent aucune réclamation à ce sujet. Aussi trouve-t-on cet ouvrage dans la collection des *Œuvres* de Fléchier, en 10 vol. in-8°. *Voy.*

le tome 9e. Il y a cependant une grande différence entre le style quelquefois incorrect de l'abbé Goussault, et celui de Fléchier qui est toujours pur.

IV. *Le Portrait d'un honnête homme*, Paris, Michel Brunet, 1693, et Lyon, Baritel, 1694 et 1700, in-12. Le style et la marche de cet ouvrage font bien reconnaître l'auteur des *Réflexions sur les défauts ordinaires des hommes;* d'ailleurs le libraire Brunet, dans ses catalogues, désignait les *Réflexions* comme un des ouvrages de l'abbé Goussault. Le *Portrait d'un honnête homme* a été traduit en allemand par Paul-Jacob Macperger, 1698, in-12.

V. *Portrait d'une honnête femme*, Paris, 1694, in-12.

VI. *Conseils d'un père à ses enfans*. Paris, Brunet, 1695, in-12. Cet ouvrage a été traduit en italien, en 1745, avec quelques changemens.

VII. *Lettres choisies de divers auteurs*. Bruxelles, Léonard, 1725, in-8°. On croit que c'est une nouvelle édition du Recueil de Milleran.

GOUSSET (JACQUES), théologien protestant. Plusieurs de ses ouvrages sont posthumes : dans ces cas, on aime à connaître les Éditeurs. La *Biogr. univ.* ne nomme pas Arnold Borstius, éditeur de l'ouvrage intitulé : *Jesu-Christi evangeliique veritas salutifera*. Amsterdam, 1712, in-fol., et non in-4°. La même *Biographie* ne parle pas du volume intitulé : *Vesperæ Groninganæ sive amica de rebus sacris colloquia*. Amsterdam, 1698, et 1711, in-12; Gousset a eu part à ce Recueil, et il en a été l'éditeur. Les autres collaborateurs, suivant une note manuscrite de M. de Villoison, ont été Crousset, Vernier, Quartier, du Videl et Tholé.

GRACIAN (BALTHAZAR), jésuite espagnol. Tous nos Dictionnaires historiques se sont plus ou moins trompés en annonçant l'Homme détrompé, ou le *Criticon* de Balthazar Gracian, traduit de l'espagnol en français. La Haye, Jacob van Ellinckuysen, 1708, 3 vol. in-12. Réimprimés plusieurs fois à Rouen, à La Haye et à Genève.

On n'a pas trop su jusqu'à ce jour à qui attribuer cette traduction : voici ce qu'en dit l'abbé Goujet, en 1749, dans son *Second supplément au Dictionnaire de Moréri*, d'après un Mémoire latin du père Oudin, jésuite. « L'ouvrage de Gracian a été traduit à Paris, en 1696, in-12. Le traducteur, nommé Maunoy (lisez MAUNORY), ne donna cette année que la première partie; il donna ensuite l'ouvrage entier à La Haye (ou plutôt à Rouen), en 1705, 1708, 1723, trois tomes; réimprimés dans la même forme à Genève, en 1725. » Ces détails sont spécieux, mais ils ne me paraissent pas vrais. Maunory, qui exerçait la profession d'avocat, suivant la *table du Journal des Savans*, publia à la vérité, à Paris, en 1696, la première partie du *Criticon* de Gracian. Il annonce dans une courte préface qu'il fera paraître les deux suivantes; et dans une dédicace au maréchal de Noailles, il rappelle des événemens qui ont trente ans de date: il n'était donc pas jeune alors. Van Ellinckuysen, libraire de La Haye, réimprima ce volume en

1705. Ayant été satisfait de son débit, il fit continuer la traduction, et le tout parut en 1708, sans nom de traducteur, par conséquent sans dédicace, et avec une préface assez étendue toute différente de celle qui se lit dans les volumes de 1696 et de 1705. Il est si vrai que l'ouvrage a été imprimé à La Haye, que les *Nouvelles de la république des lettres* en rendirent compte dès le mois de février 1708, page 230. Ces trois volum. ont été contrefaits à Rouen en 1709 : on ignore le nom du traducteur des seconde et troisième parties. Il est très-probable que Maunory était mort en 1708. Le Moréri de 1759 ne s'est trompé que sur un point, en attribuant à Maunory la suite de la traduction de l'*Homme détrompé*. Ladvocat, M. Chaudon, Feller et la *Biogr. univ.* se sont encore trompés sur le nom du traducteur, qu'ils appellent Maunoy.

† GRAINVILLE (PIERRE-JOSEPH DE), jésuite, né à Rouen, mort en 1730, habile dans la connaissance des médailles, et bon humaniste. On lui doit une édition de *C. Suetonius expurgatus ab obscœnitâte et varië illustratus*, Rouen, Le Boullanger, 1707, in-12, et une de *Paterculus*, *cum notis*, Limoges, Barbou, 1714, in-12, auxquelles il n'a pas attaché son nom. L'on sait qu'il préparait une édition de Valère Maxime. On trouve dans les *Mémoires* de Trévoux, dans le *Mercure de France*, et ailleurs, des *Dissertations* ou *Lettres* de ce jésuite, sur les médailles. Plusieurs de ces morceaux ont été traduits en latin par Woltereck, dans le volume intitulé : *Electa rei nummariæ*, *Hamburgi*, 1709, in-4°. Banduri cite avec éloge, dans sa *Bibliotheca nummaria*, les Opuscules du P. de Grainville. Saxius en donne la liste exacte dans le sixième volume de son *Onomasticon ;* mais il a été induit en erreur sur le nom de baptême et sur le lieu de naissance de notre auteur. C'est un article des *Mémoires* de Trévoux (juillet, 1714, pag. 1462), qui m'a fait connaître les travaux du P. de Grainville, sur *Suétone*, *Paterculus* et *Valère Maxime*. Fabricius, dans sa *Bibliothèque latine*, annonce le *Suetone* du P. de Grainville, comme devant bientôt paraître. Ernesti, dans l'édition de 1773, de la *Bibliothèque* de Fabricius, déclare ne l'avoir point vu. Cette édition, ayant été faite pour la jeunesse, contient des retranchemens qui l'ont empêchée de prendre son rang parmi les éditions citées par les savans : elle n'en est pas moins estimable. Il était d'autant plus difficile de reconnaître le P. de Grainville comme éditeur du *Paterculus*, que le nom du P. Buffier se lit en entier dans le Privilége qui termine cette édition : ce qui prouve seulement que le P. Buffier avait été chargé de remettre le travail du P. de Grainville, entre les mains des libraires. On trouve à la fin de ce *Paterculus*, un *Index géographique* qui est un modèle d'exactitude ; il avait paru, dès 1710, à la fin de la réimpression exécutée à Limoges, de la traduction de *Paterculus*, par Doujat, avec le texte en regard.

Le dernier travail du P. de Grainville paraît consister dans les deux lettres sur trois articles que renferme le *Mercure* des années 1723 et 1724, sur les médailles de son cabinet, qui manquaient à celui du P. Banduri. La *Biographie universelle* s'est trompée, comme Saxius, sur le nom de baptême de notre auteur.

(*Liste des hommes illustres nés en Normandie*, par l'abbé Saas; *Catalogue de la bibliothèque Casanate*, etc., etc.)

* GRAND (Antoine le), auteur du XVIIe siècle, qui se montra d'abord sectateur du stoïcisme le plus rigide, et fut ensuite un zélé cartésien. Ses ouvrages lui ont mérité le titre d'abréviateur de Descartes. Cet habile homme naquit à Douay, et publia à Paris, en 1663, sous le voile de l'anonyme, le petit volume intitulé: les *Caractères de l'homme sans passions, selon les sentimens de Sénèque.* Cet ouvrage a été réimprimé plusieurs fois, notamment à Lyon, en 1665, petit in-12, et à Paris, en 1682, grand in-12. J'en possède une édition ainsi intitulée: *Le Sage des stoïques*, ou *l'Homme sans passions, selon les sentimens de Sénèque.* La Haye, chez Samuel Broune, 1662, petit in-12, avec une Epître dédicatoire à Charles II, roi d'Angleterre; malgré sa date, je crois que cette édition est postérieure à celle de 1663. L'auteur passa une grande partie de sa vie en Angleterre; mais il fit plusieurs voyages en France, ayant été chargé de l'éducation de quelques jeunes gens qui appartenaient à des familles nobles. Voici les titres de ses principaux ouvrages:

I. *Physica.* Amstelodami, 1664, in-4°. Voy. Struve, *Biblioth. philosoph.*, édit. de 1740. Je n'ai vu cet ouvrage indiqué dans aucun catalogue; Boehmer, dans sa *Bibliotheca scriptor. Hist. naturalis*, semble le citer sous le titre d'*Historia naturæ*, qui appartient au n° V ci-après.

II. L'*Epicure spirituel*, ou l'*Empire de la volupté sur les vertus.* Douay, 1669, in-8°.

III. *Philosophia veterum è mente Renati Descartes, more scholastico breviter digesta.* Londres, 1671, in-12.

IV. *Institutio philosophiæ, secundùm principia Renati Descartes, novâ methodo adornata et explicata ad usum juventutis academicæ.* Londini, 1672, in-8°; 1678, in-4°; alia editio, *ibid.*, 1683; tertia (quarta) editio prioribus multò auctior, Norimbergæ, 1695, in-4°. Cet ouvrage renferme une logique.

V. *Historia naturæ variis experimentis et ratiociniis elucidata.* Londini, 1673, in-8°; 1680, in-4°; secunda editio (tertia), Norimbergæ, 1680, in-8°; quarta editio, Norimbergæ, 1702, in-4°.

VI. *Dissertatio de carentiâ sensûs et cogitationis in Brutis.* Londini, 1675, in-8°. Norimbergæ, 1679, in-8°.

VII. *Apologia pro Renato Descortes, contrà Samuelem Parkerum.* Londini, 1679, in-8°; Norimbergæ, 1681, in-12; Londini, 1682, in-12.

VIII. *Curiosus rerum abditarum naturæque Arcanorum perscrutator.* Francofurti, 1681, in-12. Norimbergæ, 1681, in-12.

IX. *Scydromedia*, seu *Sermo quem Alphonsus de la Vida habuit coram comite de Falmouth, de monarchiâ, libri II.* Norimbergæ, 1680, in-8°.

X. *Historia sacra à mundi exor-*

dio ad Constantini Magni imperium deducta. Londini, 1685, in-8°. C'est le meilleur et le plus rare des ouvrages de l'auteur.

XI. *Dissertatio de ratione cognoscendi et Appendix de mutatione formali contrà J. S. methodum sciendi*, etc. Londini, 1607, in-8°.

On doit encore à Ant. Le Grand, des Remarques sur la version latine de la physique de Rohaut. Lond., 1682, in-8°. Bayle lui attribue aussi un ouvrage intitulé : *l'Epicure chrétien et spirituel.*

Il est étonnant que Baillet, dans sa Vie de Descartes, qui renferme tant de choses inutiles, n'ait rien dit des ouvrages d'Ant. Le Grand.

* GRAND (Jean-Baptiste le) fut aussi un Cartésien célèbre en son temps. Claude Clerselier, beau-père de Rohaut, légua, en 1684, année de sa mort, une somme de 500 livres, pour être mise entre les mains de l'abbé Le Grand, avec plusieurs manuscrits considérables de Descartes. Ce legs était destiné à ceux qui auraient la capacité suffisante pour revoir ces manuscrits, et les mettre en état d'être rendus publics. L'abbé Le Grand mourut au séminaire de Saint-Magloire de Paris, vers 1704, sans avoir exécuté la dernière volonté de M. Clerselier. Avant sa mort, il fit un testament par lequel il ordonna de remettre la somme de 500 l. entre les mains de M. Marmion, professeur de philosophie au collége des Grassins. Ce professeur mourut aussi au commencement de l'année 1705; mais il avait ordonné, avant de mourir, que le legs de M. Clerselier serait rendu à madame Le Grand, mère de l'abbé Le Grand. On ignore ce que sont devenus les manuscrits qui lui furent remis, et l'on a lieu de s'étonner de l'oubli où ils sont tombés, par la négligence de ceux qui étaient chargés du soin de les publier. L'abbé Le Grand s'en occupait avec zèle, vers 1691, époque à laquelle il communiqua obligeamment à Baillet les manuscrits de Descartes, les secours d'une vaste correspondance, et ses propres lumières pour accélérer la publication de la vie de Descartes, à laquelle il devait prendre un vif intérêt.

M. Emery, dans ces derniers temps, a fait beaucoup de recherches sur les manuscrits de Descartes, comme on le voit par un excellent discours préliminaire des *Pensées de Descartes.* Paris, 1811, in-8°. Mais il paraît avoir ignoré l'existence du legs fait par Clerselier en faveur de l'abbé Le Grand. Il est aussi à remarquer qu'il n'a rien dit des ouvrages cartésiens publiés en Angleterre par Antoine Le Grand. (*Nouvelles de la République des Lettres ;* année 1705, mois de juin, p. 696 et suiv. *Préface de la vie de Descartes*, par Baillet.)

*GRAND-CHAMP (de), capitaine en pied dans le régiment de Lillemarais, s'appliquait fort à l'étude et surtout aux mathématiques. Ayant voulu servir dans l'armée des États comme ingénieur, il fut tué à l'attaque de la citadelle de Liége, en 1702. Il n'y avait pas long-temps qu'il s'était érigé en auteur. Il avait fait un petit livre plus d'un an auparavant, qu'il avait intitulé *le Télémaque moderne.* L'année de sa mort, on publia sa *Guerre d'Italie* ou *Mémoires du comte de* **, 1701, in-12. Je ne sache pas qu'il ait composé d'autres ouvrages. (*Répub. des lettres*, juin 1704, p. 697.)

GRANET (l'abbé), collaborateur de l'abbé Desfontaines. La *Biographie universelle* ne fait connaître que la seconde édition donnée en 1731, de la traduction que cet abbé a faite de l'*Essai sur les guerres civiles de France*, composé en anglais par Voltaire. Cette traduction parut, pour la première fois, à *La Haye, chez Guyot de Merville, en* 1729, in-8°. Il en existe une édition faite aussi dans l'étranger, sous la même date, mais en caractères plus petits. C'est cette traduction que l'on trouve dans les collections des œuvres de Voltaire.

GRANVELLE (ANTOINE PERRENOT, cardinal DE). La *Biographie universelle*, dans une note de la p. 319, me paraît citer le comte de *Nerri*, au lieu du comte de Neni, auteur des *Mémoires historiques et politiques des Pays-Bas autrichiens*.

GRAVEROL (FRANÇOIS). Est-il bien sûr que ce savant se soit occupé de la publication des lettres latines de Jean du Pin (*lisez* de Pins), évêque de Rieux, comme le dit la *Biographie universelle* ? On lit seulement dans la *Notice de la province de Languedoc*, par F. Graverol, Toulouse, 1696, in-fol., p. 42, que les héritiers de M. Medon, conseiller au sénéchal de Toulouse, possédèrent un bon *Recueil manuscrit des harangues et lettres de Jean de Pins*, qui méritent de voir le jour.

M. l'abbé de Pins, nommé à l'évêché de Béziers, est de la famille du savant évêque de Rieux.

GRAVEROL (JEAN), frère du précédent. La *Biographie universelle* n'a point cité ses *Instructions pour les Nicodémites*, où, après avoir convaincu ceux qui sont tombés de la grandeur de leur crime, on fait voir qu'aucune violence ne peut dispenser les hommes de l'obligation de professer la vérité. Amsterdam, 1687, in-18. Voyez ci-devant le mot GAGNIER.

GRAVINA (JEAN-VINCENT), savant jurisconsulte. La *Biogr. univ.* n'a point parlé de la traduction française par Requier de son grand ouvrage *De ortu et progressu juris civilis* ; elle a pour titre : *Esprit des lois romaines*, Paris, 1766, 3 vol. in-12. La traduction de l'ouvrage sur la poésie par le même Requier, est intitulée *Raison* ou *Idée de la Poésie*, Paris, 1755, 2 vol. pet. in-12. Gravina méritait de trouver parmi nous un interprète plus fidèle et plus élégant.

GRAZIANI (ANTOINE-MARIE). On retrouve dans la *Biographie universelle*, au sujet de la *Vie du cardinal Commendon* par cet auteur, deux méprises : l'une concerne le format de cet ouvrage qui est in-4° et non in-12; l'autre, tirée du dictionnaire de M. Chaudon, est relative à l'éditeur qui a été l'abbé Séguin et non Fléchier. Voyez ci-devant le mot FLÉCHIER.

GRÉGOIRE (SAINT), dit le Grand, pape. La *Biographie uni-*

verselle a oublié d'indiquer les traductions françaises de plusieurs de ses ouvrages.

1°. Les *Quarante Homélies* ou *Sermons*, traduits par le duc de Luynes. Paris, 1669, in-4°.

2°. Les *Morales sur le livre de Job*, traduites par le même. Paris, 1666 et années suivantes, 3 vol. in-4°.

3°. *Le Pastoral;* traduit par J. Le Clerc, curé de Soisy, près Provins; Paris, 1670, in-12, par le pseudonyme Antoine de Marsilly (l'abbé Prévost), Paris, 1694, in-12. Cette dernière traduction a fait oublier la précédente; elle a été réimprimée en 1739, petit in-12.

4°. Ses *Dialogues*, traduits par Louis Bulteau. Paris, 1689, in-12.

5°. Ses *Épîtres choisies*, traduites par M. de Gondrin, archevêque de Sens; Paris, 1676, in-12. L'abbé Boileau en a été l'éditeur.

GRÉGOIRE DE NAZIANZE (Saint). Je dois encore reprocher à la *Biographie universelle* d'avoir négligé de faire connaître les traductions françaises de plusieurs ouvrages de cet éloquent père de l'Église.

1°. Son *Discours contre Julien l'Apostat*, traduit par l'abbé Troïa d'Assigny, avec des remarques. Lyon, 1735, in-12.

2°. Les *Discours sur l'excellence du sacerdoce*, traduits par le même; Paris, 1747, 2 vol. in-12.

3°. Son poëme des *Vicissitudes de la vie*, traduit par Le Franc de Pompignan. Voy. ses *Mélanges de traductions*, Paris, 1779, in-8°.

GREGORY (Jean), médecin écossais. Nous possédions une traduction française de ses *Observations sur les devoirs et la profession du médecin*, par un anonyme, 1774, in-12. La *Biographie universelle* n'a cité que celle de M. Verlac, 1787, in-12.

* GRIÈVES (Georges), des Etats-Unis d'Amérique, mort à Bruxelles vers le mois de mars 1809.

Il avait porté les armes avec distinction pendant la guerre de l'indépendance américaine, et il s'était acquis ensuite un nom dans les sciences et les lettres par la publication de divers ouvrages français ou anglais. Il fut le premier envoyé extraordinaire des Etats-Unis auprès des Etats-généraux des Provinces-Unies. M. Grièves fut lié d'amitié avec plusieurs hommes célèbres; parmi eux l'on distingue le héros d'Amérique Washington, MM. Jefferson, Franklin, Fox, Mirabeau, ainsi que plusieurs autres personnages dont les noms sont moins fameux dans les deux Mondes.

GRILLET (Jean-Louis), ancien recteur du collége de Carouges, auteur d'un *Dictionnaire historique, littéraire et statistique des départemens du Mont-Blanc et du Léman; Chambéry*, 1807, 3 vol. in-8°; rempli de recherches neuves et curieuses. La *Biographie universelle* a rendu une pleine justice à ses connaissances en tout genre, et à ses vertus religieuses; les continuateurs de Feller lui reprochent un excès de tolérance religieuse. Peu d'ecclésiastiques aujourd'hui s'exposent au même reproche.

GRIMM (Frédéric-Melchior, baron de). Avant la publication de sa vaste *Correspondance*, Grimm n'était connu que par quelques opuscules ingénieux et par la peinture que J.-J. Rousseau a tracée de son caractère dans ses fameuses *Confessions*. J'ai publié, en 1814, sous le titre de *Supplément à la Correspondance de Grimm*, le recueil de ses opuscules; la *Biographie universelle* renvoie à ce volume que le public a accueilli très-favorablement. Les continuateurs de Feller n'ont pas cru devoir le citer, sans doute pour mériter de plus en plus le titre d'abréviateurs infidèles de la *Biographie*.

GROTIUS (Hugues). L'article de ce grand homme dans la *Biographie universelle* ne laisserait rien à désirer, si l'indication des traductions françaises de ses ouvrages était plus soignée.

1°. Le *Droit de la guerre et de la paix* a été traduit par Antoine de Courtin, résident général pour le roi de France auprès des princes et États du nord. Paris, 1688, 2 vol. in-4°. Amsterdam, 1703; 3 vol. in-12. On trouve à la fin la traduction du Traité de Grotius, intitulé *Mare liberum*, dont M. Champagne a publié seulement l'analyse en français, Paris, 1803, in-8°. Cette traduction reçut un bon accueil du public; mais elle a été effacée par celle de Barbeyrac, publiée à Amsterdam, en 1724, 2 vol. in-4°, avec des notes estimées, et dont la meilleure édition est celle de Bâle, 1746, 2 vol. in-4°.

2°. Il y a une plus ancienne traduction de son *Traité de la vérité de la religion chrétienne*, que celle de Mezeray. Elle parut sous le voile de l'anonyme, à Amsterdam, chez J. Blaew, en 1636, in-18. Je tâcherai de prouver dans la seconde édition de mon *Dictionnaire des ouvrages anonymes*, qu'elle est d'Etienne de Courcelles

3°. Les *Annales et Histoires des troubles des Pays-Bas*, ont été traduites en français par Nicolas l'Héritier, père de la célèbre mademoiselle l'Héritier. Amsterdam, Blaew, 1662, in-fol.

4°. Son *Antiquité de la République Batave*, a été trad. par Hélie-Poirier, Parisien.

5°. Son *Traité du pouvoir du magistrat politique sur les choses sacrées*, a été traduit par Lescalopier de Nourar, 1751, in-12.

GROU (Jean), né le 24 novembre 1731, au Calaisis, diocèse de Boulogne, avait fait ses premiers vœux dans la Compagnie de Jésus, lors de la suppression de la Société. Il publia à Paris, en 1762, la traduction de la *République* de Platon, qui fut très-bien accueillie des savans et du public. Elle a été réimprimée à Amsterdam l'année suivante. Après la destruction de la Société dont il était membre, et après avoir rédigé la réponse aux *Extraits des assertions*, cet habile helléniste se retira à Pont-à-Mousson, où il passa seulement quelques années. En 1765, il alla en Hollande, et s'y occupa de la continuation de sa traduction de Platon. On vit, en effet, paraître à Amsterdam, chez Marc-Michel Rey, en 1769, la traduction des *Loix*, et, en 1770, celle des *Dialogues*. On trouve en tête de la traduction des *Lois* un témoignage des professeurs Ruhnkenius et Valckenaer, bien honorable pour M. Grou. Ce savant modeste revint à Paris vers 1776. Il s'y occupa avec un de ses anciens confrères, le père Guérin, frère de l'*historien des temps fabuleux*, de la composition d'un *Traité dogmatique de la vraie religion*, ouvrage étendu dont les matériaux furent remis à l'abbé Bergier, qui le revit, l'augmenta et le publia, sous son nom seul, en 1786, 12 vol. in-12.

L'abbé Grou fit paraître à Paris, en 1786, la *Morale tirée des Confessions de saint Augustin*, 2 vol. in-12; en 1788, les *Caractères de la vraie dévotion*, 1 vol. in-18; en 1789, les *Maximes de la vie spirituelle* (en vers), avec des explications en prose, 1 vol. in-12. Il devait publier l'analyse des autres ouvrages de saint Augustin, mais il est probable que la Révolution de 1789 dérangea son plan: elle l'éloigna de la France, ou au moins de Paris.

L'abbé Grou se retira en Angleterre, chez Thomas Weld, pieux catholique qui avait fait bâtir dans sa terre de Lutworth un couvent à la colonie de Trapistes qui, de Fribourg, allaient s'établir au Canada, et qu'il avait retenus. Il a été confesseur de la maison de Thomas Weld, et chapelain de sa Chartreuse.

Le libraire Beaucé a publié à Paris, vers 1814, un ouvrage de cet estimable auteur, intitulé: L'*Intérieur de Jésus et de Marie*, 2 vol. in-12.

On doit encore à l'abbé Grou: *Méditations en forme de retraite sur l'amour de Dieu, avec un petit écrit sur le don de soi-même à Dieu*. Londres, chez J. P. Coghlan, imprimeur; 1796, petit in-12.

* GRUTERUS (Isaac) était fils de Pierre, et, par conséquent, petit-fils de Thomas, père de Pierre, sur lequel on peut voir le *Dictionnaire historique et critique* de Bayle, note B.

Bayle paraît n'avoir point connu cet Isaac, qui a néanmoins publié quelque chose, comme *Hug. Grotii quædam hactenus inedita, aliaque ex Belgicè editis latinè versa, argumenti theologici, juridici, politici*; 1652, chez L. Elzevier. Il traduisit aussi, en 1653, un petit volume des Œuvres du chancelier Bacon, qui fait la seconde partie de l'édition renouvelée à Amsterdam en 1730. Son frère Jacques avait traduit la *Sylva sylvarum* du même chancelier: il corrigea la seconde édition de cette version, après la mort du traducteur. Je ne sais en quelle qualité il était dans l'école latine de Nimègue. Il fut depuis dans celle de Rotterdam, d'où il date son épître dédicatoire de la *Sylva sylvarum*, è Gymnasio Erasmiano, 1661. Celle des *Cogitata et visa* du même Bacon, est datée de La Haye, 1653.

(Tiré du Recueil des discours de Barbeyrac. Amsterdam, 1731, 2 vol. in-12.)

GUASCO (Octavien de), abbé. La *Biographie universelle* fait observer, avec raison, que dans le recueil de *Dissertations historiques, politiques et littéraires*, publié par cet auteur, Tournay, 1756, 2 vol. petit in-8°, ne se trouve pas la pièce couronnée en 1749, par l'académie des inscriptions (*l'état des sciences en France sous le règne de Louis XI*), quoiqu'il l'eût annoncée dans son avant-propos, comme devant être insérée dans le tome II. Cette omission fait craindre que ce travail ne soit perdu. Les éditeurs des Recueils 4 et 5 de la *Société typographique de Bouillon*, en 1769 et en 1770, nous ont conservé la dissertation de l'abbé de Guasco sur les Volsces, couronnée en 1749, par l'académie royale des sciences, inscriptions et belles-lettres de Toulouse : le tome XXIIIe des *Mémoires* de l'académie des inscriptions de Paris, n'en présente qu'un court extrait.

GUERET (Gabriel), avocat. Ses *Sept sages de la Grèce* ont paru, en 1662, à Paris, petit in-12, avec fig. La première édition de son *Parnasse réformé* est de Paris, 1669, petit in-12 ; *la Guerre des auteurs* fut publiée, pour la première fois, à Paris, en 1671, petit in-12. Ces dates ont été négligées par la *Biographie universelle* : elles donnent de l'intérêt à un article, puisqu'elles font connaître le soin que les auteurs mettent à leurs travaux.

† GUEULETTE (Simon), natif de Noyon, après avoir été bernardin à Ourscamp, passa dans l'ordre de Cluny, et mourut à Paris, en 1699. On doit à ce religieux plusieurs ouvrages élémentaires par demandes et par réponses.

I. *Méthode facile pour apprendre l'histoire de France*, 1684, 1685, 1689, in-12, sous le nom de M. D***, c'est-à-dire, Desmay ; c'était le nom de la mère de cet auteur. Une édition de sa *Méthode facile*, publiée en 1691, contient 3 volumes, et est remplie de beaucoup de détails qui ne paraissent plus dans celle de 1693 et dans les suivantes, c'est-à-dire, dans celles de 1696 et de 1709, réduites à un seul volume, et bornées à un simple abrégé.

II. *Méthode pour apprendre facilement la fable héroïque ou l'histoire des dieux*, 1692, in-12. Cet ouvrage parut sous le nom du prieur de Courcelles.

III. *Méthode pour apprendre l'histoire de l'Église*, 1693, 3 vol. in-12. Le second volume s'est vendu séparément sous ce titre : *Abrégé de l'histoire de l'Église gallicane*, par demandes et par réponses, par le prieur de Courcelles, Paris, 1699, in-12.

IV. *Nouvelle méthode pour apprendre facilement l'histoire romaine*, 1694, 1 vol. in-12.

V. *Abrégé de l'histoire généalogique de la maison de France et de ses alliances*, 1699, in-12.

Ces ouvrages sont oubliés aujourd'hui. C'est par erreur que le père Le Long et quelques autres bibliographes les ont attribués à un sieur Le Cocq ou Le Coq. Simon Gueulette était oncle de Thomas-Simon Gueulette, connu par ses *Mille et un quart d'heures*, etc.

GUÉRIN DU ROCHER (Pierre), jésuite. C'est ainsi qu'au commencement de cet article, M. P.... dans ses *Mémoires ecclésiastiques*, désigne l'auteur de *l'Histoire véritable des temps fabuleux*, qui fut massacré le 2 septembre 1792, à Paris, au séminaire de Saint-Firmin, avec son frère aîné, aussi jésuite et missionnaire en Orient. Les deux frères s'appelaient, dit M. P...., l'un, Pierre, et l'autre, Robert-François ; nous ne savons pas bien quel était, parmi ces deux noms, celui qui appartenait à l'auteur de l'*Histoire véritable des temps fabuleux*. Pourquoi donc avez-vous donné à celui-ci le nom de *Pierre*, au commencement de son article ? Il paraît cependant qu'il se nommait ainsi ; car j'ai sous les yeux une intéressante brochure de l'aîné de ces deux savans, qui est signée : *Robert du* ROCHER. Elle est ainsi intitulée : *Lettre d'un missionnaire apostolique, curé dans le Levant, à monseigneur l'archevêque de Paris, touchant l'état présent de la religion parmi les Grecs.* Paris, Crapart, 1792, in-8° de 30 p. Celui-ci s'était occupé, avec le père Grou (Voy. ce mot), d'un grand ouvrage sur la religion.

L'abbé Chapt de Rastignac nous apprend, dans son ouvrage contre le *Divorce*, p. 253, que l'auteur de l'*Histoire des temps fabuleux* a professé en Pologne le droit canonique.

GUEVARA (ANTOINE), prélat espagnol, très-connu par son *Livre doré de Marc-Aurèle*, etc. La *Biographie universelle* a oublié de mentionner l'imitation publiée en français de son *Mépris de la Cour*, par le sieur de Molière, qu'il ne faut pas confondre avec notre célèbre comique ; elle a été imprimée à Paris, en 1621, in-8°.

GUICHARD (THOMAS), Rhodien, docteur ès-droits, orateur de l'illustrissime grand-maître de l'ordre de Saint-Jean-de-Jérusalem, dit de Rhodes. On a de lui :

I. *Oratio de belli in Turcas expeditione*, 1518, in-4°.

II. *Oratio in Lucani Pharsaliam*, Tolosæ, 1519, in-4°.

III. *Oratio coràm Clemente VII habita quâ Rhodiorum oppugnationis et deditionis summa continetur*. Romæ, 1533, in-4°. Ce dernier discours a été traduit en français par le père Charpentier, dans le *Mercure* de 1766. Voy. ci-devant le mot CHARPENTIER.

GUICHARDIN (LOUIS), gonfalonnier, frère de l'historien, est auteur du petit volume imprimé à Paris sous ce titre : *Il sacco di Roma*, 1664, réimprimé à Cologne ou plutôt à Florence, 1758, in-8°.

GUILLAUME III, roi d'Angleterre. On lit dans la *Biographie universelle :* « La *Vie* ou l'*Histoire de Guillaume III* a été écrite par *Simon* et quelques autres écrivains aussi obscurs. Ces auteurs méritent peu d'être lus. » On a, sans doute, voulu parler d'une *Histoire de Guillaume III, roi d'Angleterre*, etc., par P. A. SAMSON ; La Haye, chez Foulque, 1703 et 1704, 3 vol. grand in-12. Cette histoire, écrite dans des principes républicains, ne va que jusqu'en 1675. Il existe, en français, deux autres histoires anonymes du même prince, toutes deux continuées jusqu'à sa mort et imprimées à Amsterdam, en 1703, l'une, chez P. Mortier, en 3 vol. petit in-8°, et l'autre, chez P. Brunel, en 2 vol. grand in-12. L'auteur de cette dernière est fort royaliste. L'autre n'est guère remarquable que par les 80 figures, au moins, dont elle est enrichie.

On a aussi une *Histoire de*

Guillaume III, en anglais, par Abel Boyer, Londres, 1702 et années suivantes, 3 vol. in-8°. Les *Nouvelles de la république des lettres*, du mois d'août 1702, donnent une analyse étendue du premier volume. La *Biographie universelle* a eu grand tort de nier, au mot *Boyer*, l'existence de cet ouvrage. Il paraît que cet auteur n'a point publié l'*Histoire de Guillaume-le-Conquérant*, puisqu'on assigne à cette prétendue histoire la date de celle de Guillaume III. Il y a d'autres méprises dans le même article. Elles se trouvent rectifiées par les détails que je présente ici. Les mêmes détails redressent deux articles de mon *Dictionnaire des anonymes*.

*GUILLOT (JACQUES), poëte français, né dans la province de Berry, suivant Colletet. Il embrassa l'état ecclésiastique, et obtint le rectorat et la cure de l'église de Saint-André de la ville de Châteauroux; il y ménagea si bien son temps, qu'après ses fonctions pastorales il s'exerçait au doux métier des muses qu'il avait toujours aimées dès sa plus tendre jeunesse. La réputation que Ronsard s'était acquise par la publication des quatre premiers livres de la *Franciade*, réveillait à toute heure ce jeune poëte; il se fâchait de voir imparfaite la Vénus de cet Apelle, et il eut la hardiesse de la vouloir achever. Déjà il avait chanté les louanges d'Henri IV dans son *Francion*; il fit imprimer à Paris, en 1606, la *suite de la Franciade* de Pierre de Ronsard: c'était le cinquième livre. Le peu de succès qu'il obtint empêcha l'auteur de publier les suivans. Colletet regrette leur perte. Le cinquième livre est suivi de deux odes. Claude Garnier faisait grand cas de Jacques Guillot; son témoignage était d'autant plus remarquable qu'il avait lui-même, en 1604, publié le premier livre de la suite de la Franciade de Ronsard.

*GUISAIN ou GUIZAIN (D.), prêtre de Saint-Sulpice et directeur du séminaire Saint-Irénée de Lyon, est le premier auteur d'un livre très-édifiant qui se réimprime encore fréquemment sous le titre de *Sages entretiens*. La première approbation donnée à ce petit livre est datée de Caen, le 8 mai 1668. On en voit ensuite deux autres datées de Paris, la première en 1678, et la seconde en 1679. Après la mort de l'auteur, arrivée vers 1700, les *Sages entretiens* ont été revus et augmentés, 1° à Nancy, par Jean-Baptiste Cusson, vers 1710; 2° à Paris, en 1719, par un anonyme. Des éditions plus récentes contiennent de nouveaux changemens. On a retranché des nouvelles éditions quelques histoires apocryphes, telles que celle du chanoine ressuscité en présence de St. Bruno.

GUISCHARDT (CHARLES-THÉOPHILE). J'ai déjà fait remarquer que les auteurs de la *Biographie universelle* ont confondu en un seul deux ouvrages très-remarquables de cet auteur, c'est-à-dire, ses *Mémoires militaires sur les Grecs et les Romains*, en 2 vol. in-8°, et ses *Mémoires critiques et historiques sur plusieurs points d'antiquité militaire*, imprimés à Berlin, en 1773, 2 vol. in-4°, et à Strasbourg, en 1774,

4 vol. in-8°. La même méprise se reproduit dans l'article même de l'auteur. Chaudon et Feller se sont aussi trompés dans l'indication de ce dernier ouvrage.

GUSSANVILLAN. Voyez ci-devant GOUSSAINVILLE.

* GUY DE TOURS (MICHEL), exerça les fonctions d'avocat ; il fit paraître, en 1598, les *Premières œuvres poétiques et soupirs amoureux de Guy de Tours*. Ce volume est divisé en quatre parties. La seconde a été composée en faveur d'une maîtresse qu'il appelle son *Anne ;* Colletet lui reproche l'emploi de ce mot équivoque, comme il reprochait à Daniel Heinsius d'avoir nommé sa maîtresse *Rossa*, au lieu de l'appeler *Rosa*. Du reste, Colletet loue plusieurs sonnets de notre auteur, et il va jusqu'à dire que plusieurs de ces petits poëmes ont des beautés que toute la Grèce eût approuvées, et dont Anacréon lui-même eût fait beaucoup de cas. La troisième partie est intitulée : *Mignardises amoureuses de Guy de Tours en faveur de sa Nérée*. La quatrième a pour titre : *Mélanges ;* c'est un recueil de toutes sortes de matières et de vers tant français que latins, avec plusieurs imitations et versions de quelques chants de l'Arioste, de Pétrarque, des *Métamorphoses* et des *Epîtres* d'Ovide, etc. Cet auteur mourut vers 1599.

GUYARD (ANTOINE), bénédictin de la congrégation de Saint-Maur, sur lequel on trouve deux articles dans le dictionnaire de MM. Chaudon et Delandine, et qui a été omis par la *Biographie universelle*. Il publia, en 1748, in-8°, pour la première fois, sa *Dissertation sur l'honoraire des messes*, plus pur dans sa source que dans ses effets. Cette dissertation fut attaquée avec aigreur et mauvaise foi, en 1749, dans le *Journal de Trévoux*, rédigé, comme on sait, par des jésuites. L'auteur voulut répondre en particulier à cette critique ; mais il s'est contenté de donner, en 1757, une nouvelle édition de sa *Dissertation, revue, corrigée et augmentée, pour servir en même temps de réponse à la critique des journalistes de Trévoux*. Cet ouvrage, mis à l'*index* de Rome, a été traduit en italien. D. Tassin, dans son *Histoire littéraire de la Congrégation de Saint-Maur*, parle de la réponse de D. Guyard aux journalistes de Trévoux ; mais *on ne croit pas*, ajoute-t-il, *qu'elle ait été imprimée*. On voit que D. Tassin ne connaissait pas la seconde édition de l'ouvrage de son confrère. Feller a un peu amélioré l'article de M. Chaudon.

GUYOT DE PROVINS, moine bénédictin du XIIe siècle, très-connu par un ouvrage qui est resté long-temps manuscrit, et désigné sous le nom de la *Bible-Guyot*. Voyez ci-devant le mot BERCY (Hugues de).

GUYOT (THOMAS), maître d'étude dans les *petites écoles* de Port-Royal, vers 1646, et ensuite maître-ès-arts en l'université de Paris, est auteur de huit traductions anonymes ou pseudonymes publiées à Paris, de 1665 à 1678. Voici les titres de ces traductions :

I. *Lettres morales et politiques*

de *Cicéron à son ami Attique*, sur le parti qu'il devait prendre entre César et Pompée (traduites en français avec le texte latin en regard). Paris, Claude Thiboust, 1665, petit in-12 de 270 p., avec un Avis au lecteur de 10 pag. et demie.

Ces *Lettres* sont tirées des liv. 8 et 9 de la collection.

II. *Nouvelle traduction des Bucoliques de Virgile*, avec des notes (et le texte latin en regard). Paris, Claude Thiboust, 1666, petit in-12 de 123 pag., avec un Avis au lecteur de 12 pag.

L'Epître dédicatoire à M. de Harlay de Bonneuil, avocat en parlement, contient 6 pag.

Cette traduction a été réimprimée en 1691, chez la veuve du même libraire, sans l'Epître dédicatoire.

III. *Nouvelle traduction des Captifs de Plaute*, avec des notes (et le texte latin en regard). Paris, Claude Thiboust, 1666, pet. in-12 de 230 pag., avec un Avis au lecteur de 8 pag.

Dédicace de l'auteur à son neveu, 5 pag.

IV. *Nouvelle traduction d'un nouveau Recueil des plus belles Lettres que Cicéron écrit à ses amis* (avec le texte latin en regard). Paris, Claude Thiboust, 1666, petit in-12, avec un Avis au lecteur de 56 pag.

Dédicace au comte de Montauban, fils du duc de Montbazon, signée *Le Bachelier*, 7 pag. et demie.

V. *Billets que Cicéron a écrits tant à ses amis communs qu'à Attique son ami particulier* (avec le texte latin en regard, sous le titre d'*Epistolæ breviores*). Paris, Claude Thiboust, 1667, petit in-12, qui devait être précédé d'une *Méthode, en forme de préface, pour conduire un écolier dans les lettres humaines*.

Dédicace au chevalier de Rohan, fils du duc de Montbazon, signée *Le Bachelier*, 5 pag.

Ce petit volume a été réimprimé en 1684 et en 1694, chez la veuve de Claude Thiboust. Il en existe encore une édition de 1728, chez Claude-Louis Thiboust.

La *Méthode en forme de préface* ne se trouve dans aucune édition, l'auteur l'a sans doute fondue dans d'autres préfaces.

VI. *Les Fleurs morales et épigrammatiques, tant des anciens que des nouveaux auteurs*; dédiées à monseigneur le Dauphin (avec les textes en regard). Paris, veuve de Claude Thiboust, 1669, in-12 de 390 pages, avec un *Avis au lecteur* de 13 p.

La dédicace, signée Le Bachelier, a 5 pages. Le privilége du roi a été accordé à M. T. G.

La plus grande partie de ce volume renferme des maximes touchant les devoirs de la vie civile, tirées du livre de Nicolas Mercier, professeur au collége de Navarre, intitulé : *De officiis scholasticorum ; Parisiis*, 1657, in-12. On trouve ensuite les sentences des sept Sages de la Grèce, mises en vers par Ausone, diverses épigrammes choisies dans Martial, dans Catulle, dans Owen (*Audoenus*), dans Bèze, dans Buchanan, etc. Viennent enfin les plus belles sentences des poëtes; depuis Plaute jusqu'à Boëce ; le volume est terminé par les moralités des Fables de Phèdre.

VII. *Lettre politique de Cicéron à son frère Quintus*, touchant le gouvernement de l'Asie, et le *Songe de Scipion du même auteur*, avec (les textes en regard, et) divers avis touchant la conduite des enfans, en forme de préface. Paris, veuve de Claude Thiboust, 1670, in-12 de 110 pages pour les *Avis*, et de 134 pages pour les *Traductions*.

Epître dédicatoire au duc de Montausier, signée des lettres initiales T. G. L. B., 9 p.

On trouve des exemplaires de la *Lettre politique* sans les *divers Avis*.

VIII. *Nouvelle traduction des Géorgiques de Virgile, avec des notes* (et le texte latin en regard). Paris, veuve de Claude Thiboust, 1678, in-12, avec un *Avis au lecteur* de 5 pages.

Réimprimée en 1691 avec la traduction des Bucoliques. L'*Avis au lecteur* ne se trouve pas en tête de l'édition de 1678, au moins quant à l'exemplaire de la bibliothèque royale, le seul que j'aye pu voir jusqu'à ce jour.

Il m'est facile de prouver que les huit volumes cités sont du seul Thomas Guyot.

Trois de ces volumes sont signés Le Bachelier; mais, dans l'un de ces trois, le privilége est accordé à M. T. G.; ce qui prouve que Le Bachelier, au lieu d'être, suivant l'abbé Goujet, le nom véritable de l'auteur, ne présente que le masque dont il se couvrait. Aussi voit-on le nom de Le Bachelier dans la liste des auteurs déguisés de Baillet, avec le nom de N. Guyot en regard. Placcius n'a rien ajouté à l'indication de l'auteur des *Jugemens des Savans;* mais un témoin, pour ainsi dire contemporain, c'est-à-dire, Nicolas Clément, rédacteur du Catalogue manuscrit des livres imprimés de la bibliothèque du roi, nous apprend que le prénom de Guyot était Thomas.

Dans le volume imprimé en 1670, l'auteur a ajouté à ses deux initiales T. G. celles-ci L. B., qui signifient probablement Le Bachelier, comme s'il eût voulu dire Thomas Guyot, connu sous ce nom *Le Bachelier*. Dans le privilége du roi, qui termine le même volume, l'auteur est qualifié de maître-ès-arts en l'université de Paris, ainsi que dans la plupart des précédens volumes; le lecteur sait donc à quoi s'en tenir sur les initiales par lesquelles notre auteur se désignait; il connaît son nom, le masque qu'il avait emprunté, et le titre dont il a joui dans l'enseignement.

L'examen de chacun des ouvrages dont nous venons de donner la liste, démontre qu'ils sont tous du même Thomas Guyot. En effet, M. T. G. L. B., avoue dans l'Epître dédicatoire à M. de Montausier, que ce duc lui a accordé l'honneur de dédier à monseigneur le Dauphin un *Recueil d'instructions morales*. C'est indiquer assez clairement les *Fleurs morales et épigrammatiques* qui avaient paru l'année précédente avec la signature de Le Bachelier, au bas de l'Epître dédicatoire Il ne peut y avoir d'incertitude pour les deux autres volumes qui portent cette signature.

On trouve, dans l'*Avis au lecteur* qui précède la traduction des *Captifs*, comme dans celui de la traduction des *Bucoliques*, les mêmes principes sur l'utilité des traductions, et sur la nécessité d'occuper les enfans à cet exercice, long-temps avant de leur faire mettre du français en latin. Il existe d'ailleurs une parfaite ressemblance entre le titre et le privilége de ces deux traductions. En-faut-il davantage pour croire, avec le rédacteur du Catalogue de la bibliothèque du roi, que ce traducteur est Thomas Guyot, le même que celui qui a signé les autres traductions du nom *Le Bachelier*, ou des initiales T. G., T. G. L. B.?

Il me reste à établir mes preuves pour la traduction des *Lettres à Attique* et pour celle des *Géorgiques* de Virgile: mon auteur, dans l'*Avis au lecteur* de la traduction des *Lettres de Cicéron à ses amis*, rappelle ce qu'il a dit (voyez pages 4 et 5) touchant l'utilité des lettres en général...., dans la préface des *Lettres* que Cicéron écrit à Attique. Quant à la traduction des *Géorgiques*, *l'Avis au lecteur* présente le même fond d'idées que celui des *Bucoliques*, et elle est attribuée formellement à Thomas Guyot par l'abbé Goujet.

Ces détails me paraissent suffire pour prouver que les huit volumes dont je m'occupe, ont pour auteur Thomas Guyot, maître-ès-arts en l'université de Paris. Cet habile et judicieux écrivain semble avoir consacré toute sa vie à l'instruction de la jeunesse; car l'abbé Goujet, dans la première édition de la *Vie de Nicole*, publiée en 1732 (1), nous apprend que M. Guyot, sans doute le même que notre Thomas, était maître d'études vers 1646, dans les petites écoles de Port-Royal. On m'objectera peut-être que cette conjecture est très hasardée, puisque le nom de Guyot ne se lit plus dans la nouvelle édition de la Vie de Nicole, donnée en 1767 (1); mais je puis répondre que les variations de l'abbé Goujet, viennent de ce qu'il a pris le nom de *Bachelier* pour un nom véritable. C'est ce que l'on remarque dans le compte qu'il rend de la traduction des *Captifs* de Plaute (2). Cette idée l'aura empêché de faire des recherches sur Thomas Guyot, et de se rappeler qu'il avait honorablement mentionné ce traducteur dans sa *Vie de Nicole*.

D'ailleurs, après la destruction des écoles de Port-Royal, le nom de Le Bachelier ou celui de Guyot, n'ont pas dû intéresser vivement les amis de cette célèbre maison; car on voit Thomas Guyot, en 1666, dans son Epître dédicatoire au comte de Montauban, signée Le Bachelier, appeler le collége de Clermont une *Ecole célèbre que la piété avait consacrée à la science et à la vertu*. Ce passage pouvait-il plaire aux implacables ennemis des jésuites? Il explique peut-être le silence de Baillet sur Thomas Guyot, dans son chapitre des Traducteurs, et même la radiation que l'abbé Goujet a faite du nom de Guyot, dans sa nouvelle édition de la *Vie de Nicole*. Il faut, en effet, que les amis de Port-Royal aient eu des motifs particuliers, pour ne nous transmettre aucun détail sur un écrivain qui avait

(1) Voyez Vie de Nicole. *Luxembourg* (*Paris*), 1732, petit in-12, p. 20 et 25.

(1) Voyez page 20, où le nom de Guyot est remplacé par celui de Gaudon; et page 26, où le nom de Coustel est substitué à celui de Guyot.

(2) Voyez Bibliothèque française, t. 4, p. 342.

partagé les utiles travaux de Lancelot, de Nicole, de Saci, etc. Si cette conjecture est vraie, elle ajoute encore au mérite de Thomas Guyot, puisqu'elle prouve qu'il a loué les hommes de tous les partis, dans lesquels il reconnaissait de la science et de la vertu.

Le professeur Gaullyer a proclamé, sans s'en douter, le mérite de Thomas Guyot. Après avoir loué les principes de M. de Saci, dans la traduction de trois comédies de Térence, il ajoute (1) que s'il n'appréhendait de fatiguer la patience de ses lecteurs, il leur rapporterait en entier l'avant-propos que MM. de Port-Royal ont mis à leur traduction des *Bucoliques* de Virgile.

Du reste, les dédicaces qu'on lit en tête de quatre ouvrages de Thomas Guyot, prouvent que, depuis sa sortie de Port-Royal, il a eu des rapports particuliers avec des familles très-distinguées. Dans celle qu'il a adressée au dauphin, il parle de l'extrême joie qu'il a eue de savoir que son travail ne lui avait pas été inutile.

L'histoire littéraire nous présente donc quelques circonstances intéressantes de la vie de Thomas Guyot; mais elle nous laisse ignorer le lieu de sa naissance et l'époque de sa mort. Seulement l'on entrevoit qu'il a dû mourir à Paris, dans un âge assez avancé, puisqu'il s'est écoulé un espace de trente-deux ans au moins entre son séjour à Port-Royal et la publication de sa traduction des *Géorgiques* de Virgile. Il s'attacha à l'université de Paris, vers 1665, ainsi que le prouve le privilége du premier de ses ouvrages. Voy. ma *Notice sur la vie et les ouvrages de Thomas Guyot, traducteur français du* XVIIe *siècle;* Paris, de l'imprim. de J. B. Sajou, 1813, in-8° de 36 pag., extraite du *Magasin encyclopédique,* mois d'août 1813.

(1) Voyez *Remarques sur le Traité des études de Rollin*, p. 197, à la suite de *Térence, Cicéron, César*, etc., *justifiés contre la censure de M. Rollin.* Paris, 1728, in-12.

*GUYOT ou GYOT (Alexandre Toussaint), maître des comptes à Rouen, frère du fameux abbé Guyot des Fontaines, mort en 1734, est désigné sous les qualités de *traducteur* et d'*historien*, dans la *liste alphabétique des hommes illustres, nés en Normandie*, rédigée par l'abbé Saas, en 1754. Comme M. Guyot n'a point mis son nom à ses ouvrages, il était assez difficile de vérifier l'assertion de l'abbé Saas. Je puis affirmer, d'après de graves autorités, que M. Guyot a publié: 1° en 1700, à Paris, chez Barbin, l'*Histoire des reines Jeanne première et Jeanne seconde, reines de Naples et de Sicile.* 1 v. in-12. Cette histoire est citée dans la nouvelle édition de la *Bibliothèque histor. de la France*, sous les noms de *Desfontaines des Huyots.* Ce sont évidemment les noms de l'auteur retournés et dénaturés. 2°. En 1708, à Paris, chez Mariette, le *Chemin du ciel* et le *Testament, ou Préparation à la mort*, écrits en latin, par le savant et pieux cardinal Bona, et traduits nouvellement en français, 1 vol. in-16. Cette traduction a été réimprimée en 1716 et en 1727.

GUYTON DE MORVEAU (LOUIS-BERNARD), chimiste érudit et laborieux, remplit, avec distinction, pendant nombre d'années, la charge d'avocat-général au parlement de Dijon ; il fit imprimer dès 1775, les *Discours et Eloges* qu'il eut occasion de prononcer en public ; 2 vol. in-12. En 1782, il augmenta ce recueil d'un troisième volume. La *Biographie universelle* me semble n'avoir pas bien distingué ces deux époques, et elle donne à entendre qu'il existe au moins 4 vol. de *Plaidoyers* et *Discours* imprimés de M. Guyton de Morveau. L'erreur est évidente pour l'époque de 1775, puisque M. Guyton ne publia alors que deux vol., et non trois.

H.

HAGUAIS (AUGUSTIN LE). L'auteur du *Portrait des Avocats*, en 1679, M. Pocquet de Livonière, donnait le troisième rang parmi ceux de sa profession, à François Le Haguais, fils d'Augustin ; il fut employé à faire le préambule des édits et ordonnances.

(*Mémoires de M. du Masbaret.*)

HALE (Sir MATTHEW), savant jurisconsulte anglais. Louis Dumesnil a publié à Amsterdam, en 1688, une traduction française de sa vie, composée en anglais par Gilbert Burnet. La *Biographie universelle* ne l'a point citée.

HALES (JOHN). On peut faire le même reproche à l'article de ce théologien anglican. Celui du P. Niceron, tom. 21, est beaucoup plus instructif ; il fait connaître les traductions latines et françaises de plusieurs ouvrages de cet auteur. Voy. l'ouvrage intitulé : *La Religion protestante, une voie sûre au salut*, par M. Chillingworth, chancelier de l'Eglise de Salisbury, où l'on a joint des Dissertations de M. J. Hales, chanoine de Windsor, et les Vies de ces deux auteurs ; traduit de l'angl. Amsterd., P. Mortier, 1730, 3 vol. in-12.

* HALIFAX (Sir GEORGES SAVILE, marquis d'), homme d'Etat célèbre, mais d'un caractère équivoque, naquit vers 1630, et remplit des fonctions éminentes sous les règnes de Charles II, Jacques II et Guillaume III. Charles II le créa pair, et le nomma, en 1672, ambassadeur extraordinaire avec le duc de Buckingham et le comte d'Arlington, pour négocier la paix entre la France et la Hollande. Ses deux collègues n'approuvèrent point ses vues en faveur de la Hollande, et la négociation échoua. Il s'opposa avec force au bill de l'obéissance passive, dirigé contre les non-conformistes en 1675 ; le promoteur de ce bill, lord Danby, le fit rayer de la liste des membres du conseil du cabinet, l'année suivante, pour un mot piquant qu'il s'était permis en conseil contre ce premier ministre. Son exclusion fut très-agréable au duc d'York, qui, à cette époque, avait une grande aversion pour lui, parce qu'il avait parlé avec beaucoup

de fermeté et de courage dans la chambre des lords, contre la déclaration de tolérance. Cependant, en 1679, il rentra de nouveau dans le conseil, où l'on agita la question de l'exclusion du duc d'York; il parut s'y opposer; mais il proposait en même temps de borner l'autorité du duc, tellement que s'il montait sur le trône, il lui fût impossible de porter aucun préjudice à l'Eglise et à l'Etat. Les craintes qu'il montra contre le danger de rendre la monarchie élective, par le projet d'exclusion, parurent d'autant plus extraordinaires, que le droit héréditaire était le sujet de ses railleries, et qu'il avait dit souvent: *Personne ne prend un cocher par la seule raison que son père a été bon cocher*. Burnet prétend qu'au moment où Halifax tenait cette conduite en public, il témoignait secrètement à ses amis que le but vers lequel il tendait était une république. La chambre des communes convertit néanmoins la proposition de restreindre les pouvoirs du duc d'York, en un bill d'exclusion, et le roi prit le parti de la dissoudre au moment où elle allait lui adresser des remontrances contre Sunderland, Essex et Halifax. Shaftesbury, déconcerté et fort en colère, déclara tout haut qu'il ferait payer de leur tête à ses collègues, le conseil qu'ils avaient donné de dissoudre le parlement. Halifax prit du chagrin de ce que le roi ne convoquait point un nouveau parlement selon sa promesse. S'apercevant alors que le duc ne lui accordait plus sa confiance, et que le roi, tout en profitant de ses services, n'avait point véritablement d'égards pour sa personne, il s'éloigna de la cour pour se retirer dans sa maison de campagne. L'auteur de la Vie de Jacques II nous apprend qu'Halifax conserva néanmoins une influence nuisible aux intérêts du duc. Milord Russel ayant fait de nouveau, en 1680, à la chambre des communes, la proposition d'exclure le duc d'York de la couronne, cette proposition fut portée à la chambre des lords, où elle fut vivement débattue. Lord Halifax parla contre le bill jusqu'à seize fois. Cette discussion extrêmement brillante dura depuis trois jusqu'à neuf heures du soir, et se termina au grand contentement de Charles II et de son frère, par le rejet du bill à une majorité de trente-trois voix. Lord Halifax éclipsa ce jour-là son oncle, milord Shaftesbury, et employa des argumens si forts, qu'il parvint à convaincre ceux qui étaient décidés à les écouter. La chambre des communes, irritée de ce résultat, vota une adresse pour faire éloigner Halifax des conseils et de la présence du roi, sous prétexte qu'il avait conseillé les fréquentes prorogations du parlement dans les derniers temps, mais véritablement pour la part qu'il avait prise au rejet du bill d'exclusion. La même chambre, bientôt après, vota deux autres adresses très-violentes, où l'on signalait les opposans au bill d'exclusion, comme des ennemis du roi et du royaume, et où l'on insistait sur l'impossibilité d'accorder des subsides, tant que le bill ne serait point adopté. Le roi, qui aimait à maintenir la balance dans ses conseils, soutint toujours Halifax, qu'il créa marquis, et fit lord du sceau privé, en 1682, quoiqu'il fût toujours en opposition avec le duc d'York. Cet homme, qui possédait, dit Hume en parlant d'Halifax, l'esprit le plus brillant et des talens très-étendus, affectait au milieu de tous ceux qui furent employés dans les affaires publiques, pendant le règne de Charles II, une espèce de neutralité entre les deux partis, et passait pour le chef de ce petit corps, connu sous le nom de *modérés* (*trimmers*). Cette ligne de conduite, plus facile à suivre pour des hommes intègres que pour des ambitieux, ne put cependant lui obtenir la première qualification. On le regarda toujours avec raison comme un intrigant plutôt que comme un patriote. En 1683, le marquis d'Halifax, commençant à craindre la trop grande prépondérance du parti royal, et pensant que le parti de Monmouth ferait le meilleur contrepoids à celui du duc, découvrit la retraite de ce fils naturel de Charles, caché alors pour se soustraire aux recherches du complot de Rye-House; il lui persuada d'écrire au roi deux lettres remplies des expressions les plus affectueuses et les plus soumises. L'amitié du roi se ranima, et il permit à Monmouth de revenir à la cour. Malgré les principes de Jacques II, à son avénement, tous les principaux offices de la couronne continuèrent à être remplis par les protestans; Halifax fut président du conseil. Ce seigneur s'étant mis en opposition avec le duc d'York, pendant les dernières années du règne de son frère, s'excusait sur ses derniers procédés, lorsque Jacques II lui dit avec beaucoup d'affabilité qu'il voulait oublier tout ce qui était passé, excepté sa conduite lors du bill d'exclusion. Mais bientôt Jacques, mécontent de ce que la chambre des communes voulait passer un bill d'indemnité en faveur de ceux qui avaient enfreint les lois du Test, donna au marquis d'Halifax et aux personnes qui s'étaient opposées dans le conseil au rappel de ces lois, la démission de leurs emplois publics. Ce renvoi fut adouci par des paroles obligeantes du roi, qui dit à Halifax qu'il n'oublierait jamais ses anciens services. Lorsque le prince d'Orange noua des intelligences avec les membres influens de l'opposition, dont sept signèrent l'invitation qu'ils lui firent de venir en Angleterre, le prince se défiait tellement de la versalité du marquis d'Halifax, qu'il ne voulut point qu'on lui parlât ouvertement du projet que l'on méditait. Jacques II envoya le marquis d'Halifax avec Nottingham et Godolphin, pour traiter avec le prince d'Orange, au moment du débarquement. Lorsqu'ils rapportèrent la réponse, le roi était résolu de quitter l'Angleterre avec la reine et le prince de Galles, probablement parce qu'il eut connaissance d'un complot, véritable ou prétendu, auquel Jacques crut que participait Halifax, pour s'emparer de sa personne. (Voyez Macpherson's original papers, tom. 1er, pag. 281; la Vie de Jacques II, tom. 3 pag. 375, et les Mémoires de Dalrymple, tom. 1er, pag. 441.)

En vain l'infortuné monarque promit de réparer ses fautes et d'accorder aux Anglais tout ce qu'il leur avait refusé; rarement les peuples tiennent compte aux souverains de ce que la nécessité leur arrache. Ses propres enfans l'abandonnèrent. Après le premier départ de Jacques, les pairs et les évêques, qui se trouvaient à Londres, formant la seule autorité présente de l'Etat, jugèrent à propos de s'assembler et de statuer pour l'intérêt général. Ils choisirent le marquis d'Halifax, pour leur président. Le roi, arrêté dans sa fuite, par un événement fortuit, revint à Londres, sur l'invitation des lords qui députèrent vers lui milord Feversham. Le prince d'Orange lui envoya de Windsor par le marquis d'Halifax, Shrewsbury et Delamere, un message qu'ils remirent au roi, après minuit, c'était l'ordre de quitter le palais de Witehall, le lendemain matin, pour se rendre à Ham, maison de campagne de la duchesse de Lauderdale. Dans la fameuse discussion de l'abdication, le marquis d'Halifax, Danby et les Wighs furent de l'avis contraire à la régence. Après la lecture du bill des droits, Halifax offrit la couronne au prince et à la princesse d'Orange, au nom des pairs et des communes d'Angleterre. En formant son ministère, Guillaume le nomma lord du sceau privé, place qu'il ne tarda point à abandonner, ainsi que la cour, lors des recherches contre les auteurs et les complices de la mort de Russel, Sydney et Armstrong. Le marquis d'Halifax chercha les deux partis, et les abandonna encore tour à tour, jusqu'à sa mort arrivée au mois d'avril 1695. Sa fille Gertrude épousa Phil. Stanhope, et fut la mère du célèbre Chesterfield, qui, dit Maty, peut être justement comparée à son grand-père, pour les talens, le génie et l'esprit. Guillaume, son fils, mourut en 1699, sans postérité masculine, et son titre fut donné à Charles Montague. Voici le portrait qu'ont tracé, du marquis d'Halifax, les auteurs de l'*Hist. universelle*, in-4°, t. 45, p. 448.

« Le marquis d'Halifax fut un » de ces hommes qui, nés avec » des talens singuliers, trouvèrent » l'art de les rendre nuisibles. A » la force d'esprit d'un philoso- » phe, il joignit la bassesse d'un » courtisan. Il connut la vertu, » la chérit, et ne la suivit pas. » Il étudia le monde, le méprisa, » et ne songea qu'à lui plaire. Il » eût pu être le soutien d'un » prince vertueux, et fut le flat- » teur d'un monarque indolent. » Les titres, les honneurs lui paru- » rent des jouets d'enfans, et, pour » s'accommoder à la faiblesse » de son siècle, il consentit à s'en » parer. En contradiction avec » lui-même, il fit, des maximes » de la liberté et de l'honneur, le » sujet de ses discours et la règle » de sa vie privée; il s'en moqua » avec son prince, et les sacrifia » dans sa conduite publique. In- » certain dans ses idées de reli- » gion, autant que dans son sys- » tème de politique, il changea » de parti dans les diverses cir- » constances de sa vie, et se re- » pentit de son inconstance. Son » esprit, fécond en saillies, né- » gligea le secours de la réflexion » et du jugement; et fidèle imi- » tateur et corrupteur d'un maî- » tre qu'il méprisait, nul ne fut » plus propre à le peindre, parce » que nul ne lui ressembla » mieux. »

Les écrits de lord Halifax, sont, I. *Portrait d'un modéré* (*Trimmer*) ; II. *Conseils d'un père à sa fille*. Deux trad. franç. ont été faites de cet excellent petit écrit. La première parut à La Haye en 1698, et fut retouchée par Formey. Berlin, 1752, in-8°. La seconde est de Mme d'Arconville. Paris, 1756, in-12. Fréron, en rendant compte dans l'*Année litt.* de cette traduction, s'est étrangement mépris sur le caractère d'Halifax, qu'il a tracé, sans doute, d'après l'ouvrage. Il loue avec plus de raison, le style doux, aimable, facile et insinuant du traducteur. III. *L'Anatomie d'un équivalent*. Cet ouvrage et quelques autres, dont on trouve la liste dans les *auteurs nobles* de Walpole, ont été imprimés ensemble, après la mort d'Halifax ; la 3e édition est de 1717, in-8°. On a publié depuis, sous son nom : IV. *Portrait de Charles II* (Voy. *Hist. univ.*, in-4°, t. 45, p. 449), suivi de *Maximes d'État*, 1750, in-8°. V. *Portrait de l'évêque Burnet*, imprimé à la fin de l'Histoire de son temps. Burnet a aussi fait un portrait d'Halifax, dans ce même ouvrage. VI. *Observations historiques sur les règnes d'Edouard I, II, III, et de Richard II, avec des remarques sur leurs fidèles conseillers et leurs traîtres favoris*, 1689.

Tous ces ouvrages sont écrits avec esprit et élégance. Il est infiniment à regretter que des *Mémoires* laissés par le marquis d'Halifax et écrits jour par jour, après ses conversations avec Charles II et avec les personnages les plus distingués de son temps, aient été détruits. Il en existait deux copies, dont l'une, tombée entre les mains de Daniel, comte de Nottingham, fut anéantie par lui-même. L'autre copie appartenant à la duchesse de Burlington, petite-fille d'Halifax, fut brûlée d'après les conseils de Pope, qui trouva que les catholiques étaient présentés sous des couleurs peu favorables dans ces Mémoires.

(*Cet article est de M. Barbier le jeune.*)

HALL (JOSEPH). L'article de la *Biographie universelle*, sur ce moraliste anglais, est très-superficiel. Senebier nous fait connaître les traductions françaises de quatorze de ses ouvrages, publiés de 1662 à 1668 ; il en a oublié six, qui ont paru en 1628 et en 1629 ; entre autres celle de l'ouvrage intitulé *Quò vadis?* ou *Censure des voyages, ainsi qu'ordinairement ils sont entrepris par les seigneurs et gentilshommes :* elles ont eu de la vogue. Le Génevois Théodore Jacomot ou Jaquemot en est l'auteur. Le *Sénèque chrétien* que cite la *Biographie*, a été traduit en 1628, in-12. Chevreau avait déjà traduit le *Traité de la tranquillité de l'ame* (voy. ci-devant le mot CHEVREAU). Nous avions plus anciennement *Caractères de vertus et de vices, tirés de l'anglais* (de M. Joseph Hall). Paris, 1610, petit in-12.

HALLER (ALBERT DE), anatomiste, botaniste, poëte allemand, théologien, savant presque universel. L'illustre académicien à qui l'on doit son article dans la *Biogr. univ.*, l'a peint à grands traits et avec une fidélité remarquable : le lecteur doit lui savoir gré de la justice qu'il rend à un écrivain aussi généralement estimé; mais il s'est glissé quelques inexactitudes dans cet excellent article : on y dit que les trois romans politiques de Haller ont été écrits en français, et qu'ils prouvent qu'il écrivait dans notre langue avec une élégante précision, bien rare chez un étranger. Cette assertion est très-hasardée, car on sait que M. Seigneux de Correvon a traduit de l'allemand en français le roman d'*Usong*, Lausanne et Paris, 1772, in-12. *Alfred* a été traduit par M. C. P., *Lausanne*, 1772, in-12. M. Louis-Frédéric Konig a traduit *Fabius* et *Caton*, Lausanne, 1782, in-12.

Je dois dire aussi que la *Bibliotheca medicinæ praticæ* est en 4 vol. in-4°, et non en 3 seulement. Le troisième a été publié en 1779, par les soins de François-Louis Tribolet ; le 4e vol. a paru en 1788, par les soins de M. Brandis.

Pour réparer une importante omission de la *Biogr. univ.*, j'essaierai de faire connaître les ouvrages de cet illustre écrivain, traduits en français, en les rangeant en différentes classes.

1°. *Théologie.*

I. *Discours sur l'irréligion*, traduit en français par Seigneux de Correvon. Lausanne, 1760, petit in-8°.

II. *Lettres sur les vérités les plus importantes de la religion*, traduites en français par le même. Lausanne, 1772, in-8°.

III. *Lettres contre Voltaire*, traduites en français, par Louis-Fred. Konig. Berne, 1780, 2 vol. in-8°.

Ce sont probablement ces deux derniers ouvrages que Feller appelle *Lettres contre les incrédules*; il a tort d'affirmer que l'auteur les a écrites en français ainsi que ses ouvrages sur la *Formation du poulet*, et sur l'*Irritabilité des nerfs*.

2°. *Sciences.*

IV. *Institutions de médecine de Boerhaave*, traduites en français, par Lamettrie. Paris, 1743-1747, 6 ou 8 vol. in-12. C'est la traduction des *Comment. ad Herm. Boerhaave prælectiones.*

V. *Réflexions sur le système de la génération de M. de Buffon*, traduites en français d'une préface allemande de M. de Haller. Genève (Paris), 1751, in-12.

VI. *Elémens de physiologie*, trad. du lat. par Tarin. Paris, 1752, in-8°. Le frontispice a été renouvelé en 1761. C'est la traduction des *Primæ lineæ physiologiæ*; Bordenave en a donné une nouvelle traduction sous ce titre : *Elémens de Physiologie*. Paris, 1769, 2 vol. in-12.

VII. *Collections de Thèses médico-chirurgicales*, abrégées du latin par Macquart. Paris, 1757-1760, 5 vol. in-12.

VIII. *Dissertation sur l'irritabilité des nerfs*, trad. en français, par Tissot, en partie. Lausanne, 1756 et 1760, 4 vol. in-12.

IX. *Deux Mémoires sur la formation des os*, traduits en français (par d'Arnay.). Lausanne, 1758, in-12.

X. *Sur la formation du cœur dans le poulet*, etc., trad. en français (par le même). Lausanne, 1758, 2 vol. in-12.

XI. La *Génération*, ou *Exposition des phénomènes relatifs à cette fonction naturelle*, traduite de la *Physiologie* de Haller (par

M. Piet, chirurgien-accoucheur). Paris, 1773, 2 vol. in-8°.

XII. *Matière médicale* tirée des *Stirpes Helvetiæ* de Haller, par M. Vicat. Berne, 1776, 2 vol. in-8°.

XIII. *Description courte et abrégée des salines du gouvernement d'Aigle*, trad. en français par Deleuze. Yverdon, 1776, in-12.

3°. *Belles-Lettres.*

XIV. *Poésies* trad. en français par Tscharner; Berne, 1752, in-8°. Nouvelle édition revue et corrigée. Berne, 1775, in-8°. L'abbé Bruté de Loirelle a inséré la traduction de deux Odes de Haller, dans le volume intitulé : *Pastorales et Poëmes de Gessner*, etc. 1766, in-12.

XV. *Romans politiques.* Voy. plus haut.

*HAMEL (Jean du), professeur de rhétorique au collége des Grassins à Paris, publia en 1720, chez les frères Barbou, une édition d'Horace, avec une interprétation latine et des notes que les savans ont trouvées plus hardies que justes. Le P. Sanadon les critiqua avec sévérité. On voit dans les *Nouvelles littéraires* du P. Desmolets, du 15 décembre 1723, que ce professeur se proposait de donner une traduction française d'Horace, conforme à son interprétation latine ; ce qui porte à croire qu'il a publié le volume qui a pour titre : *Essais sur quelques Odes d'Horace*. Paris, J. Desaint, 1734, in-12 de 76 pages. On avait dit à l'abbé Goujet, que cet écrit venait de Provence ; les critiques du P. Sanadon sont applicables aux *Essais sur quelques Odes d'Horace*. Jean Du Hamel est l'auteur d'une facétie très-ingénieuse, intitulée : *Agnoiæ amplissimæ magnificentissimæque Oligomatum reginæ Panegyricus*. Paris, Brocas, 1715, in-12, avec la traduction française. Après le texte latin, on trouve une épigramme dont le premier vers est ainsi conçu :

*Detinet attonitas numerosus H*** aures.*

Le mot *Hamelius* remplit le vers ; le passage suivant, que je tire des *Nouvelles littéraires* de Du Sauzet, tom. 4, année 1716, pag. 502, prouve assez bien que la lettre H est l'initiale du nom de Du Hamel.

« M. D***, professeur de rhétorique dans l'université de Paris, dit Du Sauzet, connu par le *panégyrique de l'ignorance*, et par plusieurs autres ouvrages en vers français et latins, s'est engagé à nous donner tous les mois, la traduction d'une Ode d'Horace ; le même auteur fait imprimer chez Barbou un nouveau Commentaire sur Horace, où l'on trouvera quantité de choses curieuses et d'interprétations nouvelles. »

On voit dans le *Panégyrique de l'ignorance*, que l'auteur avait prononcé antérieurement une Harangue *de Eloquentiæ præstantiâ*. On attribue encore à Jean Du Hamel des satires en prose contre le P. Porée ; elles ne méritent pas d'être citées ici.

†HAMEL (Robert-Joseph-Alexis du), prêtre, chapelain de l'église du château de Seignelay, naquit en 1700, à Lille en Flandre. Son père l'envoya achever ses études à Paris ; après quoi, déterminé à embrasser l'état ecclésiastique, il

reçut la tonsure en mars 1725. Le curé de Saint-Etienne-du-Mont l'attira dans sa paroisse en 1727, pour y faire des catéchismes. Vers le même temps, un ancien curé de Montereau, retiré à Paris, l'engagea à se charger de la conduite de deux de ses petits neveux, à qui il fut très-utile. Il composa alors, I. L'*Avis aux personnes chargées de l'instruction de la jeunesse dans le diocèse de Sens, touchant l'usage du nouveau catéchisme.* II. *Lettre à un ami, qui contient l'abrégé des remarques importantes sur le nouveau catéchisme de M. Languet*, 1733.

L'éducation dont il avait été chargé, étant finie en 1748, il se consacra tout entier à étudier la théologie dans les bonnes sources; M. de Caylus, évêque d'Auxerre, l'attira dans son diocèse, et lui conféra les ordres sacrés. Envoyé à Seignelay, pour desservir cette paroisse, où il resta quatre ans, il y remplit les fonctions de la charge pastorale, avec autant de zèle que de capacité; ce fut là qu'il composa les *Lettres flamandes*, au nombre de vingt-huit, qui parurent en 1752 et en 1753, contre l'abbé de Prades, 2 parties in-12; et *quatre Lettres d'un philosophe à un docteur de Sorbonne, sur les Explications de M. de Buffon.* Strasbourg, sans date, in-12. M. Du Hamel ayant fini sa mission en 1753, M. de Caylus le rappela pour le nommer son aumônier, et le fit travailler à la censure de l'*Histoire du peuple de Dieu*, par le P. Berruyer. Cet évêque étant venu à mourir, M. Du Hamel fut nommé, par le duc de Luxembourg, à une des chapelles de l'église du château de Seignelay. Ce fut dans ce lieu qu'il rédigea le *Projet d'instruction pastorale*, contre le P. Berruyer, 1755, in-12; et la *Défense de ce projet.* — On doit encore à M. Du Hamel, l'*Auteur malgré lui* à l'*Auteur volontaire*, contre le nouveau Commentaire (de Chiniac de la Bastide), sur le Discours de l'abbé Fleury, touchant les libertés de l'Eglise gallicane. 1767, in-12. M. Du Hamel, repartant d'Auxerre, pour aller rendre service à un curé, tomba de la voiture sur le pavé, et perdit connaissance. On le transporta à la ville, où il mourut deux heures après, le 22 mars 1769. Un ouvrage posthume de sa composition parut, en 1779, par les soins de M. Maultrot, sous le titre de *Dissertation sur l'autorité du saint-siége*, 1 vol. in-12. L'article de cet auteur, dans la *Biogr. univ.*, au mot *Du Hamel*, est inexact et dénué de détails.

(Suite du *Nécrologe des défenseurs de la vérité*, 1778, in-12.)

HAMON (Jean), médecin. La suite de ses *Soliloquia* a été traduite en français par Dom Duret, bénédictin, sous ce titre : *Entretiens d'une ame avec Dieu.* Avignon (Paris), 1740, in-12. Cette citation répare une omission de la *Biogr. univ.*, et redresse une méprise de M. Chaudon, qui a confondu l'ouvrage traduit par D. Duret, avec un ouvrage de M. Hamon, qui a pour titre : *Pratique de la prière continuelle, ou Sentimens d'une ame vivement touchée de Dieu.* Paris, 1702, in-12. Voy. Moréri.

*HANCARVILLE (Pierre-François Hugues, dit d'), est né à Nancy, le 1er janvier 1729. Son père était marchand de draps, ce qui n'empêcha pas le fils de se faire passer pour un bon gentilhomme. Hugues se livra, de bonne heure, à l'étude des sciences abstraites, de l'histoire et de la philosophie. Il publia en 1759, à l'âge de vingt-deux ans, un livre anonyme, intitulé : *Essai de politique et de morale calculée.* « J'ose, dit-il, » porter le calcul jusques dans » la morale, et asservir la politi- » que et ses maximes aux lois » d'une analyse rigoureuse. » Cette manière d'envisager deux sciences certaines dans leurs principes, mais hypothétiques dans leurs conséquences, obtint peu de succès, mais procura une certaine réputation à l'auteur, qui avait fait jaillir, d'un système inadmissible, quelques aperçus neufs et profonds. Fréron lui-même fit l'éloge de cet ouvrage, et ajouta que l'auteur « était un » bon citoyen, modeste, quoique » philosophe. » (*Année littéraire*, 1759, *tom.* v, *p.* 172.)

Cet *Essai* promettait une haute destinée littéraire à celui qui débutait ainsi. Le jeune Hugues voulut courir une carrière plus aventureuse ; et dans un temps où la naissance seule procurait les grades militaires, il obtint celui de capitaine au service du prince Louis, duc de Wurtemberg. Les ennemis de Hugues ont prétendu qu'il avait voulu se faire passer pour un rejeton de l'illustre maison de Senoncourt ; qu'il avait successivement changé de nom en Prusse, en Portugal, en Italie, selon les divers rôles que son goût pour les aventures le portait à jouer ; qu'il avait été détenu à Spandau, et à Paris, au Fort-l'Evêque, à raison de ces déguisemens. Peut-être quelques démarches inconsidérées, quelques folies de jeunesse peuvent être reprochées à M. d'Hancarville ; mais la postérité regardera toujours de semblables torts, comme effacés, par des services essentiels rendus aux sciences.

Après diverses vicissitudes dans sa fortune, Hugues d'Hancarville accompagna à Naples M. Hamilton, ministre de la Grande-Bretagne. C'est là qu'il publia, en anglais et en français, l'un des plus magnifiques ouvrages, que l'amour de l'antiquité et des arts ait fait éclore : *les Antiquités étrusques, grecques et romaines.* Naples, 1766-1767, 4 vol. in-fol.

Lorsque Winckelmann vint à Naples, il logea chez d'Hancarville. Ils passèrent ensemble une nuit sur le Vésuve. Malgré les préventions que l'on chercha à inspirer au célèbre antiquaire allemand, contre l'*aventurier français* (car il l'appelait ainsi), ils contractèrent une amitié durable. Et lorsque la mort violente de Winckelmann vint rompre ces liens, d'Hancarville, pour éterniser ses regrets, fit graver, dans l'ouvrage ci-dessus rappelé (tom. 2), un monument sépulchral, accompagné de l'inscription suivante :

D. M.
JOANN. WINCKELMANN
VIR. OPTIM. AMIC. CARRISS.
PET. D'HANCARVILLE
DOLENS FECIT
ORCO PEREGRINO.

Winckelmann, dans plusieurs de ses lettres familières à MM. Heyne, Riedesel, Francken, etc., rend un hommage éclatant au mérite de d'Hancarville. Il le surnommait souvent *le Capitaine tempête ;* ce qui indique, dans ce dernier, une fougue de caractère, qui s'allie parfaitement avec un bon cœur et un beau talent.

Hugues d'Hancarville est l'auteur de deux ouvrages licencieux, intitulés : *Veneres et Priapi uti observantur in gemmis antiquis.* Lugduni Batavorum, sine anno, 2 petits vol. in-4°. Il existe deux éditions de cet ouvrage : la première fut faite à Naples, vers 1771, et elle attira des désagrémens à l'auteur ; la seconde, dont le format est plus petit, est accompagnée d'une traduction anglaise, et paraît avoir été exécutée à Londres. C'est probablement cet ouvrage qui a reparu en français seulement, mais avec un texte beaucoup plus développé, sous le titre, 1° de *Monumens de la vie privée des Douze Césars, d'après une suite de pierres gravées sous leurs règnes ;* Caprée, 1780, in-4°, fig. 2° *Monumens du culte secret des dames romaines.* Caprée, 1784, in-4°. L'abbé Le Blond a eu beaucoup de part à la nouvelle édition. L'on ne disconvient pas que les anciens n'aient surpassé les modernes en libertinage ; mais on chercherait en vain, dans les monumens qu'ils nous ont transmis les types des tableaux de la luxure latine, qu'offre d'Hancarville. On sait qu'il fit dessiner, par des artistes trop disposés à retracer la nature dans toute sa nudité, et même dans ses écarts, des scènes lubriques, dont la peinture se trouvait dans Ovide, Properce ou Pétrone ; et il voulut faire passer ces fantômes d'une imagination libidineuse, pour des *monumens antiques.* L'on peut affirmer que, dans toute cette collection, il en est peu qui portent le cachet de l'antiquité. L'art du dessin moderne s'y rend complice des torts de la poésie ancienne.

Un livre plus fait pour placer le nom de d'Hancarville à côté de ceux des Winckelmann et des Visconti, c'est l'ouvrage intitulé : *Recherches sur l'histoire, l'origine, l'esprit et les progrès des arts de la Grèce.* Londres, 1785, 3 vol. in-4°.

Il paraît que d'Hancarville, après avoir fait un voyage en Angleterre, quelques années avant la révolution, retourna dans le pays classique des beaux-arts, pour ne plus le quitter. Il mourut, à Rome, en 1799 ou 1800.

(*Article communiqué, en grande partie*, par M. Justin Lamoureux, avocat à Nancy.)

HARDT (Hermann von der), savant philologue allemand. La *Biogr. univ.* donne 5 vol. à son *Historia litteraria reformationis,* Francfort, 1717. Elle est composée de 5 parties qui se relient en 1 vol. in-fol. terminé par trois *index* : le premier pour les ouvrages recueillis par l'éditeur ; le second pour les auteurs cités ; le troisième pour les matières.

*HARLAY (François de), fils de Jacques de Harlay, marquis de Chanvallon, et de Catherine de la Marck, fille de Robert de la Marck, duc de Bouillon. Dès sa jeunesse, il parut porté au bien ; il avait une si grande vivacité d'esprit, et une telle disposition pour les belles-lettres, qu'en peu de temps il y fit des progrès très-sensibles. Le cardinal de Lorraine témoin de la manière dont il soutint ses thèses de philosophie au collége de Navarre, en fut si satisfait, que sur-le-champ il lui résigna son abbaye de Saint-Victor de Paris, avec l'agrément de Henri IV. Après avoir reçu le bonnet de docteur en Sorbonne, il se livra à la prédication. Dans l'assemblée tenue à Mantes par les évêques de France, il fut choisi pour combattre les hérétiques; il fit paraître tant de doctrine et de force dans cette fonction, qu'il s'attira l'estime de tous les prélats, et en particulier du cardinal de Joyeuse, qui le choisit pour son coadjuteur à l'archevêché de Rouen. Vers le même temps, le pape le nomma archevêque *in partibus* d'Augustopolis. Il fut reçu à Rouen en qualité de coadjuteur, la veille de la Pentecôte 1614, et l'année suivante, le cardinal étant mort, il prit possession comme archevêque du siége archiépiscopal. Il résida exactement et fit plusieurs ordonnances et statuts synodaux qui seront un monument éternel de sa vigilance pastorale. Il prit soin encore de procurer la réforme dans la plupart des anciens monastères de son diocèse, qui, comme les autres de France, étaient tombés dans un extrême relâchement. L'amour qu'il avait pour les belles-lettres lui fit ouvrir des écoles publiques dans son palais archiépiscopal, où il appela les plus habiles professeurs de théologie et d'humanités, qui y enseignèrent à ses gages pendant quelques années. Ce désir de faire refleurir les sciences le porta à rétablir la bibliothèque publique de la cathédrale, dont il est regardé comme le principal fondateur. Étant avancé en âge, et incommodé de plusieurs maladies, il se déchargea, avec l'agrément du roi, du soin de son archevêché sur son neveu qui devint ensuite archevêque de Paris. Il mourut deux ans après, le 22 mars 1653, âgé de 68 ans, dans le château de Gaillon, célèbre maison de campagne des archevêques de Rouen. Ce prélat a publié un grand nombre d'ouvrages; les principaux sont:

I. *Manière de bien entendre la messe de paroisse*, in-8° et in-12. Imprimé à Rouen et à Paris. L'édition de Paris, 1685, in-8°, a été donnée par les soins de son neveu. C'est le plus estimé des ouvrages de notre auteur.

II. *La Défense des pères Jésuites*, ou *Réponse aux médisances d'une lettre composée contre leur ordre*. Paris, 1609, in-8°.

III. *L'OEuvre de pacification*, ou *Catéchisme des controverses*, Gaillon, H. Etienne, 1611, in-8°. — Autre édition, Pontoise, H. Etienne, 1639, in-4°. — Autre édition, Gaillon, 1640, in-8°.

IV. *Apologia evangelii pro catholicis ad Jacobum majoris Britanniæ regem*. Parisiis, Ant. Stephanus, 1625, in-fol. Vigneul-Marville ne pouvait comprendre ce gros volume.

V. *Ecclesiasticæ historiæ liber primus*. Parisiis, le Blanc, 1629, in-4°. — Nouvelle édition augmentée, Paris, Vitré, 1645, in-fol. On fait peu de cas de cet ouvrage.

VI. *Histoire de la vie de Jean de Dieu*, trad. de l'espagnol, de François de Castro, en italien, par J.-F. Bordini, et de l'italien en français par Fr. du Harle (ou de Harlay), avec la vie de Saint Jean Calibita, patron de l'hôpital de Rome, écrite par Siméon Métaphraste, et traduite aussi sur la version italienne, Tournay, 1620, in-12.

VII. *Observationes historicæ et theologicæ in Epistolam ad Romanos cum accuratâ versione gallicâ ex græco.* Gaillon, 1641, in-8°.

VIII. *Le Mercure de Gaillon*, ou *Recueil de pièces curieuses*, *tant hiérarchiques que politiques.* Gaillon, de l'imprimerie du chasteau archiépiscopal, 1644, in-4°. Les pièces politiques de ce recueil sont : 1°. Un *Discours tiré du traité de Sénèque* de *otio sapientis*, trad. en français, par M. de Harlay. 2°. La *Conclusion du discours de Maternus* dans le dialogue *de oratoribus* attribué à Tacite.

Les principales pièces hiérarchiques sont des lettres écrites par l'archevêque de Rouen au pape Urbain VIII et au cardinal de Richelieu, pour réduire des religieux à l'obéissance de l'ordinaire; des déclarations du général des jésuites en faveur de la hiérarchie et des actes de la satisfaction faite à l'archevêque par des jésuites et autres religieux, d'après l'ordre de Louis XIII. On trouve encore dans ce recueil des pièces de littérature, telles qu'une églogue latine de M. de Harlay, pour célébrer l'inauguration d'Urbain VIII, et une autre églogue intitulée *Gaillon*, ou *description du château archiépiscopal de Gaillon.* Ces deux pièces avaient déjà été imprimées séparément.

On voit par l'indication de plusieurs ouvrages de M. de Harlay, qu'il avait une imprimerie dans le château de Gaillon. Ce lieu devrait donc être ajouté à la liste des imprimeries particulières, qui se trouve dans le *Catalogue des libraires et imprimeurs de Paris*, par M. Lottin, et dans le *Dictionnaire de Bibliologie* de M. Peignot.

HAUTEVILLE (DE). Masque sous lequel Gaspard de Tende, fils naturel de Claude de Savoye, comte de Tende, publia une *Relation historique de la Pologne*, Paris, 1686, 1 vol. in-12. La *Biogr. univ.* présente ce masque comme un nom véritable.

HAY (PAUL), marquis de Chastelet, fils du premier secrétaire de l'académie française, a laissé quelques ouvrages parmi lesquels on distingue la *Politique de France*, Cologne, (Elzevir), 1669, in-12. Il existe une édit. de cet ouvrage sous ce titre : *Mémoire politique d'Armand du Plessis*, *cardinal duc de Richelieu*, etc. Amsterdam, H. Desbordes, 1689, in-12. Cette édition a été faite à Lyon. Quelques exemplaires portent ce titre : *Testament politique d'Armand du Plessis.... 3e partie indépendante des deux premières.* Le même ouvrage a été augmenté d'une seconde partie, avec quelques réflexions, par le sieur d'Ormegrigny, masque de Dumoulin le fils, Cologne, 1677, petit in-12. Il y a un chapitre entier pour appuyer le dessein d'exterminer les protestans. L'auteur, au lieu d'être récompensé de son zèle, fut enfermé à la Bastille pendant quinze jours; on peut attribuer cette punition à la justice de Louis XIV ou à sa politique. Ce dernier avis a été celui de plusieurs personnes qui prétendirent que le téméraire écrivain fut châtié, parce qu'il se mêlait de donner des instructions à son souverain. Du reste, il y a d'excellentes maximes et de grandes vues dans l'ouvrage de notre auteur.

C'est à tort que Bayle prétend que Pineton de Chambrun a réfuté, sous le nom de *Melanchton*, le chapitre relatif aux protestans. Je n'ai pu découvrir aucune preuve de l'existence de cet écrit. *Voyez* les *OEuvres diverses* de Bayle, tom. 4, pag. 165.

On attribue encore à de Châtelet: 1°. *Traité de l'éducation de M. le Dauphin*, Paris, 1664, petit in-12. 2°. *La Politique militaire*, ou *Traité de la guerre*, imprimé en 1668, et réimprimé en 1757 à Paris, in-12, avec des notes de M. d'Authville.

* HAYONS (Thomas des), traducteur, historien, et poëte français du XVIIe siècle, demeurait à Liége, et fit imprimer dans cette ville :

I. Les *Mystères de notre rédemption, représentés en quatre tableaux*, 1661, in-8°. On voit par un vers de la dédicace au chapitre de l'église cathédrale de Liége, que le poëte avait à se plaindre de la fortune.

II. *Les vies de Sainte Landrade, de Saint Amour* et *de Sainte Amalberge*, 1665, in-8°.

III. *La belle manière de vivre*, ou *Avis moraux pour la conduite de la vie*, 1666, in-12.

IV. *Calendrier nouveau, tiré des observations de Thomas de Kempis*, 1667, in-16.

V. Les *Césars de l'empereur Julien*; traduit du grec en français, 1670, in-8°.

On doit à cet auteur une nouvelle édition revue et corrigée de l'*Histoire de la vie et de la mort de messire Jean d'Allamont, gouverneur de Montmedy*, Liége, 1668, in-12. La première édition de cet ouvrage avait été brûlée en 1665 à Ruremonde. *Voyez* sur la plupart des ouvrages que je viens de citer les *Mélanges pour servir à l'histoire civile, politique et littéraire du ci-devant pays de Liége*, par M. de Villenfagne d'Inghioul, ancien bourgmestre de Liége. Liége, 1810, in-8°.

HAZON (Jacques-Albert), médecin de la faculté de Paris, mort dans cette ville, le 17 avril 1780. La *Biogr. univ.* n'en parle pas. M. Chaudon a énoncé ses ouvrages d'une manière inexacte et confuse : voici leurs véritables titres :

I. *Eloge historique de la Faculté de médecine de Paris;* discours pour les lauriers académiques, traduit du latin, prononcé aux écoles de médecine, le 16 octobre 1770. Paris, Butard, 1773, in-4°. On trouve à la suite, et sous une nouvelle pagination l'*Eloge historique de l'Université de Paris, avec des remarques*, discours de Vesperie, traduit du latin, prononcé aux écoles de médecine, le 11 octobre 1770.

II. *Notice des hommes les plus célèbres de la Faculté de médecine en l'Université de Paris, depuis 1110 jusqu'en 1750 inclusivement*, extraite (en plus grande partie) de Thomas-Bernard Bertrand, communiquée par son fils, pour servir de suite et de complément à l'Eloge historique, etc. Paris, Benoît Morin, 1778, in-4°. M. Hazon avait déjà profité du manuscrit de M. Bertrand pour les remarques très-curieuses qui accompagnent son *Eloge historique*. Thomas-Bernard Bertrand mourut le 19 avril 1751.

HEBERT, supérieur-général de la congrégation des Eudistes, massacré aux Carmes en 1792. Le nom de ce respectable ecclésiastique complète probablement la liste des supérieurs-généraux de cette congrégation, donnée à l'article du P. Eudes, son fondateur, dans la *Biogr. univ.*, d'après M. Chaudon. Il fallait mettre ici un renvoi au mot *Eudes.* A l'époque de la révolution, M. Hébert était supérieur du séminaire des Eudistes, à Paris.

HÉERKENS (Gérard-Nicolas), médecin et littérateur hollandais. Avant 1758, il fut reçu membre de l'académie des Arcades, sous le nom de *Curillo Calcidico;* ce qui explique pourquoi il publia, en 1758, ses Satires latines, sous le masque de Marius Curullus. La *Biogr. univers.* ne fait pas suffisamment connaître son ouvrage intitulé : *Empedocles*, sive *Physicorum epigrammatum libri V.* Groningæ, 1783, in-8°. On trouve dans ce volume beaucoup de sentences de l'école de Salerne. L'*Iter venetum* a été réimprimé dans les *Italicorum libri tres.*

HEIDEGGER (Jean-Henri), zélé protestant et professeur de théologie à Zurich, dans le XVIIe siècle; son *Historia papatûs*, Amsterdam, 1684, in-4°, a été traduite en français, sous ce titre : *Histoire du Papisme* ou *Abrégé de l'Histoire de l'Eglise romaine, depuis sa naissance jusqu'à Innocent XI, pape.* Amsterd., H. Wetstein, 1685, 2 vol. in-18.

HEISTER (Laurent), célèbre médecin, né à Francfort-sur-le-Mein, en 1683. La *Biog. univ.* convient que son *Compendium anatomicum* a été traduit dans toutes les langues de l'Europe; et elle ne cite pas même la traduction française qu'en a donnée notre Sénac, Paris, 1735, in-8°, et qui a été augmentée par le savant Goulin, Paris, 1753, 3 vol. in-12.

HÉLIODORE, savant évêque de Tricca en Thessalie; l'auteur de son article dans la *Biog. univ.* a dédaigné de citer les traductions du roman de Théagènes et Chariclée, qui ont suivi celle d'Amyot, publiée pour la première fois, non en 1549, comme le dit la *Biogr.*, mais en 1547. Ces nouvelles traductions sont 1° celle de Montlyard, Paris, chez Samuel Thiboust, 1623, in-8°; 2° celle qui parut pour la première fois à Paris, sous la rubrique d'Amsterdam, 1727, 2 vol. in-12, avec une épître dédicatoire à Fontenelle, signée l'abbé de F***. L'abbé Le Blond croyait que l'auteur de cette traduction était l'abbé de Fontenu, membre de l'académie des inscriptions. Elle a été souvent réimprimée, notamment en 1743, par Coustelier, et en 1796 dans la *Bibliothèque des romans grecs. Voy.* ma *Dissertation sur les traductions de Plutarque et d'Héliodore,* par Amyot, à la fin du quatrième vol. de mon *Dictionnaire des ouvrages anonymes. Voy.* aussi ci-devant le mot Audiguier (Vital d').

On doit à M. Quenneville une nouvelle traduction de Théagènes et Chariclée. Paris, 1803, 3 vol. in-12.

HÉLOISE, nièce du chanoine Fulbert. On lit avec beaucoup d'intérêt son article dans la *Biog. univ.*, et l'on n'est pas étonné de trouver au bas les initiales du nom d'une des femmes les plus spirituelles de ce temps; cette dame fait connaître suffisamment les imitations d'une fameuse lettre d'Héloïse, en vers anglais, par Pope, et en vers français, par Colardeau; mais n'était-il pas essentiel d'apprendre aux lecteurs de la *Biogr.*, que dans le XVIIe siècle une imitation en prose française de la même lettre, avait eu le plus brillant succès en France et dans les pays étrangers. Voici le titre de cette pièce :

Lettre d'Héloïse à Abailard, (par Rémond des Cours, fils d'un avocat de Troyes). Amsterdam, P. Chayer, 1691, 1693, 1695, in-12. — La même, avec la *Réponse d'Abailard à Héloïse* (composée par le même). Amsterdam, P. Chayer, 1693, 1695, in-12.— Les mêmes, suivies d'une troisième lettre qui n'a point encore paru (par le même). Amsterdam, P. Chayer, 1717, in-12 de 230 p.

Ces lettres sont des traductions fort libres du latin d'Abailard et d'Héloïse ; on ne trouve même des traces du latin que dans la lettre d'Héloïse; les deux autres sont de l'invention du prétendu traducteur. Quoi qu'il en soit, les deux premières ont eu un prodigieux succès; aussi en existe-t-il une multitude d'éditions, puisqu'on les trouve dans les volumes intitulés : *Recueil de Lettres galantes et amoureuses d'Héloïse à Abailard*, etc. Amsterdam, 1699, in-12; *Nouveau Recueil, contenant la vie, les amours, les infortunes et les Lettres d'Abailard et d'Héloïse*, etc. Anvers, 1722, in-12. On a du même M. Rémond le volume qui a pour titre : *les Véritables devoirs de l'Homme d'épée, particulièrement d'un gentilhomme qui veut réussir dans les armes*, par l'auteur de la *Lettre d'Héloïse à Abailard*. Amsterdam, Braakman, 1697, petit in-12. Ce dernier ouvrage avait été publié à Paris, en 1696, in-12; il est adressé à M. R***, lieutenant-colonel du régiment de Labour, frère de l'auteur. Le nom de Messieurs Rémond a été rappelé à ma mémoire, en 1813, à l'époque de la publication des OEuvres posthumes de Grosley, contenant ses *Mémoires sur les Troyens célèbres*. Grosley range parmi ces Troyens l'auteur de la *Lettre d'Héloïse à Abailard*, et il le présente comme un homme d'esprit qui cultivait les lettres et recevait bonne compagnie dans son château des Cours. Ce M. Rémond était frère du fermier-général de ce nom, dont trois fils sont connus dans la république des lettres, savoir, Rémond dit le Grec, auteur d'un *Dialogue sur la Volupté*, qui se trouve parmi les *OEuvres* diverses *d'Hamilton*, Rémond de Montmort et Rémond de Saint Marc.

D'après le Moréry de 1759, l'ingénieux et modeste Rémond des Cours mourut le 16 mars 1716, âgé de 77 ans. Dans l'édition de la *Lettre d'Héloïse*, imprimée en 1717, l'éditeur dit que la seconde Lettre d'Héloïse à Abailard est un ouvrage posthume, trouvé dans le cabinet de l'auteur après sa mort; dans l'*avertissement* qui suit immédiatement cette annonce, l'éditeur reproche à l'imprimeur des ouvrages du comte de

Bussy-Rabutin, d'avoir donné à ce comte sur le bruit de ses galanteries, les deux premières *Lettres d'Héloïse à Abailard* et *d'Abaïlard à Héloïse*. Voilà une accusation de plagiat un peu forte, mais réelle. Si elle n'a pas été examinée jusqu'à ce jour, cela vient sans doute de ce que M. Rémond n'était pas généralement connu comme auteur des Lettres dont il s'agit; cependant le *Journal de Verdun*, du mois de septembre 1711, le dit positivement. L'*avertissement* que je viens de citer, déclare qu'il faut rendre ces Lettres à qui elles appartiennent, et que le Dictionnaire de Trévoux découvrira le nom de l'auteur à qui la restitution doit être faite. J'ai cherché en vain ce nom dans le Dictionnaire de Trévoux; peut-être a-t-on voulu désigner le Dictionnaire de Moréri. Quoi qu'il en soit, il est toujours convenable de faire jouir M. Rémond de la petite gloire qui lui a été ravie, en 1697, par l'éditeur de Bussy-Rabutin. L'abbé de Rabutin, fils du comte, était complice du plagiat, puisqu'il soutenait que son père avait traduit ces Lettres pour se délasser du grand travail de ses *Mémoires historiques*. L'auteur de l'*avertissement* lui répond très-bien, 1° qu'il a été ajouté beaucoup de choses à la première Lettre d'Héloïse, et qu'il y a été fait beaucoup de retranchemens; 2° que la réponse d'Abailard à Héloïse est le jeu d'un esprit oisif, puisque son inscription seule est tirée du latin. Comment donc Bussy-Rabutin peut-il être présenté comme traducteur de ces Lettres, et surtout de la seconde?

En comparant les Lettres d'Héloïse, telles qu'elles se trouvent dans le Recueil de Bussy-Rabutin, avec les éditions d'Amsterdam, on s'aperçoit aisément que ce sont les mêmes Lettres, dont le style a été rajeuni, et souvent avec peu de succès. La seule *Réponse d'Héloïse à Abailard* paraît être de Bussy-Rabutin. Il l'envoya à madame de Sévigné avec deux autres Lettres, le 12 avril 1687. L'aimable cousine lui répondit le 18 qu'il avait donné de l'esprit à Héloïse. On peut donc croire que ses éditeurs auront cru devoir supprimer les deux premiers morceaux, qui étaient de la composition de Bussy, en les remplaçant par ceux dont la réputation était toute faite, c'est-à-dire, par les Lettres de l'anonyme Rémond des Cours. Le nom de Bussy-Rabutin donna une nouvelle vogue à l'ouvrage de M. Rémond. En 1725, le grammairien Malherbe enrichit sa *Langue française, expliquée dans un ordre nouveau*, des Lettres d'Héloïse et d'Abailard, tirées du Recueil de Bussy-Rabutin, et il déclara qu'elles pouvaient être proposées pour modèle. Le libraire Cailleau, qui a confondu ce grammarien avec le célèbre poëte du même nom, a inséré les mêmes Lettres dans son Recueil de *Lettres et Épîtres amoureuses d'Héloïse et d'Abailard*, en 2 vol. in-12.

Bayle s'est beaucoup occupé des Lettres d'Héloïse et d'Abailard; l'édition dans laquelle il les lisait, a été faite à La Haye, en 1693, sous le titre d'*Histoire d'Héloïse et d'Abailard*: il les avait entendu attribuer à une femme, à cause de la délicatesse et de la vivacité des sentimens qui y sont exprimés. Ce Recueil de La Haye, dont j'ai sous les yeux la 3e édition, publiée en 1697 chez Wytwerf, renferme, outre l'*Histoire abrégée d'Abailard et d'Héloïse*, quatre Lettres, savoir, celle d'Abailard à Philinte, par un anonyme, la Lettre d'Héloïse, et la réponse d'Abailard par Rémond des Cours, enfin une nouvelle réponse d'Abailard, par un anonyme.

HEMELAR (Jean), antiquaire, chanoine d'Anvers, mort, très-âgé, vers 1640. Il était oncle de Jacques Golius, et disciple de Juste-Lipse. M. Chaudon lui a donné un article assez superficiel; la *Biogr. univ.* n'en parle pas. Voy. *D. Anselmi Bandurii Bibliotheca nummaria*, édition de J. A Fabricius. Hambourg, 1719, in-4°.

* HENAULT (François), libraire de Paris, publia, en 1664, une traduction des *Lettres choisies de Cicéron*, dédiée au prince d'Elbœuf. Elle a été probablement adoptée par plusieurs pensions, car il s'en est fait plusieurs éditions. La seconde parut en 1670, et j'en connais une de 1691. Elle a été remplacée, en 1695, par la traduction d'un anonyme, que le libraire de Paris, Simon Benard, dédia au fils aîné du ministre Louvois. Le même choix de lettres a été long-temps en usage dans les colléges et lycées. Mais depuis vingt ou vingt-cinq ans à peu près, on y a adapté une nouvelle traduction. François Hénault n'est pas le premier qui ait formé ce bon choix parmi tant de lettres si estimées. Il était connu, avant lui, sous la dénomination, d'*Epîtres selectes*, et c'est sous ce titre, qu'en l'année 1664, le libraire Simon Benard obtint un privilége pour imprimer une autre traduction française de ces Epîtres, avec le texte latin en regard. Cette traduction parut en 1665. Elle est précédée d'une Epître dédicatoire à MM. Colbert, fils du ministre Colbert. Le traducteur a signé cette Epître des lettres E. R., qui sont probablement les initiales de son nom. Ne serait-ce pas Etienne Rassicod, qui s'est fait connaître depuis, si avantageusement, par ses *Notes sur le concile de Trente ?*

Le fils de François Henault est devenu fermier général, et donna le jour au célèbre président de ce nom.

HENAULT (le président). La *Biogr. univ.* déclare ignorer sur quelle autorité tous les bibliographes et auteurs de *Dictionn. hist.* s'appuient pour dire que le président Hénault a travaillé à l'*Abrégé chronologique de l'histoire d'Espagne et de Portugal.*

La réponse à cette difficulté se trouve en tête de l'Abrégé chronologique dont il est question. Voici le commencement de l'avertissement :

« La même main qui a rempli, avec tant de succès, le plan de l'Abrégé chronologique de l'Histoire de France, a tracé le dessein de cet Abrégé de l'Histoire d'Espagne et de Portugal. Mais M. le président Hénault ne pouvait donner assez de temps à un nouvel ouvrage de cette nature; il s'est contenté d'y mettre quelques traits, et il en a confié l'exécution à des gens de lettres, qui s'étaient déjà exercés, sous ses yeux, dans ce genre d'écrire. »

Ces gens de lettres sont MM. Macquer et Lacombe. Il est étonnant que le rédacteur d'un article aussi important n'ait pas examiné, avec plus d'attention, un ouvrage dont il devait s'occuper. Voy. l'article *Joubert*.

HENRI IV, roi de France. Un prince aussi ami de son peuple que celui-ci l'a été, a dû donner lieu à des ouvrages de divers genres, que l'on a besoin de connaître dans différentes circonstances; il était convenable de les citer à la fin de cet article. La *Biogr. univer.* l'a tenté dans une note, mais elle n'indique qu'un très-petit nombre d'articles, et renvoie, pour le reste, à la *Bibliothèque historique de France.* Il eût été agréable aux lecteurs de trouver ici l'indication des ouvrages publiés depuis la dernière édition de cette Bibliothèque; par exemple, l'intéressant volume de l'abbé Brizard, qui a pour titre: de l'*Amour d'Henri IV pour les lettres*. Paris, 1785, in-18.

J'ai exposé au mot *César* ce que l'on doit penser de la prétendue traduction des Commentaires de César, par Henri IV. La *Biogr. univer.* répète à ce sujet l'assertion vague et inexacte de M. Chaudon.

* HENRION (Denis), mathématicien du XVIIe siècle, ingénieur du prince d'Orange et des Etats-Généraux des Provinces-Unies, commença vers 1607 à enseigner les mathématiques à Paris. Beaucoup de jeunes nobles suivirent ses cours. Henrion a été l'un des premiers traducteurs d'Euclide, et il a fait connaître en France la théorie des logarithmes inventée par le baron écossais Neper. Les nombreux ouvrages, publiés par Henrion, ont été lus pendant long-temps; il y aurait de l'ingratitude à ne pas tirer le nom de leur auteur de l'oubli où l'ont laissé les premiers rédacteurs de nos Dictionnaires historiques. D. Henrion mourut vers 1640. Ses principales productions sont:

I. *Mémoires mathématiques recueillis et dressés en faveur de la noblesse française*. Paris, Pacard, 1612, in-4°, réimprimés, avec des augmentations, en 1623, in-8°.

L'auteur donna un second volume en 1627.

II. Les *Quinze livres des Elémens d'Euclide, trad. de latin en français*. Paris, Abr. Pacard, 1615, in-8°. — 2e édition, revue et corrigée. Paris, 1621, in-8°.

III. Les *Elémens et les Donnés d'Euclide, trad. en français avec des Commentaires*. Paris, 1632, in-4°. Ces deux articles se trouvent réunis dans l'ouvrage intitulé: *Elémens géométriques d'Euclide, trad. et commentés par D. Henrion*. Rouen, 1649, ou 1676, 2 vol. in-8°. Paris, 1683, ou 1685, 2 vol. in-8°.

Cette traduction fut vivement attaquée par un correcteur d'imprimerie, nommé P. Le Mardelé, qui enveloppa dans sa censure d'autres traductions d'Euclide. Henrion répondit avec vivacité à ce censeur, par l'ouvrage intitulé: *Réponse apologétique pour les traducteurs et interprètes des Elémens d'Euclide*, à un nommé P. Le Mardelé, avec un sommaire de l'algèbre. Paris, Joallin, 1623, in-8°.

IV. Les *Elémens sphériques de*

Théodose Tripolitain, *trad. en français*. Paris, 1615, in-8°. Suivant M. de Montucla, l'ouvrage de l'astronome grec peut être regardé comme classique dans son genre. Henrion a donc rendu service à la jeunesse studieuse, en le faisant passer dans notre langue. Sa traduction est rare ; quoique faite sur le latin, elle mériterait d'être plus connue.

V. *Traité des triangles sphériques*. Paris, 1617, in-8° ; et dans le tome 2e des *Mémoires mathématiques*.

VI. *Traité des globes et de leur usage*, par Robert Hues (Anglais), *trad. du latin*, *avec des notes*. Paris, 1618, in-8°. L'ouvrage de R. Hues parut, pour la première fois, à Lyon, en 1595. Il a été souvent réimprimé, notamment à Amsterdam, en 1617, in-4°, avec des augmentations dues à J. Is. Pontanus. La dernière et meilleure édition paraît être celle d'Oxfort, 1663, in-8°, avec les observations de Pontanus.

VII. La *Géométrie pratique* de J. Errard, revue et augmentée. Paris, 1619, in-8° (*anonyme*).

VIII. *Canon manuel des sinus*, *tangentes et coupantes*. Paris, Pacard, 1619, in-16. Réimprimé en 1623.

IX. *Cosmographie*, ou *traité général des choses*, *tant célestes qu'élémentaires*. Paris, 1620, in-8°. — 2e édition, en 1626.

X. *Collection*, ou *Recueil de divers traités de mathématiques*. Paris, 1621, in-4°. On trouve dans cette collection un traité pour toiser et calculer toutes sortes de superficies, donné séparément, par l'auteur, en 1620.

XI. *Traité des Logarithmes*. Paris, 1626, in-8° ; et dans le tome 2 des *Mémoires mathématiques*.

XII. *Tables des directions et profections de Jean de Mont-Royal*, *corrigées et augmentées*, *et leur usage ; traduites du latin en français avec des annotations et des figures*. Paris, 1626, in-4°.

XIII. *Notes sur les récréations mathématiques*, *et la fin de divers problèmes*, *servant à l'intelligence des choses difficiles et obscures*. Paris, 1627, in-8°. Réimprimées plusieurs fois, à dater de 1630, à la suite de l'*examen* des mêmes Récréations mathématiques (de Van Etten et autres), par Claude Mydorge ; et à dater de 1659, dans l'intérieur du volume, avant les remarques de Mydorge, et dans le même ordre que ces remarques.

Van Etten (Leurechon) avait publié sa *Récréation mathématique* à Pont-à-Mousson, en 1626, in-12.

XIV. L'*Usage du mécomètre*, *qui est un instrument géométrique pour mesurer les longueurs et distances visibles*, etc. Paris, 1630, in-8°. On a mis un nouveau frontispice à cet ouvrage, en 1677.

XV. L'*Usage des compas de proportion*. Paris, 1631, in-8°. — Nouvelle édition, revue et augmentée, par Deshayes. Paris, 1681, in-8°. Cet ouvrage a eu dix-huit ou vingt éditions.

(*Bibliographie astronomique* de la Lande : *Catalogues* de Boissier, du duc d'Estrées, et de Falconet ; Bibliothèque du Roi.)

HERBERT DE CHERBURY (Lord ÉDOUARD), célèbre déiste anglais. la *Biographie universelle* a oublié d'indiquer, 1° la traduction française de son traité *de Veritate*, 1639, in-4° ; 2° celle des matériaux qu'il avait laissés pour éclaircir la vie d'Apollonius de Thyane, par Philostrate. Ces matériaux ont vu le jour en anglais, par les soins de Charles Blount. Jean Salvemini de Castillon a publié le tout en français, sous le titre de : *Vie d'Apollonius de Thyane, par Philostrate, avec les Commentaires donnés en anglais, par Charles Blount.* Berlin, 1774, 4 volumes in-12. L'ouvrage est précédé d'une épître dédicatoire du roi de Prusse, Frédéric II, sous le nom de *Philaletès.* Il en existe une édition d'Amsterdam, 1779.

HERBOUVILLE (CLAUDE), jésuite, né à Rouen, en 1697, d'une famille distinguée dans la magistrature, fut pendant quelque temps professeur de rhétorique à Paris, et quitta sa chaire pour parcourir la Hollande, l'Allemagne et l'Angleterre.....

Tel est le commencement d'un article qui se lit dans le Dictionnaire de M. Chaudon, éditions de 1789 et de 1804, et que l'on retrouve avec des additions dans les *Siècles littéraires* de M. Desessarts.

Dans la suite de l'article, on attribue au jésuite d'Herbouville cinq ouvrages, dont les auteurs sont très-connus des bibliographes. Cet article est du même genre que celui de l'abbé *de Calignon*, fourni à la *Biog. univ.* par Maton-la-Varenne. Ne serait-ce pas le coup d'essai de cet imposteur littéraire ? Si le nom de Claude d'Herbouville n'est pas imaginaire et qu'il soit né à Rouen, on doit croire qu'il n'a laissé aucun ouvrage ; car on ne trouve point son nom dans les *Mémoires biographiques et littéraires, par ordre alphabétique, sur les hommes qui se sont fait remarquer dans le département de la Seine-Inférieure, par leurs écrits*, etc., par M. Guilbert. Rouen, 1812, 2 vol. in-8° ; ouvrage qui a au moins le mérite de reproduire la *liste alphabétique des hommes illustres nés en Normandie*, communiquée par l'abbé Saas, à l'académie de Rouen, le 10 janvier 1754.

M. Millon, dans la préface de sa traduction de la *Politique d'Aristote*, Paris, 1803, 3 vol. in-8°, a nommé les cinq auteurs des prétendus ouvrages du P. d'Herbouville.

* HERBURT DE FULSTYN (JEAN), conseiller du royaume de Pologne. On a de lui : I. *Statuta regni Poloniæ*, 1567, in-fol.

II. *Chronicon sive historiæ Polonicæ compendiosa descriptio.* Basileæ, 1571, in-4°. Dantisci, 1609, 1647, in-4°. C'est un bon abrégé de l'ouvrage de Martin Cromer, *De origine et rebus gestis Polonorum.* Fr. Baudoin le traduisit en français, sans y mettre son nom, sous le titre d'*Histoire des Rois et Princes de Pologne*, Paris, 1573, in-4°. Blaise de Vigenère en fit aussi une traduction de son côté, et continua l'histoire jusqu'à Henri de Valois ; son ouvrage est intitulé : *Les Chroniques et les Annales de Pologne, jusqu'à Henri de Valois.* Paris, 1573, in-4°.

HÉRICOURT (D'), chevalier de l'ordre militaire de Saint-Louis, capitaine et premier aide-major du régiment du Roi. On a de lui : *Élémens de l'Art militaire*, Paris, 1737, 1 vol. Paris, 1749, 2 vol. Paris, 1752, 6 vol. in-12.

HÉRISSANT (Louis-Antoine-Prosper). Son *Jardin des Curieux*, ou *Catalogue raisonné des Plantes les plus belles et les plus rares*, n'a point paru, quoi qu'en dise le Dictionnaire de M. Chaudon; cet ouvrage n'était pas même entièrement achevé. On ignore tout-à-fait ce qu'est devenu le manuscrit, depuis la mort du médecin Coquereau, qui s'était chargé de le publier. La *Biog. univ.* s'est donc trompée à l'article de ce dernier, lorsqu'elle l'a présenté comme ayant mis au jour, en 1771, le *Jardin des Curieux*.

HÉRISSANT (Louis-Théodore), frère du précédent, Philologue français. Son meilleur ouvrage est intitulé : *Principes de Style*, Paris, 1779, in-12. Ce sont des observations sur l'art d'écrire, recueillies des meilleurs auteurs; l'auteur les connaissait bien: la lecture de son ouvrage contribue à conserver et à perfectionner le goût. La *Biog. univ.* ne l'a point mentionné. On peut encore lui reprocher de n'avoir point cité les *Observations* du même auteur sur la *Littérature allemande*.

*HÉROUVILLE (Jean d'), professeur de seconde, au collége de la Marche, à Paris; on a de lui différentes pièces de vers latins, entre autres, la traduction de l'*Horloge de sable*, figure du monde, poëme du sieur de Caux, auteur des tragédies de Marius, de Lysimachus, etc. Cette pièce, avec la traduction du professeur d'Herouville, fut imprimée à Paris, en 1714, in-4°. M. Couture, dans l'approbation, dit qu'il a lu cette traduction latine, et qu'il l'a trouvée digne de la réputation que l'auteur s'est acquise par d'autres ouvrages. L'abbé Saas a reproduit ces deux pièces dans son *Recueil de Fables latines et françaises*; Anvers (Rouen), 1738, in-12.

*HÉROUVILLE (Antoine de Ricouart, comte d'), de Claye, né à Paris vers 1713, était fils de Jacques-Antoine Ricouart, chevalier, marquis d'Hérouville, et de Marie-Gabrielle Nivelle de la Chaussée; il embrassa l'état militaire et devint lieutenant-général des armées du roi et inspecteur général d'infanterie. Ses connaissances profondes dans l'art militaire, ne l'empêchèrent point de cultiver les lettres et les sciences avec succès; il a communiqué aux éditeurs de la grande Encyclopédie, des mémoires très-curieux sur la minéralogie; on lui doit aussi des mémoires sur le Colzat, la Garance, etc. Son principal ouvrage est le *Traité des Légions*, qui porte le nom du maréchal de Saxe, parce qu'il a été imprimé sans la participation de son véritable auteur, sur une copie trouvée parmi les papiers du maréchal de Saxe, à qui il avait été communiqué. Ce grand général dont les talens embrassaient toutes les parties de l'art militaire, et qui avait applaudi aux vues du comte d'Hérouville, l'engagea à les développer; quand l'ouvrage fut achevé, le vainqueur de Fontenoy y ajouta des remarques, et lui donna, sur la copie qui était restée entre ses mains, le titre de *Traité des Légions*. Son suffrage justifiait d'avance le succès de ces mémoires dont il existe beaucoup d'éditions. Le nom du maréchal de Saxe ne se trouve plus sur le frontispice de la 4e, qui a été revue avec soin sur un manuscrit. (*Paris*, *Prault*, 1757, *petit in*-12.) Le comte d'Hérouville s'était beaucoup occupé d'une *Histoire générale des guerres*, comme on peut le voir dans la correspondance de Grimm (2e partie, t. 2, p. 439 et suiv.). Ce militaire distingué est mort en 1782, âgé de 69 ans environ. Il avait été question de lui pour le ministère sous Louis XV, et il y serait parvenu sans un second mariage qu'il contracta et qui fut considéré comme trop inégal.

HEUMANN (Christophe-Auguste). Il faut regarder comme nulle et non avenue une note qui se lit dans la *Biographie universelle* relativement à cet auteur. On y reproche aux bibliographes, une erreur, et l'erreur n'est que du côté de l'annotateur : voici le fait. Mylius a inséré dans son supplément à la *Bibliotheca anonymorum et pseudonymorum* de Placcius, des corrections et des augmentations avec une excellente dissertation qu'Heumann avait publiée en 1711, sous le titre de *Schediasma de anonymis et pseudonymis.* Il y a même joint de bonnes observations; la note de la *Biographie* ferait croire que cette réimpression n'a pas eu lieu.

*HEUZET (Jean), célèbre professeur de l'université de Paris. Nous avions ignoré jusqu'à ce jour quel lieu l'avait vu naître : une note manuscrite m'a appris le 18 février 1817, que c'était la ville de Saint-Quentin. Cette note est conçue en ces termes : *Ex dono magistri Heuzet San-Quintiani*, et elle se trouve en tête d'un exemplaire de la 1re édition des *Selectæ è veteri testamento historiæ*, publiée en 1726. Ainsi, la patrie des Omer Talon, des Pierre Ramus, des Charles Gobinet, des frères Desjardins, serait aussi celle de Jean Heuzet. C'est un nom devenu célèbre, à ajouter à ceux sur lesquels M. Louis Hordret, avocat, nous a laissé de curieux détails dans son *Histoire abrégée de la ville de Saint-Quentin.* Paris, 1781, in-8°.

Gaullyer nous apprend (1) que ce fut M. Rollin qui plaça M. Heuzet au collége de Beauvais ; aussi a-t-il montré dans différentes circonstances un attachement bien sincère à la personne de M. Heuzet, et une estime bien sentie pour son rare mérite.

M. Heuzet quitta l'enseignement vers 1718, car on lit, à la fin de quelques ouvrages publiés à cette époque, des approbations qu'il a signées en qualité d'ancien professeur.

Une preuve du mérite éminent de M. Heuzet, c'est qu'il fut membre de cette Compagnie d'hommes habiles qui s'assemblaient au collége de Beauvais, pour expliquer les principales difficultés de Tite-Live. Rollin et l'abbé d'Asfeld assistaient à ces conférences. Crevier remplissait les fonctions de secrétaire, ce qui nous a valu l'excellente édition de Tite-Live en 6 vol. in-4° qui porte le nom de ce professeur, et qui commença à paraître en 1735. C'est dans la belle préface de cet

---

(1) Voy. Térence, etc. 2e part., p. 111.

important ouvrage (page 58) que Crevier a rendu un si noble hommage aux connaissances et aux vertus de M. Heuzet ; ce morceau m'a paru mériter d'être rapporté ici dans son entier.

Après avoir rappelé les conférences du collége de Beauvais, Crevier ajoute :

« *Sed prœterire non possum virum omnibus bonis doctisque flebilem, nobis, dùm extremam huic operi manum admovebamus, luctuosâ morte ereptum, M. Joannem Heuzet, eruditione, diligentiâ, indefessâ in scrutandis, et ad liquidum perducendis rebus patientiâ memorabilem : qui quidem nostrâ prœdicatione non indiget, quùm suœ eum Litterœ et aurea opuscula, nimirùm selectœ ex Veteri Testamento, tùm ex profanis Scriptoribus historiœ, et breves in Curtium Sallustiumque notulœ, abundè commendent ; ex his ejus scriptis, quœ minimè ambitiosus doctrinœ ostentator studiosœ Juventutis utilitati devoverat, notum erit omnibus quâ ille antiquitatis notitiâ, quàm acri et limato judicio, quàm solerti in rebus ordine disponendis prudentiâ prœditus fuerit ; nobis, quibus suavissimo illius convictu frui datum est, etiam perspectus fuit morum ejus candor et dignâ litterarum ingenuitate simplicitas, et nullis unquàm interturbatœ nubeculis frontis animique serenitas, et in magnâ gravitate vitœ comitas jucundissima, et obvia votis amicorum sedulitas, et omnes denique virtutes quœ animos hominum devincire possunt, sincerâ in Deum pietate consecratœ.* »

J'ai essayé de rendre ce morceau de la manière suivante :

« Mais je ne puis m'empêcher de parler de M. Jean Heuzet, que tous les gens de bien, et tous les savans doivent regretter ; une triste mort me l'a enlevé au moment où je mettais la dernière main à ce travail ; il était connu par son érudition, par son zèle, par la patience inépuisable avec laquelle il s'attachait à examiner et à éclaircir toutes les difficultés : c'est en vain que je lui donne ces louanges ; car son savoir et ses excellens opuscules, le recommandent assez à l'estime publique ; je veux parler de ses *Histoires choisies de l'Ancien Testament* et des *auteurs profanes*, ainsi que de ses *petites notes* sur *Quinte-Curce* et sur *Salluste*. Ces ouvrages qu'il a consacrés à l'utilité de la jeunesse, quoiqu'il ne cherchât nullement à faire ostentation de science, prouveront à tout le monde sa profonde connaissance de l'antiquité, la netteté et la justesse de son jugement, son habileté dans le choix et la disposition de ses matériaux. Pour moi qui ai eu le bonheur d'habiter la même maison que lui, j'ai aussi admiré en lui l'innocence des mœurs, cette simplicité qui accompagne si bien la culture des belles-lettres, cette sérénité du visage et ce calme de l'ame qu'aucun nuage n'a jamais troublée, cette aménité de caractère qu'il est si agréable de rencontrer dans un genre de vie très-sérieux, ces attentions obligeantes et empressées pour ses amis ; enfin toutes les vertus les plus capables d'attirer les

» cœurs, couronnées par une sincère piété envers Dieu. »

Louis XV accorda, le 8 août 1720, à sa fille aînée l'université de Paris, un privilége de cinquante ans pour faire imprimer, par tels imprimeurs ou libraires qu'elle voudrait choisir, les livres nécessaires pour ses classes, avec des notes ou sans notes; et spécialement une suite d'auteurs grecs et latins, en entier ou en partie, avec des notes, et un *index*, afin d'en faciliter l'intelligence, le tout néanmoins sans préjudicier, en façon quelconque, à aucuns libraires ou imprimeurs du royaume, qui avaient ci-devant obtenu ou pourraient obtenir, dans la suite, des priviléges ou permissions d'imprimer les textes desdits auteurs, simplement ou avec des notes différentes de celles que l'université ferait ou ferait faire sur lesdits auteurs.

M. Heuzet avait été choisi pour travailler aux éditions indiquées dans cet honorable privilége; car, dans le cours de la même année 1720, il a publié une bonne édition de *Quint-Curce*, à l'usage des colléges de l'Université de Paris. L'année suivante, il fit paraître le recueil connu sous le nom de *Conciones;* son *Salluste* était préparé un an avant sa mort.

Ces trois ouvrages latins ne présentent qu'un essai de ce que M. Heuzet voulait faire pour répondre à la confiance dont l'honorait l'université. Des auteurs grecs devaient les suivre; mais, vers l'année 1725, M. Rollin fournit à M. Heuzet le plan de deux ouvrages, dont la jeunesse avait besoin pour étudier avec fruit l'histoire sacrée et l'histoire profane; cet utile conseil nous a valu les deux excellens recueils qui ont pour titre : l'un *Selectæ è Veteri Testamento*, et l'autre, *Selectæ è Profanis Scriptoribus historiæ*. M. Heuzet fut enlevé à l'université et aux lettres le 14 février 1728, c'est-à-dire, peu de temps après la publication du *Selectæ è Profanis*. Il laissait une bibliothèque si bien composée, qu'un de ses confrères ne craignit pas de se charger d'une pension viagère de 400 francs, pour en faire l'acquisition. Souhaitons avec Rollin (1) que l'exemple de l'un et de l'autre ayent beaucoup d'imitateurs parmi ceux qui se dévouent à l'instruction de la jeunesse.

Voici l'ordre chronologique des ouvrages de M. Heuzet.

I. *Quinti-Curtii Rufi de Rebus Alexandri Magni historiarum libri decem ad usum scholarum Universitatis Parisiensis. Parisiis*, Jacques Quillau, Lambert Coffin, et Jean Desaint, 1720, petit in-12 de XXI et 479 pages, sans l'*index* qui en a 9.

Les notes qui enrichissent cette édition réimprimée plusieurs fois, tirées principalement du Quinte-Curce, *ad usum Delphini*, sont courtes, mais très-nombreuses.

L'éditeur, sous le nom des libraires, dans un Avis de deux pages, écrit en beau latin, annonce ce qu'il a fait pour procurer à la jeunesse une édition de Quinte-Curce qui lui fût véritablement utile pour la correction du texte et l'explication des passages les plus difficiles. On trouve à la fin du volume le pri-

(1) *Traité des Études*, t. IV, p. 646, édit. de 1728.

vilége du roi, que j'ai analysé.

La petite édition de Quinte-Curce qui, depuis 1770, a remplacé dans les classes celle de l'Université, porte le nom de l'abbé *Valart;* mais elle ne présente guères que les notes de M. Heuzet, réduites à un petit nombre. On y trouve aussi le même *index*. L'abbé Valart, quoique très-instruit, ne se faisait aucun scrupule d'emprunter à ses devanciers sans les nommer. C'est ainsi qu'on lit dans son édition d'Horace beaucoup de remarques tirées d'une lettre du célèbre Markland.

II. *Orationes ex Sallustii, Curtii et Taciti historiis collectæ ad usum scholarum Universitatis Parisiensis. Parisiis*, Quillau, etc., 1721, in-12. L'éditeur, dans un court, mais judicieux avertissement, rappelle le Quinte-Curce publié l'année précédente. Quoique Crevier ne parle pas de ce recueil, on en est certainement redevable à M. Heuzet, puisqu'on y trouve des notes qui ressemblent textuellement à celles du Quinte-Curce cité dans l'article précédent, et du Salluste dont il sera parlé ci-après.

Dès 1542, le Bénédictin Joachim Perionius, avait présenté aux amateurs, avec des notes, cent quatre-vingt-treize discours tirés de Tite-Live. En 1570, le célèbre imprimeur Henri Étienne avait ajouté, aux discours tirés de l'historien romain, les plus belles harangues d'autres historiens grecs et latins. Ces collections avaient été bien accueillies; les harangues choisies des auteurs latins parurent surtout devoir être adoptées dans la Belgique et en Allemagne pour l'instruction de la jeunesse. L'édition qu'en donna vers 1570, Job Veratius, fut souvent reproduite à Paris et en Hollande dans le dix-septième siècle. Au commencement du dix-huitième, l'université de Paris crut devoir adopter ces beaux modèles de l'ancienne éloquence, et elle chargea M. Heuzet de les revoir avec tout le soin dont il était capable. L'estimable éditeur a refait presque tous les sommaires, et revu les textes sur les meilleures éditions qui existaient alors de Salluste, de Tite-Live, de Tacite et de Quinte-Curce. Cette nouvelle édition des *Conciones* a eu le plus brillant succès. Elle fit presque oublier les anciennes, et on la réimprime encore tous les jours. Quelques-uns des nouveaux éditeurs ont introduit des changemens, sans en prévenir, dans l'Avertissement de M. Heuzet; d'autres l'ont totalement supprimé. On doit louer au moins ces derniers d'avoir ajouté à leur édition une table générale et alphabétique des discours. Tel est l'avantage que présente l'édition stéréotypée, d'après le procédé de M. Erhann. Paris, 1810, vol. in-12.

III. *Selectæ è veteri Testamento historiæ ad usum eorum qui linguæ latinæ rudimentis imbuntur. Parisiis*, Jac. Etienne, 1726, 2 parties in-12. Traduit en français par un anonyme; Paris, 1764, petit in-12. Ce recueil jouit d'une grande estime; mais il n'a pas paru d'une utilité aussi générale que le suivant.

IV. *Selectæ è profanis Scriptoribus historiæ, quibus admista sunt varia honestè vivendi præcepta ex scriptoribus iisdem deprompta. Parisiis*, Jac. Etienne, 1727, 2 parties in-12.

Une première édition ne satisfait jamais un auteur d'un goût sévère ; M. Heuzet se préparait à perfectionner cet ouvrage ; la mort le surprit au milieu de ce travail. Les libraires ont pourtant fait usage de ses corrections d'après les avis du sage Rollin, dans la seconde édition qu'ils firent paraître en 1729 ; la troisième édition, publiée en 1732, reçut encore des améliorations.

Les auteurs latins sont réduits dans ce recueil à un style plus clair ; et on n'y trouve point de raisonnemens obscurs qui supposent une profonde connaissance de l'ancienne philosophie. Des modifications aussi sages ont déplu à quelques auteurs. Le professeur Gaullyer les critique amèrement dans son *Térence*, *Cicéron*, etc., justifiés contre la censure de M. Rollin (1). Suivant ce professeur, des extraits tels que ceux dont il s'agit, où les textes originaux, sous prétexte de plus grande clarté, sont abrégés, dérangés, changés, affaiblis, altérés de quelque manière que ce puisse être, ne peuvent être aussi propres à former les jeunes gens à la pureté et à l'élégance du latin, que les originaux même lus en nature et dans toute leur pureté.

Un professeur de Leipsick, nommé Jean-Echard Kappius, a été plus loin que Gaullyer. Dès l'année 1728, il a rétabli, dans une réimpression du *Selectæ è profanis*, les passages des auteurs tels qu'ils se trouvent dans les originaux ; il reproduisit son édition, en 1734, avec des améliorations, sous ce titre : *Selectæ è profanis Scriptoribus historiæ, quibus admista sunt varia honestè vivendi præcepta ex iisdem scriptoribus depromta, in usum juventutis scholasticæ, ad latini sermonis castitatem et ad morum suavitatem manuducendæ. Secunda editio Lipsiensis, ad Parisiensem repetita, ità tamen ut loci auctorum præpostero consilio in hâc vel immutati vel decerpti, restituti accuratiusque citati fuerint. Accessit huic alteri editioni index rerum memorabilium. Lipsiæ, Walterus*, 1734, in-12 de 480 p., sans l'*index* qui en a 33. Cette édition a encore été réimprimée en 1765, en 1777, et en 1784, dans le format in-8°, par les soins de J. Frédéric Fischer, élève de Kappius. Ces éditions sont recherchées par les amateurs de l'ancienne latinité ; mais le travail de M. Heuzet n'en est pas moins utile à la jeunesse.

A Paris et à Londres, on réimprime le *Selectæ è Profanis*, tel qu'il est sorti des mains de son auteur ; quelquefois on y fait d'utiles additions : telle est la *Table historique des Personnages cités dans cet ouvrage*, composée par M. Bérard, ancien censeur des études au Lycée de Poitiers, pour l'édition publiée à Paris, en 1805, par le libraire Merlin. Cette table renferme 104 pages.

En 1752 et en 1754, le sieur Charles Simon, maître-ès-arts en l'université de Paris, fit paraître une traduction française du *Selectæ è Profanis, avec des notes morales et historiques, tirées en grande partie de l'Histoire de France*, 3 vol. in-12. Le but du traducteur était louable, mais il rendit l'ouvrage trop volumineux

(1) Voy. *Térence*, 2ᵉ partie, pag. 71 et suiv.

pour la jeunesse ; d'ailleurs, la traduction en elle-même est très-imparfaite et mal écrite. On l'a cependant jointe au texte latin, à Bâle ou à Lyon, en 1775 et années suivantes ; 2 vol. in-12. M. Barrett a donné une meilleure traduction du recueil de M. Heuzet, Paris, Barbou, 1781, in-12. Le libraire de Paris qui, dans ces derniers temps, a réimprimé le *Selectæ è Profanis*, avec une traduction française, a eu tort de mettre sur le frontispice le nom de M. Barrett, puisque la traduction qu'il a reproduite est celle de Simon.

V. C. Crispi Sallustii Opera quæ exstant, ad usum scholarum Universitatis Parisiensis. Parisiis, Desaint, 1729, petit in-12, réimprimé plusieurs fois, notamment en 1767, chez Paul-Denis Brocas.

La Préface qui se lit en tête de ce volume, contient une notice pleine d'érudition sur la vie et les ouvrages de Salluste. Les notes ont, en général, plus d'étendue et d'importance que celles du Quinte-Curce. Elles sont tout-à-fait dignes de l'auteur du *Selectæ è Profanis*. Le *Journal des Savans* rendit à l'éditeur une pleine justice, lorsqu'il dit, en 1731, que ces notes étaient courtes, faciles, sensées et proportionnées à l'intelligence des jeunes écoliers pour qui elles étaient faites. Le volume est terminé par deux *index*, l'un de *choses*, l'autre de *mots*.

On voit à la suite du privilége du roi, que l'université de Paris a cédé ce privilége à Jean Desaint, le premier octobre de l'année 1727. La dernière maladie de l'éditeur aura probablement occasionné le retard de l'impression ; car je n'ai pu me procurer aucune édition de ce Salluste, antérieure à 1729. C'est cette édition qui est annoncée dans le *Journal des Savans* et dans la notice des éditions de Salluste, qui se trouve en tête de l'édition des Deux-Ponts.

HEVIN (Pierre), avocat au parlement de Bretagne. On a avancé faussement dans la *Biogr. univ.*, que la *lettre* par laquelle cet avocat a réfuté l'histoire romanesque, rapportée par Varillas, de la mort de la comtesse de Chateaubriand, se trouvait dans l'édition de 1686, de l'histoire de François Ier, par le même Varillas. Voyez ci-devant le mot *Chateaubriand*.

HEYNE (Chrétien-Gottlob), savant antiquaire et habile philologue ; la *Biogr. univ.* le fait très-bien connaître sous le premier rapport, et très-légèrement sous le second : elle n'entre dans aucun détail sur les éditions de Virgile, données par M. Heyne, avec des notes si étendues et des interprétations qui ont causé tant de sensation dans le monde savant. Il sera heureusement possible de réparer cette omission à l'article Virgile.

On renvoie aux Bibliographies allemandes pour connaître les ouvrages de M. Heyne ; ce renvoi est illusoire pour la presque totalité des lecteurs de la Biographie ; il fallait choisir dans les auteurs allemands les ouvrages les plus intéressans, et les citer aux lecteurs français.

On a oublié de citer le sixième vol. des *opuscules* de M. Heyne, lequel parut en 1811.

HEYWOOD (ÉLISE). La *Biogr. univ.* ne fait pas connaître les traductions françaises de plusieurs ouvrages de cette dame :

I. *Lettres*, traduites par un anonyme. 1751, in-12.

II. Le *Spectateur femelle*, traduit en français, par Trochereau, sous le titre de *Spectatrice*, Paris, 1751, vol. in-12.

III. L'*Histoire de Betsy Toughtless, traduite en français* (par le chevalier de Fleurian). Paris, 1754, 4 parties in-12.

IV. *Emanuella, ou la découverte prématurée*, traduit par un anonyme. Paris, 1800, 2 vol. in-12.

V. *Cléomelie*, l'*Heureux enlèvement* et l'*Amant capricieux*, nouvelles espagnoles. Ces trois derniers art. ont été trad. en français par Duboccage, et forment le tome premier du *Mélange de différentes pièces de vers et de prose*, trad. de l'anglais. Berlin, 1751, 3 vol. in-12.

HILDEBRAND (JOACHIM), théologien allemand, mort en 1691. La *Biogr. univ.* ne fait connaître que trois de ses ouvrages sur les antiquités ecclésiastiques ; Zaccaria en cite treize dans le tom. 2 de sa *Bibliotheca ritualis*, p. 347. Presque tous ont été réimprimés dans le cours du XVIIIe siècle.

HILL (JOSEPH), philologue anglais né en 1625 à Bombey, dans le duché d'Yorck ; oublié par la *Biogr. univ.* M. Chaudon lui a donné un article fort incomplet. On lui doit plusieurs éditions du dictionnaire grec de Schrevelius, 1663, in-8°, et 1676, in-4°. Il l'a augmenté de 8000 mots et purgé d'autant de fautes pour le moins. Obligé de quitter l'Angleterre, parce qu'il était non-conformiste, il devint pasteur à Rotterdam, où il mourut en 1707. On a encore de lui des Dissertations sur l'antiquité des temples et des églises.

(*Dictionnaire biographique de Watkins.*)

HILL (sir JOHN), écrivain anglais ; il a joint à sa trad. anglaise du Traité de Théophraste sur les *pierres précieuses*, des notes qui ont été traduites en français à la suite de la traduction française du même traité ; Paris, 1754, in-12. L'histoire de sa vie, qu'il a donnée sous le titre d'Histoire de M. Lovell, a été aussi traduite librement en français, par Eidous, sous le titre d'*Aventures de M. Loville*. Paris, 1765, 4 vol. in-12.

*HILLIARD D'AUBERTEUIL, assassiné aux Iles avant la révolution de 1789, par les menées de l'Américain Du Buisson. D'autres personnes assurent qu'on le fit périr dans un cachot, parce qu'il fut soupçonné d'avoir quelque affection pour les mulâtres et nègres libres. Cependant, dans ses ouvrages, il s'était montré l'ennemi des noirs. On a de lui :

I. *Considérations sur l'état présent de la colonie française de Saint-Domingue*. Paris, 1776, 2 vol. in-8°. Du Buisson les réfuta dans le volume intitulé : *Nouvelles considérations sur Saint-Domingue, en réponse à celles de M. H. D.* Paris, 1780, in-8°.

II. *Essais historiques et politiques sur les Anglo-Américains*. Bruxelles, 1782, 2 vol. in-4°, ou 4 vol. in-8°.

III. *Histoire de l'administration du lord North, depuis 1770, jusqu'en 1782, et de la guerre de l'Amérique septentrionale, suivie du tableau historique des finances de l'Angleterre depuis Guillaume III jusqu'en 1784.* Londres et Paris, 1784, 2 vol. in-8°.

IV. *Des mœurs, de la puissance, du courage et des lois considérées relativement à l'éducation d'un prince.* Bruxelles et Paris, 1784, in-8°.

V. *Miss Mac Rea*, roman historique. Philadelphie, 1784, petit in-12.

Cet auteur avait publié en 1783 le *Prospectus de l'histoire de la révolution des sept provinces-unies des Pays-Bas*, en 3 vol. in-8°. Il devait en donner aussi une édition in-4°. L'ouvrage n'a pas paru.

HIPPARCHIA, fameuse amante du philosophe Cratès. La *Biogr. universelle* cite à la fin de son article, l'ouvrage français intitulé : *Aihcrappih, histoire grecque*, 1748, in-12; il en existe une édition dont le titre est ainsi conçu : *Hipparchia, histoire galante, traduite du grec, divisée en trois parties avec une préface très-intéressante*, etc. Lampsaque, l'an de ce monde; in-12. La nouvelle préface a onze pages et demie; celle de la première édition n'en avait que deux. La *Biographie* eût pu encore citer : *Hipparchie et Cratès, conte philosophique, renouvelé des Grecs, par un habitant de Potsdam*, 1787, in-12 de 62 pages.

Nous avons vu paraître tout récemment *Cratès et Hipparque*, roman de Wieland, traduit par M. Vanderbourg. Paris, 1818, 2 vol. in-18.

HIRZEL (Jean-Gaspard), médecin renommé de Zurich. La meilleure édition de la traduction française de son *Socrate rustique* est de Lausanne, 1777, 2 vol. in-8°. Son *Négociant philosophe*, n'a pas eu autant de succès que l'ouvrage précédent. Nous en avons aussi une traduction française par M. Doray de Longrais. Amsterdam, 1782, in-8°.

HOBBES (Thomas), philosophe anglais. Son petit traité de *logique* a été traduit en français par M. Destutt-Tracy à la fin de la troisième partie de ses *Elémens d'idéologie*.

* HOBIER (Ithier), trésorier-général de la marine du Levant, au commencement du XVIIe siècle, s'est fait connaître par plusieurs ouvrages. Balzac disait que la définition de *vir bonus dicendi peritus* avait été faite exprès pour lui : on a de cet homme estimable :

I. *Traité de la construction d'une galère et de son équipage.* Paris, 1622, in-8°.

II. *La vie d'Agricola*, traduite du latin de Tacite. Paris, 1639, in-12.

III. *Tertullien, livres de la patience et de l'oraison, traduits en français.* Paris, 1640, in-12.

IV. *Quatre livres de l'imitation de J.-C., traduits en français.* Paris, veuve Camusat, 1644, et Saumur, 1661, in-18. L'épître dédicatoire à Henri de Mesmes, est signée *veuve Camusat*, mais elle a été rédigée par le célèbre Patru; P. Richelet l'a insérée dans son recueil des plus belles lettres des meilleurs auteurs français. Quant à la traduction de *l'imitation*, ce n'est, pour ainsi dire, qu'une révision de celle du garde des sceaux Marillac.

(*Bibliothèque choisie de Colomiés*, etc., etc.)

HOLBACH (PAUL THYRY, baron D'), auteur des principaux ouvrages philosophiques et irréligieux qui ont paru dans la dernière moitié du XVIIIe siècle. Son article dans la *Biogr. univ.*, a été rédigé avec une très-louable impartialité. Il est aussi remarquable par son exactitude, à l'exception de trois fausses indications qui ne viennent pas de l'auteur de l'article, mais qu'une maladroite déférence pour un bibliographe allemand y a fait ajouter. On y range en effet parmi les ouvrages de M. d'Holbach :

I. Les *Observations sur le traité des délits et des peines*. Amsterdam, 1767, in-8° ; qui sont de ....

II. Les *Principes de la législation universelle*. Amsterdam, 1776, 2 vol. in-8°, qui sont de M. Schmid d'Avenstein.

III. Les *Élémens de la politique*. Londres, 1773, 6 vol. in-8°, qui sont du comte du Buat. Voy. ci-devant l'article *Annet*.

*HOLDEN (HENRI), théologien anglais, très-connu par un petit ouvrage intitulé : *Analysis fidei*. Imprimé à Paris dès 1652, in-12. Réimprimé en 1768, chez Barbou, par les soins de l'abbé Godescard. On fait grand cas de ce volume ; le nouvel éditeur a éclairci ou rectifié quelques propositions de l'auteur. On trouve dans cette édition l'écrit de Holden sur le *schisme*, sa lettre sur l'*usure*, celle à M. Ferret et celle à Antoine Arnauld ; une autre enfin sur l'état des ames après la mort (voyez son article dans Moréri). La *Biogr. univ.* a laissé cet auteur dans l'oubli.

HOLLIS (THOMAS), écuyer, de la société royale de Londres, l'un des hommes les plus riches et les plus généreux qui aient existé. M. Chaudon n'a donné qu'une idée bien imparfaite de ce noble caractère ; et il s'est trompé de dix ans sur l'époque de sa mort : la *Biogr. univ.* a copié son article et en conséquence sa méprise ; elle avait cependant dans l'*Esprit des Journaux* de 1783, des matériaux suffisans pour rédiger un article *véritablement neuf*. Je tâcherai de réparer son omission ; mais qu'il me soit permis auparavant de consigner ici une partie des obligations que j'ai à plusieurs personnes, qui ont, à mes yeux, de la ressemblance avec Thomas Hollis.

Dès ma jeunesse, j'ai ressenti les bons effets de la générosité d'un grand-oncle nommé Thomas Desescoutes ; il m'avait témoigné de l'intérêt dans le cours de mes humanités ; les ayant terminées, au mois d'août 1782, avec quelque distinction, au collége de Meaux, il fut question de m'envoyer à Paris, pour y faire ma philosophie et ma théologie. Le prix élevé des pensions était un obstacle ; mon grand-oncle offrit à mon père, chargé de famille, de contribuer à la dépense. Son offre fut acceptée. Il mourut quelques années après ; mais mon ardeur pour le travail et la bonté de mon supérieur me procurèrent, dès ma seconde année de théologie, d'utiles répétitions, et ensuite une place de maître de conférences. Je passai donc, jusqu'en 1789, plusieurs années à Paris, sans être à charge à mes parens. Ma santé se trouvant délabrée, par la continuité de mes travaux, et peut-être par les courses trop fréquentes que je faisais sur les quais et chez les principaux libraires, je quittai la capitale; ma santé se rétablit peu à peu. Revenu à Paris en 1794, je m'empressai d'aller revoir mes anciennes connaissances, entre autres, M. Barrois l'aîné, libraire très-instruit, qui me fit nommer membre de la commission temporaire des arts, adjointe au comité d'instruction publique, section de Bibliographie. Je ne pouvais désirer une place ni plus honorable ni plus agréable; elle m'a conduit à celles que j'ai occupées depuis. J'éprouvai des inquiétudes au 18 brumaire an VII (9 nov. 1799). Voy. ci-devant le mot BEAUCOUSIN. En 1814, ma position devint plus critique. Après le ministère de la maison du roi, le particulier à qui j'ai eu le plus d'obligation, est M. Brion, oncle de madame Hue, et ami de mes chers parens Desescoutes. Il m'avait vu souvent, avant la révolution, chez M. Desescoutes le fils, march. de bois à Paris, et depuis la révol. chez madame Fayau de Villegruy, sa fille: répandu dans la bonne compagnie, il me rendit favorables plusieurs personnages marquans. Madame de Villegruy, petite-fille de mon grand-oncle Thomas Desescoutes, femme aussi aimable que spirituelle, a été enlevée à sa famille, par une mort prématurée, en 1814. Elle vit encore pour moi dans ses deux fils, qui soignent leur éducation, comme s'ils n'étaient pas appelés à jouir de tous les avantages de la fortune. M. Brion fréquente assidûment, depuis six ans, la belle Bibliothèque confiée à mes soins; quoiqu'il soit entré dans sa quatre-vingt-huitième année, j'ai l'espoir de l'y recevoir encore long-temps.

Je reviens au généreux Anglais qui m'a fourni l'occasion d'acquitter une dette bien sacrée, celle de la reconnaissance.

Thomas Hollis naquit à Londres, le 14 avril 1720. Ayant perdu son père en 1735, et n'ayant pas reçu une éducation analogue à l'immense fortune dont il était héritier, il fut placé sous la surveillance du savant docteur Jean Ward, professeur de rhétorique, dans le collége de Gresham, où il s'appliqua à l'étude des langues, et fit un cours de logique, de rhétorique, d'histoire et d'autres sciences. En 1748, il commença à voyager; en 1750, il fit un second voyage: dans tous les pays qu'il visita, il se lia d'amitié avec les savans, les hommes célèbres, les amateurs et les protecteurs des sciences et arts utiles. A son retour en Angleterre, en 1753, il commença sa collection de livres et de médailles, « dans le dessein (suivant ses expressions) d'honorer et de soutenir la liberté, et de conserver la mémoire de ses défenseurs, etc. » Son temps et sa fortune furent consacrés à ce généreux projet, digne de la munificence d'un prince; et par une grandeur d'âme non commune, il étendit ses bienfaits jusques sur les personnes de différente religion, et même sur les étrangers, sans aucune distinction. Il fit présent de deux collections de livres précieux à la Bibliothèque de Berne, en déclarant toutefois que ce présent venait d'un Anglais, ami de la liberté et citoyen du monde, comme une légère marque de son respect sincère pour ce canton, et pour la brave, la digne et la libre nation suisse. Il donna plusieurs marques de sa libéralité, surtout en livres, à Zurich, à Leipsick, Hambourg, Gottingue, Leyde, Genève, Venise, Rome; en Sicile, en Suède et autres pays étrangers. Le collége Harvard, dans la Nouvelle-Angleterre, reçut constamment de ses bienfaits, depuis 1758 jusqu'en 1773. Ceux qu'il répandit sur les particuliers, sont innombrables.

Au retour de ses voyages, M. Hollis tourna la plupart de ses vues vers les académies ou sociétés publiques de son pays, instituées pour étendre les belles-lettres et les sciences. Il était membre de la plupart.

En 1760 et en 1765, il fit réimprimer la grammaire de la langue anglaise, écrite en latin par Wallis, pour faciliter aux étrangers la connaissance des bons ouvrages anglais.

En 1761, il donna une nouvelle édition de la Vie de Milton, par Toland, avec son *Amyntor*, en 1 vol. in-8°, et la destina à des présens. Sa vénération pour Milton allait si loin, qu'il acheta, en 1762, le lit sur lequel ce grand poëte était mort; il l'envoya au docteur Akenside, avec le billet suivant: « Un Anglais ambitionne d'avoir l'honneur de faire présent au docteur Akenside, du lit qui a appartenu à Milton, et sur lequel il est mort; si, après avoir dormi sur ce lit, le docteur compose une Ode à la mémoire de Milton et des défenseurs des libertés de la Grande-Bretagne, cet Anglais se croira suffisamment récompensé. »

En 1763, il finit sa nouvelle édition des Œuvres de Sidney, qu'il dit avoir rendue complète, après beaucoup de peine et de travaux. La publication du *Confessionnal*, ouvrage de François Blackburne, cher à l'Eglise anglicane, eut lieu en 1766; elle est due à M. Hollis. En janvier 1765, on vit paraître une édition des Lettres de Locke, *sur la tolérance*, faite d'après les premières éditions, que M. Hollis collationna entre elles.

En 1767, il fit imprimer l'*Excellence des Etats libres*, par Marchamont Néedham. M. Hollis passa les dernières années de sa vie à la campagne. Il mourut subitement, le 1er janvier 1774, comme il était à se promener à Corscombe. Il avait ordonné que son corps fût enterré dans une fosse de dix pieds de profondeur, dans un champ voisin de sa maison, et qu'on y fît passer immédiatement la charrue, afin de n'y laisser aucune trace. François Blackburne a publié les *Mémoires* de cet homme généreux. Londres, chez Cadell, 1780, 2 vol. in-4°, avec des figures, par Bartolozzi. On voit à la fin du premier volume plusieurs esquisses de son caractère. La suivante mérite d'être copiée ici.

« Thomas Hollis, écuyer de Corscombe, en Dorsetshire, était un homme formé sur le plan sévère et sublime de l'ancienne Grèce, unissant l'humanité et le désintéressement de Brutus, à l'esprit ferme et actif de Sidney ; grand dans sa manière de faire usage de ses richesses, qu'il employait, non à des dépenses de vanité, pour lesquelles il témoignait du mépris, mais à assister le mérite et à encourager les sciences et les arts, aux progrès desquels il contribua par zèle et par amour. Il défendit avec succès la cause de la liberté et de la vertu publiques, ainsi que les droits de la nature humaine et de la conscience privée. Son humanité et sa générosité ne se bornèrent point à son pays ; il alla chercher le mérite sur tout le globe, se regardant lui-même comme citoyen du monde ; mais il cachait ses actes de bienfaisance, se contentant de savoir avoir fait le bien. La postérité considérera, avec admiration, ce grand homme qui, semblable à Milton, n'est point assez connu du siècle dans lequel il a vécu, et dont toutefois on aura sujet de regretter la perte. »

Le second volume contient des observations sur le caractère et les écrits de Milton, avec des Remarques sur la Vie de Milton, par le docteur Johnson ; un Précis sur Algernon Sidney, Hubert Languet, Buchanan, etc., etc. Le docteur Disney a publié, vers 1804, un *index* pour cet important ouvrage. Hollis légua tous ses biens à M. Brand, qui ajouta à son nom celui de Hollis.

HOME (David), ministre protestant, d'une famille distinguée d'Ecosse. Son article, dans la *Biogr. univ.*, n'est qu'un abrégé de celui de M. Chaudon. Voyez Humius.

HONORÉ (n. l'), jésuite. Professant la théologie à Caen, il fit soutenir une thèse le 30 janvier 1693, où il était dit : « qu'il n'est » pas évident qu'il y ait au mon» de une vraie religion ; que la » religion chrétienne soit de tou» tes la plus vraisemblable ; que » la divinité de J.-C. ait été ma» nifestée aux apôtres ; que les » miracles qu'on rapporte de lui » soient véritables. » Ces propositions firent du bruit, et quelque distinction que le professeur fît entre *évidence* et *évidence*, elles devaient causer du scandale. Quatre théologiens de la société furent chargés par leurs supérieurs, d'examiner la thèse ; et ayant déclaré ses propositions fausses, téméraires, scandaleuses, et même impies dans la rigueur des termes, le P. L'Honoré eut ordre de se rétracter publiquement, suivant le modèle qui lui fut envoyé de Paris, et de faire soutenir une thèse contradictoire à la première, dans tous les points qui faisaient de la peine. Le jésuite, loin de se soumettre, publia un écrit, qu'il intitula : *Pharmacum scandali accepti, sed non dati*, pour marquer qu'on avait eu tort de prendre l'alarme, et que s'il y avait eu du scandale, on ne devait pas le lui imputer. Cette conduite choqua ses supérieurs, qui le retirèrent de son emploi (le châtiment était trop doux), et le successeur qu'ils lui donnèrent, fit soutenir deux thèses consécutives contradictoires. Cependant la faculté de théologie de Caen prit connaissance de cette affaire. Elle arrêta, dans l'assemblée du 2 mai, qu'on examinerait la thèse, les cahiers du professeur et l'explication qu'il donnait aux propositions, et chargea deux commissaires d'en faire le rapport le 5. Ce jour-là même, la faculté conclut à demander au jésuite la rétractation de ses propositions. Il était alors à la Flèche, d'où il écrivit à la faculté, le 23 mai, une lettre latine, qui satisfit la faculté. L'assemblée du clergé de 1700 inséra les propositions parmi le grand nombre de celles qu'elle proscrivit, en les déclarant impies et blasphématoires, erronées et favorisant les ennemis de la religion chrétienne. (*Mém. sur l'Hist. eccl.* du XVIIe siècle.)

(*Mém. de M. du Masbaret.*)

HONORIUS Ier, pape. Il fallait être théologien pour rédiger convenablement cet article ; l'éditeur de la *Biogr. univ.* en a chargé un homme du monde fort estimable, qui n'a pas même cité le petit volume publié par le P. Merlin, jésuite, sous le titre d'*Examen exact et détaillé du fait d'Honorius*, 1738. C'est une apologie de ce pape qui passe assez généralement pour avoir approuvé l'hérésie du monothélisme. L'article d'Honorius dans Feller est plus approfondi.

HONTAN (le baron DE LA). La *Biogr. univ.* compte parmi ses ouv. le *Dialogue de M. le baron de la Hontan et d'un sauvage de l'Amérique.* Amsterdam, 1704, in-12. Elle renvoie ensuite à l'article Gueudeville, où cet ouvrage est présenté comme appartenant à cet ex-bénédictin, et comme renfermant une critique très-amère des usages de l'Église romaine ; il fallait donc tout simplement, après avoir cité les *Nouveaux voyages* de la Hontan, renvoyer à l'article GUEUDEVILLE.

*HOOKE (NATHANIEL), historien anglais, mort en 1764. Il était catholique zélé ; ce fut lui qui introduisit près de Pope, dans sa dernière maladie, un prêtre pour le confesser. Son meilleur ouvrage est une *Histoire romaine* en 4 vol. in-4°, publiés en différentes années, depuis 1738 jusqu'en 1764 ; le 4e fut donné au public, par un de ses amis. Elle s'étend depuis la fondation de Rome jusqu'au renversement de la république. Le premier volume n'est qu'un Abrégé de l'Histoire des PP. Catrou et Rouillé, et des Révolutions de l'abbé de Vertot. Les *Discours et Réflexions critiques*, qui précèdent chacun des volumes, ont été traduits en français et publiés avec des augmentations par le fils de l'auteur, dont il sera parlé ci-après. Le premier volume parut en 1770 ; les 2e et 3e en 1784.

On doit encore à N. Hooke de bonnes *Observations sur le Sénat romain.* Londres, 1758, in-8°, et un autre ouvrage traduit en français, sous ce titre : *Relation de la conduite que la duchesse douairière de Malborough a tenue à la cour, depuis qu'elle y entra, jusqu'à l'an* 1710. La Haye, P. Paupie, 1742, in-8°.

*HOOKE (LUCE-JOSEPH), fils du précédent, a passé une partie de sa jeunesse, à Paris, au séminaire St.-Nicolas-du-Chardonnet ; fut reçu docteur de la maison et société de Sorbonne, vers l'ann. 1736, et professeur en théologie vers 1750 ; en 1751, il présida à la fameuse thèse de l'abbé de Prades. L'abbé s'était d'abord adressé à M. l'évêque de Lombez (Richier de Cerisy), qui avait bien voulu se charger de cette présidence ; mais, quelques affaires ayant appelé ce prélat en Normandie, l'abbé de Prades apporta à M. Hooke sa thèse dans un temps de récréation, sous prétexte qu'il était pressé par le temps ; ses sollicitations vives, appuyées de celles de quelques bacheliers, touchèrent M. Hooke, qui, sans aucune défiance, consacra un temps où l'esprit est naturellement dissipé, à l'examen d'une thèse, qui demandait l'application la plus sérieuse, pour découvrir ce qu'elle renfermait. M. Hooke a attesté que, lorsque la thèse fit du bruit, et qu'il la lut à tête reposée, il y trouva plusieurs choses dont il n'avait point la moindre idée, et qu'il n'aurait certainement pas laissé passer, parce qu'elles étaient opposées à ses principes. Il alla bientôt chez le syndic de Sorbonne, pour l'engager à la dénoncer en pleine assemblée. Le syndic ne voulant point le faire, M. Hooke lui fit demander permission d'en être lui-même le dénonciateur. Néanmoins, le cardinal de Tencin obtint contre l'abbé Hooke, le 9 mai 1752, une lettre de cachet qui déclarait vacante la chaire de théologie confiée à ce docteur, et enjoignait à la société de procéder incessamment à son remplacement. Le prieur de Sorbonne, les professeurs en théologie de la maison de Sorbonne, et les professeurs de Navarre écrivirent au cardinal, en faveur de M. Hooke. La lettre de cachet fut révoquée par une autre en date du 24 juin 1754. Dans le cours de cette année, M. Hooke fit paraître une brochure in-4°, en latin, contenant la déclaration de ses sentimens sur les points principaux censurés dans la thèse de l'abbé de Prades, à la suite de l'extrait des conclusions de la faculté de théologie, sur cette affaire. En 1762, le parlement rendit un arrêt, pour maintenir la nouvelle nomination de M. Hooke à une chaire de théologie. L'archevêque de Paris, mécontent de cet arrêt, défendit aux jeunes séminaristes de suivre le cours de ce docteur, ce qui le détermina à adresser, en 1763, à cet archevêque, une lettre de 16 pages, dans laquelle il lui expose, avec une fierté noble et décente, que l'interdiction dont il se trouve frappé, est une persécution calomnieuse et sans exemple. Cette lettre est accompagnée de pièces justificatives (72 pag. in-12); elles sont, en grande partie, les mêmes qui avaient paru précédemment dans le format in-4°. A l'époque de la révolution, M. Hooke était bibliothécaire de la bibliothèque Mazarine; par arrêté du 23 avril 1791, le directoire du département de Paris le destitua de cette place, pour cause de refus de prestation de serment, et le remplaça par M. Leblond, sous-bibliothécaire.

Le 19 mai 1791, le directoire a pris un nouvel arrêté portant injonction à M. Hooke de remettre les clefs à M. Leblond, et chargeant, en cas de nouveau refus de la part de M. Hooke, le procureur-général syndic de se faire ouvrir les appartemens. de force. Ces détails diffèrent un peu de ceux que donne M. l'abbé Petit-Radel dans sa *Notice historique sur la bibliothèque Mazarine*; voy. ses *Recherses sur les bibliothèques*, Paris, 1819, in-8° : mais j'écris avec bonne foi, et d'après les pièces originales. L'abbé Leblond, par les augmentations et les embellissemens qu'il a procurés à la bibliothèque Mazarine, mérite d'être considéré comme son second fondateur, et il n'est pas même nommé dans l'ouvrage de M. Petit-Radel.

M. Hooke se retira à St.-Cloud où il mourut vers 1796.

La faculté de théologie lui confia les plus importantes commissions en matière de doctrine, et elle adopta plus d'une fois, dans la préparation de ses censures, le travail et les recherches de cet habile théologien. On a de lui :

I. *Religionis naturalis et revelatæ principia*. Paris, 1754, 3 vol. in-8°. Cet ouvrage a été réimprimé avec des augmentations, en 1774, par les soins de D. Brewer, bénédictin anglais. Les théologiens en font beaucoup de cas.

II. *Discours et Réflexions critiques*, etc., 3 vol. in-12. Voy. l'article précédent. On doit à M. Hooke l'édition des *Mémoires du maréchal de Berwick*, publiée en 1778 avec des notes, 2 vol. in-12.

HOOKER (Richard), théologien anglais, très-connu, surtout depuis la publication de l'*Essai sur le gouvernement civil* de Locke, où il est souvent cité. La *Biogr. univ.* ne lui donne pas d'article. Il en a un fort court dans le Dictionnaire de M. Chaudon.

HOPKEN (le comte de), sénateur de Suède, mort vers 1791, a publié un *Eloge du comte de Tessin*. Le comte de Hopken a été le plus ancien sénateur, le premier fondateur, le membre le plus éclairé des Sociétés savantes du royaume de Suède ; celui dont l'esprit, la profonde érudition et la mâle éloquence ont créé les plus beaux monumens de la littérature suédoise.

HORACE (Quintus Horatius Flaccus). L'éditeur de la *Biogr. univ.* a confié à un littérateur, connu par le commencement d'une traduction d'Horace en vers français, la rédaction de cet important article ; aussi n'y est-il fait aucune mention des traductions en vile prose, publiées dans le XVIIe siècle, par Marolles, Martignac et Tarteron ; dans le XVIIIe siècle, par Desfontaines, Batteux, Reganhac et Binet; dans le XIXe, par Rouvière, qui n'a traduit qu'une partie des odes. On ne cite même pas le recueil des traductions d'Horace en vers, par différens auteurs, publié par l'abbé Salmon. Paris, 1752, 5 vol. petit in-12. Pour les traductions antérieures en prose et en vers, il fallait renvoyer au 5e vol. de la *Bibliothèque française* de l'abbé Goujet, en faisant observer qu'il ne parle pas du père Henri Boillot, jésuite, auteur d'une *Explication française et latine des discours* ou *satires d'Horace, à l'usage des écoliers*. Lyon, 1710, in-12, avec une dissertation en latin et en français sur la satyre. *Voy.*, dans le Moréri de 1759, un article intéressant sur ce père Boillot, tiré des Mémoires mss. du P. Oudin.

HUBNER (Jean), célèbre professeur de géographie. La traduction française de sa *Géographie universelle*, Bâle, 1757, 6 vol. in-8°, est de M. Duvernois, compatriote de M. Cuvier. C'est à ce savant académicien que je dois la connaissance du nom de ce traducteur.

* HUBNER (Martin), professeur d'histoire en l'université de Copenhague, de la société royale de Londres, et de l'académie des inscriptions et belles-lettres de Paris, né en 1723, mort le 7 avril 1795, a publié:

I. Le *Politique Danois*, ou *l'Ambition des Anglais démasquée par leurs pirateries*. Copenhague, Frédéric Mons, 1756, in-12. — Nouv. édition en 1759, aussi in-12, à Copenhague (Paris), mais entièrement refondue et augmentée. On assure que l'impératrice de Russie, Catherine II, a fourni à l'auteur la plus grande partie des matériaux de cet ouvrage; il a été réimprimé à Paris en 1805, chez Vinçard, sous ce titre : l'*Esprit du gouvernement anglais*, ou *son système politique et celui des puissances de l'Europe pendant deux siècles*.

II. *Essai sur l'histoire du droit naturel*; Londres, 1757, 2 vol. in-8°. Ouvrage estimé.

III. *De la saisie des bâtimens neutres*, La Haye, 1757, 2 vol. in-12, réimprimés en 1778. Cet ouvrage est le premier dans lequel on ait tâché d'éclaircir la matière qui y est traitée; les principes de l'auteur sont sujets à discussion, et il en tire des conséquences un peu équivoques; c'est ce qu'a tâché de prouver un écrivain pseudonyme dans la brochure intitulée : *Doutes et questions proposées par Montanus à Batavus, sur les droits de la neutralité*, par Hubner, etc., Londres (Hollande), 1781, in-8° de 60 p.

HUES (Robert), écrivain anglais, oublié par les rédacteurs de tous les dictionnaires historiques. On a de lui un traité *De Globis et eorum usu*, qui a été souvent réimprimé depuis 1594, époque de sa publication jusqu'en 1663. Il en existe une édition d'Amsterdam, 1617, avec des notes de Jo. Isaac Pontanus. Henrion l'a traduit en français, Paris, 1618.

HUET (Pierre-Daniel), évêque d'Avranches. J'ai à me féliciter d'avoir enrichi la Bibliothèque du Roi d'un manuscrit précieux contenant trois cents lettres environ de ce savant évêque. Elles faisaient sans doute partie du legs qu'il fit de sa bibliothèque, en avril 1691, à la maison professe des Jésuites, rue Saint-Antoine ; mais au moment de la révolution, elles se trouvaient dans le cabinet du P. Querbeuf, ex-jésuite. Les disputes relatives à la *constitution civile du clergé*, ayant déterminé cet ex-jésuite à quitter la France, le scellé fut mis sur sa bibliothèque. En qualité de membre du conseil de conservation des objets de sciences et d'arts, je fus chargé, dans le courant de l'année 1796, d'aller recueillir cette bibliothèque pour la placer dans un des dépôts nationaux. Elle était très-peu nombreuse ; mais heureusement j'examinai un tas assez considérable de papiers qui semblaient mis au rebut. Ce fut au milieu de ces objets que j'aperçus deux vol. de lettres mal conditionnés. En les ouvrant, je m'assurai bientôt qu'ils avaient plus de valeur que tous les livres imprimés de ce cabinet.

Plusieurs lettres sont de la main même de M. Huet ; il a revu et corrigé les autres.

L'abbé d'Olivet, dans l'éloge de Huet, compte parmi les manuscrits de son illustre ami, dont il a eu connaissance, cinq à six cents lettres, tant latines que françaises, écrites à des savans. Les lettres que je retrouvai étant toutes latines, ne forment donc que la moitié de celles dont parle l'abbé d'Olivet.

D'Alembert a fait aussi un éloge de Huet. Il avait eu communication d'un volume de lettres françaises et manuscrites de notre savant évêque, adressées la plupart au P. Martin, cordelier à Caen. Ce volume, qui formait sans doute la seconde partie des lettres dont parle l'abbé d'Olivet, était devenu la propriété de l'abbé Leblond; j'ignore en quelles mains il se trouve aujourd'hui.

Les cinquante-huit lettres latines de Huet, publiées en 1712, à Paris, par l'abbé Tilladet, dans le t. II des *Dissertations sur diverses matières de religion et de philosophie*, font partie des trois cents que possédait le P. Querbeuf. Plusieurs autres de ces dernières ont été aussi imprimées à différentes époques. On en trouve dans le dictionnaire de Chaufepié, à l'article *Huet*. Voyez le même article dans le Moréri de 1759.

D'après un rapport sur le recueil en 2 volumes in-4°, fait au conseil de conservation, et rédigé par mon respectable et savant collègue Poirier, le ministre de l'intérieur ordonna le dépôt du recueil à la Bibliothèque du Roi. Ce rapport, qui mérite d'être lu, a été inséré dans le *Journal des Savans*, du mois de juin 1797. La *Biographie universelle* s'est trompée en renvoyant à l'année 1796, pendant laquelle il n'y eut point de *Journal des Savans*.

La note insérée dans l'article de la *Biographie universelle*, donne à entendre que l'ancienne bibliothèque de la ville de Paris a été transférée, en 1817, à l'Hôtel-de-Ville. Cela n'est nullement exact. Elle a été donnée à l'Institut, en 1797, par le *Directoire exécutif*, et elle forme aujourd'hui la bibliothèque de cette Société littéraire et savante. La bibliothèque, qui se trouve maintenant à l'Hôtel-de-Ville, a été tirée des dépôts nationaux ; elle prend tous les jours de nouveaux accroissemens par les soins de M. le préfet de la Seine.

L'ancienne bibliothèque de la ville n'a possédé aucune partie des livres de Huet. A la suppression des Jésuites, ils furent acquis par le Roi.

La *Biographie universelle* devait dire que la traduction française de la *Dissertation sur la navigation de Salomon*, par Desroches, se trouve dans le second volume des *Traités géographiques et historiques pour faciliter l'intelligence de l'Écriture sainte*, publiés en 1730, par Bruzen de la Martinière. La manière dont elle s'exprime à ce sujet, est inexacte et inintelligible.

L'églogue de Huet, intitulée *Lampyris*, le Ver luisant, a été traduite en vers français (par l'abbé Tallemant). Paris, 1709, in-12. Cette traduction a été insérée dans le recueil des fables de l'abbé Saas, qui ne connaissait pas l'auteur de la traduction. Le *Voyage en Suède* a été traduit en prose par M. Crignon d'Orléans. Voyez les *Mélanges de littérature étrangère*, par Millin. Paris, 1786, in-12, tom. VI, pag. 97 et suiv.

* HUISSEAU (J. D'), ministre et professeur à Saumur, publia en 1670 un petit volume intitulé la *Réunion du christianisme*, ou la *Manière de rejoindre tous les Chrétiens sous une seule profession de foi*. La même année le synode d'Anjou condamna ce livre; il fut aussi attaqué six semaines après sa publication par la Bastide, dans la brochure intitulée: *Remarques sur un livre intitulé* la Réunion du Christianisme, etc. 1670, in-12. D'Huisseau ayant voulu en faire l'apologie par des *remarques* sur les remarques, etc. 1670, in-12, on le déposa de son ministère et de sa chaire. Toute l'école de Saumur eut part à son ouvrage; le célèbre Tannegui Lefevre en corrigea les épreuves. D'Huisseau passa en Angleterre; il y fut rétabli dans l'exercice de son ministère, sans qu'on exigeât de lui la moindre rétractation. La principale cause de la persécution suscitée contre lui, était la crainte de voir les protestans se réunir avec les catholiques.

On doit encore à ce ministre la *Discipline des Eglises réformées de France, avec un recueil des observations et questions sur la plupart des articles d'icelles, tiré des actes des synodes nationaux*, 1650, in-4°; réimprimé avec des augmentations, à Genève en 1666, in-4°; et à Bionne près d'Orléans en 1675, in-12.

Il existe des *Plaintes contre M. D'Huisseau, ministre, présentées au consistoire de Saumur*, le 21 avril 1656, in-4°.

HUME (DAVID), philosophe et historien anglais; nous avons trois traductions françaises de ses *Discours politiques*: l'une par Mauvillon, sans notes, 1754; l'autre, par l'abbé Leblanc, avec des notes. Paris, 1754, 2 volumes in-12. L'édition de Dresde est une belle réimpression de cette dernière. La troisième, par un anonyme, sous ce titre: *Essai sur le commerce, le luxe, l'argent, etc.* Lyon, 1767, in-12.

Les *Recherches sur les principes de la morale*, ont été traduites par Robinet. Amsterdam, 1760, in-12, sous le titre d'*Essais de morale*, ou *Recherches, etc.* Mérian a traduit l'*Histoire naturelle de la religion*, ainsi que les *Dissertations sur les passions, etc.*, et les *Essais politiques et moraux*; l'ouvrage posthume intitulé *Dialogues sur la religion naturelle*, a été traduit en français par un anonyme. Edimbourg, 1779, in-8°. La *Biogr.* ne parle pas de plusieurs de ces traductions; la troisième des discours politiques, a été réimprimée à Paris, en 1788, avec les traductions de Mérian et de Robinet, sous le titre d'*OEuvres philosophiques de M. Hume*.

† HUMIUS (DAVID), ministre réformé, issu d'une famille distinguée en Ecosse, vint en France et fut successivement ministre de l'Eglise réformée de Duras dans la Basse-Guienne, puis de celle de Gergeau dans l'Orléanais. Étant allé en Angleterre, il s'y acquit l'estime de Jacques I, qui le chargea de pacifier les différens survenus entre Tilenus et Du Moulin, touchant la justification. Il lui donna encore une

plus importante commission, celle de réunir tous les protestans de l'Europe en une seule et même doctrine et sous une unique confession de foi. La chose n'était pas aisée ; aussi ne réussit-elle pas. On a de lui divers ouvrages, dont le principal est *Davidis Humii apologia Basilica, seu Machiavelli ingenium examinatum*. 1626, in-4°.

Humius était aussi bel-esprit. Le recueil d'Artur Jonston *Delitiæ poëtarum scotorum*, contient plusieurs de ses poésies latines.

(*Mémoires de M. du Masbaret*.)

HURTAUT (P. T. N.), maître de pension à Paris. La *Biographie universelle* n'a pas su que l'ouvrage qu'il a publié sous le titre de *Coup-d'œil anglais sur les cérémonies du mariage*, soi-disant traduit de l'anglais, Genève, 1750, in-12, n'était qu'une nouvelle édition des *Cérémonies nuptiales de toutes les nations*, par le sieur de Gaya, Paris, 1680, in-12.

L'art de péter, etc., avait paru dès 1751. L'édition de 1775 ou 1776, citée par la *Biographie universelle*, a été augmentée de la *Société des Francs-Péteurs*, autre facétie anonyme de le Corvaisier, secrétaire perpétuel de l'académie d'Angers.

* HYLARET (MAURICE), cordelier, grand ligueur, prédicateur ordinaire de la ville d'Orléans, mort le 30 décembre 1591. Ses obsèques se firent dans cette ville, le 1er janv. 1592, en grande pompe ; l'évêque suivi de son clergé y assista ; le doyen de la cathédrale y officia, et un jacobin prononça l'oraison funèbre du défunt. La description de ces funérailles, le discours et les différentes pièces faites en son honneur, furent imprimées à Orléans en 1592, in-4°, sous le titre de *Tombeau du vénérable frère Maurice Hylaret*. On a de lui des *homélies* en latin, publiées en différens temps, à Paris et à Lyon, 5 volumes in-8°.

La Biographie universelle n'a pas cru devoir parler de ce fameux cordelier ; M. Chaudon lui avait donné un assez bon article que M. Prudhomme a augmenté d'après les notes manuscrites de l'abbé de Saint-Léger.

I.

IGNACE DE LOYOLA (saint). Il existe une bonne traduction de ses *Exercices spirituels*, par l'abbé Clément, 1771, in-12. L'ouvrage avait été dénaturé dans deux traductions précédentes ; on ne peut guères non plus le reconnaître dans celle qui a été donnée par l'abbé Drouet de Maupertuy, la seule citée par M. Chaudon et par la *Biographie universelle* ; elle se trouve dans le volume intitulé : *Pratique des exercices spirituels de saint Ignace, ou retraite de huit jours pour toutes sortes de personnes* ; composée en espagnol et en latin par le P. Sébastien Izquierdo, de la compagnie de Jésus. Vienne et Lyon, 1711, in-12.

IMARIGEO ou IMARIGEON

(Théophile), plus connu sous le nom de *Duvernet* (voy. ce mot ci-devant), était chapelain de la Trinité de Saint-Pierre-de-Montdidier. Outre les ouvrages que j'ai cités, on lui attribue encore la brochure intitulée : *De l'intolérance religieuse*, 1782, in-8°.

IMBERT (Barthelemi). Il existe une édition de ses *OEuvres choisies en vers ;* Paris, Volland, an V (1797), 4 volumes in-8°. Elle est fort mal exécutée ; en outre, c'est une supercherie, car les tomes 3 et 4 ne sont autre chose que les deux *Recueils de contes* par différens auteurs, publiés chez la veuve Duchesne, par M. Sautreau de Marsy. On lui doit aussi les *Bienfaits du sommeil*, 1776, in-8°, avec 4 figures de Moreau.

* IMBERT (Guillaume), né à Limoges, entra dans l'ordre des Bénédictins de Saint-Maur, et y eut de graves démêlés avec ses supérieurs, auxquels il intenta des procès pour obtenir sa sécularisation : prétendant que ses parens l'avaient forcé de se faire religieux. Le gain de ces procès le mit bientôt à même de suivre le penchant qui le portait à s'occuper de nouvelles politique et de littérature politique, objets qu'il est difficile de traiter sans se compromettre avec les gouvernemens sous lesquels on vit. G. Imbert possédait les langues hébraïque, grecque, arabe, turque, italienne, et particulièrement l'anglaise. Il est auteur de plusieurs traductions dans cette dernière langue, les principales sont : I. *État présent de l'Espagne*, trad. de l'anglais d'Edouard Clarke. Paris, veuve Duchesne, 1770, 2 vol. in-12.

Cet ouvrage a été supprimé par l'autorité, ce qui l'a rendu assez rare.

II. *Dissertation sur l'origine de l'imprimerie, traduite de l'anglais du docteur Midleton.*. Londres et Paris, 1775, in-8°.

Les expressions *D. G. Imbert* qui se lisent sur le frontispice de cette curieuse dissertation, semblent prouver que M. Imbert était encore dans un couvent à cette époque ; mais vers le même temps il s'occupa de la composition d'une espèce de journal secret connu sous le titre de *Correspondance secrète, politique et littéraire.* Ce journal s'imprimait à Neuwied et se distribnait par feuilles hebdomadaires. Une grande partie de ces feuilles ont été réimprimées sous le titre de *Londres, de* 1787 *à* 1790, en 18 vol. in-12 ; le tome 18e finit au mois d'octobre 1785, mais les feuilles s'imprimaient encore à Neuwied de 1790 à 1793.

G. Imbert fit paraître en 1783 un volume intitulé *Chronique scandaleuse*, ou *Mémoires pour servir à l'histoire de la génération présente.*

Cet ouvrage eut du succès ; il fut réimprimé en 1786, en 2 vol. La troisième édition, qui parut en 1788, contient 5 vol. ; une quatrième édition, publiée en 1791, renferme aussi 5 vol.

La *Correspondance critique* et la *Chronique scandaleuse* firent renfermer trois fois l'auteur à la Bastille. Les événemens de la révolution l'obligèrent de se retirer à Limoges, où il fut fait officier municipal en 1793. L'effervescence de son caractère, l'exaltation de ses principes, et l'extrême rigueur qu'il mit dans l'exécution des lois révolutionnaires, lui firent de nombreux ennemis. Il revint à Paris où il s'occupa de nouveau de la traduction de quelques ouvrages anglais. Il avait publié en 1790 un volume in-18, intitulé *Philosophie de la guerre*, extrait des *Mémoires* du général Lloyd, traduits par un officier français (M. de Romance, marquis de Mesmon). Il donna en 1801 le *Mémoire politique et militaire sur l'invasion et la défense de la Grande-Bretagne*, par le général Lloyd, traduit de l'anglais sur la cinquième édit.; brochure in-8°.

Il se proposait au moment de sa mort, arrivée le 19 mai 1803, de donner un ouvrage plus étendu sur la descente en Angleterre; son manuscrit est demeuré dans les mains du gouvernement auquel il avait été communiqué.

G. Imbert n'avait guère que soixante ans lorsqu'il est mort. C'était un homme infatigable au travail, mais il n'avait ni assez poli son style, ni cherché à mettre assez d'aménité dans ses écrits.

(*Statistique* de la Haute-Vienne, par M. Texier-Olivier. Paris, 1808, in-4°, etc., etc.)

IMBONATI (Charles-Joseph), religieux de la congrégation de Saint-Bernard de *la pénitence*, élève du célèbre Jules Bartoloxi, du même ordre, ne mourut pas en 1687, comme le dit la *Biog. univ.* Les auteurs de l'excellent catalogue de la *Bibliotheca Casanatensis* prouvent qu'il vivait encore en 1696.

INCHOFER (Melchior), jésuite, auteur des *Annalium ecclesiasticorum regni hungariæ, tomus primus*, 1644, in-folio. La *Biographie universelle* dit que ce volume, le seul qui ait paru, est rare; il était bon de faire observer qu'il a été réimprimé à Presbourg, de 1795 à 1797, en 4 vol. in-8°.

* INNES ou INNÈS (Louis), d'une famille noble d'Ecosse, devint principal du collége des Écossais à Paris. Lorsque le roi d'Angleterre Jacques II et son épouse furent obligés de venir se réfugier en France, M. Innes fut nommé secrétaire d'État pour les affaires des Écossais, et aumônier de la Reine. Au mois de mars 1701, Jacques II déposa au collége des Écossais, ses mémoires écrits de sa main et contenant 4 vol. in-fol. et 6 vol. in-4°, plus 4 vol. in-4° de lettres qu'il avait reçues tant de son frère Charles II que des ministres de ce prince. Ces manuscrits ont été inviolablement conservés jusqu'au commencement de la révolution de 1789. On craignit qu'ils ne fussent enlevés ou détruits pendant nos troubles; dans le dessein de les faire passer à Londres, on les transporta d'abord à Saint-Omer, où ils furent déposés dans une cave et ensuite brûlés. Cette perte est en quelque sorte irréparable; mais heureusement il a été fait un extrait de ces manuscrits, qui peut dédommager de leur destruction. On croit avec beaucoup de vraisemblance, que cet extrait a été rédigé par M. L. Innès; le chevalier de Saint-Georges, fils de Jacques II, l'a revu et corrigé. Toutes les phrases que l'on y trouve en lettres italiques, sont de son écriture. Cet

ouvrage formant quatre volumes a été soigneusement conservé par tous les princes de la famille des Stuarts, jusqu'à ce que la mort du dernier d'entre eux le fit tomber dans les mains de sa fille la duchesse d'Albanie. Celle-ci, en mourant, le légua à l'abbé Waters, procureur-général des Bénédictins anglais à Rome, qui le céda au prince-régent d'Angleterre pour une pension. Le manuscrit fut remis au docteur Clarke, bibliothécaire ordinaire du prince, qui, après un travail de plusieurs années, le fit imprimer vers la fin de 1816, à Londres, 2 vol. in-4°. M. Jean Cohen, ancien censeur royal, en a donné une traduction française qui a été très-bien accueillie, *Paris*, 1819, 4 *vol. in*-8°.

* INNES ou INNÈS (THOMAS), frère du précédent, vint à Paris, à l'âge de 15 ans, faire ses études au collége de Navarre; il embrassa aussi l'état ecclésiastique. Lorsqu'on l'eut ordonné prêtre, il retourna dans son pays pour y travailler aux missions; trois ans après, il fut rappelé par son frère, qui le fit nommer son successeur dans la principalité du collége des Écossais: il remplit cette charge avec beaucoup de soin, et se lia d'amitié avec Port-Royal, principalement avec l'abbé Duguet et avec Rollin; il demanda à Santeul des hymnes en l'honneur des saints fondateurs de l'Eglise d'Angleterre. En 1726, il entreprit de réfuter une histoire infidèle de l'Église d'Angleterre, donnée par un protestant; ayant été dénoncé comme janséniste, à Rome et à Paris, par un jeune Écossais, son disciple, fâché d'avoir été exclu de l'épiscopat, il fut obligé de sortir de son collége. Il y rentra quelques années après, par la protection du roi d'Angleterre détrôné, Jacques II. Thomas Innes mourut au collége des Écossais, le 9 février 1744, dans la 82e année de son âge. On lui doit un ouvrage très-savant en anglais, intitulé: *Essai critique sur les anciens habitans des parties septentrionales de la Grande-Bretagne ou d'Écosse, contenant l'histoire des Romains et des Bretons qui ont habité le pays compris entre les deux murailles, dont l'une fut construite* par Lollius Urbicus, *au nord, et l'autre par l'empereur* Sévère. Londres, 1729, 2 vol. in-8°. Le système moderne des antiquités écossaises est renversé dans cet ouvrage. M. Innes y démontre la chimère de quarante-cinq rois d'Écosse, formée par son compatriote Fordun (Voy. ce mot dans la *Biographie universelle*). L'on trouve des détails aussi étendus que curieux sur l'ouvrage de Thomas Innes, dans plusieurs numéros du *Journal des Savans*, de l'année 1764.

IRAILH (AUGUSTIN-SIMON), abbé. La *Biographie universelle* dit qu'on lui a attribué le roman intitulé: *Histoire de Miss Honora*; que d'autres personnes croient être de Lefevre de Beauvray. Ce dernier a réclamé lui-même la propriété de cet ouvrage. Voy. l'*Année littéraire* de Fréron, 1766, tom. 1, pag. 305 et suiv.

† IRSON (CLAUDE), grammairien et juré teneur de livres de

comptes, né en Bourgogne, publia à Paris, en 1656, *une nouvelle Méthode pour apprendre facilement les principes et la pureté de la langue française*, 1 vol. in-8°. dédié à M. de Santeul, qui avait fort à cœur la bonne tenue et le succès des petites écoles de la ville de Paris. Claude Irson donna, en 1662, une seconde édition de sa méthode, avec beaucoup d'augmentations. Elle est dédiée à M. Gaudin, docteur de Sorbonne, et chanoine de Notre-Dame de Paris. Une des principales additions consiste dans une dissertation critique pour toute sorte d'ouvrages. Ce n'est pour ainsi dire qu'une traduction de la dissertation latine *sur le beau*, placée par le célèbre Nicole, en 1659, à la tête du *Delectus epigrammatum*. Les deux éditions de la Grammaire d'Irson présentent une *liste des auteurs les plus célèbres de notre langue*, avec de courts jugemens sur leurs ouvrages. Comme on ne trouve plus dans la seconde quelques auteurs loués dans la première, on peut croire que Claude Irson n'a voulu parler que de personnages vivans. L'abbé Goujet assure que la *méthode* de Claude Irson était fort bonne pour le temps où elle a paru. Une prétendue troisième édition, datée de 1667, n'a de nouveau que le frontispice. Cependant, en cette année 1667, Claude Irson publia une *Méthode abrégée et familière pour apprendre à lire*, 1 vol. petit in-12, qui a eu l'approbation de beaucoup de personnes engagées par état à l'instruction des commençans. L'auteur a placé dans cet abrégé un chapitre intitulé : *De la Dépense*. Comme les détails où il entre supposent quelque connaissance de l'arithmétique, il dit dans sa préface qu'on en pourra avoir un éclaircissement par le livre qu'il donnera *dans peu de jours*, et qui est *présentement sous la presse*. Ce passage concerne sans doute l'*Arithmétique universelle* de notre auteur, qui ne parut qu'en 1674 in-4°. Claude Irson paraît avoir tenu une des petites écoles de Paris pendant une grande partie de sa vie. Il aimait cet état, et l'on voit, par ses épîtres dédicatoires, qu'il cherchait des protecteurs, pour n'être point troublé dans ses fonctions par des envieux. Vers 1678, il devint juré teneur de livres de compte, par lettres-patentes du roi. Son Arithmétique universelle et raisonnée a eu trois éditions; la quatrième a pour titre *Aritmétique pratique et raisonnée*, Paris, 1692, in-4°. Comme elle est beaucoup plus ample que les précédentes, l'auteur en publia un abrégé en 1695, in-12. Le catalogue de ses ouvrages qu'il a inséré dans ce volume, à la suite de l'avis au lecteur, est peu exact pour les dates. On a encore de claude Irson, 1°. *Méthode pour bien apprendre toute sorte de comptes*, *composée par ordre de Colbert*, *Paris*, 1678, in-fol. L'auteur devait publier un abrégé de ce traité; mais il n'a pas tenu sa promesse. 2°. *Traité des changes étrangers*, *Paris*, 1688, in-4°. L'auteur a donné un *abrégé* de ce traité en 1694, in-12, Claude Irson parlait en 1695 d'une expérience acquise par lui pendant plus de trente années qu'il s'était occupé aux matières de calcul et de comptabilité pour ceux qui le consultaient sur ces différens sujets. Il a dû mourir dans un âge avancé.

L'abbé Papillon, dans sa *Bibliothèque de Bourgogne*, a eu tort d'attribuer à un fils de notre grammairien, l'*Arithmétique universelle*, et autres ouvrages de ce genre. Les différens catalogues insérés par Claude Irson, à la suite de plusieurs de ses ouvrages, prouvent qu'il a composé ceux qui regardent la grammaire et ceux qui concernent les mathématiques.

ISIDORE MERCATOR, ou PECCATOR. La *Biogr. univ.* paraît persuadée qu'un écrivain de ce nom a existé vers la fin du huitième siècle. J'aime mieux croire avec Feller, d'après les savantes recherches du P. Burriel et de la Serna Santander, qu'il s'agit d'Isidore de Séville, qui, par humilité, prenait le nom de *Peccator*, et dont, par erreur, les copistes auront fait *Mercator*. Quel est ce prétendu *Isidorus Peccator?* On ne sait, dit Feller, ni sa patrie, ni sa qualité, ni sa naissance, ni sa mort, ni aucune de ses actions : je n'imiterai cependant pas Feller, qui profite de la circonstance pour faire l'apologie des fausses décrétales ; j'aime mieux, avec la *Biographie univ.*, renvoyer, sur cet objet, au quatrième *Discours sur l'Histoire ecclésiastique*, par le pieux et savant abbé Fleury.

* ISIDORE DE ISOLANIS, dominicain milanais, dans le XVe siècle et au commencement du XVIe, s'est rendu célèbre par ses opinions singulières et hardies, qui font rechercher ses ouvrages. Les principaux sont :

I. *De regum principumque omnium institutis liber.* Mediolani, 1497, in-fol.

II. *Opus de veritate conceptionis immaculatæ virginis matris Dei Mariæ ex doctrinâ J. Scoti ac Div. Bonaventuræ, ordinis minorum*, etc. Mediolani, 1510, in-4°. On voit que l'auteur croyait à l'immaculée conception. Ce n'était pas l'opinion de saint Thomas d'Aquin.

III. *De imperio militantis Ecclesiæ libri IV.* Mediolani, 1517, in-fol.

IV. *Fr. Pauli Soncinatis divinum epitoma quæstionum in quatuor libros sententiarum Jo. Capreoli, additis quæ idem morte præventus perficere nequivit, per Fr. Isidorum de Isolanis.* Papiæ, 1522, 4 vol. in-4° ; réimprimés à Lyon en 1529. On trouve, dans cette collection, des dissertations d'Isidore, sur l'éternité du monde, *contrà Averroistas ;* sur le feu de l'enfer, sur celui du purgatoire, etc.

ISLA (JEAN), jésuite espagnol. Le collaborateur de la *Biogr. univ.*, qui a fait l'apologie d'Escobar, s'est chargé d'accuser ici notre immortel Le Sage, d'avoir composé son Gilblas sur un manuscrit espagnol, et cela d'après l'assertion du P. Isla, qui a publié à Madrid en 1787, 4 vol. in-4°, une traduction espagnole de Gilblas. Le P. Isla eût bien mieux fait de livrer à l'impression le prétendu manuscrit. Mais ce bon jésuite, qui avait pris un faux nom pour publier la *Vie de frère Gerundio*, crut apparemment qu'il pouvait, en conscience, accuser Le Sage d'un plagiat, sans en avoir la preuve. Que des Espagnols l'aient cru, cela ne surprend pas; mais on peut s'étonner de voir ce mensonge soutenu dans un ouvrage imprimé et rédigé à Paris. On en trouve une excellente réfutation par M. le comte François de Neufchâteau, dans son *Examen de la question de savoir si Le Sage est l'auteur de Gilblas, ou s'il l'a pris de l'espagnol*, en tête de l'édition de Gilblas, publiée par M. Didot l'aîné, 1819, 3 vol. in-8°, et de celle que va publier M. Léfevre, 1820, 3 vol. in-8°, avec des notes.

L'article de la *Biogr. univer.* a été, je ne dirai pas, abrégé, mais copié dans la continuation du Dictionnaire de Feller. Il est très-probable que les deux articles viennent de la même main; mais convient-il d'insérer les mêmes articles dans deux ouvrages du même genre?

ISSELT (MICHEL D'), historien du XVIe siècle. Son *Histoire de la guerre de Cologne* a été traduite en franç., par Joseph de Cantarel. Paris, chez Rolin Thierry, 1688, in-12.

J.

JABINEAU (HENRI). La *Biogr. univer.* a peint, sous des couleurs assez vraies, la vie agitée de cet écrivain; mais le tableau eût encore été plus frappant, si elle l'eût représenté comme auteur, 1° de trois *Lettres à un ami de province*, dans la dispute qui eut lieu vers 1780, entre les écrivains dits jansénistes, relativement à l'immolation réelle dans le saint sacrifice de la messe; 2° de deux brochures contre le *Pastoral* de M. de Juigné, qui excita tant de rumeurs en 1786. On doit encore à l'abbé Jabineau, 1° *Epîtres et Evangiles des dimanches et fêtes de toute l'année; etc., avec de nouvelles réflexions.* Paris, Desprez, 1775, petit in-12. 2° *Dénonciation à Mgr. l'archevêque de Paris*, 1786, *in*-12 de 32 *pag*. Elle roule sur la précipitation avec laquelle un grand nombre de prêtres célébraient la messe.

Les continuateurs de Feller ont pillé l'article *Jabineau* de la *Biographie universelle.* Ils ont cru déguiser leur plagiat en renversant l'ordre des *ouvrages* de l'auteur; c'est-à-dire, en citant les premiers, ceux qui ont été publiés les derniers : ce désordre prouve encore plus de maladresse que de mauvaise foi.

JACQUES Ier, roi d'Angleterre. Son ouvrage intitulé *Basilicon doron*, a été traduit en français par Jean Hotman de Villiers. Paris, 1603, in-8°. La *Biogr. univ.* devait renvoyer à ce mot, où la traduction est citée. Il était convenable aussi de faire connaître celle de l'ouvrage intitulé : *Admonitio regis magnæ Britanniæ ad principes christianos;* elle est à la suite de celle de l'ouvrage qui a pour titre : *Apologie pour le serment de fidélité, que le sérénissime roi de la Grande-Bretagne requiert de tous ses sujets, tant ecclésiastiques que séculiers*, tel que tout autre prince souverain le peut et doit légitimement requérir des siens; premièrement, mise en lumière sans nom, maintenant reconnue par l'auteur, très-haut, très-puissant, et très-excellent prince, Jacques, etc., contre deux brefs du pape Paul V, aux catholiques romains anglais, et une lettre du cardinal Bellarmin à messire George Blackwell, archi-prêtre d'Angleterre; ensemble un *ample Avertissement* ou *Préface dudit seigneur roi, à tous les monarques*, *rois*, *princes*, *états et républiques libres de la chrétienté*. Londres, chez Jean Norton, 1609, in-8°.

JANIÇON (François-Michel), Français élevé en Hollande; la *Biographie universelle*, dans une note sur ce littérateur, confond le sieur Gavin, auteur du *Passe-Partout de l'Eglise romaine*, avec M. d'Emiliane, auteur de l'*Histoire des tromperies des prêtres et des moines*, ouvrage publié, pour la première fois, non en 1708, comme le dit la *Biographie*, mais en 1693. Il n'y a pas plus de ressemblance entre les deux ouvrages qu'entre les deux auteurs.

MM. Chaudon et Feller avaient précédé la *Biogr. univ.*, dans sa méprise, sur l'ouvrage de Gavin.

* JANSSON (Jean), contemporain et rival de Jean Blaeuw, publia, comme lui, différens atlas; bien exécutés pour le temps où ils parurent. Cet habile imprimeur contribua au perfectionnement de la Géographie, par l'émulation qu'il excita parmi les savans qui l'aidaient, en payant généreusement leurs travaux. Il mourut vers 1666. Un de ses atlas a 4 vol., de 1641 à 1646. Un autre, 6 vol., de 1656 à 1658. Enfin, son *atlas major* contient 11 vol. Comme J. Jansson et J. Blaeuw obtenaient des priviléges à l'envi l'un de l'autre, il en est résulté que la description de l'Écosse et de la Chine ne se trouvent pas dans l'atlas de Jansson, et que l'*Harmonia macrocosmica* manque à celui de J. Blaeuw. Voy. le tome 4e de la *Bibliothèque curieuse* de David Clément.

Jansson de Vaesberge, fils de Jean Jansson, se distingua aussi par l'imprimerie; mais ce fut dans l'impression de petits formats.

Baillet n'a pas donné d'articles à ces habiles imprimeurs.

JANVIER (D. René-Ambroise), né en 1614, *à Sainte-Susanne*, dans le Maine, suivant la *Biogr. univ.*; il fallait dire, à Sainte-Osmanne.

JARCHI (Salomon), célèbre rabin, oublié par la *Biogr. univ.* L'article que lui donne M. Chaudon est susceptible de quelques augmentations. Jean Le Mercier avait déjà traduit en latin le *Commentaire* de Jarchi, sur Ozée, Joel, Abdias et Jonas; mais, vers le commencement du XVIIIe siècle, Breithaupt, conseiller du duc de Saxe, savant dans le rabinisme, a traduit en latin tout le *Commentaire* de Jarchi, en 3 volumes in-4°, imprimés à Gotha, en 1713, avec des notes critiques et philosophiques. Le nouveau traducteur a conservé la traduction de Le Mercier, en la retouchant seulement en quelques endroits.

On trouve des détails très-étendus sur notre rabin, dans le *Dictionnaire* de Moréri, au mot *Raschi*. L'article a été rédigé d'après un mémoire de Grosley. Ce savant Troyen a consigné de nouvelles additions à son article, dans ses *Mémoires sur les Troyens célèbres*, en renvoyant au mot *Raschi*. Probablement la *Biographie* réparera son omission, lorsqu'elle sera arrivée à la lettre R ; mais il lui restera toujours le petit tort de ne pas avoir indiqué le renvoi à la lettre J.

JAVERCY (PIERRE DE), Parisien. Les lettres P. P., qui accompagnaient son nom, ont fait croire à Colletet qu'il était professeur en l'université de Paris, professeur parisien. Quoi qu'il en soit, on a de lui : *Récréations puériles*, mises en vers français, et dédiées à J. Auguste de Thou, gentilhomme parisien, Paris, 1589, in-12. On y trouve la traduction d'un petit poëme, qui enseigne à la jeunesse les civilités qu'elle doit observer à table, composé par Jean-Sulpice Verulan, lequel avait été interprêté en français, par Guillaume Durand, maître d'école à Lyon ; ensuite la traduction du *Traité d'Erasme, de civilitate morum puerilium*, et enfin, celle de quelques Dialogues des dieux de Lucien.

JEAN LE MILANAIS, ou *de Mediolano*, écrivain du XIe siècle, présumé auteur de l'*Ecole de Salerne* La paraphrase de cet ouvrage, en vers français, par Bruzen de la Martinière, parut, pour la première fois, à Amsterdam, en 1743, in-12. L'édition de Paris, que cite la *Biographie universelle*, est une réimpression.

L'abbé Godescard, dans une note du tom. 7e des *Vies des Pères*, etc., soutient que les fameuses institutions médicales de l'*Ecole de Salerne*, tirées principalement de Galien et des Arabes, furent composées, dans le XIe siècle, par le professeur Pierre de Milan. Voy. la pag. 496.

JEAN de Chelm, auteur présumé du fameux ouvrage intitulé : *Onus ecclesiæ*, etc. Je n'ai point trouvé son nom dans la *Biographie universelle*. Feller est entré dans plus de détails que M. Chaudon, sur l'auteur et sur l'ouvrage.

JEBB (SAMUEL), médecin anglais, éditeur de plusieurs ouvrages savans et utiles. Le Recueil qu'il a publié sur l'infortunée Marie Stuart, forme 2 vol. in-fol., et non un seul vol. in-8°, comme le dit la *Biographie universelle*, en partie, d'après Chaudon et Feller.

JENYNS (SOAME), membre du parlement d'Angleterre, très-connu par l'ouvrage intitulé : *Examen de l'évidence de la religion chrétienne*, Londres, 1774, in-12. Nous en avons deux traductions françaises ; la première est intitulée : *Examen de l'évidence intrinsèque du christianisme*, traduit de l'anglais, sur la 5e édition. Londres (Liége, chez le Marié), 1778, in-8°, avec des notes du traducteur anonyme. Il a paru, l'année suivante, à Liége, chez D. de Boubers, une nouvelle édition de cette traduction considérablement augmentée par les Observations de M. Flexier de Reval (masque de l'abbé de Feller) ; 1 vol. in-12. La seconde traduction, qui est de Le Tourneur, parut sous ce titre : *Vue de l'évidence de la religion chrétienne considérée en elle-même.* Paris, Bertin, 1779, in-8°. Elle a été réimprimée, par les soins de M. de Sainte-Croix, sous ce titre : *De l'Evidence de la religion chrétienne*, trad. de l'anglais, 3e édit. augmentée d'un plan de Fénélon, sur le même sujet, et de pensées sur la Providence, Paris, Delance, 1797, in-12.

Il y a plusieurs inexactitudes dans la note de la *Biogr. univ.*, sur ces traductions : la principale est de réduire les deux à une seule qui serait de Le Tourneur.

M. P....., dans ses *Mémoires ecclésiastiques*, s'exprime ainsi, au sujet de Jenyns : « Le Tourneur et Feller ont traduit son *Evidence de la religion ;* le baron de Sainte-Croix en a donné une édition augmentée. » J'ai prouvé que Feller avait seulement joint des Observations à une traduction anonyme de l'ouvrage de Jenyns, et que M. de Sainte-Croix avait reproduit la traduction de Le Tourneur. La manière inexacte et peu intelligible, dont s'exprime M. Picot, prouve bien qu'il n'a pas étudié l'Histoire littéraire dans les sources, et qu'il parle d'une multitude de livres, sans les avoir vus.

JESUS-CHRIST. On a douté, jusqu'à présent, de l'existence d'un livre pour lequel l'empereur Rodolphe doit avoir offert onze cents ducats ; son titre porte : *Liber Passionis D. N. J. C., cum fig. et caracteribus ex nullâ materiâ compositis* ; c'est-à-dire, *Livre de la Passion de N. S. J. C.*, *avec figures et caractères qui ne sont faits d'aucune matière.* Ce Livre se trouve aujourd'hui dans la famille des princes de Ligne. Il contient vingt-quatre feuillets de vélin, in-12, sur lesquels on ne voit absolument rien ; mais, lorsqu'on les applique fortement sur le papier bleu qui les sépare, on découvre les caractères et les contours des figures qui sont exécutées avec un fini précieux. Quoique l'année n'y soit pas indiquée, on peut cependant, d'après un monogramme qui s'y trouve de Henri VII, conclure qu'il a été fait entre 1485 et 1509. La possession de ce précieux manuscrit est constatée par un acte authentique du temps.

JOHNSON (Samuel), théologien anglais, dont on a un traité contre *Julien l'Apostat*, imprimé en 1682. Il en existe une traduct. française, sous ce titre : *Julien l'Apostat*, ou *Abrégé de sa vie, avec une comparaison du papisme et du paganisme*, sans indication de lieu, 1688, petit in-12.

JOHNSON (Samuel), célèbre littérateur angl. Dès 1802, M. Louis avait déjà publié la traduction de la suite de *Rasselas*, sous ce titre : *La Vallée heureuse*, ou *le Prince mécontent de son sort*, 1 vol. in-12.

JOHNSTON (Charles), avocat anglais, auteur du roman satirique, intitulé : *Chrysal*, ou les *Aventures d'une Guinée.* Nous avons une traduction française des deux parties de cet ouvrage, par M. Frenais. Paris, 1768 et 1769, 2 vol. in-12.

* JOLLI (J. G.), docteur médecin ; Labarre de Beaumarchais assure, dans ses *Lettres sérieuses et badines*, que Jolli composa à

La Haye une gazette en vers français, dont les morceaux sont recherchés des curieux, à cause de certains traits vifs et libres qui la firent supprimer. Je crois que Labarre veut parler d'un recueil curieux, qui a pour titre *Bibliothèque volante*, ou *Elite des pièces fugitives* (en prose et en vers), par le sieur J. G. J. D. M. Amsterdam, Daniel Pain, 1700 et 1701, petit in-12, composé de cinq parties. On lit, à la fin de la table de la cinquième partie, *fin du premier tome*; ce qui annonce que le recueil devait être continué. On doit au même auteur une *Histoire de Pologne*, et *du grand-duché de Lituanie*, depuis la fondation de la monarchie jusqu'à présent, où l'on voit une relation fidèle de qui s'est passé à la dernière élection. Amsterdam, Daniel Pain, 1698, petit in-12 de 457 pag., sans la préface et la table. Cette histoire fut réimprimée l'année suivante en deux parties. Elle forme aussi le premier volume de l'*Histoire des rois de Pologne*, par M. M*** (Massuet). Amsterdam, Fr. l'Honoré, 1733, 5 vol. in-12. La *Biogr. univ.* m'a reproché, dans l'article *Bayle*, de n'avoir pas compris la *Bibliothèque volante* parmi les ouvrages de Bayle. J'avoue ne connaître aucun auteur grave qui la lui ait attribuée. Le rédacteur, comme je l'ai déjà dit, n'aurait-il pas confondu le *Retour des pièces choisies* avec la *Bibliothèque volante?*

(*Lettres sérieuses et badines*; par Labarre de Beaumarchais, tom. 8, pag. 209.)

JOLY (Claude), chanoine de l'Eglise de Paris. L'article de ce savant, quoique rédigé avec soin dans la *Biogr. univ.*, ne fera pas oublier celui de Moréri, où l'on trouve plus de détails sur sa vie et ses ouvrages. L'abbé Joly avait laissé en manuscrit la *Vie d'Erasme*, ou *la Renaissance des lettres*, qui contient aussi celles de la plupart des savans du XVIe siècle; elle était en état d'être imprimée; l'auteur en avait obtenu l'approbation et le privilége : cet important ouvrage était conservé dans une des grandes Bibliothèques de Paris. On croit qu'il a été perdu depuis la révolution de 1789.

Le recueil *des statuts et réglemens des petites écoles de grammaire de la ville de Paris*, est un vol. in-12, imprimé en 1672, par l'ordre et autorité de Claude Joly, collateur, juge et directeur desdites écoles; mais par les soins de Martin Sonnet, chanoine de Saint-Jean-le-Rond, promoteur des mêmes écoles. On trouve en tête de ce vol. une *Lettre* de M. Sonnet, aux maîtres et maîtresses d'écoles de la ville de Paris.

JOLY (Philippe-Louis), chanoine de la Chapelle-aux-Riches, de Dijon. Ce savant Dijonais mourut le 27 août 1782, âgé de 70 ans. Il a laissé en manuscrit : I. Des *Remarques sur les deux Chronologies* de P. Victor-Palma Cayet, avec une Vie de l'auteur. II. Un volume ou deux de *Remarques sur les Mémoires* du P. Niceron. III. Un *Examen* des trois siècles littéraires, de l'abbé Sabatier de Castres. L'auteur a eu soin d'y faire entrer nombre d'anecdotes intéressantes, de remarques curieuses, et de réflexions choisies. Les libraires de Paris refusèrent d'imprimer cet ouvrage, sous prétexte que l'auteur censuré était l'objet du mépris public. IV. De *nouveaux Mémoires d'histoire, de critique et de littérature*, pour servir de continuation à ceux de M. l'abbé d'Artigny. L'auteur devait insérer dans ce recueil des manuscrits qui lui avaient coûté plus de deux mille écus, des dissertations, remarques et extraits de sa composition; travail de plus de 30 années. Mécontent de la modicité des honoraires que les libraires de Paris lui offrirent, en 1777, pour l'impression des deux premiers volumes de cette collection, l'auteur garda son manuscrit. Il est à craindre que toutes ces recherches ne soient perdues pour le public; car feu M. Leschevin m'écrivait de Dijon, en 1809, qu'il ne restait personne dans cette ville qui eût été dans l'intimité de l'abbé Joly, ou qui eût partagé ses goûts.

† JOLY DE FLEURY (JEAN-OMER), né à Paris en janvier 1700, fils de Joseph-Omer Joly de Fleury, avocat-général au parlement de Paris, embrassa l'état ecclésiastique, et devint chanoine de l'Eglise de Paris dès 1724, abbé d'Aumale en 1729, et de Cliezy en 1731; il mourut le 27 novembre 1755. Cet abbé fut intimement lié avec le docteur de la Chambre; il a eu part à son *Traité de la véritable religion*, au moins pour la recherche des autorités; il contribua de sa bourse à l'impression de plusieurs écrits du même auteur en faveur du formulaire et de la bulle *Unigenitus*. C'est lui qui a publié, 1° en 1738, les *Sermons* du P. Jérôme (Cl. Geoffrin), 5 vol. in-12. 2° en 1746, le volume in-12, intitulé: la *Science du salut*, ou *Principes solides sur les devoirs les plus importans de la religion, tirés des Essais de morale de Nicole*. Les *Nouvelles ecclésiastiques* ont accusé l'auteur d'y avoir altéré, en plusieurs endroits, la doctrine de Nicole. Le libraire Vincent, dans ses Catalogues de 1772 à 1776, annonce, sous le nom de l'abbé Fleury: *Paraphrase et explication*, 1° *de l'Ancien-Testament*, 1754, 4 vol. in-12; 2° *des Psaumes*, 1755, 1 gros vol. in-12; 3° *Des quatre Evangiles*, 1754, 4 vol. in-12. Les auteurs de la *France littéraire* de 1769 ont attribué ces trois articles à l'abbé Mignot, qui, vers le même temps, fit imprimer, chez le même Vincent, différens ouvrages relatifs au droit ecclésiastique. L'abbé de Fleury fit paraître, en 1754, l'*Abrégé de philosophie* de l'abbé de la Chambre, avec une notice sur la vie de l'auteur. L'abbé Goujet nous apprend encore que l'abbé Joly fit imprimer une dissertation sur les censures *in globo*, mais qu'il en retira les exemplaires. On trouve un extrait critique de cette dissertation, par l'abbé Goujet lui-même, dans la *Bibliothèque française* de Du Sauzet.

(*Catal. manusc.* de l'abbé Goujet. *Diction. de la noblesse*, etc.)

JONAS, évêque d'Orléans, mort en 841, omis par la *Biogr. universelle*. Il est auteur de deux ouvrages, dont les traductions ont été annoncées, d'une manière fort inexacte, par M. Chaudon. Le premier ouvrage a pour titre en français: *Morale chrétienne fondée sur l'Ecriture, et expliquée par les SS. PP.*, *trad. du latin*, par D. Mege. Paris, 1661, in-12. Le second est intitulé : *Instruction d'un roi chrétien*, traduite en français par le sieur Desmares. Paris, 1662, in-12. Il est très-vraisemblable que ce dernier traducteur est celui à qui l'on doit aussi des traductions de Salluste et d'Appien.

* JONCOURT (Pierre de), Français d'origine, réfugié en Hollande quelques années avant la révocation de l'édit de Nantes, devint un des plus célèbres prédicateurs de Hollande. Après avoir été pendant long-temps ministre de l'église wallonne de La Haye, il mourut dans cette place vers 1725. On a de lui plusieurs ouvrages; les principaux sont :

I. *Lettres critiques sur divers sujets importans de l'Ecriture-Sainte.* Amsterdam, 1705, in-12.

II. *Entretiens sur les différentes méthodes d'expliquer l'Ecriture et de prêcher de ceux qu'on appelle Coccéiens et Voétiens dans les Provinces-Unies.* Amsterd., 1707, in-12.

Les coccéiens répondirent à l'auteur par un écrit intitulé : *Justification de feu M. Coccéius et de sa doctrine.* De Joncourt répliqua par de *Nouveaux Entretiens*, in-12. Un second écrit des coccéiens contre M. de Joncourt, porte ce titre : *Le chef des moqueurs démasqué*, par Néophile l'Aléthée. La Haye, 1707, in-12. Ce qui occasionna une lettre de M. de Joncourt aux églises wallonnes des Pays-Bas. La Haye, 1708, in-12.

On a encore de cet auteur : I. Quatre *Lettres sur les jeux de hasard*, et une cinquième sur l'*usage de se faire céler pour éviter une visite incommode.* 1714, in-12. Dans la 2e et la 3e lettre, l'auteur fait l'examen du *Traité des jeux de hasard*, par la Placette, et de l'apologie de ces jeux par Barbeyrac.

II. *Nouvelle lettre sur les jeux de hasard, pour servir de réplique à la défense de M. de la Placette*, 1714, in-12.

La Placette, dans de *nouvelles réflexions*, réfuta tous les raisonnemens de M. de Joncourt.

III. *Entretiens sur l'état présent de la religion en France; où l'on traite amplement de l'autorité des papes et de ses fondemens*, etc.; par feu M. de Joncourt. La Haye, 1725, in-12.

* JONCOURT (Elie de), né à La Haye vers 1700, et mort dans la même ville vers 1770, fut long-temps pasteur et professeur de philosophie à Bolduc; on lui doit beaucoup de traductions estimées; les principales sont :

I. *Traité de la providence*, traduit de l'anglais de G. Sherlock. La Haye, 1721, in-8°.

II. *Préservatif contre le papisme*, traduit de l'anglais de G. Sherlock. La Haye, 1721, in-8°. Saurin fait l'éloge de cet ouvrage et de cette traduction, dans son *Etat présent du christianisme*, première partie.

III. *Sermons sur divers textes importans de l'Ecriture-Sainte*, traduits de l'anglais de G. Sherlock. La Haye, 1723, 2 vol. in-8°.

IV. *Sermons sur la mort et sur le jugement*, traduit de l'anglais de feu M. Lucas. La Haye, 1725, in-8°. Utrecht, 1734, in-8°.

V. *Alciphron ou le petit philosophe*, traduit de l'anglais de

Berkley. La Haye, 1734, 2 vol. in-12.

VI. *Elémens de physique démontrés mathématiquement, et confirmés par des expériences*, traduit du latin de S'Gravesande. Leyde, 1746, 2 vol. in-4°.

Cette traduction a été revue en grande partie par l'auteur; elle a été faite avec soin; on l'estime plus que celle de Roland le Virloys, publiée à Paris en 1747, 2 vol. in-8°.

VII. *Elémens de la philosophie Newtonienne*, traduit de l'anglais de Pemberton. Amsterdam, 1755, in-8°.

VIII. *Elémens de philosophie morale*, traduits de l'anglais de Fordyce. La Haye, 1756, in-8°.

IX. *Elémens d'algèbre de Saunderson*, traduits de l'anglais, et augmentés de quelques remarques. Amsterd., 1756, 2 vol. in-4°.

X. *Nouvelle bibliothèque anglaise.* La Haye, 1756, 3 vol. in-8° au moins, partagés en plusieurs parties; chaque partie était composée de deux mois.

XI. Le septième et le huitième volume du *Spectateur anglais*. Amsterdam, 1750 et 1754, in-12.

XII. *Dialogues des morts*, traduits de l'anglais de Lyttleton. La Haye, 1760, in-8°.

XIII. *OEuvres diverses.* La Haye, 1764, 2 vol. petit in-12.

On y trouve des morceaux de la composition de l'auteur, et d'autres traduits, soit de l'anglais, soit du hollandais.

M. de Joncourt a été l'éditeur et en partie le traducteur des *OEuvres diverses* de Pope, traduites en français. Amsterdam, 1754, 7 vol. in-12. Dès 1729, il avait coopéré à la reprise du *Journal littéraire* par S'Gravesande, Pr. Marchand et autres. Il coopéra aussi en 1742 à la traduction de l'*Histoire universelle* publiée en anglais. Il a eu part à la traduction du *Livre de Job*, publié en latin par Schultens. Leyde, 1748, in-4°.

M. de Joncourt a publié en latin, et traduit lui-même ensuite en français, un *Traité sur la nature et les principaux usages de la plus simple espèce de nombres trigonaux*. La Haye, 1762, in-4°.

Il y avait à Paris, en 1754, un professeur de langues étrangères, du nom de Joncourt, et dont on a un *Essai sur la différence du nombre des hommes*, traduit de l'anglais de Wallace, in-8° et in-12.

(*France littéraire* de Formey, divers *Catalogues*.)

*JORDAN (Claude, dit de Colombier), journaliste et voyageur, vers la fin du XVIIe siècle et au commencement du XVIIIe; ayant séjourné 12 à 13 ans dans les pays étrangers, il en employa une partie à voyager, et l'autre dans l'exercice d'une fonction qui le mit à même de faire plusieurs remarques curieuses et exactes touchant la religion, les coutumes, les mœurs et les forces de diverses nations. En 1686, il était libraire à Leyde, et il y publia, sous le titre d'*Histoire abrégée de l'Europe* (4 ou 5 vol. in-18), une espèce de journal politique, rédigé par Jacq. Bernard. Quelques années après, il se retira avec une pension du roi de France dans un village du Barrois. Ce fut là qu'il rédigea les observations qu'il avait faites dans ses voyages; et y ajoutant les mémoires laissés en manuscrit par un de ses amis, il publia le tout en huit vol. in-12, sous le titre de *Voyages historiques de l'Europe*, depuis 1692 jusqu'en 1700. Cet ouvrage, dédié au roi, fut accueilli très-favorablement, et il s'en fit plusieurs éditions, tant en France que dans les pays étrangers. Claude Jordan fit imprimer à Luxembourg, en juillet 1704, le premier n° du journal intitulé : *Clef du Cabinet des souverains*. C'est ce journal qui a été ensuite imprimé à Verdun, ce qui l'a fait nommer assez généralement et pendant long-temps *Journal de Verdun*. Sur la fin de 1716, Claude Jordan prit des arrangemens avec Ganeau, libraire de Paris, pour l'impression et la distribution de ce journal, et il l'a rédigé jusqu'en 1727, époque où son grand âge et ses infirmités l'empêchèrent de continuer ce pénible travail. La *Clef du Cabinet* fut accueillie avec tant de faveur, que l'auteur entreprit d'y joindre un *supplément*, qui comprît, en 2 volumes, tout ce qui s'était passé depuis la paix de Riswick, conclue au mois de décembre 1697, jusqu'au mois de juillet 1704. Ce *supplément* parut à Verdun en 1713, en deux vol., dans le même format, et d'après le plan que l'auteur avait suivi avec succès pour son journ. On lit, sur le frontispice, les lettres initiales de l'auteur, C. J., et les mêmes lettres se lisent sur le frontispice du journal lui-même, depuis 1717 jusqu'en 1746; quoique, depuis 1727, M. Jordan eût été remplacé successivem. par MM. de la Barre et d'Egly. Il y a lieu de s'étonner que Dreux du Radier, dans la préface de la *Table générale du journal de Verdun*, en ait nommé le premier auteur Philippe Jordan de Durand. Outre les lettres initiales du frontispice, un article du mois de février 1715, prouve, sans réplique, que le premier auteur se nommait Claude Jordan, connu par ses *Voy. hist. de l'Europe*. En effet, le rédacteur du journal y relève une méprise de Prosper Marchand, qui, dans son édition des Lettres de Bayle, le présentait comme auteur de l'*Histoire abrégée de l'Europe*, dont il n'avait été que le débitant. Il adopte d'ailleurs pour *siens*, les autres ouvrages, dont Prosper Marchand le cite pour auteur. Or, on voit parmi ceux-ci les *Voyages historiques de l'Europe*. L'auteur du journal ajoute que Prosper Marchand a *omis* quelques ouvrages qui pourront venir à sa connaissance par les suites. Peut-être veut-il parler de quelques journaux politiques qu'il rédigea en Hollande, suivant les auteurs du journal de Soleure; pour moi, je ne connais qu'un ouvrage qui appartient encore à Claude Jordan ; c'est celui qui a pour titre : *Choix des bons mots*, ou *Pensées des gens d'esprit sur toute sorte de sujets*. Amsterdam, 1709, in-12. L'Epître dédicatoire, au fils aîné du duc de Lorraine, est signée Claude Jordan. Les bons mots sont rangés par ordre alphabétique. Il existe une nouvelle édition de cet ouvrage avec beaucoup d'augmentations, imprimée à Amsterdam en 1716, chez le fils de Claude Jordan (1), in-8°, de 469 pages. La première n'en avait que 280. L'auteur du Jour-

(1) Voy. *Hist. crit. de la République des Lettres*, tom. 12, pag. 426.

nal de Verdun a rendu compte de ces deux éditions, de manière à faire voir très-clairement qu'il s'agissait d'un ouvrage de sa composition. Il n'a pas manqué d'observer que ce *Choix de bons mots* se trouvait dans tous les lieux où se débitait le Journal de Verdun. Voy. *juillet* 1709, pages 73-74, et *août* 1716, p. 103.

Les auteurs du *Journal littéraire* de Soleure, 1705, in-8°, disent, à la vérité (p. 413), que M. Jordan le voyageur désavoue, pour sa production, la *Clef du Cabinet des princes*, qui paraît tous les mois ; mais, à cette époque, M. Jordan avait peut-être de bons motifs pour ne pas avouer cet ouvrage. Il est à remarquer que les auteurs du même Journal le lui avaient attribué, à la p. 78. J. Masson, dans le t. XI de l'*Hist. crit. de la république des lettres*, désigne positivement Claude Jordan comme l'auteur du *Choix de bons mots* et du *Journal de Verdun*. M. Dreux du Radier s'élevait donc contre la notoriété publique, lorsqu'il désigna cet auteur sous le nom de Philippe Jordan de Durand. Il eût dû citer des faits positifs à l'appui de son assertion. Les continuateurs du P. le Long ont aussi attribué à Claude Jordan la rédaction du Journal de Verdun. Au reste, Dreux du Radier reconnaissait lui-même Claude Jordan pour auteur du *Journal de Verdun*, puisqu'il le cite comme tel dans la table, aux mots *Journal de Verdun* et *Journaliste*. Il devait encore le citer pour l'article relatif aux Lettres de Bayle, et pour son *Choix de bons mots*.

JOUBERT (LAURENT). La *Biogr. univ.* dit que les *Annotations sur l'orthographe* de M. Joubert, insérées à la fin du *Traité du ris*, sont de Christophe de Beauchatel, *neveu de l'auteur ;* il fallait mettre *oncle de l'auteur*, suivant M. Amoreux, dans sa très-curieuse *Notice historique et bibliographique, sur la vie et les ouvrages de Laurent Joubert, avec le portrait de ce célèbre médecin*. Montpellier, 1814, in-8° de 142 p.

Puisque l'occasion s'en présente, je relèverai une méprise échappée à l'estimable M. Amoreux. Il attribue (voy. p. 29) à Horace, le vers souvent cité :

Ornari res ipsa negat, contentà doceri.

Il est de Manilius.

J'avais lu, il y a quelques années, dans un ouvrage imprimé à Rome, au commencement du XVIIe siècle, que cet autre vers

Pro captu lectoris habent sua fata libelli

était du même Manilius. Un de mes amis, très-versé dans les littératures grecque, latine et française, m'a fait remarquer que ce vers était du grammairien *Terentianus Maurus*, dans son poëme *de syllabis*. Je me suis assuré de la vérité de cette indication.

Je profiterai de la circonstance pour rappeler aux amateurs de la poésie latine, qu'un troisième vers, aussi souvent cité que les deux précédens :

Incidis in scyllam cupiens vitare carybdim,

a pour auteur Gaultier de Lille, dans son *Alexandriade*. Voy. l'Analyse de ce poëme, par Querlon, dans l'*Année littéraire* de Fréron, 1759, t. 6, pag. 313 et suiv.

Un quatrième vers, que tout le monde connaît, et que l'on a

cherché en vain dans les classiques anciens, est celui qui sert d'épigraphe aux nouvelles éditions de l'*Abrégé chronologique* du président Hénault :

Indocti discant, et ament meminisse periti.

Le président Hénault l'a composé lui-même d'après les vers 739 et 740 de Pope, dans son *Essai sur la critique*. Voy. la Préface de la 3e édition de l'*Abrégé chronologique*. Paris, 1749, in-4°.

JOUBERT (François), prêtre de Montpellier, mort en 1763, auteur de huit ou dix ouvrages sur l'Ecriture-Sainte, a un assez bon article dans le Dictionnaire de M. Chaudon. Il a été laissé dans l'oubli par la *Biogr. univ.*

JOUIN (Nicolas), banquier à Paris, mort en 1757, omis par la *Biogr. univ.* Il est auteur des fameuses *Sarcelades*, satires en vers, en faveur des disciples de Jansénius : on le regarde aussi comme le véritable auteur du *Philotanus*, poëme attribué à l'abbé de Grécourt. Il l'a reproduit en effet dans la collection des *Sarcelades*, en disant qu'il le donne plus exact que dans toutes les éditions précédentes. C'est donc, pour ainsi dire, une édition avouée et reconnue par l'auteur.

JOURDAN (Jean-Baptiste), littérateur français, natif de Marseille ; la *Biogr. univ.* a confondu la traduction qu'il a donnée, en 1748, *des Amours d'Abrocome et d'Anthia*, de Xénophon le jeune, avec la traduction anonyme du même ouvrage, publiée en Hollande sous le titre de Paris, en 1736, et avec le titre d'*Éphésiaques*.

JOUVANCY (le P.). L'abbé Goujet a inséré dans le *Dictionnaire* de Moréri, sur ce jésuite célèbre, un très-bon article rédigé sur les *Mémoires* du savant P. Oudin ; mais il n'a pas donné assez de détails sur les éditions d'Horace, publiées par le P. Jouvancy, et qui ont été si utiles à la jeunesse. Ce fut à Tours, en 1688, que parut la première édition d'*Horace*, avec les notes du P. Jouvancy. L'édition de Rome, 1702 ou 1703, contient des augmentations, et c'est cette édition qui a été souvent reproduite à Rouen, à Paris et ailleurs ; les notes qu'elle renferme, sont excellentes et facilitent beaucoup à la jeunesse l'intelligence de l'auteur. On ne peut pas faire le même éloge d'un autre *Horace* du P. Jouvancy, qui a été souvent réimprimé à Paris, depuis 1710 environ, chez Robustel et les frères Barbou. Les notes en sont beaucoup plus historiques que grammaticales ; par conséquent elles sont moins utiles à la jeunesse. La différence de ces deux éditions, vient de ce que les secondes notes sont tirées de l'édition d'*Horace*, publiée à Paris, par le P. Jouvancy, en 1699, *cum perpetuâ interpretatione*, 2 vol. in-12. Cette interprétation aidant beaucoup à l'intelligence du texte, le P. Jouvancy n'a dû s'attacher, dans les notes, qu'à l'explication des choses qui concernaient l'histoire ou la mythologie. Il n'est donc pas étonnant que l'*Horace* du P. Jouvancy, dépouillé de l'interprétation continue, ne présente plus à la jeunesse le secours qu'elle trouve dans l'édition de Rome, ou dans celles qui lui ressemblent. La supériorité de ces dernières est si évidente, que c'est, pour ainsi dire, l'édition de Rome, qui a été reproduite pour les élèves de l'université, par l'abbé Brochard, en 1728, grand in-12, et par le libraire Claude-Charles Thiboust, en 1739, petit in-12. Celui-ci avoua, dans un court Avis à la jeunesse studieuse, qu'il avait copié toutes les notes contenues dans l'édition donnée par un homme singulièrement habile, *vir exquisitæ doctrinæ*. L'édition de Thiboust a été adoptée dans beaucoup de colléges de Paris et des provinces. Je me contenterai d'en citer les réimpressions faites à Blois, en 1740, et à Paris, en 1750, grand in-12, sans le petit Avertissement de Thiboust. Ce libraire affectionnait *Horace;* il en préparait une traduction, lorsqu'il mourut. En profitant des notes du P. Jouvancy, sans le nommer expressément, il manqua un peu à la délicatesse; mais il fit un assez bon calcul, car beaucoup de professeurs attachés à l'université, portaient la méfiance contre les jésuites, jusqu'à éloigner des yeux de leurs élèves les bons ouvrages que ceux-ci avaient mis au jour.

Au lieu de nous fournir des détails sur les travaux littéraires du P. Jouvancy, la *Biogr. univ.* s'est attachée à justifier son *Histoire des jésuites*, condamnée par le parlement de Paris.

JOUVE (le P.), jésuite historien. Le continuateur de Ladvocat et Feller lui ont donné un assez bon article; il n'en est parlé, ni dans Chaudon, ni dans la *Biogr. univ.*

JOUY (Louis-François de), avocat, auteur d'un *Supplément aux lois civiles* de Domat et de plusieurs autres ouvrages. La *Biographie universelle* l'a laissé dans l'oubli. M. Chaudon s'est mal exprimé sur ses *Principes et Usages concernant les dixmes;* ils avaient été imprimés dès 1752, in-12. On les a réimprimés en 1776. Quant à la *Coutume de Meaux*, rien ne me prouve qu'il s'en soit occupé.

* JOYEUSE (J. B. X.), commissaire de la marine. Ayant été destiné au détail des vivres de la marine, à Toulon, pendant les cinq ou six années qui précédèrent sa réforme, en 1762, il s'était fait un plan de recherches pour tâcher de procurer de l'amélioration dans cette partie. Il eut du succès sur plusieurs articles; sur le bled, pour le garantir des charançons; sur le biscuit, pour le préserver des vers qui constamment s'en emparent à Toulon, tant à terre que sur les vaisseaux; sur l'eau douce, pour la conserver et l'empêcher de se corrompre; sur les salaisons, pour en perfectionner la fabrication et en assurer la conservation. La Société d'agriculture de Limoges ayant proposé à traiter, en 1766, l'histoire des charançons avec les moyens d'en préserver le bled, M. Joyeuse se détermina à rédiger un mémoire dont il avait les matériaux tout prêts, et qui remporta le prix. Il parut imprimé sous ce titre: *Histoire des Charançons avec des moyens pour les détruire et empêcher leurs dégâts dans le bled;* par J. B. X. J. A. E. P. D. L. M. D. D. D. T. Ces lettres peuvent signifier J. B. X. Joyeuse l'aîné, ancien employé principal de la marine du département de Toulon.

M. Joyeuse publia ensuite : *Histoire des vers qui s'engendrent dans le biscuit qu'on embarque sur les vaisseaux, avec les moyens de l'en garantir.* 1778, in-8°.

On a encore de lui : *Exposition de la nouvelle agriculture.* 1772, in-8°.

*JUBÉ (Jacq.), curé d'Asnières, au-dessous de Paris, à une demi-lieue d'Argenteuil. Je suis étonné que M. l'abbé Goujet, grand zélateur de la gloire du parti, et qui, plus que tout autre, s'est appliqué à l'étendre, en célébrant les louanges de ceux qui lui ont fait honneur, n'ait pas donné un article à ce célèbre personnage. Il ne s'est pas illustré par ses ouvrages ; mais il s'est fait un grand nom par la sévérité de sa morale, par la rigidité de ses mœurs et par la réforme qu'il voulut introduire dans le culte extérieur de l'Église romaine. Je vais tracer ce que j'en sais.

M. Jubé naquit à Vanves, le 27 mai 1674, d'une famille obscure. Ses heureuses dispositions et les moyens que la Providence lui procura, lui firent faire de grands progrès dans l'étude des langues et des belles-lettres : son professeur de philosophie, Dagoumer, connaissant ses grands talens et sa petite fortune, lui fit soutenir, à ses dépens, un acte public, et le fit passer maître ès-arts. Dès qu'il eut reçu l'ordre de prêtrise, il fut chargé de la cure de Vaugrigneuse, et en 1701 le cardinal de Noailles lui donna celle d'Asnières. Il parut bientôt un homme extraordinaire ; les anticonstitutionnaires le regardaient comme un de leurs coryphées, et un de leurs plus fermes appuis, et il leur faisait honneur par l'intégrité de ses mœurs, par la sévérité de sa vie, dans un temps surtout où plusieurs d'entre eux s'étaient un peu oubliés. Il ne faisait qu'un repas pendant le carême, ne mangeait que des légumes, sans boire de vin. Mais autant il était austère dans sa conduite, autant il était ferme et hardi dans la singularité de ses mœurs et de ses rubriques. C'était un génie vif, entreprenant, pensant à sa mode ; il avait en un mot de quoi faire un vrai chef de parti : il s'érigea en réformateur du culte et de la discipline de l'Église. Il trouva l'église de sa paroisse toute remplie d'images et de figures de saints, auxquels le peuple était fort attaché ; il gémissait sur le culte que le peuple leur rendait, et le traitait de superstitieux. N'osant brusquer les choses, il prit un parti plus modéré : il conçut le dessein de se procurer une nouvelle église, sous le prétexte que l'ancienne était trop petite et peu décente, et, par son savoir faire, il trouva des fonds. Pendant qu'on la bâtissait, le curé instruisait ses paroissiens, et les préparait à la réformation qu'il méditait. Son premier soin fut de leur mettre entre les mains tous les livres de l'Ecriture-Sainte en français. Ses discours étaient pathétiques, sa vie prêchait, et ses aumônes étaient abondantes ; enfin il gagna tellement l'affection de son troupeau, qu'ils se seraient fait tous égorger pour lui. Dans cette disposition des esprits, il lui en coûta peu pour établir la rigueur de l'ancienne discipline ; il mettait en pénitence publique les pécheurs publics. Une fille, par exemple, qui avait manqué à son honneur, était pendant trois mois sous le porche de l'église sans oser y entrer; et avant de l'y admettre, il prenait les avis de ses plus graves paroissiens. La marquise de Parabeyre avait une maison à Asnières; M. le régent l'aimait, et venait la voir de temps à autre. Ces galanteries publiques enflammèrent le zèle du curé; il fit dire à la dame qu'elle se gardât de paraître à l'église; qu'en vertu des saints canons, il ne pouvait pas célébrer les saints mystères devant les pécheurs publics. La marquise regarda ce compliment comme une vapeur de zèle; elle vint à l'église un jour solennel; le curé l'ayant vue, lui envoya dire à l'oreille de se retirer; elle s'en moqua. Cependant M. Jubé ne sort point de la sacristie; la dame s'impatiente, et envoie un laquais, pour savoir quand la messe commencera. *Dès qu'elle sera sortie*, dit le curé, *et assurez votre maîtresse que je retournerai plutôt chez moi que de monter à l'autel en sa présence.* La marquise sort pleine de rage, monte en carrosse, et va se plaindre au régent de cet affront. Le prince lui répondit qu'elle ne devait pas s'y exposer, qu'elle devait connaître le personnage, et que s'il lui avait fait à lui-même une pareille menace, il ne s'y serait pas fié. La nouvelle église se trouva fort jolie, mais sans images, sans figures, à peu près comme un temple de réformés, où la liturgie se célébrait d'une manière conforme au rit anglican. L'autel n'était qu'une simple table de marbre, sans crucifix, sans chandeliers, sans ornemens, napes ni tapis; on le couvrait seulement d'une nape au moment qu'on devait faire la liturgie; alors on allumait deux cierges attachés contre la muraille; le curé était assis à côté de l'autel pendant tout le préambule de la messe; son diacre chantait l'épître et l'évangile en latin, mais aussitôt se tournant vers le peuple, il les lisait en français et les expliquait en forme d'homélies. Le curé ne montait à l'autel qu'à l'offertoire, récitait les secrètes et tout le canon à haute voix, et à la conclusion de toutes les prières, le peuple répondait *amen*. Le St.-Sacrement n'était jamais exposé avec pompe sur l'autel; il était conservé dans une colombe de vermeil suspendue sur l'autel. Le jeudi-saint, sur le soir, il lavait les pieds à douze pauvres dans l'église, ensuite il les faisait mettre avec lui à une table préparée à cet effet; et après avoir béni le pain, il en présentait à tous un morceau, leur disant: *Voici, mes frères, comme le Sauveur institua l'eucharistie;* ensuite il mettait du vin dans un calice avec la même cérémonie. Toutes ces singularités étaient punissables; cependant M. le Régent ne voulut jamais sévir contre lui. Après sa mort, le nouveau ministère songeà à l'exiler.

En 1724, il fut mandé chez le lieutenant de police, à l'occasion de ballots d'imprimerie saisis à Rouen; il aurait été puni, s'il n'eût eu l'adresse de s'évader et de se cacher. L'évêque de Montpellier l'envoya à Rome en 1725, pour aider de ses lumières les théologiens qui devaient se trouver à un concile projeté. Comme M. Jubé n'y était pas en sûreté, non plus qu'à Naples, où il s'était retiré, il revint en France, et passa de-là en Hollande, sous le nom de LACOUR. Son zèle pour les intérêts de la religion, lui fit faire des voyages en Angleterre, en Allemagne et en Pologne; en 1728, toujours caché sous le masque de *Lacour*, il partit pour la Russie, en qualité d'aumônier, et de précepteur des enfans de la princesse Dolgorouki, née Galitzin. Les docteurs de Sorbonne qui avaient signé, en 1717, le mémoire rédigé par Boursier et présenté au czar Pierre Ier, pour faciliter la réunion de l'Église de Russie, à l'Église latine, signèrent un autre acte qu'ils adressèrent à M. Jubé, en le chargeant de négocier cette affaire avec les évêques de Russie. Le fameux archevêque de Novogorod se trouva malheureusement dans des dispositions toutes contraires, et fit échouer tous les plans, par le crédit dont il jouissait auprès du czar. Bientôt les Dolgorouki furent disgraciés, et M. Jubé fut obligé de prendre la fuite, et de revenir en France. Il se fixa pendant quelques années en Hollande; ensuite il se rendit à Paris *incognito*. Se sentant attaqué d'une maladie violente et dangereuse, il se fit transporter à l'Hôtel-Dieu, où il mourut, muni des sacremens de l'Église, le 20 décembre 1744, âgé de près de 70 ans.

On assure que M. Jubé a été éditeur de quelques ouvrages, et qu'il composa quelques écrits sur les affaires du temps. Il était élève du savant Baillet, qu'il servit utilement dans la composition de ses *Vies des Saints*.

L'abbé Le Beuf nous apprend, dans l'*Histoire du Diocèse de Paris*, tom. 9, pag. 438, que le livre liturgique de M. Jubé, avait été prêté à M. l'évêque de Chartres, et que ce prélat l'a gardé.

On trouve des détails sur les singularités de M. Jubé, dans la brochure qui a pour titre : *Réflexions sur la Nouvelle Liturgie d'Anières*, 1724, in-12, de 64 p. D'après une note communiquée, j'avais attribué cette brochure au P. Jacques de la Baune, neveu du jésuite du même nom, éditeur des OEuvres de Sirmond; M. P... dans ses *Mémoires ecclésiastiques*, tom. IV, pag. 207, nous assure qu'il a eu communication d'un exemplaire sur lequel on avait écrit que M. Blin, chanoine de Rouen, était l'auteur de cette brochure. (*Mémoires de M. du Masbaret*, *Nécrologe des défenseurs de la vérité*; *Mémoires ecclésiastiques de M. P....*)

N. B. M. P..., dans ses *Mémoires ecclésiastiques*, tom. I, pag. 130, dit qu'on a cru l'archevêque de Novogorod auteur d'un écrit publié à Jéna, en 1719, sous le nom de Buddée.

Le livre dont il s'agit a pour titre : *Ecclesia Romana cum Ruthenicâ irreconciliabilis*, Seu scriptum, aliquot doctorum Sorbonicorum augustissimo Russorum imperatori, ad utriusque ecclesiæ unionem ei suadendam, exhibitum, modeste expensum, et animadversionibus illustratum. Jenæ, 1719, in-12.

Niceron range cet ouvrage parmi ceux de Jean-François Buddéus, célèbre professeur de théologie à l'Université de Jéna. C'est l'abbé de Saint-Léger qui, dans une *réponse à un article de la*

Gazette universelle de 1791, attribue cet ouvrage à l'archevêque de Novogorod; mais en alléguant faussement que Buddéus était mort avant 1719, tandis qu'il n'est mort qu'en 1729; il a encore publié cinq ou six ouvrages depuis celui de 1719; l'assertion de l'abbé de Saint-Leger, avant d'être reproduite, méritait donc d'être soumise à un judicieux examen.

JUDDE (le P.), jésuite, mort à Paris, en 1735, n'a point d'article dans la *Biographie universelle*. Celui qui se trouve dans Feller est plus détaillé, plus exact et plus curieux que celui de M. Chaudon. Feller n'a pas parlé des *Réflexions chrétiennes sur les grandes vérités de la foi*. Paris, Debure, 1756, in-12. Cet ouvrage anonyme a été tiré des Mémoires du P. Judde, par l'abbé Le Mascrier.

JUIGNÉ-BROISSINIÈRE, ou plutôt BROSSINIÈRE, lexicographe du XVIIe siècle. Son *Dictionnaire historique*, qui a eu au moins 10 éditions, parut pour la première fois en 1627, et non en 1644, comme le disent la *Biogr. univers.* et M. Chaudon.

JUIGNÉ (Antoine-Éléonore-Léon-Leclerc de), archevêque de Paris. La *Biographie univers.* donne une idée bien imparfaite des réclamations auxquelles donna lieu le *Pastoral de Paris*, publié en 1786, 3 vol. in-4°. J'ai fait connaître au mot CLÉMENT les brochures plus ou moins importantes publiées contre les principes ultramontains de ce Pastoral, par MM. Maultrot, Larrière, Jabineau, Clément et Robert de Saint-Vincent.

*JUNKER (Georges-Adam), né à Hanau en 1716, se livra de bonne heure à l'étude des langues, du droit public et de l'histoire; étant encore fort jeune, il fut nommé professeur et recteur du collége de Hanau sa patrie; ensuite il parut avec éclat à Gottingue, où il accompagna deux jeunes seigneurs qui allaient y faire leurs études; l'Académie de Gottingue l'admit parmi ses membres. De retour à Hanau, qui venait d'être occupé par les Français, il fut bientôt connu des principaux officiers de l'armée, qui furent charmés de trouver en lui un homme capable de leur donner d'utiles et solides leçons; les liaisons qu'il contracta avec quelques-uns d'entre eux, lui firent désirer ardemment de pouvoir passer en France; il effectua ce dessein vers 1762, et MM. les directeurs de l'Ecole militaire l'attachèrent à leur établissement. Il s'y acquit l'estime publique par ses talens pour l'instruction de la jeunesse, et par la composition ou la traduction de plusieurs ouvrages. Vers 1780, M. Junker quitta l'Ecole militaire; le roi lui fit une pension et le nomma censeur royal; la révolution le priva de ses revenus et de ses emplois, mais aussitôt que l'on chercha à réorganiser l'instruction publique il fut nommé professeur de législation à l'école centrale de Fontainebleau.

M. Junker mourut dans cette ville en 1805. La vie littéraire de ce savant se partage naturellement en deux époques, par la nature des ouvrages qu'il publia avant et depuis son arrivée en France; dans la première époque il fit paraître des ouvrages traduits du français en allemand; dans la seconde, il ne s'occupa guères que de traduire de l'allemand en français. En 1748 et 1749, M. Junker travailla au grand ouvrage qui s'imprimait à Francfort, sous le titre d'*Histoire universelle, tirée des voyages*, in-4°. En 1750, il publia son *Avis sur l'état présent du collége de Hanau*, en allemand. Il donna, en 1760, *Leges XII tabularum in usum lectionum academicarum. Gottingæ*, in-8°. Dans la même année il travailla avec M. Wedekind, professeur à Gottingue, à l'ouvrage moral et périodique intitulé *Personne*, en allemand. Il fit encore imprimer à Hanau, en 1760, sa Grammaire allemande sous le titre de *Nouveaux principes de la langue allemande*, dédiés à M. le prince de Soubise, 1 vol. in-8°.

Cet ouvrage fut très-bien accueilli; on le considéra comme le meilleur qui eût paru en ce genre; l'auteur en donna à Paris, en 1762, une nouvelle édition pour l'usage de l'Ecole royale militaire; elle fut augmentée d'une seconde partie et reçut plusieurs améliorations. Cette excellente grammaire a été très-souvent réimprimée; non-seulement en France, mais en Allemagne.

Le dernier ouvrage publié par M. Junker, en Allemagne, est une traduction allemande du *Philosophe payen*, ou *Pensées de Pline, avec un commentaire littéraire et moral*, par Formey. Francfort, 1761, 3 vol. in-8°.

Depuis son arrivée en France, M. Junker a publié :

I. *Introduction à la lecture des auteurs allemands*. En allemand et en français. Paris, 1763, in-12.

II. *Pensées libres sur différentes parties de la guerre*. Paris, Musier, 1764, in-12.

III. *Choix varié de poésies philosophiques et agréables, traduites de l'anglais et de l'allemand*. Avignon et Paris, 1770, 2 part. in-12.

IV. *Choix de philosophie morale*. Avignon et Paris, 1771, 2 parties in-12.

Ce recueil, formé avec goût, renferme des discours ou opuscules de Borde, de Pernetty, de Burlamaqui, du P. Guénard, de Vattel, de Diderot, de Cérutti, etc.

V. *Théâtre allemand*, trad. en société avec M. Liebaud. Paris, 1771, 2 vol. in-12.

VI. *Les Graces et Psyché entre les Graces*, trad. de l'allemand de Wieland; Paris, Dehansy le jeune, 1771, in-12.

VII. *Louise, ou le pouvoir de la vertu du sexe*, conte moral, traduit de l'allemand. Paris, Dehansy le jeune, 1771, in-12.

VIII. *Phédon, ou Entretiens sur la spiritualité et l'immortalité de l'ame*, traduits de l'allemand de Mosès-Mendelssohn, Paris, le Boucher, 1773, 1 vol. in-8°.

IX. *Recueil historique, ou Choix de pièces morales et amusantes*, en allemand et en français; Strasbourg, 1774, in-8°.

X. La *Découverte de l'Amérique*, traduit de l'allemand de Campe. Hambourg, 1783, 2 vol. in-8°.

XI. *Leçons de droit public*. Paris, Couturier, 1786, 2 vol. in-8°.

M. Junker a revu la traduction des douze premiers chants de la *Messiade* de Klopstock, publiée par M. d'Antelmy, en 1769, 2 parties in-12.

Il a aussi revu et publié la traduction française de la *Dramaturgie* de Lessing, faite par M. Cacault. Paris, Durand neveu, 1785, 2 vol. in-8°.

(*Annales typographiques* de 1762 et 1763; *divers catalogues.*)

JURET (François), Dijonnais, prêtre et chanoine de Langres.

M. Chardon de la Rochette, auteur des savans *Mélanges de critique et de philologie*, dont il a paru trois volumes en 1812, à Paris, chez d'Hautel, libraire, rue de la Harpe, possédait l'original d'une *note* sur une feuille volante, dont l'écriture annonçait qu'elle était l'ouvrage d'un contemporain de Juret; elle est d'autant plus précieuse, que l'abbé Papillon même, qui, dans sa *Bibliothèque des auteurs de Bourgogne*, a donné la longue nomenclature des ouvrages de Juret, n'a écrit en tête que quelques lignes sur ce docte Bourguignon, plus connu, dit-il, par ses écrits, que par les circonstances de sa vie.

« M. François Juret naquit en l'année 1553, à Dijon, où il fut institué aux bonnes lettres, auxquelles son naturel le portait; il profita de telle façon, qu'il a été dans son temps, l'un des premiers hommes. Pendant sa jeunesse il vit la faction de ceux de la religion prétendue réformée, s'établir par les armes et dans les controverses : ce qui lui donna sujet, dès ses commencemens, d'étudier et d'apprendre la pureté du christianisme, sans pourtant se départir de l'union de l'Eglise catholique, apostolique et romaine. En son âge viril, il vit naître la faction de la ligue en Bourgogne; et quoiqu'il fût périlleux, en ce temps-là, d'aller au contraire d'un parti, qui, en apparence s'établissait sur la religion et qui était appuyé de l'autorité du gouverneur (1), aussi ne laissa-t-il pas de suivre toujours le parti du roi, et ne se put tenir, en diverses rencontres, de témoigner, et par ses écrits et par sa poésie, en laquelle il excellait, combien il estimait vain le dessein de ceux qui voulaient, au préjudice des lois fondamentales de cet Etat, donner entrée à l'étranger, qui couvrait son usurpation du prétexte de piété et de religion. L'inclination qu'il avait au service du roi et à son parti, lui fit avoir amitié avec ceux qui, aux autres provinces, s'étaient réunis dans les mêmes sentimens, et particulièrement avec M. le premier président du Harlay; de Thou, conseiller; Gillot, du Puy, Pierre et François Pithou frères, avec lesquels il vécut en singulière amitié. M. le premier président du Harlay fit son possible pour l'obliger à établir sa fortune à Paris, en prenant une charge de conseiller au parlement; mais la crainte qu'il eut que cet emploi, qui se donne tout aux affaires d'autrui, ne lui laissât la liberté de ses études, fit qu'il le négligea, quoique ses affaires domestiques semblassent l'y inviter. Ayant vécu le reste de sa vie avec une grande douceur, et exempt de toute ambition, il mourut le 21

(1) Le duc de Mayenne.

décembre 1626, âgé de soixante-treize ans (1).

Il fit imprimer, de son vivant, les *Epîtres de Symmaque* avec ses notes, et les dédia à M. Fournier, célèbre professer à Orléans, sous lequel il avait étudié.

Depuis il fit imprimer les *Epîtres d'Yves*, évêque de Chartres, avec ses notes qui témoignent son savoir en la pureté de l'Histoire ecclésiastique. Il les dédia à M. Pithou, son bon ami, et depuis, en une seconde édition, à M. Du Puy. Il avait fait un commentaire sur tous les pères chrétiens, comme encore des observations sur les *Annales de Baronius;* mais les incommodités de la vieillesse l'ont empêché d'y apporter la dernière main. »

(*Journal de la Côte-d'or* (1813), rédigé par M. Amanton, conseiller de préfecture.)

JUSTIN, historien latin. Suivant la *Biographie universelle*, Lacroix du Maine, en son article sur J. Bouchet, Poitevin, dit que Bouchet a traduit du latin en français l'Histoire de Justin, martyr, auteur grec; elle ajoute à cette citation, que ces derniers mots autorisent à penser que ce n'est pas l'abréviateur de Trogue Pompée qu'a traduit J. Bouchet; cela est bien évident. Colletet éclaircit et rectifie le passage de Lacroix du Maine; car il range parmi les travaux de J. Bouchet, les *OEuvres de Justin martyr, traduites du grec en français, qui n'ont point été imprimées.*

JUSTIN (St.), philosophe platonicien, converti à la foi de Jésus-Christ. La *Biographie universelle* dit qu'on remarque parmi les traductions françaises de ses ouvrages, celles de Jean Maumont et de l'abbé Chanut; mais la traduction de Jean de Maumont, publiée vers le milieu du XVIe siècle, est surannée: quant à l'abbé Chanut, il n'a traduit, vers la fin du XVIIe siècle, que la *seconde apologie*, sous le nom de P. Fondet. Nous possédons une nouvelle traduction de la *première apologie* et un abrégé de la *seconde*, dans la *Suite des anciens apologistes de la religion chrétienne, traduits ou analysés par l'abbé de Gourcy.* Paris, 1785, 2 vol. in-8°.

*JUSTINIANI (Fabio), évêque d'Ajaccio, mort en 1627, à 49 ans, omis par la *Biographie universelle.* Son article dans M. Chaudon est peu exact; il présente son principal ouvrage comme ayant pour titre: *Index universalis materiarum biblicarum.* Rome, 1612, in-fol. En voici le vrai titre: *Index universalis alphabeticus materias in omni facultate pertractans earumque scriptores et locos designans. Romæ*, 1612, in-fol. Cet ouvrage a été fort utile à l'époque où il parut. On trouve à la suite un *Elenchus autorum qui in sacrâ Bibliâ universè vel sigillatim, etiam in versiculos scripserint.* On voit comment M. Chaudon a dénaturé le titre de l'ouvrage, en voulant le présenter d'une manière abrégée.

On doit encore à Fabio Justiniani:

I. *Commentarius de sacrâ Sripturâ et de sacris interpretibus. Romæ*, 1614; *Parisiis*, 1618, in-8°.

(1) On voyait son portrait dans la fameuse bibliothèque l'illustre président Bouhier.

II. *De sacro concionatore. Coloniæ*, 1619, in-4°.

Feller n'a rien changé à l'article de M. Chaudon ; les traducteurs italiens l'ont traduit tel qu'il est.

* JUVENEL. Cette famille était établie à Paris avant le xve siècle ; on la nommait indifféremment Juvenel ou Jouvenel, et quelquefois Juvénal : on dit que l'identité de ces trois noms est prouvée. Voy. *un Mémoire sur cette famille*, dans l'*Année littéraire* de Fréron ; 1762, tom. 2, p. 193. Deux frères *Juvenel*, dits *des Ursins*, ont été célèbres, sous les rois Charles VI et Charles VII. On lit avec intérêt leurs articles dans le dictionnaire de M. Chaudon, au mot *Ursins*. Ils eussent été placés plus convenablement sous la lettre J. Il paraît que la *Biographie universelle* réserve les mêmes articles pour la lettre U. Cela est probablement cause qu'elle a oublié trois auteurs du nom de Juvenel. Le Mémoire cité plus haut m'aidera à réparer ces oublis.

* JUVENEL (Félix de), fils d'André Juvenel, établi à Pezenas en 1596 ou 1597, perdit son père à l'âge de cinq ans. Sa vie pourrait fournir la matière d'un volume ; l'étude et le travail étaient ses passions. C'est quelque chose de prodigieux que la quantité d'ouvrages qu'il avait composés. Voici la liste de ceux qui se sont conservés : I. *Histoire de Paul Jove, contenant les plus mémorables événemens arrivés dans toutes les parties du monde, depuis l'an 1494 jusqu'à la fin de l'an 1544 ; traduite en abrégé du latin en français* ; 2 gros vol. in-fol., manuscrits. II. *Traduction des sermons de Louis de Grenade* ; 6 gros vol. in-fol., manuscrits. III. *Histoire de la croisade générale, sous le pontificat d'Urbain II, jusqu'à la mort de Godefroi de Bouillon* ; 1 gros vol. in-fol., manuscrit. IV. *Histoire générale des Maures d'Espagne* ; 1 vol. in-fol. de 917 pag., manuscrit. V. *Histoire de Florence*, 4 v. in-fol., manuscrits. VI. *Histoire des papes et de l'Eglise universelle, depuis la naissance de J.-C.* ; 2 vol. in-fol., manuscrits. VII. *L'art de bien mourir du cardinal de Bellarmin*, manuscrit. VIII. *Dom Pélage, ou l'Entrée des Maures en Espagne*, imprimé en 1645, en 2 vol. in-8°. IX. *Portrait ou le véritable caractère de la coquette*. C'est une instruction en forme de lettres, datée de Pézenas, le 30 avril 1659, sur les précautions qu'un jeune homme doit prendre pour éviter les piéges des femmes coquettes. In-12 de 164 pages, imprimé à Paris en 1685, sans nom d'auteur.

(*Année littéraire* de Fréron, 1762, t. 2, p. 193 et suiv.)

* JUVENEL (Henri de), fils du précédent, a donné au public trois petits ouvrages, qui ont été imprimés sans nom d'auteur, savoir : *Le comte de Richemont*. Amsterdam (Paris), 1680, in-12.

Amours d'Edgard, roi d'Angleterre. La Haye, 1697, in-12. C'est sans doute une réimpression. L'abbé Lenglet, dans ses notes manuscrites, attribue à tort ce roman à mademoiselle Bernard.

La hardie Messinoise, in-12.

Il mourut à l'âge de 27 ans, et ne laissa de son mariage avec mademoiselle de Graves qu'un fils unique, Félix de Juvenel, mort le 12 avril 1760, auteur des *Essais sur l'histoire des sciences, des belles-lettres et des arts*; dont la quatrième édition parut à Lyon en 1757, 4 volumes in-8°. M. Chaudon a profité du *Mémoire de l'Année littéraire*, pour rédiger son article; je dois me contenter d'y renvoyer mes lecteurs.

N. B. J'ai sous les yeux *Edouard, histoire d'Angleterre.* Paris, Barbin, 1696, 2 volumes in-12, et (Amsterdam ou La Haye) *suivant la copie de Paris.* 1696, 2 vol. petit in-12. Il me semble que ce roman historique est le même que celui qui a été désigné par l'abbé Lenglet.

ADDITIONS ET CORRECTIONS (1).

ANCHANTERUS (CLAUDE); p. 35, 1re col., l. 5, *typis Ottomariacis*, lisez : *Otthomarianis*.

BELOSELSKY (le prince); p. 97, ajoutez: Ce prince a été ambassadeur de la cour de Russie à Turin, ensuite à Dresde; il était de l'Institut de Bologne. On a encore de lui : I. *De la musique en Italie*. La Haye, 1778, in-8°. II. *Circé, cantate*. Dresde, 1787, in-8°. III. *Dianyologie, ou tableau philosophique de l'entendement*. Dresde, 1790, in-8°, traduit en allemand, l'année suivante, par G. Schilling.

BLACHE (ANTOINE), prêtre, victime des jésuites; p. 114, 1re col., ajoutez : Né en Dauphiné, au diocèse de Grenoble, vers 1632, d'une famille noble. Il porta d'abord les armes, et affronta la mort plus d'une fois dans des tranchées; et à l'assaut de la prise d'une ville d'Italie, ayant eu un bras estropié; il quitta le service, pour prendre les ordres sacrés, et vint à Paris. Au mois d'octobre 1670, demeurant dans la communauté de St.-Sulpice, M. de Perefixe, archevêque de Paris, dont il était connu intimement, le fit visiteur général de la congrégation des religieuses du Calvaire; dans la suite il devint confesseur du couvent du même ordre situé à Paris auprès du Luxembourg. Au mois de janvier 1675, il eut les provisions de la cure de Ruel. On tenta plusieurs fois de l'assassiner; ayant été chassé de cette cure, deux ans après, il reprit ses fonctions de prêtre habitué de St.-Sulpice. On a de lui : *Réfutation de l'hérésie de Calvin, par la seule doctrine de MM. de la religion prétendue réformée, avec des extraits de plusieurs lettres de S. Augustin*. Paris, Ant. Lambin, 1687, in-12. Le portrait que tracent de l'abbé Blache les continuateurs de Feller, dans leurs *Additions au supplément*, tome IV, p. 542, est une véritable caricature. Ce n'est pas ainsi qu'on doit écrire des *Mémoires pour servir à l'histoire ecclésiastique*.

Le n° de la *Gazette de France*, dont la première lettre fut imprimée en encre rouge, pour informer l'abbé Blache que son avis était parvenu au roi, est celui du 31 décembre 1683.

BOIS GUILLEBERT; pag. 128, 2e col., ajoutez: L'abbé de Saint-

(1) Il y a, quant aux articles nouveaux ou refaits, plusieurs indications omises et d'autres erronées.

Léger avait bien raison d'attribuer à cet écrivain le *Factum de la France*, etc.; mais il devait dire que ce volume était le second de l'édition du *détail de la France*, donnée en 1707. On trouve dans le premier un autre traité du même genre imprimé séparément, sans date, sous ce titre: *Traité de la nature, culture, police, commerce et intérêt des grains, tant par rapport au public qu'à toutes les conditions d'un État; divisé en deux parties*, etc., in-12, de 122 pag. Les quatre dernières pages, numérotées séparément, présentent la *sentence du Chatelet de Paris*, du 6 mai 1649, *qui fixe le prix des blés*, accompagnée de réflexions par l'auteur de l'ouvrage. Ces quatre pages sont tirées du second volume du *Détail de la France*. Mon exemplaire de la nouvelle édition de cet ouvrage contient un supplément de 12 p. qui ne se trouve pas dans les exemplaires que j'ai eu occasion de consulter.

CATHELINOT (Dom); p. 175, l. 3, mourut vers 1757, lisez: mourut le 16 juin 1756, suivant le continuateur de l'abbé Ladvocat.

CATHERINE DE SIENNE (Sainte). La *Biographie universelle* dit que sa vie a été composée en latin par Jean *Pius*, Bologne, 1515, in-4°, il faut lire: par Jean *de Pins*. Bologne, 1505, in-4°.

CERVEAU (Réné), prêtre, janséniste zélé, auteur du *Nécrologe des plus célèbres défenseurs et confesseurs de la vérité*; 7 vol. in-12. Feller dit que cet ecclésiastique se distingua par son zèle pour l'orthodoxie, et employa une grande partie de son loisir à venger la mémoire de ceux qui ont combattu pour les décisions de l'Eglise, contre les novateurs qui s'opiniâtrent à vouloir rester dans son sein pour d'autant mieux le déchirer. Feller est ici en contradiction avec lui-même; car les *défenseurs et confesseurs de la vérité*, suivant l'abbé Cerveau, sont précisément ceux que Feller accuse de *vouloir rester dans le sein de l'Eglise, pour d'autant mieux le déchirer*.

Feller a reproduit le *qui-pro-quo* typographique, par lequel M. Chaudon avait attribué au janséniste Cerveau un *Eloge de Molière*.

CŒLESTIN (François-Claude). Voy. Claude, *frère célestin*.

CORGNE (Pierre), et non le Corgne, comme l'appellent les continuateurs de l'abbé de Feller, mourut vers 1777. Ces messieurs ne se sont pas aperçus qu'ils indiquaient deux fois l'ouvrage de l'auteur, relatif aux *droits des évêques*; une fois, comme imprimé en 1763, et une seconde fois, comme resté manuscrit en 1760. Cette grave méprise est copiée des *Mémoires ecclésiastiques* de M. P....

COSTE; p. 222, 1re col., l. 33. *Nouvelles inédites de Cervantes*; lisez, *Nouvelles imitées de Cervantes*. C'est la *Biographie des hommes vivans* qui m'avait induit en erreur.

DAMPIERRE (M. de la Salle

DE). L'*Almanach des spectacles* de l'année 1801 le comptait encore au nombre des auteurs vivans.

DUMAS (PHILIPPE); p. 272, 2e colonne, l. 17, Davi, lisez: David.

DUVERNET (THÉOPHILE IMARIGEON, plus connu sous le nom de); p. 299, 2e col., l. 18 et 19. Les ouvrages de Luchet de Duvernet; lisez: les ouvrages de Luchet et de Duvernet.

EMERY; p. 305, 1re col. l. 24, Pie VI etc.; lisez, Pie VII; p. 306, 1re col., l. 11, *vers* 1794, etc., lisez: en 1782 et 1783, le docteur J. Marchetti publia en italien à Bologne, une *critique* très-vive de l'*Histoire ecclésiastique* de l'abbé Fleury, et des *discours* du même sur cette histoire, *avec un précis sur son continuateur;* 2 vol. in-8°.

ENTRAIGUES (le comte D'). La *Biographie universelle* lui attribue une réponse au *Coup-d'œil* de Dumouriez: n'a-t-elle pas voulu parler d'une réponse au *Coup-d'œil* du général Montesquiou *sur la révolution française*, imprimée à la suite de ce *Coup-d'œil;* Genève, 1795, in-12?

Dans cet ouvrage, le comte d'Entraigues se présente comme l'auteur du volume intitulé: *Principes du droit politique mis en opposition avec ceux de J.-J. Rousseau sur le Contrat social.* 1794, in-12. Voy. les pag. 101, 152, 177, et surtout la pag. 107.

La *Biographie universelle* confond aussi deux brochures du comte d'Entraigues en une seule, savoir: l'*Adresse à la noblesse de France*, publiée en 1792; avec l'écrit qui a pour titre: *Sur les effets d'une contre-révolution*, publié seulement en 1795. Les *Réflexions*, ou plutôt *les observations sur le divorce*, ont paru en 1789, in-8° de 55 pag. L'auteur croyait alors que la religion catholique pouvait permettre le divorce.

FABRE (ANTOINE), carme, prédicateur distingué dans le midi de la France, et Pierre FABRE, son frère, professeur royal au collége de chirurgie à Paris; ont été oubliés par la *Biographie universelle*. Le dictionnaire de M. Prudhomme offre quelques détails curieux sur ces deux frères.

FERMAT (SAMUEL DE), conseiller au parlement de Toulouse, fils du célèbre mathématicien Pierre de Fermat, avait une grande érudition, était versé dans les langues savantes, et faisait également bien des vers latins et français. C'est le témoignage que rend de ce magistrat Julien de Héricourt, dans une lettre qu'il lui adresse et que l'on trouve à la suite de son Histoire latine de l'académie de Soissons.

On a de Samuel de Fermat:

I. *S. F. S. T. Variorum carminum libri IV.* Tolosæ, 1680, in-8°.

II. *S. F. S. T. Dissertationes:* 1a, *de re militari;* 2a, *de auctoritate Homeri apud jureconsultos;* 3a, *de historiâ naturali.* Tolosæ, 1680, in-8°. Ces trois dissertations ont été insérées, en 1780, par M. de Méermann, dans le *Supplément au nouveau trésor de droit civil.*

III. *Traités de la chasse*, composés par Arrian (dit Xénophon le jeune) et Oppian, traduits en français. Paris, Hortemels, 1690, in-12.

M. de Fermat a négligé les deux premiers livres d'Oppian, et n'a traduit que le troisième et le quatrième. On trouve dans ce volume des vers latins et français composés par le traducteur. Le volume est terminé par les traductions d'une lettre de Synesius, évêque de Cyrène, et d'une homélie de saint Basile, qui ont rapport à la chasse. On désirerait plus de justesse dans ces traductions.

FLEURY; p. 339, 2e col. l. 13: *molta*, lisez, *molte*.

P. 340, 1re col., l. 32. Le P. Bolgani; lisez, Bolgeni.

FURETIERE; ajoutez à la fin de son article, p. 363:

M. du Masbaret a oublié de mentionner l'édition du dictionnaire de Furetière, publiée en 1725 par Brutel de la Rivière. Basnage de Beauval avait entrepris cette nouvelle édition; mais la mort l'arrêta au commencement de la lettre E; Brutel de la Rivière s'engagea à continuer l'ouvrage qui, interrompu et repris ensuite, parut enfin à La Haye en 1725, 4 vol. in-fol. L'éditeur avait écarté tout ce qu'il y avait de trop libre dans ce dictionnaire; mais les libraires firent rétablir ces passages, à l'insu de M. de la Rivière, qui s'en plaint amèrement dans sa préface.

GAGNI ou GAGNÉE (Jean de), célèbre docteur de la maison de Navarre; la *Biogr. univ.* ne dit pas qu'il fut nommé, en 1540, le 4 décembre, chanoine de la sainte-chapelle de Paris; il prend ce titre seul sur le frontispice de plusieurs de ses ouvrages, entr'autres sur celui de la seconde édition de son *Exposition sur le 50e psaume du royal prophète David*. Paris, Nicolas Barbou, 1541, in-8°.

La première édition avait paru en 1532: l'abbé de St.-Léger, dans ses notes manuscrites sur la Croix-du-Maine, a conjecturé faussement que cet ouvrage était de J. Bouchet.

L'édition du Commentaire latin de Primasius, sur les Epîtres de saint Paul, parut à Lyon, chez S. Gryphe, en 1537, et non à Paris; la traduction française n'accompagne pas le texte latin, mais elle parut à Paris en 1540; in-8°.

Gagnée a aussi publié une édition des *Guerrici sermones*. 1547, in-8°. On lui doit encore:

I. *Meditatio in sacro-sanctam Christi crucem et vulnera*. Paris, J. Bogard, 1540, in-8° de 8 feuillets. Ce sont des vers latins.

II. *Gasp. Contareni cardinalis, libri V de elementis et eorum mixtione*. Paris., apud Nicolaum Divitem (Le Riche), 1548, in-8°,

III. *Doctissimorum nostrâ ætate italorum epigrammata; M. Antonii Flaminii, libri II; Marii Molsæ, liber I; Andreæ Naugerii, liber I*, etc. Parisiis, per Nic. Divitem, sine anno, in-8° de 72 feuillets.

Le poëme de J. Collatius, sur la ruine de Jérusalem, avait déjà été imprimé à Milan en 1481, in-4°. Gagnée l'ignorait.

C'est avec le secours des notes mss. de l'abbé de St.-Léger que je redresse ici les inexactitudes, et que je répare les omissions de la *Biogr. univ.*

Nicolas Barbou, qui a imprimé, en 1541, à Paris, l'*Exposition* sur le 50e psaume de David, était probablement frère de Jean Barbou, qui, en 1539, imprima, à Lyon, les OEuvres de Clément Marot.

Lottin l'aîné cite dans son *Catalogue chronologique des libraires de Paris*, un *Nicolas Barbon*, imprimeur-libraire en 1541 et 1542; il a sans doute voulu parler de notre Barbou. C'est cette famille des Barbou qui passa à Limoges vers 1580, et revint à Paris en 1704.

GRIMM (le baron DE); la réputation dont il jouissait, en qualité de correspondant littéraire de plusieurs princes d'Allemagne et de l'impératrice de Russie, fit publier sous son nom plusieurs lettres très-satyriques. De ce nombre sont :

I. Des *Fragmens de la correspondance secrète du baron de Grimm, avec la première fonctionnaire publique de toutes les Russies*, insérés en 1791, dans le 8e vol. des *Actes des apôtres*, touchant la *circulaire* de M. de Montmorin aux ambassadeurs et ministres résidant près les cours étrangères, en date du 23 avril 1791.

II. Une *Réponse* à la *Lettre* de M. Chassebeuf de Volney, en date du 4 décembre 1791. Paris, 1792, in-8° de 16 pages.

Grimm avait voulu présenter à l'impératrice de Russie, de la part de M. de Volney, un exemplaire de son *Voyage en Egypte;* sept mois après, il envoya, de la part de S. M., au savant voyageur, une très-belle médaille d'or. Lorsque M. de Volney vit que Catherine II favorisait ouvertement les émigrés, il écrivit à Grimm, pour le prier de rendre à l'impératrice un bienfait dont il ne pouvait plus s'honorer. La prétendue réponse de Grimm est pleine de sarcasmes contre Volney, et d'injures contre les chefs de la révolution française. Une preuve de sa supposition se tire principalement de la qualité de *chargé des affaires de sa majesté l'impératrice des Russies, à Paris*, que se donne le fabricateur de la réponse. Grimm était alors ministre plénipotentiaire du duc de Saxe-Gotha auprès du roi de France. Voy. l'*Almanach royal* et le *Journal de Paris* du 11 décembre 1791.

HALLER (ALBERT DE); ajoutez aux traductions françaises de ses ouvrages, *deux Mémoires sur le mouvement du sang, et sur les effets de la saignée*, traduits en français par Tissot. Lausanne et Paris, 1757, in-12.

HARDWICKE (PHILIPPE-YORKE, comte DE). La *Correspondance* de Carleton, dont il fut l'éditeur, a été traduite en français par Gaspard-Joël Monod, sous le titre de *Lettres, Mémoires et Négociations*. La Haye, 1759, 3 volumes in-12.

HAWKESWORTH (JEAN), célèbre écrivain anglais du XVIIIe siècle. La *Biographie universelle* a négligé d'indiquer les traductions suivantes des ouvrages de cet auteur :

1°. *Ariana*, ou *la patience récompensée*, traduit en français par Le Coq de Villeray. Paris, 1757, in-12.

2°. *Almoran et Hamet, anecdote orientale*, trad. par l'abbé Prévost. Paris, 1763, in-12.

3°. *Contes*, tirés de l'*Aventurier*. Paris, 1774, 2 vol. in-12.

4°. *Relation du premier voyage de Cook*, trad. par Suard et Démeunier. Paris, 1774, 4 vol. in-4°.

JACQUET (Louis), ex-jésuite, natif de Lyon, mort en 1793. La *Biographie universelle* n'a point donné d'article à cet estimable littérateur. On peut se contenter de celui qui se trouve dans le *Dictionnaire* de MM. Chaudon et Delandine, en substituant à ces mots: *en 1789, il publia une brochure intitulée: Idée des quatre concours......*, ceux-ci: Il a rédigé le *Coup-d'œil sur les quatre concours qui ont eu lieu à l'Académie des sciences, belles-lettres et arts de Lyon, pour le prix offert par l'abbé Raynal, sur la découverte de l'Amérique*. Lyon, aux frais de l'académie, chez Bruyset, 1791, in-8°.

FIN DU PREMIER VOLUME.

OUVRAGES PUBLIÉS PAR M. BARBIER.

Catalogue de la bibliothèque du Conseil d'État (transportée au château de Fontainebleau en 1807). Paris, imprimerie du gouvernement, 1801-1803, 2 tomes cartonnés en 1 vol. in-fol.

L'édition presque entière de ce Catalogue, tiré à 190 exemplaires seulement, a été réservée pour des présens; elle est épuisée depuis long-temps.

Dictionnaire des ouvrages anonymes et pseudonymes. Paris, 1806 et 1809, 4 vol. in-8°.

L'édition est épuisée; la seconde, entièrement refondue et très-augmentée, est sous presse.

Nouvelle bibliothèque d'un homme de goût. Paris, chez Arthus-Bertrand, libraire, rue Haute-Feuille, 1808-1810, 5 vol. in-8°. Prix, 25 fr.

Dissertation sur soixante traductions françaises de l'Imitation de Jésus-Christ, suivie de *Considérations sur la question relative à l'auteur de l'*IMITATION, par M. Gence, 64e traducteur de cet ouvrage. Paris, Lefèvre, 1812, in-12. Prix, 4 fr.

Supplément à la correspondance de MM. Grimm et Diderot, avec des remarques sur les 16 volumes. Paris, Potey, 1814, in-8°. Prix, 5 fr. 50 c.

Nouveau supplément au Cours de littérature de La Harpe, contenant l'*Eloge de Voltaire*, la critique des *Lettres de M. Ginguené sur les confessions de J.-J. Rousseau* et l'*examen* des assertions hasardées par M. de La Harpe, dans sa *Philosophie du* XVIIIe *siècle.* Paris, chez madame Hérissant-le-Doux, impr.-libr., rue Ste.-Anne, n° 20; et chez Pélicier, libraire, au Palais-Royal; 1818, 1 vol. in-8°. Prix, 5 fr. 50 c.

---

www.ingramcontent.com/pod-product-compliance
Lightning Source LLC
Chambersburg PA
CBHW070714280326
41926CB00087B/1931

* 9 7 8 2 0 1 2 6 6 2 8 8 9 *